Karl-Rudolf Korte · Martin Florack · Timo Grunden

Regieren in Nordrhein-Westfalen

Karl-Rudolf Korte
Martin Florack · Timo Grunden

Regieren in Nordrhein-Westfalen

Strukturen, Stile und
Entscheidungen 1990 bis 2006

VS VERLAG FÜR SOZIALWISSENSCHAFTEN

Bibliografische Information Der Deutschen Nationalbibliothek
Die Deutsche Nationalbibliothek verzeichnet diese Publikation in der
Deutschen Nationalbibliografie; detaillierte bibliografische Daten sind im Internet über
<http://dnb.d-nb.de> abrufbar.

Die Landeszentrale für politische Bildung Nordrhein-Westfalen fördert die politisch bildende
Literatur, indem sie entsprechende Buchprojekte initiiert, sie konzeptionell und redaktionell
begleitet und finanziell unterstützt.
Auch dieses Buch ist mit maßgeblicher Beteiligung der Landeszentrale entstanden.

Landeszentrale für politische Bildung NRW

1. Auflage August 2006

Lektorat: Frank Schindler
Redaktion: Diplomsozialwissenschaftler Heiko Haffmans / Diplomsozialwissenschaftler Florian
Schartau, Universität Duisburg-Essen

Der VS Verlag für Sozialwissenschaften ist ein Unternehmen von Springer Science+Business Media.
www.vs-verlag.de

Umschlaggestaltung: KünkelLopka Medienentwicklung, Heidelberg
Druck und buchbinderische Verarbeitung: MercedesDruck, Berlin
Gedruckt auf säurefreiem und chlorfrei gebleichtem Papier

ISBN 978-3-531-14301-9

Inhaltsverzeichnis

1 Regieren in Nordrhein-Westfalen: Ein Problemaufriss

1.1 Untersuchungsrahmen: Gegenstand der Analyse

Wie wird in Nordrhein-Westfalen regiert? Worin unterscheiden sich die Regierungsstile der Ministerpräsidenten Johannes Rau (SPD), Wolfgang Clement (SPD), Peer Steinbrück (SPD) und Jürgen Rüttgers (CDU)? Wie nehmen die Wähler Einfluss auf die Landespolitik in Nordrhein-Westfalen? Wie regiert man in einem Bundesland, in dem 18 Millionen Menschen leben? Wer diese Fragen beantworten möchte, sollte sich im Politikmanagement des Landes auskennen. Gemeint sind damit sowohl die Steuerbarkeit des politischen Systems als auch die Steuerungsfähigkeit der wichtigen politischen Akteure. Kenntnisse des Politikmanagements setzen detaillierte Informationen über Inhalte, Strukturen und Prozesse der Politik voraus.

Die vorliegende Analyse hilft, die eingangs gestellten Fragen zu beantworten. Allerdings können es keine eindimensionalen Antworten sein, denn das politische System Nordrhein-Westfalens ist komplex. Viele miteinander verflochtene Akteure gestalten den politischen Prozess im Rahmen institutioneller Strukturen. Nordrhein-Westfalen ist nicht nur das einwohnerstärkste deutsche Bundesland, sondern auch eine der bevölkerungsreichsten und wirtschaftlich stärksten Regionen Europas. Gemessen an politischem Gewicht und ökonomischer Leistungsfähigkeit fände man einen souveränen Staat Nordrhein-Westfalen im oberen Drittel der Mitgliedsstaaten der Europäischen Union. So wird auch verständlich, warum wichtige politische Ereignisse in Nordrhein-Westfalen nicht nur die Aufmerksamkeit der deutschen, sondern auch einer breiten europäischen Öffentlichkeit auf sich ziehen. Landtagswahlen werden im In- und Ausland als „kleine Bundestagswahlen" wahrgenommen. Regierungsbildungen und Regierungskrisen kommen Signalwirkungen für die Bundespolitik zu. Richtungsentscheidungen in Düsseldorf gelten als Indikatoren für zukünftige Entwicklungen in Deutschland.

Die Politik in NRW war oftmals Trendsetter für Koalitionsbildungen, Regierungsstile und Grundströmungen des Parteienwettbewerbs.

Zahlreiche Publikationen über Nordrhein-Westfalen zeugen von einem großen wissenschaftlichen Interesse an der Landespolitik. Aber eine moderne Regierungslehre für das größte deutsche Bundesland gab es bisher nicht. Folgende Fragen wurden bislang nicht systematisch erforscht: Was charakterisiert das Regieren in Nordrhein-Westfalen im Zeitverlauf? Welche Handlungsspielräume besitzt die Landespolitik zur Lösung regionaler Probleme? Welche Institutionen und Akteure sind an den Entscheidungsprozessen beteiligt? Was waren in der jüngeren Vergangenheit die Strategien der politischen Spitzenakteure? Welche Instrumente des Regierens haben sie genutzt und welche inhaltlichen Schwerpunkte haben sie gesetzt? Politikwissenschaftliche Antworten sind zu Teilbereichen erschienen. Ulrich von Alemann legte Analysen zu Wahlen und Parteien (1985), zur Positionierung Nordrhein-Westfalens in Europa (mit Hombach/Heinze 1990; mit Münch 2005) und zur Landeskunde (mit Brandenburg 2000) vor. In der Regel konzentrierte sich die NRW-Forschung in Form von Regionalstudien und Politikfeldanalysen auf sehr spezifische Teilaspekte.[1] Zu den Schwerpunkten gehörten die Kommunalpolitik (Andersen/Bovermann 2002; Schneider 2004; Kost/Wehling 2003), die Verwaltung (Grunow 2003, Höher-Pfeifer 1995) und landesspezifische Folgen der europäischen Integration (Loth/Nitschke 1996). Eine systematische Darstellung der regierenden Akteure, ihrer Handlungsmöglichkeiten und ihrer Entscheidungen war bisher eine Forschungslücke, die wir schließen möchten.

Die Akteure, die wir zur Charakterisierung des Regierens in NRW in den Mittelpunkt unserer Analyse stellen wollen, sind die Ministerpräsidenten, die zwischen 1990 und 2006 Regierungsverantwortung getragen haben. Den Ministerpräsidenten kommt eine herausragende Stellung im politischen System Nordrhein-Westfalens zu. Sie besitzen nicht nur die formale Richtlinienkompetenz für die Politik der Regierung. Sie sind auch die medial wahrgenommenen Repräsentanten des Landes und ihr Handeln zieht die mit Abstand größte Aufmerksamkeit von Medien und Wählern auf sich. Am Beispiel der Regierungsstile von Johannes Rau, Wolfgang Clement, Peer Steinbrück und Jürgen Rüttgers werden wir aufzeigen, welchen Herausforderungen sich das Regierungshandeln stellen musste, wie Problemlösungsstra-

---

[1]   Einen umfassenden Überblick gibt die NRW-Bibliografie der Forschungsinitiative Nordrhein-Westfalen in Europa (FINE) im Internet: www.fine.uni-duesseldorf.de/nrwbibliographie.html; zur Beschäftigung mit NRW-Landtags- und Kommunalwahlen siehe die Publikationen der Landeszentrale für politische Bildung in NRW, bspw. Anderson/Gehne (2005).

tegien entwickelt und welche Durchsetzungsstrategien angewandt wurden. Dabei erheben wir keineswegs den Anspruch, eine umfassende Politikgeschichte des Landes seit 1990 vorzulegen. Die Regierungsstilanalysen konzentrieren sich vielmehr auf einzelne Entscheidungssituationen, anhand derer sich sowohl übergreifende, als auch personenspezifische Charakteristika des Regierens in exemplarischer Weise aufzeigen lassen.

1.2 Analysezugang: Politikmanagement als Verbindung von Darstellungs- und Entscheidungspolitik

Regierungshandeln erschöpft sich nicht nur in der Gesetzesinitiative oder in der Ausführung der Gesetze. Regieren ist auch keineswegs nur opportunistische Anpassung an veränderte Stimmungen innerhalb der Bevölkerung. Vielmehr können Routinehandlungen einer Regierung gleichermaßen beobachtet werden wie grundlegende Strategieentwürfe. Alles zusammen bestimmt das Alltagsbild des Regierens. Viele Institutionen, unterschiedliche Interessenlagen, historische Erfahrungen und institutionelle Prägungen machen das politische System von NRW einmalig. Auch in Nordrhein-Westfalen wird politische Geschichte nicht allein von „großen Frauen und Männern" geschrieben. Nur die Ministerpräsidenten in den Blick zu nehmen, reicht daher nicht. Gleichzeitig ist es nicht die alleine die Existenz von Institutionen und Strukturen, die „Macht der Verhältnisse", die Politik vorherbestimmt. Eine moderne Regierungslehre kann weder nur deskriptive Historie, noch eine reine Institutionen- und Verfassungskunde sein. Unser Forschungsdesign besteht daher in einer zweifachen Annäherung an den Untersuchungsgegenstand.

Zum einen wählen wir einen zeitgeschichtlichen Zugang: Regieren in Nordrhein-Westfalen wird seit der deutschen Einheit von 1990 analysiert. Die Rahmenbedingungen der Landespolitik haben sich seitdem dramatisch verändert. Die volkswirtschaftlichen Herausforderungen der Einheit stoßen in NRW auf einen beschleunigten Strukturwandel in der ehemals von traditionellen Industrien geprägten Region. Die fortschreitende europäische Integration führt zu einer anwachsenden Verflechtung von Zuständigkeiten und Kompetenzen, welche die Handlungskorridore der Landespolitik nachhaltig begrenzen. Begleitend zur deutschen Einheit verlagerte sich der politische Schwerpunkt der Bundesrepublik durch den Umzug der Bundesregierung nach Berlin. Die Wege zu den Entscheidungsträgern der Bundespolitik wurden nicht nur geografisch weiter: Die informellen Abstimmungen der jeweiligen Parteien und der Ministerialbürokratie zwischen Düsseldorf und Bonn waren intensiv und wurden von allen Regierungen gepflegt. Die geografische Nähe erleichterte Abstimmungsprozesse und unterstrich das politische Gewicht von NRW im Bund. Der neue Sitz der Bundesregierung in Berlin symbolisiert die Verschiebung bundespolitischer Prioritäten. Die Gestaltung des Strukturwandels im Westen verlor zugunsten der Bewältigung der ökonomischen und sozialen Folgen der Einheit an Bedeutung. Auch der Parteienwettbewerb in NRW veränderte sich. Die SPD verlor 1995 zunächst die absolute Mehrheit und 2005 schließlich auch die Regierungsverantwortung.

Vor diesem zeitgeschichtlichen Hintergrund werden – und das markiert die zweite Annäherung an das Thema – institutionelle und akteursspezifische Faktoren des Regierens verknüpft. Diese Verbindung macht den analytischen Kern dessen aus, was wir im Folgenden als Politikmanagement bezeichnen werden: Politikmanagement meint die Steuerungsfähigkeit der Ministerpräsidenten vor dem Hintergrund der Steuerbarkeit des politischen Systems (Korte/Fröhlich 2004: 14). Institutionen eröffnen den Akteuren Handlungsmöglichkeiten (Steuerbarkeit), die diese durch einen angemessenen Führungs- und Entscheidungsstil für sich zu nutzen haben (Steuerungsfähigkeit).

Aus normativer Perspektive erfolgt Regieren unter den Imperativen von „Authentizität" und „Effektivität" (Scharpf 1993: 27). Letzteres verlangt von regierenden Akteuren, institutionelle Kapazitäten zur Lösung gesellschaftlicher Probleme zu nutzen. „Authentisch" ist Regierungshandeln, wenn es demokratische Legitimation für sich beanspruchen kann: Der Wille des wählenden Souveräns muss sich in der Gesetzgebung widerspiegeln. Aus diesem, Regierungshandeln innewohnenden, normativen Spannungsverhältnis erwächst in der Realität regierender Akteure ein instrumentelles Spannungsverhältnis zwischen Zielen, eigenen Normen und Werten sowie eigenen Interessen: Welche gesellschaftlichen Probleme stehen zur Lösung an? Welche alternativen Instrumente und Strategien sind geeignet, diese Probleme zu lösen? Welche dieser Instrumente und Strategien sind mit den eigenen Normen und Werten kompatibel? Wie können die gewählten Lösungsstrategien durchgesetzt werden? Und schließlich: Welche Auswirkungen haben die gewählten Lösungsstrategien für Wiederwahl und Machterhalt?

Antworten auf diese Fragen zu finden, heißt Entscheidungen nach politischer Rationalität zu treffen, indem Sachfragen mit Machtfragen verbunden werden. Die zentrale Machtressource in einer Demokratie ist letztlich Legitimation in Form parlamentarischer Mehrheiten, parteipolitischer Unterstützung und öffentlicher Zustimmung. Legitimation erhalten Akteure zum einen durch die Lösung gesellschaftlicher Probleme (Output-Legitimation), und zum anderen durch die öffentliche Begründung und Vermittlung der Problemlösungsstrategie (kommunikative Legitimation). Aus dieser Verbindung entsteht die das Regierungshandeln charakterisierende Verbindung von Entscheidungs- und Darstellungspolitik (Korte/Hirscher 2000). Es gilt Sachprobleme mittels Steuerungsinstrumenten und Durchsetzungsstrategien einer Lösung zuzuführen (Entscheidung), die getroffenen Entscheidungen adressatengerecht zu vermitteln (Darstellung) und auf dieser Basis den eigenen Machterhalt zu sichern.

Um Regierungshandeln erklären zu können, muss man folglich die Institutionen kennen, in denen sich Entscheidungsprozesse vollziehen. Ferner müssen die Orientierungen und Rationalitäten der handelnden Akteure verstanden werden, um den komplexen Prozess des Regierens nach den Kriterien Effektivität und Authentizität bewerten zu können.

Institutionen

Institutionen sollen nachfolgend als Regelsysteme verstanden werden, die Machtressourcen und Handlungskorridore für Akteure vorgeben (Kaiser 2001; Mayntz/Scharpf 1995). Institutionen strukturieren Handlungsalternativen, Konfliktregulierungsmodi und Entscheidungsprozesse. Sie beeinflussen Interessen und Strategien von Akteuren genauso, wie die Qualität sozialer oder ökonomischer Politikergebnisse (Scharpf 2000b). Institutionen und Strukturen sind zentrale Rahmenbedingungen für Politik, aber sie handeln nicht. „Institutionelle Faktoren bilden vielmehr einen stimulierenden, ermöglichenden oder auch restringierenden Handlungskontext" (Mayntz/Scharpf 1995: 59). Es sind Akteure, Individuen oder Gruppen, die innerhalb institutioneller Rahmenbedingungen Entscheidungen fällen oder unterlassen, die kommunizieren und Ziele verfolgen sowie Strategien und Taktiken anwenden. Auf der anderen Seite können Akteure die Institutionen, in denen sie handeln, auch absichtsvoll verändern und gestalten (Mayntz/Scharpf 1995: 45; Czada 1998; Helms 2005). Derartige Veränderungen nehmen Ministerpräsidenten beispielsweise bei der Regierungsbildung, bei Verwaltungsreformen oder durch das Mitwirken an Verfassungsänderungen, wie z. B. der Föderalismusreform, vor. Ob eine Institution primär das politische Handeln prägt oder vielmehr von diesem selber maßgeblich beeinflusst wird, unterscheidet sich abhängig vom jeweiligen Kontext.

Akteure

Akteure zeichnen sich durch Handlungsorientierungen aus (Sabatier 1993). Sie haben Wertvorstellungen von „guter Politik" und besitzen Kausalannahmen über die Funktionsweisen von Politik, Gesellschaft oder Ökonomie. Akteure definieren ihre Ziele und Interessen anhand ihrer Normen und vorgefundener Rahmenbedingungen. Akteursinteressen sind beispielsweise der Erhalt oder Ausbau von Machtressourcen, Autonomie und Wohlstandsgewinnen. Normen bestimmen die über Interessen hinausreichenden Ziele von Akteuren (Korte/Fröhlich 2004: 22-26, 173ff; Mayntz/Scharpf 1995: 54-55), die mit Hilfe von Machtressourcen erreicht werden sollen. Parteien, als besonders wichtige Akteure im politischen Prozess, werden drei grundlegende Ziele zugeschrieben: Stimmenmaximierung, Ämtermaximierung und Politikmaximierung im Sinne der Durchsetzung politischer Programme (v. Beyme 2000: 25). Um Programme umsetzen zu können, benötigen sie politische Macht. So kann das Ziel der Ämter- und Stimmenmaximierung den Interessen und das der Politikmaximierung den Normen von Parteien und ihren individuellen Repräsentanten zugeordnet werden.

Der Begriff Akteur bezieht sich sowohl auf Individuen, als auch auf kollektive bzw. „korporative Akteure" in Form von Organisationen, wie z. B. Parteien, Fraktionen, Interessenverbänden oder Landesregierungen. Individuelle Akteure handeln zumeist als Repräsentanten korporativer Akteure, ohne dass die zu repräsentierende Organisation ihren individuellen Vertretern imperative Mandate auferlegt. Die Handlungsspielräume und Handlungsorientierungen individueller Akteure sind für die Erklärung politischer Entscheidungsprozesse von erheblicher Bedeutung.

Entscheidungspolitik

Entscheidungspolitik meint die Auswahl von Problemlösungen und Steuerungsinstrumenten sowie ihre Durchsetzung im Gesetzgebungsprozess. Regierungen verfügen über unterschiedliche Steuerungsinstrumente, um materielle Ziele zu erreichen. Diese reichen von „harten" direkten Instrumenten (Gebote und Verbote), über „weiche" indirekte Instrumente (z. B. finanzielle Anreize) bis hin zu sehr „weichen" Anreizen (z. B. gesellschaftliche Selbststeuerung) (Görlitz/Burth 1998: 32). Welche Steuerungsinstrumente eingesetzt werden, hängt erstens davon ab, welche Annahmen die Spitzenakteure über die Funktionsweisen von Gesellschaft und Ökonomie besitzen. So neigen Etatisten eher zu direkter Steuerung, während Marktliberale indirekte

Instrumente oder Selbstregulierung bevorzugen. Der Einsatz von Steuerungs-instrumenten ist zudem von den verfügbaren Machtressourcen abhängig. Beispielsweise haben Landesregierungen zur Bekämpfung von Arbeitslosig-keit so gut wie keine eigenen makroökonomischen Kompetenzen. Sie kön-nen weder die Höhe von Leitzinsen oder Steuern bestimmen, noch die Ent-wicklung von Löhnen und Gehältern direkt beeinflussen. Ihnen bleiben Strukturierungsangebote, wie z. B. die Bereitstellung von Infrastruktur. Sie können aber auch Verhandlungen mit Gewerkschaften und Arbeitgebern auf-nehmen, um beispielsweise ein „Bündnis für Arbeit" zu schließen. Außer-dem hat sich gezeigt, dass sich komplexe Probleme der Lösung durch direkte Steuerung entziehen, wenn ihre Instrumente zu grob sind und sich die Adres-saten den Lösungsstrategien widersetzen.

Damit sind wir bei den Durchsetzungsstrategien, die ebenfalls von Machtressourcen abhängen und gleichfalls die Auswahl von Steuerungsin-strumenten beeinflussen. Es lassen sich drei Varianten von Durchsetzungs-strategien unterscheiden: Hierarchie, Mehrheitsentscheid und Verhandlungen bzw. Netzwerkkoordination (Korte/Fröhlich 2004: 179-182).

Hierarchische Entscheidungen folgen der Logik von Autorität und Ge-horsam. Sie sind charakteristisch für administrative Steuerung. Für Regie-rungssteuerung sind hierarchische Entscheidungen von geringer Bedeutung, weil ihre Reichweite auf die engeren Regierungsbehörden begrenzt bleibt. Beispielsweise lässt sich eine Koalition aus mehreren Parteien nicht nach der Logik von Autorität und Gehorsam führen.

Mehrheitsentscheide sind mit hierarchischer Steuerung verwandt und die klassische Entscheidungsform parlamentarischer Demokratien. Die Ver-treter des Souveräns diskutieren Gesetzentwürfe und entscheiden per Mehr-heit über deren Annahme. Aber im Gegensatz zum Trennföderalismus kana-discher oder US-amerikanischer Prägung, gab es bisher für die Länderparla-mente im deutschen Verbundföderalismus nur wenige Politikfelder, in denen sie autonom entscheiden können. Hinzu kommt die Europäische Union, die in den letzten zwei Jahrzehnten eine Vielzahl von Kompetenzen an sich ge-zogen hat. Der Mangel an Alleinzuständigkeiten in der Mehrebenenverflech-tung zwingt regierende Akteure oft zu Verhandlungslösungen in Bund-Länder-Kommissionen oder im Vermittlungsausschuss von Bundestag und Bundesrat. Eine Föderalismusreform soll den Ländern wieder zu mehr Auto-nomie verhelfen. Doch im gewählten Untersuchungszeitraum galt die oben angedeutete „Politikverfechtung" (Scharpf 1976) zwischen Bund und Län-dern noch im vollen Umfang.

Verfehlen direkte oder indirekte Steuerungsinstrumente ihre Wirkung, wird nicht selten zum Verfahren der Netzwerkkoordination gegriffen. Im „Schatten der Hierarchie" (Scharpf 1992: 25) verhandeln Gesetzgeber und Adressaten über Einzelfragen des jeweiligen Politikfeldes. Renate Mayntz (1993) sieht den Vorteil von Netzwerken in der Vermeidung von Dysfunktionalitäten, die sowohl durch Mehrheitsentscheidungen als auch durch reine Marktmechanismen entstehen. Gleichzeitig könnten durch Netzwerkkoordinierung die Vorteile beider Steuerungsmodi kombiniert werden. Aber Verhandlungen und Netzwerkkoordination können auch Nachteile mit sich bringen. Es tritt eine Vielzahl von so genannten Vetospielern auf den Plan, deren aktive Zustimmung für die Umsetzung von Politikentwürfen notwendig ist. Vetospieler sind Akteure, die eine Entscheidung verhindern, maßgeblich beeinflussen oder im Nachhinein abändern können (Tsebelis 1995, 2002; Wagschal 1999: 232). Je mehr Vetospieler an Entscheidungsprozessen beteiligt sind, desto höher ist die Gefahr von Entscheidungsblockaden oder von Kompromisslösungen, die zu Lasten unbeteiligter Dritte gehen. Zu potenziellen Vetospielern in NRW können beispielsweise Parteien zählen, denn Parlamentsfraktionen und Regierungsmitglieder agieren nicht abgekoppelt vom vorparlamentarischen Raum. Kompromisse aus Verhandlungen müssen durch Parlamentsbeschluss in Gesetzesrang erhoben werden. Regt sich in den Regierungsparteien Widerstand, bleiben die Fraktionsmitglieder davon nicht unberührt und notwendige Mehrheiten können in Gefahr geraten. Die Geschlossenheit der eigenen Partei/Fraktion und deren Unterstützung sind für Spitzenakteure zudem eine wichtige Vorbedingung für erfolgreiche Wahlkämpfe. Schließlich werden regierende Akteure vor allem als parteipolitische Akteure wahrgenommen.

Zur Lösung gesellschaftlicher Probleme müssen sich Regierungen in jedem Fall mit anderen Akteuren auseinandersetzen. Die Anzahl der beteiligten Akteure und deren Handlungsorientierungen – kooperativ oder kompetitiv – machen eine Akteurkonstellation aus (Scharpf 2000: 87). Welche der genannten Durchsetzungsstrategien (Interaktionsformen) regierende Akteure anstreben, ist u. a. abhängig von institutionellen Regelsystemen. Diese bieten allen beteiligten Akteuren formale Machtressourcen in Form von Kompetenzen, Zuständigkeiten und Vetopotenzialen. Entscheidungen müssen so vorbereitet werden, dass notwendige Mehrheiten unter den beteiligten Akteuren sicher gestellt sind.

Darstellungspolitik

Bisher haben wir vor allem die Steuerungsaspekte des Regierungshandelns betrachtet. Aber Politikmanagement meint nicht nur die Auswahl geeigneter Problemlösungen und Durchsetzungsstrategien. Politikmanagement beinhaltet immer auch ebenso wichtige kommunikative Komponenten. Darstellungspolitik ist medienvermittelte Politik, die sich dem Gesamtkomplex der symbolischen und öffentlich inszenierten Politik zuordnen lässt. In diesem Ausschnitt der politischen Wirklichkeit gelten für die handelnden Akteure die Wettbewerbsregeln der medialen Öffentlichkeit (Sarcinelli 1987; Ders. 2005; Korte/Fröhlich 2004: 258ff).Wir haben oben Akteure als Individuen oder Gruppen charakterisiert, die Werte und Kausalannahmen besitzen. Diese verleihen ihnen Identität und dienen ihnen als Kompass für sinnhaftes Handeln. Für regierende Akteure folgt daraus die Notwendigkeit, ihr Handeln an Normen und Wertvorstellungen ihrer Parteien und Wählergruppen rückzukoppeln, um Unterstützung zu sichern. Unterstützung und Zustimmung für Politiker werden durch Kommunikation hergestellt (Sarcinelli 1998: 547; Ders. 2005). Das vielfältige Regierungshandeln „zu einer kommunizierbaren, anschlussfähigen und sinnfälligen politischen Linie zu verdichten und gewissermaßen zu veredeln" (Mielke 2003: 128), gehört somit zu den besonderen Herausforderungen eines erfolgreichen Politikmanagements. Bodo Hombach, langjähriger Berater von Johannes Rau und ehemaliger NRW-Wirtschaftsminister, variiert diesen Gedanken, indem er darauf hinweist, dass „Formulierung und Kommunikation der politischen Entscheidungen zwei Seiten einer Medaille" sind (Hombach/Becker 1989: 40). Darstellungspolitik ergänzt und begleitet die Entscheidungspolitik durch Botschaften und Deutungsmuster. Darstellungspolitik ordnet im Idealfall die Entscheidungen und Problemlösungsstrategien einer Regierung in den Zusammenhang von Wert- und Konfliktorientierungen der anvisierten Zielgruppen ein.

1.3 Forschungsprogramm: Politische Systemlehre und akteurszentrierte Regierungslehre

Welche strukturellen Handlungskorridore bietet das politische System Nordrhein-Westfalens den Ministerpräsidenten konkret? Dieser Frage wird im zweiten Teil der Analyse in vier Unterkapiteln nachgegangen, in denen wir das politische System des Landes charakterisieren.

Bürger und Staat

Der Wettbewerb um Legitimation erfolgt vor dem Hintergrund der politischen Kultur als Summe subjektiver Einstellungen, Meinungen und Normen aller Bürger zum politischen System (Korte/Fröhlich 2004: 105-114; Florack 2005: 16-35). Politische Kultur in Deutschland ist regional sehr unterschiedlich ausgeprägt. Als Ausdruck historischer Konflikte und Kräfteverhältnisse kennzeichnet sie beispielsweise in Bayern (Kießling 2004: 56-64) oder Rheinland-Pfalz (Sarcinelli/Falter/Mielke 2000) andere Merkmale als in Nordrhein-Westfalen (Kapitel 2.1).

Politische Prozesse können nicht mit einem „Top-Down-Modell" beschrieben werden, in dem Regierungen Entscheidungen verkünden, welche die Bürger zur Kenntnis nehmen und am Wahltag bewerten. Bürger versuchen fortlaufend an politischen Entscheidungen teilzuhaben, um ihre Interessen und Werte einzubringen. Sie schließen sich zu Interessenverbänden zusammen, gründen Bürgerinitiativen oder engagieren sich in Parteien. In diesem Wettbewerb um die Verwirklichung von Interessen nehmen die Medien eine zentrale Position ein, indem sie als Filter, Vermittler und Agenda-Setter wirken. Die Medienlandschaft in Nordrhein-Westfalen ist somit eine wichtige strukturelle Rahmenbedingung für das Regieren im größten deutschen Bundesland. Die politische Kultur Nordrhein-Westfalens stellt in Form von Einstellungen und Vorstellungen der Bürger die Hintergrundfolie zum politischen System dar.

Parteiensystem, Wahlen und Wählerverhalten

Den Entwicklungslinien der parteipolitischen Kräfteverhältnisse widmet sich das Unterkapitel „Parteien und Wahlen" (Kapitel 2.2). Anhand des Wählerverhaltens und der daraus folgenden Stärke einzelner Parteien mitsamt ihren Koalitionsoptionen lassen sich vier Entwicklungsphasen des nordrhein-westfälischen Parteiensystems unterscheiden. Zudem wird das Wahlsystem in NRW dargestellt.

Kernbereiche des Regierungssystems

Das formale Institutionengefüge in Nordrhein-Westfalen steht im Mittelpunkt des Unterkapitels „Kernbereiche des Regierungssystems" (Kapitel
2.3). Nach einer kurzen Einführung zur Entstehung der NRW-Landesver-
fassung stellen wir die Funktionen und Kompetenzen von Landtag, Landesregierung und Landesverfassungsgericht vor und beschreiben die Beziehungen der Verfassungsorgane untereinander. Besondere Berücksichtigung findet aufgrund des besonderen Erkenntnisinteresses dieses Buches die verfassungsrechtliche Rolle des Ministerpräsidenten und die Funktion der Staatskanzlei. Außerdem gilt unser Interesse den direktdemokratischen Elementen
der Landesverfassung.

Strukturmerkmale des Regierens

Die formalen Verfassungsinstitutionen bilden jedoch nur eine Dimension der
strukturellen Rahmenbedingungen des Regierens. Landespolitik ist in erheb-
lichem Maße von Entscheidungen auf der bundespolitischen bzw. europäischen Ebene abhängig, auf die sie ihrerseits Einfluss zu nehmen sucht. Hinzu
kommt eine Dimension rechtlich nicht fixierter Regelsysteme und Akteurskonstellationen, die dem Regieren eine besondere Dynamik verleihen. Wir
werden diese drei Dimensionen verbinden und als „Strukturmerkmale des
Regierens" (Kapitel 2.4) konzeptualisieren. Damit wird ein Modell entwickelt, welches das komplexe Zusammenspiel der Vielzahl von Akteuren und
Institutionen systematisiert und mit dessen Hilfe wir in Kapitel 3 („Politikmanagement der Ministerpräsidenten") die Regierungsstile der vier Ministerpräsidenten analysieren werden. Mit der Ministerpräsidentendemokratie,
der Verhandelnden Wettbewerbsdemokratie, der Parteiendemokratie sowie
der Koalitions- und der Mediendemokratie werden insgesamt fünf Strukturmerkmale herausgearbeitet, die zum Teil sehr unterschiedliche Anforderungen an einen Ministerpräsidenten stellen, ihm aber gleichzeitig auch Machtressourcen zur Verfügung stellen. So können beispielsweise Vetospieler aus
der Parteien- oder Verhandelnden Wettbewerbsdemokratie durch geeignete
Kommunikationsstrategien in der Mediendemokratie neutralisiert werden.
Wichtig ist in diesem Zusammenhang, dass eine Entscheidungs- oder Dar-
stellungsstrategie im Hinblick auf ein bestimmtes Strukturmerkmal Rückwirkungen auf die verfügbaren Machtressourcen aus einem anderen Strukturmerkmal haben kann. So kann Polarisierung nach außen zur Geschlossenheit der eigenen Partei beitragen, erschwert aber möglicherweise die Kom-

promissfindung in Verhandlungen über Problemlösungen mit dem Koalitionspartner. Dieser Verschränkung von Sach- und Machtfragen entspricht unser Analysemodell, indem wir das Politikmanagement der Ministerpräsidenten als Verbindung von Entscheidungs- und Darstellungspolitik unter den Bedingungen der fünf Strukturmerkmale des Regierens operationalisieren.

Abbildung 1: Politikmanagement

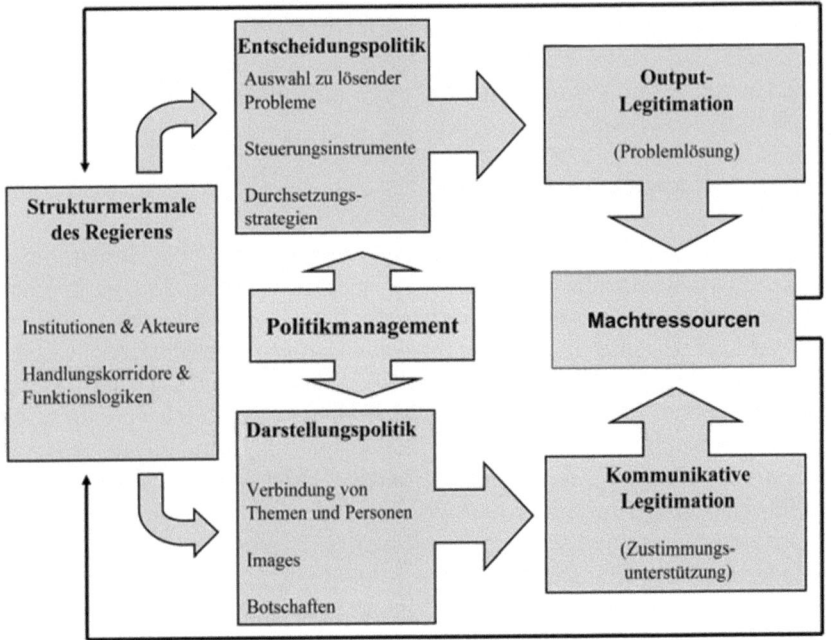

Eigene Darstellung

Das Politikmanagement der Ministerpräsidenten macht den Schwerpunkt unserer Analyse des Regierens in Nordrhein-Westfalen aus. Die Vergleichsebene der einzelnen Regierungsstilanalysen bilden zum einen die für jede Regierung obligatorisch wiederkehrenden Handlungssituationen, die den beteiligten Akteuren aber gleichermaßen jeweils eigene Gestaltungsspielräume eröffnen. Derartige Handlungssituationen sind Wahlkämpfe und Wahlkampfstrategien, Koalitionsverhandlungen und Regierungsbildung sowie die Regierungserklärungen zu Beginn einer Legislaturperiode.

Zum anderen werden Entscheidungsprozesse und Darstellungsstrategien anhand von Schlüsselentscheidungen in ausgewählten Politikfeldern analysiert. Im Fokus des Erkenntnisinteresses steht dabei stets die Wechselwirkung zwischen den Handlungsanforderungen der Strukturmerkmale des Regierens und den gestaltbaren Handlungskorridoren der individuellen und kollektiven Akteure.

Wahlkämpfe und Wahlkampfstrategien

Wahlkämpfe und Wählerverhalten geben Aufschluss über die in der Landespolitik dominanten Themen, Probleme und Konflikte. Sie ermöglichen ferner einen ersten Überblick über die Machterhaltungs- und Machterwerbsstrategien der regierenden und opponierenden Akteure. Die Potenziale und Grenzen von Darstellungspolitik treten in Wahlkampfzeiten in Reinform zutage und drängen sich für eine Analyse geradezu auf. In Wahlergebnissen spiegelt sich zudem der Erfolg oder Misserfolg des Regierungshandelns in der Bewertung durch die Bürger wider. Nicht zuletzt folgt aus dem jeweiligen Wahlergebnis die Verteilung institutioneller Machtressourcen und damit eine der wichtigsten strukturellen Rahmenbedingungen für das Regierungshandeln in der nachfolgenden Legislaturperiode.

Koalitionsverhandlungen und Regierungsbildung

Gegebenenfalls notwendige Koalitionsverhandlungen zeigen die zu erwartenden Muster der Konsensbildung und Konfliktmoderation zwischen den beteiligten Parteien. Koalitionsvereinbarungen dokumentieren zum einen die inhaltlichen Prioritäten der Regierungskoalition und zum anderen die festgelegten informellen Regelsysteme der Konfliktregulierung. Inhaltliche Gemeinsamkeiten und mögliche Sollbruchstellen werden sichtbar. Ein Vergleich des Koalitionsvertrages mit den Wahlprogrammen der Koalitionspartner lässt Rückschlüsse auf den Einfluss der jeweiligen Partei hinsichtlich des zu erwartenden Regierungshandelns zu.

Die Regierungsbildung wiederum gibt Auskunft über das Gewicht verschiedener Parteiflügel, parteinaher Verbände und Organisationen sowie über die institutionelle Macht konkurrierender Gruppen und Einzelakteure.

Regierungserklärungen

Mit der „großen Regierungserklärung" (Korte 2002) zu Beginn einer Legislaturperiode legt der Ministerpräsident das Gesamtprogramm seiner Regierung für die kommenden fünf Jahre vor. Mit der Vorstellung des anstehenden Entscheidungspakets (Themen, Politikfelder, Problemlagen) markiert sie den politischen Handlungsspielraum und das Selbstverständnis der Regierung. Die große Regierungserklärung ist Ausdruck der Richtlinienkompetenz des Ministerpräsidenten und damit eine Vorfestlegung des Handlungsspielraums von Partei, Fraktion und Koalition. Bis zum Ende der Legislaturperiode kann der Regierungschef mit Verweis auf seine Regierungserklärung potenzielle Widersacher disziplinieren. Neben dem Koalitionsvertrag fungiert sie zudem als Leitfaden für Entscheidungsvorlagen der Ministerialbürokratie.

Die Symbiose von Darstellungs- und Entscheidungspolitik kommt in den Inhalten und im Entstehungsprozess der großen Regierungserklärung paradigmatisch zum Vorschein. Mögliche Reaktionen anderer werden schon in der Formulierungsphase antizipiert und bei der Steuerung des eigenen Handelns berücksichtigt. So drückt sich in der politischen Rede kommunikative Macht aus. Die Thematisierungskompetenz ist zugleich politische Führungskompetenz.

Beiträge zur Regierungserklärung entstammen den einzelnen Fachressorts, dem Koalitionsvertrag und Beiträgen externer Berater. Auch demoskopische Daten können sich in den zentralen Begriffen und Leitthemen der Erklärung niederschlagen. Nichtsdestotrotz tragen sie die individuelle Handschrift des Ministerpräsidenten und geben Aufschluss über seinen Regierungsstil. Themengewichtung und die Präzision der Aussagen zeigen Konfliktpotenziale und Konfliktlinien in Koalition, Fraktion und Partei auf. Unmittelbare Reaktionen deuten auf die Darstellungskompetenzen des Regierungschefs hin.

Politikmanagement am Beispiel von Schlüsselentscheidungen

Das Politikmanagement der Ministerpräsidenten wird schließlich am Beispiel materieller Schlüsselentscheidungen illustriert. Schlüsselentscheidungen zeichnen sich durch eine besondere Reichweite aus, indem sie große Bevölkerungsteile betreffen oder ein hohes gesellschaftliches Konfliktniveau aufweisen. Es handelt sich um Richtungsentscheidungen, die ein Mindestmaß an Innovation und Publizität aufweisen (v. Beyme 1997: 66-67; Helms 1997: 120-121; Zohlnhöfer 2001: 15). Ferner richtet sich die Auswahl von Schlüsselentscheidungen nach den von den Ministerpräsidenten selbst gewählten oder ihnen von Dritten aufgezwungenen Prioritäten. Die von uns ausgewählten Entscheidungsprozesse betreffen die Energiepolitik unter Johannes Rau, die Medienpolitik und die Verwaltungsreformen unter Wolfgang Clement, die Verkehrs- und Finanzpolitik unter Peer Steinbrück sowie die Schul- und Bildungspolitik unter Jürgen Rüttgers.

Die Analyse der Entscheidungsprozesse zielt auf die Willensbildung über den Einsatz von Steuerungsinstrumenten und Durchsetzungsstrategien vor dem Hintergrund struktureller Imperative. Wir fragen nach dem Einfluss beteiligter Akteure und nach Entscheidungsgrundlagen und Verhandlungsrationalitäten des jeweiligen Ministerpräsidenten. Die genannten Politikfeldanalysen werden zum einen das Verhältnis von strukturellen und personellen Faktoren des Regierungshandelns in Nordrhein-Westfalen in ihren Mittelpunkt rücken. Zum anderen werden die begleitenden Botschaften und Deutungsangebote der Darstellungspolitik sowie ihre jeweiligen Adressaten das Erkenntnisinteresse leiten. Diese einzelfallorientierten Schlüsselentscheidungsanalysen sollen beispielhaft die für die jeweiligen Ministerpräsidenten charakteristischen Merkmale des Politikmanagements illustrieren.

1.4 Methode und Quellen

Die Regierungsstilanalysen charakterisiert ein qualitatives Forschungsdesign. Die zugrunde liegende Datenbasis besteht aus wissenschaftlichen Analysen der Sekundärliteratur, Landtagsdrucksachen und Plenarprotokolle, Verlautbarungen der politischen Parteien, einer systematische Auswertung der Presseberichterstattung zwischen 1989 und 2006 sowie einer Vielzahl von Experteninterviews mit beteiligten Akteuren.

Insbesondere die im ersten Schritt erfolgte Auswertung der Presseberichterstattung ist eine äußerst gewinnbringende Methode, wie bereits Arnulf Baring (1982: 16) feststellte: „Immer wieder ist man verblüfft, was alles in die Öffentlichkeit dringt und irgendwo publiziert wird. Wenn man Zeitungen nicht nur (...) noch halb verschlafen beim Kaffeetrinken überfliegt und dann wegwirft, sondern systematisch und vergleichend auswertet, dann liefert eine solche Analyse das Rückgrat jeder zeitgeschichtlichen Darstellung. "Von besonderem Vorteil in dieser Hinsicht waren die breit gefächerte Presselandschaft Nordrhein-Westfalens sowie die Beachtung der nordrhein-westfälischen Landespolitik durch überregionale Tages- und Wochenzeitungen. Zwar findet die Landespolitik allgemein eine eher nachrangige Beachtung in der Medienberichterstattung, dieser strukturelle Nachteil konnte jedoch weitgehend durch die große Zahl der in den Blick genommenen Presseerzeugnisse ausgeglichen werden. So ergab sich trotz tendenzieller medialer Unterbelichtung ein differenziertes Bild. Durch den Vergleich zahlreicher Pressebeiträge konnten zudem quellenkritische Gewichtungen vorgenommen werden.

Die gezielte Hinzunahme weiterer Dokumente, wie beispielsweise Plenarprotokolle und Landtagsdrucksachen, konnte in einem zweiten Schritt fortbestehende Lücken füllen. Vor allem für die Analyse von Schlüsselentscheidungen stellte dieses Material eine hilfreiche Ergänzung dar. In Teilen konnten wir hier auch auf bereits existierende Sekundäranalysen zurückgreifen.

Die durch diese Analyse der Presseberichterstattung und zugänglicher Dokumente gewonnenen Erkenntnisse wurden in einem dritten Schritt durch narrative Experteninterviews überprüft und ergänzt. Diese Perspektivenverschiebung ermöglichte zudem die erweiterte Quellenkritik. Darüber hinaus gelangen uns so auch Einblicke in die „Hinterhöfe der Macht", in interne Entscheidungsabläufe und das von Medien und Politikwissenschaft oft vernachlässigte Arbeits- und Alltagsgeschäft des Regierens in Nordrhein-Westfalen.

2 Politisches System: Politische Kultur, Akteure, Institutionen

Die Bürger legitimieren das Regieren. Der offene Wettbewerb um Ämter und Macht muss immer auch hinreichend Raum für politische Partizipation gewährleisten. Sie sind nicht nur Objekte der Politik und des Regierungshandelns. Die Bürger sind auch aktive Teilnehmer im Politikprozess und üben somit direkten Einfluss aus. Erst durch ein aktives Partizipationsverhalten wird der in der Landesverfassung fixierte institutionelle Rahmen mit Leben gefüllt. Dies geschieht beispielsweise durch die Teilnahme an Wahlen oder Referenden, durch aktives politisches Engagement in Parteien und Interessenverbänden, aber auch durch die Berücksichtigung politisch-kultureller Orientierungen und Einstellungsmuster durch politische Akteure. Eine Darstellung von Strukturen und Prozessen des Regierens in NRW muss daher zwangsläufig das Verhältnis zwischen Bürgern und politischem System ins Blickfeld rücken sowie spezifischen nordrhein-westfälischen Charakteristika Rechnung tragen.

Die politische Kultur des Landes bildet folglich die Hintergrundfolie für den im politischen System angelegten institutionellen Rahmen. Bevor wir uns den Institutionen zuwenden, rücken wir daher die Beantwortung folgender Fragen in den Mittelpunkt der Darstellung: Unter welchen gesellschaftlichen Rahmenbedingungen finden Politik und Regieren in NRW statt? Wodurch ist das Verhältnis zwischen Bürgern und staatlichen Institutionen und Akteuren gekennzeichnet? Welche Konsequenzen ergeben sich daraus für zentrale Elemente des politischen Systems wie die Parteien, organisierte Interessen und Wahlen? Wie partizipieren die Bürger an politischen Entscheidungsprozessen? Welche Folgen haben diese Aspekte insgesamt für die Legitimität, Wirksamkeit und Akzeptanz von Politik und Regierungshandeln?

Antworten auf diese Fragen zu geben, verlangt zunächst die politische Kultur des Landes nachzuzeichnen (Kapitel 2.1). Politische Kultur beinhaltet neben längerfristig wirksamen politisch-kulturellen Orientierungen und Vorstellungsmustern auch Aspekte der Landesidentität und des Landesbewusstseins. Ferner sind auch die Medienlandschaft und die organisierten Interessen indirekter Ausdruck der politischen Kultur in NRW. Als intermediäre Strukturen haben unzweifelhaft die politischen Parteien eine herausragende Stellung inne. Daher werden in einem nächsten Schritt die Entwicklung des Parteiensystems, das Wahlsystem und das Wählerverhalten näher beleuchtet (Kapitel 2.2). Im dritten Teilkapitel wird der institutionelle Rahmen dargestellt, den die Landesverfassung vorgibt (Kapitel 2.3). Im abschließenden Unterkapitel werden im Sinne einer originären Regierungslehre die Verbindungen zwischen formellen und informellen Regelsystemen als Strukturmerkmale des Regierens konzeptualisiert (Kapitel 2.4).

2.1 Bürger und Staat: Einstellungen, Interessen, politische Beteiligung

Politische Kultur und Landesbewusstsein

Mit dem Begriff der politischen Kultur rücken Einstellungen und Grundorientierungen der Bürgerinnen und Bürger ins Blickfeld, soweit sie den Bereich des Politischen betreffen. Damit tritt neben die formellen politischen Institutionen ein subjektiver Aspekt des Politischen (Glaab/Korte 1999: 642, vgl. Glaab/Kießling 2001). Institutionen und politisch-kulturelle Orientierungen existieren nicht unabhängig voneinander. Vielmehr bedingen und verstärken sie sich gegenseitig. Mit anderen Worten: „Genau wie die ‚polity' einerseits kulturelle Muster erzeugt, beeinflusst und verändert, wirken politische Orientierungen und Werthaltungen auf diese Strukturen zurück" (Korte/Fröhlich 2004: 104f). Bürger und politische Akteure stehen in einem dynamischen Wechselverhältnis, in welchem die politischen Akteure innerhalb des institutionellen Rahmens („polity") agieren, diesen im Zuge des politischen Prozesses („politics") ausfüllen und zugleich an politische Strukturen und politisch-kulturelle Wertvorstellungen der Bürger rückgebunden sind. Insofern kann von einem zweiseitigen Prozess gesprochen werden (Thumfart 2001: 6), dem gerade in demokratisch verfassten politischen Systemen eine besondere Bedeutung zukommt.

Der Begriff der politischen Kultur umfasst grundsätzlich die Summe aller politisch relevanten Einstellungen, Vorstellungen, Meinungen und Wertorientierungen innerhalb einer Bevölkerung zu einem bestimmten Zeitpunkt.

Politische Kultur setzt sich damit, der klassischen Definition von Almond und Verba (1963: 15) folgend, aus „kognitiven", „affektiven" und „evaluativen Orientierungen" zusammen. Damit sind sowohl „Kenntnisse und Meinungen über politische Realität", als auch „Gefühle über Politik und politische Werthaltungen" gemeint (Almond 1987: 29).

Legt man diese Definition zugrunde, folgen daraus notwendigerweise Schwierigkeiten für eine Darstellung politischer Kultur in einem einzelnen Bundesland. In diesem Zusammenhang formulierte Karl Rohe (1984: 15) die Frage, ob man für Nordrhein-Westfalen tatsächlich von einer klar abgrenzbaren politischen Kultur sprechen könne. Unterscheiden sich politisch-kulturelle Grundorientierungen in Nordrhein-Westfalen von denen anderer Bundesländer und der Bundesrepublik insgesamt? Sind nicht vielmehr Regional- und Ortskulturen vorherrschend, die politisch-kulturelle Muster auf Landesebene überlagern (hierzu auch Dörner 2001: 68)? Zudem wirft die Frage nach einer nordrhein-westfälischen politischen Kultur die Frage auf, ob Aspekte der Landesidentität und des Landesbewusstseins als unmittelbarer Bestandteil politischer Kultur behandelt werden können. Landesbewusstsein wird hier verstanden als „kollektive Identität der Menschen, die diese aufgrund gemeinsamer historischer Erfahrungen, sozioökonomischer Rahmenbedingungen und politischer Ausrichtungen erworben, ja ‚erlebt' haben" (v. Alemann/Brandenburg 2000: 63). Für das „Bindestrich-Land" NRW waren Fragen des Landesbewusstseins jahrzehntelang konstitutiv, da es eine historisch gewachsene, gemeinsame Landesidentität schlichtweg nicht gab. Daher sind erst durch die kombinierte Betrachtung von politischer Kultur und Fragen der Landesidentität Rückschlüsse auf landesspezifische Eigenarten und ihre Bedeutung für das Regieren in NRW möglich. Während die politische Kultur in NRW damit notwendigerweise in für die ganze Bundesrepublik identifizierbare Wertorientierungen eingebettet ist, lassen sich dennoch landesspezifische Unterschiede herausarbeiten und damit praktische Konsequenzen für Landespolitik skizzieren.

Mit einem Problem sieht sich die politische Kulturforschung für Nordrhein-Westfalens jedoch schon seit langem konfrontiert: Schon vor über 20 Jahren bemängelte Karl Rohe (1984: 14), es stünden aufgrund mangelnder Umfragedaten kaum empirische Grundlagen zur Verfügung. Daran hat sich bis heute nur wenig geändert. Versteht man politische Kultur jedoch vor allem als „tiefer liegende Vorstellungen bzw. Grundannahmen über die politische Welt, die längerfristig wirksam und von den konkreten Situationsbedingungen relativ unabhängig sind" (Dörner 2001: 67), können durchaus einige Grundmuster identifiziert werden. Der Darstellung dieser politisch-kulturellen Traditionslinien (Rohe 1984: 16) wird zunächst die Dimension des Landesbewusstseins vorangestellt. Besondere Beachtung finden hierbei Beiträge landespolitischer Akteure, die Herausbildung einer Landesidentität aktiv zu befördern.

Landesbewusstsein

„Es ist furchtbar, aber es geht", so überspitzt betitelten die beiden Kabarettisten Jürgen Becker und Rüdiger Hoffmann 1997 ihr gemeinsames Kabarettprogramm zur Beschreibung des Zusammenlebens von Westfalen und Rheinländern im gemeinsamen Bundesland. Die satirische Zuspitzung verweist auf ein typisches Kennzeichen des Landes – den künstlichen Charakter seiner Neugründung. Anders als historisch gewachsene Bundesländer, wie beispielsweise Bayern, zeigt sich bereits im Namen das politisch verbindende und gleichzeitig kulturell trennende Element zwischen zwei unterschiedlichen Landesteilen: der „Strich" (Köhler 1986: 171; ausführlicher Rohe 1984: 16ff). Mit dem prosaischen Bild eines Landesbewusstseins „als Sehnsucht" (Köhler 1986) drückt sich ein gefühlter Mangel aus, der durch die Stärkung einer landeseigenen Identität zu beheben sei. Der trennende Charakter des „Bindestrichs" fand schnell Eingang in das Problembewusstsein der Landespolitiker. Die Etablierung einer landeseigenen Identität wurde von unterschiedlichen Seiten als Ziel formuliert, wenn auch mithilfe unterschiedlicher Instrumente verfolgt. Dabei können, so von Alemann und Brandenburg (2000: 64ff), grundsätzlich zwei Phasen unterschieden werden:

In einer ersten Phase von den 1950er bis zur Mitte der 1970er Jahre sollte das nordrhein-westfälische Landesbewusstsein mit traditionellen Mitteln der Repräsentation gestärkt werden. Hier sind vor allem die Bemühungen von Ministerpräsident Franz Meyers (CDU) zu nennen. Mithilfe symbolischer Instrumente wie Landesorden, Landeshymne und Landeswappen sollte der künstliche Charakter des Landes überwunden und das Zusammengehörigkeitsgefühl seiner Bürger gestärkt werden (Schnelling-Reinicke 1996). Zudem wurde eine öffentliche Debatte über den Namen des Bundeslandes geführt, in deren Verlauf u. a. „Montana" als neuer Landesname vorgeschlagen wurde – als Symbol für Kohle und Stahl sowie die Wälder des Bergischen Landes oder der Eifel (v. Alemann 2001). Diese auf Repräsentation abzielenden Versuche blieben jedoch weitgehend ohne Resonanz, wie eine im Auftrag des Landes durchgeführte Umfrage des Instituts infratest dimap ergab (v. Alemann/Brandenburg 2000: 69).

In der zweiten Phase seit Anfang der 1980er Jahre bediente sich die Politik diverser Marketinginstrumente, um zu einer Corporate Identity des Landes beizutragen. Diese Bemühungen gingen maßgeblich auf Ministerpräsident Johannes Rau zurück, der in seiner Regierungserklärung 1985 exemplarisch hervorhob: „Wir in Nordrhein-Westfalen wissen: Wir leben in einem schönen und starken Land. Wir sind fast 17 Millionen Menschen. Unsere Herkunft ist unterschiedlich, unsere Zukunft ist gemeinsam. Wir leben gerne hier. Vielfalt ist unsere Stärke. Wir sind stolz auf unsere Heimat" (zit. nach v. Alemann/Brandenburg 2000: 70). Symbolisch aufgenommen wurde diese Initiative im Slogan „Wir in Nordrhein-Westfalen" sowie im neuen farbigen Design der NRW-Buchstaben (v. Alemann 2001; Hebecker 1995; siehe auch Bleier 2000: 55ff).

Ein maßgeblicher Beitrag zur Stärkung eines nordrhein-westfälischen Identitätsgefühls kann zusätzlich einem originär nicht-politischen Akteur zugeschrieben werden – dem Westdeutschen Rundfunk (WDR). Bereits Ministerpräsident Karl Arnold (CDU) hatte bei der Schaffung der landeseigenen Rundfunkanstalt 1954 – sie ging aus dem bis dahin gemeinsam mit Niedersachsen getragenen Nord-Westdeutschen Rundfunk (NWDR) hervor – die identitätsstiftende Bedeutung für das neu gegründete Nordrhein-Westfalen im Blick (Köhler 1986). Die Gründung des WDR erschien damit als eine Art „zweite Souveränitätserklärung" des Landes (v. Alemann/Brandenburg 2000: 72). Die herausragende Rolle des WDR für das Landesbewusstsein ergab sich nicht zuletzt aus der zerklüfteten Presselandschaft Nordrhein-Westfalens. Angesichts des Mangels an überregionalen Zeitungen wurde der WDR mit seinem landesweiten Programm zur massenmedialen Klammer für die unterschiedlichen Landesteile. In einem „Bindestrich-Land mit Trennstrich-Presse", so der langjährige WDR-Journalist Friedrich Küppersbusch (zit. nach v. Alemann/Brandenburg 2000: 73), schuf erst das landesweite Fernseh- und Radioprogramm ein öffentliches Forum für Themen der Landespolitik. Neben der Kommunal- und der Bundespolitik erhielt damit auch die Landespolitik ein massenmediales Forum. Zugleich bildet der WDR mit seinen Regionalfenstern und lokalen Programmelementen die fortbestehende Vielfalt des Landes ab. Somit liegt die Vermutung nahe, „der WDR ha[be] vielleicht für das gemeinsame Bewusstsein seiner Landeskinder mehr getan als alle politischen Institutionen oder Werbekampagnen zusammengenommen" (v. Alemann/Brandenburg 2000: 72; vgl. Köhler 1986: 179-180).

Anders als noch Karl Rohe (1984: 31), der lediglich ein auf „Respekt und Anerkennung beruhendes nordrhein-westfälisches Staatsbewusstsein" für möglich hielt, stellten von Alemann und Brandenburg (2000: 24) mehr als 15 Jahre später die These auf, „ein Land ha[be] sich gefunden, ja neu erfunden". Aus dem „Trennstrich-Land" sei damit nun endgültig das „Bindestrich-Land" Nordrhein-Westfalen geworden.

Neben dieser „Bindestrich-Kultur" hat sich in Nordrhein-Westfalen zudem eine eigenständige Ruhrgebietskultur entwickelt, die verstärkt in zahlreichen Initiativen, Arbeitskreisen und Projekten ihren Ausdruck fand. Spielte bei Rheinländern, Westfalen und Lippern das landsmannschaftliche Moment eine konstitutive Rolle, so war das verbindende Element der Region Ruhrgebiet untrennbar mit der industriellen Entwicklung verzahnt. Das zunächst rapide industrielle Wachstum der Region und der nachfolgende Strukturwandel ließen eine pragmatische Kultur entstehen, die auch schwierigsten sozialen und ökonomischen Situationen trotzte. Sie wurde und wird von Kabarettisten wie Herbert Knebel und Atze Schröder karikiert, von Filmemachern wie Peter Thorwarth und Sönke Wortmann in Filmen verewigt und von Sängern wie Herbert Grönemeyer besungen. Das Ruhrgebiet blieb jedoch verwaltungstechnisch dreigeteilt und so verlaufen durch die Mitte des Reviers die Grenzen der drei Regierungsbezirke Arnsberg, Münster und Düsseldorf. Überlegungen der neuen schwarz-gelben Landesregierung zur Gründung dreier Regionalpräsidien im Zuge einer umfassenden Verwaltungsreform, tragen der Eigenständigkeit des Ruhrgebiets Rechnung: Eine eigenständige Verwaltungseinheit ist geplant (Koalitionsvereinbarung 2005: 10).

Politisch-kulturelle Traditionslinien

Trotz dieses erst schrittweise ausgeprägten Landesbewusstseins lassen sich einige umfassende politisch-kulturelle Grundmuster für Nordrhein-Westfalen herausarbeiten (vgl. nachfolgend Dörner 2001: 69-73):

Erstens ist eine besondere „Kooperationskultur" erkennbar: Gerade der Bindestrich-Charakter des Landes hat die besondere Betonung von Kooperation und Konsens in Nordrhein-Westfalen verstärkt. In unmittelbarer geografischer Nähe, nirgendwo so deutlich sichtbar wie im Ruhrgebiet, verteilen sich unterschiedliche gesellschaftliche, politische und kulturelle Milieus. Das weitgehende Fehlen homogener Großräume hat dazu beigetragen, eine Kultur der pragmatischen Kooperation herauszubilden. Diese Traditionslinie hat auch politisch ihre Spuren hinterlassen. „Kennzeichen [der Landespolitik] ist eine grundsätzliche Neigung, auch bei eindeutigen Mehrheitsverhältnissen auf Kooperation statt Konflikt, auf Konsens statt Dissens und auf Konkordanz statt Konkurrenz zu setzen" (Dörner 2001: 71). Jedoch könnten hier jüngere gesellschaftliche Veränderungsprozesse wirkungsmächtig werden.

Angesichts veränderter Wählermärkte könnte sich in Zukunft eine stärkere Wettbewerbsorientierung durchsetzen und damit die vorhandene Konsensorientierung durch eine stärkere Konkurrenzorientierung ergänzt werden. Zweitens kann angesichts einer deutlich erkennbaren sozialen Traditionslinie zudem von einer ausgeprägten „Sozialkultur" gesprochen werden (Rohe 1984: 29; Kleinfeld/Löbler 1993: 82). Die überragende Bedeutung sozialpolitischer Fragen zeigt sich in der lagerübergreifenden Beachtung dieses Themenkomplexes. Politisch fand die Sozialkultur ihren konkreten Ausdruck beispielsweise im Modell des „rheinischen Kapitalismus" (Rohe 1984: 29). Die Ablehnung eines rein marktwirtschaftlich orientierten Kapitalismus ging mit einer starken sozialpolitischen Orientierung aller politischen Lager und Milieus einher. Die Ankündigung von Ministerpräsident Rüttgers, wirtschaftliche Vernunft mit sozialer Gerechtigkeit in Einklang bringen zu wollen, signalisiert, dass es sich hierbei keineswegs nur um eine sozialdemokratisch geprägte Traditionslinie handelt.

Als drittes Grundmuster lässt sich eine ausgeprägte „Integrationskultur" feststellen. Diese zeigte sich deutlich bei der Integration zahlreicher Migrantengruppen, die in Nordrhein-Westfalen verhältnismäßig reibungslos vonstatten ging. Damit verbundene soziale Konflikte wurden relativ erfolgreich aufgefangen. Hier zeigt sich zudem eine Verbindungslinie zur Kooperationskultur, denn die zersplitterte Milieustruktur innerhalb des Landes machte es ebenfalls leichter, neu hinzukommende Milieus zu integrieren.

Die vierte Traditionslinie der „Bürgerkultur" bezeichnet die stark ausgebildete Komponente bürgerlicher Selbstorganisation und Selbstverwaltung. Ausdruck dessen sind sowohl etablierte Vereinsstrukturen als auch kirchlich geprägte politische Großorganisationen. Durch dieses vergleichsweise hohe Maß an kulturell verankerter Selbstorganisation erschien NRW damit „westlicher" als andere Bundesländer (so Rohe 1984: 30). Zugleich war die Bürgerkultur rückgebunden an eine fünfte Dimension – die Organisationskultur. In der Regel waren für die bürgerliche Selbstverwaltung gesellschaftliche Großorganisationen maßgebliche und treibende Akteure.

Die fünfte Traditionslinie der „Organisationskultur" unterstreicht schließlich das besondere Gewicht organisierter Interessen als wichtiges Kennzeichen nordrhein-westfälischer politischer Kultur. So lässt sich für NRW „eine historisch begründete Tradition politischer, gesellschaftlicher und kirchlicher Selbstverwaltung" nachweisen (Kleinfeld/Löbler 1993: 82; vgl. Rohe 1984). Den institutionellen Akteuren kommt bei der Interessenartikulation der Bürger gegenüber dem politischen System eine besondere Bedeutung zu. Durch ihre gesellschaftliche Bindungswirkung tragen organisierte Interessen damit demokratietheoretisch betrachtet zu politischer Stabilität und Kontinuität bei. Zugleich ist in ihnen eine notwendige Voraussetzung für korporatistische Politikmuster angelegt. Angesichts der tendenziell sinkenden Bindungswirkung organisierter Interessensverbände wie Verbände und Gewerkschaften im Zuge gesellschaftlicher Veränderungsprozesse ist diese politisch-kulturelle Grundlinie jedoch potenziell bedroht (Dörner 2001: 69f). Dennoch: Regieren in NRW ist ohne die Berücksichtigung organisierter Interessen schlichtweg nicht vorstellbar.

Organisierte Interessen

Zwischen dem einzelnen Bürger und den staatlichen Institutionen finden sich organisierte Interessen als vermittelnde, intermediäre Institutionen. Dieser heterogenen Gruppe gesellschaftlicher Akteure sind sowohl Gewerkschaften als auch Sportverbände, Berufsverbände oder Bürgerinitiativen zuzurechnen. Macht das weite Spektrum dieser Akteure eine Eingrenzung und klare Definition zwar schwierig, so lassen sich doch unter organisierten Interessen allgemein „freiwillig gebildete, soziale Einheiten mit bestimmten Zielen und arbeitsteiligen Gliederungen (Organisationen), die individuelle, materielle und ideelle Interessen ihrer Mitglieder im Sinne von Bedürfnissen, Nutzen und Rechtfertigungen zu verwirklichen suchen", verstehen (v. Alemann 1989: 30; vgl. Sebaldt/Straßner 2004: 22; APuZ 15-16/2006).

Im politischen Entscheidungsprozess wird organisierten Interessen gelegentlich eine negative Rolle zugeschrieben. So werden sie entweder als Entscheidungsbremser bezeichnet, die die Effektivität und Effizienz politischer Entscheidungsverfahren behindern. Oder es wird das Bild einer unzulässigen Überwucherung staatlicher Entscheidungsabläufe vermittelt, in denen durch Verbände Politik an den legitimierten Entscheidungsträgern vorbei gemacht wird.

Organisierte Interessen sind jedoch zunächst ein primäres Kennzeichen pluralistischer Demokratien und „Verbände sind elementarer Bestandteil moderner Gesellschaften". Als grundlegend für das „soziale Kapital" einer freiheitlich verfassten Gesellschaft sind „Interessengruppen (…) für die Funktionsfähigkeit politischer Systeme unverzichtbar" (Sebaldt/Straßner 2004: 13; 15). Organisierte Interessen haben somit wichtige gesamtgesellschaftliche und politische Funktionen, die sich im folgenden Funktionskatalog zusammenfassen lassen (Sebaldt/Straßner 2004: 59-71; vgl. v. Alemann 1989: 192-193):

Abbildung 2: Funktionen von Verbänden

Funktion	Erklärung
1. *Interessenaggregation*	Bündelung heterogener Einzelinteressen zu durchsetzbaren Interessenbündeln
2. *Interessenselektion*	Auswahl zentraler Interessen durch die „Filterwirkung" von Verbänden
3. *Interessenartikulation*	Umformung latenter in manifeste Interessen und Artikulation dieser gegenüber dem politischen System
4. *Integration*	Einbindung der Bürger in die Strukturen und damit eine Stabilisierung des gesellschaftlichen Unterbaus des politischen Systems
5. *Partizipation*	Möglichkeiten der zumindest indirekten Teilnahme am politischen Entscheidungsprozess und Förderung der Transparenz von Entscheidungen
6. *Sozioökonomische Selbstregulierung*	Selbständige Regulation in bestimmten Politikfeldern (z. B. Tarifpolitik) zur Stabilisierung und Entlastung des politischen Systems
7. *Legitimation*	Angebot der Teilhabe an politischen Entscheidungen über Wahlen hinaus; Stärkung der Akzeptanz demokratischer Verfahren und die Rückbindung des politischen Systems an die gesellschaftliche Wirklichkeit

Eigene Darstellung

Die in der oben genannten Definition angelegte Vielfalt organisierter Interessengruppen macht eine weitergehende Typologisierung notwendig. Die gängigste Typologie zielt dabei auf die Unterscheidung der jeweiligen Anliegen und Arbeitsschwerpunkten organisierter Interessen (vgl. Sebald/Straßner 2004: 25-26; v. Alemann 1989: 71):

Abbildung 3: Verbandstypen

Typen organisierter Interessenverbände und Einzelbeispiele		
Handlungs-sektor	**Verbandstypen**	**Einzelbeispiele**
Wirtschaft und Arbeit	Organisationen von Unternehmen und Selbständigen	• Landwirtschaftskammern • Bundesverband Glasindustrie und Mineralfaserindustrie • Deutscher Stahlbau-Verband • Bundesverband der Deutschen Zementindustrie • Verband deutscher Unternehmerinnen
	Arbeitnehmerverbände	• Beamtenbund • DGB • IG-Metall NRW
	Verbraucherverbände	• Verbraucherzentrale NRW
	Berufsverbände	• Berufsverband der Augenärzte Deutschlands e.V. • Zentralverband des Deutschen Friseurhandwerks • Verein Deutscher Ingenieure
Soziales Leben und Gesundheit	Wohlfahrtsverbände und Sozialverbände	• Deutsches Rotes Kreuz • Arbeiterwohlfahrt • Arbeits-Samariter-Bund Deutschland • Bund der Steuerzahler • Bund der Vertriebenen • Bundesarbeitsgemeinschaft Katholische Jugendsozialarbeit • Deutscher Kinderschutzbund • Diakonisches Werk der Evangelischen Kirche • Kolpingwerk • Kolpingwerk Deutschland • Verband der privaten Krankenversicherungen • Volksbund Deutsche Kriegsgräberfürsorge
Freizeit und Erholung	Sportverbände	• Deutscher Sportbund • Deutscher Basketballbund
	Sonstige Freizeitverbände	• ADAC • Deutscher Alpenverein • Deutscher Sängerbund
Kultur, Bildung, Wissenschaft, Religion, Weltan-schauung	Kultur	• Deutscher Bühnenverein
	Bildung	• Arbeitskreis deutscher Bildungsstätten • Deutsche Vereinigung für Politische Bildung
	Wissenschaft	• Landesrektorenkonferenzen der Universitäten und Fachhochschulen • Deutscher Hochschulverband • Stifterverband für die Deutsche Wissenschaft
	Religion	• Katholische Kirche • Evangelische Kirche Deutschlands • Bund der Deutschen Katholischen Jugend
	Weltanschauung	• Gemeinschaftswerk der Evangelischen Publizistik
Politik	Public Interest Groups	• Amnesty International
	Verbände der Gebietskörperschaften	• NRW-Städtetag • Deutscher Städte- und Gemeindebund
Umwelt	Naturschutzverbände	• Bund für Umwelt- und Naturschutz • Naturschutzbund
	Umweltschutzverbände	• Greenpeace • Robin Wood

Eigene Darstellung. Quellenbasis: Sebaldt/Straßner 2004: 97-138; Lobbyliste des Deutschen Bundestages (Stand: 27. März 2006)

Organisierte Interessen in NRW

Eine Übertragung dieser zumeist für die Bundespolitik vorgenommenen Einteilung auf die nordrhein-westfälische Landespolitik gestaltet sich jedoch als schwierig. Während sich bundespolitisch aktive Interessenverbände beim Bundestag registrieren lassen und in eine öffentlich zugängliche Liste aufgenommen werden, gibt es im Landtag kein entsprechendes Verfahren. Aufseiten der Landespolitik sind hier vor allem die einzelnen Fachressorts über die für ihre Politikfelder relevanten Verbände informiert. Einige originär landespolitische Aussagen lassen sich dennoch wie folgt zusammentragen.

Die Mehrzahl der 13.941 (DGVM, Stand 04/06) in der Bundesrepublik aktiven Verbände hat ihren Sitz entlang der Rheinschiene. Dies lässt sich durch die Nähe zu den Landeshauptstädten Düsseldorf, Mainz und Wiesbaden sowie zur Millionenstadt Köln erklären. Zudem profitierte Nordrhein-Westfalen als Verbandsstandort jahrzehntelang vom Regierungssitz Bonn. Mit dem Umzug der Bundesregierung nach Berlin zogen auch viele Bundesverbände in die neue Hauptstadt und sind in Nordrhein-Westfalen nun nur noch mit ihren Landesverbänden vertreten. Der Deutsche Gewerkschaftsbund (DGB) beispielsweise verlegte seinen Hauptsitz von Köln nach Berlin. Auch der Bund der Industrie (BDI), dem 35 Mitgliederverbände mit 100.000 Unternehmen und acht Millionen Beschäftigen angehören, hat mittlerweile seinen Sitz von Köln nach Berlin verlegt. Hatten im Jahr 2000 noch 15 von 35 BDI-Verbänden ihren Sitz in Nordrhein-Westfalen, so sank die Zahl bis 2005 auf zehn (BDI, Stand 04/06). Zuweilen gaben aber auch andere Gründe den Ausschlag zugunsten eines Umzuges. So führte die Zusammenlegung der IG Bergbau und Energie mit der IG Chemie, Papier, Keramik und der Gewerkschaft Leder zur IG Chemie und Energie (IGBCE) im Zuge der gewerkschaftlichen Fusionswelle Mitte der 1990er Jahre zum Umzug des neu entstandenen Verbandes von Bochum nach Hannover.

Noch 1994 hatte die Mehrheit von 52,3 Prozent der deutschen Interessengruppen ihre Hauptgeschäftsstellen in Nordrhein-Westfalen (Sebaldt/ Straßner 2004: 147). Dies hat sich in der Zwischenzeit geändert. Daneben gibt es aber weiterhin zahlreiche Verbandsorganisationen, die strukturell in Nordrhein-Westfalen verankert sind. Ihre Aufgaben als Landesvertretung eines Verbandes oder öffentlich-rechtliche Einrichtungen wie beispielsweise Industrie- und Handels- oder Handwerkskammern machen es schlicht unmöglich, die Standorte zu verlegen.

Andere organisierte Interessengruppen haben ihren organisatorischen Schwerpunkt aufgrund der Bevölkerungsgröße weiterhin in Nordrhein-Westfalen. So hat beispielsweise die weltgrößte Einzelgewerkschaft Ver.di bundesweit 2.396.014[2] Mitglieder – davon aber allein 573.254 in Nordrhein-Westfalen. Übertroffen werden die Mitgliederzahlen von Ver.di in NRW nur noch durch die IG-Metall. Deren Mitgliederzahl sank zwar zwischen 2000 und 2004 um gut 12 Prozent auf 622.064, die nordrhein-westfälische IG-Metall blieb damit jedoch ein zahlenmäßig besonders großer Interessenverband. Die NRW-IG-Metall stellt fast neun Prozent aller DGB-Mitglieder. In Nordrhein-Westfalen finden sich auch die meisten Mitglieder der IG Bergbau, Chemie und Energie. Ein Drittel aller IGBCE-Mitglieder kommt aus Nordrhein-Westfalen. In der IGBCE spiegelt sich der viel zitierte Strukturwandel des Landes wider: Aus dem ehemaligen Land des Bergbaus und der Steinkohle ist die Heimat der größten Energiezulieferer und einiger der einflussreichsten Chemieunternehmer Deutschlands geworden.

Einfluss organisierter Interessen

Organisierte Interessen versuchen auf verschiedene Arten, Einfluss auf politische Entscheidungen zu nehmen. Unterschiede ergeben sich beispielsweise aus politikfeldspezifischen Unterschieden, verschiedenen Organisationsgraden der Verbände, ihrer Größe oder der Reichweite der vertretenen Interessen. Grundsätzlich lassen sich vier Arten der Einflussnahme unterscheiden (Rudzio 2000: 93-103; siehe Abb. 4).

Organisierte Interessen richten ihr landespolitisches Hauptaugenmerk auf die Regierungsebene, vor allem die Fachressorts. Kontakte in die einzelnen Ministerien hinein werden für besonders wichtig gehalten (vgl. Sebaldt/ Straßner 2004: 153). Insofern zeigt sich hier indirekt eine betonte Exekutivlastigkeit der Landespolitik. Allerdings ist sich die Landespolitik der Gefahr einer zu starken Durchdringung durch Verbändeeinflüsse bewusst. So beinhaltet die „Gemeinsame Geschäftsordnung der Landesregierung" (GGO) klare Vorgaben zur Praxis der Verbändeanhörung im Gesetzgebungsprozess. Laut GGO dürfen „außerhalb der Landesregierung stehende Stellen (…) bei der Vorbereitung von Gesetzentwürfen nur angehört werden, wenn und soweit dies im öffentlichen Interesse geboten ist". Auch soll „den anzuhörenden Stellen (…) der Wortlaut einer beabsichtigten Regelung nur insoweit zugänglich gemacht werden, als es zur Abgabe einer sachgerechten Stellungnahme unbedingt erforderlich ist. (…) Bei der Anhörung ist darauf zu

---

[2]   Die Mitgliederzahlen der folgenden Verbände wurden offiziellen Publikationen der jeweiligen Verbände entnommen oder fernmündlich recherchiert (Stand: 12/05)

achten, dass die Entscheidungsfreiheit der Landesregierung nicht beeinträchtigt wird" (§ 84).

Abbildung 4: Einflussnahme von Verbänden

Art der Einflussnahme	Einzelbeispiele
1. Einfluss im Landtag	• Verbände unterhalten über Landesvertretungen Kontakte zu Parlamentariern und/oder Fraktionen • Verbandseinfluss auf parlamentarische Schlüsselstellen wie Ausschüsse und Beteiligung von Verbänden an Hearings
2. Einfluss im Regierungsbereich	• Verbändekontakte in die Ministerialbürokratie • Informationsaustausch zwischen Regierungsbürokratie und Verbänden
3. Einfluss auf Parteien	• Personelle Durchdringung von Parteien • Finanzielle Unterstützung für Parteien
4. Einfluss auf Öffentlichkeit	• „Going Public" als öffentlichkeitswirksame Strategie, um Aufmerksamkeit für Anliegen hervorzurufen • Verbandseinfluss auf Journalisten

Eigene Darstellung

Auf der anderen Seite sind organisierte Interessen auch auf Landesebene unmittelbar an politischen Entscheidungen beteiligt. Solche Formen des „Korporatismus" bedeuten „die geregelte und kontinuierliche Einbindung organisierter Interessen in Entscheidungsfindung und -durchsetzung" (Korte/ Fröhlich 2004: 120). Das an Landesgrenzen orientierte System der Tarifbezirke – zur regionalen Aushandlung von Löhnen, Gehältern und Arbeitszeiten – kann als Beispiel angeführt werden (vgl. Rudzio 2000: 110-112). Ein anderes korporatistisches Entscheidungsverfahren unter Beteiligung organisierter Interessenverbände auf originären Handlungsfeldern der Landespolitik ist die Braunkohlepolitik. Organisierte Interessen sind dort durch die auf Bezirksregierungsebene angesiedelten Braunkohlenausschüsse unmittelbar in politische Entscheidungsprozesse eingebunden (vgl. ausführlicher Kapitel 3.1 und 3.2). Insofern lassen sich aus der Rolle und den Funktionen organisierter Interessen, aber auch aus den politisch-kulturellen Grundmustern unmittelbare Folgen für das Regieren in NRW ableiten.

Zwischenfazit: Einstellungen, Interessen, politische Beteiligung und Regieren

Korporatistische Entscheidungsarrangements verbinden sich unmittelbar mit dem Kennzeichen der „Organisationskultur". Ein hohes Maß an Organisationswillen, ein hoher Organisationsgrad innerhalb der Verbände und die besondere Stellung machtvoller Großorganisationen haben notwendigerweise Auswirkungen auf das Regieren. Die vergleichsweise starken Arbeitgeberverbände und Gewerkschaften in NRW waren lange Zeit die Voraussetzung für das ausgeprägte korporatistische Regieren im Politikfeld Wirtschaft und Arbeit. Allerdings hat die Bedeutung der Gewerkschaften in den letzten 15 Jahren an Gewicht verloren und die Landesregierung setzt in ihrer Strukturpolitik verstärkt auf marktwirtschaftliche Instrumente, wie beispielsweise „Public-Private-Partnerships". Aber auch die neuen Formen der Strukturpolitik zeichnen sich durch eine breite Partizipation verschiedener Akteure und Interessenorganisationen aus.

Diese politische Entscheidungsfindung unter Beteiligung zahlreicher Akteure verweist auf die Dimension der „Kooperationskultur". In ihr tritt eine starke Orientierung der Bürger auf Konsens, Kooperation und Konkordanz zutage. Diese findet ihren konkreten politischen Niederschlag beispielsweise bei der in zahlreichen Fällen beobachtbaren Machtbeteiligung der Opposition. So verwies beispielsweise die CDU bei der 1995 anstehenden Neubesetzung der Verwaltungsspitzen in drei Regierungspräsidien auf die seit den 1950er Jahren gängige Praxis, die jeweilige Opposition bei der Ämtervergabe zu berücksichtigen (RP v. 22.09.1995). Durch den so genannten „Arnold-Schlüssel" wird die größte Oppositionspartei traditionell bei der Besetzung von Verwaltungsstellen bedacht (GA v. 03.11.1995).[3] Daran hat auch die Regierungsübernahme der schwarz-gelben Koalition 2005 nichts geändert. Die SPD besetzt als größte Oppositionspartei weiterhin die Spitze eines Regierungsbezirkes (vgl. ausführlicher Kapitel 3.6).

Diese auch personalpolitische Konsensorientierung zeigt sich überdies im Bereich der „Sozialkultur". Sozialer Ausgleich, betriebliche Mitbestimmung und Konsensorientierung sind zentrale Bestandteile des „rheinischen Kapitalismus" – einer Norm, die von einer lagerübergreifenden Mehrheit in NRW grundsätzlich geteilt wird (v. Alemann 2001).

---

[3]   Diese Praxis personalpolitischer Akkomodierung zeigte sich bei Rau zudem bei der Besetzung von Regierungsposten. So beließ Rau nach dem Gewinn der absoluten Mehrheit für die SPD 1980 hohe Beamte der FDP in ihren Ämtern und setzte sich damit gegen Widerstand in den eigenen Reihen durch (vgl. Hartelt 2004: 223).

Basierend auf den politisch-kulturellen Grundorientierungen der Bürger schlägt von Alemann (2001) als heuristisches Modell zur Konzeptualisierung nordrhein-westfälischer Landespolitik das „Modell Montana" vor. Dies beruhe vor allem auf einem „Stil von Kompromiss und Proporz" und folge dem „Prinzip der Akkomodierung". Ergänzt werde dieser Politik- und Regierungsstil durch stark korporatistische Arrangements, die sich idealtypisch im Regierungsstil von Johannes Rau wiederfinden. „Politik als Dialog mit der Gesellschaft", „informelle Reden vor kleinen und großen Foren", die „Pflege von Kontakten zu unzähligen Personen" sowie die besondere „Pflege der organisierten Gesellschaft" stehen im Mittelpunkt dieses Regierungsstils (vgl. v. Alemann 2001). In Übereinstimmung mit den zuvor dargestellten Grundmustern politischer Kultur ergeben sich daraus für die nachfolgende Analyse weiterführende Fragen: Lässt sich diese Form des Politik- und Regierungsstils grundsätzlich für Nordrhein-Westfalen nachweisen? Welche Unterschiede sind zwischen den Ministerpräsidenten erkennbar? Sind angesichts der gesellschaftlichen Veränderungen der vergangenen Jahre auch Veränderungen im Politikmanagement zu beobachten?

2.2 Parteiensystem, Wahlen und Wählerverhalten: Konfliktlinien, Sachfragen, Kandidaten

Dortmund sei die Herzkammer der SPD, soll Willy Brandt einmal gesagt haben. In einem anderen Bild ausgedrückt, sind Wahlen in der Heimatstadt des BVB Heimspiele, die von Sozialdemokraten gewonnen werden müssen, um Chancen auf die politische Meisterschaft in Bund und Land wahren zu können. Die Großstadt Dortmund ist ein Synonym für das gesamte Ruhrgebiet. Auch in Duisburg, Essen, Gelsenkirchen und Bochum hat die SPD über Jahrzehnte hinweg Wahlergebnisse von deutlich über 50 Prozent erreichen können. Welche strategische Bedeutung die Region für die Sozialdemokratie hat, war im Vorfeld der Bundestagswahlen 2002 zu beobachten. Mindestens fünf Millionen Stimmen aus NRW seien die Vorbedingung für die Rettung der Regierung Schröder, hieß es damals im Willy-Brandt-Haus (Zeit 20/ 2002). Mit „NRW" war aber nicht viel mehr gemeint als das Ruhrgebiet. Hier lag der Schwerpunkt der sozialdemokratischen Mobilisierungskampagne, die mit 6000 Großplakaten und Ganzsäulen fast ein Drittel der bundesweiten Plakatierung ausmachte (Korte 2003: 114). Drei Jahre später waren es wieder die Wähler in Nordrhein-Westfalen, die diesmal indirekt über das

Schicksal der sozialdemokratisch geführten Bundesregierung entschieden. Als am Abend des 22. Mai 2005 die Niederlage der SPD bei den Landtagswahlen Gewissheit wurde, sah Bundeskanzler Schröder keine Perspektiven mehr für seine Regierung und kündigte Neuwahlen an. Dabei waren die Revierstädte die letzten sozialdemokratischen Hochburgen gewesen. Doch der Vorsprung im Ruhrgebiet reichte nicht mehr für den Machterhalt. Bis auf sechs versprengte Ausnahmen in Köln und Ostwestfalen wählten die Städte und Landkreise jenseits des Reviers die Union. Nach 39 Jahren Opposition kehrte die CDU auf die Regierungsbank zurück.

Zwar ist die fast 40 Jahre andauernde Regierungsverantwortung der Sozialdemokratie in der Tat nicht ohne ihre Vormachtstellung im Revier zu erklären, aber ein Blick auf die historische Entwicklung und die regionalen Besonderheiten des Parteiensystems zeigt, dass sozialdemokratische Parteiloyalität in NRW keineswegs mit der „Muttermilch aufgesogen" wurde. Ostwestfalen, der Niederrhein oder das Münsterland waren stets nahezu uneinnehmbare Hochburgen der Christdemokraten. Auch das Ruhrgebiet war kein historisches Stammland der „roten Arbeiterbewegung", wie es beispielsweise die sächsischen Industriezentren bis zur NS-Diktatur gewesen waren. Noch bis in die 1950er Jahre hinein übte die katholische Arbeiterbewegung, die bis 1933 der Zentrumspartei und nach 1945 der CDU nahe stand, eine starke Anziehungskraft auf die Arbeiterschaft im Revier aus.

Die SPD hatte sich ihre Vormachtstellung im Ruhrgebiet während der 1950er und 1960er Jahre hart erarbeiten müssen. Die Kommunalwahlen von 1999 mit dramatischen Einbrüchen von bis zu 14 Prozentpunkten zeigten, dass sozialdemokratische Mehrheiten kein Naturgesetz sind. Dennoch hielt sich in Politikwissenschaft und Medien lange der Mythos vom „Stammland der SPD", vom sozialdemokratischen Pendant zum konservativen Bayern. Dieser Mythos war mutmaßlich einem „kognitivem Bedürfnis nach Gegengewichten" geschuldet: „Dem schwarzen Bayern muss irgendwo ein rotes Etwas entgegen gestellt werden, auch wenn es de facto nicht ein gleichgewichtiges Gegengewicht ist" (Coumanns/Kremer 2001: 291). In Bayern liegt die CSU seit Jahrzehnten bei allen landesweiten Wahlen 20 Prozentpunkte vor der SPD. Als Regionalpartei vermag sie sich gegen negative Einflüsse der Bundespolitik zu immunisieren. Schließlich besitzt die CSU eine personelle Verankerung im vorpolitischen Raum, in Verbänden und Vereinen, die im bundesweiten Vergleich ihresgleichen sucht (Coumanns/Kremer 2001: 291-292; Kießling 2001: 224-243). All diese Kennzeichen parteipolitischer Hegemonie – die Partei als „Graswurzelpartei" – galten für die SPD in NRW nur in weitaus geringerem Maße. Kurzum: Nordrhein-Westfalen war nie ein

„rotes Bayern". Die Vormachtstellung der SPD war nur eine von vier Phasen in der Entwicklung des nordrhein-westfälischen Parteiensystems, die auf der vorteilhaften Kombination von relativ stabilen sozioökonomischen Rahmenbedingungen und relativ labilen personellen und bundespolitischen Konstellationen beruhte. Seit den 1990er Jahren war das sozialdemokratische Machtfundament stetig brüchiger geworden – mit entscheidenden Konsequenzen für die Spitzenakteure und das Regieren in Nordrhein-Westfalen.

Parteiensystem und Wählerverhalten

Parteiensysteme

Die Summe der um Parlamentssitze konkurrierenden Parteien wird als Parteiensystem bezeichnet. Zu den wichtigsten Klassifikationsmerkmalen gehören die Anzahl der Parteien und Parteifamilien, ihre Stärke sowie ihre Beziehungen zueinander. In der Regel werden nur diejenigen Parteien mit einbezogen, die zumindest eine theoretische Chance haben, Sitze im Parlament zu erringen. Die Beziehungen der Parteien untereinander können anhand ihrer ideologischen und programmatischen Distanz beschrieben werden (Sartori 1976; von Beyme 1984). Die Anzahl und Stärke von Parteien sowie ihre programmatische Distanz geben Aufschluss über mögliche Koalitionen und deren Stabilität. Damit verrät die Struktur eines Parteiensystems viel über die zu erwartende Regierungstätigkeit eines Landes (Schmitt-Beck 2002). Wo beispielsweise die bürgerliche Parteienfamilie zersplittert war und Sozialdemokraten eine dominante Stellung im Parteiensystem einnehmen konnten, wurde der Wohlfahrtsstaat wesentlich stärker ausgebaut als in Staaten, in denen es sich umgekehrt verhielt (Schmidt 1982; Esping-Andersen 1998). Auch in den deutschen Bundesländern hinterließ die Dominanz oder Hegemonie von Parteien ihre Spuren in der Landespolitik. So wiesen sozialdemokratisch dominierte Länder lange Zeit deutlich höhere Investitionen im Bereich des Bildungssystems und der inneren Sicherheit auf, als christdemokratisch dominierte Länder (Schmidt 1978).

Gesellschaftliche Konflikte

Parteiensysteme sind nach Seymour Lipset und Stein Rokkan (1967) ein Ausdruck historischer Konfliktlinien, die sie als „cleavages" bezeichnen. Westeuropäische Gesellschaften durchlebten im 19. und 20. Jahrhundert tiefgreifende Veränderungen, die zu vier gesellschaftlichen Grundkonflikten führten: Erstens, der Konflikt zwischen Zentrum und Peripherie bei der Nationalstaatsbildung. Zweitens, der Konflikt Arbeit vs. Kapital und drittens, städtische vs. ländlich-agrarische Interessen während der Industrialisierung. Viertens schließlich der Konflikt Säkularismus vs. Kirche um die politische und kulturelle Vorherrschaft im Staat. In all diesen Fällen koalierten politische Eliten mit den betroffenen, politisierten Bevölkerungsgruppen. Die zunächst losen Verbindungen entwickelten sich zu stabilen Parteiorganisationen und verankerten die genannten Konfliktlinien in den Parteisystemen. Die vier Konflikte sind nach Lipset/Rokkan „eingefroren", was die langfristige Existenz von sozialdemokratischen, christdemokratischen oder konservativen sowie liberalen Parteien in westeuropäischen Staaten erkläre. Neue Parteien haben nur dann eine Chance sich zu etablieren, wenn sie in der Lage sind, neue gesellschaftliche Konflikte zu repräsentieren, wie es den Grünen zu Beginn der 1980er Jahre mit den Themen Umweltschutz, Basisdemokratie und Pazifismus gelang.

Parteibindungen, Sachfragen und Kandidaten

Die Entstehung sowie die grundsätzliche Struktur von Parteiensystemen lässt sich durch das Cleavage-Modell gut abbilden. Doch warum Parteien bei einzelnen Wahlen Stimmen gewinnen oder verlieren, vermag die strikt sozialstrukturelle bzw. makrosoziologische Perspektive des Modells nicht ausreichend zu erfassen. Die Erosion sozialer Milieus, das Ende der Vollerwerbsgesellschaft und die Ausbreitung einer nur unscharf zu definierenden „Mitte" hat das Wählerverhalten in den letzten beiden Jahrzehnten nachhaltig verändert. Der so genannte „neue Mittelstand" macht in Deutschland 60 Prozent der Bevölkerung aus, wobei Einkommen, soziale Sicherheit und Wertvorstellungen stark divergieren (Vester 2001). Trennscharfe, nach Gesellschaftskonflikten unterscheidbare Wählerinteressen sind immer schwerer zu identifizieren. Der „individual-psychologische Erklärungsansatz" verlässt die sozialstrukturelle Perspektive und richtet seinen Fokus auf individuelle Faktoren des Wählerverhaltens. Demnach spielen, neben einer langfristigen Parteibindung, die durch politische Sozialisation in Familie, im Freundeskreis oder in Vereinen erworben wird, noch kurzfristige Momente wie Themen und Kandidaten eine Rolle bei der Wahlentscheidung. In der Regel erfolgt die Bewertung von Themen und Kandidaten entlang der langfristig stabilen Parteibindung. Sie wirkt als eine Art Filter bei der Beurteilung politischer Ereignisse und Entscheidungen. Subjektiv als besonders wichtig erachtete Personal- oder Sachfragen können in Ausnahmefällen eine Entscheidung auch gegen die Parteiloyalität möglich machen. Entgegen der häufig vertretenden These eines starken Anstiegs von „Wechselwählern" besitzt die Mehrheit der Deutschen weiterhin eine stabile Parteiloyalität (Schoen 2005). Dabei sind auch sozialstrukturelle Unterschiede zwischen den Wählern der großen Parteien nicht vollständig verschwunden. Sowohl in Nordrhein-Westfalen als auch bundesweit wählen gewerkschaftlich organisierte Arbeitnehmer in ihrer Mehrheit sozialdemokratisch, während sich die Mehrheit regelmäßiger Kirchgänger für die CDU entscheidet (Korte 2005: 104). Etwa 15 bis 20 Prozent der Wähler machen ihre Wahlentscheidung allein von kurzfristigen Personal- und Sachfragen abhängig (Schoen 2005: 374, 376ff). Diese Wählergruppe ist damit groß genug, um im Zweifelsfall über Sieg und Niederlage zu entscheiden. Gerade darin besteht die Herausforderung „komplexer Wählermärkte" (Mair/Müller/Plasser 1999): Parteien müssen eigene Politikziele mit den heterogenen Interessen von Wählern ohne Parteibindung in Einklang bringen, ohne die eigenen Stammwähler zu verprellen.

Der Einfluss der Bundespolitik

Die Besonderheit von Parteiensystemen auf Landesebene ist der Einfluss der Bundespolitik, vor dessen Hintergrund sich der Parteienwettbewerb vollzieht. Die Politikverflechtung zwischen Bund und Ländern überträgt sich in eine „Wahlverflechtung" (Florack/Hoffmann 2006; Korte 2005b). Landespolitiker versuchen, die Zustimmung oder den Unmut über die Bundespolitik in Wählerstimmen bei Landtagswahlen umzuwandeln. Nordrhein-westfälische Landtagswahlkämpfe waren häufig von bundespolitischen Streitfragen überlagert (Bick 1985). Tatsächlich lässt sich eine Tendenz zum „Midterm-Election-Effekt" nachweisen, demzufolge eine auf Bundesebene regierende Partei bei Landtagswahlen umso schlechter abschneidet, je weiter der Wahltermin von Bundestagswahlen entfernt liegt (Decker/Blumenthal 2002). Allerdings kann man nicht von einem monokausalen Wirkungszusammenhang zwischen bundespolitischer Stimmung und länderspezifischem Wählerverhalten ausgehen. Zum einen gibt es zahlreiche „Ausnahmen von der Regel" und zum anderen erfasst der Midterm-Election-Effekt nicht die langfristige Dominanz einzelner Parteien in bestimmten Länderparteiensystemen. Landtagswahlen sind eben nicht nur kleine Bundestagswahlen, sondern gleichfalls Entscheidungen über Themen und Personen der Landespolitik.

Auch die Koalitionsbildung auf Länderebene wird von bundespolitischen Entwicklungen beeinflusst. Schließlich sind die Meinungsbildungsprozesse in Landesparteien nicht von denen der Bundesebene abgekoppelt. Zudem wirken sich Koalitionsbildungen auf Länderebene auf die Mehrheitsverhältnisse im Bundesrat aus, was weitreichende Auswirkungen auf die Handlungsfähigkeit der im Bund regierenden Koalition haben kann (Grunden 2004: 76-82). Daraus aber zu folgern, die Koalitionsbildung in Bund und Ländern sei einer „fulminanten Gleichschaltungspolitik" unterworfen (Völk 1989: 123), geht an der Realität der Landespolitik vorbei. Das könne schon deshalb nicht der Fall sein, so Herbert Schneider (2001a: 391), „weil bei aller Verschränkung die Parteiensysteme in den Ländern keine ‚Blaupause' des Parteiensystems auf Bundesebene darstellen. Sie unterscheiden sich von diesem durch die politischen Kräfteverhältnisse, die Strukturen der Parteien und das in Koalitionen geregelte Verhältnis zueinander".

Koalitionsbildungen auf Länderebene, die jenseits bekannter Konstellationen auf Bundesebene erfolgen, dienen oft als Experiment mit dem Ziel, „Innovationen für den Bund vorzubereiten" (Schneider 2001: 391-392). Die Bildung der sozial-liberalen Koalition 1966 und die der rot-grünen Koalition 1995 galten als Testläufe für die später nachfolgenden Regierungswechsel in Bonn. Eine mögliche schwarz-grüne Koalition auf Länderebene, die bereits in vielen Kommunen erfolgreich praktiziert wird, könnte die Lagerpolarisierung zwischen CDU/FDP und SPD/Grünen auf Bundesebene aufbrechen.

Festzuhalten ist, dass die Bundespolitik ein Wichtiger unter vielen anderen Einflussfaktoren für das Wahlverhalten und die Entwicklung der Landesparteiensysteme ist. Die jeweiligen gesellschaftlichen Kräfteverhältnisse und die Ausprägung gesellschaftlicher Konflikte zählen ebenso dazu, wie die personellen Angebote der Parteien und ihre kurzfristige Positionierung zu wichtigen Themen.

Abbildung 5: Das Wahlsystem Nordrhein-Westfalens

Wahlsystem	Das Wahlsystem in NRW ist ein personalisiertes Verhältniswahlsystem. Der Landtag besteht aus mindestens 181 Sitzen. Davon werden 128 Mandate in Einerwahlkreisen nach relativer Mehrheitswahl und 53 Mandate über geschlossene Parteilisten vergeben. Die Anzahl von Mandaten, die einer Partei insgesamt im Landtag zustehen, ist von der Anzahl der Stimmen abhängig, die diese im gesamten Wahlgebiet auf sich vereinen konnte. Im Gegensatz zu Bundestagswahlen hat jeder Wähler in NRW nur eine Stimme. Mit ihr wählt er gleichzeitig einen Wahlkreiskandidaten und die Landesreserveliste seiner Partei.
Wahlkreise	Bis zur Wahlrechtsänderung vom 28.01.2004 gab es 201 Sitze und 151 Wahlkreise. Unterschreitet oder überschreitet die Einwohnerzahl eines Wahlkreises die durchschnittliche Einwohnerzahl aller Wahlkreise um mehr als 20 Prozent, muss der Wahlkreis neu zugeschnitten werden.
Sperrklausel	Für die Sitzverteilung auf die Landeslisten werden nur jene Parteien berücksichtigt, die mindestens fünf Prozent der landesweit abgegebenen gültigen Stimmen erhalten haben.
Sitzverteilung	In den Wahlkreisen sind diejenigen Kandidaten gewählt, welche die relative Mehrheit der abgegebenen gültigen Wahlkreisstimmen auf sich vereinen konnten. Für die Verteilung der Gesamtmandate nach Verhältniswahlgrundsätzen werden von der Ausgangszahl von 181 Sitzen diejenigen Wahlkreissitze abgezogen, die von Kandidaten errungen wurden, die keiner Landesreserveliste angehören oder deren Landesreserveliste nicht fünf Prozent der abgegebenen gültigen Stimmen erreichen konnte. Die verbleibende Mandatszahl wird auf die im Parlament vertretenen Parteien entsprechend dem Verhältnis ihrer insgesamt im Land erreichten Stimmenzahlen verteilt. Dabei bleiben die Stimmen jener Wähler unberücksichtigt, die einen erfolgreichen Wahlkreiskandidaten gewählt haben, der keiner Landesreserveliste angehört. Von denen einer Partei nach dem Verhältnisgrundsatz zustehenden Sitze wird die Anzahl ihrer erfolgreichen Wahlkreiskandidaten abgezogen. Die verbleibenden Mandate werden entsprechend der Reihenfolge der Kandidaten auf der Landesliste vergeben. Ist die Landesreserveliste erschöpft, bleiben weitere Sitze unbesetzt.
Überhang- und Ausgleichs-mandate	Gewinnt eine Partei in den Wahlkreisen mehr Mandate als ihr nach dem Verhältnisausgleich zustehen, verbleiben diese Sitze trotzdem bei der Partei. Diese Sitze werden Überhangmandate genannt. Die anderen Parteien erhalten entlang des Verhältnisgrundsatzes so genannte Ausgleichsmandate. Dadurch erhöht sich die Gesamtzahl der Landtagssitze.

Eigene Darstellung

Entwicklungslinien des Parteiensystems

Das Parteiensystem in NRW war nie statisch. Seit den ersten Wahlen von 1947 wandelten sich im Abstand von ein bis zwei Dekaden die Kräfteverhältnisse, sodass sich die Entwicklung des Parteiensystems in vier Phasen unterteilen lässt:

1. Die Gründungs- und Konsolidierungsphase (1947-1962)
Waren im ersten Landtag noch fünf Parteien vertreten, reduzierte sich ihre Anzahl innerhalb von zwei Legislaturperioden auf nur noch drei. Die Konsolidierung des Parteiensystems verlief eindeutig zugunsten der CDU, die 1958 sogar die absolute Mehrheit der Stimmen erhielt. Trotz einer kurzfristigen Oppositionszeit der CDU von 1956 bis 1958 kann man das Nordrhein-Westfalen der 1950er Jahre zu den christdemokratischen Hochburgen zählen.

2. Die Polarisierungsphase (1962-1980)
Im Verlauf der 1960er Jahre konnte die SPD stetig Stimmen hinzugewinnen und verpasste 1966 nur knapp die absolute Mehrheit. Bis 1980 erhielten die beiden Volksparteien zusammen über 90 Prozent der Stimmen und lagen bei Landtagswahlen nahezu gleichauf. Über die Regierungszusammensetzung entschied die Koalitionspräferenz der FDP.

3. Die Hegemonialphase (1980-1995)
Mit Johannes Rau als Ministerpräsident und Spitzenkandidat gewann die SPD dreimal die absolute Mehrheit. Der Abstand zur CDU bei den Wahlen von 1985 und 1990 betrug 15 bzw. 13 Prozentpunkte.

4. Die Lagerpolarisierungsphase (seit 1995)
Die SPD verlor zunächst die absolute Mehrheit und zehn Jahre später die Regierungsverantwortung. Die Entscheidung für eine rot-grüne Koalition 1995 läutete die Lagerpolarisierungsphase ein. Analog zur Bundesebene stehen sich mit SPD und Grünen einerseits und CDU und FDP andererseits zwei alternative politische Lager gegenüber.

Abbildung 6: Landtagswahlergebnisse der Parteien in Prozent

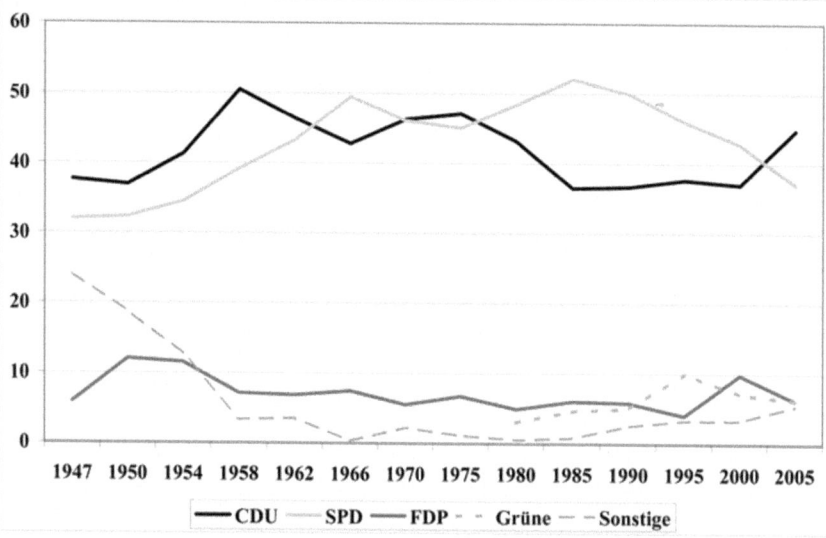

Eigene Darstellung

Die Gründungs- und Konsolidierungsphase (1947-1962)

Blickt man nach 60 Jahren Landesgeschichte auf die ersten Wahlen in Nord-rhein-Westfalen zurück, mag man die relative Schwäche der Sozialdemokra-ten für erstaunlich halten. Bei den Landtagswahlen 1947 und den Bundes-tagswahlen 1949 lag sie mit 31 bzw. 32 Prozent jeweils über fünf Prozent-punkte hinter der CDU. Im Ruhrgebiet gaben 22,8 Prozent der wahlberech-tigten Bürger ihre Stimme der SPD, die damit nur 3,4 Prozentpunkte vor der Union lag. Bei den Bundestagswahlen 1953 mussten sich die Sozialdemokra-ten im Revier der CDU sogar knapp geschlagen geben (Rohe 1987: 533). Das Erstaunliche an diesen Zahlen ist aber nicht die Schwäche, sondern die im historischen Vergleich außerordentliche Stärke der Sozialdemokratie. Denn die Gebiete des heutigen Nordrhein-Westfalens waren vor 1933 alles andere als sozialdemokratische Hochburgen. Karl Rohe (1987) spricht mit Blick auf das Ruhrgebiet gar von einem sozialdemokratischen „Armenhaus". Die Ursache dafür lag in der für die SPD unvorteilhaften Ausprägung der gesellschaftlichen Grundkonflikte. Mit einem außerordentlichen hohen An-teil von Katholiken und Industriearbeitern konzentrierten sich im „histori-schen NRW" die durch preußischen Kulturkampf und Klassenkampf ausgegrenzten Milieus. Im wilhelminischen Kaiserreich und der Weimarer Republik ergaben sich somit ideale Voraussetzungen für die Zentrumspartei. Zu ihrer Kernwählerschaft zählten der katholische Mittelstand und die katholische Arbeiterschaft, was die Partei in ihrer Opposition zum preußisch-protestantischen Adel und zum Großunternehmertum zur Repräsentantin gleich mehrerer Konfliktlinien werden ließ. Die nichtkatholischen Arbeitermilieus tendierten zur KPD, die bei allen Reichtagswahlen die SPD deutlich hinter sich lassen konnte (Rohe 1987: 533).

Das gute Abschneiden der Kommunisten bei den ersten Landtagswahlen 1947 – sie erreichten 14 Prozent – gehörte somit genauso zu den Kontinuitäten des Wählerverhaltens, wie die Stärke der neu gegründeten CDU. Die Christdemokraten, die sich im Gegensatz zum Zentrum als überkonfessionelle Partei verstanden, versuchten gleichwohl erfolgreich, das politische Erbe der nach wie vor existierenden Zentrumspartei anzutreten. Bei den Kommunalwahlen 1946 konnte sie landesweit 46 Prozent der Stimmen auf sich vereinigen. Die 37,6 Prozent bei der ersten Landtagswahl ein Jahr später waren im Vergleich eher enttäuschend – im Gegensatz zum Ergebnis der SPD: „Sozialdemokraten vor Ort, die die Weimarer Verhältnisse als Vergleichspunkt besaßen, wahren dagegen eher überrascht ob des guten Abschneidens bei den ersten Nachkriegswahlen und sahen darin fast so etwas wie ein Wahlwunder" (Rohe 1997: 15).

Dennoch stand die Gründungs- und Konsolidierungsphase des nordrhein-westfälischen Parteiensystems ganz im Zeichen christdemokratischer Dominanz, die 1958 mit der absoluten Mehrheit der Stimmen ihren Höhepunkt erreichte. Über die genannten Faktoren hinaus sind im Wesentlichen zwei Gründe für den Erfolg der Union auszumachen. Zum einen besaß die CDU mit Karl Arnold einen Vorsitzenden und Ministerpräsidenten, der den Gewerkschaftsflügel der Partei repräsentierte und gleichzeitig die katholische Arbeiterschaft an die Union zu binden verstand. Zum anderen vermochte die CDU die Popularität Konrad Adenauers samt seiner Erfolge in der Außen- und Wirtschaftspolitik in Stimmen bei Landtagswahlen umzuwandeln (Bick 1985).

Arnold, der zu den Befürwortern einer Union als „christliche Labour-Party" (Kühr 1985: 97) gehörte, bemühte sich nach dem Ende der Allparteienregierung 1950, eine Regierungskoalition mit der SPD zu bilden. Er scheiterte aber an innerparteilichen Widerständen, insbesondere an den Interventionen Adenauers, der eine große Koalition im industriellen Zentrum der jungen Bundesrepublik unbedingt verhindern wollte. So koalierte die CDU nach 1950 mit der Zentrumspartei und nach 1954 mit der FDP. Die Liberalen waren aber alles andere als ein berechenbarer Koalitionspartner. Bereits 1947 hatten sie sich aus Protest gegen Sozialisierungstendenzen der Allparteienregierung aus CDU, SPD, Zentrum und KPD verweigert. Nach 1950 galt ihr Widerstand der Montanmitbestimmung, die aus nordrhein-westfälischer Perspektive einer christlich-liberalen Koalition nach Bonner Muster entgegenstand. Als diese 1954 dann doch realisiert wurde, war es wieder die Bundespolitik, die nach nur anderthalb Jahren zur Sollbruchstelle des christlich-liberalen Bündnisses werden sollte. Dass von CDU/CSU und DP vorgeschlagene „Graben-Wahlsystem" (Korte 2003: 41) war für die FDP ein existenzielle Bedrohung. Sie drohte mit dem Koalitionsbruch und machte diese Drohung in NRW letztlich wahr. Trotz immenser Differenzen in der Wirtschaftspolitik verhandelte sie mit SPD und Zentrum über die Bildung einer neuen Landesregierung. Am 20. Februar 1956 wurde Karl Arnold durch ein konstruktives Misstrauensvotum gestürzt und der Sozialdemokrat Fritz Steinhoff zum Ministerpräsidenten gewählt (Albertin 1985: 126-131).

Der nach parteipolitischem Kalkül herbeigeführte Machtwechsel von 1954 wurde von den Wählern nicht goutiert. Die Wahlen vom 6. Juli 1958 wurden mit 50,4 Prozent der Stimmen zu einem Triumph der CDU und ihres Spitzenkandidaten Franz Meyers. Der Wahlkampf stand ganz im Zeichen der Bundespolitik. Die SPD hatte versucht, die Landtagswahl zu einer Abstimmung über die Außenpolitik Adenauers zu machen und war mit dieser Strategie, wie schon bei den Bundestagswahlen ein Jahr zuvor, kläglich gescheitert (Bick 1985: 191).

Die Wahlen von 1958 markierten zudem den Höhepunkt der Konsolidierung des nordrhein-westfälischen Parteiensystems. Im neuen Landtag waren mit CDU, SPD und FDP nur noch drei Parteien vertreten. Hatten bei den ersten Landtagswahlen die „sonstigen Parteien" zusammen noch über 24 Prozent der Stimmen gewinnen können, waren es 1958 kaum mehr nennenswerte 3,3 Prozent. Die KPD, die 1947 noch drittstärkste Partei geworden war, war bereits 1954 mit 3,8 Prozent an der Fünf-Prozenthürde gescheitert. Ihre ehemaligen Wähler waren zu Anhängern der Sozialdemokratie geworden. Zur Wahl 1958 konnten die Kommunisten nicht mehr antreten, weil das Bundesverfassungsgericht sie zwei Jahre zuvor als verfassungswidrig verboten hatte (Schmidt/Stöss 1985: 170-173). Auch die Zentrumspartei hatte bereits 1954 mit vier Prozent den Einzug in den Landtag – wenn auch nur knapp – verpasst. Im Wahljahr 1958 entschied sich nur noch ein Prozent der Wähler für die ehemals im Rheinland und in Westfalen dominierende politische Kraft. Die CDU hatte das Wählerpotenzial des Zentrums endgültig absorbiert.

Die Polarisierungsphase (1962-1980)

In Bund und Land gefangen im Dreißigprozent-Turm, sah sich die SPD der späten 1950er Jahre zu einer strategischen und programmatischen Neuorientierung gezwungen. Mit der Anerkennung von Westintegration und sozialer Marktwirtschaft im Godesberger Programm von 1959 sollten neue Wählerschichten erschlossen werden. Im Gegensatz zur Bundesebene stellte sich der Erfolg der neuen Strategie in NRW relativ schnell ein. Bei den Landtagswahlen von 1962 konnten die Sozialdemokraten vier Prozentpunkte hinzugewinnen und übersprangen erstmals die 40-Prozentmarke. Die Union musste ebenso viele Prozentpunkte abgeben und verlor die absolute Mehrheit. Hatte die CDU bei den Wahlen von 1958 noch von einem „Adenauer-Bonus" profitieren können, kam vier Jahre später aus Bonn kein Rückenwind mehr – im Gegenteil. Der Autoritätsverlust des „Alten" und die Verschleißerscheinungen der christlich-liberalen Bundesregierung wurden zur Hypothek im Landtagswahlkampf (Bick 1985: 194). Der Wandel der SPD zur Volkspartei und die damit einhergehende Öffnung zu den christlichen Kirchen entschärfte im katholischen NRW diese wichtige, aber bisher für die Sozialdemokraten nachteilige Konfliktlinie.

Das Erstarken der SPD hatte aber auch regionale und insbesondere kommunale Ursachen. Die einstige sozialdemokratische Diaspora Ruhrgebiet wurde zu ihrer „Wagenburg" (Rohe 1987). Seit Mitte der 1950er Jahre versank die ehemals starke kommunistische Konkurrenz bei den Arbeitervertretungen in der Montanindustrie in der Bedeutungslosigkeit. Die Gründung der Einheitsgewerkschaften brachte eine sich gegenseitig verstärkende personelle Verschränkung von SPD- und Gewerkschaftsfunktionären mit sich (Klönne 1985: 80-85). „Für viele waren wohl in der Tat die Gewerkschaften das Ursprüngliche und die SPD das Abgeleitete, eine Art Gewerkschaftsarbeit mit anderen Mitteln" (Rohe 1987: 529). Mit der Sozialdemokratisierung der Gewerkschaften erlangte die SPD eine Verankerung im vorpolitischen Raum, welche die katholischen CDU-nahen Arbeitervertreter ins Hintertreffen geraten lies. Paradigmatisch für diese Entwicklung ist der sozialdemokratische Multifunktionär – für Karl Rohe (1987: 530) das „eigentliche Geheimnis" der Ruhr-SPD: Als Stadtrat, Gewerkschaftssekretär und Betriebsrat wurde er zum Ansprechpartner für jede Art von Alltagsproblemen der Bürger: „Geh zu Hermann, der macht dat schon" (Zimmermann 1985).

Die Hegemonie im Ruhrgebiet bedeutete für die SPD seit den 1960er Jahren ein Reservoir sicherer Stimmen in Millionenstärke. Seit den Wahlen von 1962 war die dominante Position der CDU gebrochen, doch für einen

Machtwechsel reichte es noch nicht. Entscheidend war die Koalitionspräferenz der FDP, die 1962 und zunächst auch 1966 zugunsten der Union ausfiel. Der Sieger der Wahlen vom 10. Juli 1966 waren eindeutig die Sozialdemokraten, die mit 49,5 Prozent erstmals die Union überflügelten und die absolute Mehrheit nur um zwei Sitze verpassten. Der Wahlkampf hatte vor dem Hintergrund der ersten Rezession der Bundesrepublik stattgefunden, die NRW mit besonderer Härte traf. Im Laufe des Jahres 1966 mussten 13 Zechen schließen und die Krise der Montanindustrie nahm ihren Anfang (Brunn/Reulecke 1996: 151). Das wirtschaftspolitische Prestige der Bundesregierung unter Ludwig Erhardt war verspielt, und in den Augen der nordrhein-westfälischen Wähler besaß die SPD die weitaus höhere Kompetenz zur Lösung der ökonomischen Krise (Bick 1985: 194). Die „Sensation" (Coumanns/Kremer 2001: 294) des Wahlkampfes aber war die ausbleibende Hilfe der katholischen Kirche für die CDU. Erstmalig wurden in den Sonntagsmessen keine Hirtenbriefe verlesen, die eine Stimmabgabe zugunsten der Union zur Christenpflicht stilisierten (FR v. 05. 07. 1966). Der SPD war es gelungen, ihr antiklerikales Image abzustreifen. Die konfessionelle Konfliktlinie hatte zugunsten der ökonomischen stark an Bedeutung verloren.

Trotz des Sieges der SPD konnte Franz Meyers vorerst Ministerpräsident bleiben. Für die Fortsetzung der christlich-liberalen Koalition sprachen aus Sicht der FDP bundespolitische Erwägungen. Eine parteipolitisch freundlich gesinnte Bundesregierung, so das Kalkül, versprach größtmögliche Hilfe des Bundes bei der Bewältigung der Strukturkrise in NRW. Als aber die Koalition aus Union und FDP in Bonn zerbrach und durch eine große Koalition ersetzt wurde, fürchteten die Liberalen den Verlust der Regierungsverantwortung auch in NRW. Um eine große Koalition in Düsseldorf zu verhindern, wechselten die Liberalen nach nur fünf Monaten zur SPD. Der Sozialdemokrat Heinz Kühn wurde im Dezember 1966 zum Ministerpräsidenten gewählt und die Phase der sozial-liberalen Koalitionen in NRW begann (Albertin 1985: 134).

Die beiden Landtagswahlen der 1970er Jahre charakterisierte ein Kopf-an-Kopf-Rennen der beiden Volksparteien, wobei die Union wieder stärkste Partei wurde. Aber angesichts ihres marginalen Vorsprungs von 0,2 (1970) und zwei Prozentpunkten (1975) kann man durchaus von einer Patt-Situation zwischen SPD und CDU sprechen. Die SPD legte dabei kontinuierlich bei den Jungwählern und Frauen zu – bis dahin treue Wähler der Konservativen. Den Zuwächsen bei einzelnen Wählergruppen und der großen Popularität des Ministerpräsidenten Kühn zum Trotz, konnten die Sozialdemokraten ihren Status als stärkste Partei aber nicht halten. Verantwortlich dafür war nach

Wolfgang Bick (1985: 198) wieder die Bundespolitik: die schlechte Performanz der Regierung Brandt in ihrem ersten Amtsjahr und die ökonomischen Verwerfungen in Folge der Ölkrise nach 1973. Doch fehlte der CDU in den 1970er Jahren der Koalitionspartner für eine Regierungsübernahme. War die Bildung der sozial-liberalen Koalition ein „Testlauf" für Bonn gewesen, so war ihr Bestand in Düsseldorf gleichfalls die Vorbedingung für die Stabilität dieser Koalition im Bund. Im Land waren es die Gemeinsamkeiten in der Bildungs- und Kulturpolitik, die beide Parteien aneinander banden. In der Zeit der sozial-liberalen Koalition wurden die Bildungsinvestitionen deutlich erhöht und in den strukturschwachen Regionen des Landes (insbesondere im Ruhrgebiet und in Ostwestfalen) sechs Universitäten gegründet. Die Regierung Kühn reagierte damit auch auf das stetige Anwachsen der neuen Mittelschichten, „die aufgrund eigener wirtschaftlicher und sozialer Erfolge vor allem für ihre Kinder höhere Ansprüche an den Staat, insbesondere im Bildungswesen stellten" (Hüttenberger 1985: 60). Während die Sozialdemokraten mit dieser Politik neue Wählerschichten erschließen konnten, profitierten die Liberalen kaum davon. Vielmehr polarisierte die FDP durch ihre Annäherung an die SPD und verunsicherte ihrer Mitglieder, was sich auch in enttäuschenden Wahlergebnissen niederschlug (Albertin 1985: 134-137).

Die Hegemonialphase (1980-1995)

Am Ende fehlten 4000 Stimmen. Erst spät am Wahlabend des 14. Mai 1980 wurde das Ausscheiden der FDP aus dem Landtag zur Gewissheit. Um 0,1 Prozentpunkte verpassten die Liberalen den Sprung über die Fünf-Prozenthürde und die SPD erhielt die absolute Mehrheit der Mandate. Mit 48,4 Prozent der Stimmen hatten die Sozialdemokraten ihr bisher zweitbestes Ergebnis bei Landtagswahlen erreicht und die CDU mit über fünf Prozentpunkten Vorsprung auf die Plätze verwiesen. Die Landtagswahlen von 1980 fanden nur wenige Monate vor den Bundestagswahlen statt und wurden von Medien und SPD zu einer Vorentscheidung für den Bund ausgerufen (Coumanns/Kremer 2001: 298; Bick 1985: 198). Im Gegensatz zum Duo Rau/Schmidt war der polarisierende Kanzlerkandidat Franz Josef Strauss (CSU) für den NRW-Spitzenkandidaten Kurt Biedenkopf eher eine Belastung, als eine Unterstützung. Und so versuchte die CDU, mit massiver Kritik an der Bildungs- und Finanzpolitik landesspezifische Themen in den Mittelpunkt des Wahlkampfs zu rücken (Feist/Liepelt 1980). Doch diese Strategie misslang. Nicht nur, weil das mediale Interesse fast ausschließlich dem Bundestagswahlkampf galt, sondern auch, weil die Sozialdemokraten in der Wirtschafts- und Bildungspolitik einen deutlichen Kompetenzvorsprung besaßen (Kühr 1985: 108).

Die Wahl vom Mai 1980 war die erste Bewährungsprobe für Ministerpräsident Johannes Rau, der im September 1978 die Nachfolge des amtsmüden Heinz Kühn angetreten hatte. Rau war zu dieser Zeit noch nicht die unangefochtene Führungsfigur seiner Partei. Der ehemalige Wissenschaftsminister musste sich auf zwei Parteitagen Kampfabstimmungen gegen Justizminister Diether Posser und Arbeitsminister Friedhelm Farthmann stellen, die er nur knapp für sich entscheiden konnte (Brunn/Reulecke 1996: 192). Erst mit dem Gewinn der absoluten Mehrheit begann er, die Autorität und das Ansehen aufzubauen, die ihm noch weitere 18 Jahre das Amt des Ministerpräsidenten sichern sollte. Unter seiner Führung gewann die SPD noch zwei weitere Male die absolute Mehrheit der Stimmen und Mandate.

Johannes Rau, „dem die Bibel allemal vertrauter war (...) als das Marxsche Kapital" (Rohe 1997: 19), erreichte in den 1980er Jahren bis dahin nicht gekannte Popularitätswerte. Er umgab sich mit der präsidialen Aura eines über den Parteien schwebenden Landesvaters, dem es gelang, viele Sympathisanten der CDU zu sozialdemokratischen Wählern zu machen. Die identitätsstiftende Person des Ministerpräsidenten fand im Wahljahr 1985 ihre optimale Ergänzung in der Imagekampagne „Wir in NRW". Bis dahin hatte es so etwas wie eine Landesidentität unter den Bürgern an Rhein und Ruhr nicht gegeben (vgl. Kapitel 2.1). Die ursprünglich als Standortwerbung konzipierte, und für den sozialdemokratischen Wahlkampf okkupierte Kampagne „Wir in NRW" traf den Nerv der Zeit. Die SPD gab sich als Staatspartei und kreierte ein Landesbewusstsein, „das es vorher kaum gegeben hatte und das von den Wählern auch angenommen wurde" (Coumanns/Kremer 2001: 299). Die Bürger des „Bindestrichlandes" Nordrhein-Westfalen assoziierten ihre oberflächliche Landesidentität mit dem Ministerpräsidenten und dessen Partei. Die CDU und ihr Spitzenkandidat Bernhard Worms hatten dieser Strategie nichts entgegenzusetzen. Bei den Wahlen vom 12. Mai 1985 erhielt die Partei nur 36,5 Prozent. Das schlechteste Ergebnis in ihrer Geschichte war auch eine Folge des guten Abschneidens der FDP. Wie die Sozialdemokraten konnten die Liberalen ehemalige CDU-Wähler für sich gewinnen und kehrten mit sechs Prozent in den Landtag zurück (Feist/Krieger 1985).

Die SPD erreichte mit 52,1 Prozent das beste Resultat einer Partei bei Wahlen in Nordrhein-Westfalen. Ihr Erfolg war aber nicht allein auf die Person Rau und die „Wir in NRW"-Kampagne zurückzuführen. Auch wenn die Bundespolitik im Wahlkampf 1985 vordergründig keine dominante Rolle spielte, darf ihr Einfluss nicht unterschätzt werden. Seit 1982 regierte in

Bonn eine christlich-liberale Koalition, deren marktliberale Rhetorik – vielleicht noch mehr als ihre tatsächliche Politik – eine durch Arbeitslosigkeit und Strukturwandel bedrohte Wählerschaft weiter verunsicherte. Die Sozialdemokraten profilierten sich in dieser Situation als Partei des „sozialen Fortschritts" und deklarierten ihre Politik in NRW zum Alternativprojekt zur „geistig-moralischen Wende" (Klönne 1985: 88). Es ist somit kein Zufall, dass die „goldenen Jahre" der SPD in eine Phase des ökonomischen und sozialen Übergangs fielen. Bergbau und Stahlindustrie durchlebten in den 1980er Jahren schwere Krisen, wodurch nicht nur im Ruhrgebiet zehntausende von Arbeitsplätzen verloren gingen. Die Milieus der Industriearbeiterschaft waren aber vorerst noch intakt und damit auch die Verankerung der Sozialdemokratie im vorpolitischen Raum. Im Wahljahr 1990 sahen 65 Prozent der Wähler in der sozialdemokratischen Partei den „Garanten sozialer Sicherheit" (Feist/Hoffmann 1996: 259). Der Krise der traditionellen Industrien verdankte die SPD die maximale Mobilisierung ihrer verunsicherten Kernwählerschaft.

Gleichzeitig konnten die Sozialdemokraten bei den Wahlen von 1985 und 1990 die Mittelschichtmilieus für sich gewinnen. Deren Aufstiegs- und Partizipationsansprüche integrierte die Regierung Rau erfolgreich in ihre Sozial- und Bildungspolitik der 1980er Jahre. Die SPD öffnete sich für nahezu alle gesellschaftlichen Milieus, was ihr durch die Abschwächung konfessioneller zugunsten ökonomischer und sozialer Konflikte erleichtert wurde. „Die Partei und die regionalen Verhältnisse bewegten sich aufeinander zu. Erst dadurch wurde eine politische Entwicklung möglich, die der SPD bei drei Landtagswahlen die absolute Mehrheit im Landtag bescherte und damit zu einer Institution werden ließ, ohne die man sich Regieren in Nordrhein-Westfalen gar nicht mehr vorstellen" konnte (Rohe 1997: 19).

Die Union und auch die Grünen, die 1990 mit einer Punktlandung von 5,0 Prozent erstmals in den Landtag einzogen, waren für Wählergruppen mit gering ausgeprägter Parteiloyalität wenig attraktiv. Die Grünen litten unter der Dominanz des „fundamentalistischen" Flügels ihrer Partei, die dazu führte, dass sie von ihrem durchaus beachtlichen Wählerpotenzial eher als „naiv, utopisch und chaotisch" (v. Alemann 1985: 213) wahrgenommen wurden und weniger als ernstzunehmende Alternative.

Die schweren Niederlagen der CDU waren die Konsequenz ihrer Lethargie und Selbstblockade. Bis 1987 gab es im engeren Sinne gar keine „NRW-CDU". Die zwei unabhängigen Landesverbände Rheinland und Westfalen-Lippe lieferten sich über Jahre hinweg einen auch öffentlich ausgetragenen Machtkampf um die Führungsrolle im Land. Erst nach der

schweren Wahlniederlage von 1985 wurde eine Organisationsreform eingeleitet, aus der 1987 ein gemeinsamer Landesverband Nordrhein-Westfalen
entstand. Erst 40 Jahre nach der Gründung des Landes besaß die Union die
Vorbedingung für ein organisatorisch geschlossenes Auftreten in der Landespolitik (Lange 1994: 334-347). Zudem fand sie lange Zeit nicht die richtigen Themen und das ansprechende Führungspersonal, um die regierende
SPD in Bedrängnis zu bringen. Einzig im Milieu der katholischen Kirchgänger war die CDU Ende der 1980er Jahre noch Mehrheitspartei, was sich auch
in ihrer Mitgliederstruktur widerspiegelte. „Die Partei hat es offensichtlich
nicht verstanden, die nordrhein-westfälische Gesellschaft in ihrer ganzen
Breite in sich hineinzunehmen. Daraus resultierten nicht zufällig Kommuni-
kationsschwierigkeiten" (Rohe 1997: 21). Auch der populäre „Herz-Jesu
Marxist" Norbert Blüm, Bundesarbeits- und Sozialminister, konnte 1990 als
CDU-Spitzenkandidat weder den Industriearbeitern die Angst vor einem
Regierungswechsel nehmen, noch die eigene Anhängerschaft ausreichend
mobilisieren. Die mit Ausnahme der Landtagswahlen guten Wahlergebnisse
der Christdemokraten von jeweils über 40 Prozent zwischen 1981 und 1987[4]
zeigten, dass ihr Abstieg „vom Phänomen zum Phantom" (Kiefer 1996) keinesfalls eine notwendige Entwicklung darstellte und ihre Ursachen in der
engeren landespolitischen Arena zu suchen waren.

Die Lagerpolarisierungsphase (seit 1995)

Mit den Wahlen vom 14. Mai 1995 ging die Hegemonialphase der SPD ihrem Ende entgegen. Sie erreichte mit 46 Prozent der Stimmen nicht mehr die
absolute Mehrheit und sollte sie auch bei den Wahlen 2000 nicht wieder
zurückgewinnen. Die SPD musste ein Bündnis mit den Grünen eingehen und
das Parteiensystem kehrte in „die Normalität nordrhein-westfälischer Koalitionsregierungen" (Coumanns/Kremer 2001: 280) zurück. Seitdem standen
sich das rot-grüne sowie das christlich-liberale Lager prinzipiell als alternative Regierungsmehrheiten gegenüber. Eine gewisse Einschränkung dieser
Lagerpolarisierung stellte jedoch zunächst noch die Positionierung der FDP
dar. Unter der Führung von Parteichef Jürgen Möllemann schien auch ein
mögliches Regierungsbündnis mit den Sozialdemokraten nicht prinzipiell
ausgeschlossen. Noch im Jahr 2000 spielte diese Option auch aufseiten des
SPD-Ministerpräsidenten Clement eine Rolle (vgl. Kapitel 3.3 und 3.4). Aber

---

[4]   BTW 1983: 45,2% (SPD: 42,8%); EW 1984: 42,8% (SPD: 41,7%); KW 1984: 42,2% (SPD:
       42,5%); BTW 1987: 40,1 % (SPD: 43,2%).

spätestens im Zuge der Nachwehen der Bundestagswahl 2002 setzte sich die Lagerpolarisierung zwischen Schwarz-Gelb auf der einen und Rot-Grün auf der anderen Seite auch auf Landesebene durch.

Der Eintritt des Parteiensystems in die Lagerpolarisierungsphase markierte gleichzeitig den Beginn einer Serie von Wahlniederlagen für die SPD. Die Sozialdemokraten verloren 2000 gegenüber 1995 über drei Prozentpunkte und als sie fünf Jahre später mit 37,1 Prozent auf das Niveau der 1950er Jahre zurückfielen, war die Regierungsmacht endgültig verloren. Das sozialdemokratische „Stammland" wird seitdem von einer christlich-liberalen Koalition regiert. Die Gründe für die Wahlniederlagen der SPD sind vielschichtig. Dazu zählen sowohl nachteilige bundespolitische Konstellationen, als auch landespolitische Personal- und Sachfragen. Im Kapitel 3 werden die Wahlkämpfe und das Wählerverhalten seit 1990 noch genauer analysiert. Im Folgenden konzentrieren wir uns auf einen makrosoziologischen Trend, der sich seit 1995 immer sichtbarer in den Wahlergebnissen widerspiegelte: die kontinuierliche Erosion der Wählerkoalition der 1980er Jahre und die stetig abnehmende Mobilisierung sozialdemokratischer Stammwähler. Bei den Kommunalwahlen 1999 und 2004 blieben die Anhänger der SPD in Scharen zu Hause und die Union feierte fulminante Siege, insbesondere in den ehemaligen SPD-Hochburgen im Ruhrgebiet. Im Wahljahr 2000 ging der Verlust von insgesamt 673.000 Stimmen zu 60 Prozent auf die Stimmenthaltung ihrer ehemaligen Wähler zurück.

Nach Berechnungen der „Arbeitsgruppe Wahlen Freiburg" konnte die SPD bei den Landtagswahlen 2005 nur noch 60 Prozent ihres Wählerpotenzials mobilisieren. Bei Arbeitern, Angestellten und Arbeitslosen wurde die CDU stärkste Partei. Die Verluste der SPD in diesen Wählergruppen beliefen sich auf bis zu 16 Prozentpunkte (Daten nach Infratest-dimap 2005). Das Wahlergebnis, so die Freiburger Arbeitsgruppe, zeige „eine tiefe Entfremdung breiter Teile der städtischen Arbeiterschaft" von ihrer ehemaligen Partei (Oberndörfer/Mielke/Eith 2005: 2).

Noch 1987 hatte Karl Rohe (1987: 531) die Vormachtstellung der SPD als äußerst stabil eingeschätzt: „Selbst ein wirtschaftlicher Strukturwandel im Ruhrgebiet und/oder ein politischer Charakterwandel der SPD im Bund dürfte diese Position wohl erst dann ernsthaft erschüttern, wenn gleichzeitig in der Region selbst im Gefolge der Bildungsexpansion und einer zunehmenden technokratischen Spezialisierung des politischen Geschäfts Prozesse in Gang kommen, die die Fähigkeit zur symbolischen Vermittlung austrocknen lassen und die milieuhaft-affektiven Grundlagen der SPD untergraben."

Nach 1990 und mehr noch nach 2000 hatten aber genau diese von Rohe beschriebenen Entwicklungen an Tempo gewonnen. Der Strukturwandel unterspülte die maßgeblich über die Gewerkschaften vermittelte vorpolitische Verankerung der Partei. Zwischen 1970 und 2002 sank in NRW die Anzahl der Beschäftigten im Produktionssektor um 40 Prozent, während sich die Anzahl der in Dienstleistungsberufen tätigen Arbeitnehmer fast verdoppelte (Jahresberichte MWA 2004; LDS 2003[5]). Im Gegensatz zum produzierenden Gewerbe ist der Organisationsgrad der Arbeitnehmer im Dienstleistungssektor aber deutlich geringer und so hat der Strukturwandel zu einem nachhaltigen Mitgliederverlust der Gewerkschaften beigetragen. Zwischen 1993 und 2005 verloren die DGB-Gewerkschaften in NRW ca. 665.000 Mitglieder. Mit den Mitgliedern verloren sie auch ihre Multiplikatorfunktion für die SPD.

Dem Ende des „sozialdemokratischen Jahrhunderts" (Dahrendorf 1983), in welchem stetiges Wachstum mit steigendem Wohlstand und sozialer Sicherheit einhergingen, versuchte die SPD mit einer marktliberalen Neuausrichtung ihrer Politik zu begegnen, die von ihrer Stammwählerschaft nicht nachvollzogen wurde (Grunden 2004). Der Modernisierungsrhetorik der Rau-Nachfolger Clement und Steinbrück mangelte es an Anschlussfähigkeit für die an Verteilungsgerechtigkeit orientierten Normen und Werte ihres Wählerpotenzials. Schon bei den Wahlen 2000 musste die SPD überdurchschnittliche Verluste bei Arbeitern und Gewerkschaftsmitgliedern hinnehmen (Feist/Hoffmann 2001: 140). Im Wahljahr 2005 verlor sie gar ihren Status als „Arbeiterpartei". Sprachen im Wahljahr 2000 noch über 50 Prozent der Bürger in NRW der SPD die größte Kompetenz für soziale Gerechtigkeit zu, waren es im März 2005 nur noch 38 Prozent. Auf allen anderen Politikfeldern lag die CDU deutlich vor den Sozialdemokraten (Infratest dimap 2005). An diesen Zahlen wird eine weitere Ursache für die Machterosion der Sozialdemokratie deutlich: Die Wählerkoalition mit den Mittelschichten ist zerbrochen. Die von der Bildungsexpansion der 1970er und 1980er Jahre begünstigten Wähler gehören heute zu den Zielgruppen von FDP und Bündnisgrünen.

---

[5] http://www.lds.nrw.de/,
http://www.arbeitsmarkt.nrw.de/service/adressen/arbeitsministerium/index.html .

Zwischenfazit: Parteien, Wahlen und Regieren in NRW

Wir hatten zu Beginn dieses Unterkapitels betont, dass Nordrhein-Westfalen nie das „rote Stammland" war, von dem in Medien und diversen Publikationen so oft die Rede war. Das gilt erst recht für die Zeit nach 1990, die im Mittelpunkt unserer Untersuchung über das Regieren steht. Ein Abonnement für Regierungsmacht gibt es selten und immer nur zeitlich begrenzt. Gesellschaftliche Konflikte, Parteiloyalitäten, Sach- und Personalfragen als die entscheidenden Einflussfaktoren für Wählerverhalten und parteipolitische Kräfteverhältnisse sind einem langsamen, aber gleichwohl stetigen Wandel unterworfen. Hinzu kommen bundespolitische Entwicklungen, die in Wahlentscheidungen auf Landesebene einfließen. Auch wenn bei den Übergängen zwischen den einzelnen Phasen des Parteiensystems in Nordrhein-Westfalen ein Zusammenspiel aller fünf Faktoren zu konstatieren ist, so sind sie keinesfalls als gleichgewichtig einzustufen. Vielmehr sind sie in ein Pfadmodell einzuordnen. Kurzfristigen Faktoren (Personal- und Sachfragen, bundespolitische Ereignisse) wirken als Katalysatoren, die gewandelte Normen, Werte und Konflikte zur Entfaltung bringen. Die Landtagswahlen von 1958, 1966, 1985 und 2005 stellten paradigmatische Wendepunkte und Akzentverschiebungen hinsichtlich gesellschaftlicher Trends dar. Bei allen vier Wahlen verband sich die bundespolitische Schwäche der unterlegenen Partei mit regionalen Repräsentationsschwächen und der Erosion ihrer lokalen gesellschaftlichen Verankerung.

In den 1950er Jahren stützte der konfessionelle Konflikt die Dominanz der CDU. Als erste echte Volkspartei konnte sie mithilfe ihrer populären Ministerpräsidenten Arnold und Meyers einen Großteil des Arbeitermilieus an sich binden. Auf wichtigen Politikfeldern besaß sie in den Augen der Wähler die größten Kompetenzen. Selbst als Oppositionspartei wurde sie in den 1970er Jahren noch zweimal zur stärksten politischen Kraft im Land.

Der Aufstieg der SPD begann mit der Abschwächung der konfessionellen Konfliktlinie und der Strukturkrise der traditionellen Industrien. Ihrer Verankerung im vorpolitischen Raum, insbesondere in den Städten des Reviers, verdankte sie eine optimale Mobilisierung der Arbeiterschaft, die spätestens seit den 1980er Jahren in der CDU keine politische Heimat mehr erkennen konnte. Die sozialdemokratische Bildungs- und Sozialpolitik band die neuen Mittelschichten über zwei Jahrzehnte an die Partei, und nicht zuletzt die überragende Popularität Johannes Raus ließ auch CDU-Sympathisanten bei Landtagswahlen auf die Seite der SPD wechseln. So entstanden

Wählerkoalitionen, ohne die absolute SPD-Mehrheiten nicht möglich gewesen wären.

In den 1990er Jahren begann der Strukturwandel die gesellschaftliche Verankerung der SPD zu unterspülen. Die Partei konnte die beiden Voraussetzungen für Erfolg auf komplexen Wählermärkten immer unzureichender erfüllen: die Mobilisierung der traditionellen Stammklientel und die Integration heterogener Mittelschichten. Mangelnde Mobilisierungskraft und fehlende Kompetenz in Sachfragen führten schließlich zum Machtverlust. Dabei ist die stille Wählerreserve der NRW-SPD nach wie vor beachtlich, wie die Bundestagswahl vom September 2005 unter Beweis stellte. Mit landesweit 40 Prozent konnte sie die CDU deutlich auf den zweiten Platz verweisen. Eine neue Phase christdemokratischer Dominanz ist deshalb keineswegs gewiss.

2.3 Kernbereiche des Regierungssystems: Verfassungsinstitutionen und formelles Regieren

Nach der Charakterisierung der politischen Kultur, des Parteien- und Wahlsystems sowie des Wählerverhaltens der Bürger in NRW sollen nun die Kernbereiche des Regierungssystems vorgestellt werden. Dabei orientieren wir uns an den in der Landesverfassung fixierten Verfassungsinstitutionen. So können wir wichtige Kraft- und Machtzentren des formellen Regierens herausarbeiten.

Landesverfassung

„Nordrhein-Westfalen ist ein Bestandteil der Deutschen Demokratischen Republik." Mit dieser bemerkenswerten Feststellung begann der erste Entwurf einer Verfassung für NRW, der im Winter 1946/47 im nordrhein-westfälischen Landtag beraten wurde (v. Alemann/Brandenburg 2000: 79). Dass die Deutsche Demokratische Republik unter diesem Namen nur zwei Jahre später auf dem Boden der sowjetisch besetzten Zone tatsächlich existieren würde, NRW jedoch ein Land der Bundesrepublik Deutschland sein würde, ahnte damals wohl keiner der Abgeordneten im Theatersaal der Henkelwerke.

Allein die Gründung des Landes Nordrhein-Westfalen war schon eine Überraschung gewesen (nachfolgend Andersen/Bovermann 2004: 307-309; Brunn/Reulecke 1996: 26-35). Am 17. Juli 1946 hatte die britische Militärregierung, die die zonale Verwaltungshoheit über das Gebiet des späteren Bundeslandes besaß, die Öffentlichkeit über ihre Entscheidung vom 21. Juni 1946 informiert, die nördliche Rheinprovinz mit der vormals ebenfalls preußischen Provinz Westfalen zu einem Bundesland zusammenzulegen.[6] Die seit Ende 1945 bestehenden Provinzialräte in beiden Provinzen wurden folglich abgeschafft. An ihrer Stelle beriefen die Briten einen nordrhein-westfälischen Landtag, der am 2. Oktober 1946 zur konstituierenden Sitzung im Düsseldorfer Opernhaus zusammentrat. Die Entscheidung für das rheinische Düsseldorf als Sitz des Landtages ging ebenfalls auf die Briten zurück. Die Ernennung des bisherigen Chefs der westfälischen Provinzialverwaltung Rudolf Amelunxen zum ersten Ministerpräsidenten des Landes kann als Kompensation für die Entscheidung zugunsten Düsseldorfs gewertet werden. Hauptaufgabe des Landtages, der zuerst im Düsseldorfer Opern- und später im Ständehaus tagte, sollte die Ausarbeitung einer Landesverfassung sein. Schon im Winter 1946/47 wurde der oben genannte erste Entwurf vorgelegt.

Aber auch ohne die vermeintliche Anschlussbekundung an die 1949 gegründete DDR, war dem ersten Verfassungsentwurf kein Erfolg vergönnt. Dasselbe Schicksal ereilte eine Reihe weiterer Entwürfe, die dem 14-köpfigen Verfassungsausschuss des Landtages vorgelegt wurden. Die im Landtag vertretenen Parteien hatten sich über den Inhalt der Verfassung so zerstritten, dass sie es schließlich vorzogen, ihre Verabschiedung auf die Zeit nach Inkrafttreten des Grundgesetzes zu verschieben.

So trat die „verspätete Verfassung" (Andersen/Bovermann 2004: 309) erst 1950 und damit nach der Gründung der Bundesrepublik in Kraft. Sowohl die Abstimmung am 6. Juni 1950 im Landtag mit 110 zu 97 Stimmen, als auch die Volksabstimmung am 18. Juni 1950 mit 3,6 gegen 2,2 Millionen Stimmen bei einer halben Million ungültiger Stimmen, fiel nur knapp zugunsten des vorgelegten Entwurfes aus. Durchgesetzt hatte sich damit der Verfassungsentwurf des seit Juni 1947 amtierenden Ministerpräsidenten Karl Arnold (CDU)[7], der stark durch die „Grundsätzlichen Darlegungen und Forderungen zur Verfassung des Landes Nordrhein-Westfalen" der Erzbischöfe von Köln und Paderborn beeinflusst war (Dästner 2002: 16f).

---

[6]   Im Januar 1947 kam das bereits im April 1945 gegründete Land Lippe hinzu und gab damit NRW seine heutige geografische Gestalt.

[7]   Die erste Wahl des nordrhein-westfälischen Landtages fand am 20. April 1947 statt.

Nicht zuletzt aufgrund des „verspäteten" Verfassungsbeschlusses zeigen sich zahlreiche Analogien und Anknüpfungspunkte zum seit 1949 geltenden Grundgesetz. So verzichtete die neue Landesverfassung auf einen eigenen Grundrechtskatalog und erklärte vielmehr die im Grundgesetz fixierten Grund- und staatsbürgerlichen Rechte zu unmittelbar geltendem Landesrecht (Art. 4 LV). Im Staatsaufbau und in der Konstruktion der Verfassungsorgane zeigt sich eine klare Analogie zur Bundesebene. Wie das Grundgesetz etabliert die Landesverfassung mit der Abhängigkeit des Ministerpräsidenten von der Landtagsmehrheit ein eindeutig parlamentarisches Regierungssystem (Steffani 1979). „Die nordrhein-westfälische Verfassung geht [dabei] sogar einen Schritt weiter in Richtung parlamentarisches Regierungssystem, insofern der Ministerpräsident aus der Mitte des Landtags heraus gewählt werden muss" (Andersen/Bovermann 2004: 309). Insgesamt weist das politische System des Landes somit klare Parallelen zur Bundespolitik auf. Diese zeigen sich besonders deutlich in der Konstruktion und dem Zusammenspiel der drei Verfassungsorgane Landtag, Landesregierung und Verfassungsgerichtshof.

Allerdings beinhaltet der Verfassungstext auch einige wichtige Abweichungen. Beispielsweise „erschöpft sich die Landesverfassung nicht in einem schlichten Organisationsstatut über das Zusammenwirken der Verfassungsorgane des Landes. Sie erfasst mit ihren Regelungen die Thematik von Staat und Gesellschaft, die Lebenskreise der Arbeit und des Sozialen, des Schulwesens und der Wissenschaft, der Kultur und der Kirchen" (Dästner 2002: 20). Der diese „Ordnung des Gemeinschaftslebens" umfassende zweite Teil der Landesverfassung ist der Darstellung der Verfassungsorgane im dritten Teil sogar vorgeschaltet. Einige im zweiten Teil enthaltene Besonderheiten, wie beispielsweise die Förderung der Kleingärtnerei oder die Überführung von Schlüsselindustrien in Gemeineigentum, muten aus heutiger Sicht allerdings anachronistisch an.

Zentraler – im Hinblick auf das politische System des Landes – ist jedoch eine Ergänzung der Landesverfassung um direktdemokratische Elemente politischer Partizipation. Abweichend vom Grundgesetz, und auch im Unterschied zu anderen „verspäteten Landesverfassungen", wird der Landtag nicht zum alleinigen Gesetzgeber erhoben, sondern auch Volksbegehren und Volksentscheid verfassungsrechtlich als erweiterte Partizipationsmöglichkeiten der Bürger festgeschrieben (Art. 2 LV). Schließlich ermöglicht die Landesverfassung eine Selbstauflösung des Landtages durch die absolute Mehrheit seiner Mitglieder (Art. 35 LV). Der Landtag besitzt damit ein Recht, welches dem Bundestag nicht zur Verfügung steht. Bisher hat das Parlament jedoch keinen Gebrauch von seinem Selbstauflösungsrecht gemacht.

Landtag

Der Landtag ist das höchste Staatsorgan des Landes und wird als einziges Verfassungsorgan für fünf Jahre direkt vom Volk gewählt (Art. 34 LV). Die Wahl der Abgeordneten erfolgt nach den Grundsätzen der allgemeinen, gleichen, unmittelbaren, geheimen und freien Wahl (Art. 31, Abs. 1 LV; vgl. Kapitel 2.2). Die Wahlperiode wurde erst zur Landtagswahl 1970 von vier auf fünf Jahre verlängert. Der neu gewählte Landtag muss sich spätestens 20 Tage nach seiner Wahl konstituieren. Mit dieser ersten Sitzung beginnt dann die neue Legislaturperiode. Die Geschäftsordnung des Landtages, in der über Verfassungs- und Gesetzesvorschriften hinaus die Arbeitsweise, die Struktur und die Gremien der Selbstverwaltung des Landtages festgelegt sind, gilt jeweils nur für die Dauer einer Wahlperiode und muss vom Landtag nach seiner Wahl erneut verabschiedet werden (Dästner 2002: 155; nachfolgend Andersen/Bovermann 2004: 318-320; Präsident des Landtags: 2002).

Struktur und Organisation

Die einzelnen Abgeordneten besitzen ein freies Mandat und sind nicht an Aufträge gebunden, sondern „stimmen nach ihrer freien, nur durch die Rücksicht auf das Volkswohl bestimmten Überzeugung" ab (Art. 30, Abs. 2 LV). Zudem räumt die Landesverfassung den Abgeordneten parlamentarische Indemnität, Immunität und ein Zeugnisverweigerungsrecht ein (Art. 47 bis 49 LV). Zwar betont die Landesverfassung die Rolle des einzelnen Abgeordneten, zentrale Bedeutung für die parlamentarische Praxis kommt jedoch vor allem den Fraktionen zu[8]. Wie der Bundestag ist auch der Landtag ein Fraktionenparlament. Nur durch diese Organisationsform kann der Landtag seine Handlungsfähigkeit wahren, die u. a. darin sichtbar wird, dass die jeweiligen Fraktionsmitglieder häufig geschlossen abstimmen. Diese Fraktionsdisziplin stellt eine gewisse Einschränkung des freien Abgeordnetenmandats dar und betont zugleich die auf die Fraktionen ausgerichtete Organisation der Parlamentsarbeit. Die Fraktionen bringen beispielsweise Gesetzesentwürfe und Anträge ein, rekrutieren Personal für Ausschüsse und bestimmen die Rednerlisten im Plenum.

In der Praxis kommt dem Plenum als Kollektivorgan des Landtages nur eine untergeordnete Bedeutung zu. Der Landtag ist, anders als der Bundes-

---

[8]   Fraktionen sind Vereinigungen von mindestens fünf Prozent der Landtagsabgeordneten, die zumeist der gleichen Partei angehören.

tag, vor allem Arbeits-, nicht Redeparlament (vgl. zu dieser Unterscheidung Steffani 1979: 327ff). Weniger die primär auf die Öffentlichkeit zielende Debatte im Plenum, als vielmehr die Sacharbeit in den Ausschüssen macht den Kern der Parlamentsarbeit aus. Diese für die Rolle als Arbeitsparlament zentralen Landtagsausschüsse sind jedoch nur teilweise explizit in der Verfassung oder gesetzlich normiert. Dies gilt beispielsweise für den Ständigen Ausschuss (Art. 40 LV), der die Rechte der Abgeordneten gegenüber der Landesregierung wahrnimmt, solange der Landtag nicht versammelt ist (vgl. Dästner 2002: 162). Weitere rechtlich verankerte Ausschüsse sind der Petitionsausschuss (Art. 41a LV) und der Wahlprüfungsausschuss des Landtages. Die für die parlamentarische Arbeit zentralen Fachausschüsse hingegen finden keine rechtliche Erwähnung, sondern ihre Einrichtung liegt alleine in der Zuständigkeit des Landtags selber und ist in der Geschäftsordnung geregelt. In der 14. Wahlperiode hat der Landtag 19 Ausschüsse eingerichtet. Hinzu kommen in einzelnen Fällen Unterausschüsse, wie beispielsweise der für Personal im Haushalts- und Finanzausschuss. Der Zuschnitt der Ausschüsse orientiert sich zum einen an der Ressortverteilung innerhalb der Landesregierung (z. B. Ausschuss für Bauen und Verkehr; Ausschuss für Arbeit, Gesundheit und Soziales). Zum anderen gibt es jedoch auch ressortübergreifende oder inhaltlich deutlich zugespitzte Zuständigkeiten. So hat beispielsweise der Hauptausschuss in der aktuellen Legislaturperiode neben seiner Zuständigkeit für Bundes- und Verfassungsangelegenheiten die Zuständigkeit für Europa- und Medienangelegenheiten übernommen. Die im Vergleich zur Bundesebene hohe Zahl an Ausschüssen[9] unterstreicht den Charakter des Landtags als Arbeitsparlament. Aufgabe der Fachausschüsse ist vor allem die Vorbereitung der Plenarsitzungen sowie die fachliche Arbeit an Gesetzesentwürfen. Die Zusammensetzung der Ausschüsse spiegelt zugleich die parteipolitischen Kräfteverhältnisse im Landtag wider.

Sacharbeit leisten neben den Ausschüssen auch Enquêtekommissionen des Landtages, wenn auch in anderer Form. Die hierin behandelten Problemfelder sind zumeist komplexer als die Arbeitsbereiche der einzelnen Fachausschüsse. Enquêtekommissionen haben einen fest umrissenen Untersuchungsgegenstand und berichten zum Abschluss ihrer Arbeit dem Landtag in Form eines schriftlichen Berichts. Im Gegensatz zu den Fachausschüssen werden Experten hier nicht nur gehört, sondern sind gleichberechtigte Mit-

---

[9] In der 14. Wahlperiode wurde die Zahl der Ausschüsse gegenüber der vorherigen 13. Legislaturperiode jedoch vergleichsweise deutlich um fünf Ausschüsse reduziert.

glieder. In der 14. Wahlperiode hat der Landtag bisher zwei Enquêtekommissionen eingerichtet.[10]

Leitungsorgan des Landtages ist das Präsidium, welches ebenfalls in der Landesverfassung Erwähnung findet (Art. 38 LV). Ihm gehören neben dem Landtagspräsidenten, der traditionsgemäß von der stärksten Landtagsfraktion gestellt wird, seine Stellvertreter und 15 Schriftführer aus allen Fraktionen an. Der Landtagspräsident übt das Hausrecht und die Polizeigewalt aus, leitet die Landtagssitzungen und die Landtagsverwaltung. Diese stellt vor allem eine Dienstleistungseinrichtung für den Landtag dar.

Schließlich ist der Ältestenrat als weiteres Leitungsgremium des Landtages zu nennen. Neben den Mitgliedern des Präsidiums gehören ihm mit den Spitzenakteuren der Fraktionen – den Fraktionsvorsitzenden, den Parlamentarischen Geschäftsführern sowie wichtigen fachpolitischen Sprecher – die maßgeblichen Parlamentarier an. Als politisch wichtigstes Führungsorgan für die Parlamentsarbeit nimmt der Ältestenrat eine beratende Funktion gegenüber dem Präsidium ein, vereinbart die Tagesordnung der Plenarsitzungen und die Aufteilung der Redezeit. Zudem ist er seit 1995 in der Geschäftsordnung zum Ständigen Ausschuss des Landtages bestimmt (Dästner 2002: 162). Als politische „Clearing-Stelle" hat er maßgeblichen Einfluss auf die parlamentarische Arbeit.

Funktionen

In Anlehnung an den klassischen Aufgabenkatalog von Walter Bagehot (Bagehot 1963: 150-151; Ismayr 2000; Rudzio 2003; Häußer 1995: 181-223) lassen sich dem Landtag vier zentrale Funktionen zuordnen:

1. Repräsentations- und Artikulationsfunktion
2. Kontrollfunktion
3. Gesetzgebungsfunktion
4. Wahlfunktion

Die erste Funktion ist die Repräsentation der Bürger und die Artikulation ihrer Interessen gegenüber dem politischen System. Wichtigen Ausdruck

---

[10]   „Auswirkungen längerfristig stark steigender Preise von Öl- und Gasimporten auf die Wirtschaft und die Verbraucherinnen und Verbraucher in Nordrhein-Westfalen" und „Chancen für Kinder – Rahmenbedingungen und Steuerungsmöglichkeiten für ein optimales Betreuungs- und Bildungsangebot in Nordrhein-Westfalen" (http://www.landtag.nrw.de/portal/WWW/GB_I/I.1/EK/index.jsp, Stand: 17.03.06).

findet diese Funktion im Verhältniswahlsystem, welches – nur durch die Fünf-Prozent-Hürde eingeschränkt – eine möglichst weitgehende parteipolitische Widerspiegelung der Wählerstimmen im Landtag ermöglicht. In ihrer sozialen Zusammensetzung sind die Abgeordneten jedoch keinesfalls ein Spiegelbild der Gesellschaft. Wie die nachfolgende Tabelle deutlich macht, sind die unterschiedlichen Berufsgruppen im aktuellen Landtag insgesamt sowie zwischen den einzelnen Fraktionen ungleichmäßig repräsentiert.

Abbildung 7: Berufe der Abgeordneten
(Landtag NRW / 14. Wahlperiode)

	CDU	SPD	Grüne	FDP	Summe
I. Angestellte in der Wirtschaft und in Verbänden					
Wirtschaft, Handel, Gewerbe	20	15	1	2	38
Parteien, Fraktionen	2	10	3	-	15
Verbände, Stiftungen, Vereine	1	5	1	1	8
Gewerkschaften	-	4	-	-	4
Kirchen	4	2	-	-	6
Post, Telekommunikation	2	2	-	-	4
Sonstige	1	1	-	-	2
Summe	*30*	*39*	*5*	*3*	*77*
II. Öffentlicher Dienst					
Bildung, Forschung, Lehre	11	8	2	-	21
Verwaltung	8	14	3	2	27
Gesundheit	1	2	-	1	4
Polizei	3	-	-	1	4
Sonstige	2	-	-	1	3
Summe	*25*	*24*	*5*	*5*	*59*
III. Selbständige					
Unternehmer, Kaufleute	5	1	-	2	8
Rechtsanwälte, Notare, Steuerberater	11	4	-	2	17
Landwirte	6	-	-	-	6
Architekten, Ingenieure	1	-	-	-	1
Handwerk	4	-	-	-	4
Beratende Berufe	2	1	1	-	4
Gesundheitswesen	1	-	-	-	1
Sonstige	1	1	1	-	3
Summe	*31*	*7*	*1*	*2*	*44*
IV. Hausfrauen					
Hausfrauen	2	4	-	-	6
V. Rentner und Pensionäre					
Rentner, Pensionäre	1	-	-	-	1

Eigene Darstellung. Datenquelle: Präsidentin des Landtags 2005: 88-89.

Auch Frauen sind im 14. Landtag deutlich unterrepräsentiert, wobei auch hier die Unterschiede zwischen den Fraktionen teilweise gravierend sind:

Abbildung 8: Frauenanteil (Landtag NRW / 14. Wahlperiode)

	CDU	SPD	Grüne	FDP	Landtag insgesamt
Anzahl der Abgeordneten	89	74	12	12	**187**
Anzahl der Frauen	12	31	6	2	**51**
Frauenanteil bezogen auf die jeweilige Fraktion	13,48 %	41,89 %	50,00 %	16,67 %	

Eigene Darstellung. Datenquelle: Präsidentin des Landtags 2005: 90.

Schließlich kann auch hinsichtlich der Altersstruktur nicht von einer spiegelbildlichen Repräsentation der Bevölkerung die Rede sein. Sowohl die unter 30-Jährigen als auch die über 60-Jährigen sind im Landtag unterdurchschnittlich vertreten:

Abbildung 9: Altersstruktur (Landtag NRW / 14. Wahlperiode)

Alter in Jahren	CDU	Anteil in %	SPD	Anteil in %	Grüne	Anteil in %	FDP	Anteil in %	LT insg.	Anteil in %
bis 30	1	1,12	1	1,35	0	0	1	8,33	3	1,60
31 – 40	12	13,48	12	17,57	0	0	5	41,67	29	15,51
41 – 50	17	17,98	25	33,78	9	75,00	3	25,00	54	28,88
51 – 60	48	55,06	32	41,89	3	25,00	3	25,00	86	45,99
Über 60	11	12,36	4	5,41	0	0	0	0	15	8,02
Durch-schnitts-alter	51,66		48,59		47,50		42,83		49,61	

Eigene Darstellung. Datenquelle: Präsidentin des Landtags 2005: 91.

Allerdings sollte dieses vermeintliche Repräsentationsdefizit nicht überbewertet werden. Kein Abgeordneter wird als Vertreter einer Berufs- oder Altersgruppe in den Landtag gewählt. Zudem wird der einzelne Abgeordnete durch die Funktionsweisen des Fraktionsparlaments beeinflusst. Der Landtag kann daher grundsätzlich seiner Artikulationsfunktion nachkommen.

Die zweite Parlamentsfunktion ist die der politischen Kontrolle, welche der Landtag vor allem gegenüber der Landesregierung wahrnimmt. Gerade im parlamentarischen Regierungssystem liegt jedoch eine Einschränkung in der Ausübung dieser Kontrollfunktion begründet. So bilden Landesregierung und die sie tragende Parlamentsmehrheit im Wesentlichen eine politische Handlungseinheit, während die institutionellen Kontrollinstrumente primär von der Opposition angewandt werden. Zu diesen Instrumenten gehören zum einen Große, Kleine und Mündliche Anfragen sowie die Aktuelle Stunde im Plenum. Sie werden hauptsächlich von den Oppositionsfraktionen in Anspruch genommen. Der je nach Wahlperiode unterschiedliche Einsatz der parlamentarischen Kontrollinstrumente legt den Schluss nahe, dass die Struktur der Landtagsopposition hier einen gewissen Einfluss ausübt. So stand die SPD-Regierung in der elften Wahlperiode von 1990 bis 1995 einer Opposition aus drei Parteien gegenüber, was deutlich mehr Einsätze dieser klassischen Kontrollinstrumente zur Folge hatte (vgl. Abb. 10).

Abbildung 10: Kontrollinstrumente des Landtags

Wahlperiode		Große Anfragen	Kleine Anfragen	Mündliche Anfragen	Aktuelle Stunden
8. WP	(1975 – 1980)	25	2.233	468	16
9. WP	(1980 – 1985)	17	1.570	842	15
10. WP	(1985 – 1990)	46	1.979	334	60
11. WP	(1990 – 1995)	41	3.100	678	94
12. WP	(1995 – 2000)	18	1.640	131	106
13. WP	(2000 – 2005)	33	2.338	165	115

Eigene Darstellung. Datenquellen: Andersen/Bovermann 2004: 322; Dokumentation des Landtags.

Auf der Seite der Parlamentsmehrheit erfolgt die Kontrolle weitestgehend als Prozesskontrolle. Kontrollieren in diesem Sinne beinhaltet alle Prozesse der Informationsgewinnung, -verarbeitung, -bewertung und Stellungnahme (Korte/Fröhlich 2004: 46). Die Parlamentsmehrheit spricht sich daher nur in Ausnahmefällen offen gegen Regierungsinitiativen aus, sondern sucht unmittel-

bar den Entscheidungsprozess zu beeinflussen und somit Kontrollmöglichkeiten wahrzunehmen.

Auch das Budgetrecht des Landtages kann als klassisches Kontrollinstrument verstanden werden. Zu diesem Zweck hat der Landtag mit dem
Haushalts- und Finanzausschuss und dem Ausschuss für Haushaltskontrolle
gleich zwei Gremien geschaffen. Beide Ausschüsse werden traditionell von
Vorsitzenden aus den Reihen der Opposition geführt.

Schließlich verfügt der Landtag mit dem Instrument des Untersuchungsausschusses über ein Kontrollinstrument, welches vor allem bei öffentlich-
keitswirksamen politischen Fragen zum Einsatz kommt. Laut Landesverfassung (Art. 41) kann ein solcher Untersuchungsausschuss auf Antrag von einem Fünftel der Abgeordneten eingesetzt werden. Er verfügt über besondere
Rechte zur Beweisaufnahme und gilt als das schärfste Kontrollinstrument des
Landtages. Aufgrund der bisherigen Erfahrungen hat er sich über ein Kontrollinstrument hinaus zu einem parteipolitischen Machtmittel entwickelt.

Drittens stellt die Gesetzgebung die parlamentarische Kernfunktion dar.
Allerdings besitzt der nordrhein-westfälische Landtag kein Gesetzgebungs-
monopol, da die Gesetzgebung „dem Volk und der Volksvertretung" zusteht
(Art. 3 LV). Direktdemokratische Elemente kommen hier also ebenfalls zum
Tragen. Faktisch geht die Gesetzestätigkeit jedoch fast ausschließlich vom
Landtag und hier der Regierungsmehrheit aus. Das Gesetzesinitiativrecht
liegt sowohl beim Landtag, als auch bei der Landesregierung (Art. 65 LV).
In der Regel gehen 70 bis 80 Prozent aller Initiativen von der Landesregierung aus (Dästner 2002: 201). Dies liegt zum einen darin begründet, dass der
Landesregierung mit den Ministerien ein personell starker und fachlich spe-
zialisierter Apparat zu Verfügung steht. Zum anderen liegt dies im parlamentarischen Regierungssystem mit seiner Handlungseinheit von Regierungsmehrheit und Landesregierung begründet. Die Mehrzahl der vom Landtag
ausgehenden Gesetzesinitiativen wiederum wird von den Oppositionsfraktionen eingebracht. Allerdings sind diese aufgrund der Mehrheitsverhältnisse
zumeist chancenlos.

Der Gesetzgebungsprozess folgt einem mehrstufigen Verfahren. Dies
gilt im Falle der Regierungsinitiative auch schon für den Vorbereitungspro-
zess. So gibt es regierungsinterne Ressortabstimmungen, die schließlich zum
förmlichen Kabinettsbeschluss über einen Referentenentwurf führen. Im
parlamentarischen Verfahren durchlaufen Gesetzesentwürfe in der Regel
zwei, manchmal auch drei Lesungen sowie die Fachausschussberatungen.

Abbildung 11:   Das Gesetzgebungsverfahren des Landes NRW

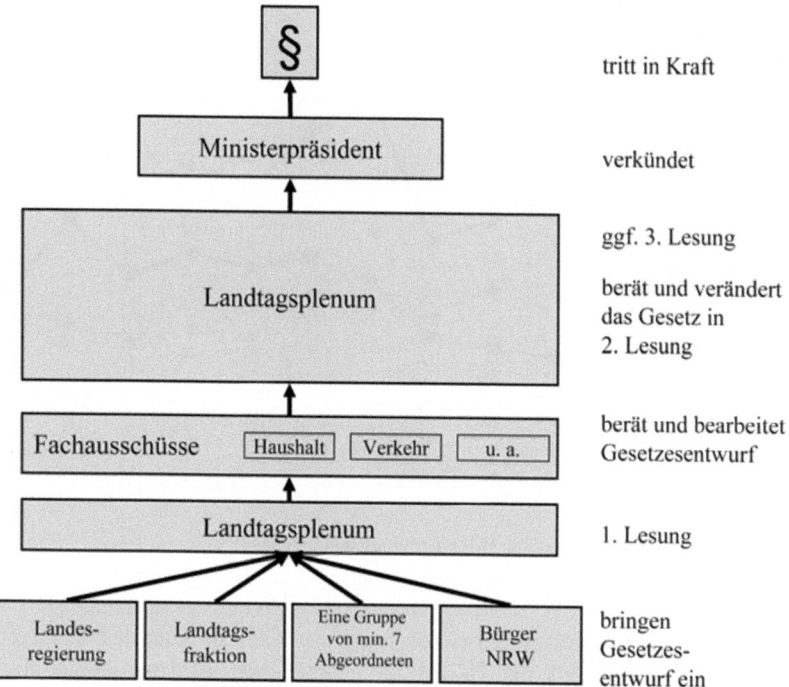

Eigene Darstellung

Grundlage für den Gesetzgebungsprozess ist die Geschäftsordnung des Landtages, da die Landesverfassung hierzu keine konkreten Vorgaben enthält. Allerdings sieht diese die Möglichkeit eines suspensiven Vetos für die Landesregierung vor: „Gegen ein vom Landtag beschlossenes Gesetz kann die Landesregierung innerhalb von zwei Wochen Bedenken erheben. Der Landtag entscheidet sodann, ob er den Bedenken Rechnung tragen will" (Art. 67 LV). Aufgrund der im parlamentarischen Regierungssystem angelegten Handlungseinheit von Landesregierung und Landtagsmehrheit spielt dieses Veto jedoch de facto keine Rolle.

Die Gesetzestätigkeit des Landtages ist zunehmend von der Änderung bestehender Gesetze geprägt, die Zahl neuer Gesetze ist hingegen deutlich zurückgegangen. Dies ist vor allem auf die von Bund und europäischer Ebene weitgehend dominierte Gesetzgebungskompetenz zurückzuführen.

Abbildung 12:   Gesetzestätigkeit des Landtages NRW
              (1947 – 2000)

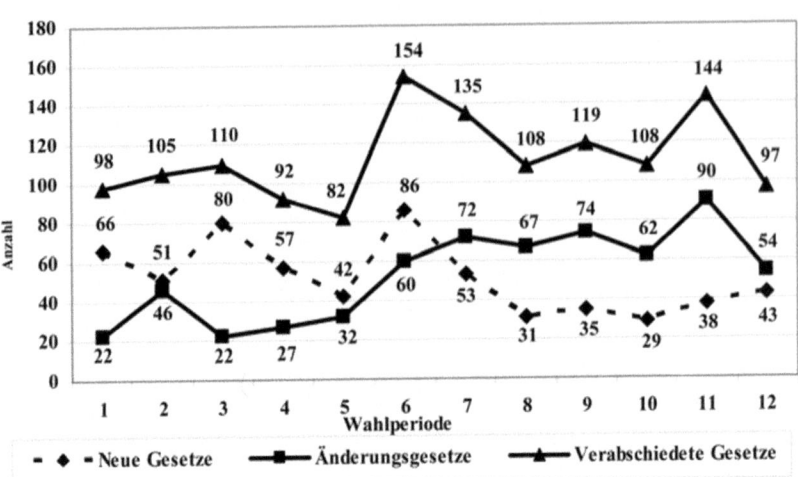

Eigene Darstellung. Datenquelle: Dokumentation des Landtags.

Schließlich besitzt der Landtag viertens eine Wahlfunktion: „Der Landtag wählt aus seiner Mitte in geheimer Wahl ohne Aussprache den Ministerpräsidenten mit mehr als der Hälfte der gesetzlichen Zahl seiner Mitglieder" (Art. 52 Abs. 1 LV). Im Unterschied zu anderen Landesverfassungen ist damit die Mitgliedschaft des Ministerpräsidenten im Landtag Vorbedingung für seine Wahl (vgl. Brauneck 1995: 295ff). Diese Verfassungsvorschrift verhinderte, dass der eigentlich favorisierte SPD-Landesvorsitzende Harald Schartau 2002 die Nachfolge von Ministerpräsident Clement antreten konnte – er besaß kein Landtagsmandat (siehe Kapitel 3.5).

Sollte der vorgeschlagene Kandidat in drei Wahlgängen nicht die erforderliche absolute Mehrheit erhalten, so sieht die Landesverfassung eine Stichwahl zwischen den beiden stimmenstärksten Kandidaten vor (Art. 52 Abs. 2 LV). Im Gegensatz zu anderen Landesverfassungen schreibt die nordrhein-westfälische keine Bestätigung der Landesminister durch den Landtag vor. Alleine der Ministerpräsident muss sich, wie der Kanzler auf Bundesebene, durch eine Wahl legitimieren.

Die für ein parlamentarisches Regierungssystem konstitutive Abberufbarkeit des Ministerpräsidenten ist ebenfalls analog zur Bundesebene geregelt. Laut Art. 61 LV kann der Ministerpräsident nur über ein konstruktives

Misstrauensvotum abgewählt werden. Dies ist in Nordrhein-Westfalen bisher zweimal geschehen – 1956 und 1966 (siehe Kapitel 2.2).

Die Wahlfunktion erstreckt sich jedoch nicht nur auf den Ministerpräsidenten, sondern auch auf Richter des nordrhein-westfälischen Verfassungsgerichtshof. Vier der sieben Richter werden vom Landtag für eine Amtsdauer von sechs Jahren gewählt (Art. 76 LV). Zuletzt geschah dies am 5. April 2006. Über den von 158 Abgeordneten aller Fraktionen unterstützten Wahlvorschlag (Drucksache 14/1571) wurde in geheimer Wahl abgestimmt. Mit 170 Ja-Stimmen wählte der Landtag die vorgeschlagenen Kandidaten für die folgende Amtsperiode.

Indirekt verbunden mit der Wahlfunktion ist schließlich das in der Landesverfassung vorgesehene Selbstauflösungsrecht des Landtages (Art. 35 Abs. 1 LV). Dieses kann der Landtag mit der Mehrheit der gesetzlichen Mitglieder beschließen.

Landesregierung

Mit der Wahl eines Landtagsabgeordneten zum Ministerpräsidenten beginnt die Bildung der Landesregierung. Diese besteht aus dem Ministerpräsidenten und den Ministern. Im Gegensatz zum Amt des Ministerpräsidenten ist ein Ministeramt nicht an ein Landtagsmandat gebunden. Die Regierungsbildung und Regierungsorganisation ist allein dem Ministerpräsidenten vorbehalten (Art. 52 Abs. 3 LV). Ohne die Zustimmung des Landtages ernennt und entlässt er die Mitglieder des Kabinetts. Als Regierungschef legt er ferner die Anzahl der Ministerien fest, weist ihnen Kompetenzen und Aufgaben zu und ernennt einen Stellvertreter. Die einzige Verpflichtung des Ministerpräsidenten gegenüber dem Parlament besteht in der Information der Abgeordneten über die von ihm vorgenommene Zusammensetzung und Kompetenzverteilung im Kabinett. Scheidet der Ministerpräsident aus seinem Amt aus, sei es durch Rücktritt oder durch ein konstruktives Misstrauensvotum, verlieren auch alle anderen Kabinettsmitglieder ihr Ministeramt. Ihr politisches Schicksal ist somit direkt an die Person des Ministerpräsidenten gebunden.

Funktionen der Landesregierung

Als Kollektivorgan kommen der Landesregierung vier zentrale Funktionen zu:

1. Politische Führungsfunktion
2. Exekutivfunktion
3. Außenvertretungsfunktion
4. Ernennungsfunktion

Aus der politischen Führungsfunktion folgt die Aufgabe, Richtlinien für die Landespolitik zu entwickeln und diese durch Gesetzesinitiativen zu konkretisieren. Obwohl laut Verfassung nicht dazu verpflichtet, erfolgt die Formulierung der Richtlinien entlang der politischen Ziele der Mehrheitsfraktionen im Landtag. Diese Ziele, wie sie sich in den Wahlprogrammen der Parteien oder dem Koalitionsvertrag finden, sind selten detailliert ausgearbeitet und geben oftmals nur allgemeine Willensbekundungen wieder. Die Landesregierung muss daher zum einen die politikfeldspezifischen Anliegen mit einem rechtlichen und finanziellen Rahmen versehen. Zum anderen hat sie aber auch dafür Sorge zu tragen, dass die vielen Gesetzesinitiativen durch eine inhaltliche Konsistenz verbunden werden (Rudzio 2003: 283). Das heißt, die einzelnen Gesetzesinitiativen dürfen sich nicht gegenseitig widersprechen oder konterkarieren. Sie dürfen die finanziellen Möglichkeiten des Landes nicht überfordern und auch nicht gegen Bundes- oder Europarecht verstoßen. Zudem hat die Landesregierung auch antizipativ tätig zu werden. Sie muss Lösungsstrategien für Probleme entwickeln, die noch nicht auf der Agenda der Parlamentsfraktionen stehen.

Im Gegensatz zu den Parlamentariern verfügt die Landesregierung mit der Ministerialbürokratie über große Informations- und Wissensressourcen, die ihr eine führende Rolle im Gesetzgebungsprozess zuweisen. Ihrem Vorsprung an Expertenwissen trägt auch die Landesverfassung Rechnung, indem sie der Landesregierung das oben bereits genannte, aufschiebende Vetorecht gegen Beschlüsse des Landtages zugesteht. Obwohl mit der Bezeichnung „Exekutive" eine allein ausführende bzw. den Willen des Parlamentes nachvollziehende Rolle der Regierung suggeriert wird, zeigt sich in der politischen Führungsfunktion ihre enorme Gestaltungsmacht. Diese wird durch informelle Entscheidungsprozesse und das Zusammenspiel der Strukturmerkmale des Regierens noch verstärkt (siehe Kapitel 2.4), so dass „Exekutivlastigkeit" als ein hervorstechendes Merkmal der Landespolitik gilt.

Die Exekutivfunktion der Landesregierung entspricht der klassischen Rollenzuweisung in der Gewaltenteilungslehre. Die vom Landtag beschlossenen Gesetze werden von der Regierung durch ergänzende Verordnungen und Verwaltungsakte ausgeführt. Die Regierung übermittelt untergeordneten Behörden Ausführungsbestimmungen und weist ihnen zur Umsetzung der beschlossenen Maßnahmen Personal- und Finanzressourcen zu. Um das Parlament nicht mit Beratungen über technische Details zu belasten, kann die Regierung Rechtsverordnungen zur Ausführung von Gesetzen auch ohne Landtagsbeschluss erlassen (Art. 70 LV). Rechtsverordnungen sind in ihrem Geltungsanspruch den Gesetzen untergeordnet, können aber gleichwohl darüber entscheiden, ob die vom Parlament beabsichtigen Ziele auch erreicht werden. Aus diesem Grund ist ihre Reichweite nicht unbegrenzt (Dästner 2002: 211ff). Der Landtag muss die Regierung zu autonomen Rechtsverordnungserlassen per Gesetz ermächtigen. Außerdem ist das Parlament befugt, die Verordnungen jederzeit zu ändern oder aufzuheben. Damit wird dem Landtag ein weiteres Kontrollrecht zugestanden, welches gewährleisten soll, dass die Regierung beschlossene Gesetze auch gemäß ihrer Intention umsetzt. Allein interne Verwaltungsverordnungen können von der Regierung auch ohne eine Ermächtigung durch Gesetz erlassen werden.

Die dritte Funktion der Landesregierung ist die Vertretung Nordrhein-Westfalens nach außen. Sie vertritt die Interessen des Landes gegenüber dem Bund und anderen Bundesländern sowie gegenüber dem Ausland. Gegenstand der Vertretung sind in erster Linie die Beteiligung des Landes an der Bundesgesetzgebung im Bundesrat sowie die Aushandlung von Staatsverträgen und Verwaltungsabkommen mit der Bundesregierung oder anderen Landesregierungen. Zudem kann die Regierung im Rahmen der Länderzuständigkeiten Hoheitsrechte auf „grenznachbarschaftliche Einrichtungen" unter der Beteiligung ausländischer Regionen und Regierungen übertragen. Ein Beispiel ist die „Euregio" (Europa-Region), der 130 Städte aus Nordrhein-Westfalen, Niedersachsen und den Niederlanden angehören. Die Euregio soll die regionale Wirtschaftspolitik vernetzen und organisiert kulturelle Austauschprogramme zwischen den beteiligten Städten und Kreisen.[11] Allerdings ist der Abschluss völkerrechtlicher Verträge nur mit der Zustimmung der Bundesregierung möglich, um die außenpolitische Handlungsfähigkeit der Bundesrepublik sicher zu stellen (Dästner 2002: 189). Auf der Ebene der Europäischen Union besitzt die Landesregierung ein Büro in Brüssel, das als

---

[11] Siehe auch www.euregio.de/eu.

Lobbyinstrument die Interessen des Landes gegenüber den EU-Parlamentariern und der EU-Kommission vermitteln soll (Kapitel 2.4).

Die vierte Funktion der Landesregierung ist die Ernennung der Landesbeamten (Art. 58 LV). Die Ernennung erfolgt mittels Delegation durch die zuständigen Ressorts (z. B. bei Richtern durch das Justizministerium). Die Regierung ist in der Auswahl und Ernennung von Beamten an Bundesrecht sowie diverse Landesgesetze (z. B. Landesbeamtengesetz, Landesrichtergesetz etc.) gebunden. Dadurch soll verhindert werden, dass politische Auswahlkriterien an die Stelle der persönlichen Eignung und fachlichen Qualifikation der Bewerber treten (Dästner 2002: 190). Als gewichtige Ausnahme vom Ernennungsrecht der Regierung ist die Bestellung der Beamten des Landesrechnungshofes zu nennen. Diese werden vom Landtag gewählt und durch die Regierung nur noch formell ernannt. Der Landesrechnungshof übt eine Kontrollfunktion über die Ausgabenpraxis der Regierung aus, indem er u. a. ineffektive Mitteleinsätze und Verschwendungen aufdeckt. Aus diesem Grund soll es der Regierung nicht möglich sein, ihre eigenen Kontrolleure selbst auszusuchen.

Die Organisationsprinzipien der Landesregierung

In welcher Form und mit welcher Aufgabenverteilung diese vier Funktionen wahrgenommen werden, ist in den Artikeln 54 und 55 der Landesverfassung sowie in der Geschäftsordnung der Landesregierung festgelegt. Dabei ist zwischen Aufgaben und Kompetenzen zu unterscheiden, die in erster Linie dem Ministerpräsidenten, einzelnen Ministern oder der Regierung als Kollegialorgan obliegen. Grundsätzlich ist die innere Ordnung der Landesregierung durch drei Organisationsprinzipien strukturiert, die in einem „ausbalancierten Spannungsverhältnis" zueinander (Dästner 2000: 186) stehen. Die drei Organisationsprinzipien sind im Einzelnen:

1.   Ministerpräsidentenprinzip
2.   Ressortprinzip
3.   Kollegialprinzip

Das Recht des Ministerpräsidenten autonom die Minister zu ernennen und zu entlassen, die Anzahl der Ressorts festzulegen und diesen Kompetenzen zu zuweisen, weist bereits auf die enorme Machtfülle des Regierungschefs hin. Er führt den Vorsitz der Regierung und im Fall eines Abstimmungs-Patt bei Sachfragen, über die das Kabinett nur als Kollektiv zu befinden hat, entscheidet seine Stimme (Art. 54 Abs.1 LV). Das Ministerpräsidentenprinzip begründet sich aber in erster Linie mit der in Art. 55 Abs. 1 der Verfassung festgelegten Richtlinienkompetenz: „Der Ministerpräsident bestimmt die Richtlinien der Politik und trägt dafür die Verantwortung". Mit der Richtlinienkompetenz fällt dem Regierungschef die Hauptverantwortung für die politische Führungsfunktion der Landesregierung zu. Laut Paragraph 1 der Geschäftsordnung der Landesregierung sind die vom Ministerpräsidenten erlassenen Richtlinien für alle Minister verbindlich. Die Richtlinienkompetenz bezieht sich dabei auf alle politisch bedeutenden Sachverhalte und nicht nur auf allgemeine Grundsatzfragen. Im Zweifelsfall kann der Ministerpräsident auch Einzelfragen zur Entscheidung an sich ziehen. In der Formulierung seiner Richtlinien, wie sie z. B. im Rahmen von Regierungserklärungen erfolgt, ist der Ministerpräsident formal nicht an den Willen einer Landtagsmehrheit gebunden. In der Verfassungswirklichkeit wird diese formelle Autonomie allerdings stark relativiert, wie wir in Kapitel 2.4 noch zeigen werden.

Dem Ministerpräsidentenprinzip mit seiner Richtlinienkompetenz steht das Ressortprinzip gegenüber: „Innerhalb dieser Richtlinien leitet jeder Minister seinen Geschäftsbereich selbstständig und unter eigener Verantwortung" (Art. 55 Abs. 2 LV). Daraus folgt, dass der Regierungschef nicht über den Kopf des zuständigen Ministers hinweg Weisungen an Abteilungen oder Referate des Fachressorts erteilen darf. Sowohl in der „Top-Down-", als auch in der „Bottom-Up-Hierarchie" der Ministerialbürokratie gilt es, Kompetenzen und Dienstwege zu beachten. Die Ministerien stellen nach Zuständigkeiten und Organisation getrennte und eindeutig unterscheidbare Regierungseinheiten dar (Rudzio 2000; 2003: 293). Allerdings sind alle Minister verpflichtet, den Ministerpräsidenten über geplante Maßnahmen und Initiativen frühzeitig zu informieren, um ihm die Wahrnehmung seiner Richtlinien- und Leitungskompetenz zu ermöglichen (Dästner 2002: 187).

Alle Ministerien sind in Abteilungen gegliedert, denen verschiedene Fachreferate unterstellt sind. In Einzelfällen sind Fachgruppen weitere Organisationseinheiten. Unterhalb des Ministers führen beamtete Staatssekretäre das Ressort. Sie sind ständige Vertreter des Ministers und haben ein Weisungsrecht gegenüber den Mitarbeitern des Ministeriums. In der Regel sind den Staatssekretären auch eine oder mehrere Abteilungen direkt unterstellt. Die Abteilungen werden meist von Ministerialdirektoren geführt. Im Gegensatz zur Bundesebene und den meisten anderen Bundesländern sind die Abteilungsleiter in NRW keine politischen Beamten und können daher nach einem Machtwechsel nicht einfach in den vorzeitigen Ruhestand entlassen werden. Daher müssen sie, wenn sie ersetzt werden sollen, umständlich „wegbefördert" werden.

Das Kollegialprinzip kommt bei allen Entscheidungen zur Anwendung, die die Regierung laut Verfassung nur gemeinsam bzw. durch Mehrheitsbeschluss treffen kann. Dazu zählen die Ernennung von Beamten, Angelegenheiten der Außenvertretung und insbesondere die Überweisung von Gesetzesinitiativen an den Landtag. Die Ernennung von Beamten wird in der Regel an zuständige Fachministerien delegiert. Auch die Außenvertretung kann an einzelne Minister übertragen werden. Bei der Überweisung von Gesetzen an das Parlament besteht diese Möglichkeit jedoch nicht. Alle Minister haben das gleiche Stimmengewicht im Kabinett. Gleichberechtigt sind sie dennoch nicht. Neben der entscheidenden Stimme des Ministerpräsidenten bei einem Patt, besitzen der Finanz-, Innen- und Justizminister ein suspensives Vetorecht gegen Mehrheitsbeschlüsse. Die Geschäftsordnung der Landesregierung sieht vor, dass der Finanzminister in allen Fragen von Bedeutung für den Haushalt eine erneute Behandlung und Beschlussfassung im Kabinett erzwingen kann, wenn er eine bereits gefällte Mehrheitsentscheidung nicht mittragen kann. Gleiches gilt für die Chefs des Innen- und Justizressorts, wenn sie eine Kabinettsentscheidung für rechts- oder verfassungswidrig erachten (Dästner 2002: 186). Im Kabinett werden derartige Auseinandersetzungen faktisch nie ausgetragen. Kabinettsbeschlüsse sind nur formeller Abschluss eines regierungsinternen Entscheidungsprozesses, in dessen Verlauf die genannten Minister und ihre Ressorts ihre institutionelle Autorität einbringen.

Im Vorfeld von Kabinettsitzungen, an denen neben den Ministern auch der Chef der Staatskanzlei, Regierungssprecher sowie ein Beamter der Staatskanzlei als Protokollführer teilnehmen, ist die „Beschlussfähigkeit" der zur Entscheidung anstehenden Fragen bereits sichergestellt. Denn Entscheidungsvorlagen erreichen in aller Regel erst dann das Kabinett, wenn alle Meinungsverschiedenheiten zwischen den Ministerien oder Koalitionspartnern bereits ausgeräumt sind. Im Kabinett werden Entscheidungen somit weniger ausgehandelt, als vielmehr nachträglich bestätigt. Für die Beschlussfähigkeit der Kabinettsvorlagen sorgt u. a. die so genannte Ressortkoordination durch die Staatskanzlei. Unter ihrer Führung werden auf Beamten- und Staatssekretärsebene die zur Entscheidung anstehenden Kabinettsangelegenheiten beraten. Abhängig von politischer Brisanz oder dem Konfliktniveau werden ggf. auch die Minister selbst hinzugezogen. Aber wichtiger noch als die regierungsinterne Ressortkoordination sind informelle Abstimmungsprozesse mit der Fraktion der größten Regierungspartei oder dem Koalitionspartner. Schließlich ist die Realisierung der Regierungsinitiativen von dem Beschluss der Parlamentsmehrheit abhängig. Die Gewährleistung der „Beschlussfähigkeit" der Landesregierung stellt sich somit als ein komplexes Zusammenspiel von formellen Entscheidungsabläufen innerhalb der Ministerialbürokratie und informellen Entscheidungsprozessen im Koalitionsausschuss oder mit wichtigen Fachpolitikern der Mehrheitsfraktionen dar (vgl. Kapitel 2.4).

Die Dominanz des Ministerpräsidentenprinzips

Eine Gegenüberstellung der Machtressourcen, die von den drei Organisationsprinzipien ausgehen, verdeutlicht die Dominanz des Ministerpräsidentenprinzips. Der Ministerpräsident darf zwar weder in die Ressortgeschäfte seiner Minister hineinregieren, noch kann er sich über einen Mehrheitsbeschluss des Kabinetts hinwegsetzen. Aber ein Kabinettsbeschluss, der gegen den Willen des Regierungschefs zu Stande kommt, ist bestenfalls ein Thema für Staatsrechtsseminare. In der Verfassungsrealität sticht das Ministerpräsidentenprinzip im Konfliktfall immer das Ressort- oder Kollegialprinzip. Die Autonomie des Regierungschefs bei der Ernennung und Entlassung der Kabinettsmitglieder, seine Organisationsgewalt und nicht zuletzt seine Richtlinienkompetenz begründen seine Führungsrolle.

Neben den Aufgaben als Regierungschef übt der Ministerpräsident auch so genannte „Staatsoberhauptfunktionen" aus, die auf Bundesebene dem Bundespräsidenten obliegen. Staatsoberhauptfunktionen sind notarielle, protokollarische und repräsentative Funktionen. Der Ministerpräsident fertigt vom Landtag beschlossene Gesetze aus und verkündet sie. Nach vorherrschender Rechtslehre fällt ihm auch ein materielles Prüfungsrecht (Häußer 1995: 41) bzw. eine Prüfungspflicht (Dästner 2002: 213f) zu, d. h. er prüft bereits verabschiedete Gesetze auf ihre Verfassungskonformität. Von besonderer Bedeutung sind die protokollarischen und repräsentativen Aufgaben. Als „Landesvater" übernimmt er Schirmherrschaften für gemeinwohlorientierte Kampagnen oder Initiativen, übersendet Glückwunschschreiben und Grußworte an Vereine, Städte oder andere zivilgesellschaftliche Organisationen. Die meist in einer überparteilichen, präsidialen Attitüde wahrgenommenen Repräsentationsaufgaben sind eine kaum zu unterschätzende Quelle für eine große individuelle Popularität des Ministerpräsidenten.

Die Staatskanzlei als Führungsinstrument

Zur effektiven Ausübung seiner Führungsrolle greift der Ministerpräsident zudem auf eine eigene Behörde zurück: die Staatskanzlei. Obwohl ihr formal nicht der Rang eines Ministeriums zukommt, deutet das Synonym „Regierungszentrale" auf ihre enorme Bedeutung für das Politikmanagement einer Regierung hin. Klaus König (1993: 16) bezeichnet sie als „Innenhof der Macht", wobei diese Charakterisierung bereits viel über ihre Arbeitsweise und Funktion verrät. Sie erregt kaum öffentliches Interesse, arbeitet meist im Verborgenen und ist doch der Knotenpunkt aller Regierungsaktivitäten. „Understatement ist das Lebenselixier der Staatskanzlei", schrieb der langjährige Chef dieser Behörde in NRW, Friedrich Halstenberg (1976: 38) über die Arbeitsphilosophie der Regierungszentrale.

Der Staatskanzlei kommen im Wesentlichen vier Funktionen zu (vgl. Busse 2005; Knoll 2004; Korte/Fröhlich 2004: 79-91):

1. Ressort- und Außenvertretungskoordination
2. Unterstützung des Ministerpräsidenten
3. Ressortzuständigkeiten
4. Presse- und Öffentlichkeitsarbeit

Koordination und die Unterstützung des Ministerpräsidenten sind die Kernaufgaben der Regierungszentrale, die den Großteil ihrer organisatorischen Ressourcen beanspruchen. Die Ressortkoordination soll eine konsistente Regierungspolitik gewährleisten und dem Ministerpräsidenten die Durchsetzung seiner Richtlinienkompetenz ermöglichen. In der Staatskanzlei existieren so genannte „Spiegelreferate", die alle Fachministerien abbilden und in denen Informationen über deren Aktivitäten zusammenlaufen. Es gilt, die Einhaltung der Vorgaben aus Regierungserklärung und Koalitionsvertrag zu überwachen sowie Regierungsinitiativen und Gesetzesentwürfe „kabinettsreif" zu machen. Mögliche Probleme müssen analysiert und ggf. Ressortstreitigkeiten beigelegt werden. Die Staatskanzlei erstellt die Tagesordnung der Kabinettssitzung und versieht alle Vorlagen der Ministerien mit Vermerken, die den Ministerpräsidenten kurz aber ausreichend, über die zur Entscheidung anstehenden Sachverhalte unterrichten. Das kann auch bedeuten, dass diese Vermerke von der Ministervorlage abweichende Einschätzungen und Vorschläge beinhalten. Teilt der Regierungschef die Einschätzungen seiner Beamten, tritt die Staatskanzlei wieder in Kontakt mit dem Fachressort, um die Differenzen auszuräumen.

Zur Durchsetzung der Richtlinienkompetenz formuliert die Regierungszentrale aber auch Richtung und Rahmen von Problemlösungen, die zur konkreten Ausarbeitung den Ministerien übergeben werden (Häußer 1996: 47). Sie fungiert somit auch als „Sensor" für neue Politikfelder und Problemlösungen, die noch nicht auf der Agenda einzelner Ministerien stehen. Die Koordination der Außenvertretung erfüllt die gleiche Funktion wie die Ressortkoordination. Die Regierung muss sich auf ein Abstimmungsverhalten im Bundesrat verständigen, bzw. eine einheitliche Position des Landes in Bund-Länder-Kommissionen oder auf Landesministerkonferenzen (z. B. auf der Kultusministerkonferenz) entwickeln. Die Vertretungen des Landes in Berlin und in Brüssel sind der Staatskanzlei direkt unterstellt.

Neben der Koordination der Regierungstätigkeit unterstützt die Staatskanzlei den Ministerpräsidenten auch in seiner Funktion als „Staatsoberhaupt" und, wenn auch in rechtlich begrenztem Umfang, als Parteipolitiker. Das auf der Leitungsebene der Regierungszentrale angesiedelte Ministerpräsidentenbüro koordiniert die Termine des Regierungschefs und unterhält Kontakte zu wichtigen Großorganisationen, Wirtschaftsverbänden und den (Regierungs-)Parteien. Je nach Organisationsform und Aufgabenverteilung werden im Büro des Regierungschefs, in der Planungsabteilung, in den Fachressorts oder im Landespresseamt die Reden und andere schriftliche Beiträge des Ministerpräsidenten verfasst sowie Antworten auf Bürgeranfragen formuliert. Im Büro des Ministerpräsidenten arbeiten zudem mehrere persönliche Referenten, die ihn bei der Ausübung seiner Ämter als Parteivorsitzender oder Landtagsabgeordneter unterstützen.

Die Staatskanzlei kann auch die unmittelbare Verantwortung für Politikfelder übernehmen, die grundsätzlich auch einem oder mehreren Ministerien zugewiesen werden könnten. Es handelt sich dabei meist um Politikbereiche, die für den Ministerpräsidenten Priorität haben und somit zur „Chefsache" erklärt werden. Insbesondere die Medien- und Rundfunkpolitik werden oftmals nicht an ein Fachressort delegiert, sondern direkt in der Regierungszentrale angesiedelt. Übernimmt die Staatskanzlei derartige Ressortzuständigkeiten, agiert sie wie ein Fachministerium. „Durch die prominente Ansiedlung dieser Aufgabenbereiche in den Staatskanzleien, verbunden mit einem politischen Repräsentanten, will die Landesregierung politische Akzente setzten und zeigen, welche hohe politische Bedeutung sie diesen Fragen beimisst" (König 1993: 606). Daneben existieren eine Reihe von Sonderbeauftragten, wie z. B. für die Gleichberechtigung von Mann und Frau, für Minderheiten oder für den Datenschutz.

Die vierte Funktion der Staatskanzlei ist die Presse- und Öffentlichkeitsarbeit der Landesregierung. Das Landespresseamt (LPA) wird vom Regierungssprecher im Rang eines beamteten Staatssekretärs geführt. Er formuliert die begleitenden Botschaften und Begründungen zur Politik der Landesregierung und versorgt die Medien mit Interpretationen zu Positionen und Initiativen des Ministerpräsidenten. Zudem koordiniert er die Öffentlichkeitsarbeit aller Ministerien und einigt sich mit deren Pressesprechern auf „Sprachregelungen" zu Gesetzen, politischen Initiativen der Landesregierung und sonstigen politischen Ereignissen. Das LPA vermittelt nicht nur Informationen, sondern sammelt sie auch, um dem Ministerpräsidenten einen Überblick über die veröffentlichte Meinung zu verschaffen. Außerdem pflegt das Presseamt den Internetauftritt der Landesregierung und des Ministerpräsidenten und initiiert Informationskampagnen zu Gesetzgebungsprojekten.

Abbildung 13:   Funktionen der Staatskanzlei

Funktion	Presse- und Öffentlichkeitsarbeit	Ressortzuständigkeit	Koordination	Unterstützung des Ministerpräsidenten
Aufgaben	Massenmedien	Übernahme eigener Ressortfunktionen (bspw. Medienpolitik, Europapolitik)	Vorbereitung der Kabinettssitzungen (TOPs, Vorlagen etc.)	Planung der repräsentativen Pflichten (Protokoll)
	Bürgersprechstunde, Schirmherrschaften, Grußworte etc.	Einsetzung von Beauftragten des Landes	Koordination der Ressortabstimmung, Lösung von Ressortkonflikten	Ablaufplanung und Erstellung von Regierungsbilanzen
	Internetpräsenz		Koordination von Parlamentsangelegenheiten (Stand d. Gesetzgebung)	Unterstützung der Person des MP bei seinen anderen Verpflichtungen (bspw. Parteiämter)
	Kontakt zu gesellschaftlichen Gruppen		Bundes- und Europaangelegenheiten (bspw. Bundesratsabstimmungen, KMK etc.)	„Sensorfunktion" der Staatskanzlei
				Spiegelreferate
			Spiegelreferate	Grundsatzplanung

Eigene Darstellung

Landesverfassungsgericht

Mit der höchstrichterlichen Gewalt schließt sich der Kreis der Verfassungsorgane (nachfolgend Dästner 2002). Der Verfassungsgerichtshof hat seinen Sitz in Münster. Als Verfassungsorgan ist er „Hüter der Landesverfassung", was die Eigenstaatlichkeit Nordrhein-Westfalens innerhalb der Bundesrepublik Deutschland unterstreicht.

Zusammensetzung

„Der Verfassungsgerichtshof setzt sich zusammen aus dem Präsidenten des Oberverwaltungsgerichts, den beiden lebensältesten Oberlandesgerichtspräsidenten und vier vom Landtag auf die Dauer von sechs Jahren gewählten Mitgliedern, von denen die Hälfte die Befähigung zum Richteramt oder zum höheren Verwaltungsdienst haben muss" (Art. 76 Abs. 1 LV). Anders als in den meisten anderen Bundesländern ist damit der Einfluss des Landtages auf die Zusammensetzung des Gerichts verfassungsrechtlich begrenzt. Drei Richter werden aufgrund ihrer beruflichen Funktion automatisch Mitglied des Verfassungsgerichtshofes, während nur die übrigen vier durch den Landtag gewählt werden müssen. Dieser Regelung liegt der Grundgedanke einer gewissen Kontinuität in der personellen Zusammensetzung sowie in der Arbeit des Landesverfassungsgerichtes zugrunde.

Aufgaben

Artikel 75 der Landesverfassung definiert den Aufgabenbereich des Verfassungsgerichtshofes. Neben in der Landesverfassung explizit genannten Aufgaben wird an dieser Stelle auf sich gesetzlich ergebende Aufgabenfelder verwiesen. Zusammenfassend ergibt sich der Aufgabenkatalog aus Abbildung 14.

Dieser entspricht damit weitgehend dem des Bundesverfassungsgerichts auf Bundesebene. Nicht möglich ist jedoch die Verfassungsbeschwerde einzelner Bürger. Begründet wird dies mit der Abwesenheit eines eigenen Grundrechtkatalogs in der Landesverfassung (Rudzio 2000: 177). Zwischen 1952 und 2000 erhielt der Verfassungsgerichtshof insgesamt 1001 Beschwerdeeingänge, davon 648 „unechte" Beschwerden (Präsident des Verfassungsgerichtshofs 2002: 509).

Abbildung 14:   Aufgaben des Verfassungsgerichtshofs

Aufgabe	Erklärung
1. Organ-streitigkeiten	Der Verfassungsgerichtshof entscheidet über Streitigkeiten zwischen Landesorganen (Art. 75 Abs. 2 LV). Als Landesorgane gelten: Landtag, Landesregierung, Ministerpräsident, Minister, Minderheit des Landtages, Ständige Ausschuss, Ältestenrat, Landtagsfraktionen, einzelner Abgeordneter (Dästner 2002: 225-226).
2. Abstrakte Normen-kontrolle	Das Landesverfassungsgericht überprüft die Vereinbarkeit von Landesrecht mit der Landesverfassung. Es kann jedoch nicht selbständig tätig werden. Zuvor muss ein Antrag der Landesregierung oder eines Drittels der gesetzlichen Mitglieder des Landtages vorliegen (Art. 75 Abs. 3 LV). Eine „präventive Normenkontrolle" gegen ein noch nicht in Kraft getretenes Gesetz ist nicht möglich.
3. Konkrete Normen-kontrolle	Die konkrete Normenkontrolle erfolgt über gerichtliche Vorlagen, die sich auf Artikel 100 Abs. 1 GG beziehen. Hiernach muss ein Gericht, wenn es von der Unvereinbarkeit eines Gesetzes mit der Landesverfassung überzeugt ist, dies dem Landesverfassungsgericht vorlegen. Durch diese Pflicht zur Vorlage wird gewährleistet, dass nicht jedes Gericht selbst, sondern nur das Landesverfassungsgericht über die Vereinbarkeit von Gesetzen mit der Landesverfassung entscheidet.
4. Wahlprüfung	Wahlprüfung ist Sache des Landtages (Art. 33 Abs. 1 LV). Der Verfassungsgerichtshof entscheidet jedoch über eventuelle Beschwerden im Wahlprüfungsverfahren (Art. 33 Abs. 3 LV; Art. 75 LV).
5. Ausschluss von Wahlen	„(1)Vereinigungen und Personen, die es unternehmen, die staatsbürgerlichen Freiheiten zu unterdrücken oder gegen Volk, Land oder Verfassung Gewalt anwenden, dürfen sich an Wahlen und Abstimmungen nicht beteiligen. (2) Die Entscheidung darüber, ob diese Voraussetzungen vorliegen, trifft (…) der Verfassungsgerichtshof" (Art. 32 LV).
6. Prüfung bei Volks-begehren	Die Landesregierung entscheidet über die Zulässigkeit von Volksbegehren. Gegen diese Entscheidung kann vor dem Verfassungsgerichtshof Beschwerde eingelegt werden (Art. 68 Abs. 1 LV)
7. Kommunale Verfassungs-beschwerde	Kommunen können beim Landesverfassungsgericht Verfassungsbeschwerde einreichen, wenn sie das Recht zur kommunalen Selbstverwaltung verletzt sehen. Diese kommunalen Verfassungsbeschwerden stellen den Schwerpunkt der Gerichtstätigkeit dar.
8. Minister-anklage	„Der Ministerpräsident und die Landesminister können wegen vorsätzlicher oder grobfahrlässiger Verletzung der Verfassung oder eines anderen Gesetzes vor dem Verfassungsgerichtshof angeklagt werden (...)" (Art. 63 Abs.1 LV). Hierzu bedarf es eines Antrages mindestens eines Viertels der Mitglieder des Landtages. Diesem Anklageantrag auf Erhebung der Anklage muss der Landtag mit zwei Dritteln der Abgeordneten zustimmen. Stellt das Landesverfassungsgericht anschließend die Schuld eines Ministers oder des Ministerpräsidenten fest, so kann es ihn seines Amtes entheben (Art. 63 Abs. 2 LV). Des Weiteren kann das Landesverfassungsgericht verfügen, dass das Amt eines Ministerpräsidenten oder eines Minister in der Zeit eines laufenden Verfahrens ruht.

Eigene Darstellung

Praxis der Rechtsprechung

Der Verfassungsgerichtshof hatte landespolitisch durchaus brisante Entscheidungen zu treffen, so beispielsweise im Jahr 2000 über die geplante Zusammenlegung von Justiz- und Innenministerium durch Ministerpräsident Clement (vgl. ausführlicher Kapitel 3.4). Das Gericht sah hierin einen Verstoß gegen das Prinzip der Gewaltenteilung und zeigte dem Ministerpräsidenten sowie dem Kabinett deutliche Handlungsgrenzen hinsichtlich der Organisationsgewalt auf (Alemann 2000: 95f).

Enorme Bedeutung entfaltete zudem ein Richterspruch zum Kommunalwahlrecht 1994. Die Richter erklärten die Fünf-Prozent-Hürde bei Kommunalwahlen für verfassungswidrig und führten ihre Abschaffung für die Kommunalwahlen 1994 herbei. Damit eröffnete der Verfassungsgerichtshof für zahlreiche kleinere Parteien und Bürgerinitiativen den Weg in Stadt- und Gemeinderäte (Rudzio 2000: 177).

Direktdemokratische Elemente

Nordrhein-Westfalen hat kein ausschließlich repräsentativ-demokratisches Regierungssystem. In Artikel 2 der Landesverfassung heißt es: „Das Volk bekundet seinen Willen durch Wahl, Volksbegehren und Volksentscheid". Damit sind bereits zwei direktdemokratische Verfahren benannt, die den Bürgern eine unmittelbare Einflussmöglichkeit auf die Landesgesetzgebung geben. Ein drittes Verfahren wurde 2002 in der Verfassung verankert: die Volksinitiative. Die drei direktdemokratischen Entscheidungsverfahren besitzen jeweils unterschiedliche Verbindlichkeitsgrade und institutionelle Voraussetzungen (vgl. Kost 2005b).

Volksinitiative

Mit der Volksinitiative (Art. 67a LV) können die Bürger den Landtag dazu zwingen, sich mit einem Sachverhalt zu befassen, der in die Entscheidungskompetenz der Landespolitik fällt. Dabei kann es sich auch durchaus um einen begründeten Gesetzesentwurf handeln. Vorraussetzung für die Durchführung einer Volksinitiative sind mindestens 3000 Unterstützungsunterschriften von Bürgern des Landes. Innerhalb von sechs Wochen prüft die Landesregierung die Rechtmäßigkeit des Antrages. Die Frist kann auf sechs Monate verlängert werden, wenn innerhalb eines Monats ein entsprechender

Gesetzesentwurf im Landtag zur Beratung eingereicht wird. Nach der Zulassung einer Volksinitiative müssen innerhalb von zwei Monaten mindestens 0,5 Prozent der wahlberechtigten Bevölkerung in NRW die Initiative mit ihrer Unterschrift unterstützen, was derzeit der Anzahl von ca. 66.000 Bürgern entspricht. Wird diese Zahl erreicht, muss sich der Landtag mit dem Inhalt der Initiative befassen und ihre Vertreter anhören.

Volksbegehren

Ein Volksbegehren (Art. 68 LV) richtet sich zunächst an die Landesregierung mit dem Ziel, ein bestimmtes Gesetz zu erlassen, zu verändern oder aufzuheben. Gemeinsam mit dem Begehren muss ein ausgearbeiteter und begründeter Gesetzesentwurf vorgelegt werden. Es können jedoch nicht alle Politikfelder zum Gegenstand von Volksbegehren werden. „Über Finanzfragen, Abgabengesetze und Besoldungsordnungen sind Volksbegehren nicht zulässig" (Art 68 Abs. 1 LV). Die Initiatoren müssen dem Antrag mindestens 3000 Unterschriften von wahlberechtigten Bürgern aus NRW beifügen und beim Innenminister einreichen. Zu dem Antrag gehören ferner der ausgearbeitete Gesetzesentwurf und die Benennung einer Vertrauensperson, die die Initiatoren vertritt. Der Innenminister wird nach der Prüfung des Antrages dieser Vertrauensperson seine Entscheidung über die Zulässigkeit des Volksegehrens mitteilen. Gegen einen negativen Bescheid kann die Vertrauensperson Beschwerde beim Landesverfassungsgericht einreichen.

Wird dem Antrag auf ein Volksbegehren stattgegeben, legen die Kommunen zwei Wochen lang Listen aus, in die sich die Befürworter des Begehrens eintragen können. Ein erfolgreiches Volksbegehren muss von mindestens acht Prozent der wahlberechtigten Bevölkerung unterzeichnet werden. Wird diese Unterstützerzahl erreicht, muss sich der Landtag mit dem Gegenstand des Volksbegehrens befassen. Fasst er innerhalb von zwei Monaten keinen Beschluss, gilt das Begehren als abgelehnt. Stimmt der Landtag den Inhalten zu, erlangt das Volksbegehren Gesetzesrang.

Volksentscheid

Lehnt der Landtag ein Volksbegehren ab, kommt es über die Ziele des Volksbegehren zu einem Volksentscheid (Art 68 Abs. 2 LV). Bei einem Volksentscheid gelten die Grundsätze der gleichen und geheimen Wahl. Es kann nur mit „Ja" oder „Nein" abgestimmt werden. Wenn mehr als die Hälfte der abgegebenen Stimmen dem Ziel des Volksbegehrens zustimmt, wird es Gesetz und muss von der Landesregierung ausgefertigt und verkündet werden. Vorraussetzung ist allerdings, dass mindestens 15 Prozent der Wahlberechtigten dem Volksbegehren zugestimmt haben. Zielt ein Volksbegehren auf eine Verfassungsänderung, so müssen sich mindestens 50 Prozent der wahlberechtigten Bevölkerung an dem Volksentscheid beteiligen und mindestens zwei Drittel dem Begehren zustimmen.

Auch die Landesregierung kann einen Volksentscheid initiieren, sollte der Landtag eine ihrer Gesetzesinitiativen ablehnen. Erhält sie in diesem Volksentscheid eine Mehrheit für ihr Anliegen, kann die Landesregierung den Landtag auflösen. Der Landtag wiederum kann eine Auflösung abwenden, indem er durch ein konstruktives Misstrauensvotum einen neuen Ministerpräsidenten wählt. Wird das strittige Gesetz durch den Volksentscheid abgelehnt, muss die Landesregierung zurücktreten (Dästner 2002: 208).

Einen durch die Landesregierung initiierten Volksentscheid hat es in der Geschichte des Landes bislang jedoch nicht gegeben. Und auch Volksinitiativen und Volksbegehren waren bisher die Ausnahme. Seit 2002 hat es drei Volksinitiativen und seit 1950 insgesamt lediglich zwei Volksbegehren gegeben. Erfolgreich war im Jahr 1978 das Volksbegehren gegen die Einführung der kooperativen Gesamtschule. Die sozial-liberale Regierung ließ daraufhin ihre Reformpläne fallen, was einen Volksentscheid überflüssig machte.

Trotz der aufgezählten direktdemokratischen Elemente in der Landesverfassung, wird die Verfassungsrealität durch das repräsentativ-demokratische Prinzip dominiert. „Die institutionalisierte Bürgerbeteiligung entpuppte sich tatsächlich als relativ sparsam und gezielt genutzter Seismograph für Stimmungslagen zu bestimmten Sachfragen mit insgesamt geringen Auswirkungen auf die politische Machtbalance. Insbesondere die überschaubare Anwendung von zwei Volksbegehren (...) bestätigt den Ausnahmecharakter dieses Partizipationsinstruments, wobei die institutionell-strukturellen Zulässigkeitsbeschränkungen sowie die sachliche Beschränkung auf nur bestimmte Themengebiete dieser geringen Anzahl Vorschub geleistet haben" (Kost 2005b: 202).

Aus der Darstellung ergibt sich folgendes Zusammenspiel der Verfassungsorgane Nordrhein-Westfalens:

Abbildung 15:   Verfassung des Landes NRW

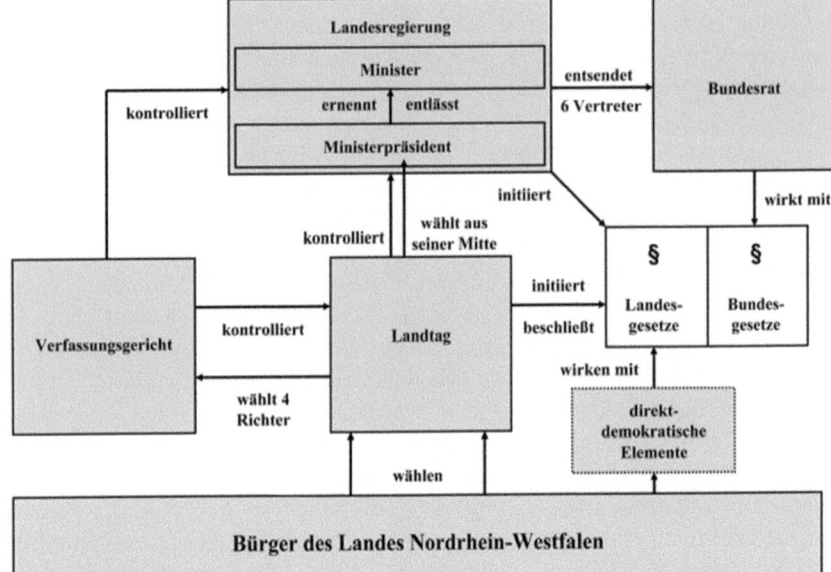

Eigene Darstellung

2.4 Strukturmerkmale des Regierens: Informelles Regieren

Wir haben in den vorangegangenen Kapiteln die Kernbereiche des politischen Systems Nordrhein-Westfalens beschrieben. Dazu gehören sowohl die politische Kultur des Landes als auch die Beteiligungsmöglichkeiten der Bürger am politischen Prozess, die Entwicklungen des Parteiensystems und des Wählerverhaltens sowie die Funktionen, Organisationsformen und Arbeitsweisen der Verfassungsorgane. Wir haben damit die wichtigsten politischen Akteure, Institutionen und Strukturen vorgestellt, die Einfluss auf das Regierungshandeln in NRW nehmen. Das aktive Zusammenspiel der politischen Institutionen und Akteure zur konkreten Politikgestaltung wird im Folgenden durch die Zusammenführung zu „Strukturmerkmalen des Regierens" weitergehend systematisiert.

Die als Strukturmerkmale bezeichneten institutionellen Arrangements und Akteurskonstellationen halten für regierende Akteure sowohl Handlungsgrenzen als auch Handlungsoptionen bereit. Sie beinhalten zum einen die oben dargestellten formalen, in Verfassung oder Geschäftsordnungen festgelegten Regelsysteme. Zum andern kommen jedoch informelle, rechtlich nicht fixierte und unterschiedlich stark institutionalisierte Strukturen mit jeweils eigenen Handlungsgeboten hinzu. Eine Regierungslehre muss die formalen Elemente des politischen Systems mit diesen stärker informellen Aspekten des Regierens in Verbindung bringen. Erst damit können Anforderungen an das Regieren offen gelegt werden, die über eine reine Darstellung des politischen Systems hinausreichen. Diese Imperative zu missachten ist erlaubt, kann aber gleichwohl gravierende Konsequenzen für Gestaltungsfähigkeit und Machterhalt einer Regierung nach sich ziehen. Durch das Zusammenspiel von formalen und informellen Strukturen gewinnt der Prozess des Regierens eine Dynamik, die weder durch eine allgemeine Verfassungskunde, noch durch die Reduktion des Regierens auf die Lösung von Einzelproblemen angemessen beschrieben werden kann. Zur Analyse des Politikmanagements in NRW lassen sich fünf solcher Strukturmerkmale identifizieren (vgl. Korte/Fröhlich 2004: 71 ff):

1. Ministerpräsidentendemokratie
2. Verhandelnde Wettbewerbsdemokratie
3. Parteiendemokratie
4. Koalitionsdemokratie
5. Mediendemokratie

Ministerpräsidentendemokratie

Der Begriff der Ministerpräsidentendemokratie ruft bewusst Assoziationen mit dem bundespolitischen Strukturmerkmal der „Kanzlerdemokratie" hervor (Niclauß 2004; Korte/Fröhlich 2004: 79-91). Die Stellung des Ministerpräsidenten auf Landesebene ist durchaus mit der des Kanzlers auf Bundesebene vergleichbar. Die erste Analogie ergibt sich aus dem gemeinsamen Typus des parlamentarischen Regierungssystems. Die Ministerpräsidenten werden von den Landesparlamenten gewählt und können nur durch ein konstruktives Misstrauensvotum gestürzt werden. In Nordrhein-Westfalen, wie auch in den meisten anderen Flächenländern, obliegt es allein dem Regierungschef die Kabinettsmitglieder zu ernennen und zu entlassen.[12] Zudem bestimmt der Ministerpräsident laut Verfassung „die Richtlinien der Landespolitik". Er gibt die Grundsätze und Ziele der Regierungsarbeit für die jeweilige Legislaturperiode vor (Schneider 2001: 50).

Mit der Richtlinienkompetenz und der Organisationsgewalt steht das Ministerpräsidentenprinzip im Zweifel über dem Ressort- und Kabinettsprinzip (siehe Kapitel 2.3). Dabei ist die Richtlinienkompetenz weniger direkte Entscheidungsmacht, als vielmehr ein rhetorisches Führungsinstrument, das insbesondere in Form von Regierungserklärungen seine Anwendung findet. Der ehemalige regierende Bürgermeister von Berlin, Otto Suhr, umschrieb diesen Sachverhalt mit der Feststellung: „Die Kunst der politischen Rede gipfelt geradezu in der Formulierung der Erklärung der Richtlinien der Politik, in ihrer dehnbaren Bestimmtheit, in ihrer Absicht, Zustimmung zu erwerben und um dem praktischen Gebrauch zu dienen, muss sie zugleich politische Wunschbilder beschwören und Wege zu ihrer Verwirklichung aufweisen" (zit. nach Lange 1994: 209). Gerade die großen Regierungserklärungen zu Beginn einer Legislaturperiode betonen die Führungsrolle des Regierungschefs. Sie besiegeln die Absicht einer engen und vertrauensvollen Zusammenarbeit zwischen Kabinett und parlamentarischer Mehrheit. In den großen Regierungserklärungen umreißt der Ministerpräsident die inhaltlichen Handlungsspielräume und benennt die politischen Prioritäten seiner Regierung. Die große Regierungserklärung fungiert gleichzeitig als „Visitenkarte" nach außen, sowie als Macht- und Disziplinierungsinstrument nach innen (Korte 2002; Stüwe 2005). Denn neben dem Koalitionsvertrag dient sie als Richtschnur für die Entscheidungsvorlagen der Ministerialbürokratie und wird im Konfliktfall zur Berufungsinstanz für den inhaltlichen Kurs der Koalition.

Eine zweite Analogie zur Kanzlerdemokratie liegt in der Legitimation und der Verantwortlichkeit des Ministerpräsidenten gegenüber dem Parlament: Entgegen der Verfassungsfiktion einer Gegenüberstellung von Parlament und Regierung existiert faktisch ein Dualismus von Regierungsmehrheit (Regierung und Mehrheitsfraktionen) auf der einen und parlamentarischer Opposition auf der anderen Seite. „Bereits die Sprechweise von ‚dem Parlament', das dieses oder jenes tue, kann diesen Tatbestand leicht verhüllen und in die Irre führen" (Rudzio 2003: 232). So fällt die Kontrollfunktion

---

[12]   Ausnahmen sind Baden-Württemberg, Rheinland-Pfalz, das Saarland sowie die drei Stadtstaaten Hamburg, Berlin und Bremen. Hier können die Parlamente gezielt einzelnen Ministern das Misstrauen aussprechen und sie zum Rücktritt zwingen.

des Parlaments in erster Linie den Oppositionsfraktionen zu. Die Mehrheitsparteien stellen sich in öffentlichen Auseinandersetzungen in der Regel schützend vor den Ministerpräsidenten und seine Minister. Das schließt aber eine „interne Richtlinienkontrolle" (Schneider 2001: 63) nicht aus. Eine Landesregierung wird sich hüten, Gesetzesinitiativen zur Abstimmung zu stellen, für die es in den Mehrheitsfraktionen keine Unterstützung gibt. Auch wird kein Ministerpräsident ein durch Affären oder Missmanagement belastetes Regierungsmitglied im Amt halten, wenn ihm über informelle Kanäle signalisiert wird, dass der jeweilige Minister keinen Rückhalt mehr in der Fraktion besitzt.

Der Dualismus von Regierungskoalition und parlamentarischer Opposition spiegelt sich auch in der Gesetzgebungstätigkeit wider. Die Mehrheitsfraktionen verzichten zumeist auf eigene Initiativen und unterstützen die Gesetzentwürfe der Landesregierung. Es ist die Opposition, die inhaltliche Alternativen zur Regierungspolitik entwirft, und so wird auch in NRW die Mehrheit der parlamentarischen Gesetzesinitiativen von den Oppositionsfraktionen in den Landtag eingebracht (Andersen/Bovermann 2004: 324). Das heißt aber nicht, dass die Mehrheitsfraktionen alle Initiativen der Regierung vorbehaltlos durchwinken. In Koalitionsrunden oder Fraktionssitzungen werden mögliche Konflikte ausgelotet und Kompromisse vorbereitet. Auch in der Detailarbeit der Fachausschüsse werden Regierungsentwürfe abgeändert und unter Umständen sogar Anliegen der Opposition eingearbeitet.

Die Handlungseinheit von Mehrheitsfraktionen und Landesregierung zwingt die beiden kollektiven Akteure zu intensiven Abstimmungsprozessen und führt uns zur dritten Analogie zur Kanzlerdemokratie: der engen Anbindung des Regierungschefs an seine Partei bzw. Fraktion. In einer Umfrage unter Ministerpräsidenten gaben zwei Drittel der Regierungschefs an, dass sie auf die Interessen der eigenen Fraktion besondere Rücksicht nehmen (Schneider 2001: 63). „Überzeugungsarbeit" war die Schlüsselantwort der Regierungschefs auf die Frage, in welcher Form sie in diesem Zusammenhang von ihrer Richtlinienkompetenz Gebrauch machen. Wie oben bereits angedeutet, folgt daraus, dass die formale Richtlinienkompetenz keineswegs hierarchische Befehlsgewalt bedeutet, „(...) denn das macht man nur einmal. Danach könnte man zurücktreten. Aber Einfluss nehmen, zur Chefsache machen, von der Tagesordnung setzen, das ist schon erlaubt" (Heide Simonis, zit. nach Schneider 2001: 223).

Der Verkündung der Richtlinien der Landespolitik durch den Ministerpräsidenten geht eine Vielzahl von Koordinationsprozessen und Konsultationen voraus. Wünsche und Ziele der Mehrheitsparteien müssen integriert,

Vorschläge und Bedenken der Ministerialbürokratie berücksichtigt und auch Anliegen wichtiger Interessengruppen einbezogen werden. Die notwendige Koordinierung und Informationsbeschaffung übernimmt die Staatskanzlei als administrative Machtquelle des Regierungschefs (Häußler 1995; Gros 2000; Mertes 2000; 2003; siehe Kapitel 2.3). Ihre Aufgabe ist es, den Ministerpräsidenten bei der Entwicklung der politischen Richtlinien zu unterstützen und deren Einhaltung durch die Fachressorts zu überprüfen. Die Staatskanzlei ist kein „Meta-Ministerium", das gegenüber den Fachressorts weisungsbefugt wäre. Aber die Ministerien sind gehalten, ihre Arbeit an den Richtlinien des Ministerpräsidenten auszurichten und die Staatskanzlei über ihre Tätigkeiten zu informieren, was in der praktischen Umsetzung eine komplexe Herausforderung darstellt. Sollen an dieser Stelle Reibungsverluste und Dysfunktionalitäten innerhalb der Regierungsbürokratie auf ein Minimum beschränkt und der Regierungstätigkeit eine grobe Richtschnur gegeben werden, bedarf es eines effektiven Kommunikationsmanagements durch die Staatskanzlei.

Richtlinienkompetenz auszuüben, geht über die Moderation und Integration verschiedener Interessen hinaus. Auch wenn kein Ministerpräsident die Durchsetzung von Politikinhalten befehlen kann, wird von ihm doch Führung im Sinne der Benennung wichtiger gesellschaftlicher Probleme und möglicher Lösungsstrategien erwartet. Gesellschaftliche Trends müssen beobachtet sowie in Wissenschaft und Öffentlichkeit diskutierte Problemlösungen erfasst werden. Das ist die Aufgabe von Planungsabteilungen innerhalb der Staatskanzlei, die für den Ministerpräsidenten „über den Tag hinaus zu denken" und ihm eine inhaltliche Schwerpunktsetzung ermöglichen.

Obwohl Staatskanzleien in erster Linie eine Sekretariatsfunktion für die Landesregierung als Kollektivorgan sowie eine Informationsfunktion für den Regierungschef haben, werden sie auch mit Fachaufgaben wie Medien- oder Europapolitik betraut. Anhand der Politikfelder, die in der Staatskanzlei angesiedelt werden, lassen sich die individuellen Prioritäten des Ministerpräsidenten ablesen. Generell ist die Arbeitsweise einer Regierungszentrale sehr stark vom Führungsstil des jeweiligen Ministerpräsidenten abhängig.

Die vierte Gemeinsamkeit zwischen Bundeskanzlern und Ministerpräsidenten ist schließlich das außerordentlich hohe persönliche Prestige des Amtes. Gerade auf der massenmedial zuweilen wenig beachteten Landesebene ragen die Landesväter wie Leuchttürme aus dem Politikbetrieb hervor. Den Ministerpräsidenten gilt das größte Interesse der Medien und sie genießen im Vergleich zu den anderen Kabinettsmitgliedern oder den Oppositionsführern im Land den weitaus höheren Bekanntheitsgrad.

Selten hat es Landtagswahlkämpfe gegeben, in denen der Spitzenkandidat der Opposition annährend die Popularitätswerte des Amtsinhabers erreichen konnte. Ein aus dem Amtsbonus resultierender Popularitätsvorsprung allein schützt zwar nicht vor Wahlniederlagen (vgl. Kapitel 3.6), aber er ist gleichwohl eine wichtige Vorraussetzung für Wahlsiege. Wenn es einem Ministerpräsidenten in seiner Amtszeit nicht gelingt, einen Bonus beim Wähler zu erarbeiten, ist die Niederlage fast vorprogrammiert.[13] Gewinnt ein Ministerpräsident trotz schlechter bundespolitischer Stimmung oder schwieriger Wirtschaftslage eine Wahl, hat das weitreichende Konsequenzen für seine Durchsetzungsfähigkeit gegenüber Partei und Fraktion. Im Regierungsalltag ist er auf ihre Unterstützung angewiesen, aber umgekehrt verdanken die Fraktionsmitglieder ihre Mandate auch seiner Popularität. Wollen sie nicht die Chancen ihrer Wiederwahl gefährden, dürfen sie die Autorität des Ministerpräsidenten nicht öffentlich beschädigen. Auf Personalisierungsstrategien beruhende Wahlsiege verleihen dem Amtsinhaber somit „plebiszitäre Macht" (Schneider 2001: 64), die ihm von Zeit zu Zeit erlaubt, eine widerspenstige Fraktion oder Parteibasis auf seine Linie zu zwingen. Das gilt insbesondere dann, wenn schmerzhafte Entscheidungen parteiintern durchgesetzt werden müssen. „Das Amt des Ministerpräsidenten bietet eine Schutzmauer vor innerparteilicher Kritik an Koalitionskompromissen, weil es sich keine Partei leisten kann, ihren im Regierungschef Person gewordenen Erfolg zu beschädigen" (Kropp 2001: 186).

Die plebiszitäre Macht eines Ministerpräsidenten ist allerdings keine unerschöpflich sprudelnde Quelle. Sie beginnt zu versiegen, sobald sich Zweifel an seiner Qualität als „Wahlkampflokomotive" ausbreiten. Die Autorität eines Ministerpräsidenten beruht auf einem von Partei und Fraktion gewährten Kredit, der am Wahltag in Stimmen zurückgezahlt werden muss. Öffentlich sichtbare Rebellionen oder medial geführte Nachfolgediskussionen sind untrügliche Anzeichen für fehlende Siegeszuversicht. Für viele Ministerpräsidenten war das der Anfang vom Ende ihrer Amtszeit.[14]

---

[13] Beispiele sind die Niederlage der CDU im Saarland unter MP Werner Zeyer, als Oskar Lafontaine mit der SPD die absolute Mehrheit gewann (Kimmel 1985), und die Niederlage der SPD unter MP Siegmar Gabriel in Niedersachsen 2003 (Müller-Rommel 2003).

[14] Dem regierenden Bürgermeister von Berlin, Dietrich Strobbe, traute die SPD 1981 keinen Sieg bei den vorgezogenen Wahlen zum Abgeordnetenhaus mehr zu und ersetzte ihn drei Monate vor dem Urnengang durch Hans-Jochen Vogel (Schmollinger 1982). Dessen Bruder, Bernhard Vogel machte seine CDU für den Verlust der absoluten Mehrheit in Rheinland-Pfalz verantwortlich und wählte ihn als 1988 als Landesvorsitzenden ab. Vogel trat daraufhin auch als MP zurück. Nicht besser erging es den Christdemokraten Kurt Biedenkopf (Sachsen) und Erwin

Verhandelnde Wettbewerbsdemokratie

Konfliktregulierungsmuster und Entscheidungsprozesse in westlichen Demokratien können den Idealtypen „Wettbewerbsdemokratie" und „Verhandlungsdemokratie" zugeordnet werden (Luthardt 1997; Lijphart 1999; Korte/Fröhlich 2004: 73-79). In Wettbewerbsdemokratien prägen Parteienkonkurrenz und parlamentarische Mehrheitsentscheidungen den politischen Prozess. Die jeweilige Mehrheitspartei muss auf die Opposition politisch kaum Rücksicht nehmen und auch die Zahl außerparlamentarischer Vetospieler ist eng begrenzt. Regierungen in Wettbewerbsdemokratien besitzen folglich einen großen Handlungsspielraum, was dem Wähler die eindeutige Zuordnung von Verantwortlichkeiten ermöglicht. Verhandlungsdemokratien hingegen zeichnen sich durch eine hohe Anzahl von Vetospielern aus, die an Entscheidungsprozessen beteiligt werden müssen. Das hat den Vorteil, dass möglichst viele gesellschaftliche Interessen berücksichtigt werden und politische Entscheidungen einen hohen Legitimationsgrad erreichen. Allerdings sind Verhandlungsprozesse mit vielen Beteiligten meistens mühsam, zeitintensiv und wenig transparent.

Das politische System der Bundesrepublik Deutschland weist sowohl Wettbewerbsstrukturen als auch eine Vielzahl von Verhandlungssystemen auf und kann somit als Mischform bezeichnet werden (Holtmann/Voelzkow 2000). In Bund und Ländern konkurrieren Parteien um Parlamentsmehrheiten. Erlangen Parteien Wahlsiege und üben Regierungsverantwortung aus, können sie ihre inhaltlichen Ziele aber nicht immer per Mehrheitsentscheid durchsetzen, sondern müssen sich oft mit einer Vielzahl von Nebenregierungen und Vetospielern auseinandersetzen.

Die vielfältigen Verhandlungszwänge der Landespolitik sind zum einen die Folge der Mehrebenenverflechtung von Bund, Ländern und Europäischer Union. Zum anderen sind korporatistische und auf Interessenausgleich bedachte Verhandlungslösungen oftmals problemadäquatere Durchsetzungsstrategien als Hierarchie und Mehrheitsentscheid. Ferner gehört der Wunsch nach einem breiten gesellschaftlichen Konsens in wichtigen politischen Fragen zu einem Kennzeichen der politischen Kultur in Nordrhein-Westfalen (vgl. Kapitel 2.1). Mit Blick auf das Regieren in NRW kann man somit vertikale Verhandlungssysteme als Folge der Mehrebenverflechtung von hori-

---

Teufel (Baden-Württemberg), die 2003 bzw. 2005 auf Druck ihrer Parteien zurücktreten mussten.

zontalen Verhandlungssystemen als problemadäquate Durchsetzungsstrategie unterscheiden.

Vertikale Verhandlungssysteme

Die deutsche Ausprägung des Verbundföderalismus hat weitreichende Auswirkungen auf das Regieren auf Länderebene. Die Bundesländer besitzen über den Bundesrat großen Einfluss auf die bundesstaatliche Gesetzgebung, können aber gleichzeitig nur noch in wenigen Politikfeldern autonome Entscheidungen herbeiführen. Das gilt in besonderem Maße für die Wirtschafts- und Finanzpolitik. Seit der Finanzreform von 1969 sind die wichtigsten Steuerarten so genannte „Gemeinschaftssteuern", deren Gestaltungskompetenz fast ausschließlich der Bund besitzt. Dieser ist zwar auf die Zustimmung der Länder im Bundesrat angewiesen, aber einer eigenständigen Finanzpolitik auf Landesebene sind enge Grenzen gesetzt. Wirtschaftspolitik können Landespolitiker nur als Standortpolitik betreiben, indem sie mit Infrastrukturangeboten oder Subventionen um Investoren werben. Makroökonomische Rahmenbedingungen und die eigene Refinanzierung (Höhe der Steuersätze und Aufkommensverteilung) müssen die Länder hingegen mit Bundesregierung und Bundestag aushandeln.

Der ausgeprägte föderale Verhandlungszwang hat zu einer zunehmenden Exekutivlastigkeit der Landespolitik geführt. Es sind die Landesregierungen, nicht die Landesparlamente, die Sitz und Stimme im Bundesrat haben und Einfluss auf die nationalstaatliche Gesetzgebung ausüben. Die Landesregierungen sind zwar ihren jeweiligen Parlamenten gegenüber verantwortlich, aber imperative Mandate gibt es nicht und es ist faktisch keinem Landtag möglich, zwischen 16 Landesregierungen, Bundestag und Bundesregierung ausgehandelte Kompromisspakete wieder aufzuschnüren. Den Landesparlamenten bleibt somit oftmals nur eine notarielle Bestätigungsfunktion. Das gilt im Übrigen auch für Politikfelder, in denen die Länder noch relative Autonomie genießen, wie z. B. bei der inneren Sicherheit, der Bildungs- oder der Medienpolitik. In diesen Politikfeldern betreiben die Landesregierungen eine länderübergreifende „Selbstkoordinierung". In regelmäßigen Abständen treffen sich die Ministerpräsidenten und die Fachminister aller Länder zu gemeinsamen Konsultationen. Das Ziel dieser Beratungen ist zwar keine Vereinheitlichung, aber doch die Gewährleistung einer gegenseitigen Anschlussfähigkeit der jeweiligen Landespolitiken (Schneider 2001: 254-266). Neben der Ministerpräsidentenkonferenz ist die Kultusministerkonferenz (KMK) die prominenteste Form dieser Länderselbstkoordination.

Sie hat ein eigenes Referat in Bonn mit über 200 Mitarbeitern und damit fast die Größe eines eigenständigen Landesministeriums. Ihre Aufgabe besteht u. a. in der Gewährleistung der Vergleichbarkeit von Schul- und Hochschulzeugnissen, sowie in der Sicherstellung von Qualitätsstandards in Studium und Schulausbildung. Für Beschlüsse der KMK, die nicht selten in Staatsverträge gegossen werden, gilt das gleiche, wie für Bundesratskompromisse: Die Landesparlamente haben nur wenige Möglichkeiten, im Nachhinein Änderungen vorzunehmen.

Die zahlreichen Verhandlungsarenen, in denen sich landespolitische Akteure bewegen, sind jedoch oft der fortgesetzten Wettbewerbslogik der Parteiendemokratie unterworfen. Dadurch stoßen zwei sich widersprechende Handlungslogiken aufeinander, weshalb Gerhard Lehmbruch (1998) die Verschränkung von Verhandlungszwang und Parteienwettbewerb als „Strukturbruch" innerhalb des deutschen Föderalismus bezeichnet. Verhandlungslösungen setzen ein Mindestmaß an kooperativen Interaktionsorientierungen der beteiligten Akteure voraus. Die Bereitschaft zur Kooperation beruht auf der Annahme, dass gegenseitige Zugeständnisse für alle Akteure von größerem Vorteil sind, als ein Scheitern der Verhandlung. Dem Parteienwettbewerb hingegen liegen kompetitive oder gar feindliche Handlungsorientierungen zu Grunde: Die Verluste des Gegenüber werden als eigene Gewinne verbucht (Scharpf 2000: 110-122). Die Schwierigkeit Verhandlungslösungen unter der Bedingung des Parteienwettbewerbs herbeizuführen, ist regelmäßig am Abstimmungsverhalten von Landesregierungen im Bundesrat zu beobachten. Die Selbstklassifizierung als „A-Länder" (von der SPD regiert) oder „B-Länder" (von der CDU regiert) zeigt zunächst, dass sich die an Landesregierungen beteiligten Parteien in die bundespolitische Konfrontation von Regierung und Opposition einordnen. Besitzen die von der Opposition geführten Landesregierungen im Bundesrat eine Mehrheit, sind sie leicht geneigt, ihr Abstimmungsverhalten an der bundespolitischen Strategie ihrer Parteien auszurichten. Das kann zur „Blockade" wichtiger Gesetzgebungsvorhaben der auf Bundesebene amtierenden Regierungskoalition führen. Andererseits müssen Landesregierungen auf den Erhalt ihrer politischen Handlungsfähigkeit achten und sind insbesondere bei finanzpolitischen Entscheidungen an einem Konsens interessiert. Ob das Abstimmungsverhalten der Handlungslogik des Parteienwettbewerbs oder der Handlungslogik der Verhandlungsdemokratie folgt, hängt grundsätzlich von drei Faktoren ab: der Bedeutung einer Sachfrage für die Parteiidentität, den materiellen Folgen für das eigene Land und der parteipolitischen Zusammensetzung der eigenen Regierungskoalition.

Schon einige Male haben es Bundesregierungen verstanden, den Blockadewall der Opposition im Bundesrat zu brechen, indem sie einzelnen Ländern finanzpolitische Angebote gemacht haben, die diese nicht ablehnen konnten. Feindliche Handlungsorientierungen gegenüber der in Berlin regierenden Koalition sind nur schwer durchzuhalten, wenn ein Land auf deren Wohlwollen bei der Sanierung seines überschuldeten Haushalts angewiesen ist. Parteienwettbewerb muss sich eine Landesregierung eben auch leisten können.[15]

Allerdings ist eine kooperative Verhandlungsstrategie auch mit Risiken verbunden, beispielsweise wenn die eigene Basis das Abstimmungsverhalten im Bundesrat als inkompatibel mit den Parteiidealen interpretiert. Verläuft die parteipolitische Zusammensetzung einer Landesregierung quer zur Gegenüberstellung von Regierungs- und Oppositionsparteien in Berlin, wie z. B. lange Zeit in großen Koalitionen, in SPD-PDS Koalitionen oder wie gegenwärtig in der christlich-liberalen Koalition in NRW, kann die Uneinigkeit über das Abstimmungsverhalten zu ernsten Regierungskrisen führen. Welcher der drei genannten Faktoren für die Handlungsstrategie einer Landesregierung den Ausschlag gibt, ist das Ergebnis von Abwägungsprozessen, die je nach Akteurskonstellation, Sachfrage oder politischem Meinungsklima unterschiedlich ausfallen können.

Die Bundesländer in der europäischen Mehrebenenverflechtung

Eine besondere Form vertikaler Verhandlungsarrangements ist das Verhältnis der Länder zur Europäischen Union. Im Zuge der europäischen Integration sind eine Vielzahl nationaler Souveränitätsrechte an EU-Institutionen übertragen worden. Die Länderkompetenzen blieben davon nicht unberührt, im Gegenteil: Die Europäische Union hat in den vergangenen Jahrzehnten Zuständigkeiten in Politikfeldern an sich ziehen können, die zu den Kernbereichen der Landespolitik zählen, wie z. B. die innere Sicherheit oder die Bildungspolitik. Bis Anfang der 1990er Jahre hatten die Länder keinen nennenswerten Einfluss auf den europäischen Integrationsprozess. Es war der Bund, der über die Europäisierung von Staatsaufgaben verhandelte und oftmals (Länder-) Kompetenzen nach Brüssel abgab, über die er streng genom-

---

[15] So stimmte im Februar 1992 die SPD-Landesregierung in Brandenburg mit den so genannten „B-Ländern" und machte den Weg für eine Erhöhung der Mehrwertsteuer frei. Im Sommer 2000 unterstützten die großen Koalitionen in Bremen und Berlin die Steuerreform der rotgrünen Koalition und erhielten im Gegenzug finanzielle Unterstützungsleistungen des Bundes (Grunden 2004: 69).

men gar nicht verfügen durfte. Er konnte sich dabei auf Artikel 24 des Grundgesetzes berufen, der dem Bund das Recht zugesteht, „Hoheitsrechte auf zwischenstaatliche Einrichtungen [zu] übertragen". Das änderte sich erst im Vorfeld der Verhandlungen zum Maastrichter Vertrag, der die Europäische Gemeinschaft in die Europäische Union überführte. Durch eine Neuformulierung des Artikels 23 des Grundgesetzes zum „Europaartikel" erhielten die Länder das Recht, über den Bundesrat an der Übertragung von Kompetenzen an die EU mitwirken zu können. Damit war eine neue Verhandlungsarena zwischen Bund und Ländern geschaffen worden. Der Bund muss sich seitdem deutlich öfter und in größerem Umfang der Zustimmung der Länder versichern, wenn zwischenstaatliche Kompromisse in Brüssel auszuhandeln sind. Da die Ratifizierung der EU-Verträge von Maastricht, Amsterdam und Nizza sowie des europäischen Verfassungsentwurfs mit Grundgesetzänderungen verbunden war, nutzten die Länder ihr Vetorecht im Bundesrat, um die jeweiligen Bundesregierungen zu einer stärkeren Berücksichtigung ihrer Interessen zu zwingen (Hrbek 2001: 293f). Die Länder können ihren mittelbaren Einfluss auf die EU über den Bundesrat aber nur nutzen, wenn sie sich vorab auf eine gemeinsame Linie verständigen können. Das setzt abermals Verhandlungen und Abstimmungsprozesse voraus, die durch die Europaministerkonferenz (EMK) institutionalisiert wurden. Die EMK koordiniert die allgemeinen europapolitischen Aktivitäten der Länder und wird durch dauerhaft eingerichtete Arbeitsgruppen auf Beamtenebene vorbereitet. Die Europapolitik der Bundesländer zeichnet sich somit ebenfalls durch eine ausgeprägte Exekutivlastigkeit aus. Die Landesparlamente spielen erneut nur eine untergeordnete Rolle. Gleiches gilt auch für die direkten Instrumente zur Einflussnahme auf der europäischen Ebene: den Ausschuss der Regionen (AdR), den Beobachter der Länder sowie die Vertretungen der Länder bei der EU.

Als Gruppe sind die Bundesländer im Ausschuss der Regionen (AdR) vertreten. Der AdR ist die jüngste Institution der Europäischen Union und geht maßgeblich auf eine deutsche Initiative zurück. Er wurde 1992 mit dem Vertrag von Maastricht als repräsentative Versammlung eingeführt. Seine Aufgabe ist es, den lokalen und regionalen Gebietskörperschaften in der Europäischen Union Gehör zu verschaffen. Seine Arbeit besteht im Wesentlichen darin, zu den legislativen Vorschlägen der EU-Kommission Stellung zu nehmen und Änderungen vorzuschlagen. Formal kommt dem Ausschuss der Regionen bis heute nur eine beratende Funktion zu (Sturm/Pehle 2001: 93ff). Sollte der vorliegende EU-Verfassungsentwurf in Kraft treten, wird ein Klagerecht vor dem Europäischen Gerichtshof hinzugekommen, um gegen

Verletzungen des Subsidiaritätsprinzips vorgehen zu können. Neben den schon formal geringen Einflussmöglichkeiten des Ausschusses wird seine Handlungsfähigkeit durch seine ausgeprägte Heterogenität der verschiedenen substaatlichen Ebenen aus 25 EU-Mitgliedsstaaten noch verringert. Die 24 deutschen Vertreter müssen sich bemühen, Koalitionen mit den übrigen 293 Vertretern aus Regionen und Kommunen der anderen Mitgliedsstaaten zu schmieden, um ihre Ziele durchzusetzen (Buchheim 2002).

Neben ihrer kollektiven Mitgliedschaft im AdR entsenden die Bundesländer einen eigenen „Beobachter" nach Brüssel. Der Beobachter bekleidet ein Amt, das von allen 16 Ländern getragen wird. Seine Aufgaben bestehen darin, als Mitglied der deutschen Delegation unmittelbar über Entwicklungen im Ministerrat der EU zu berichten sowie Kontakt zur EU-Kommission und den Delegationen der EU-Mitgliedsstaaten zu halten (Blume/Rex 1998).

Die Mitgliedschaft im AdR und die Entsendung des Beobachters sind kollektive Instrumente der Einflussnahme. Als einzelstaatliches Instrument unterhält jedes Bundesland darüber hinaus eigene Vertretungen in Brüssel. NRW eröffnete bereits 1986 ein Büro in der „europäischen Hauptstadt". Die Aufgaben der rund 25 Mitarbeiter bestehen im Allgemeinen aus der Informationsgewinnung sowie der Unterstützung und Beratung der jeweiligen Landesregierung bei der Herstellung von Kontakten zu europäischen Institutionen („Hör- und Sprachrohr der Landesregierung"). Ferner besteht ihre Arbeit aus Lobby-Tätigkeiten für die heimische Wirtschaft oder für landespolitische Interessen. Ein weiteres Ziel ist es, Netzwerke zu bilden, um Fürsprecher in der Brüsseler Bürokratie zu finden oder Interessenkoalitionen mit anderen europäischen Regionen zu bilden (Sturm/Pehle 2001: 95f). Die Vertretungen nehmen zusätzlich Aufgaben im kulturellen Bereich wahr und dienen als Forum für allgemeine politische Diskussionen. Bei ihrer Arbeit steht die Landesvertretung im Wettbewerb mit über 200 anderen Regionalvertretungen sowie mehreren tausend Lobbyisten. Sind die Landesregierungen in ihrer Europapolitik in Bundesrat und AdR auf Kooperation angewiesen, treten sie mit ihren Büros zuweilen auch in Konkurrenz zueinander. „Wenn auch die Zusammenarbeit zwischen den Vertretungen kollegial und kooperativ ist, so stehen sie sich hin und wieder, wenn es um die Bewerbung für Förderprogramme geht, auch als Kontrahenten gegenüber" (Schreiber 1999: 87).[16]

---

[16] Als Beispiel sind die Struktur- oder Agrarförderung oder die Steinkohlesubventionen zu nennen. Ebenso kann es zu Konflikten zwischen einzelnen deutschen Ländern kommen. Diese werden zum Teil über die Länderbüros ausgetragen oder auch geschlichtet.

Horizontale Verhandlungssysteme und die Politik der „Akkomodierung" in NRW

In vielen Politikfeldern stehen der Landespolitik keine direkten Steuerungs-instrumente zur Verfügung oder ihr Einsatz gilt als wenig effektiv. In solchen Fällen verhandeln Landesregierungen mit Interessenverbänden oder direkt mit den maßgeblichen Akteuren des jeweiligen Politikfeldes über mögliche Problemlösungsstrategien. Ein prägnantes Beispiel ist das „Bünd-nis für Arbeit NRW", das 1998 von Wolfgang Clement ins Leben gerufen wurde. Die einzelnen Fachressorts erarbeiteten Vorschläge für eine Verbes-serung der Arbeitsmarktlage in NRW, die in einem „Lenkungskreis" von Experten betroffener Verbände beraten wurden. Hier wurden beispielsweise Lohnkostenzuschüsse für Langzeitarbeitslose bei einer Einstellung in der Forst- und Landwirtschaft beschlossen. Ein weiteres Ergebnis war der „Aus-bildungskonsens NRW": Die Wirtschaftsverbände erklärten sich bereit, je-dem Ausbildungswilligen zumindest ein „ausbildungsähnliches" Angebot zu unterbreiten. Insgesamt wurden 17 solcher Vereinbarungen zwischen einzel-nen Fachministern, Gewerkschaften, Wirtschaftsverbänden und anderen Beteiligten ausgehandelt. Die Verbindlichkeit solcher Verhandlungslösungen ist allerdings begrenzt, denn einklagbar sind sie nicht. Nach dem Regie-rungswechsel vom Mai 2005 erklärten einige Verbände, sie fühlten sich an getroffene Vereinbarungen mit der Vorgängerregierung nicht mehr gebunden (WamS v. 29.05.2005).

Im Vergleich zu anderen Bundesländern war die Neigung zu solch kor-poratistischen Verhandlungslösungen in Nordrhein-Westfalen seit der Regie-rungszeit Karl Arnolds besonders stark ausgeprägt. Die Politik der „Akko-modierung" – d. h. des Übereinkommens, der gütlichen Einigung – prägte, so Ulrich von Alemann (2005), für Jahrzehnte und über Parteigrenzen hinweg den Politikstil des Landes. Politischen Entscheidungen ging stets eine enge Kooperation mit zivilgesellschaftlichen Akteuren voraus. „Wirtschaftsver-bände und Gewerkschaften, Wohlfahrtsverbände und Kirchen, Sportverbän-de und Freiberufler gilt es zu achten und zu beachten, eben zu akkomodie-ren" (v. Alemann 2005: 388; vgl. Kapitel 2.1).

Die in der politischen Kultur des Landes fest verankerte Konsensorien-tierung hinterließ auch ihre Spuren im Parteienwettbewerb. Kooperation und Parteienproporz kennzeichneten auch und gerade in Zeiten sozialdemokrati-scher Hegemonie das Verhältnis der Parteien. Auf kommunaler Ebene wurde trotz klarer Mehrheitsverhältnisse die Opposition bei der Ernennung von Dezernenten und Beigeordneten mitbedacht. Das Gleiche galt für die Ernennung von Regierungspräsidenten oder für die Karrierechancen von Parteigängern der Opposition in der Ministerialbürokratie[17].

Dass Korporatismus und Akkomodierung auch zukünftig noch die außerordentlich große Bedeutung für das Regieren in Nordrhein-Westfalen zukommen wird, ist nach dem Antritt der christlich-liberalen Koalition keinesfalls sicher. Union und Liberale stehen Verhandlungslösungen und Parteienproporz weitaus skeptischer gegenüber als ihre sozialdemokratischen Vorgänger (WamS v. 29.05.2005). Gleichwohl wird auch die christlich-liberale Regierung aufgrund fehlender direkter Steuerungsmöglichkeiten in bestimmten Politikfeldern nicht gänzlich auf korporatistische Verhandlungssysteme verzichten können.

Für das Strukturmerkmal der Verhandelnden Wettbewerbsdemokratie bleibt festzuhalten, dass Exekutivlastigkeit, Verhandlungszwang und Parteienwettbewerb die Grundkonstanten des Regierens in NRW bilden, die sich auch in den anderen vier Strukturmerkmalen niederschlagen.

Parteiendemokratie

Politische Parteien sind sowohl auf der Bundes- als auch auf der Landesebene zentrale kollektive Akteure im politischen System. Ihre besondere Bedeutung erhalten sie durch ihre Rolle als einzige unmittelbare Schnittstelle zwischen Gesellschaft und Staat. Im Idealtyp der Parteiendemokratie sind sie ein Zusammenschluss von Bürgern mit ähnlichen Wertvorstellungen, Kausalannahmen und Zielen. Sie integrieren die Interessen der Wählerschaft in ihre Programmatik und versuchen, diese durch ihre Arbeit in Parlamenten und Regierungen Wirklichkeit werden zu lassen.

Parteien sind im Gegensatz zu sonstigen organisierten Interessengruppen die einzigen kollektiven Akteure, die sich den Bürgern zur Wahl stellen. Sie rekrutieren somit das Personal für nahezu alle politischen Spitzenämter (Wagschal 2000). Demokratische Legitimation als zentrale Handlungsressource politischer Akteure beginnt mit der Legitimierung durch die eigene Partei. Angesichts der Tatsache, dass die politische Elite in Bund und Ländern zugleich immer auch Parteielite ist, scheint die Frage nach Einfluss und Bedeutung von Parteien für das Regieren trivial zu sein.

---

[17]   Als Gegenbeispiel kann Bayern angeführt werden, wo der Parteienwettbewerb bis heute durch das Konkurrenzprinzip dominiert wird. Öffentliche Ämter werden daher meist nach der Devise „The Winner takes it all" vergeben – also an Mitglieder der CSU (v. Alemann 2001; vgl. Kießling 2004).

Um jedoch die Problematik des Regierens in der Parteiendemokratie zu erschließen, muss man sich zunächst vergegenwärtigen, dass Parteien keine monolithischen Blöcke sind. Ihre Personal- und Mitgliederstruktur kennzeichnet eine zweidimensionale Fragmentierung. Auf der horizontalen Ebene gliedern sich Parteien in eine Vielzahl geographischer Untergliederungen, Unterorganisationen und politische Flügel. Der Landesverband der NRW-CDU besteht beispielsweise aus 54 Kreisverbänden und acht Bezirken, deren Aufgabe unter anderem darin besteht, regionale Interessen in die Parteipolitik einfließen zu lassen. In der NRW-SPD waren es vier Regionalbezirke, die bis zu ihrer Abschaffung 2001 das organisatorische Rückgrat der Partei bildeten. Erst durch die Parteireform erhielt der bis dahin personal- wie finanzschwache Landesverband größere organisatorische und politische Autonomie. Neben den geographischen Untergliederungen existieren in der SPD acht Arbeitsgemeinschaften (u. a. Jungsozialisten, sozialdemokratische Frauen und die AG für Arbeitnehmerfragen). Bei der Union finden sich sechs nach Themen und Zielgruppen zu unterscheidende Vereinigungen, die zum Teil widersprüchliche Interessen vertreten, wie beispielsweise die Arbeitnehmervertreter (CDA) oder die Mittelstands- und Wirtschaftsvereinigung (MIT). Auch für die Meinungsbildung innerhalb der SPD sind konkurrierende Flügel von großer Bedeutung. Obwohl sie im Organisationsstatut der Partei gar nicht vorkommen, haben sich der „Seeheimer Kreis" und die „Parlamentarische Linke" zumindest auf Bundesebene quasi formale Organisationsstrukturen gegeben (Gebauer 2005).[18] Ihr Wirkungskreis ist aber nicht nur auf die Bundespolitik beschränkt, sondern reicht bis auf die Länderebene.

Auf der vertikalen Ebene verläuft die Ausdifferenzierung der Mitgliederstruktur zwischen Basis und Mandatsträgerschaft einerseits sowie Parlamentariern und Regierungsmitgliedern andererseits. Letzteres ist auf den Autonomieverlust der Landespolitik und die damit einhergehende Exekutivlastigkeit des Regierens auf Landesebene zurückzuführen, wie wir sie im Strukturmerkmal Verhandelnde Wettbewerbsdemokratie beschrieben haben. Zudem werden Kabinettsmitglieder aus anderen Landesverbänden rekrutiert.[19] Die Unterscheidung von Regierungsamt und Parteizugehörigkeit ist in

---

[18]   Vgl. auch die Selbstdarstellung der SPD-Flügel unter www.seeheimer-kreis.de und www.parlamentarische-linke.de. Einen weiteren institutionalisierten Flügel der SPD stellt das „Netzwerk Berlin" dar, das allerdings seinen politischen Einfluss überwiegend auf Bundesebene geltend macht (www.netzwerkberlin.de).

[19]   So war Peer Steinbrück fünf Jahre lang Minister in der Regierung Simonis in Schleswig-Holstein bevor er 1998 nach Düsseldorf wechselte. Auch der ehemalige Umweltminister Klaus Matthiessen wurde aus Kiel „importiert".

einer Vielzahl von Bundesländern ein verfassungsrechtliches Gebot. Artikel 58 der nordrhein-westfälischen Landesverfassung verpflichtet die Regierungsmitglieder auf eine „unparteiische Amtsführung". Angesichts der Rekrutierung politischer Eliten durch Parteien und des Wettbewerbs zwischen Parteien gehört dieses Gebot jedoch zum Bereich der Verfassungsfiktion, dem nur in Ausnahmefällen reelle Bedeutung zukommt. Dann aber ist die Berufung auf parteipolitische Neutralität ein wirkungsvolles Instrument, mit dem sich Regierungschefs oder Minister unerwünschter Zudringlichkeiten durch Fraktion und Partei erwehren können.

Entscheidender für die Trennung zwischen Regierungsmitgliedern auf der einen und Fraktion bzw. Partei auf der anderen Seite ist die schleichende „Sozialisation" von Ministern und Staatssekretären durch die eigene Bürokratie. Im Regierungsalltag haben sie meist mehr Kontakt zu ihren Beamten als zu Parlamentariern und Funktionären der eigenen Partei. Regierungsmitglieder genießen so nicht nur einen Informationsvorsprung, sondern sie neigen auch dazu, Sachfragen vom Standpunkt der Wünsche und Interessen des eigenen Hauses zu beurteilen. Parteipolitische Logik weicht zunehmend administrativer Logik (Bull 1999: 174).

Die Trennung zwischen Basis und Mandatsträgern beruht auf der „Karrierisierung und Professionalisierung" des politischen Personals, auch in der Landespolitik (Schneider 1997: 419). Die Unterscheidung von Berufspolitikern und der ehrenamtlichen Basis relativiert die idealtypische Funktion von Parteien, als Teil der Gesellschaft Interessen und Ziele in die politische Sphäre zu übertragen. Für Berufspolitiker ist die Parteibasis ein spezieller Typus von Publikum, dem sie gegenübertreten und um dessen Zustimmung und Unterstützung sie werben müssen. Die eigene Basis ist ein Resonanzboden für die Interessen und Probleme der parteinahen Wählergruppen und Milieus, die in der eigenen Lebenswelt nicht mehr unmittelbar erfahrbar sind.

Die horizontale und vertikale Fragmentierung von Parteien verlangt von Spitzenakteuren, sowohl unterschiedliche inhaltliche wie auch personelle Anforderungen zu integrieren. Eine solche Integrationsleistung ist notwendig, um Legitimation für das eigene Handeln zu erhalten, und über eine nach außen geschlossen auftretende und damit kampagnenfähige Organisation zu verfügen. Die Imperative der Parteiendemokratie lassen sich anhand von drei maßgeblichen Zielen von Parteien illustrieren (von Beyme 2000: 25):

1. Stimmenmaximierung
2. Ämtermaximierung
3. Policymaximierung

Diese drei Ziele stehen nicht unvermittelt nebeneinander, sie bedingen sich vielmehr gegenseitig. Parteien sind auf Wahlerfolge angewiesen, wollen sie einflussreiche politische Ämter besetzen und ihre Programmatik verwirklichen. Aus der internen Perspektive einer Regierungspartei bedürfen die drei Ziele allerdings eines sorgfältigen Austarierens, um nicht Zielkonflikte offen ausbrechen zu lassen. Während über das Ziel der Stimmenmaximierung zunächst ein breiter Konsens über alle Parteiflügel hinweg existiert, ist die Verteilung von Ämtern und der damit verbundene Einfluss auf die Regierungspolitik eine sensible Aufgabe für die Führungsspitze einer Partei. Um die für die Regierungsarbeit zwingend erforderliche Geschlossenheit von Fraktion und Partei sicherzustellen, ist es ratsam, alle einflussreichen Flügel und Unterorganisationen durch ihre Berücksichtigung bei der Besetzung von Regierungsämtern einzubinden. In NRW war es bis 2001 für SPD-Regierungen ein ungeschriebenes Gesetz, die mächtigen SPD-Bezirksvorsitzenden in ein Ministeramt zu berufen. In der CDU behält sich der Arbeitnehmerflügel CDA die Nominierung für das Arbeits- und Sozialressort vor.

Stimmen- und Policymaximierung können in einen Zielkonflikt geraten, wenn eine Mehrheit innerhalb der Regierungspartei Reformprojekte favorisiert, die bei der Mehrheit der Wähler keine Zustimmung finden oder die finanziellen Ressourcen des Landes überfordern. In diesem Fall tritt die vertikale Ausdifferenzierung von Parteien besonders deutlich hervor. Die Integrationsfähigkeit von Partei- und Regierungsspitze wird dann auf eine harte Probe gestellt. Regierende Akteure sind darum stets bemüht, die Erwartungen der eigenen Basis zu steuern. Sie tun dies beispielsweise, indem sie Einfluss auf Parteitagsbeschlüsse nehmen, um die eigene Politik nicht leichtfertig in Widerspruch zur Parteiprogrammatik zu bringen.

Um sich der Loyalität ihrer Partei zu vergewissern, übernehmen Ministerpräsidenten häufig den Vorsitz ihrer Landespartei. Im Jahr 2006 hatten 11 von 16 Regierungschefs auch dieses Amt inne (Stand: 05/06). Die daraus resultierende Doppelbelastung rechtfertigten die Ministerpräsidenten mit der „Vermeidung von Reibungsverlusten" oder der notwendigen „Einheitlichkeit des Handelns" von Partei und Regierung (Schneider 2001: 75). Im Gegensatz zur Bundesebene ist die personelle Trennung der Führung von Partei und Regierung auf Landesebene aber kein reiner Ausnahmefall. Die Ämtertrennung kann produktiv sein, wenn beide Akteure unterschiedliche Wählergruppen und Milieus ansprechen und vor allem, wenn der Parteivorsitzende in der Lage ist, die Interessen der Partei und ihrer Flügel in die Regierungsarbeit einzubringen. Sie kann sich allerdings negativ auswirken, wenn ein Amtsinhaber gleichzeitig ein Amt in der Bundespolitik bekleidet, wie z. B. im Falle von Franz Müntefering, der einerseits Vorsitzender der NRW-SPD, andererseits auch Generalsekretär seiner Bundespartei war und in diesen Funktionen häufig mit Ministerpräsident Wolfgang Clement aneinander geriet (vgl. Kapitel 2.3; 2.4).

Den größten Einfluss auf die Regierungspolitik haben Parteien zu Beginn der Amtszeit einer neuen Regierung. In der Partei wurde das Wahl- und Regierungsprogramm erarbeitet. Parteispitze und Fachpolitiker haben den Koalitionsvertrag verhandelt, der die Grundlage für die Regierungserklärung bildet und der Ministerialbürokratie als inhaltlicher Leitfaden dient. Im „Zauber des Aufbruchs" (Mertes 2001) will die neue Regierungsmannschaft beweisen, dass sie es anders und besser machen kann als ihre Vorgänger. Die parteipolitische Identität dominiert die Regierungstätigkeit und inhaltliche Prioritäten werden entlang des eigenen programmatischen Profils gesetzt. So genießt die Wirtschaftspolitik bei Christdemokraten sicherlich eine höhere Priorität als beispielsweise die Umweltpolitik. Gleiches ließe sich bei Sozialdemokraten von der Sozialpolitik sagen. Auf Politikfeldern mit geringerer Priorität werden Regierungsparteien unter Umständen populäre Programme der Vorgängerregierung fortführen, um der neuen Opposition Profilierungschancen zu nehmen und die Anzahl der innenpolitischen Fronten zu verringern. Unpopuläre Maßnahmen werden nicht unbedingt zurückgestellt, wenn sie für besonders wichtig gehalten werden oder zu den zentralen Anliegen des Koalitionspartners zählen (Grunden 2004: 35-38). Mit der Dauer der Regierungstätigkeit nimmt der Einfluss der Partei auf die Regierungspolitik kontinuierlich ab. Minister und Ministerialbürokratie übernehmen die Rolle des Agenda-Setters und die vertikale Fragmentierung gewinnt an Kontur. Zu Beginn einer neuen Legislaturperiode wird der parteipolitische Einfluss wieder größer, erreicht aber nicht mehr das Niveau wie bei Regierungsantritt.

Die Strukturveränderungen der Medienberichterstattung – insbesondere ihre Beschleunigung – haben die Trennlinie zwischen Parteibasis und Regierungsmitgliedern bzw. Parteispitze weiter vertieft und dem politischen Spitzenpersonal zu einem Autonomiezuwachs verholfen. Die traditionellen Arbeitsweisen der Delegiertenpartei sind dem hohen Tempo der Mediendemokratie kaum gewachsen. Parteispitzen verfügen über einen privilegierten Zugang zu Massenmedien, was ihnen das Instrument der „Telepolitik" (Korte/Fröhlich 2004: 253) ermöglicht. In Talkshows oder Interviews appellieren

Spitzenakteure an die direkte Legitimation durch die Wählerschaft, um Parteigremien auf bestimmte Politikinhalte festlegen zu können. Basis und mittlere Parteigliederungen haben immer weniger Möglichkeiten, inhaltliche Vorfestlegungen ihrer Spitzenakteure zu beeinflussen oder im Zweifel zu korrigieren. Außerdem werden inhaltliche Auseinandersetzungen schnell als mangelnde Geschlossenheit interpretiert und der fehlenden Autorität der Parteispitze angelastet. Angesichts der Massenmedien innewohnenden Logik, Sachfragen mit Personalfragen zu verbinden, ist mangelnde Autorität der schwerwiegendste Vorwurf, den man einer politischen Führungsfigur machen kann. Öffentlich beschädigte Spitzenakteure schaden den Wahlchancen der gesamten Partei. Aus diesem Grund werden inhaltliche Diskussionen zunehmend in nicht-öffentliche Räume verlagert, was zu Lasten einer breiten Partizipation geht. Im Extremfall degenerieren Parteien dadurch zu „Sprachregelungsorganisationen".

Vieles spricht dafür, dass die „goldenen Jahre" der Volkspartei der Vergangenheit angehören. Aber wie wichtig Parteien nach wie vor für erfolgreiches Regieren sind, war zuletzt am Niedergang der SPD in Bund und NRW zu beobachten. Gerhard Schröders Vermutung, zum Regieren brauche man nicht mehr als „Bild, BamS und Glotze" (vgl. Pontzen 2006), gehört wohl zu schwerwiegendsten Irrtümern des „Medienkanzlers". Die Geschlossenheit und Kampagnenfähigkeit einer Partei beruht, bei allen fortbestehenden Unterschieden zwischen den Mitgliedern, auf einer auf Werten basierenden Identität. Diese Identität unterscheidet sie von anderen Parteien und wird in der Auseinandersetzung mit politischen Gegnern gefestigt und erneuert. Wenn regierende Akteure an den Programmzielen und Partizipationsansprüchen ihrer Partei vorbeiregieren, wenn Normen, Werte und identitätsstiftende Konflikte missachtet werden, dann verlieren Parteien Legitimation und schließlich auch ihre Macht.

Koalitionsdemokratie

Im Gegensatz zur Bundespolitik sind absolute Mehrheiten einer Partei auf Länderebene keine Seltenheit. Ein-Parteien-Regierungen sind aber auch nicht der Normalfall. Das Verhältniswahlrecht macht stabile Parlamentsmehrheiten oft nur durch die Bildung von Koalitionen zwischen zwei oder mehreren Parteien möglich. Die alternative Form einer Minderheitsregierung hat sich in deutschen Bundesländern nicht etabliert. Minderheitsregierungen waren lediglich Übergangskonstellationen nach Koalitionsbrüchen oder gescheiterte

Experimente in Folge unklarer Mehrheitsverhältnisse nach Wahlen. Bis auf eine einzige Ausnahme hat seit 1950 keine der insgesamt neun Minderheitsregierungen über eine volle Legislaturperiode bestehen können.[20]
Der Zielkonflikt zwischen Effektivität und Legitimation, der Regierungshandeln innewohnt, wird durch den Zwang zur Koalitionsbildung noch verschärft. Die Koalitionspartner müssen sich fortwährend auf gemeinsames Handeln verständigen, was dazu führt, dass keine der Regierungsparteien ihr Programm ohne Abstriche durchsetzen kann. Aus der Perspektive des großen Koalitionspartners sind kleine Parteien „konsensuale Vetospieler", die zwar am Bestand des Bündnisses interessiert sind, aber gleichwohl die Möglichkeit besitzen, Policy-Entscheidungen zu verhindern oder maßgeblich zu beeinflussen (Wagschal 1999: 68). Insbesondere wenn der kleine Partner über alternative Koalitionsoptionen verfügt, besitzt er, gemessen an seiner Parlamentsstärke, einen überproportionalen Einfluss auf das Regierungshandeln. Die Lagerpolarisierung im westdeutschen Parteiensystem hat das Vetopotential kleiner Koalitionspartner zwar relativiert, aber keinesfalls aufgehoben. Die fortwährende Übervorteilung des Juniorpartners birgt stets das Risiko eines Koalitionsbruchs und damit auch das Risiko eines Machtverlusts für die Partei des Ministerpräsidenten in sich.
Die Herausforderung des Regierens in Koalitionen besteht darin, dass zwei oder mehr Parteien mit unterschiedlichen programmatischen Profilen eine legislative und exekutive Einheit bilden müssen. Der zwischen ihnen bestehende Wettbewerb um Wählerstimmen und Policymaximierung kann dabei nicht gänzlich aufgehoben werden. Das Spannungsverhältnis zwischen Einheit und Konkurrenz verlangt Konfliktregulierungsmuster, die einen dosierten Parteienwettbewerb möglich machen, ohne die Handlungsfähigkeit der Regierungskoalition zu gefährden.

Koalitionsbildung

Bevor wir uns jedoch den Strategien zuwenden, derer sich Koalitionspartner zur Konsensfindung widmen, wollen wir der Frage nachgehen, nach welchen Kriterien Parteien ihre Koalitionspartner auswählen. Denn die Rahmenbedingungen einer Koalitionsbildung sind bereits wichtige Indikatoren für

---

[20] Die Ausnahme war die durch die PDS tolerierte SPD-Regierung in Sachsen-Anhalt (1994-2002). Aufgrund ihres Ausnahmecharakters wurde diese Konstellation gleich zum „Magdeburger Modell" stilisiert. Ein „Modell" freilich, das bis dato keine Nachahmer fand.

mögliche Konfliktpotentiale, für die zu erwartende Stabilität und für die inhaltlichen Schwerpunkte einer Regierungsallianz.

Die Bildung von Koalitionen erfolgt vor dem Hintergrund des Parteienwettbewerbs um Stimmen-, Ämter- und Policymaximierung. Bei Koalitionsverhandlungen nach Wahlen stehen die beiden letztgenannten Aspekte zunächst im Vordergrund, wobei fehlende Akzeptanz des Koalitionspartners in der eigenen Wählerklientel eine schwerwiegende Belastung bei kommenden Wahlkämpfen bedeuten kann und insofern mitbedacht werden muss. Mit Blick auf das Ziel der Ämtermaximierung sind so genannte „minimum winning coalitions" (Riker 1962) das attraktivste Bündnisformat für Parteien. In „minimum winning coalitions" wird die notwendige absolute Mehrheit der Parlamentsmandate so knapp wie möglich überschritten. Dadurch bleibt die Anzahl der Koalitionspartner auf das notwendige Minimum beschränkt und der zu verteilende Gewinn in Form von Regierungsämtern möglichst hoch. Tatsächlich dominieren auf Länderebene kleine Koalitionsformate – allerdings nicht als „minimum winning coalitions". Und auch große Koalitionen zwischen den beiden Volksparteien, aus Sicht der Ämtermaximierung die schlechteste Variante, sind kein Ausnahmefall. Die Perspektive der Ämtermaximierung muss ergänzend mit dem Ziel der Policymaximierung kombiniert werden (Taylor/Laver 1973). Parteien wählen ihre Koalitionspartner auch nach den zu erwartenden Chancen, ihre Politikziele zu verwirklichen. Ist das Ziel der Policymaximierung in einer kleinen Koalition zu erreichen, neigen die großen Parteien aufgrund zu erwartender Ämtergewinne zu dieser Bündnisform – vorausgesetzt die Mandatsverteilung gewährleistet eine Mehrheit. Große Koalitionen sind zumeist die Folge parlamentarischer Mehrheitsverhältnisse, die keine kleine „Wunschkoalition" (Kropp 1999: 63) zulassen. Das ist in den Bundesländern meist dann der Fall, wenn radikale Parteien in die Landtage einziehen, die als nicht regierungsfähig gelten. Die moralischpolitische Distanz zu rechtsradikalen Parteien oder auch die historischkulturellen Gräben zwischen den Volksparteien und der SED-Nachfolgerin PDS sind durch Vorteile bei der Ämterverteilung nicht zu überbrücken.

Das Parteienziel Policymaximierung gilt gemeinhin als Erklärung für die westdeutsche Ausprägung des „Zwei-Parteigruppensystems" mit SPD und Grünen auf der einen sowie CDU und FDP auf der anderen Seite: „Die programmatischen Übereinstimmungen sind innerhalb der beiden Lager am größten, Koalitionspräferenzen gelten jeweils der anderen Lager-Partei. Regierungswechsel setzten nun Wahlverluste des regierenden Lagers voraus" (Rudzio 2003: 152). Die auch das nordrhein-westfälische Parteiensystem prägende Lagerpolarisierung darf aber nicht zu dem Schluss führen, dass die

Konfliktpotentiale innerhalb der beiden Lager und damit die Stabilität des jeweiligen Regierungsbündnisses in etwa das gleiche Niveau aufweisen. Während sich Union und Liberale als „natürliche" Bündnispartner verstehen, ist das Verhältnis von Sozialdemokraten und Grünen weitaus komplizierter und je nach Bundesland unterschiedlich ausgeprägt. Gemeinsame Oppositionserfahrungen, wie beispielsweise in Hessen oder Sachsen-Anhalt, förderten eine Lageridentität, die sich auch in der gemeinsamen Regierungstätigkeit niederschlug. Wo allerdings die SPD über viele Legislaturperioden allein regierte, und erst durch empfindliche Stimmenverluste in eine Koalitionsregierung gezwungen wurde, war das Verhältnis zwischen den roten und grünen Partnern oft durch gegenseitiges Misstrauen und öffentliche Auseinandersetzungen belastet.

In einigen Fällen waren die Grünen für die SPD alles andere als „Wunschpartner", beispielsweise in NRW von 1995 bis 2005. Policymaximierung war mit Blick auf die SPD weder 1995, noch 2000 eine erklärungskräftige Variable für das Zustandekommen der Koalition. Die inhaltliche Distanz zwischen SPD und Grünen war weitaus größer, als die zwischen Sozialdemokraten und Union bzw. FDP. Angesichts der Demonstrationen von Bergarbeitern (die wohl treueste Wählerklientel der SPD) gegen die Bildung einer rot-grünen Regierung 1995 ist fehlende Wählerakzeptanz für alternative Koalitionsformen keine hinreichende Begründung für die Wahl des Bündnispartners. Ließe sich die Koalitionsbildung von 1995 noch mit Ämtergewinnen erklären, fällt auch dieses Argument mit der Rückkehr der Liberalen in den Landtag 2000 weg. Entscheidend waren vielmehr die zu erwartenden negativen Auswirkungen auf den Machterwerb (1995) beziehungsweise den Machterhalt (2000) für SPD und Grüne auf Bundesebene.

Mit dieser Verflechtung von Bundes- und Landespolitik erhält man eine weitere Variable für das Zustandekommen von Parteibündnissen. Ihre Erklärungskraft ist nicht so weitreichend wie die zuvor genannten, weil zwischen den Bundesparteien und ihren regionalen Untergliederungen keine Kommandohierarchie besteht (vgl. Kapitel 2.2), aber abhängig von besonderen politischen Konstellationen können bundespolitische Strategien den Ausschlag für Koalitionsbildungen auf Länderebene geben. Solche strategischen Erwägungen sind freilich ein sehr schwaches Fundament für die Stabilität einer Koalition, wie das Scheitern der ersten rot-grünen Koalition in Hessen (1985-1987) und die offensichtliche Zerstrittenheit der rot-grünen Bündnispartner in Düsseldorf gezeigt haben. Demnach hatte diese Koalition, allen inhaltlichen Differenzen zum Trotz und entgegen allem gegenseitigen Misstrauen zehn Jahre lang Bestand. Das führt uns zu der Frage, wie die Regierungspartner den Bestand und die Handlungsfähigkeit ihrer Koalition sichern, ohne das fortbestehende Konkurrenzverhältnis aufheben zu können.

Koalitionsmanagement

Der Parteienwettbewerb zwischen Koalitionspartnern endet nicht mit der Verabschiedung eines Koalitionsvertrages oder der Bildung einer gemeinsamen Regierung. Schließlich sind Koalitionen in formaler Hinsicht Bündnisse für eine Legislaturperiode, unabhängig davon, ob es sich um eine „Wunschkoalition" handelt, die nach den nächsten Wahlen fortgesetzt werden soll. Nach Ablauf der Legislaturperiode sind beide Parteien wieder Konkurrenten um Stimmen bei sich zum Teil überschneidenden Wählergruppen. Aus diesem Grund müssen sie ihre gemeinsame Regierungszeit auch für eine aussichtsreiche Startposition bei kommenden Wahlkämpfen zu nutzen wissen. Das bedeutet, dass beide Regierungspartner darum bemüht sind, stets als politische Kraft mit eigenem, möglichst unverwechselbarem Profil erkennbar zu bleiben. Andernfalls drohen Wahlniederlagen und der Parteispitze Kritik der eigenen Basis. Die Reduktion der FDP auf die Rolle der Mehrheitsbeschafferin der CDU drängte die Liberalen an den Rand der politischen Bedeutungslosigkeit und katapultierte die Partei in den 1990er Jahren aus zahlreichen Landtagen.

Auf der anderen Seite darf in der Öffentlichkeit auch nicht der Eindruck heillos zerstrittener Partner entstehen. Im Idealfall kennzeichnet die Performanz der Koalition ein dosierter Parteienwettbewerb mit von Zeit zu Zeit kontrollierbaren öffentlichen Konflikten und einer grundsätzlichen Konfliktregulierungsstrategie, die erzielte Kompromisse für beide Partner politisch verwertbar macht. Ein generell niedriges Konfliktniveau ist dann zu erwarten, wenn sowohl die Parteispitzen, als auch die Parteibasis die Koalition als „Wunschverbindung" betrachten. Im Zweifelsfall reicht es auch, wenn nur die jeweiligen Spitzenakteure ausreichende Autorität besitzen, um erzielte Kompromisse in den eigenen Reihen durchsetzen zu können (Kropp 2001: 154-158). Ob aber die Bündnispartner eine effektive Zusammenarbeit kontinuierlich aufrechterhalten können, ist von gemeinsamen Erfahrungen und Lernprozessen abhängig.

Zu Beginn einer gemeinsamen Regierungszeit ist das Verhältnis der beteiligten Parteien durch gegenseitige Unsicherheit über die „Interaktionsorientierungen" (Scharpf 2000: 90-95) – Verlässlichkeit oder Neigung zu kooperativer Zusammenarbeit – des jeweiligen Partners geprägt. Die gegenseitige Deutung der Interaktionsorientierung des Koalitionspartners ist allerdings entscheidend für die Fähigkeit, Kompromisse zu schließen und somit die Handlungsfähigkeit des Regierungsbündnisses zu gewährleisten. „Koalitionsakteure wägen demnach die erwarteten Interaktionsorientierungen ihres oder ihrer Partner ab und richten ihre eigenen Strategien nach diesen erwarteten Einstellungen ihres Gegenüber aus; auch erwarten sie, dass ihre Partner das eigene Handeln beobachten und Rückschlüsse auf die dem zugrunde liegende Handlungsorientierung ziehen" (Kropp 1999: 63).

Den gegenseitigen Informationsmangel über die Einstellung des Partners (egoistisch oder kooperativ) versuchen Koalitionsparteien durch eine Institutionalisierung ihrer gemeinsamen Entscheidungsfindung zu kompensieren. Hierzu bedienen sie sich bestehender formaler oder erst zu etablierender informeller Institutionen. Solche Institutionen bieten den Akteuren die Vorteile von Handlungssicherheit und Verbindlichkeit (Kropp 1999: 60).

Eine erste dieser informellen Institutionen ist die Aushandlung eines Koalitionsvertrages, der zwar keine rechtliche, aber gleichwohl eine normative Bindung besitzt und als Berufungsgrundlage für mögliche Konflikte dient (Jun 1994). Neben der Festlegung materieller Ziele der gemeinsamen Regierungsarbeit wird im Koalitionsvertrag auch die Ressortverteilung vereinbart. Damit ist eine Verbindung zu bestehenden formalen Regelsystemen geschaffen.

Angesichts der Exekutivlastigkeit der Landespolitik und des Ressortprinzips, das den jeweiligen Ministern relative Autonomie zugesteht, ist die Verteilung von ministeriellen Zuständigkeiten für die Bündnispartner von entscheidender Bedeutung. Parteien haben auf jenen Politikfeldern, für die sie ministerielle Verantwortung tragen, eine besonders günstige Ausgangsposition, um eigene Politikziele zu verwirklichen (Zohlnhöfer 2001: 30). Folglich werden sich Parteien um Ministerien bemühen, die ihnen Profilierungsmöglichkeiten für die eigene Wählerklientel und die eigene Basis bieten. Die Liberalen erheben in der Regel Anspruch auf das Justiz- und Wirtschaftsministerium. Für die Grünen gilt das Umweltressort als gesetzt, während die SPD das Arbeits- und Sozialressort, und die CDU das Innen- oder Landwirtschaftsministerium nicht aus der Hand geben. Damit die relative Autonomie der Fachressorts nicht einer effektiven Koordinierung der Koalitionspolitik entgegensteht, wird die Verteilung von Kabinettsposten durch so genannte „Kreuzstichverfahren" ergänzt. Den Ministern der einen Partei werden Staatssekretäre oder andere politische Beamte aus den Reihen des Koalitionspartners zugeordnet. „An diesem Verfahren zeigt sich auch, dass mit der Zuweisung eines Ressorts an eine Koalitionspartei nicht ihre uneingeschränkte Verfügungsgewalt über diesen Policybereich, sondern im Konfliktfall nur ein institutionalisiertes Vetorecht für ihn betreffende Entscheidungen verbunden ist" (Manow 1996: 98).

Koalitionsverträge sind unvollständige Vereinbarungen, in denen nicht jedes Detail geregelt oder gar jede möglicherweise auftretende Sachfrage berücksichtigt werden kann. Potenziell erwachsen aus Teilen der Koalitionsvereinbarung sogar neue Probleme und Belastungen für die nachfolgende Koalitionsarbeit. Aus diesem Grund verlagern Koalitionsregierungen ihre Abstimmungsprozesse in informelle Netzwerke, die nicht selten in Form von Koalitionsrunden institutionalisiert werden. In diesen Koalitionsausschüssen verhandeln Spitzenakteure aus beiden Parteien über anstehende inhaltliche und personelle Entscheidungen. Beteiligt sind neben dem Ministerpräsidenten und wichtigen Fachministern in der Regel auch die Fraktions- oder Parteichefs der Regierungsfraktionen. Je verbindlicher die in Koalitionsrunden getroffenen Entscheidungen ausfallen, desto mehr werden sie zu informellen Steuerungszentren, welche die Bedeutung formaler Institutionen wie Kabinett und Parlament relativieren. Entscheidungen über den Regierungskurs werden hier dann „weniger getroffen, als gebilligt" (v. Beyme 1997: 139).

Die Voraussetzung für erfolgreiche Konsensfindungsprozesse in solchen Koalitionsrunden ist die Ausstattung der Spitzenakteure mit relativ offenen Verhandlungsmandaten durch ihre Fraktion oder Partei. Vor allem müssen sie berechtigt sein, „Tausch- und Koppelgeschäfte" zu vereinbaren: Zugeständnisse des Partners in einem Politikfeld werden durch eigene Zugeständnisse in einem anderen Politikfeld erkauft. Solche „Paketlösungen" sind nicht nur zwischen Koalitionspartnern ein bewährtes Instrument zur Herbeiführung von Verhandlungslösungen. Offene Verhandlungsmandate stoßen allerdings dann an ihre Grenzen, wenn Sachfragen zur Entscheidung anstehen, die für Teile der eigenen Partei identitätsstiftenden Charakter besitzen. Je ausgeprägter die Parteifragmentierung ist, desto schwieriger wird die Vermittlung von Koalitionskompromissen (Kropp 2001: 186-189). Das kann unter Umständen einen Verhandlungsvorteil für Spitzenakteure bedeuten, die mit Verweis auf parteiinterne Kritik den Koalitionspartner unter Druck zu setzen versuchen. Eine solche Verhandlungsstrategie kann aber nur in Ausnahmefällen angewandt werden, will man sich nicht dem Vorwurf einer durchsichtigen Übervorteilung aussetzen. Entscheidender ist, dass die jeweiligen Verhandlungsspitzen über genügend Vertrauen und Autorität über alle Flügelgrenzen hinweg verfügen, um Entscheidungen Verbindlichkeit zu geben und somit die Handlungsfähigkeit der Regierung zu sichern.

Mediendemokratie

Regieren und Opponieren sind über Medien transportierte, kommunikative Akte. Die Handlungsspielräume des Regierens haben sich in der Mediendemokratie verändert. Medienkompetenz einer Regierung gilt heute als politischer Machtfaktor (Korte/Fröhlich 2004: 20; Korte 2006). Politische Akteure ringen dabei um die Zustimmung und Unterstützung des Publikums. Sie konkurrieren um die zentrale Machtressource in einer Demokratie: Legitimation. Öffentliche Auseinandersetzungen sind Wettkämpfe um Meinungsführerschaften, Deutungshoheiten und Definitionen: „Wer die Dinge benennt, beherrscht sie. Definitionen schaffen Realitäten" (Greifenhagen 1980: 5).

Der Begriff der Mediendemokratie zielt auf die Funktionslogiken, Kausalitäten und Rahmenbedingungen des Konkurrenzkampfes um öffentliche Legitimation. Die Medien selbst spielen dabei keinesfalls nur die Rolle neutraler Berichterstatter. Sie sind politische Akteure. Sie beeinflussen die politische Agenda, verstärken Stimmungen und wirken, wie Parteien und Verbände, an der politischen Meinungsbildung mit. „Sie üben selbstbestimmt Macht aus" (v. Alemann/Marshall 2002: 17), allmächtig sind sie freilich nicht (Korte 2006: S. 21-40).

Das Strukturmerkmal der „Mediendemokratie" ist kein Synonym zur „Mediokratie" (Meyer 2001), deren theoretische Verfechter in medialer Macht den primären, Regierungspolitik bestimmenden Faktor sehen. Zumindest über begrenzte Zeiträume hinweg erfolgreich gegen den Widerstand von Kommentatoren und Schlagzeilenmachern zu regieren, ist schwierig, aber nicht unmöglich. Denn Regierungen haben im Wettkampf um Deutungshoheit und Meinungsführerschaft einen entscheidenden Vorteil: Sie halten das Heft des Handelns in den Händen. Regierungen können Probleme definieren und Programme präsentieren. Das Publikum muss jederzeit damit rechnen, dass den Worten auch Taten folgen. So gilt dem Regierungshandeln weitaus größere mediale Aufmerksamkeit als der Oppositionstätigkeit. Verhält es sich umgekehrt, leidet das Politikmanagement der Regierungskoalition unter erheblichen Defiziten.

Grundsätzlich gilt, dass eine Regierung, die glaubt, die Funktionslogiken des Mediensystems ignorieren zu können, zwangsläufig scheitern muss. Diese Funktionslogiken folgen dabei nicht nur politischen, sondern auch ökonomischen Parametern. Die Reichweite und der Neuigkeitswert einer politischen Botschaft finden genauso Berücksichtigung, wie die anvisierten Zielgruppen und die formatgerechte Präsentation.

Mediendemokratie auf Landesebene

Unabhängig von allen allgemeinen Trends im Verhältnis von Medien und Politik ist die Ausprägung der Mediendemokratie abhängig von der politischen Systemebene, der jeweiligen politischen Kultur und den Charakteristika des Parteiensystems (Mazzoleni/Schultz 1999). Mit anderen Worten: Das Strukturmerkmal Mediendemokratie im „Medienland NRW" unterscheidet sich in wesentlichen Punkten von dem der Bundesebene. Analog zum Autonomieverlust der Länder ist eine deutlich abgeschwächte mediale Begleitung der Landespolitik zu beobachten. „Landespolitische Themen rangieren in aller Regel (…) weit hinter den Streitfragen der Bundespolitik. Überdies erscheint die landespolitische Agenda, wie sie sich dem politischen Publikum in der Form von Ministerrats- oder Landtagsbeschlüssen darstellt, eher erratisch und lässt sich zumeist nicht ohne weiteres in eingängige und schlüssige politische Geschichten transformieren" (Mielke 2003: 125). Im Vergleich zur „großen Politik" in Berlin und der „kleinen Politik" in der Kommune führt die Landespolitik in der Berichterstattung ein Nischendasein. In Nordrhein-Westfalen berichten selbst die regionalen Zeitungen und Fernsehsendungen nicht wesentlich stärker über die Landespolitik als die überregionalen Medien (Marcinkowski/Nieland 2002: 94). Zugleich spielen Personal- und Machtfragen eine noch dominantere Rolle als in der bundespolitischen Berichterstattung, so dass der Ministerpräsident im Vergleich noch stärker im Mittelpunkt des medialen Interesses steht als der Bundeskanzler. Die Mediendemokratie auf Landesebene ist nicht in erster Linie eine Fernsehdemokratie. Im Vorfeld der NRW-Landtagswahlen 2000 gaben 46 Prozent der Wähler an, das Fernsehen sei ihre wichtigste landespolitische Informationsquelle. Mit nur sechs Prozentpunkten Abstand folgten jedoch die Tageszeitungen – in der Bundespolitik liegt der Vorsprung des Fernsehens im hohen zweistelligen Prozentbereich (Marcinkowski/Nieland 2002: 90).

Regieren in der landespolitischen Mediendemokratie

Deutlich geringere mediale Begleitung bei wesentlich stärkerer Personalisierung und einer überdurchschnittlichen Bedeutung von Printmedien markieren die Unterschiede der Mediendemokratie auf Bundes- und Landesebene. Welche Konsequenzen lassen sich aus diesem Zwischenergebnis für das Regieren unter den Bedingungen der Mediendemokratie ableiten? Gerd Mielke (2003), ehemaliger Chef der Planungsabteilung in der Staatskanzlei Rheinland-Pfalz, nennt drei Kriterien für erfolgreiches Kommunikationsmanagements einer Landesregierung:

Regierungshandeln muss erstens durch „Permanent Campaigning" flankiert werden. Die Aufnahme, Verarbeitung und Bewertung von Regierungshandeln durch die Wählerschaft ist nicht nur auf „heiße Wahlkampfphasen" beschränkt. Auch zwischen den Wahlkämpfen muss eine Regierung die Deutungshoheit über gesellschaftliche Probleme und mögliche Lösungswege gewinnen. Werden diese von öffentlicher und veröffentlichter Meinung internalisiert, besitzt die Opposition kaum noch Potenziale zur Profilierung eigener Kompetenzen (Mielke 2003: 128).

Die Notwendigkeit von Permanent Campaigning heißt zweitens, jegliche Gesetzgebung mit „Short Stories" zu versehen, die für Medien und Publikum eine an Normen und Werte anschlussfähige Interpretation bereithalten. Die Regierungshandeln begleitenden „Kurzgeschichten" sind zudem ein Instrument zur Erwartungssteuerung (Raschke 2001: 109), denn die Leistungen einer Regierung werden auch entlang ihrer eigenen Zielsetzungen bewertet. Mit überambitionierten Ansprüchen („Halbierung der Arbeitslosigkeit", „bestes Bildungssystem der Welt", „radikaler Bürokratieabbau" etc.) läuft eine Regierung schnell Gefahr, Misserfolge geradezu zu provozieren. Erwartungssteuerung heißt, Ansprüche von Wählern und Medienvertretern nicht einfach nur zu antizipieren, sondern in Unterstützung für konkrete Projekte und realistische Reformschritte zu lenken.

Die Chance über Permanent Campaigning und Short Stories Meinungsführerschaften zu gewinnen, ist in so genannten Tabula-rasa-Situationen besonders groß. Ein neues Thema, das noch nicht mit grundlegenden politischen Einstellungen verbunden ist, bietet eine günstige Ausgangsposition, um insbesondere bei Wechselwählern Problemlösungskompetenzen zu gewinnen (Brettschneider 2002a: 67). Aber auf den wichtigsten Politikfeldern sind die Kompetenzzuschreibungen der Wähler durch langfristige Prädispositionen wie Normen und Werte oder die Parteiloyalität determiniert und somit relativ stabil. So genießen Sozialdemokraten auf dem Feld der Sozialpolitik, die Unionsparteien im Bereich der inneren Sicherheit und die Grünen in der Umweltpolitik in der Regel Kompetenzvorteile. Regierungskommunikation, aber auch die Medienberichterstattung kann gegen fundamentale Wertvorstellungen und Überzeugungen wenig ausrichten. „Menschen wählen dann jene Botschaften aus, die sich im Einklang mit den vorhandenen Einstellungen befinden" (Brettschneider 2002a: 60). Permanent Campaigning zielt darum in erster Linie auch nicht auf Bekehrung, sondern auf die Mobilisierung von Stammwählern durch die Bestätigung ihrer vorhandenen Überzeugungen. „Politische Maßnahmen müssen also nicht nur so weit vereinfacht werden, dass sie für das politische Publikum verständlich werden, sie müssen darüber hinaus als Fortschreibungen von Identität stiftenden Konflikten und Bindungen interpretiert werden können" (Mielke 2003: 129).

Jede Regierung sollte sich stets sowohl über ihre Kompetenzvorteile als auch ihre Defizite im Klaren sein. Denn nur durch die bewusste Unterscheidung von Gewinner- und Verliererthemen kann es gelingen, Politikfelder mit Kompetenzvorsprüngen in den Mittelpunkt der öffentlichen Auseinandersetzung zu rücken und so den Vorteil des Agenda-Setters zu nutzen.

Wichtige landespolitische Entscheidungen müssen schließlich, drittens, durch das „Chefsache-Prinzip" popularisiert werden. Die in der Landespolitik vorherrschende Personenorientierung bei Medien und Wählerschaft, insbesondere die Konzentration auf den Ministerpräsidenten, kann zur Folge haben, dass nur mit ihm unmittelbar identifizierte Entscheidungen öffentliche Wahrnehmung und Unterstützung finden. Vorraussetzung ist eine vom Publikum eingeforderte Authentizität von Inhalt und Person. „In diesem Sinne haben nur maßgeschneiderte, von dem spezifischen Akteur ausgehende und auf ihn ausgerichtete Planungs- und Kommunikationsmodelle Aussicht auf politischen Erfolg" (Mielke 2003: 129). Dabei ist zu beachten, dass durch die Verknüpfung von Themen mit der Person des Regierungschefs kein politischer Gemischtwarenladen entsteht. Es geht um die Personalisierung von wenigen, wahlsoziologisch begründeten und mit den individuellen Prioritäten des Ministerpräsidenten kompatiblen Themen.

Personalisierung ist angesichts der Dominanz von Bundes- und Lokalpolitik eine zwingend notwendige Strategie, um mit landespolitischen Themen zum Wähler durchzudringen. Damit ist aber auch gesagt, dass Personalisierung und Themenorientierung keine sich gegenseitig ausschließenden Alternativen darstellen. Die in Politik und Medien weit verbreitete Annahme, dass sich inhaltliche Defizite durch Sympathieträger ausgleichen lassen, ist schlichtweg ein Irrtum. Themen und Personen sind untrennbar miteinander verschränkt. Problemlösungskompetenz ist das zentrale Kriterium der Wähler zur Kandidatenbewertung.

Die mediale Vernachlässigung der engeren Landespolitik können Ministerpräsidenten durch zwei sich gegenseitig ergänzende Strategien kompensieren. Um sich auf Landesebene einen hohen Bekanntheitsgrad, Problemlösungskompetenz und schließlich einen Amtsbonus zu erarbeiten, können sie den Umweg über die Bundespolitik wählen. Stellungnahmen zu bundespolitischen Themen und Ereignissen garantieren eine hohe mediale Aufmerksamkeit. Dieser Effekt lässt sich noch steigern, wenn sich Ministerpräsidenten in wohl dosierten Abständen einer „Outsider-Strategie" (Niclauß 2000: 48) bedienen, d. h. eine kritische Distanz zur eigenen Bundespartei erkennen lassen. Die „Erst das Land, dann die Partei"-Attitüde beeindruckt auch politikferne Wählerschichten und festigt das Image als Landesvater.

Die zweite Option ist der Umweg über die Kommunalpolitik. Stetiges Reisen in Städte und Landkreise sowie Besuche bei Vereinen und Unternehmen sichern kontinuierliche Präsenz in der Lokalpresse. Besonders wichtig ist der persönliche Kontakt zu so genannten „Multiplikatoren", die ihre Eindrücke vom Ministerpräsidenten an größere Personengruppen weiter tragen. „In jedem Falle ist es ratsam, die Kommunikation zu strategisch wichtigen Ziel- und Bezugsgruppen möglichst fortdauernd aufrecht zu erhalten, um Bindungen und Identifikationen (…) dieser Gruppen am politischen Prozess zu ermöglichen" (Mielke 2003: 128).

Die enorme Beschleunigung der Berichterstattung verlangt von Regierungen und Parteien, „informationelle Erst- und Zweitschlagskapazitäten" aufzubauen (Mertes 2003: 64-65). Auf Stellungnahmen und Kritik politischer Gegner muss unmittelbar reagiert werden, will man diesen die Meinungsführerschaft auf wichtigen Politikfeldern nicht kampflos überlassen. Bei unvorhergesehenen Ereignissen gilt es, im Extremfall innerhalb weniger Stunden eine eigene Position zu entwickeln. „Vor allem im Blick auf die Erfolgszurechnung ist das von wesentlicher Bedeutung. Für den Erstüberbringer der guten Nachricht spricht die Vermutung, dass er zugleich die entscheidende Ursache für das erfreuliche Ereignis gelegt hat" (Mertes 2003: 65). Auch für Schuldvermeidung bei schlechten Nachrichten ist der „informationelle Erstschlag" von großem Vorteil. Negative Fakten können mit entlastenden Interpretationsangeboten versehen und gleichzeitig Problemlösungen präsentiert werden.

Wir haben bereits betont, dass das Strukturmerkmal der Mediendemokratie kein Synonym zur Mediokratie ist. Diese Prämisse darf aber auch nicht zum Umkehrschluss verführen. Es ist bis heute ein unter parteipolitischen Akteuren weit verbreiteter und von der zur eigenen Industrie herangewachsenen Schar von Medienberatern gern gepflegter Mythos, dass mit genügend PR-Wissen und einer gewieften Kommunikationsstrategie – kurzum mit dem richtigen „spin" – die Mediendemokratie beherrschbar und ihre Funktionslogiken jederzeit instrumentalisierbar seien. Dabei wird ausgeblendet, dass Stimmungen flüchtig und Themenkonjunkturen selten vorhersehbar sind.

Agenda-Setting fällt Regierungen schon leichter, aber die Aufnahme und Verarbeitung von Botschaften durch Medien und Publikum sind nicht kalkulierbar. Die von uns nachgezeichneten Instrumente und Strategien des

Regierens in der Mediendemokratie sichern mediale Wettbewerbsfähigkeit, sie garantieren jedoch keine Meinungsführerschaft.

Gefährlich wird es für eine Landesregierung immer dann, wenn ein einziges Thema quer über alle Medienformate die Agenda dominiert, und die Regierung auf diesem Politikfeld Kompetenzdefizite aufweist. Verfestigt sich zudem eine unvorteilhafte Interpretation über Redaktionsgrenzen hinweg, dringt eine Regierung mit ihren Korrekturversuchen kaum noch durch. Lassen sich negative Interpretationen noch dazu mit eingängigen Symbolen oder Stereotypen verbinden, kann eine Regierung in existentielle Bedrängnis geraten. Das in seiner Medienkompatibilität kaum zu übertreffende Bild der „roten Laterne" als Metapher für die schlechte Arbeitsmarktsituation drängte im Wahlkampf 2002 in Sachsen-Anhalt die damalige Landesregierung unter Reinhard Höppner hoffnungslos in die Defensive. Im NRW-Wahlkampf 2005 war es der sachlich irreführende, aber in seiner augenscheinlichen Plausibilität bestechende Vergleich mit dem ökonomisch prosperierenden und konservativ regierten Bayern, der einen Stammplatz in der Wahlkampfberichterstattung erhielt. Zudem wurde die von der Opposition angemahnte „demokratische Hygiene" über alle Medienformate hinweg als Fragestellung weiter getragen: Sind 39 Jahre SPD nicht genug?

Demnach gilt: Jede professionelle Kommunikationsstrategie ist ohne inhaltliche Substanz und ohne sachpolitische Erfolge wertlos. Für die Erarbeitung und Durchsetzung von Problemlösungsstrategien sind die Handlungsarenen der vier anderen Strukturmerkmale von weitaus größerer Bedeutung als die der Mediendemokratie.

Zwischenfazit: Regieren in komplexen Handlungssituationen

Die fünf Strukturmerkmale bilden den Rahmen, innerhalb dessen sich Regierungshandeln in Nordrhein-Westfalen, wie auch in anderen Bundesländern, vollzieht. Die von den regierenden Akteuren zu beachtenden Funktionslogiken der Handlungsarenen enthalten für sich allein betrachtet schon eine Reihe von Zielkonflikten: die Verschränkung von Konsenszwang und Parteienkonkurrenz in der Verhandelnden Wettbewerbsdemokratie oder der Idealtypus eines dosierten Parteienwettbewerbs in der Koalitionsdemokratie. Doch mit der Darstellung der einzelnen Strukturmerkmale ist die Komplexität des Regierens noch nicht hinreichend beschrieben. Diese entsteht vielmehr durch die Vernetzung der Strukturmerkmale mitsamt ihren Handlungslogiken und

Imperativen. Diese Vernetzung konfrontiert Regierungen mit unterschiedlichen, sich zum Teil widersprechenden Rationalitäten (vgl. Abb. 16).

Abbildung 16: Tabelle Strukturmerkmale des Regierens

Struktur-merkmal/ Handlungs-arena	Kennzeichen	Handlungsziele	Handlungsinstrumente / Handlungsorientierungen
Ministerprä-sidenten-demokratie	- Richtlinienkom-petenz - Organisations-gewalt - Exekutivlastigkeit - Ministerpräsiden-tendominanz - Parlamentsver-antwortlichkeit - Öffentliches Prestige	- Individueller Amts-bonus - Erhalt der Hand-lungseinheit aus Mehrheitsfraktio-nen und Ministe-rialbürokratie	- Moderation und Vermittlung - Regierungserklärungen und andere rhetorische Führungsleistungen - „Going Public" - Informelle Informations-kanäle - Machtzentralisierung - Policy-Akzentuierung
Verhandelnde Wettbewerbs-demokratie	- Verhandlungs-zwänge - Exekutivlastigkeit - Parteienwett-bewerb	- Problemlösungen - Kompromisse - Profilierung	- Kooperation - Personeller Proporz - Konkurrenz - Paketlösungen
Parteien-demokratie	- Interne Frag-mentierung - Partizipations-bedürfnisse - Kollektive Nor-men und Werte - Externe Konkur-renz	- Konsens und Geschlossenheit - Kampagnenfähig-keit - Kollektive Identi-tätsbildung	- Personelle und inhaltliche Einbindung - Informelle Konflikt-regulierung - Erwartungssteuerung - Polarisierung nach außen
Koalitions-demokratie	- Verhandlungs-zwänge - Dosierter Partei-enwettbewerb	- Problemlösungen - Kompromisse - Profilierung	- Kooperation - Konkurrenz - Informelle Konfliktregulie-rung - Paketlösungen
Medien-demokratie	- Mediale Unter-belichtung der Landespolitik - Personenorien-tierung - Konfliktorien-tierung	- Meinungsführer-schaften - Kompetenzvorteile - Aktivierung von Anhängern - Individueller und kollektiver Amts-bonus	- Personalisierung und Chefsachen-Mythos - Erwartungssteuerung - Permanent Campaigning - Outsiderprofilierung - Mediale Erst- und Zwei-schlagskapazitäten - Bundes- und lokalpoliti-sche Profilierung - Telepolitik

Eigene Darstellung

Kooperative Handlungsorientierungen mögen bei der Lösung von Sachproblemen von Vorteil sein, können aber auch zu Legitimationsdefiziten führen, wenn sie der eigenen Wählerschaft nicht vermittelbar sind. Umgekehrt kann der formal nicht notwendige Umweg über die Verhandlungsdemokratie einen Entscheidungsprozess verlangsamen und sogar ein positives Ergebnis in Frage stellen. Die Regierung ist vielleicht auf den Kooperationswillen eines bestimmten Akteurs auf einem anderen, für sie weitaus wichtigere Politikfeld angewiesen oder sie benötigt seine Unterstützung in kommenden Wahlkämpfen. Koalitionskompromisse sind für den Erhalt einer Parlamentsmehrheit unverzichtbar, können aber die Autorität eines Spitzenakteurs unterminieren, wenn die eigene Partei kein eigenständiges Profil mehr erkennen kann. Die Mediendemokratie fordert Geschlossenheit, Parteimitglieder fordern Partizipation und Mitsprache. Die Auflistung von Zielkonflikten ließe sich beliebig verlängern.

Festzuhalten ist, dass kaum eine politische Entscheidung nur mit Blick auf ein einziges Strukturmerkmal hin gefällt werden kann. Für jede Handlungsarena müssen Ministerpräsidenten Entscheidungs- und Darstellungsstrategien festlegen sowie deren Vorteile mit möglichen Nachteilen in anderen Arenen abwägen.

Welche Vorraussetzungen muss nun Politikmanagement erfüllen, um die Bewältigung komplexer Entscheidungssituationen leisten zu können? Wir haben in der Einleitung Politikmanagement als Symbiose von Entscheidungs- und Darstellungspolitik charakterisiert: Für gesellschaftliche Probleme müssen geeignete Steuerungsinstrumente und Durchsetzungsstrategien ausgewählt werden, die durch adäquate Botschaften und Symbole vermittelt werden können. Dabei ist zu beachten, dass die jeweilige Darstellungs- und Entscheidungspolitik Rückwirkungen auf zukünftige Handlungsoptionen haben kann. Vor dem Hintergrund der Strukturmerkmale werden in Abbildung 16 die Voraussetzungen eines erfolgreichen Politikmanagements zusammengefasst.

Erstens: Policy-Akzentuierung und Entscheiden entlang politischer Rationalität

Eine Regierung muss politikfeldübergreifende Prioritäten setzen und eine Vorstellung von erreichbaren Zielen entwickeln. Die Entwicklung inhaltlicher Leitlinien und die Auswahl von Prioritäten erfolgt entlang politischer Rationalität, deren Referenzpunkt der Machterhalt darstellt (Raschke 2001: 106). Politischer Rationalität entsprechend werden Themen und Problemfelder in den Mittelpunkt gerückt, die ein Höchstmaß an Output-Legitimation versprechen, die zu den wichtigsten Anliegen der Parteibasis zählen und wahlentscheidende Kompetenzvorteile erwarten lassen. Inhaltliche Leitlinien und Prioritäten fungieren so als Instrumente der Komplexitätsreduktion, indem sie bereits Aufschluss darüber geben, welche Handlungsarenen und Durchsetzungsstrategien zu bevorzugen sind.

Ein solches Themenmanagement ist leichter beschrieben als praktiziert. In ihrem Arbeitsalltag werden regierende Akteure mit einer Vielzahl von Teilinteressen und Einzelproblemen konfrontiert. Aus diesem Grund ist „inkrementalistisches Regieren" – sich schrittweise und situationsabhängig vorzutasten – bis zu einem gewissen Grad nicht zu vermeiden. Keine Partei oder Koalition kann ihre Regierungstätigkeit am Reißbrett entwerfen und genau nach Plan umsetzen. Aber ohne einen politikfeldübergreifenden Orientierungsrahmen verfällt ein Regierungsapparat schnell in pathologisches „Reparaturverhalten" (Dörner 2003: 87-97). Man richtet seine Energien auf gerade anstehende Probleme oder widmet sich vornehmlich den Interessen von Einzelakteuren, die die größte Aufmerksamkeit gewinnen konnten. Die Regierung wird zum Spielball flüchtiger Stimmungen. Reparaturverhalten birgt zudem die Gefahr, nebensächliche Teilprobleme zu stark und zentrale Probleme zu schwach zu gewichten, was zukünftige Handlungskorridore empfindlich einschränken kann. „Handelt man nach einer mehr oder minder zufällig erhobenen Mängelliste, so bleibt man notwendigerweise in der Gegenwart verhaftet. Die impliziten Probleme, die die Lösung der heute anstehenden Probleme morgen gebären kann, bleiben unsichtbar" (Dörner 2003: 90).

Inhaltliche Prioritäten und Orientierungsrahmen (z. B. Haushaltsanierung, Bürokratieabbau, Gewährleistung sozialer Mobilität) dienen folglich der Vermeidung von unnötigem Inkrementalismus. Sie ermöglichen regierenden Akteuren, anstehende Einzelentscheidungen zu gewichten und die Folgen für Machterhalt und Wiederwahl abzuschätzen. Gleichzeitig fungieren sie als Richtschnur für Botschaften und Symbole der Darstellungspolitik. Im Idealfall verleihen politikfeldübergreifende Prioritäten der Regierung eine „Corporate Identity".

Zweitens: Machtzentralisierung und stilles Regieren

Bisher war vor allem von den Zielkonflikten und Widersprüchen die Rede, die von den einzelnen Strukturmerkmalen ausgehen. Die Strukturmerkmale bieten aber auch Handlungschancen, die ein effektives und Legitimation sicherndes Regieren durchaus möglich machen. Neben inhaltlichen Prioritaten ist dazu ein koordiniertes und abgestimmtes Agieren innerhalb der Handlungsarenen erforderlich. Die zum Teil erheblichen Koordinierungsanforderungen bewältigt ein Ministerpräsident durch Machtzentralisierung und „stilles Regieren" (Korte 2001; Korte/Fröhlich 2003: 237-246). Machtzentralisierung bedeutet, Entscheidungsprozesse in der Art zu organisieren, dass dem Regierungschef jederzeit Einflussmöglichkeiten offen stehen. Stilles Regieren meint die – für die Öffentlichkeit unsichtbare – Entscheidungsvorbereitung und Konfliktregulierung innerhalb der Regierung. Störmanöver von außen können auf diese Weise verhindert und gleichzeitig ein geschlossenes Auftreten sichergestellt werden. Machtzentralisierung und stilles Regieren sind informelle Regierungstechniken, die formale Handlungsrestriktionen kompensieren und drohende Dysfunktionalitäten innerhalb des Regierungsapparats minimieren können. Ihre Zielobjekte sind die Partei des Ministerpräsidenten, die Staatskanzlei und das Verhältnis zum Koalitionspartner. Eine führende Rolle in der eigenen Partei sichert Unterstützung für die Person des Ministerpräsidenten und die inhaltliche Kompatibilität der Parteiprogrammatik mit dem Regierungshandeln. Der Zuschnitt und die Organisation der Staatskanzlei müssen die Prioritäten des Regierungschefs abbilden und entlang dieser Prioritäten Sachfragen, sowohl auf der Entscheidungs- als auch auf der Darstellungsebene, aufbereiten. Die reibungslose Interaktion mit dem Koalitionspartner erfordert informelle Konfliktregulierungsmuster, wie wir sie im Strukturmerkmal Koalitionsdemokratie beschrieben haben.

Informelle Regierungstechniken beruhen auf Information und Kommunikation. Die Verschränkung der einzelnen Strukturmerkmale erfordert regierungsinternes Kommunikationsmanagement, das kontinuierlich Sachinformationen und Meinungsbildungsprozesse aus allen Handlungsarenen zusammenträgt. Es sollte folglich ein Frühwarnsystem existieren, das bereits im Vorfeld wichtiger Entscheidungen potenzielle Widerstände und Meinungsverschiedenheiten in Partei, Koalition oder bei betroffenen zivilgesellschaftlichen Akteuren aufdeckt. Nur so bleiben dem Ministerpräsidenten Handlungsalternativen und Einflussmöglichkeiten erhalten (Korte 2003a). Bei vorschnellen öffentlichen Festlegungen besteht die Gefahr ebenfalls öffentlich artikulierter Widerstände. Schnell entsteht dann der Eindruck einer zerstrittenen Regierung oder eines führungsschwachen Ministerpräsidenten. „Wenn man sich um Probleme, die man nicht hat, nicht kümmert, dann hat man sie bald" (Dörner 2003: 128).

Antizipativ Widerstände und Stimmungen zu erfassen oder mögliche Handlungskorridore auszuloten, ist die Aufgabe informeller Netzwerke, die ein Ministerpräsident knüpft. Die in diesem Netzwerk agierenden „Machtmakler" (Korte 2003a) bilden ein „strategisches Zentrum" (Raschke 2002), das idealtypisch die Handlungsrationalitäten der unterschiedlichen Strukturmerkmale personell abbildet. Ein Mitglied dieses Netzwerks muss sich den administrativen Angelegenheiten innerhalb der Regierungszentrale widmen (in der Regel der Chef der Staatskanzlei). Dazu kommt ein Mitglied, das Kontakte zu Medien unterhält und sich um die Pressearbeit kümmert. Von zentraler Bedeutung sind Berater mit engen Kontakten zu Fraktion, Partei und Koalitionspartner (z. B. Generalsekretäre, Fraktionsvorsitzende oder Parlamentarische Geschäftsführer). „Idealerweise wird das Team von einem politischen Denker und Themenaggregator ergänzt, der auch längerfristige politische Weichenstellungen antizipiert oder vorbereitet" (Walter/Müller 2004: 196). Dieser relativ kleine Zirkel berät den Ministerpräsidenten entlang der Kriterien politischer Rationalität über anliegende Sachprobleme, Lösungsvorschläge sowie über das Meinungsbild in Öffentlichkeit und bei wichtigen Interessenverbänden.

Politische Macht bedeutet immer auch, Entscheidungsalternativen zu besitzen. Wie auch immer ein Ministerpräsident sein Kommunikationsmanagement organisiert, es muss die Vielfalt von Informationen für ihn verfügbar halten, um die Handlungskorridore der Strukturmerkmale nutzen zu können und sich nicht in ihren Widersprüchen und Zielkonflikten zu verfangen.

Die Handlungsarenen, die Ministerpräsidenten bevorzugen, und die Prioritäten, die sie bei der Abwägung von Handlungsalternativen setzten, variieren von Akteur zu Akteur. Sie machen den persönlichen Regierungsstil eines Ministerpräsidenten aus. In den nachfolgenden Kapiteln gilt es, Regierungshandeln in Nordrhein-Westfalen unter den Bedingungen der entwickelten Strukturmerkmale nachzuzeichnen und die Nutzung sowie die Vernachlässigung der Handlungskorridore durch die Ministerpräsidenten zu analysieren.

3 Politikmanagement der Ministerpräsidenten: Regierungshandeln zwischen Darstellungs- und Entscheidungspolitik

In den folgenden Kapiteln rückt nun das Politikmanagement der vier Ministerpräsidenten seit 1990 in den Mittelpunkt unserer Darstellung. Zum analytischen Vergleich eignen sich wiederkehrende Handlungssituationen, die sowohl die formell und informell geprägten Strukturmerkmale des Regierens reflektieren, als auch den beteiligten Akteuren jeweils eigene Gestaltungsspielräume eröffnen. Als derartige Handlungssituationen haben wir Wahlkämpfe und Wahlkampfstrategien, Koalitionsverhandlungen und Regierungsbildung sowie die Regierungserklärungen zu Beginn einer Legislaturperiode identifiziert. Hinzu kommt die Analyse einzelner Entscheidungsprozesse und Schlüsselentscheidungen in ausgewählten Politikfeldern, die zentrale Elemente des Politikmanagements deutlich zutage treten lassen (vgl. Kapitel 1).

Die Wahl des zeitlichen Beginns unserer Darstellung korrespondiert mit einem gravierenden Einschnitt bundesdeutscher Politik, der, so unsere Ausgangsthese, auch Nordrhein-Westfalen maßgeblich betraf – die Wiedervereinigung Deutschlands im Jahr 1990. Mit der deutschen Einheit veränderten sich auch zentrale Parameter der Landespolitik: Es entstanden fünf neue Bundesländer, die der Bundesrepublik beitraten. Nach langer Debatte beschloss der Bundestag den Umzug der Verfassungsorgane Bundestag, Bundesrat, Bundesregierung und Bundespräsident von Bonn nach Berlin. Das rheinische Bonn verlor damit seine bundespolitische Bedeutung. Die finanziellen Lasten der Wiedervereinigung betrafen die Bundesländer unmittelbar und veränderten damit auch zentrale Rahmenbedingungen und Gestaltungsräume nordrhein-westfälischer Landespolitik. NRW blieb zwar aufgrund seiner Größe ein bundespolitischer Machtfaktor, dennoch gingen mit der bundespolitischen Entwicklung Veränderungsprozesse im Rollenverhältnis der Länder einher.

Trotzdem begann nordrhein-westfälische Landespolitik 1990 nicht mit einer neuen „Stunde Null". Das in der Landesverfassung verankerte politische System war unverändert geblieben. Die erste gesamtdeutsche Bundestagswahl 1990 hatte die bereits seit 1982 regierende bürgerliche Koalition aus CDU/CSU und FDP erneut bestätigt und damit für eine weitgehende Stabilität der bundespolitischen Verhältnisse gesorgt. Die Bürger in NRW erneuerten die seit zehn Jahren bestehenden landespolitischen Machtverhältnisse – die SPD errang bei der Landtagswahl am 13. Mai 1990 zum dritten Mal in Folge eine absolute Mehrheit. Sie knüpfte damit an die Wahlsiege von 1980 und 1985 an, bei denen sie unter Führung von Ministerpräsident Rau ebenfalls eine absolute Mehrheit erreicht hatte.

3.1 Johannes Rau: Präsidialer Regierungsstil in der parlamentarischen Demokratie (1990-1995)

Das Politikmanagement von Ministerpräsident Johannes Rau schloss damit unmittelbar an zehn vorangehende Jahre sozialdemokratischen Regierens mit absoluter Mehrheit an. Regieren in NRW stand folglich nach dem bundespolitischen Epochenwechsel von 1990 in vielerlei Hinsicht unter dem Leitbild „Kontinuität trotz Wandel". Da die Kräfteverhältnisse im Zeitraum von 1980 und 1995 weitgehend stabil blieben, der Ministerpräsident unverändert Johannes Rau hieß und dieser sich auf eine absolute Mehrheit seiner SPD im Landtag stützen konnte, wird der Regierungsstil Johannes Raus in den 1980er Jahren zumindest indirekt in die Analyse einbezogen werden müssen. Insofern liegt der nachfolgenden Darstellung die Annahme zugrunde, dass sich zahlreiche Aspekte des Politikmanagements bereits vor 1990 herausgebildet haben und sich für den Zeitraum 1990 bis 1995 in Form eines inzwischen relativ verfestigten Regierungsstils nachzeichnen lassen. Dennoch ist es an der einen oder anderen Stelle hilfreich, zurückzublicken und Analogien zwischen den unterschiedlichen Phasen der Rau-Regierungen mit absoluter Mehrheit aufzuzeigen. So erscheint es beispielsweise zum tiefergehenden Verständnis der Ausgangslage 1990 sinnvoll, zunächst einen Blick zurück auf die Landtagswahl 1985 und die daraus resultierenden Kräfteverhältnisse in NRW zu werfen. Die SPD gewann nicht nur wie 1980 die absolute Mehrheit der Mandate, sondern auch die absolute Mehrheit der Stimmen. Mit 52,1 Prozent konnten sie die oppositionelle CDU mit einem Abstand von 15 Prozentpunkten hinter sich lassen. Zugleich verteidigte die SPD die bereits 1980 direkt gewonnenen 94 Wahlkreise und konnte 31 weitere Direktmandate hinzugewinnen.

Der sozialdemokratische Wahlkampf war klar auf die Person Johannes Rau und seine Popularität ausgerichtet, da der Ministerpräsident selbst bei Anhängern konkurrierender Parteien hohes Ansehen genoss. Hingegen verfügte der Spitzenkandidat der CDU, Bernhard Worms, selbst im eigenen politischen Lager nicht über ungeteilte Zustimmung (Präsidentin des Landtags 1990: 87). Die über die enge Parteianhängerschaft hinausreichende Personalisierungsstrategie der SPD fand zugleich ihren Niederschlag in dem Versuch, „zwischen dem Land Nordrhein-Westfalen, der Verbundenheit der Bürger mit ihrem Land, der Landesregierung und der Regierungspartei einen ‚emotionalen Bogen' zu spannen – eine Art von ‚Wir-Gefühl'" (Präsidentin des Landtags 1990: 87). Deutlichster Ausdruck dieses Versuches war der Wahlkampfslogan „Wir in NRW". Die Landtagswahl 1985 wurde für die SPD zum größten Erfolg ihrer Parteigeschichte und war gleichfalls der Höhepunkt der sozialdemokratischen Hegemonialphase.

Wahlkampf und Wahlausgang 1990: In dramatischer Zeit ein Votum der Normalität

Begreift man die oben dargestellte Vormachtstellung der SPD als landespolitische „Normalität" zu Beginn der 1990er Jahre, so beginnt die Legislaturperiode von 1990 bis 1995 mit einem „Votum der Normalität" in dramatischer Zeit (Feist/Hoffmann 1990) – der erneuten Bestätigung der absoluten Mehrheit der SPD unter Führung von Ministerpräsident Johannes Rau bei der Landtagswahl am 13. Mai 1990. Die SPD verteidigte ihre landespolitische Vormachtstellung und wurde zur, so Johannes Rau, „strukturellen Mehrheitspartei" (zit. nach KR v. 15.05.1990) im Land.

Wahlkampf

Die Ausgangslage war für die SPD 1990 jedoch deutlich ungünstiger gewesen als 1985. Erstens war der Landtagswahlkampf weitgehend von bundespolitischen Themen überlagert; die Deutschlandpolitik als beherrschendes Thema machte vor NRW nicht halt. Vielmehr bezeichneten 69 Prozent der Wähler die Wiedervereinigung als das wichtigste im Wahlkampf diskutierte Thema (Feist/Hoffmann 1990: 436). Nicht zuletzt angesichts der bundespolitischen Entwicklungen wurde die Landtagswahl in NRW als Stimmungstest

und Richtungswahl für den Bund verstanden (Feist/Hoffmann 1990: 432).
Zweitens war die Landtagswahl durch den vorgezogenen Bundestagswahl-
termin keine so genannte „Mid-Term-Election" mehr. Ein von der Wahlfor-
schung diagnostizierter Bonus, der bei Landstagswahlen in der Mitte der
Bundestagslegislaturperiode für die im Bund opponierenden Parteien zu
erwarten ist (hierzu Florack/Hoffmann 2006), entfiel damit für die SPD.
Vielmehr wurde die Erwartung geäußert, dass sich die zögerliche Haltung in
der Deutschlandpolitik, vor allem durch den SPD-Kanzlerkandidaten Oskar
Lafontaine vertreten, negativ auf das Landtagswahlergebnis auswirken könnte (Hoffmann 2005: 47). Drittens wurde die von der Landesregierung vorgelegte positive Schlussbilanz der vergangenen Regierungsjahre (Handelsblatt
v. 02.05.1990) durch ein internes Papier der Staatskanzlei konterkariert, welches kurz vor der Wahl öffentlich wurde. Das 69 Seiten starke Schriftstück
legte Schwächen gegenüber anderen Bundesländern in zentralen Politikfeldern offen. Dazu gehörten einige wahlsensible Themen wie die Situation der
Kindergartenplätze, Bildungspolitik und Lehrerstellen, die Verschuldung des
Landeshaushaltes sowie die innere Sicherheit des Landes (AV v. 11.05.
1990).

Die SPD begegnete diesen Rahmenbedingungen mit einer ähnlich ange-
legten Wahlkampfstrategie wie bereits 1985 und setzte damit einen starken
Impuls der Kontinuität. Im Mittelpunkt stand erneut eine Personalisierungs-
strategie, da Rau einen überragenden Amtsbonus besaß. Zugleich griff der
Wahlslogan der Partei den bekannten Duktus von 1985 wieder auf: „Wir in
Nordrhein-Westfalen: Wir werden wieder Nr. 1". Darüber hinaus versuchte
die Partei, mit einer erfolgreichen Bilanz ihrer Politik der vergangenen fünf
Jahre zu punkten (Feist/Hoffmann 1990: 432-433). In der Auswahl der im
Wahlkampf diskutierten Themen zeigt sich durchaus eine gewichtige Agen-
da-Setting-Funktion des Ministerpräsidenten. So nannte Rau in einem zu
Beginn des Wahlkampfes geführten Interview als Schwerpunkte der Auseinandersetzung die Themen Kohlepolitik, Strukturpolitik, Schule und Ge-
samtschulen, den Ausbau der A44 und den Bau einer Transrapidstrecke sowie die Reform der Gemeindeordnung. Entlang der zentralen Stichworte der
„ökonomischen und ökologischen Erneuerung" und „der sozialen Verantwortung" definierte Rau als Ziel, NRW zum „grünsten Industrieland Europas" zu machen (RP v. 22.03.1990). Damit setzte der Ministerpräsident im
Sinne eines „Agenda-Entrepreneurs" die zentralen landespolitischen Themen, die im Landtagswahlkampf ins Blickfeld aller Parteien rückten (vgl.
Präsidentin des Landtags 1990: 84-95). Jedoch ließ diese Auswahl eine gezielte „Policy-Akzentuierung" (Korte 2001) im Rahmen der Landespolitik

vermissen. Eindeutiges Wahlziel der SPD war das erneute Erreichen der absoluten Mehrheit.

Die CDU setzte mit dem Slogan: „Starkes NRW – Einiges Deutschland – Diesmal CDU" vor allem auf die Deutschlandpolitik und Bundeskanzler Helmut Kohl. Zugleich rückte sie – ganz ähnlich der Personalisierungsstrategie der SPD – ihren Spitzenkandidaten Norbert Blüm ins Zentrum der Kampagne (Feist/Hoffmann 1990: 433-434).

In der direkten Gegenüberstellung der Spitzenkandidaten Rau und Blüm zeigten sowohl der Amtsbonus des Ministerpräsidenten, als auch die große Popularität des Amtsinhabers Wirkung. Rau lag mit 66 Prozent Zustimmung deutlich vor seinem Herausforderer Blüm mit 29 Prozent. Zudem waren „über drei Viertel der nordrhein-westfälischen Wähler (...) mit seiner [Raus] Politik ‚vollauf' (19%) oder zumindest ‚überwiegend' (58%) einverstanden"[21] (Feist/Hoffmann 1990: 446-447). Die von der SPD eingeschlagene Personalisierungsstrategie konnte damit grundsätzlich auf fruchtbaren Boden fallen, während die CDU damit nur mäßigen Erfolg erzielte.

Die beiden kleineren Parteien FDP und Grüne entschieden sich im Wahlkampf für durchaus unterschiedliche Strategien. Mit ihrem Spitzenkandidaten und Fraktionsvorsitzenden Achim Rohde stellte sich die FDP als politisches Gewicht der Mitte und Partei der Vernunft dar. Zugleich näherte sich der Landesvorsitzende Möllemann der SPD an, indem er seine grundsätzliche Bereitschaft zu einer Koalition mit der Regierungspartei signalisierte (Feist/Hoffmann 1990: 434). Die Grünen versuchten mit der Konzentration auf ihre Kernthemen Umweltschutz, Müllvermeidung, Verkehrspolitik und Gleichstellungspolitik, den erstmaligen Einzug in den Landtag zu schaffen. Zugleich forderten sie „mehr Bewegung" für NRW (Feist/Hoffmann 1990: 434-435).

Trotz der von breiten Teilen der Öffentlichkeit zugewiesenen bundespolitischen Bedeutung der Landtagswahl, blieb es „alles in allem ein eher müder, trotz aller Rhetorik wenig polarisierender, von Konsens im Grundsatz getragener Wahlkampf" (Feist/Hoffmann 1990: 448). Drei Monate vor der Wahl hatte erst ein Fünftel der Wähler den Wahltermin überhaupt zur Kenntnis genommen (Feist/Hoffmann 1990: 431). In dieses Bild passte, dass im Vorfeld der Wahl, vor dem Hintergrund der oben skizzierten leicht negativ veränderten Rahmenbedingungen für die SPD, keine großen Veränderungen erwartet wurden. Es „glaubte wohl niemand ernsthaft, dass die absolute Mehrheit der Sitze für die SPD gefährdet sei, schlimmstenfalls wurde mit

---

[21] Deutliche Kritik an Raus Politik äußerten lediglich 22 Prozent der Befragten.

einer Mehrheit von unter 50% gerechnet" (Berichte der Forschungsgruppe
Wahlen Nr. 57: 11-12; Hoffmann 2005: 48). Das Meinungsforschungsinstitut
infas prognostizierte einen weitgehend dem Wahlergebnis von 1985 entsprechenden Wahlausgang (vgl. Feist/Hoffmann 1990: 432) mit 50 Prozent für
die SPD, 36 Prozent für die CDU, sieben Prozent für die FDP und einem
Wahlergebnis der Grünen zwischen vier und fünf Prozent.

Wahlergebnis

Dieser Prognose weithin entsprechend, gelang es der SPD trotz der oben
beschriebenen negativen Einflussfaktoren, ihre absolute Mehrheit zu verteidigen. Die erwarteten Effekte auf das Wahlergebnis fielen überraschend
gering aus. Mit 50 Prozent der Stimmen reichte es trotz Verlusten von 2,1
Prozentpunkten gegenüber dem Ergebnis von 1985 zur absoluten Mehrheit
der Sitze im neuen Landtag. Die CDU konnte sich hingegen nur marginal um
0,2 Prozentpunkte auf 36,7 Prozent verbessern. Die FDP verschlechterte ihr
Ergebnis um 0,2 Prozentpunkte auf nun 5,8 Prozent der Stimmen. Dagegen
gelang es den Grünen mit 5,0 Prozent der Stimmen denkbar knapp, erstmals
in den Landtag einzuziehen. Die SPD untermauerte ihre landespolitische
Ausnahmestellung durch die zum dritten Mal in Folge erreichte absolute
Mehrheit, während die CDU weiter bei ca. 36 Prozent gefangen blieb
(Feist/Hoffmann 1990: 441). Mit 121 Direktmandaten stellte die SPD erneut
die stärkste Fraktion im Landtag vor der CDU (89 Mandate), der FDP (14
Mandate) und den Grünen (12 Mandate). Die Gesamtzahl der Mandate erhöhte sich durch notwendig gewordene Ausgleichsmandate von 210 auf
237.[22]

---

[22]   Durch Ausgleichsmandate stieg die Anzahl der Sitze auf 236 (CDU: +14; FDP: +2, Grüne:
        +1). Da eine gerade Zahl der Sitze nach § 32, Absatz 4 des Landeswahlgesetzes nicht zulässig
        ist, erhielt die SPD einen zusätzlichen Sitz zu ihren 121 Direktmandaten (vgl. Feist/Hoffmann
        1990: 447; WR v. 15.05.1990). Zur Übersicht über die Mandatsträger vgl. Landtag intern v.
        22.05.1990, S. 4-6.

Abbildung 17:   Sitzverteilung LTW 1990

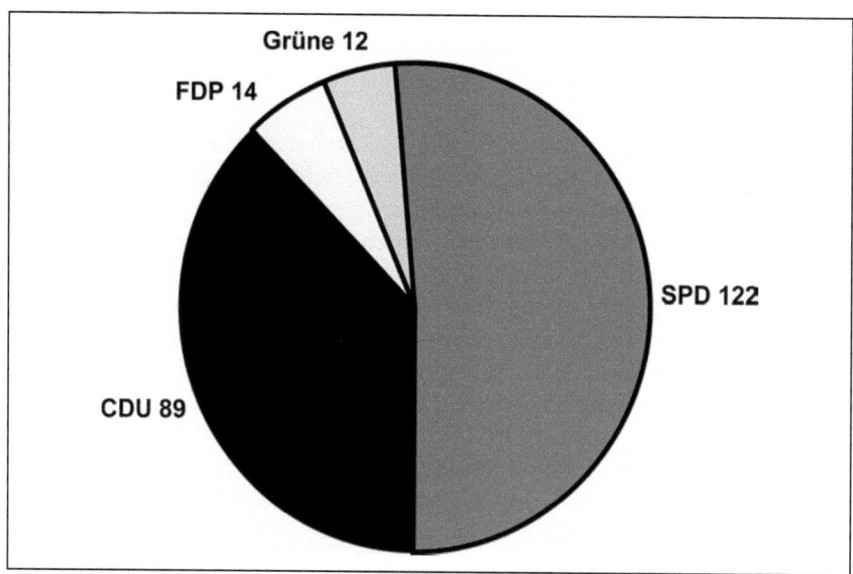

Eigene Darstellung
Datenquelle: Landesamt für Datenverarbeitung und Statistik NRW

Trotz der Veränderungen durch die deutsche Einheit, gewannen damit in
NRW Kontinuität und „Normalität" die Oberhand: „Das aus wahlanalyti-
scher Sicht eigentlich Paradoxe am Ergebnis (…) ist diese große Stabilität in
den Stärkeverhältnissen der Parteien angesichts einer epochalen und dramatischen Entwicklung in Deutschland" (Feist/Hoffmann 1990: 437). Die Gründe für den Wahlerfolg der SPD lagen dabei sowohl in der Person des Ministerpräsidenten, als auch in der weitgehenden Zufriedenheit der Bürger mit
der Landespolitik begründet. Die besondere Funktionsweise und der Organi-
sationshintergrund, die sich vor allem im Laufe der 1980er Jahre in der Landespolitik erarbeitet hatte, können ebenfalls als Beiträge zu ihrem Erfolg
betrachtet werden: „Ihre erneute absolute Mehrheit verdankt die SPD ihrer
Bürgernähe, ihrer Breite, ihrer Verankerung in den Kommunen und ihrer
Basisarbeit, die nicht nur wie ein Strohfeuer im Wahlkampf entfacht wird,
sondern ständig stattfindet" (WAZ v. 16.05.1990).

Landtagswahl und Regieren

Für das Regieren in NRW lassen sich aus dem Wahlkampf und dem Wahlergebnis einige zentrale Aspekte ableiten, die für die Legislaturperiode maßgebliche Bedeutung entfalteten:

Erstens korrespondierte die starke Personalisierung im Wahlkampf mit den Strukturmerkmalen der Ministerpräsidentendemokratie und der Mediendemokratie. Durch die Persönlichkeit Johannes Rau noch einmal besonders betont, rückte der Ministerpräsident in den Mittelpunkt des Wahlkampfes. Dies hat zwei zentrale Konsequenzen: Durch die herausgehobene Personalisierung im Wahlkampf errang der Ministerpräsident zum einen eine quasi-plebiszitäre Legitimation seiner Person und hierdurch auch seiner Politik. Er wurde damit zumindest in der öffentlichen Wahrnehmung zum entscheidenden Generator von Wählerstimmen und zur „Wahlkampflokomotive" seiner Partei. Für die Landtagswahl 1990 galt dies in besonderer Weise. So waren nicht nur seine Persönlichkeitswerte gegenüber seinem Herausforderer Blüm, wie oben dargestellt, deutlich positiver, sondern auch gegenüber seinen Kabinettskollegen wurde Rau besonders positiv bewertet. Einer erst nach der Wahl angefertigten und zunächst geheim gehaltenen infas-Studie zufolge, bescheinigten 75 Prozent Rau eine dominierende Rolle im Kabinett. Es folgte Umweltminister Matthiesen mit 62 Prozent. Die Studie kam nicht zuletzt auf dieser Basis zu der Erkenntnis, dass die SPD ihre absolute Mehrheit ohne Ministerpräsident Rau nicht hätte behaupten können (NW v. 07.08.1990). Zum anderen konnte der Ministerpräsident diese quasi-plebiszitäre Legitimation im Verlauf der Legislaturperiode als Machtressource nutzen. So überschrieb die FAZ einen Kommentar nach der Sommerpause 1990 mit den Worten: „Rau, fast unangreifbar" (FAZ v. 03.09.1990). Diese an den Ministerpräsidenten gebundene Machtressource wurde zum Referenzrahmen zur Durchsetzung seiner Richtlinienkompetenz und bei Streitfällen innerhalb der Regierung und der Regierungspartei. Der bereits für den Fall eines Wahlsieges angekündigte Rückzug des stellvertretenden Parteivorsitzenden und Verkehrsminister Christoph Zöpel aus dem Kabinett, der Stillstand im Kabinett Rau beklagt hatte, war ein deutliches Beispiel hierfür. Das Landtagswahlergebnis wurde maßgeblich Rau zugeschrieben, für den sich daraus weitreichender Einfluss ableiten ließ.

Zweitens war die im Wahlkampf maßgeblich durch Rau vorgenommene Policy-Akzentuierung ein Referenzpunkt für das Regierungshandeln der nächsten Jahre. Dass dies 1990 in besonderer Weise zutraf, zeigte sich bei der Regierungserklärung deutlich. Zugleich übte der Ministerpräsident mit dieser Policy-Akzentuierung bereits im Wahlkampf längerfristig seine Richtlinienkompetenz aus. Als Referenzpunkt konnten die Policy-Akzentuierungen indirekt sowohl den Ressortzuschnitt, als auch inhaltliche Schwerpunkte des Regierungshandelns vorausbestimmen. Auch dies wird im Rahmen der weiteren Darstellung deutlich werden.

Drittens drückten sich bereits im auf Kontinuität angelegten Wahlkampfstil Aspekte des Politikmanagements und des persönlichen Regierungsstils von Johannes Rau aus. So kündigte Rau noch am Wahlabend, dem bereits vorherrschenden Eindruck der Öffentlichkeit entsprechend, an, die Linien seiner Politik nahezu unverändert weiterzuführen. Diese Kontinuität zeigte sich beispielhaft daran, dass Rau erst auf Druck der Öffentlichkeit eine Pressekonferenz zum Wahlergebnis für den 14. März ansetzte. Der erneute Wahlsieg erschien zunächst nicht einmal einer weiteren Erwähnung gegenüber der interessierten Öffentlichkeit wert (FR v. 15.05.1990).

Schließlich hatte der Wahlausgang ganz praktische Konsequenzen für das Regierungshandeln, denn er bestimmte über die machtpolitischen Konstellationen der Landespolitik. Für die Landtagswahl 1990 waren zwei Aspekte besonders zentral: zum einen die von 23 auf sieben Mandate geschrumpfte absolute Mehrheit der SPD. Zum anderen der durch den Einzug der Grünen in den Landtag bedingte zahlenmäßige und qualitative Zuwachs aufseiten der Opposition. „Eine Regierung, die sich einer starken Opposition erwehren muss, wird intensiver als bisher darauf achten müssen, dass in der Regierung sorgfältig und zügig gearbeitet wird" (WAZ v. 01.06.1990). Jedoch waren dadurch nicht nur Konsequenzen für die Landesregierung, sondern auch eine veränderte Rolle für die anderen, bereits etablierten Oppositionsparteien CDU und FDP zu erwarten.

Regierungsbildung: Kontinuität und Wandel

Die mit dem Strukturmerkmal der Ministerpräsidentendemokratie beschriebene herausragende Stellung des Ministerpräsidenten in der Landespolitik zeigt sich über die oben thematisierten Aspekte der Personalisierung im Wahlkampf hinaus in besonderer Weise im Kontext der Regierungsbildung. Die Dominanz des Ministerpräsidenten findet ihren Ausdruck zum einen in der Organisationsgewalt. Das betrifft vor allem den Ressortzuschnitt sowie die Besetzung der Ressorts. Zum anderen ergeben sich aus der vom Ministerpräsidenten vorgenommenen Policy-Akzentuierung weitere Konsequenzen für die Regierungsbildung. Hier sind die inhaltlichen Ausrichtungen der

Ministerien im Zusammenhang mit dem Ressortzuschnitt ebenso zu nennen, wie Tendenzen zur Zentralisierung besonders wichtiger Fragen im direkten Einflussbereich des Ministerpräsidenten (z. B. der Staatskanzlei, vgl. Kapitel 2.3). Jedoch gewinnen im Zusammenhang mit der Regierungsbildung auch die anderen Strukturmerkmale des Regierens an Einfluss. So kommt beispielsweise die Rücksichtnahme auf Parteiinteressen, umschrieben mit dem Strukturmerkmal der Parteiendemokratie, vor allem bei der Besetzung von Ministerämtern zum Tragen.

Geradezu paradigmatisch lassen sich im Zuge der Regierungsbildung 1990 zentrale Aspekte des Politikmanagements von Johannes Rau aufzeigen. Diese spielten dabei nicht nur im engeren Kontext der Kabinettsbildung sowie der institutionellen Organisation und Verfasstheit der Landesregierung eine herausragende Rolle, sondern wurden ebenfalls im weiteren Verlauf des Regierens wirkungsmächtig.

Der Wahlkampf hatte, wie oben beschrieben, ganz im Zeichen der Kontinuität gestanden. Folglich ließ Rau bereits am Wahlabend verlauten, er werde im Grundsatz weitermachen wie bisher. Dies galt nicht nur für die inhaltliche Ausrichtung der Landespolitik, sondern auch für die personelle Zusammensetzung der Landesregierung: „Never change a winning team" war als Leitbild für Raus Personalpolitik deutlich erkennbar (KStA v. 19.05. 1990). Analog machte er diese abwartende Haltung auch hinsichtlich des Zeitplans zur Regierungsbildung deutlich. Erst drei Wochen nach der Wahl und nach ausführlichen Gesprächen mit den bisherigen Kabinettskollegen wollte Rau die Zusammensetzung des neuen Kabinetts bekannt geben. Die Regierungserklärung wurde sogar erst für einen Zeitpunkt unmittelbar nach der Sommerpause angekündigt (WAZ v. 15.05.1990). Zudem erklärte Rau, in der verbleibenden Zwischenzeit keinerlei öffentliche Stellungnahme zur künftigen Zusammensetzung des Kabinetts abgeben zu wollen (AN v. 15.05. 1990). Möglicherweise aufkommende Spekulationen wären, so Rau, bereits zu erwarten, würden aber weder von ihm kommentiert, noch den anvisierten Zeitplan verändern (Welt v. 15.05.1990). In dieser Haltung drückt sich zum einen die besondere Betonung der Kontinuität aus. Zum anderen macht Rau damit jedoch auch seine unangefochten dominante Position bei der Regierungsbildung öffentlichkeitswirksam deutlich. Ganz im Sinne einer Dominanz des Ministerpräsidenten sollte die Regierungsbildung unter seiner alleinigen Kontrolle verbleiben.

Trotz der Ankündigung möglichst große personalpolitische Kontinuität wahren zu wollen, waren Spekulationen bereits vorprogrammiert. Erstens wurden aus der SPD-Fraktion Forderungen laut, Wirtschaftsminister Reimut

Jochimsen abzulösen. Dieser hatte bei der Wahl sein Landtagsmandat verloren und schien dadurch geschwächt (Welt v. 15.05.1990). Als potenzieller Nachfolger wurde mit dem Düsseldorfer Regierungspräsidenten Fritz Behrens ein ehemaliger Büroleiter und Vertrauter Raus genannt (Express v. 15.05.1990).

Zweitens hatte Städtebauminister Christoph Zöpel bereits seinen Rückzug aus dem Kabinett angekündigt. „Die offizielle Begründung, Zöpel suche durch seine Bundestagskandidatur eine neue Herausforderung, [konnte] als abgestimmte Sprachregelung zwischen Rau und Zöpel gewertet werden" (Hoffmann 2005: 50). Zöpel hatte bereits vor der Wahl signalisiert, den auf Ausgleich und Moderation ausgelegten Regierungsstil Raus nicht mehr mittragen zu wollen. Zöpel war „mit Raus Mitte-Kurs und dessen Bündnis auch mit der Industrie schon lange nicht mehr einverstanden und bewirbt sich um ein Bundestagsmandat, um in Bonn an Reformpolitik mitzuwirken, für die er trotz absoluter Mehrheit in Düsseldorf zu wenig Voraussetzungen sah" (KStA v. 19.05.1990). Durch die Einbindung des stellvertretenden Parteivorsitzenden in die Kabinettsdisziplin hatte Rau den Handlungsspielraum Zöpels derart eingeschränkt, dass eine in dessen Sinne ausreichend unabhängige Nutzung des Ressortprinzips unmöglich erschien. Insofern blieb Zöpel aufgrund der durch das Wahlergebnis nachhaltig bestätigten Dominanz Raus nur die Möglichkeit des Ausscheidens aus dem Kabinett und die Hoffnung auf eine zukünftige bundespolitische Rolle (Hoffmann 2005: 50; vgl. Express v. 15.05.1990). Ganz im Sinne parteiendemokratischer Imperative hatte Rau einen parteiinternen Widersacher durch dessen Einbindung marginalisiert und ihn somit in seinem Handlungs- und Gestaltungsspielraum dauerhaft eingeschränkt.

Drittens wurde die Besetzung von Regierungsfunktionen mit Frauen zu einem zentralen Thema. Diese Diskussion ging auf einen parteiinternen Beschluss der SPD zurück, mithilfe einer Quote zur Förderung von Frauen beizutragen. Die deutliche Unterrepräsentation von Frauen im Kabinett – einzige Frau bis 1990 war Anke Brunn als Ministerin für Wissenschaft und Forschung – ließ Spekulationen über die Erhöhung des Frauenanteils gleich nach der Wahl aufkommen. Als mögliche Kandidatinnen wurden von Beginn an die bisherige Frauenbeauftragte der Landesregierung, Ilse Ridder-Melchers, und Ilse Brusis, NRW-Landesvorsitzender der GEW und DGB-Vorstandsmitglied, genannt (Express v. 15.05.1990; Welt v. 15.05.1990; WR v. 15.05.1990; KR v. 18.05.1990).[23]

---

[23] Spekuliert wurde darüber hinaus u. a. über eine Auflösung des Städtebauministeriums, die Ablösung von Regierungssprecher Helmut Müller-Reinig, eine Aufteilung des Kultusministe-

Auf dieser Grundlage stellte sich 1990 die Frage nach der künftigen Zusammensetzung des Kabinetts. Besondere Beachtung finden muss dabei eine gewichtige Vorbedingung, die bereits in den vorangegangenen Legislaturperioden zur institutionalisierten Grundkonstante von Raus Politikmanagement geworden war. Schlüsselstellen im Kabinett wurden vom Ministerpräsidenten mit den jeweiligen Vorsitzenden der SPD-Parteibezirke besetzt. So waren Heinz Schleußer als Finanzminister (Bezirksvorsitz Niederrhein), Hermann Heinemann als Arbeits-, Gesundheits- und Sozialminister (Bezirksvorsitz Westliches Westfalen) sowie Anke Brunn als Ministerin für Wissenschaft und Forschung (Bezirksvorsitz Mittelrhein) direkt in die Kabinettsdisziplin eingebunden. Lediglich der seit 1988 als Vorsitzender des Bezirks Ostwestfalen amtierende Axel Horstmann bekleidete kein Ministeramt.[24]

Abbildung 18:   Bezirksvorsitzende der SPD in Nordrhein-Westfalen
              (1990-2001)

Niederrhein	Westliches Westfalen
1982 – 1998 Heinz Schleußer 1998 – 2001 Detlev Samland	1975 – 1992 Hermann Heinemann 1992 – 1998 Franz Müntefering 1998 – 2001 Joachim Poss
Mittelrhein	Ostwestfalen
1987 – 1999 Anke Brunn 1999 – 2001 Norbert Rüther	1988 – 2001 Axel Horstmann

Anmerkung:
Nach Landesparteitagsbeschluss wurden am 31. März 2001
die Bezirke abgeschafft und die zentralen Kompetenzen
beim Landesverband angesiedelt

Eigene Darstellung

---

[24]   riums und des Ministeriums für Wissenschaft und Forschung sowie die Ernennung von Staatskanzleichef Clement zum Minister (vgl. Express v. 15.05.1990; Welt v. 15.05.1990; WR v. 15.05.1990; KR v. 18.05.1990).
    Horstmann wurde jedoch im Rahmen der Regierungsbildung 1995 als Kandidat für das Innenressort genannt (vgl. Kapitel 3.2).

Die zentralen parteiinternen Schaltstellen der SPD (vgl. Kapitel 2.2) wurden damit gezielt in die Kabinettsdisziplin und die alltägliche Regierungsarbeit eingebunden. Aus langjähriger persönlicher Erfahrung bestätigte Friedhelm Farthmann, u. a. Minister im ersten Kabinett Rau und Fraktionsvorsitzender, die strategischen Überlegungen Raus in diesem Zusammenhang: „Es war sicher auch ein Stück Methode, die Bezirksvorsitzenden ins Kabinett aufzunehmen, um sie ganz schnell in die Disziplin einzubinden" (Farthmann 1997: 184). Mit diesem Instrument reagierte Rau auf die sich aus dem Strukturmerkmal Parteiendemokratie ergebenden Imperative. Zusätzlich verstärkt wurde diese langfristige Strategie der personellen Einbindung durch Raus persönliche Doppelrolle als Ministerpräsident und Parteivorsitzender. Durch die Ausübung von Regierungsamt und Parteivorsitz in Personalunion stand Rau ein zentrales Steuerungsinstrument zur Verfügung. Parteimacht konnte damit unmittelbar in Regierungsmacht transformiert werden. „Die eigene Partei von der Richtigkeit der Politikentwürfe zu überzeugen, war der erste und unersetzbare Schritt in der Abfolge seiner Politikgestaltung. (...) Für ihn [Rau] war immer klar, so wie er Politik machte, gehörten der Landesvorsitz der Partei und das Amt des Ministerpräsidenten in eine Hand" (Interview mit R. Frohn v. 05.07.2005). Dass Rau durch dieses Instrument nicht nur die Regierungsarbeit steuerte, sondern auch die SPD weitgehend unter seine Kontrolle brachte, bestätigt Friedhelm Farthmann: „Die Landesvorstandssitzungen waren in der Tat in den letzten Jahren reine Routineveranstaltungen. Sie dienten der Ausgabe von Sprachregelungen und Direktiven. Eine ernsthafte Debatte hat es kaum jemals gegeben" (Farthmann 1997: 183-184). Die Rolle der SPD in der Regierungspraxis blieb nicht zuletzt dadurch auf eine absichernde und die Geschlossenheit der Regierung garantierende Rolle beschränkt.

Diese zentralen Konstanten von Raus Politikmanagement entfalteten im Zusammenhang mit der Regierungsbildung 1990 eine besondere Wirkung. Dies lässt sich anhand der nachfolgenden Beispiele nachweisen.

Durch das bereits im Vorfeld der Landtagswahl angekündigte Ausscheiden von Christoph Zöpel aus dem Kabinett ergab sich die Notwendigkeit zur Neubesetzung des vakant werdenden Ressorts für Stadtentwicklung, Wohnen und Verkehr. Trotz seines Wunsches nach größtmöglicher Kontinuität bei der Kabinettszusammensetzung musste Rau somit in einem zentralen Ressortbereich Veränderungen vornehmen. Das Vorgehen des Ministerpräsidenten zeigte, wie Rau die sich aus verschiedenen Strukturmerkmalen ergebenden Imperative virtuos zu nutzen verstand. Als wichtige Vorbedingung war zunächst der Verlauf des Wahlkampfs zu beachten. Die Themen Wohnungsbau und Verkehr hatten im Sinne einer Policy-Akzentuierung bereits im Wahlkampf eine herausragende Rolle gespielt. Daher wurde schon kurz nach der Wahl spekuliert, Rau könne nicht nur nach einem geeigneten Nachfolger für Zöpel suchen, sondern eine weiterreichende Veränderung des Ressortzuschnitts vornehmen (WAZ v. 19.05.1990). Eine Aufteilung des bestehenden Ministeriums konnte dabei zwei verschiedene Zwecke zugleich erfüllen: Zum einen konnte die im Wahlkampf ausgedrückte Stärkung des Politikfeldes durch die Aufteilung in zwei eigenständige Ressorts auch institutionell unterstrichen werden (Handelsblatt v. 13.06.1990; KR v. 13.06.1990). Zum anderen eröffnete eine Ressortaufteilung die Möglichkeit, potenziell aufkommende personalpolitische Begehrlichkeiten zu „akkomodieren". Ganz in diesem Sinne entschied sich Rau für die Aufteilung des bisher bestehenden Ressorts. Das neue Ministerium für Stadtentwicklung und Verkehr übernahm der Landtagsabgeordnete Franz-Josef Kniola.[25] Dieser war zuvor bereits als Kandidat für den Posten des Parlamentarischen Geschäftsführers der SPD-Fraktion genannt worden (Express v. 17.05.1990). Für seine Berufung waren zwei Aspekte maßgeblich, die in besonderer Weise auf den Einfluss des Strukturmerkmals Parteiendemokratie für die Regierungsbildung verweisen. Erstens war das große Gewicht der SPD-Bezirke zu erkennen, der sich Rau weder entziehen konnte, noch wollte. Der Ministerpräsident hatte sich zunächst abweichend von Kniola den Duisburger Landtagsabgeordneten Johannes Pflug als Nachfolger Zöpels gewünscht. Dieser war als Vertreter des bereits stark im Kabinett repräsentierten Bezirks Niederrhein jedoch nicht durchsetzbar, der Bezirk Westliches Westfalen hatte Einspruch erhoben (NRZ v. 13.06.1990). Zugleich galt Kniola als künftiger Nachfolger von Hermann Heinemann als Vorsitzender des Bezirks Westliches Westfalen (Welt v. 12.06.1990). Ganz im Sinne der bereits praktizierten Einbindung dieser zentralen Parteiakteure in die Kabinettsdisziplin berief Rau daher Kniola ins Kabinett. „Der Vorrang für Ausgleich bedeutete hier also den Kompromiss, den möglicherweise besser geeigneten Kandidaten [Pflug] auf die Reservebank zu schieben" (Hoffmann 2005: 52; NRZ v. 13.06.1990). Zweitens zeigte sich in der Berufung Kniolas auch ein Zugeständnis gegenüber der SPD-Fraktion und damit ein weiteres Element des parteiendemokratischen Strukturmerkmals (RP v. 13.06.1990; WAZ v. 05.07.1990; FAZ v. 13.06.1990). Rau hatte in der Vergangenheit gerne Minister von außen berufen (KR v. 13.06.1990), damit aber aufseiten der SPD-Fraktion zunehmend Verärgerung provoziert: „Mit Unmut registrier[t]en die Abgeordneten, dass

---

[25]   Zöpel wurde dem linken Parteiflügel der SPD zugerechnet.

solche Chancen allzu häufig an ihnen" vorbeigingen (KR v. 18.05.1990). Rau hatte daher von Beginn an unter Druck gestanden, Minister aus den Reihen der Fraktion zu berufen. Die SPD-Fraktion hatte nicht zuletzt in dieser Erwartung die Neuwahl ihrer Fraktionsführung nach hinten verschoben (WAZ v. 18.05.1990)[26]. Dem Wunsch nach einer Stärkung der Fraktion kam Rau nun durch die Auswahl Kniolas ebenfalls nach. Sowohl die Bezirke, als auch die Fraktion wurden damit durch Rau offensiv einbezogen.

Das durch die Aufteilung zweite, neu geschaffene Ministerium für Bauen und Wohnen besetzte Rau mit Ilse Brusis. Auch hierfür können zwei maßgebliche strategische Gründe angeführt werden. Erstens zeigt sich durch ihre Berufung die besondere Beachtung, die der Gewerkschaftsflügel der Partei in der Regierung fand. Als GEW-Vorsitzende in NRW und DGB-Vorstandsmitglied wurde Brusis als herausragende Exponentin der Gewerkschaftsbewegung und insofern als „Ruhrgebiets-Sozialdemokratin" (KStA v. 14.06.1990) wahrgenommen. In diesem Sinne war ihre Berufung zum einen die Anerkennung der Bedeutung der Gewerkschaften innerhalb der SPD, zum anderen ein Signal im Sinne eines korporatistischen Stils der Akkomodierung. Zweitens kam Rau durch die Berufung von Brusis der erhobenen Forderung nach, eine Stärkung der Frauen im Kabinett herbeizuführen.

Über die dargestellten strategischen Überlegungen hinaus offenbart sich in der Aufteilung des Zöpel-Ministeriums ein zentrales Element von Raus Regierungsstil: „Es zeigt die Priorität harmonischer Personalpolitik und Vermeidung von unangenehmen Entscheidungen. Die drohenden Schwierigkeiten der Außendarstellung expansiver Personalpolitik in Zeiten knapper Staatshaushalte und hoher Verschuldung ordnete Rau in diesem Fall nach" (Hoffmann 2005: 50; vgl. WAZ v. 09.06.1990). Gleiches galt für die Berufung von Ilse Ridder-Melchers zur Gleichstellungsministerin. Diese wurde vom Amt der Frauenbeauftragten zur Ministerin mit Kabinettsrang befördert. Der Forderung nach einer stärkeren Frauenförderung wurde damit Genüge getan, gleichzeitig aber ganz im Sinne Raus personelle Kontinuität gewahrt.

Die Frage der Besetzung des Landtagspräsidentenamts galt von Beginn an als Risiko für die relativ langfristige Zeitplanung der Regierungsbildung. Als mögliche Kandidaten wurden anfangs Ingeborg Friebe, der Kölner Ober-

---

[26] Allerdings wurde auch bei der Wahl der Fraktionsführung der besondere Einfluss der SPD-Bezirke deutlich. Diese teilten nach intensiven Beratungen vier Stellvertreterposten unter sich auf und vergaben den Fünften an den Bezirk Niederrhein. Dieser war bei der Landtagswahl durch ein besonders gutes Ergebnis nachhaltig gestärkt worden. Dagegen scheiterte der Versuch des Bezirks Westliches Westfalen, die Zahl der Stellvertreter noch weiter zu erhöhen (ausführlich in WAZ v. 30.05.1990).

bürgermeister Norbert Burger und der Lemgoer Bürgermeister Reinhard Wilmbusse genannt (Welt v. 15.05.1990). Erneut spielte hier die mit dem Strukturmerkmal Parteiendemokratie assoziierte Beteiligung der SPD-Bezirke eine besondere Rolle, denn unmittelbar im Anschluss an die Landtagswahl hatte der Bezirk Mittelrhein gefordert, Ämter verstärkt mit Vertretern dieses Bezirks zu besetzen. Konkrete Forderungen richteten sich auf ein Ministeramt für den Kölner Regierungspräsidenten Franz-Josef Antwerpes sowie das Amt des Landtagspräsidenten für den Kölner Oberbürgermeister Burger. Die Bezirksvorsitzende Anke Brunn wurde beauftragt, sich bei Rau für diese Forderungen einzusetzen (KStA v. 17.05.1990). Rau, dem eine persönliche Abneigung gegenüber Antwerpes nachgesagt wurde, konnte dies jedoch durch die Ausnutzung der Konkurrenz der Bezirke sowie einen Verweis auf die Frauenförderung verhindern. Die Bezirke Niederrhein und Westliches Westfalen hatten sich unmittelbar nach der Wahl auf Ingeborg Friebe (Bezirk Niederrhein) als Kandidatin geeinigt. Als „Gegenleistung" sollte Kniola (Bezirk Westliches Westfalen) als Parlamentarischer Geschäftsführer durch den Bezirk Niederrhein unterstützt werden (WAZ v. 18.05. 1990; Express v. 17.05.1990). Durch die Ernennung Kniolas zum Minister sanktionierte Rau diese Grundsatzvereinbarung der beiden Bezirke ausdrücklich. Gleichzeitig konnte er gegenüber dem Bezirk Mittelrhein auf die Vorfestlegung der beiden anderen Bezirke verweisen. Bezüglich der Kandidatur Friebes als Landtagspräsidentin konnte sich Rau erneut auf die geforderte Frauenförderung berufen und damit erneut seine Präferenzen realisieren.

Trotz der ursprünglichen Ankündigung, das Kabinett weitgehend unverändert zu belassen, ergab sich die Notwendigkeit einer weiteren Ressortveränderung. Überraschend wurde Wirtschaftsminister Reimut Jochimsen neuer Chef der Landeszentralbank. Angesichts der Ankündigung größtmöglicher Kontinuität erschien dies als Bruch mit Raus bisheriger Linie (NRZ v. 08.06.1990). Hierfür schien vor allem die bereits oben dargestellte Rolle der Fraktion, insbesondere des Fraktionsvorsitzenden Farthmann, ausschlaggebend gewesen zu sein. Dieser hatte bereits frühzeitig und mit Unterstützung der Fraktion die Abberufung von Jochimsen und Kultusminister Schwier gefordert (StZ v. 11.06.1990). Jochimsen war aus Sicht der Fraktion aufgrund des verlorenen Landtagsmandats geschwächt, gegen Schwier hatte es bereits in der vorangegangenen Legislaturperiode Einwände vonseiten der Parlamentarier gegeben. „Offenbar gelang es Rau in einem Aushandlungsprozess mit dem Fraktionsvorsitzenden, einen sofortigen Komplettumbau des Kabinetts abzuwenden, den Farthmann befürwortete, indem er ihm als Zeichen der Erneuerung den Abgang von Jochimsen zusicherte" (Hoffmann 2005: 52;

StZ v. 11.06.1990). Zugleich wurde die Vereinbarung getroffen, eine größere Kabinettsumbildung in der Mitte der Legislaturperiode vorzunehmen, um mit einem veränderten Personaltableau zur nächsten Landtagswahl anzutreten. Dies wurde auch von Rau grundsätzlich befürwortet, da dann auch die langjährigen Minister Heinemann und Schnoor aus Altersgründen ausscheiden sollten (KR v. 18.05.1990; SZ v. 19.05.1990; RP v. 24.05.1990). Die von der Presse für die Nachfolge Jochimsens genannten Personen waren weitgehend externe Akteure[27] sowie ehemalige enge Mitarbeiter von Johannes Rau[28]. Der Ministerpräsident entschied sich aber für eine kabinettsinterne Umbesetzung. Der bisherige Minister für Bundes- und Europaangelegenheiten, Günther Einert, wechselte ins Wirtschaftsressort. Als ausgewiesener Gewerkschafter fand er breite Akzeptanz in der Fraktion und Rau kam damit den Forderungen des Fraktionsvorsitzenden Farthmann[29] und der Fraktion entgegen. Ganz im Sinne des moderierenden Interessenausgleichs und korporatistischer Arrangements hatte Rau aber zuvor die explizite Zustimmung der Arbeitgeberverbände zur Berufung des Gewerkschafters Einert zum Wirtschaftsminister eingeholt (Welt v. 13.06.1990). Somit zeigen sich bei der Berufung Einerts ähnlich moderierende Elemente wie bei der Berufung Kniolas.

Rau reagierte damit in beiden Fällen in besonderer Weise auf das Strukturmerkmal der Parteiendemokratie und auf die daraus abgeleiteten Imperative: „Dass sich ein Regierungschef bei Personalangelegenheiten von nicht nur sachgerechten Überlegungen leiten lässt, sondern mit wichtigen Berufungen Abhängigkeiten schaffen, Dankbarkeit zeigen und Parteigruppierungen besänftigen möchte, ist (…) etwas wie Gewohnheitsrecht in der Parteiendemokratie" (RP v. 13.06.1990). Da sich zugleich eine zentrale Grundkonstante Raus bei der Regierungsbildung, die Integration der Bezirksvorsitzenden ins Kabinett, nicht änderte, hielten sich die Steuerungsverluste für Rau zudem in engen Grenzen.

---

[27] Unter anderem Manfred Schüler (Kreditanstalt für Wiederaufbau und ehemaliger Staatssekretär unter Bundeskanzler Schmidt). Angeblich suchte Rau auch einen SPD-nahen Mann aus Bankenkreisen (SZ v. 11.06.1990).

[28] Unter anderem Bodo Hombach (Landesgeschäftsführer und ehemaliger Wahlkampfmanager für Rau), Fritz Behrens (Regierungspräsident Düsseldorf und ehemaliger Büroleiter Raus) (KStA v. 11.06.1990).

[29] Farthmann wurde ebenfalls klar dem Gewerkschaftsflügel der Partei zugerechnet (FAZ v. 23.05.1990).

Abbildung 19:   Kabinett Rau 1990-1995

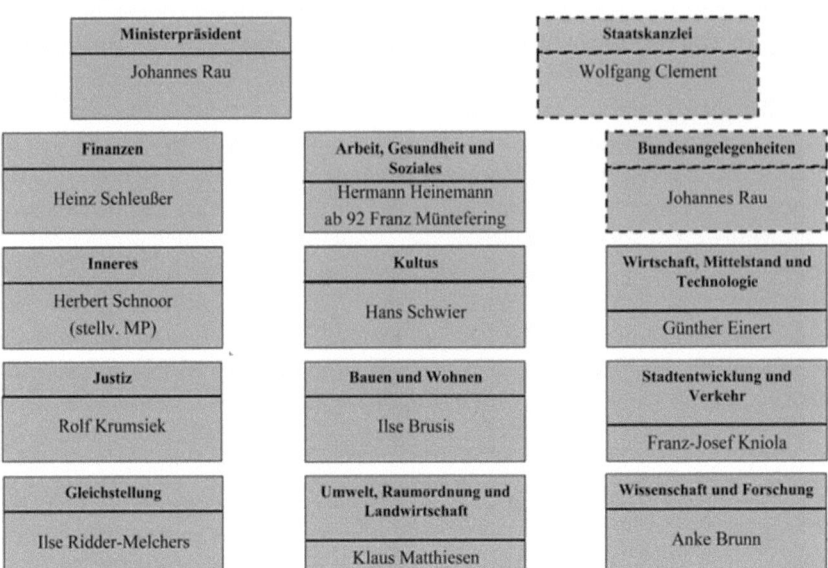

Eigene Darstellung

Staatskanzlei

Das nun doch umfassendere Kabinettsrevirement eröffnete für Rau trotz der Zugeständnisse an die Fraktion und die Partei insgesamt Gelegenheit zur Machtzentralisierung in seinem unmittelbaren Einflussbereich. Im Sinne des „Chefsachen-Mythos" (vgl. Korte 1997) zog er die bisherigen Zuständigkeiten Einerts für Bundes- und Europaangelegenheiten unmittelbar an sich.[30] Angesichts der besonderen Bedeutung der Bundespolitik im Zuge der deutschen Wiedervereinigung erscheint dies im Sinne der Ministerpräsidentendemokratie nahezu zwangsläufig. Rau stärkte damit sowohl seine bundes- als auch seine europapolitische Rolle (FAZ v. 13.06.1990; KR v. 13.03.1990; Welt v. 13.06.1990) – ein beinahe durchgängig zu beobachtender Trend bei vielen Ministerpräsidenten (Schneider 2001). Zugleich wurden die zentralen operativen Bereiche zu diesem Politikfeld, ebenfalls im Sinne der Machtzentralisierung, in der Staatskanzlei unter der Leitung von Wolfgang Cle-

---

[30] Nachfolgerin Einerts in Bonn wurde Heide Dörrhöfer-Tucholski als Bevollmächtigte beim Bund. Allerdings erhielt sie keinen Ministerrang wie ihr Vorgänger.

ment angesiedelt (KStA v. 09.06.1990). Clement, bisher als Staatssekretär Leiter der Staatskanzlei, wurde zum Minister für besondere Aufgaben ernannt und damit auch in seinem formellen Status aufgewertet. Dies hatte nicht nur eine Steigerung seines persönlichen Prestiges zur Folge, sondern durchaus einen praktischen Hintergrund. Rau erklärte, „es sei ihm darauf angekommen, dass Clement [als Minister] Rederecht im Landtag und Stimmrecht im Kabinett erhalte" (FAZ v. 13.06.1990). Zusätzlich führte diese Anpassung zu verstärkten Spekulationen über Clements Rolle als Raus „Kronprinz"[31] (WAZ v. 12.06.1990; Welt v. 12.06.1990).

Die Rolle Clements wurde jedoch nicht nur durch seine persönliche Aufwertung zum Minister und die operative Verantwortung für Bundes- und Europaangelegenheiten gestärkt. Vielmehr fiel ihm in seiner Funktion als Leiter der Staatskanzlei eine zunehmend wichtigere Machtposition und Schlüsselstellung in der Regierung zu. So ließ sich für die Staatskanzlei bereits im Vorfeld der Regierungsbildung ein deutlicher Funktionszuwachs konstatieren (RP v. 31.03.1990; WAZ v. 31.03.1990), der sich nach der Landtagswahl noch einmal signifikant verstärkte (WAZ v. 18.08.1990).

Erstens zeigt sich dies an der personellen Ausstattung der Staatskanzlei. So wurden im Zusammenhang mit der Regierungsbildung 1990 22 zusätzliche Stellen in der Staatskanzlei geschaffen (WN v. 18.09.1990). Bereits in den vorangegangenen Jahren hatte sich der Personalstand deutlich erhöht. Im Jahr 1991 waren insgesamt 144 Beamte, 190 Angestellte und 93 Arbeiter in der Staatskanzlei beschäftigt (NRZ v. 13.12.1991)[32].

Zweitens wurden im Anschluss an die Landtagswahl die Tätigkeitsbereiche der Staatskanzlei nachweislich erweitert. Bereits im August 1990 beklagte die CDU, dass die Fachressorts in diesem Zusammenhang geschwächt worden seien. Als Beispiel wurde das Wirtschaftsministerium angeführt. Entgegen der bisherigen Praxis hätte dieses in zentralen Bereichen an Einfluss verloren. So wären die Wirtschaftsförderung und die Kohlepolitik inzwischen primär im Zuständigkeitsbereich der Staatskanzlei angesiedelt (KR v. 11.08.1990). Diese Praxis der Machtzentralisierung in der Staatskanzlei lässt sich darüber hinaus auch für andere Politikfelder nachweisen. Maßgeblich hierfür war, dass sich Clement in der Erweiterung seiner Steuerungsinstrumente auf Rau stützen konnte: „Clement hat viele Entscheidungen aus den Ministerien an sich gezogen und sich dabei mit der Rückendeckung des

---

[31] Von diesem Zeitpunkt an gilt Clement in der Öffentlichkeit als wahrscheinlichster Nachfolger Raus. Lediglich Umweltminister Matthiesen werden noch geringe Chancen eingeräumt, Rau an seiner statt zu beerben.

[32] Zum Vergleich der Personalstand 25 Jahre vorher: 28 Beamte, 86 Angestellte, 81 Arbeiter.

Chefs auch durchgesetzt" (StZ v. 02.01.1991). Diese Machtzentralisierung klassischer Ressortaufgaben führte beispielsweise zu einer Auseinandersetzung zwischen Clement und Innenminister Schnoor in Fragen der Flüchtlingspolitik, in der sich Clement schließlich gegen das Innenressort durchsetzte (StZ v. 02.01.1991).

In ganz ähnlicher Weise zog Clement zahlreiche Aufgaben an sich, vor allem, wenn in den Fachressorts Probleme auftauchten (Tagesspiegel v. 15.11.1991). So wurden die Verhandlungen über den deutsch-deutschen Einigungsvertrag unter Federführung von Clement geführt. Auch in den Bereichen Energie- und Medienpolitik wurde die Staatskanzlei zum institutionellen Hauptakteur (WN v. 24.10.1991). Die Staatskanzlei entwickelte sich dabei in Teilen zu einem „Überministerium" (Merkur v. 10.04.1992), das auf Kosten der anderen Ressorts landespolitische Aufgabenfelder zentralisierte. Diese Veränderungen legitimieren die These, dass sich die Staatskanzlei nach der Landtagswahl 1990 und unter maßgeblicher Leitung von Minister Clement zunehmend von einer Koordinationsinstanz in eine inhaltliche Steuerungsinstanz der Landespolitik verwandelte. Dies scheint in weiten Teilen auch auf die besondere Stellung Clements im Machtgefüge Raus zurückzuführen zu sein. Mit ihm schuf sich Rau „einen Fürsprecher und Unterhändler mit wesentlich zupackenderem Stil als Rau ihn selber pflegte. Aber gerade durch die Abwälzung der Funktion des Auskehrers auf Clement konnte Rau seinem Stil treu bleiben. Clement wurde zu Raus politischem alter Ego" (Hoffmann 2005: 53). Gemeinsam mit der Wirtschafts- und Strukturpolitik machte Clement die Medienpolitik zu einem Schwerpunkt seiner Arbeit als Chef der Staatskanzlei. Somit scheint ein Hauptmotiv für diese Veränderungen in der Person Clements und seiner Bedeutung für Raus Politikmanagement zu liegen: „Schließlich überlässt Rau ihm weitgehend die Geschäftsführung in der Landesregierung" (Merkur v. 05.07.1991). Dass diese auf personalen Aspekten beruhende Besonderheit des Politikmanagements jedoch auch institutionelle Folgen zeitigte, lässt sich anhand zweier Aspekte nachweisen:

Erstens erfolgten Veränderungen in der Organisationsstruktur der Staatskanzlei. Aus den im Jahr 1988 bestehenden drei Abteilungen der Regierungszentrale wurden unter dem Amtschef Clement im Jahr 1989 vier. Die vormals bestehende Abteilung II (Planung, Koordination, auswärtige- und innerdeutsche Beziehungen) wurde zweigeteilt. Die zwei Gruppen der neuen Abteilung II bearbeiteten die Ressortkoordination und alle Fragen der innerdeutschen und internationalen Beziehungen. Eine explizite Aufwertung erfuhr die Ressortkoordination der Wirtschafts- und Strukturpolitik. Im Rah-

men einer eigenen Gruppe (Gruppe III A) wurde dieses zentrale landespolitische Themenfeld gemeinsam mit der Regierungsplanung in Abteilung III
zusammengefasst. Fünf Referate befassten sich nun mit Grundsatzfragen der
Wirtschafts- und Strukturpolitik, Stadtentwicklung, Wohnen und Verkehr,
Mittelstand und Energiewirtschaft sowie der Raumordnung und weiteren mit
diesem Politikfeld im Zusammenhang stehenden Bereichen. Diese Strukturen der Staatskanzlei wurden im Verlauf des Jahres 1990 den veränderten
Rahmenbedingungen infolge des deutschen Vereinigungsprozesses angepasst. Die gesamte Ressortkoordination wurde in der neu geschaffenen Abteilung III zusammengefasst und durch die Regierungsplanungsgruppe ergänzt. Die Trennung der Ressortkoordination in zwei Gruppen, von der sich
die eine (Gruppe III A) unter Leitung von Rüdiger Frohn ausschließlich mit
der Wirtschafts- und Strukturpolitik beschäftigte, blieb jedoch erhalten. Zudem griff Clement vor allem in der Wirtschaftspolitik in stärkerer Weise auf
„Task-Forces" aus allen beteiligten Ministerien zurück (WamS v. 24.10.
1993).

Besondere Beachtung fand zudem die Medienpolitik, was sich jedoch
nicht unmittelbar in einem veränderten Zuschnitt der Staatskanzlei ablesen
lässt. Die Medienpolitik war bereits vor der Amtsübernahme durch Wolfgang Clement in der Abteilung I zentralisiert gewesen. Trotz struktureller
Kontinuität wurde Clement in der Außenwahrnehmung jedoch zunehmend
zum „heimlichen Medienminister" (Horizont v. 28.04.1995) des Landes:
„Die Staatskanzlei etablierte sich dabei als Schaltstelle dieser Politik, die
energisch auch medienspezifische Kompetenzen anderer Ressorts an sich
zog. (…) Unverkennbar ist, dass diese Liebhaber des Halbschattens ihre
Rolle als Macher genießen. Man begreift hier Medienpolitik als eine ‚Quer-
schnittaufgabe', wie Hans Gerd Prodöhl, leitender Mitarbeiter der Medien-
gruppe in der Staatskanzlei, erläutert. Ökonomie, Bildung, Wissenschaft,
Kultur und Technologie müssten zusammengeführt werden" (NZZ v. 22.03.
1993).

Diese stärker inhaltlich steuernde Funktion der Staatskanzlei und ihres
Chefs Clement drückt sich zweitens indirekt auch in veränderten institutionellen Arrangements aus, die an der Schnittstelle zwischen Staatskanzlei und
Kabinett angesiedelt waren. So wurde die Kabinettsarbeit durch die Einsetzung von Kabinettsausschüssen gestrafft, die Ressortkoordination als zentrale Aufgabe der Staatskanzlei wurde zunehmend inhaltlich wahrgenommen.
Die Ressorts mussten im Gegenzug eine Schwächung in Kauf nehmen (vgl.
ausführlich WAZ v. 18.08.1990). Die Kabinettsausschüsse ersetzten die
bisherige Praxis der Staatssekretärskonferenz. Diese hatte zentrale Fragen

der Ressortkoordination unter Leitung Wolfgang Clements jeweils am Vortag der Kabinettssitzung behandelt und wurde nun durch sechs inhaltlich voneinander abgegrenzte Kabinettsausschüsse ersetzt:

Mit ihnen verband sich die Hoffnung, im Sinne einer Effizienzsteigerung Probleme schneller erkennen, aufarbeiten und lösen zu können. Entscheidungen des Kabinetts sollten mit ihrer Hilfe zielgerichtet und im Detail vorbereitet werden. Zugleich verstärkten sie die dauerhafte Kooperation der Ressorts und die gemeinschaftliche Politikentwicklung (WAZ v. 18.08. 1990). Die Ausschüsse selber wurden durch eine „Arbeitsgruppe Programmwirksamkeit" kontrolliert, in der Finanzminister Schleußer den Vorsitz führte. Während durch die institutionalisierte Kooperation der Ressorts die einzelnen Ministerien geschwächt wurden und auch die Fraktion Einflusseinbußen befürchtete – die Sprecher der Fraktionsarbeitskreise sahen ihre originären Zuständigkeitsbereiche berührt – führten die Kabinettsausschüsse zu einer Stärkung von Staatskanzleichef Clement. Gemeinsam mit Rau war Clement der einzige Minister der Landesregierung, der in allen Ausschüssen vertreten war (Hoffmann 2005: 53): „Mit den Kabinettsausschüssen und der Arbeitsgruppe Projektarbeit verschaffte er [Rau] nun dem Chef seiner Staatskanzlei, Clement, ein Instrument, über die reine Verwaltungstätigkeit hinaus Inhalte und Umsetzung der NRW-Politik mitzugestalten" (WAZ v. 18.08. 1990). In Verbindung mit der Ausweitung von Fachressortzuständigkeiten in der Staatskanzlei stellten die Kabinettsausschüsse somit ein Instrument der Machtzentralisierung in der Staatskanzlei dar. Zulasten der einzelnen Ressorts konnte die Staatskanzlei nun stärker gestalterisch und inhaltlich tätig werden.

Personalpolitik als Steuerungsinstrument

Schließlich rückt im Zusammenhang mit der Staatskanzlei und den Veränderungen im Rahmen der Regierungsbildung ein stärker informeller Aspekt der Regierungspraxis ins Blickfeld: die Rolle und der Einfluss personaler Faktoren sowie die Stellung von „Machtmaklern" (Korte 2003: 15-28) in Raus Politikmanagement. Der Staatskanzlei kommt in dieser Hinsicht eine besondere Bedeutung als „Kaderschmiede" und „Personalrekrutierungsbehörde" zu (AV v. 07.08.1990). Phasen der Regierungsbildung sind zugleich auch ein Zeitpunkt für Patronage und Belohnung enger Mitarbeiter und Vertrauter. Ministerpräsident Rau stellte in diesem Zusammenhang keine Ausnahme dar. Vielmehr lässt sich der Stil, in dem 1990 Staatssekretäre ernannt wurden, als „still und hoheitlich" bezeichnen (Hoffmann 2005: 54). Von besonderer

Bedeutung ist in diesem Zusammenhang, dass zahlreiche Positionen und Ämter mit engen Vertrauten des Ministerpräsidenten besetzt wurden. So arbeitete der überwiegende Teil der 1990 ernannten Staatssekretäre zuvor als Referenten oder Mitarbeiter im Büro des Ministerpräsidenten sowie in der Staatskanzlei (NRZ v. 03.08.1990; Hoffmann 2005: 54): „Die Düsseldorfer Staatskanzlei ist längst zu einer ‚Kaderschmiede' für steile Karrieren geworden. Dort wird geprüft und dann entschieden, wer Raus Wohlwollen verdient" (AV v. 07.08.1990). Diese ehemaligen Machtmakler des Ministerpräsidenten übernahmen in der Folge wichtige Funktionen auf allen Ebenen der Landespolitik: Fritz Behrens als ehemaliger Büroleiter Raus wurde Regierungspräsident in Düsseldorf; Hans Baedeker, ebenfalls Mitarbeiter in Raus Ministerpräsidentenbüro, wurde Staatssekretär im Umweltministerium; der ehemalige Gruppenleiter in der Staatskanzlei, Hartmut Krebs, wurde von Rau zum Staatssekretär im Wirtschaftsministerium ernannt. Das Patronagepotenzial ging dabei über die Landesgrenzen hinaus. So wurde Peer Steinbrück, ebenfalls ehemaliger Bürochef Raus, auf dessen Empfehlung hin Staatssekretär in der schleswig-holsteinischen Landesregierung (AV v. 07.08.1990; für weitere Beispiele vgl. auch NRZ v. 03.08.1990). „Rau schien die Vorteile, die er aus dem verlässlichen Vertrauensverhältnis zu seinen engsten Mitarbeitern zog, auf diese Weise zu honorieren. Es war ein Austausch des wertvollen Gutes Vertrauen gegen die Aussicht einer Beförderung" (Hoffmann 2005: 54). Im Sinne der Netzwerkbildung wurden somit enge Vertraute in unterschiedlichen Bereichen der Landespolitik platziert. Dies sicherte im Sinne einer indirekten Einflussnahme Steuerungspotenziale des Ministerpräsidenten.

Auch die herausgehobene Rolle Clements basierte auf einem engen Vertrauensverhältnis zu Rau. Er war 1987 bereits als Wahlkampfleiter für Raus Kanzlerkandidatur tätig gewesen. Allerdings erstreckte sich hier die Loyalitätsbeziehung sogar auf private Kontakte: „Clement ist Raus Mann für alle Fälle, auch fürs Private. Die ‚heimeligen Kaffeestündchen' im familiären Kreis werden von vielen im Düsseldorfer Genossenkreis nicht ohne Neid betrachtet" (KStA v. 06.08.1992). Ähnliches galt für Bodo Hombach, bis 1991 Landesgeschäftsführer der SPD und ebenfalls ein „Machtmakler" Raus. Hombach war bereits seit 1980 eine Stütze des Ministerpräsidenten gewesen (NW v. 10.04.1990). Während Clement Rau den Rücken in der Landesregierung frei hielt, war Hombach vor allem für das reibungslose Funktionieren der Landespartei zuständig (KR v. 05.01.1990; SZ v. 19.05.1990). Dass Rau die Loyalität seiner Mitarbeiter besonders schätzte, zeigte sich beispielhaft an Regierungssprecher Müller-Reinig: „Seine Loyalität zu Johannes Rau war geradezu sprichwörtlich – wie aber auch umgekehrt" (Zeit v. 08.01.1991). So beschäftigte Rau Müller-Reinig nach seinem Ausscheiden aus dem Amt des Regierungssprechers weiterhin als seinen Berater. Seinem altersbedingten Ruhestand hatte Rau nur schweren Herzens zugestimmt (NRZ v. 06.10. 1990).

Mit engen Vertrauten und Machtmaklern schuf Rau sich somit ein auf Loyalität beruhendes Netzwerk, dass ihm in allen Bereichen der Landespolitik Einfluss sicherte und Steuerungspotenziale eröffnete.[33] Als Beispiel hierfür kann das neben der Kabinettsachse Rau-Schleußer-Clement bestehende und auf langjähriger persönlicher Bekanntschaft beruhende und „gefestigte machtpolitische Dreieck" zwischen Rau, Schleußer und dem WestLB Chef Friedel Neuber angeführt werden (FAZ v. 24.05.1996). Mit der WestLB, an der das Land Mitte der 1990er Jahre ca. 43 Prozent der Anteile hielt, stand der Landesregierung ein potenter finanzieller Partner zur Verfügung. Über die persönliche Bekanntschaft der führenden Akteure hinaus war die WestLB fest in das System der Akkomodierung eingebunden. Dies zeigt sich beispielhaft an der Besetzung der acht Posten des Landes im Verwaltungsrat. Hier war neben Akteuren der Landesregierung auch die CDU als größte Oppositionspartei eingebunden. Hinzu kamen Gewerkschaftsfunktionäre und Unternehmervertreter (GA v. 29.11.1995), woraus sich eine institutionalisierte Form des Korporatismus ergab.[34]

Von diesen Netzwerken abgesehen hielt Rau jedoch Distanz gegenüber dem administrativen Apparat (Interview mit R. Frohn v. 05.07.2005). Ebenfalls blieb eine klare Trennung zwischen administrativen Zuarbeitern in Beamten- und Angestelltenapparat auf der einen und politischen Beratern aus der Partei auf der anderen Seite erhalten: „Ihre unterschiedlichen Arbeitsweisen, ihre verschiedenen Formen der Wahrnehmung, Kommunikation und Offenheit, ihre politischen Wertungen und Deutungen hält Rau mit sicherem Gespür auseinander" (Filmer/Schwan 1986: 405; Interview mit M. Krüger-Charlé v. 21.03.2005). Rau vermied es zudem, in Abhängigkeitsverhältnisse

---

[33] Dass dies auch gravierende innerparteiliche Kritik nach sich zog, dokumentiert das Ausscheiden Zöpels aus der Landesregierung. Dieser kritisierte, dass sich Rau lieber mit Gefolgsleuten als mit Querdenkern umgab und sah für sich keinerlei Einflussmöglichkeiten mehr (vgl. Spiegel v. 21.10.1991). Neben politischen Kontakten schloss dieses Netzwerk aber auch ein breites Feld der persönlichen Kontakte ein. Hierzu ausführlicher Filmer/Schwan 1986: 391ff).

[34] Nicht in dieses korporatistische Arrangement eingebunden waren hingegen die Grünen. Daher entzündete sich an der Besetzung der WestLB-Verwaltungsratsposten kurz nach Bildung der rot-grünen Koalition eine Kontroverse. Die Grünen forderten hier eine Mitsprache, die ihnen vonseiten der SPD jedoch nicht eingeräumt wurde (vgl. ausführlicher GA v. 29.11.1995; FR v. 29.11.1995).

gegenüber einzelnen Personen zu geraten. Bei aller Wertschätzung hielt er doch Distanz und folgte dem Grundsatz, sich niemals auf den Rat einzelner Personen alleine zu stützen (Filmer/Schwan 1986: 408-409; Interview mit F. Behrens v. 24.02.2005).

Nach langwieriger Regierungsbildung, Veränderungen des Ressortzuschnitts, personellen Umbesetzungen im Kabinett, institutionellen Veränderungen in der Staatskanzlei und der Kabinettsarbeit sowie dem Ausbau und der Sicherung personaler Einflussmöglichkeiten fand die Phase der Regierungsbildung 1990 ihren Abschluss mit der erneuten Wahl Raus zum Ministerpräsidenten.[35] Erstmals stellte die Opposition keinen Gegenkandidaten gegen Rau auf (FR v. 07.06.1990). Daher wurde „die nordrhein-westfälische ,Institution' seit 1978 zum vierten Mal als Ministerpräsident vereidigt" (RP v. 07.06.1990).[36] Bei der Wahl am 6. Juni 1990 hatte Rau 124 Ja-Stimmen erhalten, 109 Abgeordnete hatten mit Nein gestimmt, einer hatte sich enthalten. Rau erhielt damit sogar aus den Reihen der Opposition mindestens zwei Stimmen (KStA v. 07.06.1990; FR v. 07.06.1990; WAZ v. 07.06.1990).

Regierungserklärung: Warten auf Rau

Die Regierungserklärung zu Beginn einer neuen Legislaturperiode ist zugleich „Visitenkarte und Führungsinstrument" (Korte 2002: 15) des Ministerpräsidenten. Als „Visitenkarte" ist sie in ihrer Wirkung primär nach außen gerichtet. Sie stellt damit in gewisser Hinsicht den logischen Abschluss der oben behandelten Themen Wahlkampf und Regierungsbildung dar. Die bereits im Wahlkampf thematisierten politischen Absichtserklärungen werden aufgegriffen und gebündelt, politische Prioritäten werden deutlich gemacht. Diese inhaltliche Prioritätensetzung spiegelt sich zudem idealtypisch im Rahmen der Regierungsbildung wider, indem Ressortzuschnitt und die Besetzung der Ministerien abgestimmt werden. Die Regierungserklärung macht sowohl der Öffentlichkeit als auch dem Landtag gegenüber deutlich, welche Vorhaben die neue Landesregierung realisieren möchte. Insofern ist die Regierungserklärung „Ausdruck des wechselseitigen Vertrauens zwischen dem Parlament [d. h. vor allem der Parlamentsmehrheit] und der Regierung" (Korte 2002: 11). Sie wird damit zur Richtschnur für das Regierungshandeln.

---

[35]　Die Kabinettsliste gab Rau erst nach seiner Wahl zum Ministerpräsidenten bekannt. Insofern bildet die Wahl zum Ministerpräsidenten noch keinen zeitlichen Abschluss, sondern eher einen Zwischenschritt.

[36]　Die Vereidigung der Landesminister erfolgte am 13. Juni 1990.

Als „Führungsinstrument" ist die Regierungserklärung primär an die eigenen
Reihen gerichtet. Der Ministerpräsident macht nicht nur der Öffentlichkeit
deutlich, welche Prioritäten die Regierung setzt, sondern die Regierungser-
klärung hat insofern auch nach innen gerichtete machtpolitische Funktionen.
Sie legt die Mehrheitsfraktion(en) und die Administration auf politische
Richtlinien für die anstehende Legislaturperiode fest.

Zusammenfassend lassen sich folglich vier zentrale Funktionen einer
Regierungserklärung identifizieren (Korte 2002: 16-17): Erstens entfaltet der
Ministerpräsident im Sinne einer politischen Standortbestimmung die inhaltliche Programmatik und das Selbstverständnis seiner Regierung. Zweitens
beinhaltet die Regierungserklärung das politische Entscheidungspaket der
Regierung bis zum Ende der Legislaturperiode. Dies umfasst unterschiedliche Politikfelder, Themen und Problemlagen. Drittens dient die Regierungserklärung dem Ministerpräsidenten als Führungsinstrument dazu, seine
Richtlinienkompetenz rhetorisch deutlich zu machen. Schließlich lässt sich
aus der Regierungserklärung der Zeitgeist der jeweiligen Ministerpräsidentschaft ablesen. Die Wirkungsmacht der politischen und gesellschaftlichen
Umstände lässt sich somit indirekt aus der Regierungserklärung herauslesen.

Angesichts dieser Funktionen können aus der Regierungserklärung zugleich Rückschlüsse auf den Regierungsstil und das Politikmanagement eines Ministerpräsidenten gezogen werden, denn die großen Regierungserklärungen sind – wie auf Bundesebene – Chefsache: Sie tragen die Handschrift
des jeweiligen Regierungschefs (Korte 2002: 24). Hier zeigen sich bereits
Muster des Politikmanagements, die im weiteren Verlauf der jeweiligen
Legislaturperiode wirkungsmächtig werden. Dazu gehört die Frage externer
Einflussnahme auf den Text der Regierungserklärung ebenso, wie die Frage
hinsichtlich der am Verfassen des Textes beteiligten Personen. Der Entstehungsprozess offenbart zudem, ob im Rahmen der Regierungspraxis formale
oder informelle Prozesse überwiegen (Korte 2002: 25). Welche Themen
aufgegriffen werden und welche nicht, kann zugleich relevant für Fragen der
politischen Führung sein: „Die Thematisierungskompetenz ist zugleich politische Führungskompetenz" (Korte 2002: 26).

Entstehungsprozess

Im Falle der Regierungserklärung von Johannes Rau 1990 ist bereits die
Zeitplanung aufschlussreich. „Hatte sich Rau schon einen Monat Zeit gelassen, um sein nur in kleineren Teilen verändertes Kabinett der Öffentlichkeit
zu präsentieren, so wurde die Präsentation der politischen Leitlinien für die

kommenden fünf Jahre noch wesentlich weiter aufgeschoben" (Hoffmann 2005: 55). Bereits unmittelbar nach der Landtagswahl hatte Rau angekündigt, die Regierungserklärung erst nach der parlamentarischen Sommerpause abgeben zu wollen (WAZ v. 15.05.1990). Als Begründung wurden die besonderen Umstände der Deutschlandpolitik angeführt. Aufgrund der deutsch-deutschen Entwicklungen seien vor allem die finanziellen Folgen für NRW nicht absehbar und insofern auch seriöse Vorgaben für die anstehende Legislaturperiode unmöglich (WAZ v. 17.05.1990). Die Opposition kritisierte zwar dieses Vorgehen und beantragte eine Debatte über die Perspektiven des Landes im Prozess der deutschen Einigung (WAZ v. 17.05.1990; SZ v. 01.06.1990), am von Rau vorgegebenen Terminplan konnte sie damit allerdings nichts ändern. Bereits durch diese Zeitplanung machte Rau zentrale Elemente seines Regierungsstils deutlich: Sein Vorgehen war moderierend, durchaus zögerlich und alle regierungsinternen Abstimmungsprozesse abwartend. War der Zeitplan möglicherweise in Teilen den gesamtpolitischen Umständen der Zeit geschuldet, so macht doch der Vergleich mit einem anderen Bundesland die besondere Ausprägung des Regierungsstils Raus anhand dieses Fallbeispiels deutlich. Hoffmann (2005: 55)verweist zum Vergleich auf Niedersachsen, wo ebenfalls am 13. Mai 1990 Landtagswahlen stattgefunden hatten. Der dortige Wahlsieger Gerhard Schröder gab seine Regierungserklärung bereits am 27. Juni ab. Dabei müssen zwei zentrale Unterschiede zu NRW berücksichtigt werden: Zum einen lagen in Niedersachsen zwischen Wahltermin und Regierungserklärung Koalitionsverhandlungen von SPD und Grünen. Dies war aufgrund der absoluten Mehrheit der SPD in NRW nicht notwendig, was die Dauer der Beratungen hätte verkürzen können. Zum anderen war Schröder neu in das Amt des Ministerpräsidenten gewählt worden, wohingegen Rau bereits seit 1978 regierte. Dass Rau dem Landtag erst am 15. August 1990 sein Programm für die nächsten fünf Jahre vorstellte, ist insofern ein klarer Beleg für die Ausprägung seines oben angedeuteten individuellen Regierungsstils.

Dass diese zeitliche Verzögerung und das „Warten auf Rau" (NW v. 24.07.1990) nicht nur für kabinettsinterne Abstimmungsprozesse genutzt wurde, sondern auch weitere Akteure Einflussmöglichkeiten zu nutzen suchten, lässt sich an zwei Beispielen nachweisen. Zum einen unternahmen Interessengruppen den Versuch, gestalterisch Einfluss auf das Regierungsprogramm zu nehmen. So stellte beispielsweise der DGB einen Forderungskatalog an die Regierung Rau vor, den die Gewerkschaften zeitlich strategisch platzierten (FR v. 21.06.1990; Handelsblatt v. 20.06.1990). In ähnlicher Weise verfuhr die nordrhein-westfälische Industrie- und Handelskammer, die

ihre Ansprüche an die Landesregierung Ende Juli kommunizierte (Handelsblatt v. 31.07.1990; WamS v. 05.08.1990). Zum anderen werden auch am
Beispiel der Regierungserklärung die aus dem Strukturmerkmal Parteiendemokratie abgeleiteten Imperative deutlich. Diese äußerten sich in dem deutlichen Einfluss der Landtagsfraktion, insbesondere des Fraktionsvorsitzenden
Farthmann, auf die inhaltliche Ausgestaltung der Regierungserklärung. Unter
Bezugnahme auf die vorangegangene Regierungsbildung forderte Farthmann
weitere personelle Veränderungen in den Ressorts – hier besonders im Kultusministerium – zur Mitte der Legislaturperiode hin (KStA v. 23.06.1990).
Damit unterstrich er erneut die im Prozess der Regierungsbildung erhobenen
Ansprüche der Fraktion auf Mitgestaltung, die Rau in seinem Sinne hatte
steuern können. Darüber hinaus formulierte der Fraktionschef in einem öffentlich gewordenen Brief an die Fraktion vier inhaltliche Schwerpunkte der
Landespolitik für die anstehende Legislaturperiode (NRZ v. 23.06.1990):
eine Neuordnung der Kommunalverfassung, die Neuorganisation der Schulverwaltung, den Ausbau von Ganztagsbetreuung und Kindergartenplätzen
sowie eine positive Entscheidung zum Braunkohletagebau Garzweiler II. Bei
der Artikulation dieses inhaltlichen Gestaltungsanspruches konnte sich
Farthmann auf zwei Faktoren berufen, die der Ministerpräsident für die Regierungspraxis beachten musste (Hoffmann 2005: 56): Erstens war Farthmann durch die Fraktion mit einem sehr guten Ergebnis in seinem Amt als
Fraktionsvorsitzender bestätigt worden. Er konnte damit seine Machtstellung
gegenüber der Landesregierung deutlich festigen. Zweitens kam Farthmann
die schwieriger gewordene Aufgabe zu, der Regierung die auf sieben Mandate geschrumpfte Mehrheit der SPD-Fraktion zu sichern. Auch hieraus erwuchs ihm eine zunehmende Bedeutung im regierungsinternen Politikmanagement. Im Sinne parteiendemokratischer Arrangements musste Rau folglich
in besonderer Weise Rücksicht auf Farthmann nehmen. Sollte ihm die Fraktion in der Funktion des Mehrheitsbeschaffers den Rücken für die Regierungsarbeit freihalten, so musste der Ministerpräsident auf der anderen Seite
ihr Anrecht auf Gestaltungsvorschläge konstruktiv aufnehmen (vgl. NRZ v.
23.06.1990).

Unterlag Rau somit im Zusammenhang mit der Regierungserklärung
vielfältigen Einflussversuchen, so machte er doch zugleich seinen persönlichen Gestaltungsanspruch im Sinne der Richtlinienkompetenz deutlich. Eben
deshalb forderte er die Minister seines Kabinetts zur öffentlichen Zurückhaltung auf (WamS v. 05.08.1990). Im Sinne einer Disziplinierung der Kabinettskollegen sollte die ausufernde und öffentliche Formulierung von Res-
sortinteressen unterbunden werden. Die hier zum Ausdruck kommende Do-

minanz des Ministerpräsidenten zeigte sich ebenfalls im Entstehungsprozess der Regierungserklärung. Zur Bündelung der unterschiedlichen Ressortvorschläge empfing Rau ab dem 9. August 1990 jeden Minister zu Einzelgesprächen (WAZ v. 10.08.1990). Auf einer im Vorfeld abgehaltenen Klausurtagung hatte nicht die Regierungserklärung, sondern das Wahlergebnis der SPD im Mittelpunkt gestanden (NW v. 07.08.1990). Erst im Anschluss an die Einzelgespräche mit seinen Ministern wurden die Ressortvorschläge am 12. August 1990 bei einer Klausurtagung des ganzen Kabinetts gebündelt (WAZ v. 10.08.1990). Insofern benötigte der Aushandlungsprozess bei Rau eher mehr als weniger Zeit. Er bevorzugte Einzelgespräche gegenüber größeren Runden und legte großen Wert darauf, über alles informiert zu sein (Hoffmann 2005: 57).

Grundsätzlich war Rau „als MP von unstillbarem Informationshunger. Er wollte jede Perspektive kennen und (…) am liebsten mit neuen Informationen überraschen" (Interview mit R. Frohn v. 05.07. 2005). Dass aus dieser Arbeitsweise zugleich eine dominante Verhandlungsposition erwuchs, zeigt sich beispielhaft beim Entstehungsprozess der Regierungserklärung. Durch die Einzelgespräche war allein Rau im Vorfeld der Klausurtagung über alle Vorhaben der Ressorts informiert. Diesen Informationsvorteil konnte Rau in einen unschätzbaren Vorteil bei der Verhandlungsführung ummünzen (Hoffmann 2005: 57). Zugleich war Rau bemüht, diesen Informationsvorsprung nicht in Form „disziplinierender Zügel" zu zeigen. Stattdessen war es sein Ziel, die Verhandlungen subtil zu steuern und dabei alle Fäden in der Hand zu behalten (Interview mit R. Frohn v. 05.07.2005). Diese indirekte Form der kommunikativen Steuerung zeigt sich beispielhaft an den Beratungen zur Regierungserklärung. Durch die Einzelgespräche mit seinen Ministern und die anschließende Klausurtagung am 12. August 1990 bot Rau diesen ausreichende Gelegenheit, Forderungen zu formulieren, Bedenken zu artikulieren und Diskussionsprozesse in Gang zu setzen. Zugleich wurde der Einigungsdruck auf alle Beteiligten durch die zeitliche Nähe zur Präsentation eines Ergebnisses hochgehalten (Hoffmann 2005: 57). Angesichts der Verschiebung der Regierungserklärung auf den 15. August, und damit auf einen Zeitpunkt nach der parlamentarischen Sommerpause, hätten die Beratungen eine ausreichend lange Vorlaufzeit gehabt. Durch die Terminierung der Kabinettsklausur wenige Tage vor dem Termin der Regierungserklärung, wurde der objektiv kaum bestehende zeitliche Druck als disziplinierendes Instrument künstlich erhöht.

Regierungsprogramm

Unter dem Titel „Kurs halten, Kräfte konzentrieren, Akzente setzen" stellte Rau schließlich dem Landtag sein Regierungsprogramm vor. Mit den begrifflichen Schwerpunkten der Erklärung – der Fortsetzung des „ökonomischen und ökologischen Umbaus" und der Erneuerung des Landes in „sozialer Verantwortung" (Feist/Hoffmann 1990: 448) – griff Rau exakt jene Stichworte auf, die bereits den Wahlkampf der SPD geprägt hatten. Die darin prinzipiell angelegten Policy-Akzentuierungen rekurrierten somit auf bereits im Wahlkampf eingeführte Themensetzungen. Sie wurden in der Regierungserklärung zu drei zentralen Leitlinien verdichtet: Ziel der „praktischen Reformpolitik" der kommenden Jahre sollte es sein, „erstens die solidarische Gesellschaft [zu] stärken, zweitens die ökonomische und ökologische Erneuerung fort[zu]setzen, drittens eine neue Kultur der partnerschaftlichen Verantwortung [zu] begründen" (Regierungserklärung v. 15.08.1990, Plenarprotokoll 11/4; vgl. KR v. 16.08.1990). Das bereits im Wahlkampf formulierte Ziel, NRW zur „grünsten Industrieregion Europas" zu machen, fand ebenfalls unmittelbar Eingang in die Regierungserklärung.

Eine klare inhaltliche Prioritätensetzung der Landespolitik nahm die Regierungserklärung hingegen kaum vor. Nicht nur von den Oppositionsparteien wurde kritisiert, es habe sich um einen „Bauchladen von Allgemeinplätzen" gehandelt (RP v. 16.08.1990). Auch zahlreiche politische Beobachter unterstützten den Eindruck, die Regierungserklärung sei ein breit angelegtes „Kursbuch" gewesen, bei dem kein landespolitisches Thema ausgelassen worden sei (vgl. WR v. 16.08.1990; SZ v. 16.08.1990; RP v. 16.08. 1990). So wurden alle zentralen Politikfelder der Landespolitik angesprochen, jedoch kaum klare und konkrete Handlungsvorhaben artikuliert. Gegen eine klare inhaltliche Zuspitzung sprachen bereits Länge und Dauer der Regierungserklärung. Mit einem Umfang von 49 Seiten und einer Dauer der Rede von 2 Stunden und 22 Minuten war die Regierungserklärung die längste bisher in NRW Gehaltene gewesen (WAZ v. 16.08.1990). Rau folgte damit einem Trend, der sich für bereits amtierende Regierungschefs durchaus verallgemeinern lässt: „Aus Gründen der zunehmenden ressortspezifischen Bürokratisierung politischer Prozesse verflachte bei wiederholten großen[37] Regierungserklärungen (…) die Sprache und ließ den Bericht im Extremfall zur politischen Detailauflistung der Ressortwünsche verkommen" (Korte

---

[37] Mit „großer" Regierungserklärung ist die zu Beginn einer Legislaturperiode vorgestellte gemeint (Korte 2002).

2002: 14). Die Routine zweier bereits vorangegangener absoluter Regierungsmehrheiten lässt sich insofern auch 1990 bei Rau nachweisen.

Dennoch drückt sich im behandelten Themenspektrum die bereits oben angesprochene Themensetzung und Einflussnahme durch die Fraktion aus. Die von Fraktionschef Farthmann angemahnten Schwerpunkte – Organisation der Schulverwaltung, Neuordnung der Kommunalverfassung, Ausbau von Kindergartenplätzen und Ganztagesbetreuung und die Zukunft des Braunkohleabbaus im Tagebau Garzweiler II – fanden unmittelbar Eingang in die Regierungserklärung (vgl. FAZ v. 16.08.1990; taz v. 16.08.1990; SZ v. 16.08.1990). Zugleich war Rau in der Lage, diese externen Forderungen in ein Gesamtpaket einzubetten. Durch die Verbindung aller Einzelvorschläge zu einer „Vision neuer sozialer Partnerschaft" (KR v. 16.08.1990) kam Rau zugleich seiner politischen Führungsrolle nach. Gerade in diesen eher unkonkreten inhaltlichen Vorgaben drückt sich der Regierungsstil des Ministerpräsidenten aus: „Johannes Rau, wie wir ihn kennen: behutsam, doch zielbewusst, mehr Kontinuität als Erneuerung. Das Bewährte bewahren, Neues ansteuern, Moderation statt Paukenschlag. Die Kräfte bündeln und auf eine einzige Vision konzentrieren" (NRZ v. 16.08.1990). Dieser auf Moderation ausgelegte Stil der „Akkomodierung" unterschiedlicher Interessenlagen zeigt sich überdies beispielhaft an einem der wenigen konkreten Vorhaben in der Strukturpolitik: Regionalkonferenzen unter Beteiligung von Kommunen, lokaler Wirtschaft, Gewerkschaften und Politik sollten nach dem Willen Raus zur Entscheidungsfindung beitragen (WamS v. 19.08.1990). Diese Unterstützung korporatistischer Arrangements durch die Landesregierung befand sich in Einklang mit der moderierenden Art des Politikmanagements.

Zugleich machte die Regierungserklärung einige inhaltliche Konturen der anstehenden Legislaturperiode deutlich: Zur schwierigsten Frage der kommenden Jahre wurde bereits in der Regierungserklärung die Entscheidung über den Braunkohletagebau Garzweiler II erhoben. Auch der Verkehrspolitik wurde besonderes Gewicht eingeräumt und Bauen und Wohnen wurden als ebenfalls zentrale Handlungsfelder der Regierung betont (RP v. 16.08.1990). Damit zeichnete die Regierungserklärung die bereits durch den Ressortzuschnitt vorgenommenen Policy-Akzentuierungen nach. Schließlich machte Rau seine bundespolitischen Gestaltungsansprüche deutlich und dokumentierte damit das besondere Gewicht als Ministerpräsident in bundespolitischen Fragen (Welt v. 23.08.1990). Hier zeigt sich ebenfalls eine Analogie zur Regierungsbildung, in deren Zusammenhang Rau die entsprechenden bundes- und europapolitischen Kompetenzen in der Staatskanzlei zentralisiert hatte.

Politikmanagement: Garzweiler II und Kabinettsumbildung 1992

Über Regierungsbildung und Regierungserklärung hinaus kommt die Ausprägung unterschiedlicher Aspekte des Politikmanagements in konkreten Politikfeldern der Landespolitik zum Tragen. Vor allem im Hinblick auf politische Schlüsselentscheidungen entfalten die Imperative der Strukturmerkmale ihre volle Wirkung und lassen sich so in ihrer Bedeutung für das Regieren exemplarisch nachzeichnen. Zu zentraler Bedeutung entwickelte sich im Verlauf der Legislaturperiode die Entscheidung über den Aufschluss des Braunkohletagebaus Garzweiler II. Die besondere Ausprägung dieses Fallbeispiels ermöglicht es, unterschiedliche Strukturmerkmale des Regierens zugleich zu betrachten. Erstens handelt es sich bei Garzweiler II um eine Entscheidung, die im originären Zuständigkeitsbereich der Landespolitik angesiedelt ist. Im Gegensatz zu vielen anderen Politikfeldern lassen sich so an diesem Beispiel in besonderer Weise landespolitische Strukturen und Faktoren des Regierens nachzeichnen. Zweitens war die Entscheidung über Garzweiler lange Jahre ein entscheidendes Thema der Landespolitik und damit Gegenstand breiten öffentlichen Interesses. Nicht nur die im Landtag vertretenen Parteien, auch sonstige Akteure wie Interessengruppen und Bürgerinitiativen befassten sich eingehend mit dieser Frage. Drittens eröffnet das Fallbeispiel Vergleichsmöglichkeiten zwischen unterschiedlichen Phasen des Politikmanagements. Eine breite Diskussion über Garzweiler II setzte Anfang der 1990er Jahre ein, zu einer endgültigen Entscheidung kam es jedoch erst im Jahr 1998. Insofern lassen sich besondere Ausprägungen des Politikmanagements für die Zeit der absoluten SPD-Mehrheit ebenso aufzeigen, wie für die ersten Jahre der rot-grünen Koalition. Durch den Wechsel im Amt des Ministerpräsidenten 1998 eröffnet das Fallbeispiel zudem Möglichkeiten des Vergleichs zwischen Johannes Rau und seinem Amtsnachfolger Wolfgang Clement (vgl. Kapitel 3.3).

Von besonderer Bedeutung für das Politikmanagement von Johannes Rau war das Kabinett. Dieses stellte die zentrale landespolitische Steuerungsinstanz dar. Im Zusammenhang mehrerer Krisen geriet diese Institution jedoch 1992 ins Wanken. Der Rücktritt von Arbeits- und Sozialminister Heinemann machte eine Kabinettsumbildung notwendig. Anders als noch 1990 anvisiert, wurde diese nicht in einem geordneten Verfahren, sondern als Reaktion auf krisenhafte Entwicklungen vollzogen. Daher lassen sich auch hier zentrale Aspekte des persönlichen Politikmanagements nachzeichnen.

Garzweiler II

Ausgangspunkt der Diskussion über Garzweiler II waren die Planungen der RWE-Tochterfirma Rheinbraun, den Braunkohleabbau über das bereits 1987 in Betrieb genommene Abbaugebiet Garzweiler I fortzusetzen. Rheinbraun beantragte die Erweiterung des bestehenden Braunkohleabbaus auf einem zwischen den Städten Mönchengladbach und Erkelenz sowie den Gemeinden Titz und Jüchen gelegenen Areal einer Größe von ca. 68 km². Die im Rahmen des Genehmigungsantrags zu Garzweiler II festgelegten Plandaten reichten insgesamt bis ins Jahr 2080. Im Anschlusstagebau sollten ab 2006 über einen Zeitraum von vier Jahrzehnten hinweg zwischen 35 und 45 Millionen Tonnen Braunkohle abgebaggert werden. Da der Abraum für eine vollständige Verfüllung des Tagebaus nicht ausreichen würde, sollte das „größte Loch Europas" (taz v. 30.03.1995) mit zwei Milliarden Kubikmeter Wasser aufgefüllt werden. Über eine Pipeline sollten dieser weltweit bislang einmalige Kunstsee pro Jahr mit 60 Millionen Kubikmeter Rheinwasser gefüllt werden. Durch den geplanten Tagebau waren ca. 7600 Bewohner im Abbaugebiet von Umsiedlungsmaßnahmen betroffen (nachfolgend v. Blumenthal 2001).

Den Antrag auf die Genehmigung von Garzweiler II hatte Rheinbraun schon Mitte der 1980er Jahre gestellt. Nicht nur bei der Landesregierung und der Regierungspartei SPD, auch bei den beiden im Landtag vertretenen Oppositionsparteien CDU und FDP stieß das Unternehmen damit auf grundsätzliche Zustimmung. Noch nie vorher war ein Tagebauvorhaben von Rheinbraun abgelehnt worden (taz v. 30.03.1995). Vor allem innerhalb der SPD war der fortgesetzte Braunkohleabbau kaum umstritten. Diese grundsätzliche Unterstützung der Braunkohle als wichtiger einheimischer Energieträger hatte Rau in seiner Regierungserklärung 1990 noch einmal unterstrichen. Nicht zuletzt die starke gewerkschaftliche Orientierung und die Nähe der SPD zur IG Bergbau hatten zu dieser langjährigen Position der SPD geführt (v. Blumenthal 2001: 181).

Lediglich die bis 1990 nicht im Landtag vertretenen Grünen hatten massiven Einspruch gegen die Fortsetzung des Braunkohleabbaus erhoben. Dafür machten sie primär vier Argumente geltend: Erstens gebe es keine energiepolitische Notwendigkeit des Projekts. Zweitens stünde die weitere Verstromung der Braunkohle im Widerspruch zu bereits vereinbarten Klimaschutzzielen. Drittens seien die ökologischen Folgen des Projekts nicht beherrschbar und schließlich seien die mit dem Anschlusstagebau verbundenen sozialen Folgen zu gravierend (v. Blumenthal 2001: 180). Über diese Bedenken setzte sich die Landesregierung jedoch weitgehend hinweg. Entsprechend erklärte Umweltminister Matthiesen für die Landesregierung am 24. September 1991 die grundsätzliche Zustimmung zu Garzweiler II, machte die Genehmigung jedoch von einigen Bedingungen abhängig: Die energiepolitischen Notwendigkeiten müssten bei Abbaubeginn weiterhin gegeben, räumliche Alternativen ausgeschöpft und die ökologischen und sozialen Folgen angemessen berücksichtigt sein (Regierungserklärung v. 24.09.1990).

Entsprechende Prüfmaßnahmen sollten im Rahmen des Genehmigungsprozesses ergriffen werden, der ein mehrstufiges Verfahren durchlaufen musste. Die Grundlage der Betriebsgenehmigung stellte der Braunkohlenplan dar. Darauf aufbauend konnten der Rahmenbetriebsplan für das Abbaugebiet sowie ergänzende wasserrechtliche Genehmigungen erteilt werden. Zu Beginn der Legislaturperiode war die Landesregierung nicht unmittelbar an dieser Entscheidungsfindung beteiligt. Vielmehr machen die im Bereich der Braunkohlepolitik institutionalisierten Entscheidungsstrukturen in besonderer Weise die Bedeutung verhandlungsdemokratischer Strukturen und darüber hinaus die Exekutivlastigkeit im Politikfeld Kohlepolitik deutlich.

Die ersten Genehmigungsschritte zu Garzweiler II lagen nicht im originären Zuständigkeitsbereich der Landesregierung, sondern auf der Ebene der Regierungsbezirke. Über den Braunkohlenplan zu Garzweiler II beriet ein als Sonderausschuss des Bezirksplanungsrates des Regierungsbezirks Köln eingesetzter Braunkohlenausschuss (BKA). Bereits in seiner Zusammensetzung zeigten sich zentrale Elemente verhandlungsdemokratischer Arrangements. Neben kommunalen Vertretern waren ebenfalls Vertreter der Regierungsbezirke Mitglieder des Ausschusses. Die Sitze dieser regionalen und kommunalen „Bänke" waren nach Parteiproporz aufgeteilt. So besetzte die SPD Anfang 1990 15 Sitze, die CDU 13. Die Grünen wurden durch drei, die FDP durch einen Beisitzer vertreten. Zu diesen beiden Bänken kam die „funktionale Bank" hinzu. Diese setzte sich aus drei Vertretern von IG Bergbau und Energie, jeweils einem Vertreter der Industrie- und Handelskammer, der Landwirtschaftskammer, der Handwerkskammer und der Arbeitgeberverbände zusammen. Mit beratenden Befugnissen kamen Vertreter von Rheinbraun, den NRW-Naturschutzverbänden, dem Landesamt für Agrarordnung sowie dem Geologischen Landesamt und dem Landesoberbergamt hinzu (BKA-Drucksache 324: 5-7).

Aufgabe dieses korporatistisch angelegten Ausschusses war die Vorlage eines Braunkohlenplanes für das Abbaugebiet, über den dann letztinstanzlich die Landesregierung entscheiden musste. Die hier institutionalisierte Verflechtung zwischen korporatistischen Akteuren und den Parteien der Landespolitik entsprach durchaus auch anderenorts gepflegter Praxis. In einem e-benfalls parteipolitisch austarierten Proporzverfahren waren auch die Aufsichtsratsmandate in dem montanmitbestimmten Unternehmen Rheinbraun zwischen SPD und CDU aufgeteilt (taz v. 30.03.1995). Dass in diesem Zusammenhang die CDU als stärkste Oppositionspartei nahezu gleichberechtigt eingebunden wurde, zeigt den verhandlungsdemokratischen Charakter dieser Arrangements und den Politikstil der Akkomodierung.[38]

Damit knüpfte Rheinbraun zugleich zahlreiche einflussreiche Kontakte in die Landespolitik. Das Unternehmen hatte „durch eine intensive Pflege der politischen Landschaft über Jahrzehnte in den beiden großen Parteien, aber auch in Ministerien, Behörden, Gewerkschaften und wichtigen Verbänden ein dichtes Netzwerk geknüpft. Vieles läuft dort nach der rheinischen Losung: ‚Mer kenne uns, mer helfe uns' (…)" (taz v. 30.03.1990). Die korporatistisch angelegten Entscheidungsstrukturen in der Braunkohlepolitik verdeutlichen damit in besonderer Weise verhandlungsdemokratischen Strukturen der Landespolitik. In den unmittelbaren Entscheidungsprozess eingebunden wurden sowohl die Opposition, als auch zentrale Interessengruppen wie Gewerkschaften und Unternehmensvertreter sowie Vertreter von Landesbehörden. Dieses fest gefügte Policy-Netzwerk erhielt durch die Sonderkonstruktion des BKA unmittelbaren Einfluss auf kohlepolitische Entscheidungen.

Der BKA übernahm alle weiteren Beratungen und Entscheidungsvorbereitungen, während die Landesregierung in den folgenden Jahren nicht unmittelbar beteiligt war. Vielmehr wurde diese nach außen erkennbar erst wieder Ende 1994 selber aktiv. Am 10. November 1994 bekräftigte die SPD-Landtagsmehrheit ihre positive Haltung zu Garzweiler II durch einen entsprechenden Entschließungsantrag (LT-Drucksache 11/7944). Vorangegangen war jedoch die Ankündigung eines ökologischen Investitionsprogramms durch RWE-Energie und Rheinbraun im Oktober 1994. Zentraler Bestandteil des angekündigten Programms sollte die Modernisierung der firmeneigenen Braunkohlekraftwerke sein. In den vorangegangenen Verhandlungen zu Garzweiler II war dies vonseiten der Landesregierung gegenüber RWE als Voraussetzung für weitere positive Entscheidungen zu Garzweiler II bezeichnet worden (FAZ v. 25.10.1994).

Somit nicht überraschend stimmte der BKA im Dezember 1994 positiv über den in den vorangegangenen Jahren erarbeiteten Braunkohlenplan ab

---

[38]   So war beispielsweise der langjährige CDU-Fraktionsvorsitzende Bernhard Worms Rheinbraun-Aufsichtsratsvorsitzender.

(FAZ v. 21.12.1994). Nach Vorlage dieses Planes stimmte das Ministerium
für Umwelt, Raumordnung und Landwirtschaft (MURL) als zuständiges
Ressort im Namen der Landesregierung im März 1995 dem vorlegten Braunkohlenplan zu. Am 22. März hatte das MURL sich, dem braunkohlerechtli-
chen Verfahren entsprechend, mit dem Landtagsausschuss für Umwelt,
Raumordnung und Landwirtschaft „ins Benehmen gesetzt" und bereits Anfang Februar war die vorentscheidende Kabinettsentscheidung zugunsten von
Garzweiler II gefallen (FAZ v. 09.02.1995). Unmittelbare Mitentscheidungs-
befugnisse hatte der Landtag damit keine. Insofern konnten die zuständigen
Landesplanungsbehörden mit politischer Zustimmung des MURL im gleichen Monat den Braunkohlenplan für das inzwischen auf 48 km² verkleinerte
Abbaugebiet genehmigen. Eine entscheidende Hürde und eine wichtige Vorentscheidung für die endgültige Abbauerlaubnis waren damit gefallen.

Korporatistische Arrangements und verhandlungsdemokratische Strukturen waren folglich im Fall Garzweiler II von entscheidender Bedeutung.
Eine der zentralen Entscheidung der Landespolitik seit 1990 wurde somit
unter direkter Beteiligung sowohl außerparlamentarischer Akteure, wie Gewerkschaften und Unternehmensvertretern, als auch der größten Oppositionspartei CDU gefällt. Im Sinne eines konsensualen Interessenausgleichs
wurden externe Akteure unmittelbar in den Entscheidungsprozess einbezogen, zugleich ging mit diesem Entscheidungsverfahren eine besondere Exekutivlastigkeit der Entscheidungsverfahren einher. Der Landtag blieb von der
politischen Einflussnahme weitgehend ausgeschlossen. Nach Vorbereitung
durch den BKA blieb allein dem Umweltministerium und damit der Landesregierung die Entscheidung über den Braunkohlenplan vorbehalten. War die
CDU-Opposition zumindest im BKA maßgeblich repräsentiert und damit in
die Entscheidung eingebunden, so waren vor allem die beiden kleinen Partei-
en weitgehend vom Entscheidungsprozess ausgeschlossen. Sowohl wegen
des außerparlamentarischen Entscheidungsverfahren als auch wegen ihres
erklärten politischen Widerstandes gegen Garzweiler II erhoben die Grünen
kurz vor der anstehenden Landtagswahl 1995 Organklage beim Verfassungsgericht.

Über diese strukturellen Entscheidungsverfahren hinaus eröffnet das
dargestellte Fallbeispiel einen Blick auf die individuelle Rolle von Ministerpräsident Rau. Dieser schaltete sich öffentlich kaum in die Diskussion über
Garzweiler II ein, sondern überließ es zumeist Umweltminister Matthiesen,
die Position der Landesregierung öffentlich zu vertreten. Dies entsprach
Raus genereller Haltung, sich nur selten zu einzelnen landespolitischen Themen zu äußern (Hoffmann 2005: 61). Trotz der unbestritten großen Bedeu-

tung der Garzweiler-Entscheidung agierte Rau insofern keinesfalls im Sinne des „Chefsachen-Mythos". Vielmehr setzte er auf ausgleichende Moderation und Konfliktschlichtung zwischen den beteiligten Akteuren. Die im BKA zum Tragen kommenden korporatistischen Strukturen sind insofern eine Unterstützung dieses persönlichen Regierungsstils Raus. Er präsentierte sich zumeist nicht als treibende Kraft einzelner Projekte der Landesregierung. Vielmehr nutzte Rau seine Rolle zur Vorgabe langfristiger politischer Grundlinien, die dann von den zuständigen Ressorts der Landesregierung in konkrete politische Vorhaben umgesetzt werden sollten (siehe auch Hoffmann 2005: 62).

Ähnliches zeigt sich in der Betonung der zentralen Rolle des Kabinetts. Im Gegensatz zur Praxis vieler anderer Regierungen war es tatsächlich ein Ort der „kollektiven Willensbildung" (Interview mit R. Frohn v. 05.07. 2005). „Das Kabinett und seine wöchentliche Sitzung am Dienstagmittag [war] der zentrale landespolitische Termin. (...) Jeder Tagesordnungspunkt wurde beraten, möglichst konsensual verhandelt, was Zeit brauchte und die Geduld manches Kabinettsmitglieds strapazierte. Am Ende der Sitzung war aber die Landesregierung in der Regel einer Meinung. Andernfalls wurden die Beratungen fortgesetzt. Der Regierungschef erwartete, dass die Regierung danach das gemeinsam Beschlossene auch geschlossen vertrat" (Interview mit R. Frohn v. 05.07.2005). Rau vermochte es folglich, ein geschlossenes Bild der Landesregierung nach außen zu transportieren und mögliche Interessenkonflikte intern „wegzumoderieren". Dieser Einsatz der Kabinettssitzungen als Steuerungsinstrument war vor allem deshalb besonders wirksam, weil die zentralen politischen Kräfte der SPD und der Landesregierung hier personell eingebunden waren. Zeitweise vorhandene Differenzen in der Braunkohlepolitik konnten damit einvernehmlich geklärt werden und das Ergebnis wurde, verstärkt durch die Kabinettsdisziplin, entsprechend von allen Ressortministern öffentlich vertreten. Weitere durchaus konfliktträchtige Themen, beispielsweise die künftige Ausrichtung der Verkehrspolitik des Landes, wurden somit ohne das öffentliche Austragen der Meinungsverschiedenheiten innerhalb der Regierung geklärt (Hoffmann 2005: 61).

Kabinettsumbildung 1992

Die besondere Bedeutung des Kabinetts für Raus Politikmanagement zeigte sich in der Legislaturperiode 1990 bis 1995 besonders deutlich in der krisenhaften Zwischenphase der Landesregierung 1992. Bereits im Rahmen der Regierungsbildung war durch Fraktionschef Farthmann eine Erneuerung des

Kabinetts zur Mitte der Legislaturperiode angemahnt worden. Eine größere Kabinettsumbildung hatte Rau 1990 jedoch abwenden können und in diesem Zusammenhang auf größere personelle Veränderungen in der Mitte der Legislaturperiode verwiesen (KStA v. 06.06.1992). Bereits 1991 flammte die Debatte über eine Kabinettsumbildung jedoch wieder auf (WAZ v. 22.10.1991). Auslöser dieser auch öffentlich geführten Debatte war ein Artikel des Spiegels, der auf Zerfallserscheinungen in Partei und Landesregierung hinwies (Spiegel v. 21.10.1991)[39]. Unterstützt wurde die kritische Darstellung des Nachrichtenmagazins erneut von Fraktionschef Farthmann. Dieser hatte eine „Pensionärsliste" vorgelegt und weitreichende personelle Veränderungen im Kabinett gefordert (WR v. 31.10.1991; Welt v. 31.10.1990). Da Farthmann als Fraktionsvorsitzender nicht direkt in die Kabinettsdisziplin eingebunden war, versagte hier das Kabinett als Ort zur Vereinbarung verbindlicher Sprachregelungen. Zudem trugen zwei weitere Faktoren zu der krisenhaften Auseinandersetzung bei. Erstens war Staatskanzleichef Clement aufgrund der bundespolitischen Sondersituation des Vereinigungsprozesses besonders eingebunden und konnte damit seiner zentralen Koordinatorenrolle in Düsseldorf nicht mehr ausreichend nachkommen (WAZ v. 01.11.1991). Überdies ähnelte Rau zunehmend einem „Elder Statesman der Landespolitik" (RP v. 15.12.1990), der sich primär in einer bundespolitischen Rolle zeigte und die Landespolitik der Kabinettskollegen überließ. Zweitens war mit Bodo Hombach ein zentraler Machtmakler Raus aus seinem Parteiamt als Landesgeschäftsführer ausgeschieden.[40] Sein Abschied führte zu einer strukturellen Schwächung der Parteizentrale, die auch personell gegenüber den Bezirken ausgedünnt werden musste. Seine Nachfolger blieben „Funktionäre ohne Format" und konnten Steuerungsverluste zwischen Partei und Regierung nicht auffangen (Spiegel v. 21.10.1991). Rau konnte folglich nicht mehr in gewohnter Form auf die Steuerungspotenziale innerhalb der SPD zurückgreifen. Im Bereich der Regierungsadministration ergab sich durch den Wechsel von Raus Vertrautem Karlheinz Bentele, dem langjährigen Leiter der Planungsabteilung der Staatskanzlei, ins Finanzministerium ebenfalls ein administrativer Steuerungsverlust. Weitere angekündigte Projekte der Landesregierung, wie die Kommunalverfassungsreform, die Reformen in der Asylpolitik und der Schulverwaltung entzogen sich zunehmend der geräuschlosen Steuerung durch die Landesregierung (KR v. 23.10.1991; NW v. 23.10.1991; RP v. 23.10.1991).

---

[39] Der Spiegel diagnostizierte „Diadochenkämpfe in zentralen Ressorts der Regierung", die dazu geführt hätten, „dass nur noch notdürftig verwaltet, aber schon längst nicht mehr regiert wird". Ebenfalls in die Kritik einbezogen wurde die Arbeit der Staatskanzlei (Spiegel v. 21.10.1991).

[40] Hombach wechselte zu den Salzgitter-Werken.

Rau legte den Konflikt mit Farthmann auf eine für ihn typische Art und Weise bei. Ein sonntägliches Versöhnungstreffen zwischen Rau, Farthmann und mehreren Ministern war von Clement bereits vorbereitet worden. Dieser hatte Farthmann in seinem niedersächsischen Landhaus besucht und erste Vorgespräche geführt. Die Schlichtung des Streits erfolgte dann in einem Vieraugengespräch zwischen Rau und Farthmann „bei Pils und Kaffee" (NRZ v. 05.11.1991). Als Konsequenz stellte sich Farthmann demonstrativ hinter die Regierung. Rau wiederum unterstrich, die Kabinettskollegen würden weiterhin sein Vertrauen genießen (KR v. 06.11.1991). Auf öffentliche Kritik an Farthmann verzichtete er. Stattdessen nutzte er den SPD-Landesvorstand und den Fraktionsvorstand zur indirekten Disziplinierung Farthmanns (WAZ v. 06.11.1991; KStA v. 12.11.1991). Hier konnte er seine auch in der Partei unangefochtene persönliche Dominanz in seinem Sinne nutzen und parteiendemokratische Aspekte als Steuerungsinstrumente in sein Politikmanagement integrieren.

Dennoch geriet das Kabinett in den nachfolgenden Wochen und Monaten zunehmend ins Kreuzfeuer der Kritik. Bereits kurz nach der Landtagswahl 1990 war Umweltminister Matthiesen für eine während des Wahlkampfes geschaltete Anzeigenkampagne seines Hauses kritisiert worden[41] (KStA v. 14.12.1990). Finanzminister Schleußer wurde ebenfalls für die mutmaßlich zweckfremde Verwendung von Landeshaushaltmitteln verantwortlich gemacht. Hinzu kamen weitere Vorwürfe an die Adresse Schleußers im Hinblick auf das Vorgehen der Landesregierung zur Neuen Mitte Oberhausen[42] (Welt v. 22.02.1992). Verschärft wurde die schwelende Auseinandersetzung durch das aufgrund einer Organklage der Grünen gefällte Urteil des Landesverfassungsgerichts in dieser Frage im Februar 1992. Das Gericht betrachtete die vom Umweltministerium initiierte Kampagne als verfassungswidrig, da die Trennung zwischen Regierungs- und Parteiinteressen nicht ausreichend gewahrt worden sei. Nach Rücktrittsforderungen an die Adresse Matthiesens beantragte die Landtagsopposition schließlich Ende Februar 1992 einen Untersuchungsausschuss. Auch gegen Finanzminister Schleußer wollte die Opposition im Rahmen dieses Untersuchungsausschusses vorgehen. Schließlich geriet auch Arbeits- und Sozialminister Heinemann in die Schusslinie der Opposition, nachdem ihm finanzielle Verfehlungen im Zusammenhang mit einem Medizintechnik-Vorhaben in Bochum vorgeworfen worden waren

---

[41]   Zum Hintergrund siehe ausführlicher Der Steuerzahler 1/1991.
[42]   Der Vorwurf an Schleußer lautete, er habe Kauf und Verkauf entsprechender Grundstücke rechtswidrig am Landtag vorbei vorgenommen.

(AV v. 06.03.1992). Auch im Fall Heinemann griff die Opposition zum Kontrollinstrument des Untersuchungsausschusses.

Mit diesem massiven Vorgehen gegen die Minister Matthiesen, Schleußer und Heinemann zielte die Opposition auf die zentrale Machtachse im Kabinett (KStA v. 28.02.1992). Vor allem Schleußer war neben Staatskanzleichef Clement ein zentraler Bestandteil von Raus partei- und regierungsinterner Hausmacht. Ziel der Opposition war eine Destabilisierung der Regierung, indem sie die zentrale Institution im Gefüge von Raus Politikmanagement, das Kabinett und die wichtigen Ressortminister, angriff. Nur im Gleichklang von Kabinettsarbeit und Ministerpräsidentendemokratie konnte sich der persönliche Regierungsstil Raus voll entfalten (FAZ v. 21.09.1992). Insofern waren die Determinanten seines Politikmanagements akut bedroht.

Rau begegnete diesem Vorgehen der Opposition, indem er seinen langjährigen Vertrauten Bodo Hombach zum Vorsitzenden des Untersuchungsausschusses bestellen ließ. Damit fiel Hombach eine der schwierigsten der zu vergebende Aufgaben zu (WAZ v. 24.03.1992; Welt v. 18.03.1992). Angesichts der privilegierten Rolle Hombachs im Personengefüge Raus garantierte die Besetzung des Ausschussvorsitzes größtmögliche indirekte Kontrollmöglichkeiten der weiteren Vorgänge für den Ministerpräsidenten[43].

Jedoch konnte auch Hombach den Rücktritt von Arbeits- und Sozialminister Heinemann nicht verhindern. Dieser war im Rahmen seiner Aussage vor dem Untersuchungsausschuss unter Druck geraten, nachdem bekannt geworden war, dass ihm aus seinem Ministerium ein umfangreiches „Drehbuch" mit vorformulierten Fragen und entsprechenden Antworten zur Verfügung gestellt worden war. Angesichts der darauf folgenden öffentlichen Kritik erklärte Heinemann am 9. Oktober 1992 seinen Rücktritt vom Amt des Arbeits- und Sozialministers.

Die herausragende personale Bedeutung des Ministerpräsidenten lässt sich an diesem Beispiel in besonderer Weise nachzeichnen. Zeigt sich an den oben dargestellten Beispielen die aktive Einflussnahme des Ministerpräsidenten im Sinne der Ministerpräsidentendemokratie, so ist der Rücktritt Heinemanns in Teilen gerade der erzwungenen Inaktivität Raus zuzuschreiben. In der Folge einer schweren Erkrankung hatte Rau sich einer Operation unterziehen und zur Genesung in Kur begeben müssen. Keiner von Raus Machtmak-

---

[43]   Zeitweise wurde spekuliert, Vorwürfe gegen Matthiesen würden gezielt von Hombach gestreut, um in der Nachfolgefrage Rau Wolfgang Clement einen Vorteil zu verschaffen. Diese war aufgrund der Kandidatur Raus für das Amt des Bundespräsidenten im Jahr 1994 zu einer entscheidenden Frage geworden. Entsprechende Gerüchte wurden aber von Hombach energisch dementiert(vgl. SZ v. 11.02.1994; FAZ v. 17.02.1994).

lern war Willens oder in der Lage, dass hieraus entstandene Machtvakuum auszufüllen (KR v. 23.09.1992). Die gegen Heinemann erhobenen Vorwürfe trafen die SPD insofern weitgehend führungslos (StZ v. 26.09.1992; Welt v. 25.09.1992). Der in Abwesenheit Raus geschäftsführende Ministerpräsident, Innenminister Schnoor, konnte Heinemann auch durch eine explizite Vertrauenserklärung nicht von dessen Rücktritt abbringen (Welt v. 11.09.1992). Auch eine vorangegangene Krisensitzung in der Staatskanzlei, zu der Rau telefonisch zugeschaltet worden war, hatte Heinemann nicht entscheidend beeinflussen können (KStA v. 11.09.1992). Ein bei dieser Gelegenheit verabredetes persönliches Treffen zwischen Rau und Heinemann in Wuppertal kam durch den Rücktritt nicht mehr zustande (Welt v. 11.09.1992). Ein fest institutionalisiertes Verfahren zum Krisenmanagement in Raus Abwesenheit gab es nicht. Konnte der Ministerpräsident die seiner Einschätzung nach falsche Entscheidung Heinemanns aufgrund seiner Abwesenheit nicht aufhalten, so zeigte sich im weiteren Verlauf die entscheidende Rolle seiner Person. Erstens wurde ganz im Sinne personeller Kontinuität Justizminister Krumsiek zum Vertreter Heinemanns bestellt. Personelle Schnellschüsse lehnte Rau ab. Zweitens wurde die Entscheidung über die Nachfolge Heinemanns, ganz im Sinne der Ministerpräsidentendominanz, auf die Zeit nach der Rückkehr Raus im November 1992 vertagt. Personalfragen waren Chefsache. Das galt in besonderer Weise angesichts der Rolle Heinemanns als „tragende Säule in der kunstvollen Statik der Machtstruktur Johannes Raus" (Welt v. 12.09.1992).

Bei der nachfolgenden Neubesetzung des Ministeramtes blieb Rau seinem etablierten Stil treu. Die für November angekündigte Klärung der Nachfolge verzögerte sich bis Anfang Dezember. Personalentscheidungen waren nicht nur Chefsache, sondern zumeist das Ergebnis zeitraubender Abstimmungsprozesse, in die parteiendemokratische Proporzüberlegungen und verhandlungsdemokratische Erwägungen einflossen. Raus Wahl fiel schließlich auf Franz Müntefering. Dieser war bereits Nachfolger Heinemanns als Chef des Bezirks Westliches Westfalen geworden. Insofern wurden mit seiner Berufung erneut etablierten parteiendemokratischen Erwägungen Rechnung getragen (FAZ v. 05.12.1992). Zudem waren zentrale Interessengruppen im Sinne verhandlungsdemokratischer Arrangements in die Personalentscheidung eingebunden. „Der Regierungschef nannte es eine Selbstverständlichkeit, dass er bei der Berufung eines Arbeits- und Sozialministers sich auch der Zustimmung des DGB-Landesbezirkes vergewissern müsse" (WN v. 20.11.1992). Mithilfe der von ihm weitgehend autonom bestimmten Zeitplanung konnte der Ministerpräsident zudem die für Mitte der Legislaturperiode in Aussicht gestellte Kabinettsumbildung verhindern. Seine auf Kontinuität angelegte Personalpolitik fand damit eine Fortsetzung. Es wurden lediglich unverbindlich weitere Veränderungen im Vorfeld der Landtagswahl 1995 in Aussicht gestellt (KStA v. 10.11.1992).

Zwischenfazit: Politikmanagement Raus in Zeiten der absoluten Mehrheit

Das Politikmanagement von Johannes Rau hatte sich schon vor 1990 während der langjährigen Ministerpräsidentschaft verfestigt. Allerdings zeigten sich auch Anpassungsprozesse an Strukturveränderungen, wie sie beispielsweise mit der Wiedervereinigung 1990 einhergingen. Ein erstes Zwischenfazit zum Politikmanagement von Johannes Rau entlang der analytisch verwendeten Strukturmerkmale des Regierens lässt sich somit folgendermaßen ziehen:

Ministerpräsidentendemokratie

Die im Strukturmerkmal der Ministerpräsidentendemokratie angelegte Dominanz des Ministerpräsidenten lässt sich deutlich nachweisen. Sie speiste sich zu einem nicht unerheblichen Teil aus der Rolle Raus als Wahlkampflokomotive seiner Partei. Rau konnte sein persönliches Prestige auf diese Weise immer weiter festigen und war landespolitisch weitgehend unangreifbar. Dies galt sowohl für seine Partei als auch für die Wahrnehmung durch die Wählerschaft insgesamt. Dieses persönliche Prestige setzte Rau im Rahmen seiner Richtlinienkompetenz ein. Die Betonung derselben zeigte sich beispielsweise in Verbindung mit der Organisationsgewalt bei der Regierungsbildung 1990, der Nachfolgeregelung für Heinemann 1992 sowie in der Personalpolitik insgesamt. Rau selber entschied über Zeitpläne sowie die personelle Besetzung politischer Schlüsselstellen. Allerdings war die Ausübung der Richtlinienkompetenz nicht als operative Detailsteuerung konkreter politischer Vorhaben zu verstehen. Vielmehr gab Rau die groben Linien vor, um die operative Umsetzung kümmerten sich meist andere. Rau griff hierzu vor allem auf persönliche Netzwerke sowie den Apparat der Staatskanzlei zurück. Die Betonung des ministerpräsidentendemokratischen Strukturmerkmals drückte sich in der klaren Ausrichtung der Regierungszentrale auf den Ministerpräsidenten aus. Rau installierte wichtige Machtmakler an zentralen Schaltstellen innerhalb der Staatskanzlei. Vor allem Clement als Chef der Staatskanzlei nahm eine zentrale Stellung in Raus Politikmanagement ein.

Während Rau in einer stark präsidialen Rolle seine Richtlinienkompetenz als grobe Rahmensetzung ausübte, kam vor allem Clement die Aufgabe zu, diesen Rahmen mit operativer Politik auszufüllen. Dies brachte der Staatskanzlei über die Koordinationsfunktion hinaus Einfluss auf politische Detailfragen ein, eine klare Machtzentralisierung zu politischen Gestaltungszwecken war nachweisbar.

Trotz dieser klaren Ministerpräsidentendominanz gab es keine eindeutige Überlagerung des Kabinettsprinzips durch das Ministerpräsidentenprinzip. Vielmehr führte Rau das Kabinett betont kollegial und begriff es als zentrale Steuerungsinstanz seiner Politik. Jedoch kamen auch hier Aspekte eines stark personalisierten Führungsstils zum Tragen. Mit Finanzminister Schleußer saß beispielsweise ein weiterer enger Vertrauter Raus an einer Schlüsselstelle im Kabinett. Auch andere zentrale Parteiakteure führte Rau hier bewusst zusammen.

Parteiendemokratie

Im Kabinett zeigte das Strukturmerkmal der Parteiendemokratie folglich seine deutlichste Ausprägung. Vor allem parteiendemokratische Imperative bestimmten die Zusammensetzung dieses Steuerungsgremiums. Hier galt es, auf innerparteiliche Proporzaspekte Rücksicht zu nehmen. Die Bezirksvorsitzenden verstand Rau ebenso in die Kabinettsdisziplin einzubinden wie die stellvertretenden Parteivorsitzenden der NRW-SPD. Auch regionaler Proporz, das Geschlechterverhältnis sowie die unterschiedlichen Parteiflügel brachte Rau in ein austariertes Verhältnis. War das Strukturmerkmal der Koalitionsdemokratie aufgrund der absoluten SPD-Mehrheit irrelevant, fanden vor allem parteiendemokratische Imperative in der „Ein-Parteien-Koalition" Beachtung.

Zuglcich konnte Rau dadurch selber auf fast uneingeschränkte Parteimacht zurückgreifen. Er vereinigte Parteivorsitz und Ministerpräsidentschaft auf sich und sicherte damit seinen unmittelbaren Einfluss über die Landesregierung hinaus. Eine Trennung beider Ämter war für Rau vollkommen undenkbar. Raus Parteimacht speiste sich darüber hinaus aus dem Amt des stellvertretenden SPD-Bundesvorsitzenden. Sie erstreckte sich folglich nicht alleine auf die Landes-, sondern auch auf die Bundespartei. Diese Parteimacht konnte Rau aktiv in die Landespolitik einbringen und damit als Steuerungsmedium nutzen. Sie stellte sein Machtelixier dar.

Zugleich hatte Rau ein persönliches Netzwerk sowohl innerhalb der SPD als auch darüber hinaus gesponnen. Persönliche Loyalitäten konnte er so aktivieren, Einfluss über Kontaktaufnahme zu Dritten sichern. Zahlreiche

Machtmakler aus seinem Umfeld fanden sich in landespolitischen Schlüssel-stellen wieder. Dieses „Old-boys-Netzwerk" unterstrich die besondere Beto-nung des Strukturmerkmals der Parteiendemokratie sowie den Charakter der Landespolitik als Verhandelnde Wettbewerbsdemokratie.

Verhandelnde Wettbewerbsdemokratie

Die Imperative des Strukturmerkmals der verhandelnden Wettbewerbsdemo-kratie zeigten sich vor allem in der Relevanz der „Politik der Akkomodie-rung". Deutlich zeigte sich dies beispielsweise im Entscheidungsprozess zu Garzweiler II. Korporatistische Strukturen waren im Braunkohlenausschuss der Bezirksregierung Köln institutionalisiert und als wichtiges Steuerungs-gremium in der Kohlepolitik durch die Landespolitik sanktioniert. Wichtige Verbände des Landes waren zudem in personalpolitische Entscheidungen eingebunden – beispielsweise bei der Besetzung des Arbeits- und Sozialmi-nisteriums. Auch die als Machtachse beschriebene Verbindung zwischen Rau, Schleußer und WestLB-Chef Neuber kann in diesem Zusammenhang angeführt werden.

Die Betonung eines Stils der Akkomodierung erstrecke sich zudem auf die größte Oppositionspartei. So besetzte die CDU die Spitze des Regie-rungsbezirks Münster und war in zahlreiche korporatistische Institutionen aktiv eingebunden.

Mediendemokratie

Persönliche Netzwerke waren für Rau zumeist auch wichtiger als die mas-senmediale Vermittlung der Landespolitik. Nichtsdestotrotz spielten auch darstellungspolitische Aspekte eine entscheidende Rolle für das Politikma-nagement von Johannes Rau. Zugleich trugen diese vor allem symbolischen Darstellungsformen den Besonderheiten der landespolitischen Mediendemo-kratie Rechnung. Rau versuchte, die mangelnden massenmedialen Vermitt-lungsmöglichkeiten von Landespolitik durch symbolhaftes Handeln zu kom-pensieren. Die starke Personalisierung im Wahlkampf war hierfür ebenso ein Beispiel wie die stark präsidiale Rolle des Ministerpräsidenten. Rau suchte sich sowohl bundespolitisch zu inszenieren, als auch durch vielfältige lokale Kontakte eine betont landes- und lokalpolitische Profilierung zu betreiben. Landespolitisch überwogen persönliche Gespräche und direkte Kontakte bei „Landesbereisungen" die massenmediale Politikvermittlung.

Abbildung 20:   Regierungsstil von Johannes Rau

Struktur-merkmal/ Handlungs-arena	Kennzeichen	Handlungs-instrumente /Handlungs-orientierungen	Beispiele Rau 1990-1995
Minister-präsidenten-demokratie	- Richtlinien-kompetenz - Organisations-gewalt - Minister-präsidenten-dominanz - Parlaments-verantwortlich-keit - Öffentliches Prestige	- Moderation und Vermittlung - Regierungserklä-rungen und andere rhetorische Füh-rungsleistungen - Informelle Informa-tionskanäle und Frühwarnsysteme	- Machtzentralisierung durch Kabi-nettsausschüsse - Machtzentralisierung durch Aus-bau der Staatskanzlei zu Lasten der Ressorts - Dominanz des MP im Kabinett, aber Kabinettsprinzip und Res-sortverantwortung von besonde-rer Bedeutung bei Rau (z. B. in der Verkehrspolitik) - Rau als entscheidender Schlich-ter und Moderator in Problemfäl-len - Machtmakler (Clement, Hombach u. a.) als Informations- und Kom-munikationsmanager - Programmsteuerung in der Staatskanzlei zur Programm-überwachung der Ressorts - Kabinett als zentrale Sprachrege-lungsinstitution und Ort der „politi-schen Willensbildung" - „Machtachse Rau-Schleußer-Clement" - Weitere Machtmakler mit -besonderer Stellung (Hombach, Clement, etc.) - Einsatz von Machtmaklern als „Hilfsmoderatoren" und „Boten des MP"
Verhan-delnde Wettbe-werbs-demokratie	- Verhandlungs-zwänge - Exekutiv-lastigkeit - Parteien-wettbewerb	- Kooperation - Personeller Pro-porz - Konkurrenz - Paketlösungen	- Garzweiler II: Braunkohleaus-schuss als korporatistisches Ver-handlungsarrangement; Verein-barung mit RWE und Rheinbraun zur Kraftwerksmodernisierung - Besetzung von Regierungspräsi-dentenposten - Absprache mit Interessengruppen bei der Besetzung von Minister-ämtern (z. B. Gewerkschaften) - Politik der Akkomodierung als zentrales Merkmal in vielen Politikbereichen

Parteien-demokratie	- Interne Frag-mentierung - Partizipations-bedürfnisse - Kollektive Normen und Werte - Externe Kon-kurrenz	- Personelle und inhaltliche Einbin-dung - Informelle Konflikt-regulierung - Erwartungssteue-rung - Polarisierung nach außen	- Kabinettsbildung unter Einfluss der Bezirke und der Fraktion - Zwei-Augen-Gespräche und institutionalisierte Kooperation mit der Fraktionsführung - Verbindung von Parteiführung und Amt des MP unter Rau
Koalitions-demokratie	- Verhandlungs-zwänge - Dosierter Parteienwett-bewerb	- Kooperation - Konkurrenz - Informelle Konflikt-regulierung - Paketlösungen	- *keine Relevanz in Zeiten der absoluten Mehrheit*
Medien-demokratie	- Mediale Unter-belichtung der Landespolitik - Personenorien-tierung - Konfliktorien-tierung	- Personalisierung - Erwartungs-steuerung - Permanent Cam-paigning - Outsiderprofilierung - Mediale Erst- und Zweitschlags-kapazitäten - bundes- und lokal-politische Profilie-rung	- „Wir in NRW" als dauerhafte Medien- und PR-Kampagne im Sinne von Permanent Cam-paigning - Personalisierung des Wahlkamp-fes und Rau als zentraler Wahl-kampfmotor - Stärkung eines bundespolitischen Images bei landespolitischer „Präsidentschaft" (Outsider-Strategie mit fester Verankerung in NRW)

Eigene Darstellung

3.2 Johannes Rau: Präsidialer Moderator und Garant der rot-grünen Koalition (1995-1998)

Wahlkampf und Wahlausgang 1995: Garzweilers langer Schatten

Die Ausgangslage für die SPD-Landesregierung vor der Landtagswahl 1995 war sowohl durch bundespolitische als auch landespolitische Faktoren einge-trübt. Die Wähler hatten die Bundesregierung aus Union und FDP bei der Bundestagswahl 1994 erneut bestätigt, wenn das Ergebnis auch denkbar knapp ausgefallen war.[44] Die SPD hatte auch bei der nachfolgenden hessi-schen Landtagswahl im Februar 1995 in der Wählergunst nicht zulegen kön-nen. Vielmehr gewannen die Grünen auf Kosten der SPD an Unterstützung

---

[44]   Die Koalition hatte nur noch eine Mehrheit von 10 Mandaten im Bundestag, wobei vor allem die Union von Überhangmandaten profitierte (vgl. Korte 1998: 55).

hinzu (Feist/Hoffmann 1996: 258). Zugleich blieb jedoch eine Grundkonstante der vorangegangenen Jahre erhalten: NRW blieb zunächst das parteipolitische „Gegenmodell" zu Bonn. Landespolitisch hatte die Regierung Rau in der vorangegangenen Legislaturperiode vor allem parlamentarischen Gegenwind erfahren. Die Einsetzung von drei Untersuchungsausschüssen[45] machte deutlich, dass die parlamentarische Opposition versuchte, die Landesregierung verstärkt und öffentlichkeitswirksam unter Druck zu setzen. Vor allem die Grünen waren in diesem Zusammenhang eine treibende Kraft gewesen. Die Landtagsopposition zielte mit den Untersuchungsausschüssen insbesondere auf die politischen Schwergewichte im Landeskabinett. Sowohl Finanzminister Schleußer als auch Umweltminister Matthiesen gerieten durch die Untersuchungsausschüsse spürbar unter Druck. Arbeits- und Sozialminister Heinemann war sogar zurückgetreten. Das Kabinett als politisches Steuerungszentrum Raus war somit im Verlauf der vorangegangenen Legislaturperiode zentrales Angriffsziel geworden und schien in der Folge geschwächt. Mit Ausnahme der Nachfolge Heinemanns durch Franz Müntefering hatte es entgegen anders lautenden Ankündigungen keine Neubesetzung von Ministerämtern gegeben, was dem Erscheinungsbild des Kabinetts zusätzlich schadete. Politische Beobachter und Demoskopen rechneten damit, dass die SPD unter den 15 Jahren ihrer absoluten Mehrheit leiden und Stimmen einbüßen würde. Zwar hielten 50 Prozent der Wähler eine SPD-Alleinregierung weiterhin für akzeptabel, jedoch befürwortete nur ein Viertel der Wähler eine solche Konstellation für die nachfolgende Legislaturperiode (Feist/Hoffmann 1996: 258).

Nichtsdestotrotz konnte von einer ausgeprägten Wechselstimmung keine Rede sein. Nur 44 Prozent der Wähler sprachen sich für einen grundsätzlichen politischen Wechsel in der Landespolitik aus. Wenn auch nur 46 Prozent ihre Erwartungen durch die Landesregierung erfüllt sahen, so zeigten sich doch 72 Prozent überwiegend einverstanden mit der Politik der SPD-Landesregierung. Diese mangelnde Wechselstimmung drückte sich ebenfalls in der Präferenz der Wähler für das Amt des Ministerpräsidenten aus. Nur 28 Prozent wünschten sich den CDU-Spitzenkandidaten und Fraktionsvorsitzenden Helmut Linssen als Ministerpräsidenten, während sich 66 Prozent für Johannes Rau aussprachen (Feist/Hoffmann 1996: 257ff). Insgesamt wurde trotz der oben genannten Einschränkungen mit einer „stabilen Traditionswahl" in Nordrhein-Westfalen gerechnet (Feist/Hoffmann 1996: 257).

---

[45]   Zu den Untersuchungsaufträgen der Ausschüsse vgl. Präsident des Landtags Nordrhein-Westfalen 1995: 13.

Die Zahl der landespolitischen Konfliktthemen war ebenfalls begrenzt. Größere mediale Aufmerksamkeit erregte lediglich die Diskussion über die Genehmigung des Braunkohletagebaus Garzweiler II. Diese Frage rückte vor allem durch die kurz vor der Wahl erfolgte Genehmigung des Braunkohlenplans durch das Landesumweltministerium ins Zentrum der Auseinandersetzung. Gegen einen diese Entscheidung der Landesregierung unterstützenden Antrag der SPD-Landtagsfraktion sprachen sich zwar die Oppositionsparteien gemeinsam aus (v. Blumenthal 2001: 178). Der inhaltliche Dissens in dieser Frage lag jedoch vor allem zwischen SPD und Grünen.

Wahlkampf

Trotz der durchaus veränderten Ausgangslage gegenüber 1990 begegnete die SPD diesen Rahmenbedingungen mit einer an die vorhergehende Landtagswahl angelehnten Wahlkampfstrategie. Unter dem Motto „Nordrhein-Westfalen auf gutem Weg" stellte sie die Fortsetzung der ökonomischen, ökologischen und sozialen Erneuerung in den Mittelpunkt ihrer Kampagne (Feist/ Hoffmann 1996: 261). Mit der Schaffung von Arbeitsplätzen, der Weiterentwicklung des Schulwesens sowie dem Ausbau von Kindergartenplätzen (Präsident des Landtags: 1995: 19f) standen erneut fast gleich lautende Themen im Mittelpunkt wie schon fünf Jahre zuvor. Schließlich zeigte sich in der abermaligen Konzentration des Wahlkampfes auf Ministerpräsident Rau eine deutliche Analogie zur vorangegangenen Landtagswahl. Rau sollte sein persönliches Prestige und seinen persönlichen Sympathiebonus als Wahlkampfmittel gegen seinen Herausforderer einsetzen und der SPD damit die vierte absolute Mehrheit in Folge sichern. Zudem sollte er das inhaltliche Programm „verbürgen und zugleich mit seinem Sympathietransfer bewerkstelligen, dass die Defizite der Landespolitik und der fällige Generationenwechsel überspielt würden" (Feist/Hoffmann 1996: 261). Kritisch gewendet, und in den Worten der „Arbeitsgruppe Wahlen Freiburg", warb die SPD mit einer „um die zentralen Politikfragen amputierten Personalisierungskampagne" mit Johannes Rau als zentraler Integrationsfigur (zit. nach FR v. 19.05.1995). Das schon den Politikstil der vorhergehenden Jahre prägende Merkmal der Kontinuität wurde damit auch für die Wahlkampfstrategie der SPD handlungsleitend.

Zu Spekulationen die SPD könne möglicherweise auch ein rot-grünes Bündnis anpeilen, äußerte sich Rau mit den Worten: „Ich trinke lieber ein Pils, als dass ich in den grünen Apfel beiße" (RP v. 22.05.1995; Interview mit M. Krüger-Charlé v. 21.03.2005). Für den ansonsten auf einen ausglei-

chenden und moderierenden Kommunikationsstil ausgerichteten Rau war
dies ein deutliches Signal, auch wenn sich daraus keine grundsätzliche Absage an ein rot-grünes Bündnis ableiten ließ (Hoffmann 2005: 65). Aus Sicht
des Fraktionsvorsitzenden Farthmann war dieses Signal Raus jedoch vor
allem für die eigene Partei unzureichend. Stattdessen forderte er eine eindeutige Absage an eine Koalitionsregierung und die offensive Zielsetzung einer
absoluten SPD-Mehrheit: „Ich hatte das Gefühl: Das ist die letzte Karte, die
wir noch ziehen können, um die Funktionäre [der SPD] zu mobilisieren und
auf das Risiko hinzuweisen, wenn es uns nicht gelingen sollte, die absolute
Mehrheit zu verteidigen" (Farthmann 1997: 181).

In ihrem Wahlprogramm formulierte die CDU unter dem Motto „Modell
Zukunft" zwölf politische Schwerpunkte (Präsident des Landtags 1995: 19).
Zu diesen gehörten die Kriminalitätsbekämpfung, die Wirtschaftsförderung
und die Schulpolitik (Feist/Hoffmann 1996: 261). Auch bei der CDU stand
der Spitzenkandidat im Mittelpunkt der Wahlkampagne (Feist/Hoffmann
1996: 259f). Helmut Linssen, Vorsitzender der CDU-Fraktion im Landtag,
hatte seine Spitzenkandidatur zunächst gegen parteiinterne Widersacher er-
kämpfen müssen. In einer Urabstimmung der Parteimitglieder – ein Novum
der CDU-Parteigeschichte – setzte er sich mit 59,6 Prozent der Stimmen
gegen Norbert Lammert durch (Präsident des Landtags 1995: 15). Trotz seiner herausgehobenen Rolle als parlamentarischer Oppositionsführer konnte
er jedoch den Amtsbonus von Johannes Rau nicht ausgleichen.

Die FDP stellte den Fraktionsvorsitzenden Achim Rohde an die Spitze
ihrer Kampagne. Das Wahlkampfmotto der Liberalen lautete „Stärkung der
Wettbewerbsfähigkeit des Industrielandes Nordrhein-Westfalen". Innerparteiliche Querelen hatten 1994 zur Ablösung des Landesvorsitzenden Jürgen
Möllemann geführt, nachdem dieser bereits 1993 als Bundeswirtschaftsminister hatte zurücktreten müssen. Sein Nachfolger Joachim Schultz-Tornau
führte nun die Partei, die jedoch angesichts schlechter Ergebnisse bei den
vorangegangenen Landtagswahlen in der Defensive war (Feist/Hoffmann
1996: 261). Auch bei der Bundestagswahl 1994 hatte die FDP dramatisch an
Stimmen verloren.

Die Grünen zeigten sich nach ihrem erstmaligen Einzug in den Landtag
1990 nun zur Übernahme von Regierungsverantwortung bereit. Unter dem
Motto „Grüner Schwung für NRW" machten sie vor allem die Energiepolitik
zu einem inhaltlichen Schwerpunkt (Präsident des Landtags 1995: 21). Da
die Wahlkampfführung der beiden großen Parteien vor allem auf eine Personalisierungsstrategie abzielte, setzten die Grünen auf einen betont inhaltlich
ausgerichteten Wahlkampf. Vor allem mit dem Reizthema Garzweiler II

konnte sich die kleinste Oppositionspartei profilieren. Zugleich versuchten die Grünen, ökologische Themen mit Arbeitsmarktpolitik in Verbindung zu bringen (Feist/Hoffmann 1996: 259f). Nicht zuletzt dadurch wandten sich die Grünen von einer fundamentalistischen Oppositionshaltung ab und setzten vor allem auf unzufriedene SPD-Wähler. Diese inhaltliche Verknüpfung grüner Themen mit ökonomischen Aspekten entsprach zudem den Erwartungen der Wähler, die mit großer Mehrheit und weitem Abstand den Politikbereichen Wirtschaft, Finanzen und Arbeit oberste Priorität beimaßen (Feist/Hoffmann 1996: 19).

Obwohl sich die Debatte über die Genehmigung von Garzweiler II kurz vor der Wahl zuspitzte, blieb dies die einzige „heiße Phase" eines „lauen Wahlkampfes" (Präsident des Landtags 19965: 19). Dass jedoch keine noch schärfere Auseinandersetzung über diese Frage im Wahlkampf entbrannte, entsprach vor allem dem Werben der Grünen um eine Regierungsbeteiligung an der Seite der SPD. Somit blieb es, auch hier eine Analogie zum Verlauf des Wahlkampfes 1990, „bei einem müden, weil themenarmen und wenig polarisierenden Wahlkampf" (Feist/Hoffmann 1996: 259).

Wahlergebnis

Diese Charakterisierung des Wahlkampfes lässt sich für das Landtagswahlergebnis nicht aufrechterhalten. Vielmehr bedeutete das Ergebnis eine landespolitische Zäsur: Die SPD konnte ihre absolute Mehrheit nicht verteidigen und war erstmals nach 1980 zur Bildung einer Koalition gezwungen. Die CDU konnte von den Stimmenverlusten der SPD aber nur eingeschränkt profitieren. Nur die Grünen gingen als Gewinner aus der Landtagswahl hervor. Sie konnten ihr Ergebnis gegenüber 1990 verdoppeln und kamen nun auf zehn Prozent der Stimmen (Präsident des Landtags 1995; Feist/Hoffmann 1996: 27ff). Bis auf die Grünen büßten alle Parteien an Wählerstimmen ein. Dies traf die FDP besonders hart, die den Wiedereinzug in den Landtag verpasste. Die SPD erreichte nur noch 46 Prozent und büßte damit gegenüber der Landtagswahl von 1990 vier Prozentpunkte ein. Die CDU konnte sich um einen Prozentpunkt auf 37,7 Prozent verbessern. Die FDP büßte 1,8 Prozentpunkte ein und verpasste mit nur noch vier Prozent der Stimmen den Einzug in den Landtag.

Der Landtag bestand folglich nur noch aus drei Fraktionen. Die Zahl der Abgeordneten verkleinerte sich gegenüber 1990 um 16 Sitze. Von den verbleibenden 221 Sitzen errang die SPD 108, die CDU 89 und die Grünen 24. Während die Mandate der SPD ausschließlich an Direktkandidaten der

Partei gingen, zogen 46 Abgeordnete der CDU-Fraktion über die Landesliste in den Landtag ein. Die grüne Fraktion setzte sich ausschließlich aus Listenkandidaten zusammen.

Abbildung 21:   Sitzverteilung LTW 1995

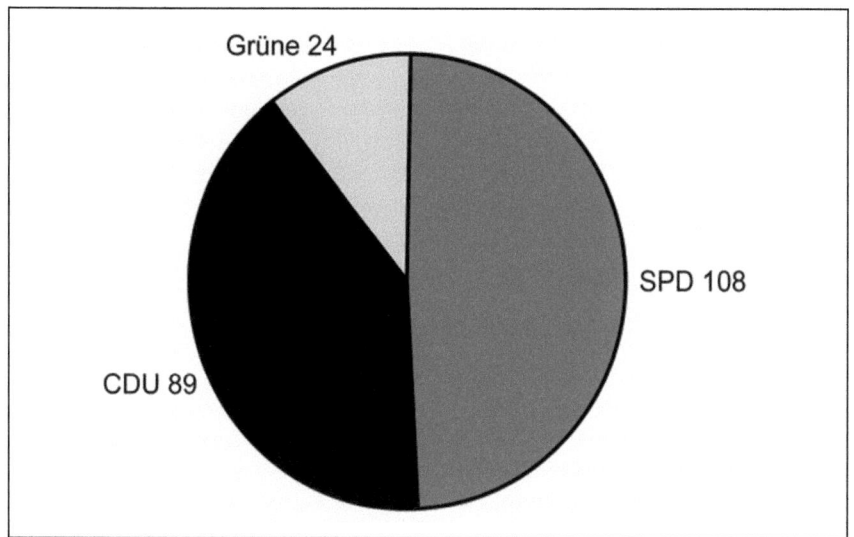

Eigene Darstellung
Datenquelle: Landesamt für Datenverarbeitung und Statistik NRW

Bereits vor der Wahl hatte es Anzeichen gegeben, die SPD könne ihre absolute Mehrheit verlieren. Als Hauptfaktor wurde der geringe Mobilisierungsgrad der Wähler hervorgehoben. Nur 66 Prozent der Wahlberechtigten hatten im Vorfeld der Landtagswahl die Absicht geäußert, zur Wahl zu gehen. Bei den SPD-Anhängern waren es sogar nur 62 Prozent gewesen (nachfolgend v. Alemann 1995: 457-465; Forschungsgruppe Wahlen 1995; infas-Wahlanalyse zit. nach FAZ v. 19.05.1995; Präsident des Landtags 1995). Diese niedrigen Zahlen korrespondierten mit der letztlich niedrigen Wahlbeteiligung. Nur 64 Prozent der Bürger gingen an die Urnen, was gegenüber 1990 einen Rückgang der Wahlbeteiligung von 7,8 Prozent bedeutete. Besonders hart traf die niedrige Wahlbeteiligung die SPD. Diese verlor insgesamt 830.000 Wählerstimmen, 425.000 davon durch Wahlenthaltung. Verstärkt wurde die mangelnde Mobilisierung der SPD-Wähler durch den wenig inspirierenden Wahlkampf: „Die Wahlkampagne, praktisch allein auf den überaus populä-

ren Ministerpräsidenten Rau abgestellt, war zu wenig zündend und motivie-
rend, um der eigenen Anhängerschaft Perspektiven in Abgrenzung zu den
politischen Gegnern zu geben und die Notwendigkeit des Urnengangs zu
vermitteln" (infas-Wahlanalyse, zit. nach FAZ v. 19.05.1995; vgl. FAZ v,
16.05.1995). Die CDU konnte zwar um einen Prozentpunkt zulegen, aber
auch sie verlor in absoluten Zahlen 290.000 Wählerstimmen. Wie bei der
SPD war auch hierfür primär die niedrige Wahlbeteiligung verantwortlich:
200.000 frühere CDU-Wähler waren nicht zur Wahl gegangen. Lediglich die
Grünen konnten 360.000 Wählerstimmen hinzugewinnen. Die Hälfte dieser
Stimmen kam von vormaligen SPD-Wählern. Die Grünen profitieren dabei
vor allem von der Schwäche der Sozialdemokraten bei den jüngeren Wählern. Während die SPD in der Gruppe der 18- bis 35-Jährigen zwischen 8,6
und 9 Prozent einbüßte, konnten die Grünen gerade in dieser Altersgruppe
stark zulegen. Zudem erzielten die Grünen in einigen Wahlkreisen explosi-
onshafte Stimmenzuwächse: Im Wahlkreis Köln I wurden die Grünen mit
29,8 Prozent sogar zweitstärkste Kraft. Vor allem in den großen Städten
sahen Beobachter die Grünen schon auf dem Weg zur Volkspartei (FAZ v.
16.05.1995). In den von Garzweiler II direkt betroffenen Wahlkreisen konnte
die Partei ebenfalls massive Stimmenzuwächse verbuchen. Beispielhaft ist
hier der Wahlkreis Heinsberg II zu nennen, wo die Grünen ihren Stimmenan-
teil von 3,4 auf 11,9 Prozentpunkte mehr als verdreifachen konnten (RP v.
15.05.1995). Durch das Vordringen in vormals sozialdemokratische Hochburgen sicherten die Grünen sich bei der Wahl damit eine verbreiterte Unterstützung vor allem junger, sozial und ökonomisch etablierter Eliten (Arbeitsgruppe Wahlen Freiburg, zit. nach FR v. 19.05.1995).

Nicht zuletzt aus der Analyse der Wählerwanderung lässt sich zudem
eine klare Regierungspräferenz herauslesen. Angesichts der kaum ausgeprägten Wechselstimmung und der klaren Wählerbewegungen von der SPD zu
den Grünen war das Wahlergebnis Ausdruck des Wählerwillens, „eine SPD-
geführte Regierung mit einer grünen Kontroll- und Ausgleichsinstanz" zu
ergänzen (Hoffmann 2005: 63). Die Hälfte der grünen Stimmenzuwächse
ging zu Lasten der SPD, „eine nicht zu unterschätzende Lobby für das später
gebildete rot-grüne Bündnis" (Feist/Hoffmann 1996: 264). Diese Analyse
deckt sich zudem mit den vor der Landtagswahl erfragten Koalitionspräferenzen der Wähler. 52 Prozent hatten sich für ein rot-grünes Bündnis ausgesprochen. Demgegenüber befürworteten nur 23 Prozent eine große Koalition
und 13 Prozent eine SPD-FDP-Koalition. 67 Prozent der SPD-Anhänger und
sogar 91 Prozent der Grünen-Sympathisanten sprachen sich für ein rot-
grünes Bündnis aus (Feist/Hoffmann 1996: 264).

3.2 Johannes Rau (1995-1998)

Landtagswahl und Regieren

Sowohl aus dem Wahlergebnis als auch dem vorangegangenen Wahlkampf lassen sich einige zentrale Aspekte ableiten, die für das Regieren in den anstehenden fünf Jahren maßgebliche Bedeutung entfalten sollten:

Erstens zeigten sich hinsichtlich des Strukturmerkmals der Ministerpräsidentendemokratie Verschiebungen gegenüber der vorangegangenen Legislaturperiode. Basierend auf seinem Amtsbonus als Ministerpräsident sowie seinen hohen persönlichen Sympathiewerten war Rau als dominanter Wahlkämpfer seiner Partei aufgetreten. Seine Wirkung als Wahlkampflokomotive und Garant der SPD-Wahlerfolge hatte jedoch durch das Wahlergebnis an Strahlkraft eingebüßt. Die Notwendigkeit der Bildung einer Koalitionsregierung kratzte an seinem Nimbus als „Erfolgsgarant absoluter Mehrheiten und (…) Begründer einer fast unvergleichlichen Symbiose des Landes mit seiner Regierung und der SPD als ‚Staatspartei'" (Hoffmann 2005: 59). Fraglich war, ob Rau seine dominante Stellung in Regierung und Partei würde behaupten können. Auswirkungen auf seinen bisher praktizierten Regierungsstil waren in jedem Fall zu erwarten.

Zweitens wurde nun ein weiteres Strukturmerkmal des Regierens wichtig, welches von 1990 bis 1995 keine Rolle gespielt hatte – die Koalitionsdemokratie. Erstmals seit dem Ende der sozial-liberalen Koalition 1980 war die SPD zur Bildung einer Koalition gezwungen. In Anbetracht von nur noch drei Fraktionen im Landtag waren die strategischen Optionen zudem begrenzt. Damit mussten zwangsläufig gravierende Folgen für das Politikmanagement einhergehen. Anders als noch 1990 ließen sich Regierungsbildung und Regierungserklärung nicht mehr allein im Sinne der Ministerpräsidentendemokratie zentralisieren und im Sinne der Parteiendemokratie akkomodieren.

Drittens ergab sich aus dem Verlauf des Landtagswahlkampfes beinahe automatisch eine Policy-Akzentuierung für die beginnende Legislaturperiode. Die Genehmigung des Braunkohletagebaus Garzweiler II war an die Spitze der politischen und medialen Agenda gerückt. Angesichts der vor allem zwischen SPD und Grünen verlaufenden Konfliktlinien musste diesem Thema oberste Priorität eingeräumt werden. Zusätzlich problematisch aufgeladen wurde die Entscheidung über Garzweiler II darüber hinaus durch den Verlauf des Wahlkampfes und das Wahlergebnis der Grünen. Zum einen hatten die Grünen in ihrem Widerstand gegen das Braunkohleprojekt Unterstützung von lokalen Bürgerinitiativen und Naturschutzgruppen erhalten (FAZ v. 16.05.1995). Sie standen diesen gegenüber nun in der Pflicht, auf-

seiten der SPD Zugeständnisse zu erreichen. Zum anderen hatte das gute
Wahlergebnis den Forderungen der Grünen besonderen Nachdruck verliehen.
Das galt vor allem im Hinblick auf die Ergebnisse in den von Garzweiler II
direkt betroffenen Wahlkreisen. Eine Regelung der Sachfrage Garzweiler II
allein im Sinne der SPD hätte einen für die Grünen kaum akzeptablen Ge-
sichtsverlust nach sich gezogen. Neben sachlichen Erwägungen in dieser
Frage traten folglich nach der Landtagswahl auch politisch-strategische Aspekte im Parteienwettbewerb hinzu. Schließlich verband sich das konkrete
Konfliktthema Garzweiler II mit den übergeordneten Politikfeldern Energie-
und Verkehrspolitik. Auch hier war ein Dissens zwischen SPD und Grünen
und angesichts der prominenten Rolle dieser Themen im Wahlkampf der
Grünen eine Policy-Akzentuierung zu erwarten.

Viertens zeigte sich 1995 eine besondere Ausprägung des Strukturmerkmals der Verhandelnden Wettbewerbsdemokratie hinsichtlich der Verflechtung zwischen Landes- und Bundespolitik. Nordrhein-Westfalen wurde
für die Bundespolitik erneut in seiner Rolle als „Vorreiter" wichtig. Noch am
Wahlabend versuchte die Bundes-SPD durch ihren Vorsitzenden Rudolf
Scharping, Einfluss auf die künftigen Koalitionsverhandlungen zu nehmen.[46]

Schließlich hatte die Landtagswahl Auswirkungen auf das Strukturmerkmal der Parteiendemokratie. Deren Imperative hatten insbesondere im
Zuge der Regierungsbildung und des Politikmanagements Raus eine wichtige Rolle gespielt. Die Landtagswahl hatte aber einige der zentralen Rahmenbedingungen verändert. Zum einen standen die vor allem im Zuge der Regierungsbildung praktizierten Verfahren des innerparteilichen Personalpropor-
zes vor einer Bewährungsprobe. Durch das hinzugetretene Strukturmerkmal
der Koalitionsdemokratie war beispielsweise die Ausweitung von Kabinettsposten nur noch mit Zustimmung des künftigen Koalitionspartners möglich.
Vor allem die personalpolitischen Praktiken Raus – zentrale Elemente seines
Politikmanagements – standen auf dem Prüfstand. Zum anderen gab es personelle Veränderungen mit strukturellen Auswirkungen. So gelang es einigen
führenden SPD-Politikern nicht, erneut einen Sitz im Landtag zu erringen.
Prominentestes Opfer war der bisherige Fraktionsvorsitzende Friedhelm
Farthmann, der seinen Neusser Wahlkreis nicht verteidigen konnte. Damit
war eine zentrale Figur im Politikmanagement der vergangenen Jahre von
der landespolitischen Bildfläche verschwunden.[47]

---

[46]   Hierzu ausführlicher die nachfolgende Abschnitte zu den Koalitionsverhandlungen.

[47]   Das galt zumindest für die ersten Wochen unmittelbar nach der Landtagswahl 1995. Farthmann
        konnte jedoch über die Landesliste in den Landtag nachrücken, nachdem der Fraktionskollege

So ergab sich neben der Regierungsbildung auch noch die Aufgabe, die Führung der größten Regierungsfraktion neu zu organisieren. Neben Farthmann gehörten der bisherige Arbeits- und Sozialminister Müntefering, die Gleichstellungsministerin Ridder-Melchers und der langjährige Innenminister Herbert Schnoor dem neu gewählten Landtag nicht mehr an. Schnoor, ein langjähriger politischer Wegbegleiter Raus, hatte zudem bereits 1994 vertraulich signalisiert, er werde nach der Wahl nicht mehr als Minister zur Verfügung stehen (taz v. 15.05.1990). Dahingegen errang Wolfgang Clement ein Landtagsmandat und verfügte, anders als in der vorangegangenen Legislaturperiode, auch über eine parlamentarische Absicherung (SZ v. 16.05. 1995).[48]

Koalitionsverhandlungen: Von der „Ära Rau" zum „rot-grünen Modell"

Angesichts des Wahlergebnisses begann die Debatte über mögliche Koalitionsverhandlungen und die Regierungsbildung noch am Wahltag. Bereits am Abend desselben reiste der SPD-Bundesvorsitzende Rudolf Scharping zu Ministerpräsident Rau in die Düsseldorfer Staatskanzlei. Er machte dort die aus seiner Sicht herausragende bundespolitische Bedeutung Nordrhein-Westfalens und damit die bundesweite Signalwirkung der anstehenden Regierungsbildung deutlich. Klarer Wunsch vonseiten der Bundespartei war die Bildung einer rot-grünen Koalition. Eine andere Option konnte sich dort aus mittelfristigen strategischen Gründen niemand vorstellen, „zu sehr erinnerte man sich an die Vorreiterrolle von Nordhein-Westfalen, als dort 1966 die sozial-liberale Koalition begründet wurde und als Modell für einen Machtwechsel 1969 in Bonn fungierte" (Hoffmann 2005: 64). Ähnliche Hoffnungen richteten sich nun auf ein mögliches rot-grünes Bündnis in Nordrhein-Westfalen und seine Signalwirkung für die Bundestagswahl 1998.

Dennoch stellten diese Aktivitäten Scharpings am Wahlabend nicht den ersten Schritt der Koalitions- und Regierungsbildung dar. Vielmehr lassen sich in Erweiterung vorliegender Systematisierungen (Kropp 2001: 60) vier

---

Jürgen Büssow nach seiner Ernennung zum Düsseldorfer Regierungspräsidenten sein Mandat niederlegte (hierzu auch Hoffmann 2005: 66-67).

[48] Da Clement bereits vor der Landtagswahl 1995 als potenzieller Nachfolger Raus im Amt des Ministerpräsidenten genannt worden war, hatte das Landtagsmandat eine besondere Bedeutung. Ohne Mandat ist laut nordrhein-westfälischer Landesverfassung der Weg ins Amt des Ministerpräsidenten versperrt.

Phasen der Koalitionsbildung identifizieren. Die erste Phase begann bereits vor der Landtagswahl am 14. Mai und fand mit dem Wahlergebnis ihren Abschluss. Im Mittelpunkt standen hier die Vorstellung der Wahlprogramme sowie Erklärungen der Parteien zu möglichen Koalitionsabsichten. Die zweite Phase umfasste die informellen Sondierungsgespräche und innerparteiliche Absprachen im Anschluss an den Wahltag, bevor die dritte Phase der konkreten Koalitionsverhandlungen mit der Vorlage der Koalitionsvereinbarung und den Parteitagsbeschlüssen über diese endete. Die vierte Phase beinhaltete schließlich die formelle Regierungsbildung – die Wahl des Ministerpräsidenten und die Ernennung der Minister – sowie die Abgabe der Regierungserklärung. Da diese in enger Verbindung zur Koalitionsvereinbarung steht, gehört diese faktisch noch zum Themenfeld der Koalitions- und Regierungsbildung. So kann „der Regierungschef [in der Regierungserklärung] immer noch seinen Regierungsstil zum Ausdruck bringen", er muss sich dabei jedoch im Rahmen der Koalitionsvereinbarung bewegen (König 2001: 25).

Phase 1: Innerparteiliche Annäherung an die „rot-grüne Zwangsromanze"[49]

Wie bereits oben skizziert, war das Wahlziel Raus das erneute Erreichen einer absoluten Mehrheit gewesen. Er wurde dabei von führenden Parteikollegen wie dem Fraktionsvorsitzenden Farthmann und Umweltminister Matthiesen unterstützt. Nicht nur Farthmann hätte sich gar eine schärfere Abgrenzung der SPD gegenüber den Grünen erhofft, als Rau sie im Wahlkampf artikuliert hatte. Die SPD-Parteibasis erschien in dieser Frage jedoch deutlich heterogener. Nicht zuletzt durch zahlreiche rot-grüne Koalitionen auf kommunaler Ebene vorgeprägt, konnten sich viele Genossen eine Zusammenarbeit mit den Grünen auch auf Landesebene vorstellen. Dennoch blieb die Partei in dieser Frage gespalten. Die beiden großen Bezirke Niederrhein und Westliches Westfalen sprachen sich gegen, die beiden kleineren Bezirke Mittelrhein und Ostwestfalen-Lippe für ein solches Bündnis aus (Zeit v. 19.05.1995). Die Grünen hatten sich eindeutig für die Bildung einer rot-grünen Koalition ausgesprochen und drängten in die Regierungsverantwortung. Ein parteiinternes Strategiepapier des Landtagskandidaten Stefan Bajohr[50] machte die SPD-Parteibasis als Schlüssel für einen Regierungseintritt

---

[49]   So benannt in FAZ v. 16.05.1995.
[50]   Interessanterweise war Bajohr ein ehemaliger Büroleiter des SPD-Fraktionsvorsitzenden Farthmann.

aus (Focus v. 29.04.1995). Die nach Ansicht der Grünen bis in die SPD-Parteiführung hineinreichende Spaltung in der Koalitionsfrage wollten die Grünen offensiv nutzen: „Wir müssen die uns bekannten Mitglieder des Landesvorstands, die der Linie von Rau schon längst nicht mehr folgen wollen, zum Königsmord stimulieren" (zit. nach Focus v. 29.04.1995).

Phase 2: Vorsichtiges Abtasten und Sondierungen

Die Reaktion der Grünen nach Bekanntgabe des Wahlergebnisses entsprach diesen strategischen Überlegungen jedoch nicht. Anstelle einer offensiven Herangehensweise zeigten sich die Grünen gegenüber der SPD betont moderat und gingen mit dem überragenden Wahlergebnis „mit beinahe schon staatsmännischer Behutsamkeit um" (SZ v. 16.05.1995). So erklärte die grüne Spitzenkandidatin und Fraktionsvorsitzende Bärbel Höhn, es gäbe keine Alternative zu einem rot-grünen Bündnis, aber man würde die SPD nicht bedrängen. Vielmehr würden die Grünen die „Trauerarbeit" der SPD über die verloren gegangene absolute Mehrheit respektieren (RP v. 16.05.1995). Insgesamt zeigten sich die Grünen im Hinblick auf bestehende inhaltliche Differenzen mit der SPD kompromissbereit. Sie machten lediglich explizit auf ihre ablehnende Haltung zu Garzweiler II aufmerksam (RP v. 16.05. 1995; SZ v. 16.05.1995). Auch schienen die Grünen Ministerpräsident Rau entgegen dem vor der Wahl vorgelegten Strategiepapier nicht mehr als Hindernis auf dem Weg zu einem rot-grünen Bündnis zu sehen. Vielmehr benannten sie Rau noch am Wahlabend als idealen Regierungschef für eine solche Regierungskonstellation (RP v. 15.05.1995). Sie verwiesen dabei explizit auf seine integrierende und moderierende Rolle sowie sein Verständnis für die bundespolitische Bedeutung eines rot-grünen Bündnisses (RP v. 18.05.1995). In Erwartung beginnender Koalitionsverhandlungen mit der SPD präsentierten die Grünen bereits am 15. Mai 1995 ihre achtköpfige Verhandlungskommission. Ihr sollten die beiden Fraktionssprecher Michael Vesper und Bärbel Höhn, die Landtagsabgeordneten Marianne Hürten, Manfred Busch und Daniel Kreutz, die beiden Landessprecher Barbara Steffens und Reiner Priggen und die nordrhein-westfälische Bundestagsabgeordnete Christa Nickels angehören (taz v. 17.05.1995).

Die Sozialdemokraten gaben sich gegenüber den Grünen zunächst deutlich reservierter. Rau schloss eine große Koalition mit der CDU aus, wies aber auch zunächst Gedanken an ein rot-grünes Bündnis von sich, obwohl dieses die einzige gangbare Alternative darstellte (RP v. 16.05.1995). Damit deutete Rau zumindest implizit die Möglichkeit an, nicht mehr als Minister-

präsident einer Koalitionsregierung zur Verfügung zu stehen. „Der Familien-
vater hängt am Single-Leben" titelte daher die Süddeutsche Zeitung (v.
16.05.1995). Diese Haltung des Ministerpräsidenten lag in Teilen in seinem
politischen Selbstverständnis begründet. Er wollte keinesfalls den Eindruck
erwecken, das von ihm zur Maxime erkorene Prinzip der verlässlichen Politik zu verletzen. Als eine solche Verletzung erschien ihm jedoch die Bildung
einer rot-grünen Koalition, nachdem er im Wahlkampf das Ziel der absoluten
Mehrheit bekräftigt hatte. Er empfand „ein legitimatorisches Problem gegenüber den Wählern", so der damalige Referatsleiter und spätere Abteilungsleiter in der Regierungszeit von Ministerpräsident Clement, Michael Krüger-
Charlé (Interview mit M. Krüger-Charlé v. 21.03.2005). Eine Bestätigung
seiner Bedenken erhielt Rau durch ca. 2000 Protestbriefe, die in den Tagen
nach der Landtagswahl in der Staatskanzlei eintrafen und sich gegen eine
Regierungsbeteiligung der Grünen wandten (Interview mit M. Krüger-Charlé
v. 21.03.2005). Auch Kabinettskollegen äußerten sich skeptisch über die
politische Zukunft des Ministerpräsidenten (SZ v. 16.05.1995).

Möglicherweise führte die Intervention des SPD-Bundesvorsitzenden
Scharping zu einer schnellen Revision der Position Raus. Gemeinsam nahmen beide an einer ersten Beratungsrunde des geschäftsführenden Parteivorstandes der NRW-SPD am 15. Mai 1995 in der Bonner Landesvertretung
teil. Dort sollte in der darauf folgenden Woche auch der Gesamtvorstand der
Partei zum gleichen Thema tagen. Erneut verwies Scharping auf die über
NRW hinausreichende Signalwirkung eines rot-grünen Bündnisses.[51] Zugleich erklärte Rau, er hege keine „manifeste Antipathie" gegen die Grünen.
Es werde vielmehr eine solche Koalition geben, „wenn die Konditionen es
möglich machen" (zit. nach FAZ v. 17.05.1995). Zugleich deutete er die
Möglichkeit an, dann als Ministerpräsident weiterhin zur Verfügung zu stehen. Möglicherweise werde seine integrierende Rolle angesichts der möglichen parteiinternen Verwerfungen in dieser Frage gebraucht, so Rau (FAZ v.
17.05.1995).[52]

Bereits am 16. Mai 1995 führte Rau ein erstes Sondierungsgespräch mit
den beiden Spitzenkandidaten der Grünen (FAZ v. 17.05.1995; SZ v. 17.05.

---

[51]   Ähnlich äußerten sich mit dem Vorsitzenden der grünen Bundestagsfraktion Joschka Fischer
        und dem grünen Landtagsfraktionssprecher Michael Vesper auch zwei prominente Vertreter
        der Grünen (FAZ v. 17.05.1995).
[52]   Rau verwies explizit auf die Spaltungstendenzen der Bremer SPD. Hier waren nach der eben-
        falls am 14. Mai 1995 erfolgten Landtagswahl heftige parteiinterne Debatten über den künfti-
        gen Koalitionspartner entbrannt. Hierzu Roth 1996: 279-281.

1995).[53] Die Unterredung mit Bärbel Höhn und Michel Vesper bildete den Ausgangspunkt mehrerer informeller innerparteilicher und interparteilicher Sondierungsgespräche (vgl. SZ v. 17.05.1995; WAZ v. 20.05.1995), in die auch bundespolitische Akteure beider Parteien eingebunden waren (Focus v. 22.05.1995). Die nordrhein-westfälischen Sozialdemokraten diskutierten primär in der Runde des geschäftsführenden Parteivorstandes unter Vorsitz des Landesvorsitzenden Rau. Diesem engeren Landesvorstand gehörten der Parteivorsitzende, die beiden Stellvertreter, der Schatzmeister, der Fraktionsvorsitzende und die vier Bezirksvorsitzenden an (Blumenthal 2001: 199-201). Dieses zentrale Parteigremium traf sich erneut am 21. Mai 1995 in Wuppertal, um die künftige Verhandlungslinie in den Koalitionsverhandlungen sowie die konkrete Zusammensetzung der Verhandlungskommission abzustimmen (Welt v. 10.05.1995). Diese hatte sich in Teilen bereits vorher herauskristallisiert. Rau sollte die Verhandlungsführung für die SPD übernehmen, eine endgültige Entscheidung über seine künftige Rolle war damit jedoch noch nicht gefallen. Es wurde vielmehr spekuliert, er könne möglicherweise das Feld für Wolfgang Clement als Ministerpräsident räumen (FAZ v. 18.05.1995; vgl. WAZ v. 20.05.1995). Als weitere Mitglieder wurden die beiden stellvertretenden Parteivorsitzenden Gabriele Behler und Christoph Zöpel, Finanzminister Schleußer und Wolfgang Clement als Chef der Staatskanzlei benannt (SZ v. 17.05.1995). Hinzu kamen Franz Müntefering und Anke Brunn (FAZ v. 18.05.1995). Damit waren die SPD-Bezirksvorsitzenden – mit Ausnahme von Axel Horstmann – als zentrale Akteure erneut unmittelbar in die Steuerungsprozesse eingebunden. Wie in der vorangegangenen Legislaturperiode fanden somit die Imperative der Parteiendemokratie unmittelbar Beachtung (hierzu v. Blumenthal 2001: 183).

Die zentralen Verhandlungspartner auf beiden Seiten waren damit bestimmt. Die Zusammensetzung der Verhandlungskommissionen bestätigte die Bedeutung von ‚Grenzstellenakteuren' (Benz, zit. nach Kropp 2001: 64-65) im Rahmen von Koalitionsverhandlungen. Gemeint sind damit Akteure, die in ihrer politischen Rolle eine Schnittstelle zwischen unterschiedlichen strukturellen Arenen einnehmen. So lässt sich für beide Parteien nachweisen, dass sowohl die parlamentarische Arena durch die Fraktionsvorsitzenden, als auch die parteiliche Arena durch die Parteivorsitzenden in den Kommissionen abgebildet war. Hinzu kamen Akteure mit bundespolitischer Bedeutung (z. B. Christa Nickels bei den Grünen), weitere parteiliche Akteure mit be-

---

[53] Zwar führte er auch Gespräche mit der CDU, eine große Koalition war jedoch bereits keine Option mehr.

sonderem politischem Gewicht (z. B. Bezirksvorsitzende der SPD) sowie Vertreter unterschiedlicher parteiinterner Strömungen (z. B. Vesper und Höhn als exponierte Vertreter der beiden grünen Parteiflügel). Dabei waren die Arenen nicht notwendigerweise trennscharf voneinander entkoppelt, sondern oftmals miteinander verbunden. Bestes Beispiel hierfür war Ministerpräsident Rau, der als Grenzstellenakteur mit dem SPD-Parteivorsitz und mit dem Amt des Ministerpräsidenten zwei Rollen in unterschiedlichen Arenen auf sich vereinigte. Neben der Zusammensetzung der Verhandlungskommission entschied der SPD-Landesvorstand zudem über das weitere Verfahren. So ließ Rau wissen, dass ein Sonderparteitag über die Ergebnisse der Koalitionsverhandlungen entscheiden solle (FAZ v. 22.05. 1995). Ziel dieser Gespräche sollte aus Sicht der SPD ein stabiles Bündnis für die gesamte Legislaturperiode sein. Für den Fall des Scheiterns nannte Rau Neuwahlen oder Verhandlungen über eine große Koalition mit der CDU als Optionen (RP v. 22.05.1995).

Die Grünen wiederum besprachen in dieser Sondierungsphase ihre Verhandlungspositionen auf einer zweitägigen Klausurtagung (SZ v. 24.05. 1995). Die Landesdelegiertenkonferenz der Partei sollte Anfang Juli über die Ergebnisse der Koalitionsverhandlungen befinden. Wie die SPD benannten die Grünen keine konkreten Bedingungen für die Aufnahme der Koalitionsverhandlungen. Sie verwiesen jedoch erneut auf die aus ihrer Sicht herausragende Bedeutung von und ihre ablehnende Haltung zu Garzweiler II (SZ v. 24.05.1995). Ein Vorschlag der Bundesvorstandssprecherin Krista Sager, diese Frage aus den Koalitionsverhandlungen auszuklammern, wurde folglich von nordrhein-westfälischen Parteivertretern zurückgewiesen (RP v. 22.05.1995; RP v. 23.05.1995).

Wie schon im Wahlkampf wurde dem Thema Garzweiler II damit breiter Raum eingeräumt. Jedoch war diese Frage nicht der einzige Knackpunkt der geplanten Koalitionsverhandlungen. Vielmehr gab es deutliche Differenzen zwischen beiden Parteien in der Verkehrs-[54] und Chemiepolitik sowie der Zukunft der Gentechnik (Welt v. 23.05.1995). Nicht zuletzt aus diesem Grund äußerten sich die IG Bergbau und die IG Chemie ablehnend zu einem rot-grünen Bündnis (WamS v. 21.05.1995; SZ v. 24.05.1995). Daran konnte auch die Ankündigung der Grünen nichts ändern, im Vorfeld der Koalitionsverhandlungen weitere Gespräche mit Gewerkschaften, Unternehmerverbänden und Vertretern der nordrhein-westfälischen Industrie- und Handelskammern führen zu wollen (Welt v. 24.05.1995). Während die Gewerkschaften

---

[54]   Vor allem der Autobahnausbau und der Landesstraßenbau waren umstritten.

versuchten, ihren Einfluss auf die SPD geltend zu machen, sahen sich die Grünen den Forderungen von Bürgerinitiativen und Naturschutzverbänden gegenüber, Garzweiler II noch zu verhindern. Schon vor den Verhandlungen bildete sich mit dieser besonderen Betonung Garzweilers eine inhaltliche Sollbruchstelle zwischen beiden Parteien heraus (FAZ v. 22.05.1995).

Bevor die offiziellen Koalitionsverhandlungen beginnen konnten, musste die SPD noch eine zentrale Personalentscheidung treffen. Nachdem Friedhelm Farthmann den direkten Einzug in den Landtag verpasst hatte, war das Amt des Fraktionsvorsitzenden vakant geworden. Das Verhältnis zwischen Farthmann und Rau war in den vorangegangenen Jahren ambivalent gewesen. Eine ähnlich vertrauensvolle Zusammenarbeit wie mit den Kabinettsmitgliedern Schleußer und Clement hatte sich zwischen beiden nie ergeben. „Für Rau, dessen Regierungsstil insbesondere bei Personalentscheidungen zaghaft war, bestand nun die Möglichkeit, einen unbequemen Parteikollegen durch Nichtstun ersetzen zu können. In der Außendarstellung blieb so sein Ruf, harmoniebedürftig zu sein, unangetastet" (Hoffmann 2005: 66). Folglich unternahm Rau keinerlei Versuche, Farthmann durch den Verzicht eines anderen Mandatsträgers doch noch zu einem Landtagsmandat und damit erneut zum Fraktionsvorsitz zu verhelfen. Vielmehr bot sich für Rau die Möglichkeit, für diesen zentralen Posten einen Kandidaten vorzuschlagen, „der ihm als Ministerpräsident eine engere und vertrauensvollere Zusammenarbeit mit der Fraktion erlauben würde" (Hoffmann 2005: 66). Diese Option war jedoch schon kurz nach der Landtagswahl verbaut, da sich frühzeitig eine offene Konkurrenzsituation zwischen zwei Kandidaten herausgebildet hatte. Gerade das hatte Rau in anderen Fällen erfolgreich zu verhindern gewusst.

Der bisherige Verkehrsminister Kniola hatte seine Ambitionen auf das Amt bereits frühzeitig erkennen lassen. Nachdem aufgrund des Wahlergebnisses eine rot-grüne Koalition wahrscheinlicher und damit die Aussichten der SPD auf eine erneute Besetzung des Umweltministeriums geringer geworden waren, hatte aber auch Klaus Matthiesen sein Interesse am Amt des Fraktionsvorsitzenden signalisiert. Damit zeichnete sich bereits kurz nach der Wahl eine Kampfabstimmung zwischen den beiden ab (RP v. 22.05.1995; RP v. 23.05.1995). Rau favorisierte Franz-Josef Kniola (Interview mit M. Krüger-Charlé v. 21.03.2005). Dieser schien im geeigneter, in einer rotgrünen Koalition als Moderator zwischen den beiden Regierungsparteien zu fungieren. Matthiesen hielt er angesichts seiner ablehnenden Haltung gegenüber den Grünen für ungeeignet: „Ich hätte ihn lieber im Kabinett behalten. Da war er exzellent. (...) Aber wir hatten ein unterschiedliches Verhältnis in [der Frage nach dem Umgang mit den Grünen]" (Interview mit J. Rau v. 01.06.2005; Hoffmann 2005: 67). Auch in der Fraktion gab es aus ähnlichen Gründen Vorbehalte gegen Matthiesen. Vor allem die SPD-Bezirke Mittelrhein und Ostwestfalen-Lippe sprachen sich gegen Matthiesen aus, da ihm die integrative Kraft für ein rot-grünes Bündnis nicht zugetraut wurde (Welt v. 18.05.1995; SZ v. 26.05.1995).[55] Zugleich wurde aber auch auf seine Möglichkeiten hingewiesen, weitere Skeptiker in der SPD-Fraktion nach erfolgreichen Koalitionsgesprächen auf eine rot-grüne Koalition einzuschwören (FAZ v. 19.05.1995). Trotz dieser Einwände gelang es Rau nicht, Matthiesen als Fraktionsvorsitzenden zu verhindern. In der Abstimmung am 25. Mai 1995 erhielt Matthiesen mit 54 Stimmen eine knappe Mehrheit. Sein Konkurrent Kniola musste sich mit 49 Stimmen geschlagen geben (SZ v. 26.05.1995). Matthiesen hatte sich im Vorfeld taktisch geschickt verhalten, indem er sich in ungewohnt milder Form zu den Grünen geäußert hatte. Zudem verneinte er, weitergehende Ambitionen – beispielsweise auf die Nachfolge Raus im Amt des Ministerpräsidenten – zu hegen (RP v. 19.05.1995). Für Rau bedeutete diese Abstimmung folglich auch eine persönliche Niederlage.

Matthiesens Äußerungen nach seiner Wahl bestätigten die im Vorfeld gegen ihn geäußerten Vorbehalte. So unterstrich er, die SPD müsse in den Koalitionsverhandlungen eine harte Verhandlungsposition gegenüber den Grünen einnehmen. Das Reformprofil der SPD müsse in der möglichen Koalition deutlich erkennbar bleiben (SZ v. 26.05.1995; FAZ v. 26.05.1995). Das Bündnis dürfe auch nicht zum „Modell" hochstilisiert werden. Nachdruck verleihen konnte Matthiesen diesen Forderungen in den Koalitionsverhandlungen als weiteres Mitglied der SPD-Verhandlungskommission, der er nun als Fraktionsvorsitzender angehörte (FAZ v. 16.05.1995).

Phase 3: Koalitionsverhandlungen und Koalitionsvereinbarung

Am 30. Mai 1995 begannen die Koalitionsverhandlungen zwischen SPD und Grüne. Jedoch nicht, wie der grüne Spitzenkandidat Vesper gewünscht hatte, „„in einer gewissen klösterlichen Abgeschiedenheit', sondern nach dem symbolverdächtigen Wunsch des Partners auf dem Präsentierteller der NRW-Landesvertretung in Bonn" (SZ v. 26.05.1995). Die Grünen wollten nicht in

---

55   Auch von den Grünen wurde Matthiesen nicht als richtiger Partner wahrgenommen (RP v. 18.05.1995). Vielmehr war Matthiesen ein Hauptangriffsziel der Grünen in der vorangegangenen Legislaturperiode gewesen (SZ v. 26.05.1995).

der Staatskanzlei verhandeln, die SPD hatte sich gegen den Landtag als Ver-
handlungsort ausgesprochen. Daher hatte man sich auf die Bonner Landesvertretung geeinigt, die beides bot: „relative Abschirmung, die unter den
Augen der Bundespressekonferenz gleichwohl größte Aufmerksamkeit ga-
rantier[te]" (SZ v. 31.05.1995). Zugleich wurde durch die Ortswahl die bundespolitische Bedeutung der Verhandlungen symbolhaft unterstrichen (FAZ
v. 31.05.1995). Dem Beginn der Koalitionsverhandlungen waren weitere
vertrauliche Gespräche zwischen Clement auf der einen, sowie Vesper und
Höhn auf der anderen Seite vorausgegangen (SZ v. 26.05.1995). Die SPD
unterstrich damit die herausragende Koordinationsfunktion Clements – eine
Rolle, die er sich durch sein enges und vertrauensvolles Verhältnis zu Rau in
den vorangegangenen Jahren erworben hatte. Clement war für die SPD der
maßgebliche Akteur in der Vorbereitung der Koalitionsverhandlungen (Interview mit M. Krüger-Charlé v. 21.03.2005; SZ v. 08.06.1995).

Merkmale der Koalitionsverhandlungen

Die für Koalitionsverhandlungen generell identifizierbaren Charakteristika
(nachfolgend Kropp 2001: 65-67) lassen sich fast ausnahmslos am nordrhein-westfälischen Beispiel 1995 aufzeigen:
    Erstes Merkmal in diesem Zusammenhang ist die relativ klar abgegrenz-
te Teilnehmerschaft an den Gesprächen. Dies war durch die klar strukturierten Verhandlungskommissionen beider Parteien gegeben. Diese umfassen in
der Regel vier bis acht Personen. In Nordrhein-Westfalen saßen sich in den
Verhandlungen jeweils acht zentrale ‚Grenzstellenakteure' beider Parteien
gegenüber. Die Größe der Verhandlungskommissionen lässt zugleich Rückschlüsse auf innerparteiliche und innerfraktionelle Proporzaspekte zu. Beispielhaft können hier die Grünen herangezogen werden. Die innerparteilichen und innerfraktionellen Flügel der Partei – Fundis und Realos – fanden
sich weitgehend gleichberechtigt in der Verhandlungsdelegation wieder (v.
Blumenthal 2001: 184).[56] Auch die SPD benannte ihre Mitglieder nach einem innerparteilich ausgefeilten Proporzschlüssel.
    Zweites Kriterium ist die Existenz klarer Zeit- und Ablaufpläne für die
Koalitionsverhandlungen. Diese waren in den Vorgesprächen weitgehend
geklärt worden, sodass sich beide Parteien auf den 2. Juli 1995 als Termin
für Sonderparteitage festlegen konnten. Hier sollte über die ausgehandelten

---

[56]   Beispielsweise wurden Michael Vesper und Reiner Priggen dem Realo-Flügel zugerechnet;
       Bärbel Höhn, Barbara Steffens, und Daniel Kreuz standen für den Fundi-Flügel.

Ergebnisse entschieden werden. Es gab zwar keinen in allen Details ausgearbeiteten Zeitplan, aber zumindest ein für beide Seiten verbindlich akzeptiertes Enddatum der Verhandlungen.

Das dritte Merkmal, eine zentrale Kommission für die inhaltlichen Kernfragen und Grundsatzentscheidungen, wurde durch die beiden jeweils achtköpfigen Verhandlungskommissionen gebildet.

Viertens wurden Detailfragen und sachpolitische Entscheidungen in Fach- und Arbeitsgruppen bearbeitet, die der Kernrunde nachgeordnet waren. Acht dieser Arbeitsgruppen befassten sich nach Politikfeldern aufgeteilt mit den entscheidenden Sachfragen (SZ v. 26.05.1995; WAZ v. 02.06.1995; FR v. 03.06.1995; v. Blumenthal 2001: 184). Zu den nordrhein-westfälischen Parteivertretern kamen dabei weitere „Koalitionsspezialisten" aus anderen Ländern hinzu. Solche Akteure, „die prozedurales und sachpolitisches Wissen bereithalten, werden zumal dann herangezogen, wenn eine Partei erstmalig oder nach längerer Zeit wieder an einer Regierung beteiligt ist und keine Möglichkeit besteht, auf das Wissen der (eigenen) Ministerialbürokratie zurückzugreifen" (Kropp 2001: 65).[57] In diesem Sinne wurden vor allem die Fachgruppen durch „Leiharbeiter" aus Hessen, Niedersachsen und den Bundestagsfraktionen ergänzt (SZ v. 26.05.1995). Johannes Rau wiederum gehörte als einziger Akteur keiner dieser Arbeitsgruppen an (FR v. 03.06. 1995).

Fünftens ließ sich aus den Arbeitsgruppen nicht notwendigerweise der künftige Ressortzuschnitt erkennen. Dies entsprach dem zu Beginn der Verhandlungen vereinbarten Verfahren, zunächst die inhaltlichen Punkte und erst im Anschluss die daraus resultierenden Personalfragen zu klären. So deckten die Arbeitsgruppen zwar thematisch unterschiedliche Politikfelder ab, entsprachen aber nicht trennscharf der zu erwartenden Ressortaufteilung.

Schließlich ist ein prägendes Merkmal von Koalitionsverhandlungen das Bemühen beider Partner um Diskretion während der Verhandlungsphase. So vereinbarten SPD und Grüne für die beiden ersten Verhandlungsrunden strikte Vertraulichkeit (WAZ v. 02.06.1995; FR v. 03.06.1995). Zudem einigte man sich darauf, die Öffentlichkeit gemeinsam entlang des besprochenen Zeitplans über den Stand der Verhandlungen zu unterrichten.

---

[57]   Darauf verweist auch Rüdiger Frohn: „In der SPD fehlte 1995 seit 15 Jahren Koalitionserfahrung und den Grünen in NRW jede Regierungserfahrung" (Interview R. Frohn v. 05.07.2005). Eine ähnliche Erfahrung musste dann auch CDU und FDP 2005 in den Koalitionsverhandlungen nach der Landtagswahl machen.

Ablauf der Koalitionsgespräche

Zu Beginn der Koalitionsgespräche formulierte Ministerpräsident Rau, man werde „mild in der Art, aber hart in der Sache" verhandeln (zit. nach Welt v. 01.06.1995). Der Verhandlungsstart war jedoch zunächst durch die Verständigung auf eine gemeinsame Situationsbeschreibung, die Darstellung der jeweiligen Positionen sowie den daraus abgeleiteten Versuch, Grundelemente eines gemeinsamen Regierungsprogramms zu benennen, gekennzeichnet (WAZ v. 13.06.1995). Während sich in der Medien-, der Hochschul-, der Innenpolitik und weiterer Politikfeldern vergleichsweise schnell Einigungsmöglichkeiten herauskristallisierten (SZ v. 08.06.1995; WAZ v. 20.06.1995; Welt v. 14.06.1995), bildeten sich ebenso schnell die entscheidenden Konfliktlinien heraus. Dazu gehörte neben der Verkehrspolitik, Teilen der Finanzpolitik, der Asylpolitik und den Fragen der Müllverbrennung, des Autobahnausbaus und des Flugverkehrs vor allem Garzweiler II (SZ v. 08.06. 1995; taz v. 17.06.1995; SZ v. 10.06.1995).

Die Sitzungen der Fach- und Arbeitsgruppen sowie der zentralen Verhandlungskommission wurden am Wochenende des 10. und 11. Juni von getrennten Klausurtagungen beider Delegationen in Duisburg und Düsseldorf unterbrochen. Dort wurden die weiteren Perspektiven sowie die jeweiligen Verhandlungspositionen im Licht der bisherigen Gespräche erneut beraten (SZ v. 12.06.1995; WAZ v. 12.06.1995; RP v. 12.06.1995). Ebenso wie der Chefunterhändler der Grünen, Michael Vesper, der wenige Tage später bereits in 80 bis 90 Prozent der diskutierten Sachfragen Übereinstimmung sah (taz v. 17.06.1995), äußerten sich mit Wolfgang Clement und Johannes Rau auch die beiden wichtigsten Vertreter der SPD zufrieden über die bis dorthin erzielten Fortschritte (Welt v. 14.06.1995). Nach weiteren Gesprächen in den Verhandlungsgremien wurde ein auf die Ergebnisse der Arbeitsgruppen gestützter 150seitiger Zwischenbericht verfasst. Dieser enthielt eine Aufstellung aller Fragen, in denen bereits Konsens hergestellt werden konnte oder ein Dissens fortbestand (WAZ v. 23.06.1995). Auf der Grundlage dieses Berichts fanden in ausgedehnten Verhandlungsrunden die Diskussionen über die verbleibenden Streitpunkte statt.

Der Verlauf der Verhandlungen folgte dabei einer nur begrenzt gesteuerten „Dramaturgie". Nach dem von beiden Seiten gelobten Auftakt der Verhandlungen folgte die „dramaturgisch nicht zu entbehrende Krise (…) auf dem Fuße" (FAZ v. 17.06.1995). Dieser kurvenähnliche Spannungsverlauf wiederholte sich gegen Ende der Verhandlungen. Nach den durchaus positiven Zwischenergebnissen drohte Ende Juni das Scheitern (FR v. 24.06.1995;

Welt v. 24.06.1995; RP v. 24.06.1995). Hauptstreitpunkt der Verhandlungen war nun endgültig die Entscheidung über Garzweiler II geworden, sodass die Gespräche „auf des Messers Schneide" standen (RP v. 26.06.1995). Nur noch an dieser Frage konnte, nach Darstellung des grünen Unterhändlers Reiner Priggen, die Koalition scheitern (taz v. 22.06.1995). Mitverantwortlich für die „Krise" war der – angesichts des für den 2. Juli anberaumten Landesparteitags – knapper werdende Zeitrahmen.

Verstärkt wurde dieser Zeitdruck durch die gesteigerte Erwartung der Öffentlichkeit auf ein Verhandlungsergebnis. Die offiziellen Verhandlungen dauerten nun bereits fast einen Monat an. Zudem beantragte die CDU-Fraktion eine aktuelle Stunde im Landtag, um den Druck auch vonseiten der parlamentarischen Opposition zu erhöhen (WamS v. 25.06.1995). Sitzungen der Landesvorstände von SPD und Grünen wechselten sich mit weiterer Beratungen der Fachgruppen, der Kernverhandlungsrunde sowie weiterer kleinerer Verhandlungsgruppen ab (FAZ v. 26.06.1995; RP v. 26.06.1995; WAZ v. 26.06.1995; SZ v. 28.06.1995; GA v. 28.06.1995; Handelsblatt v. 18.06.1995). Nachdem zwischenzeitlich letzte Streitpunkte – zur Zukunft der Steinkohle, dem Ausbau der Flughäfen, der Asylpolitik sowie im Bereich der Umweltpolitik – ausgeräumt werden konnten, blieb in den letzten Verhandlungsstunden als inhaltliches Streitthema nur noch Garzweiler II übrig (vgl. WAZ v. 26.06.1995; RP v. 28.06.1995; SZ v. 28.06.1995; GA v. 28.06. 1995). Am 28. Juni 1995 konnte schließlich auch diese Frage durch einen Kompromiss gelöst werden (SZ v. 29.06.1995).[58]

Abschließend blieb nur noch, die Frage nach der Ressortverteilung zwischen den Koalitionspartnern zu klären. An den entsprechenden Verhandlungen nahmen die beiden grünen Kandidaten für die Ministerposten, Bärbel Höhn und Michael Vesper, wegen ihrer persönlichen „Betroffenheit" jedoch nicht teil (FAZ v. 30.06.1995). Die Besetzung des Umweltministeriums durch die Grünen war dabei weitgehend unumstritten. Das Angebot der SPD an die Grünen, das Wissenschaftsministerium zu übernehmen, lehnten diese jedoch ab (Interview mit J. Rau v. 01.06.2005). Dies bedeutete nicht zuletzt eine persönliche Kränkung von Ministerpräsident Rau, der dieses Ressort von 1970 bis 1978 geleitet hatte (Hoffmann 2005: 73). Schließlich konnte eine Einigung gefunden werden, indem die Grünen – neben dem Ministerium für Umwelt, Raumordnung und Landwirtschaft – das Wohnungsbauministerium übernahmen (SZ v. 01.07.1995; Handelsblatt v. 30.06.1995).

---

[58]   Zu den Einzelheiten dieses Kompromisses mehr in den nachfolgenden Unterkapiteln.

Regierungs- und Politikstil in den Koalitionsverhandlungen

Die Verhandlungen hatten damit nach fast sechs Wochen intensiver Beratungen ein Ende gefunden. Jedoch war nicht nur Johannes Rau von dem zähen Verhandlungsmarathon gezeichnet. Von ihm wurde berichtet, dass er während der letzten Stunden der Verhandlungen „so erschöpft und auch frustriert war, dass er die meiste Zeit allein in seinem Apartment in der Landesvertretung verbrachte und sich bei den Verhandlungen kaum noch blicken ließ" (SZ v. 01.07.1995).[59] Rau war schon im vorherigen Verlauf der Verhandlungen keine inhaltlich treibende Kraft gewesen. So war er als einziger Teilnehmer der Koalitionsgespräche in keine der acht Fachgruppen eingebunden. Vielmehr überließ er diese operative Arbeit und die konkrete Koordination der Verhandlungen weitgehend den anderen Unterhändlern seiner Partei, allen voran Wolfgang Clement. Diese Zurückhaltung darf jedoch nicht mit Untätigkeit oder mangelnder politischer Führung verwechselt werden. Rau selbst erklärte rückblickend zu seiner Rolle während der Verhandlungen: „Ich war der Chef. Ich habe die Verhandlungen geführt, in jeder Phase. (…) Es gab kein Gebiet, wo ich nicht mitgewirkt hätte" (Interview mit J. Rau v. 01.06.2005). Dieser vermeintliche Widerspruch lässt sich mit Blick auf den Regierungsstil Raus auflösen. Entsprechend seines integrierenden und moderierenden Regierungsstils, „die Aushandlungsprozesse zu moderieren, sie mit lockerem Zügel zu lenken, Detailfragen zwar zu kennen, diese aber selten aktiv mitzuverhandeln", war Rau tatsächlich der Chef der Koalitionsverhandlungen (Hoffmann 2005: 69). Ganz im Sinne des Strukturmerkmals der Ministerpräsidentendemokratie gab Rau zu Beginn der Verhandlungen als grobe Richtlinie vor, dass es keinen grundsätzlichen Kurswechsel seiner Politik in einer rot-grünen Koalition geben werde (RP v. 30.05.1995; Welt v. 01.06. 1995).

Diese Position dann in den Verhandlungen konkret umzusetzen, überließ er anderen Akteuren. So zeigte sich im Rahmen der Koalitionsverhandlungen eine Arbeitsteilung zwischen den SPD-Vertretern. Während Rau sich im Hintergrund hielt, übernahm Wolfgang Clement faktisch die Rolle des sozialdemokratischen Chefunterhändlers. Clement erwarb sich in den Koalitionsverhandlungen den Ruf, eher „geschäftsführender Ministerpräsident" (Hoffmann 2005: 65) als Chef der Staatskanzlei zu sein. Rau nahm somit

---

[59] Diesen Eindruck bestätigte Rau zumindest indirekt im Interview v. 1. Juni 2005: „Ich habe zwischendurch Phasen gehabt, wo ich nicht mehr konnte, weil wir sechs Wochen insgesamt in der Landesvertretung waren.". Angeblich musste er in der Schlussphase von seinen Parteigenossen zum Weitermachen überredet werden (Focus v. 10.07.1995).

eine fast präsidiale Rolle ein und garantierte durch seine persönliche Autorität zugleich die implizite Zustimmung der SPD zur rot-grünen Koalition, sollten die Verhandlungen zu einem grundsätzlich akzeptablen Ergebnis führen (Zeit v. 23.06.1995). Seine Partei hatte Rau zudem durch die Zusammensetzung der SPD-Verhandlungskommission im Sinne parteiendemokratischer Imperative eingebunden. Erneut waren die parteilichen Protagonisten in Person der Bezirksvorsitzenden und stellvertretenden Parteivorsitzenden unmittelbar an den Verhandlungen beteiligt. Dadurch war die Gefahr minimiert, dass zentrale Parteiakteure sich von außen kritisch zu den Verhandlungen äußerten.

Darüber hinaus zeigte sich zwischen den Mitgliedern der Verhandlungskommission eine Arbeitsteilung. Während Clement im Laufe der Verhandlungen als moderater Befürworter einer rot-grünen Koalition und damit, wie Rau, eher „mild in der Art" auftrat (u. a. WAZ v. 08.06.1995), verhandelte vor allem der neu gewählte Fraktionsvorsitzende Matthiesen „hart in der Sache" (Zeit v. 23.06.1995). [60] Besonders kompromisslos zeigte sich Matthiesen gegenüber den Grünen in den Diskussionen zu Garzweiler II (FR v. 26.06.1995). Damit wurde er den Erwartungen gerecht, die im Vorfeld seiner Wahl zum Fraktionsvorsitzen geäußert worden waren. In Teilen unterstützt wurde er in dieser durchaus kompromisslosen Haltung von Finanzminister Schleußer (WamS v. 25.06.1995). Durch diese „Arbeitsteilung" zwischen den SPD-Vertretern erschien Rau nicht alleine als Moderator und Schlichter zwischen den beiden Parteien, sondern auch zwischen den SPD-Vertretern. [61] Diese zweiseitig moderierende Rolle setzte sich auch nach der Regierungsübernahme der rot-grünen Landesregierung fort (Interview mit M. Krüger-Charlé v. 21.03.2005). Allerdings konnte Rau seine Position und damit seinen politischen Führungsanspruch auch unmissverständlich deutlich machen und fand damit Gehör. So tadelte Rau seinen Finanzminister Schleußer öffentlich, nachdem dieser im Sinn einer harten Verhandlungslinie gegenüber den Grünen alle Pläne mit Auswirkungen auf den Landeshaushalt zu blockieren versuchte (WAZ v. 02.06.1995; Hoffmann 2005: 70).

Ferner band Rau externe Kritiker und Akteure in den Verhandlungsprozess ein. Über die gesamten Verhandlungen hinweg machte vor allem die IG

---

[60]   In gewisser Hinsicht, so die Einschätzung von Michael Krüger-Charlé, verstärkte sich Raus moderierende Haltung durch die harte Verhandlungslinie Matthiesens (Interview M. Krüger-Charlé v. 21.03.2005).

[61]   So weißt auch Kropp (2001: 68) darauf hin, dass Parteidelegationen in den Koalitionsgesprächen keine unitarischen Akteure sind. Insofern wirkt die Befriedungsfunktion von Koalitionsvereinbarungen in zwei Richtungen.

Chemie ihren Widerstand gegen ein rot-grünes Bündnis deutlich (taz v. 10.06.1995; WAZ v. 17.06.1995, SZ v. 20.06.1995). Dabei versuchte sie, durch persönliche Verbindungen vor allem auf die SPD Einfluss zu nehmen.[62] Angesichts der schon vor Verhandlungsbeginn von diesen Akteuren zu erwartenden Widerstände hatte Rau bereits durch die Zusammenstellung der Verhandlungskommission eine Absicherung vorgenommen. Weder dem Fraktionsvorsitzenden Matthiesen, noch Finanzminister Schleußer konnten die Gewerkschafter zu große Nachgiebigkeit gegenüber den Grünen vorwerfen. Die auch parteiintern vorhandenen Widerstände gegen eine rot-grüne Koalition waren gewissermaßen in die Koalitionsverhandlungen eingebunden und wurden damit in ihrer grundsätzlichen Berechtigung unterstrichen. Ihnen Einfluss auf die Verhandlungen zu gewähren, garantierte gleichfalls, dass dort getroffene Entscheidungen mitgetragen werden würden. Auf der anderen Seite versuchte Rau jedoch auch, Kritiker persönlich zu beschwichtigen. So führte Rau noch während der Koalitionsverhandlungen gemeinsam mit dem SPD-Vorsitzenden Scharping ein Gespräch mit Vertretern von Rheinbraun – dem Antragsteller auf Genehmigung von Garzweiler II (Welt v. 19.06.1995).[63]

Ein Nebeneffekt dieser vergleichsweise heterogenen SPD-Verhandlungskommission waren durch die Grünen wahrnehmbare Dissonanzen. So versuchte beispielsweise Clement den Streitpunkt Garzweiler als Hindernis für ein rot-grünes Bündnis zumindest kommunikativ zu relativieren, während Matthiesen nur kurze Zeit später vehement die Umsetzung der SPD-Position forderte (WAZ v. 08.06.1995). „Im Unterschied zur SPD-Delegation, in der sich Mitglieder während der Verhandlungen schon mal ins Wort fallen und Widerspruch einlegen, demonstrieren die Grünen diszipliniert Geschlossenheit" (WAZ v. 09.06.1995). Angesichts der ausgeprägten Flügelbildung innerhalb von Partei und Fraktion musste diese Einigkeit durchaus verwundern. Ebenso wie die SPD hatten aber auch die Grünen mit Einflussnahmeversuchen von außen zu kämpfen. Dies lag bereits im überaus erfolgreichen Wahlergebnis begründet. Lokale Bürgerinitiativen hatten die Grünen aktiv unterstützt und forderten nun eine entsprechende Gegenleistung im Zuge der Koalitionsverhandlungen. Die Grünen reagierten darauf, indem sie zahlreiche solcher Detailforderungen unmittelbar in die Koalitionsgespräche ein-

---

[62] Dies galt beispielsweise für den Vorsitzenden der IG Chemie, Hermann Rappe, der SPD-Bundestagsabgeordneter und dem traditionellen Arbeitnehmer- und Gewerkschaftsflügel zuzurechnen war. Einer rot-grünen Koalition stand er extrem kritisch gegenüber (WAZ v. 17.06.1995).
[63] Zu weiteren strategischen Überlegungen Raus im Rahmen der Koalitionsvereinbarungen siehe Hoffmann 2005: 70-71.

speisten: „Die Grünen hatten eine Methode: die ließen sich über Fax von
ihren Kreisverbänden Forderungen schicken. Die wurden in die Verhandlungen eingewoben (…). Das war ein sehr mühsames Geschäft" (Interview mit
J. Rau v. 01.06.2005). Die autonomen Kreisverbände der Grünen machten
damit zum einen ihre Rolle als erste Ansprechpartner für solche lokale Gruppen, zum anderen ihre dominante Position gegenüber dem vergleichsweise
schwachen Landesvorstand der Partei deutlich (v. Blumenthal 2001: 191-
192).

Koalitionsvereinbarung

Der Koalitionsvertrag erfüllte über die synoptische Zusammenfassung der
konkreten Verhandlungsergebnisse hinaus drei grundsätzliche Funktionen
(Kropp 2001: 69-70): Er sollte erstens Berechenbarkeit und Vertrauen zwischen beiden Partnern herstellen. Zweitens sollte er die Kooperationskosten
der künftigen Zusammenarbeit verringern, indem er die gemeinsame Basis
für das künftige Regierungshandeln darstellte und entsprechende Kooperationsverfahren bereithielt. Schließlich sollte er drittens die jeweils eigene Parteibasis an die getroffenen Beschlüsse binden und damit die Handlungsfähigkeit beider Partner auch nach außen sichern. Die Koalitionsvereinbarung
stellte vor allem für die Grünen als kleinerem Koalitionspartner ein zentrales
Instrument dar, um sich gegenüber dem größeren Partner ausreichend zu
positionieren (König 2001: 24; Kropp 2001: 68). Die nicht zuletzt aus diesem Grund in die Verhandlungen eingespeisten Detailforderungen begründete der Parteisprecher Reiner Priggen damit, dass im Koalitionsvertrag gelöste
Einzelprobleme zu einem späteren Zeitpunkt keine Koalitionskrisen zwischen beiden Parteien mehr erzeugen könnten (RP v. 10.06.1995).

Darüber hinaus beinhalten Koalitionsvereinbarungen grundsätzlich drei
unterschiedliche Elemente (Kropp 2001: 68ff), die sich auch für die nordrhein-westfälische Vereinbarung von 1995 nachweisen lassen. Der Koalitionsvertrag steckte erstens den sachpolitischen Rahmen der künftigen Kooperation ab. Die unterschiedlichen inhaltlichen Interessen beider Partner wurden somit in ein austariertes Verhältnis gebracht und zumindest vorübergehend stabilisiert. Zweitens beinhaltete die Koalitionsvereinbarung Abma-
chungen über die Aufteilung von Ämtern und Positionen innerhalb der gebildeten Regierung. Festgeschrieben wurden der Ressortzuschnitt sowie die
Besetzung dieser Ressorts durch die jeweiligen Parteien. Schließlich beinhaltete die Koalitionsvereinbarung verbindliche Kooperations- und Entscheidungsregeln für die nachfolgende Legislaturperiode. Wie auch in anderen

Koalitionsvereinbarungen üblich (Kropp 2001: 73-75), vereinbarten SPD und Grüne, das Abstimmungsverhalten der Landesregierung im Bundesrat einvernehmlich zu gestalten, die enge Zusammenarbeit der beiden Regierungsfraktionen durch Absprachen der Fraktionsführung zu gewährleisten und einen Koalitionsausschuss einzusetzen. Dieser sollte unter dem Vorsitz des Ministerpräsidenten und auf Antrag eines Koalitionspartners „Angelegenheiten von grundsätzlicher Bedeutung, die zwischen den Koalitionspartnern abgestimmt werden müssen", beraten (Koalitionsvereinbarung 1995: 135).

Problematischer als Ressort- und Ämterzuweisung auf der einen, und Kooperations- und Entscheidungsregeln auf der anderen Seite blieben dabei die im Koalitionsvertrag festgelegten inhaltlichen Vereinbarungen. Die Präambel des 135seitigen Dokuments betonte neben den landespolitischen Vorhaben der rot-grünen Koalition die bundespolitische Signalwirkung. Beide Parteien formulierten, sie wollten „die ökonomische und ökologische Erneuerung Nordrhein-Westfalens in sozialer Verantwortung weiterentwickeln" (Koalitionsvereinbarung 1995: 1). Die rot-grüne Koalition als „ein politischer Einschnitt in der Geschichte des Landes Nordrhein-Westfalen" wurde jedoch schon in der Präambel auch als bundespolitisches Signal betont. Beide Parteien bekräftigten, sie wollten mit ihrer Zusammenarbeit „auch ein Gegengewicht zur Bonner Koalition bilden" (Koalitionsvereinbarung 1995: 5). Entsprechend titelte die Tageszeitung zur Einigung bei den Verhandlungen: „Der Testfall für Bonn beginnt" (taz v. 03.07.1995; vgl. WamS v. 02.07. 1995). Die landespolitischen Vorhaben der neuen Koalitionspartner waren in ihrer Signalwirkung hingegen weniger eindeutig.[64] Vielmehr zeigte sich eine Vielzahl unterschiedlicher Typen von Sachvereinbarungen, thematisch aufgeteilt nach Politikfeldern (nachfolgend Kropp 2001: 77-79; Koalitionsvereinbarung 1995): Erstens beinhaltete der Koalitionsvertrag „Leitkriterien", welche eine grundsätzliche Richtung vorgaben und künftige Verhandlungen der Koalitionspartner strukturieren sollten. So einigen sich beide Parteien auf das zentrale Ziel, die Arbeitslosigkeit zu bekämpfen. Zugleich wurde diese ökonomische Zielsetzung eng mit ökologischen Aspekten verbunden und damit eine „konsequente Verbindung von Arbeit und Umwelt" als Leitlinie der Landespolitik verankert (Koalitionsvereinbarung 1995: 1). Zudem leiteten „allgemeine Grundsätze" die nach Politikfeldern strukturierten Kapitel der Koalitionsvereinbarung ein. Zweitens wurden „Formelkompromisse"

---

[64]   Für einen nach Politikfeldern aufgeschlüsselten kurzen Überblick über die Koalitionsvereinbarung siehe RP v. 05.-08.07.1995.

gefunden, welche die Positionen beider Parteien widerspiegelten, ohne allzu konkrete Aussagen zu treffen. Dies galt beispielsweise für das in den Verhandlungen konfliktträchtige Thema Verkehrspolitik. Hierzu hielten beide Parteien fest: „Verkehr muss so weit wie möglich umweltverträglich, stadtverträglich und sozialverträglich sein" (Koalitionsvereinbarung 1995: 2). Die Forderung der Grünen nach einer Wende in der Verkehrspolitik spiegelte sich ebenso wider, wie die Forderung der SPD nach einem verstärkten Ausbau der Verkehrsinfrastruktur.[65] Als dritter Typus waren deutliche „Konfliktmarkierungen" zwischen beiden Parteien erkennbar. Die Passage zu Garzweiler II kann als eindeutiges Beispiel hierfür angeführt werden (ausführlicher Kropp 2001: 78-79). So machten beide Parteien ihre unterschiedlichen Positionen deutlich und verwiesen darüber hinaus lediglich auf den bisherigen Sachstand und das weitere Verfahren (Koalitionsvereinbarung 1995: 24-25). Eine klare gemeinsame inhaltliche Positionierung der Koalition war aus dieser Vereinbarung jedoch keinesfalls ablesbar (FAZ v. 04.07. 1995). Zudem stellte der Absatz über Garzweiler II ein Beispiel für einen vierten Typus des „Ausklammerns" und der „Entscheidungsvertagung" dar. SPD und Grüne verwiesen nicht nur auf ihre unterschiedlichen Positionen zu Garzweiler II, sondern zudem auf ihre Absicht, bis zu einem Urteil des Landesverfassungsgerichts zu dem von den Grünen angestrengten Organklageverfahren[66] keine weiteren konkreten Schritte in Form einer Genehmigung des Rahmenbetriebsplanes einzuleiten (Koalitionsvereinbarung 1995: 25; vgl. SZ v. 29.06.1995).[67] Schließlich griffen beide Parteien auch zu der Möglichkeit, im Koalitionsvertrag „Sachverständigengremien" und „gutachterliche Verfahren" zu vereinbaren. So sollte die Kommission „Zukunft der Bildung – Schule der Zukunft" Vorschläge zur künftigen Gestaltung des Bildungswesens entwickeln, welche beide Koalitionspartner dann in ihre Politik einfließen lassen wollten (Koalitionsvereinbarung 1995: 86; vgl. FAZ v. 26.07.1995). Insgesamt erweckte der Koalitionsvertrag trotz seines großen Umfanges den Eindruck, anstelle eines klaren Regierungsprogramms ein Dokument mit „schönen, teilweise kühnen Formelkompromissen" (FAZ v. 01.07.1995) und ein „Meisterwerk des Offenhaltens" (BöZ v. 04.07.1995) zu sein. Die befriedende Funktion für die weitere Koalitionsarbeit konnte die Vereinbarung damit nur sehr eingeschränkt erfüllen: „Die Koalition wird

---

[65]   Zur Analyse rot-grünen Politikmanagements im Politikfeld Verkehr siehe ausführlicher Hoffmann 2005: 73-80.
[66]   Siehe Kapitel 3.1.
[67]   Das Politikmanagement zu Garzweiler II wird im nachfolgenden Kapitel ausführlicher behandelt.

sozusagen täglich neu verhandelt werden müssen" (BöZ v. 04.07.1995). Noch kritischer äußerte sich der ehemalige SPD-Fraktionsvorsitzende Farthmann: „Die rot-grüne Koalition in Düsseldorf war im Grunde von Anfang an zum Scheitern verurteilt" (Farthmann 1997: 156).

Trotz dieser skeptischen öffentlichen Bewertung stimmten beide Parteien bei ihren Parteitagen der Koalitionsvereinbarung mit großer Mehrheit zu. Von den insgesamt 227 Delegierten auf der grünen Landesdelegiertenkonferenz stimmten 20 gegen das ausgehandelte Ergebnis, zwei weitere Delegierte enthielten sich der Stimme. Aufseiten der SPD stimmten lediglich 12 von 319 Delegierten gegen die Annahme des Koalitionsvertrages (SZ v. 03.07. 1999; FAZ v. 03.07.1995).

Regierungsbildung: Parteienproporz und Policy-Akzentuierung

Trotz der bereits langen Dauer der Koalitionsverhandlungen und dem mit der Koalitionsvereinbarung abgeschlossenen informellen Teil der Regierungsbildung nahm auch der formelle Teil noch einmal viel Zeit in Anspruch. Dies galt zunächst noch nicht für die erneute Wahl Johannes Raus zum Ministerpräsidenten. Bereits vier Tage nach der Zustimmung der Landesparteitage wählte der Landtag Johannes Rau am 6. Juli 1995 für eine weitere Amtszeit zum Ministerpräsidenten des Landes Nordrhein-Westfalen. Allerdings stellte das Wahlergebnis aus Sicht des SPD-Fraktionsvorsitzenden Matthiesen eine symbolische Vorschau auf die turbulenten Zeiten in der rot-grünen Koalition dar: „Es wird eine schwierige Zeit" (zit. nach Focus v. 10.07.1995).[68] Denn von den 132 Abgeordneten der nun zwei Regierungsfraktionen stimmten nur 129 für Rau. Zwei Abgeordnete enthielten sich, eine Stimme ging an den als Gegenkandidaten angetretenen CDU-Fraktionsvorsitzenden Helmut Linssen (FAZ v. 07.07.1995; RP v. 07.07.1995).[69] Die Grünen waren betont bemüht, den Auftakt der rot-grünen Koalition nicht zu belasten und Fraktionssprecher Roland Appel erklärte: „Bei uns haben alle 24 Abgeordneten Johannes Rau gewählt" (zit. nach Focus v. 10.07.1995).

Die Berufung der Minister konnte nun erfolgen und durch die Koalitionsvereinbarung waren die Personalfragen aufseiten der Grünen bereits geklärt. Bärbel Höhn und Michael Vesper sollten als grüne Minister am Kabi-

---

[68]   Sein Amtsvorgänger Farthmann stimmte mit den Worten ein: „Hier sind die Konflikte vorprogrammiert. Wir werden die Dummen sein" (zit. nach Focus v. 10.07.1995).

[69]   Zum Zeitpunkt der Wahl waren nur 88 Abgeordnete der CDU im Plenum (FAZ v. 07.07.1995).

nettstisch Platz nehmen. Zudem war der Zuschnitt ihrer Ressorts in den Koalitionsverhandlungen vereinbart worden. Rau blieb seinem Regierungsstil im Hinblick auf die weiteren Kabinettsentscheidungen allerdings treu – er schwieg öffentlich und ließ sich Zeit (FAZ v. 12.07.1995).

Die Ausgangslage machte eine durchaus umfassende Kabinettsumbildung notwendig. Neben Innenminister Schnoor standen auch Kultusminister Schwier, Justizminister Krumsiek und Wirtschaftsminister Einert nicht mehr für Ministerämter zur Verfügung (FAZ v. 16.05.1995). Sie alle hatten ihren Rückzug aus der Landespolitik angekündigt. Zudem hatte Rau die bereits zu Beginn der vorangegangenen Legislaturperiode geforderte Kabinettsumbildung auf die Zeit nach der Landtagswahl 1995 verschoben. Die Außenwahrnehmung des Kabinetts war aber schon während der vorangegangenen Legislaturperiode getrübt gewesen. Die Süddeutsche Zeitung kommentierte: „Das Kabinett (…) weist von einigen Ausnahmen abgesehen kaum attraktive Persönlichkeiten auf" (SZ v. 19.05.1995). Durch die verstärkte Zentralisierung politischer Sachentscheidungen in der Staatskanzlei unter Wolfgang Clement hatten darüber hinaus die Fachressorts in den vorangegangenen fünf Jahren gelitten. Nach dem Abschluss der Koalitionsverhandlungen befasste sich Rau daher mit der Kabinettsbildung, wobei der Staatskanzlei auch hierbei eine koordinierende Rolle zukam (WAZ v. 17.07.1995).

Drei Grundkonstanten, die bereits bei der Regierungsbildung 1990 eine entscheidende Rolle gespielt hatten, kamen 1995 erneut zum Tragen. Erstens mussten die SPD-Bezirksvorsitzenden berücksichtigt werden. Zweitens sollten auch die Wünsche der SPD-Fraktion besondere Beachtung finden. Drittens mussten sich weitere innerparteiliche Proporzaspekte – u. a. weitere Parteiämter, Alter, Geschlechterverteilung – bei der Ministerauswahl niederschlagen (WAZ v. 17.07.1995). Die schon als Minister amtierenden Bezirksvorsitzenden Schleußer, Brunn und Müntefering galten weiterhin als gesetzt (FAZ v. 12.07.1995; RP v. 17.07.1995). Lediglich der den Bezirk Ostwestfalen-Lippe führende Axel Horstmann war bisher ohne Ministeramt. Entsprechend wurde Horstmann fast automatisch zum Kandidaten für das Amt des Innenministers. Nachdem jedoch öffentlich bekannt wurde, dass Horstmann wegen Autofahrens unter Alkoholeinfluss den Führerschein verloren hatte, war er als Innenminister nicht mehr tragbar (WAZ v. 17.07.1995; Focus v. 17.07.1995).[70] Die Fraktion forderte nicht zuletzt wegen ihres Vorsitzenden

---

[70]   Horstmann wurde nach dem Rücktritt Münteferings vom Amt des Arbeits- und Sozialministers doch noch Minister im Kabinett Rau. Müntefering seinerseits übernahm das Amt des Bundesgeschäftsführers der SPD.

Matthiesen selbstbewusst eine entsprechende Berücksichtigung. Der schon 1990 von der Fraktion unterstützte Verkehrsminister Franz-Josef Kniola spielte in diesem Zusammenhang eine besondere Rolle. Er wurde 1995 erneut von der Fraktion unterstützt, zumal er Matthiesen in der Abstimmung über den Fraktionsvorsitz nur knapp unterlegen war. Als Nachfolger Herbert Schnoors im Amt des Innenministers erhielt er nun ein klassisches Ministeramt von großer landespolitischer Bedeutung (FAZ v. 17.07.1995). Eine ähnliche Unterstützung durch die Fraktion erhielt Manfred Dammeyer, der bereits 1990 als Nachfolger für Kultusminister Hans Schwier ins Gespräch gebracht worden war und dem linken Parteiflügel angehörte (Merkur v. 21.07.1995; FAZ v. 26.07.1995). Anders als fünf Jahre zuvor berief Rau ihn diesmal als Minister für Bundes- und Europaangelegenheiten ins Kabinett (FAZ v. 17.07.1995).

Zugleich machte er mit dieser Ressortentscheidung eine veränderte Policy-Akzentuierung deutlich. Das 1990 noch zentrale Themenfeld der Bundespolitik hatte fünf Jahre nach der Wiedervereinigung zu seiner normalen Bedeutung zurückgefunden. Daher bestand keine Notwendigkeit mehr, dieses Politikfeld als Chefsache beim Ministerpräsidenten zu zentralisieren. Das dritte Element parteiendemokratischer Imperative bei der Regierungsbildung, die Beachtung von Akteuren mit weiteren wichtigen Parteiämtern, zeigte sich zum einen bei der Besetzung des Schulministeriums. Nachfolgerin von Hans Schwier wurde mit Gabriele Behler die stellvertretende SPD-Landesvorsitzende. Da Raus zweiter Stellvertreter, Christoph Zöpel, bereits 1990 alle landespolitischen Ambitionen aufgegeben hatte, musste dieser nicht in die Kabinettsdisziplin eingebunden werden. Zudem gelang es Rau durch die Berufung Behlers, den Anteil der Frauen im Kabinett weiter zu erhöhen. Mit Ilse Ridder-Melchers blieb überdies eine weitere Frau in ihrer bisherigen Funktion als Gleichstellungsministerin im Amt. Das bisher von Ilse Brusis besetzt Ministerium für Bauen und Wohnen war an die Grünen gegangen. Rau blieb jedoch seiner loyalen Haltung gegenüber langjährigen Kabinettsmitgliedern treu und berief Brusis als Nachfolgerin des ins Amt des Innenministers gewechselten Franz-Josef Kniola. Allerdings ergab sich durch die neue Ressortzuschneidung ein verändertes Aufgabenfeld für die Ministerin. Sie führte nun das neu zusammengestellte Ressort Stadtentwicklung, Kultur und Sport. Die bisher im Kultusministerium angesiedelten Bereiche Kultur und Sport erfuhren damit eine inhaltliche Aufwertung (FAZ v. 17.07.1995; WAZ v. 20.07.1995).

Die Besetzung der verbleibenden Kabinettsposten und der veränderte Zuschnitt von Schlüsselressorts machten erneut die spezifischen Ausprägungen von Raus Politikmanagements deutlich. Besonders nachdrücklich zeigte sich dies am Beispiel Wolfgang Clements. Dieser hatte das Amt des Chefs der Staatskanzlei zwar schon als Minister ausgeübt. Nun besetzte Rau mit ihm jedoch ein zentrales Fachressort der Landespolitik, denn er übernahm von Günther Einert das Wirtschaftsministerium. Zudem erhielt Clements Ressort die Zuständigkeiten in der Verkehrspolitik, einem in den Koalitionsverhandlungen thematisierten zentralen Politikfeld der beginnenden Legislaturperiode. Als Minister für Wirtschaft, Mittelstand, Technologie und Verkehr übernahm der „geschäftsführende Ministerpräsident" (Hoffmann 2005: 65) Clement nun also ein Ressort mit deutlich erweiterten Kompetenzen (RP v. 17.07.1995). Alle in den Koalitionsverhandlungen besonders strittigen Politikfelder und Sachfragen – die Verkehrs- und Energiepolitik[71] – waren somit in Clements Ressortzuständigkeit angesiedelt (taz v. 17.07.1995; FAZ v. 17.07.1995).

Mit der Übernahme des Wirtschaftsministeriums durch Clement verband sich auch eine fast zwangsläufig veränderte Rolle der Staatskanzlei. Diese wurde vom Zentrum der „Politikgestaltung" in der vorangegangenen Legislaturperiode – maßgeblich bedingt durch Clements Rolle und Amtsführung – nun wieder zum Zentrum der „Politikkoordination" (WAZ v. 17.07. 1995). Dies erschien nicht zuletzt als eine Reaktion auf die Imperative der Koalitionsdemokratie: Die Staatskanzlei konnte ab sofort zumindest nicht mehr inhaltlich steuernd auf die Ressorts des grünen Koalitionspartners Einfluss nehmen. Daher hätte Clement seiner bisherigen Rolle des inhaltlichen Impulsgebers aus der Staatskanzlei heraus nicht mehr nachkommen können. Dieser Funktionswandel der Staatskanzlei lässt sich auch an der Person des neuen Chefs der Staatskanzlei ablesen. Clements Nachfolger Rüdiger Frohn war zuvor Leiter der Abteilung III (Ressortkoordination) in der Staatskanzlei gewesen (WAZ v. 17.07.1995. Diese Funktion prädestinierte ihn förmlich für die neue Koordinationsrolle der Staatskanzlei. Zudem übernahm er die Funktion des Chefs der Staatskanzlei als beamteter Staatssekretär (FAZ v. 17.07. 1995). Er verfügte also, anders als Clement, nicht mehr über Ministerstatus mit Kabinettsrang.

Mit dieser Personalentscheidung machte Rau zum einen eine veränderte personelle Struktur seines Politikmanagements deutlich. Die faktische Aufwertung Clements, die sich schon in den Koalitionsverhandlungen deutlich

---

[71] Hier vor allem die Schlüsselentscheidungen zum Flughafen- und Autobahnausbau und Garzweiler II. Hierfür lagen jedoch auch eingeschränkte wasserrechtliche Zuständigkeiten im Ministerium für Umwelt, Raumordnung und Landwirtschaft.

artikuliert hatte, fand nun auch nach außen ihre konsequente Umsetzung. Clement wurde nun öffentlichkeitswirksam zum „Superminister" im Kabinett (SZ v. 18.07.1995). Zum anderen stellte Rau dem grünen Koalitionspartner mit Clement seinen wichtigsten Vertrauten und mit zentralen Kompetenzen ausgestatteten Fachminister entgegen (Merkur v. 21.07.1995).[72] Rau begegnete den Grünen mit Clement als politischem „Bollwerk", welches sich auf weitreichende inhaltliche Kompetenzen stützen konnte (FAZ v. 26.07. 1995).[73] Kritisch gewendet ließ dies jedoch zugleich langfristig negative Konsequenzen für das Politikmanagement in der Koalition erwarten: „Die beiden Parteien haben es verstanden, auf engstem Raum zwei Festungen unterzubringen, mit roten und grünen Befehlshabern, die sich misstrauisch beäugen" (FAZ v. 26.07.1995).

Bei der Besetzung des verbliebenen Kabinettspostens zeigte sich ein weiteres Merkmal von Raus personalpolitischem Regierungsstil – seine Loyalität gegenüber engen Mitarbeitern. Zum Justizminister und Nachfolger von Rolf Krumsiek machte Rau mit Fritz Behrens einen seiner ehemaligen persönlichen Referenten. Nach dieser von 1983 bis 1986 ausgeübten Funktion war Behrens Regierungspräsident im Regierungsbezirk Düsseldorf gewesen und hatte damit Verwaltungserfahrung gesammelt. Diese Loyalität gegenüber engen Mitarbeitern und Kollegen paarte sich bei Rau zudem mit einer großen Vertraulichkeit in Personalfragen (FAZ v. 12.07.1995). Dies ermöglichte ihm auch, nicht berücksichtigte Kandidaten ohne persönliche Verletzungen und öffentliche Beschädigung zurückzulassen: „In der Kunst, ihnen beizubringen, dass sie leider trotz ihrer überragenden Qualifikationen nicht am Kabinettstisch Platz nehmen können, hat Rau Erfahrung; er weiß, dass öffentliche Begleitmusik eine Absage nicht gerade versüßt" (FAZ v. 12.07. 1995).

Schließlich war in der Personalpolitik auch eine Anpassung der bisherigen Praktiken an die durch die Koalitionsbildung veränderten Umstände erkennbar. Bei der Besetzung der Ämter der Regierungspräsidenten wurden nun erstmals die Grünen berücksichtigt.[74] Christa Vennegerts führte für den

---

[72] Darüber hinaus wurde Clement durch die Übernahme des stellvertretenden SPD-Vorsitzes in NRW 1996 gestärkt. Er folgte Christoph Zöpel nach, der nicht mehr angetreten war (siehe RP v. 04.03.1996).

[73] Angeblich war dafür jedoch Druck von Klaus Matthiesen mitverantwortlich. Dieser hatte Clement als starken Fachminister als Gegenpol zu den Grünen gefordert. Clement selber wollte angeblich lieber Chef der Staatskanzlei bleiben (vgl. WAZ v. 29.02.1996).

[74] Im Gegensatz zur größten Oppositionspartei, der CDU, hatten die Grünen bis dahin nicht am „Spiel der Akkomodierung" teilgenommen (v. Alemann 2001).

kleineren Koalitionspartner ab Oktober 1995 den Regierungsbezirk Detmold. Die Beteiligung der CDU-Opposition als Kennzeichen des Stils der Akkomodierung blieb weiterhin gewährleistet. Zwar konnte die CDU nicht mehr zwei Regierungsbezirke für sich beanspruchen, aber Jörg Twenhöfen führte als CDU-Mitglied weiterhin den Regierungsbezirk Münster (RP v. 22.09. 1995; GA v. 21.10.1995; SZ v. 24.10.1995).

Abbildung 22:   Kabinett Rau 1995-1998

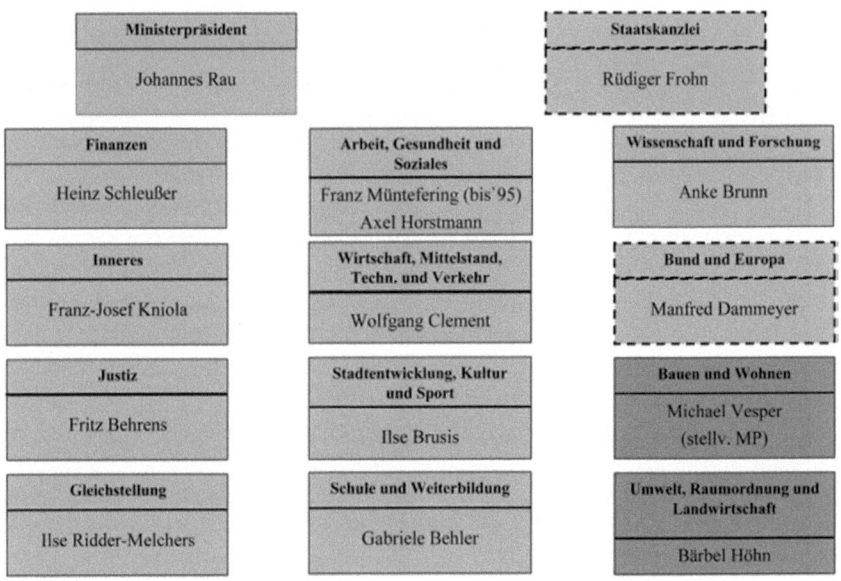

Eigene Darstellung

Regierungserklärung: Rau als Dirigent eines disharmonischen Orchesters

Die Regierungserklärung zu Beginn der Legislaturperiode stellte nach erfolgreicher Kabinettsbildung nun schließlich den Schlusspunkt der Regierungsbildung dar. Wie schon 1990 gab Rau diese erst im Anschluss an die parlamentarische Sommerpause am 13. September 1995 ab. Unter dem Titel „Aufbruch ins Jahr 2000 – Wir setzten aus Erfahrung auf Erneuerung" setzte Rau jedoch kaum persönliche Akzente. Vielmehr folgte er inhaltlich „millimetergenau"

den Vorgaben des Koalitionsvertrages (taz v. 14.09.1995; vgl. RP v. 14.09.
1995; FAZ v. 14.09.1995; GA v. 14.09.1995). Konkretisierungen der im Koalitionsvertrag genannten politischen Absichtserklärungen nahm Rau dabei
nicht vor (FAZ v. 14.09.1995; RP v. 14.09.1995). Insofern zeigten sich eindeutig die durch das Strukturmerkmal der Koalitionsdemokratie bedingten Imperative. Eine größere Abweichung von der Koalitionsvereinbarung hätte angesichts der mühsam ausgehandelten Kompromisse eine unnötige Belastungs-
probe für das rot-grüne Bündnis bedeutet. Zusammenfassend betrachtet, standen die in der Koalitionsvereinbarung enthaltenen Themen im Mittelpunkt der
Regierungserklärung, wobei diese deutlich kürzer ausfiel als die Vorangegangene im Jahr 1990 (RP v. 12.09.1995). Das wichtigste Streitthema der rot-
grünen Koalitionsgespräche, die Entscheidung zu Garzweiler II, wurde daher
ebenfalls nur kurz gestreift. Rau verdeutlichte in diesem Zusammenhang lediglich die unterschiedlichen Standpunkte der Koalitionäre.

Politikmanagement: Garzweiler II

Der in der Regierungserklärung zum Ausdruck gebrachte Dissens von SPD
und Grünen zu Garzweiler II ergab sich beinahe zwangsläufig. Schon der
Landtagswahlkampf 1995 war, wie oben dargestellt, von diesem Thema
überschattet gewesen und hatte die gegensätzlichen Positionen beider Partei-
en deutlich zutage treten lassen. Verschärft wurde der Streit durch die Ende
März 1995, und damit kurz vor der Landtagswahl erteilte Genehmigung des
Braunkohlenplans durch die Landesregierung. Ein wichtiger Schritt auf dem
Weg zur endgültigen Genehmigung des Tagebaus war damit getan. Zugleich
betonten die Grünen ihre ablehnende Haltung und die Absicht, den Tagebau
unbedingt noch verhindern zu wollen. Folglich war das Thema auch zum
größten Streitpunkt während der Koalitionsgespräche avanciert. Die bis Ende
Juni dauernden Gespräche brachten jedoch keinen tragfähigen Kompromiss
zwischen beiden Positionen. Vielmehr schrieben die beiden Parteien ihren
Dissens fort und verständigten sich lediglich über das weitere Verfahren.
Insofern hielt sich Rau im Rahmen seiner Regierungserklärung auch hier
strikt an die im Koalitionsvertrag formulierte Linie.

Das Thema Garzweiler fand als ein Unterpunkt des größeren Themenkomplexes „Kohlepolitik" Eingang in den Koalitionsvertrag (Koalitionsvereinbarung 1995: 23-25). Die Textpassage hob hervor: „Zwischen den Partei-
en ist strittig, ob trotz der Anstrengungen zur rationellen Energieerzeugung
und -nutzung und trotz des geplanten Ausbaus der erneuerbaren Energieträ-

ger der Aufschluss des Braunkohletagebaus Garzweiler II im Jahre 2006 notwendig sein wird, um die Energieversorgung zu sichern" (Koalitionsvereinbarung 1995: 24). Die Grünen gaben vor allem drei Einwände gegen das Vorhaben zu Protokoll: Erstens bestritten sie die Verfassungsmäßigkeit des Genehmigungsverfahrens zu Garzweiler II. Sie hielten einen Erlass der Landesplanungsbehörden in dieser Frage für nicht ausreichend und forderten stattdessen einen formellen Landtagsbeschluss. Der Koalitionsvertrag griff diesen Einwand entsprechend auf und verwies auf die zu diesem Punkt angestrengte Organklage der Grünen vor dem Landesverfassungsgericht (Koalitionsvereinbarung 1995: 24). Der zweite Einwand des kleineren Koalitionspartners war, dass die Energiesparpotenziale in den nachfolgenden Jahren bei den bisherigen Genehmigungsschritten nicht ausreichend gewürdigt worden seien. Ihrer Ansicht nach konnte aufgrund der zu erwartenden Einsparpotenziale in der Kohleverstromung auf Garzweiler II verzichtet werden. Schließlich verwiesen die Grünen drittens darauf, „dass die ökologischen Folgen und die sozialen Auswirkungen des geplanten Tagebaus nicht verantwortbar" seien (Koalitionsvereinbarung 1995: 24).[75]

Die SPD wies diese drei Einwände explizit zurück. Die Sozialdemokraten verwiesen auf „die Bestimmungen des Landesplanungsgesetzes, denen zufolge die Herstellung des Benehmens mit dem zuständigen Landtagsausschuss" für die Beschlussfassung ausreichend sei (Koalitionsvereinbarung 1995: 24). Zweitens seien die Energiesparpotenziale in die „energiewirtschaftliche und energiepolitische Bewertung" der Landesregierung eingeflossen und der geplante Tagebau sei drittens „umwelt- und sozialverträglich angelegt" (Koalitionsvereinbarung 1995: 24). Zugleich signalisierte die Koalitionsvereinbarung ein gewisses Entgegenkommen der SPD, indem die Reichweite des im März 1995 genehmigten Braunkohlenplans explizit definiert wurde. So seien die weiteren Genehmigungsschritte in Form des Rahmenbetriebsplanes und wasserrechtlicher Genehmigungsschritte an die „Entwicklung des Energiebedarfs und der energiepolitischen Rahmenbedingungen gebunden" und weder „aus dem Plan selbst noch aus der Genehmigung" erwüchsen „unmittelbare Rechte oder Verpflichtungen privater Dritter" (Koalitionsvereinbarung 1995: 24; v. Blumenthal 2001: 185-186).

Dennoch blieb im Ergebnis ein klarer Dissens zwischen beiden Parteien bestehen. Auch das im Koalitionsvertrag vereinbarte weitere Verfahren veränderte daran substanziell nichts. Vielmehr wurde das Problem zunächst

---

[75]   Die Grünen hatten gleich lautende Einwände gegen Garzweiler II schon in ihr Landtagswahlprogramm aufgenommen (v. Blumenthal 2001: 180).

lediglich vertagt. Denn neben den Grünen hatten auch sechs Kommunen mit Verfassungsklagen gegen Garzweiler II das Landesverfassungsgericht angerufen. Hierauf nahm die Koalitionsvereinbarung explizit Bezug, indem darauf hingewiesen wurde, dass „auch bei zügiger Abwicklung" der Verfahrensschritte zum Rahmenbetriebsplan durch die Landesregierung „nicht damit zu rechnen sei, dass die Zulassung [des Rahmenbetriebsplans] vor den Entscheidungen des Verfassungsgerichtshofs zur Organklage der Fraktion Bündnis90/Die Grünen und zu den bis zum 31. März 1996 eingereichten kommunalen Verfassungsbeschwerden" erfolgen werde (Koalitionsvereinbarung 1995: 25). Die Landesregierung erkaufte sich damit ein Zeitpolster. Zudem legte der Koalitionsvertrag explizit fest, dass drei Kriterien bei der weiteren Überprüfung des Braunkohlenplans und dem nachfolgenden Erlass des Rahmenbetriebsplanes zu beachten seien: Der Grundwasserschutz müsste dauerhaft gewährleistet sein, die Energieerfordernisse dürften sich nicht maßgeblich verändern und die Sozialverträglichkeit der Umsiedlungen müsste gesichert sein. Zudem machten die Koalitionspartner deutlich, dass sie von der Rheinbraun AG eine Begrenzung und Verkleinerung des Abbaugebietes „auf die Linie A 61" erwarteten (Koalitionsvereinbarung 1995: 25). An den schon im Landtagswahlkampf und vor Beginn der Koalitionsgespräche artikulierten Gegensätzen änderte sich durch die Koalitionsvereinbarung jedoch nichts: „Der Koalitionsvertrag bot durch den darin dokumentierten Dissens beiden Koalitionspartnern die Möglichkeit, bei ihren gegensätzlichen Positionen zu bleiben, während das Genehmigungsverfahren ‚nach Recht und Gesetz' weitergeführt wurde" (v. Blumenthal 2001: 187).

Das Politikmanagement der rot-grünen Koalition zum Thema Garzweiler II in den nachfolgenden Monaten lässt sich in drei zeitliche Phasen einteilen (v. Blumenthal 2001: 206-218). Die erste Phase ergab sich unmittelbar aus den Vereinbarungen im Koalitionsvertrag. SPD und Grüne verwiesen darin darauf, bis zu den Urteilen des Verfassungsgerichtshofs bestehe kein unmittelbarer Handlungsbedarf. Diese erste Phase ohne breite öffentliche oder politische Diskussionen endete mit den entsprechenden Urteilen im Frühsommer 1997. Die zweite Phase erstreckte sich auf den Zeitraum bis zur Genehmigung des Rahmenbetriebsplanes durch das Wirtschaftsministerium Wolfgang Clements im Dezember 1997. Die dritte Phase schließlich umfasste die Entscheidung der Grünen über die Fortsetzung der Koalition und das vorläufige Ende der Diskussionen über Garzweiler II zum Jahresbeginn 1998.[76]

---

[76] Zum Folgenden siehe neben den angegebenen Quellen Blumenthal 2001.

Phase 1: „Warten auf Münster" und bewusste politische Untätigkeit

Nachdem Rheinbraun im August 1995 offiziell den Antrag auf Zulassung des Rahmenbetriebsplans für Garzweiler II gestellt hatte, spielte das Thema zunächst landespolitisch eine untergeordnete Rolle. Während die politische Debatte durch die Vereinbarungen im Koalitionsvertrag zunächst ausgesetzt war, führten der Braunkohlenausschuss des Regierungsbezirks Köln[77], das Bergamt Düren und das Landesoberbergamt ihre Arbeit planmäßig fort. Zugleich stritten die Koalitionsparteien über andere Sachfragen. Dazu gehörten Auseinandersetzungen über die Besetzung des Verwaltungsrats der WestLB (RP v. 01.12.1995; FAZ v. 06.12.1995)[78], den Ausbau des Dortmunder Flughafens und den Haushaltsentwurf für das Jahr 1996. Nachdem der Koalitionsausschuss in all diesen Fällen eingeschaltet worden war, musste im Streit über den Haushaltsentwurf 1996 schließlich sogar eine Landesdelegiertenkonferenz der Grünen in einer Grundsatzentscheidung über die Fortsetzung der Koalition entscheiden (FAZ v. 18.03.1996).[79] Besonders streitig waren mit dem Autobahnausbau und weiteren Infrastrukturprojekten überdies Fragen der Verkehrspolitik (Hoffmann 2005: 73ff).

Die politische Debatte über Garzweiler II flammte erst im September 1996 wieder verstärkt auf. Maßgeblichen Anteil daran hatten bundespolitische Entwicklungen. So sprachen sich SPD und Grüne auf Bundesebene für eine Zusammenarbeit im Anschluss an die Bundestagswahl 1998 aus (FAZ v. 10.09.1996). Die Grünen nutzten dies erneut, um die Bedeutung Garzweilers für die Fortsetzung der rot-grünen Landesregierung zu unterstreichen. Sollte Garzweiler II genehmigt werden, würde die Koalition scheitern, so die

---

[77] An der Zusammensetzung des Braunkohlenausschusses hatte sich gegenüber der vorangegangenen Legislaturperiode nichts Grundlegendes geändert. Neben regionalen – SPD: 8; CDU: 5; Grüne: 3; FDP: 0 – und kommunalen Vertretern – SPD: 9; CDU 7 – fanden sich weiterhin Vertreter der IHK, der Landwirtschaftskammern, der Arbeitgeberverbände, der Gewerkschaften sowie weitere Mitglieder mit beratenden Befugnissen – z. B. des geologischen Landesamtes, des Landesamtes für Agrarordnung, der Naturschutzverbände, etc. – sowie die Oberkreisdirektoren der zum Regierungsbezirk Köln gehörenden Landkreise (4. Amtsperiode; Stand: Juni 1995-1999; Bezirksregierung Köln; 1b. Information zur Braunkohlenplanung; Braunkohlenausschuss, S. 21-25).

[78] Grüne und SPD vereinbarten über diese Einzelfrage hinaus eine verbesserte Zusammenarbeit: „Auf die Frage, wie man sich die bessere Zusammenarbeit vorstellen müsse, sagte Finanzminister Schleußer trocken: ‚Wir haben unsere nicht öffentlich zugänglichen Telefon-Nummern ausgetauscht'" (WAZ v. 06.12.1995).

[79] 145 Delegierte stimmten für eine Fortsetzung der rot-grünen Koalition, 75 sprachen sich dagegen aus. Dieses Abstimmungsergebnis wurde aber zugleich mit Kritik am sozialdemokratischen Koalitionspartner verbunden.

Grünen. Dies bedeutete jedoch keinesfalls eine Veränderung der Position, sondern vielmehr eine Bestätigung des bisherigen Kurses (FR v. 11.09. 1996). Der SPD-Fraktionsvorsitzende Matthiesen nutzte diese Situation, um eine betont harte Haltung innerhalb der SPD deutlich zu machen: „Garzweiler II kommt" und „notfalls zielt [die] SPD auf die absolute Mehrheit" erklärte er angesichts der Ankündigung der Grünen (RP v. 10.09.1996; vgl. FAZ v. 10.09.1996; WAZ v. 10.09.1996). Verschärft wurde die Auseinandersetzung, indem Matthiesen mehr oder weniger offen über mögliche Nachfolger von Johannes Rau im Falle notwendiger Neuwahlen spekulierte (WAZ v. 11.09. 1996; vgl. Zeit v. 20.09.1996). Damit unterstrich Matthiesen abermals sowohl seine harte Haltung zu Garzweiler II als auch seine allgemein kompromisslose Linie gegenüber den Grünen. Für diese erklärte Bauminister Vesper zurückhaltend, es gebe in der Frage Garzweiler II „im Moment gar keinen Handlungsbedarf" (zit. nach FR v. 11.09.1996). Zudem wurde auch innerhalb der SPD Kritik an Matthiesen artikuliert. Im zur Schlichtung des aufflammenden Streits eingeschalteten Koalitionsausschuss wandten sich auch Teilnehmer der SPD gegen die harte Haltung Matthiesens in der Öffentlichkeit (SZ v. 11.09.1996; vgl. WAZ v. 11.09.1996). Zudem tadelte Johannes Rau den Fraktionsvorsitzenden in zwei persönlichen Gesprächen für seine undiplomatische Vorgehensweise (FAZ v. 18.09.1996; WAZ v. 18.09.1996).

Nachdem Rheinbraun im Dezember 1996 im Zuge weiterer Genehmigungsschritte den Antrag auf „Sümpfungserlaubnis" zu Garzweiler II gestellt hatte, wandte sich die zuständige Umweltministerin Höhn an ihren Kabinettskollegen Clement. Brieflich schlug sie vor, die bislang getrennt voneinander erfolgenden Prüfungen zum Rahmenbetriebsplan – unter der Zuständigkeit des Wirtschaftsministers Wolfgang Clements – und zu den wasserrechtlichen Voraussetzungen – im Zuständigkeitsbereich von Umweltministerin Bärbel Höhns – zusammenzuführen und damit die Entscheidung über den Rahmenbetriebsplan zu verschieben (FR v. 21.12.1996). Clement zeigte sich jedoch hart in der Sache, forderte eine Fortsetzung der Prüfungen entlang der bisherigen Vereinbarungen und verwies darauf, eine Entscheidung über den Rahmenbetriebsplan müsse wie geplant Ende 1997 fallen (FR v. 21.12.1996).

Verschärft wurde die Diskussion durch parteiinterne Kontroversen bei den Grünen. Ein Teil der grünen Abgeordneten unter Führung des Parlamentarischen Geschäftsführers Manfred Busch äußerte sich in einem Papier äußerst kritisch über die bisherige Arbeit der Koalition (SZ v. 13.01.1997). Die anschließenden Debatten, die die mangelnde Geschlossenheit der Grünen auch im Hinblick auf das weitere Vorgehen zu Garzweiler II offen legten,

machten zugleich die innerparteilichen Konfliktlinien des kleineren Koalitionspartners deutlich (Welt v. 14.01.1997; SZ v. 14.01.1997). Im Zuge vorangegangener Koalitionsstreitigkeiten hatte sich eine innerparteiliche Oppo-
sitionsgruppe herausgebildet, die einer Fortsetzung der rot-grünen Koalition
zunehmend skeptisch gegenüberstand (v. Blumenthal 2001: 194-196).[80]
Umweltministerin Höhn wiederum sah in den wasserrechtlichen Prüfungs-
schritten unter Federführung ihres Ministeriums sowohl einen Hebel zur
Verhinderung oder zumindest zur Verzögerung von Garzweiler II als auch
die Möglichkeit, die Grünen auf eine geschlossene Linie zu Garzweiler II zu
verpflichten (SZ v. 13.01.1997). Da die mündlichen Anhörungen zur Organklage der Grünen und zu den Klagen der Kommunen gegen Garzweiler II im
Januar 1997 in Münster begannen, entwickelte sich schrittweise die Notwendigkeit einer politischen Kompromissfindung. Die Grünen blieben jedoch bei
ihrer grundsätzlich ablehnenden Haltung und machten dies im Rahmen eines
Beschlusses der Landesdelegiertenkonferenz erneut deutlich: „Eine Akzeptanz des Rahmenbetriebsplanes kann es für Bündnis90/Die Grünen nicht
geben, da mit dieser Entscheidung endgültig über Garzweiler II entschieden
wird" (zit. nach v. Blumenthal 2001: 208).

Am 29. April 1997 wies das Landesverfassungsgericht zunächst die Organklage der Grünen gegen das Genehmigungsverfahren zu Garzweiler II
zurück. Am 9. Juni 1997 wurden auch die Klagen der sechs Kommunen gegen das Vorhaben abgewiesen. Juristisch war der Weg damit frei für die
Genehmigung des Rahmenbetriebsplanes sowie für die weiteren Genehmigungsschritte. Bereits im Anschluss an den ersten Gerichtsbeschluss traten
die Differenzen zwischen den beiden Koalitionspartnern auch parlamenta-
risch offen zutage. In einem Antrag der SPD-Fraktion forderte Fraktionschef
Matthiesen zunächst die umgehende Fortsetzung des Genehmigungsverfahrens für Garzweiler „ohne Nadelstiche". Diese offensichtlich auf die wasserrechtlichen Prüfungsbefugnisse des grünen Umweltministeriums gemünzte
Formulierung wurde erst auf Druck Raus aus dem Antrag gestrichen (WAZ
v. 14.05. 1997). Die Debatte zeigte jedoch, dass der vorübergehende Koaliti-
onsfrieden in der Frage Garzweiler II mit den Urteilen des Verfassungsge-
richts zu Ende gegangen war: „Nun jedoch hat das Regierungsbündnis das
eingeholt, was bereits im Koalitionsvertrag als potenzieller Scheidungsgrund
enthalten war, weil die Koalitionspartner keinen akzeptablen Kompromiss
zustande brachten. Die Abweisung sämtlicher Klagen gegen Garzweiler II

---

[80]   Dazu gehörten fraktionsintern neben dem Parlamentarischen Geschäftsführer Busch auch die
        Abgeordneten Hürten, Landsberg, Kreutz, Fitzek und Bajohr.

durch das Verfassungsgericht in Münster hat das Problem endgültig der Politik zurückgespielt, und damit die auch von Teilen der SPD gehegten Hoffnungen zerstört, höchstrichterliche Weisheit möge der Koalition aus dieser Klemme helfen" (SZ v. 10.06.1997). Für die SPD war durch die Urteile die Grundsatzentscheidung zu Garzweiler II getroffen. Für die Grünen sollte der weitere Umgang des Koalitionspartners in dieser Sache nicht nur über Garzweiler II, sondern auch über die Fortsetzung der Koalition entscheiden.

Phase 2: Verhandlungen und fehlgeschlagene Kompromissfindung

Im Sommer 1997 war Garzweiler II wieder an die Spitze der landespolitischen Agenda gerückt. In intensiven Gesprächen zwischen den Koalitionspartnern wurden in den Folgemonaten mögliche Lösungen des Streitfalles diskutiert. Allerdings standen die Gespräche angesichts des näher rückenden Bundestagswahlkampfes auch immer unter bundespolitischen Einflüssen. Trotz zahlreicher inhaltlicher Auseinandersetzungen im Vorfeld und des sich zuspitzenden Konfliktthemas Garzweiler II, war damit das „Durchhalten für Bonn" – so titelte die Zeit (27/1997) – zu einem wichtigen Nebenaspekt der erneuten „Koalitionsverhandlungen" geworden. Zunächst hatten jedoch der SPD-Fraktionsvorsitzende Matthiesen und der grüne Parteisprecher Reiner Priggen die Positionen ihrer beiden Parteien abermals bestärkt. Ministerpräsident Rau wiederum hatte in Gesprächen mit Kabinettsmitgliedern und führenden Parteifreunden nach seinem Sommerurlaub 1997 nach Kompromissmöglichkeiten gesucht. Zudem erklärte er angesichts des zunehmenden politischen Drucks, das Thema zur Chefsache machen zu wollen (SZ v. 22.08. 1997).

Eine Studie des Wuppertal-Instituts für Klimaforschung erschien zunächst als eine mögliche Lösung des Konflikts. Die Forscher kamen zu dem Ergebnis, Garzweiler II sei aufgrund eines zu erwartenden geringeren Stromverbrauchs überflüssig. Das im Juli 1997 an Bauminister Vesper, RWE-Chef Dietmar Kuhnt, die Staatskanzlei und das Wirtschaftsministerium verschickte Papier wies Wolfgang Clement jedoch im September als „Pamphlet" zurück, das nicht ernst genommen werden könne (RP v. 26.09.1997). Staatskanzleichef Rüdiger Frohn schloss sich dieser Einschätzung an, womit diese „goldene Brücke" eingerissen wurde (RP v. 30.09.1997). Die Koalitionspartner versuchten in weiteren Gesprächen, andere Kompromissmöglichkeiten auszuloten. Mit Finanzminister Schleußer fehlte der Landesregierung aber ein erfahrener Krisenmanager und Vertrauter Raus, da er aufgrund einer Erkrankung nicht aktiv vor Ort vermitteln konnte. Seine Abwesenheit wog umso schwerer, als Schleußer für das Politikmanagement der Koalition von zentraler Bedeutung gewesen war (Interview mit M. Krüger-Charlé v. 21.03.2005). Rau wiederum schwieg öffentlich und schaltete sich nicht unmittelbar in die zwischen den Koalitionären stattfindenden Gespräche ein (Welt v. 07.10.1997).

Allerdings war die Verhandlungsposition der SPD gegenüber den Grünen parteiintern ebenfalls nicht gänzlich unumstritten. So sprach sich die stellvertretende Parteivorsitzende Behler für eine schnelle Lösung des Problems mit den Grünen aus und schloss indirekt gewisse Zugeständnisse nicht aus, um die rot-grüne Koalition fortsetzen zu können (SZ v. 05.11.1997; FAZ v. 06.11.1997). Dies führte zu einem Disput mit Fraktionschef Matthiesen, der weiterhin eine kompromisslose Haltung forderte (RP v. 08.11.1997). Zudem traten erneut bundespolitische Erwägungen zum Vorschein, nachdem der Bundesvorsitzende der SPD, Oskar Lafontaine, angesichts der sich zuspitzenden Problemlage zum Jahresende 1997 gefordert hatte, der Streit um Garzweiler II dürfe nicht zu einem Bruch der rot-grünen Koalition führen (RP v. 08.11.1997).

Die Hauptverhandlungen zwischen SPD und Grünen wurden in vertraulichen Gesprächen ab Ende Oktober 1997 geführt. Für die SPD verhandelten Wirtschaftsminister Clement und Staatskanzleichef Frohn, für die Grünen Umweltministerin Höhn und Parteisprecher Priggen (SZ v. 05.11.1997; Welt v. 29.11.1997). Darüber hinaus waren auch bundespolitische Spitzenakteure der Grünen wiederholt in die Gespräche eingebunden (Welt v. 29.11.1997).

In die Zeitspanne dieser Gespräche hinein übermittelte das zuständige Bergamt Düren Ende November 1997 den Entwurf eines Rahmenbetriebsplanes für Garzweiler II (Welt v. 29.11.1997). Zuvor hatte es ebenfalls Gespräche zwischen Vertretern des Bergamts Düren und dem Umweltministerium gegeben (v. Blumenthal 2001: 211). Dieses Vorgehen entsprach dem wiederholt von Clement bestätigten Zeitplan, der die Genehmigung des Rahmenbetriebsplans durch die Landesregierung zum Jahresende vorsah. Angesichts des vorliegenden Entwurfes fand am 10. Dezember 1997über die bereits laufenden Krisengespräche hinaus eine Sitzung des Koalitionsausschusses statt. Obwohl dieser bis in die Nacht tagte, konnte keine Kompromisslinie gefunden werden (GA v. 11.12.1997). Von nun an schaltete sich aber auch Finanzminister Schleußer zumindest telefonisch wieder in die Verhandlungen ein. Ähnlich wie Clement, der sich gegenüber den Grünen nun versöhnlicher im Ton, aber weiterhin hart in der Sache präsentierte, schien Schleußer zu zumindest kommunikativen Zugeständnissen an die Grünen bereit zu sein (GA v. 11.12.1997). Von dieser Verhandlungslinie ließ sich Fraktionschef Matthiesen jedoch nicht beeinflussen. Stattdessen forderte er in den parallel stattfindenden Haushaltsberatungen, die Gelder für Gutachten des Umweltministeriums zu kürzen – ein erneuter Seitenhieb auf Ressortchefin Höhn. Rau wandte sich nachdrücklich gegen diese harte Haltung gegenüber den Grünen und drohte sogar mit seinem Rücktritt (WAZ v. 12.12. 1997; RP v. 12.12.1997; taz v. 13.12.1997; Welt v. 13.12.1997; FAZ v. 13.12.1997). Er wurde durch die harte Gangart Matthiesens immer mehr in die Rolle des ausgleichenden Moderators gedrängt (Interview mit M. Krüger-Charlé v. 21.03.2005). Dass sich Rau die kompromisslose Linie Matthiesens nicht zueigen machen wollte, zeigte sich auch an den Verhandlungsstrukturen aufseiten der SPD. Angesichts des fortdauernden Disputes mit den Grünen lud Rau seine Parteikollegen Clement, Schleußer und Müntefering für den 21. Dezember 1997 nach Wuppertal ein, um das weitere Vorgehen abzusprechen (SZ v. 23.12.1997). Zuvor hatte Clement gegenüber Höhn erneut die Genehmigung des Rahmenbetriebsplanes in der vorliegenden Form gefordert. Höhn wiederum hatte auf ungeklärte wasserrechtliche Fragen verwiesen, die nicht durch die Genehmigung des Rahmenbetriebsplanes präjudiziert werden dürften (RP v. 17.12.1997). Die führenden SPD-Vertreter hatten sich hingegen in Wuppertal im Grundsatz auf die Genehmigung des vorliegenden Rahmenbetriebsplanes geeinigt. Nach weiteren Gesprächen mit seinen Fachbeamten, Vertretern von Rheinbraun und erneuten Verhandlungen mit Umweltministerin Höhn (GA v. 24.12.1997) genehmigte Wirtschaftsminister Clement als zuständiger Fachminister diesen schließlich kurz vor Weihnachten 1997. „Diese Entscheidung fiel nicht im ganzen Kabinett, sondern die an den vorherigen informellen Gesprächen nicht beteiligten Minister wurden darüber in einem Gespräch mit Johannes Rau informiert (v. Blumenthal 2001: 213). Die Grünen erklärten daraufhin die Vermittlungsgespräche mit Clement als gescheitert (RP v. 23.12.1997).

Allerdings hatten Rau, Schleußer, Clement und Müntefering in Wuppertal ebenfalls über die seit Monaten in der Öffentlichkeit diskutierte Nachfolge Raus gesprochen. Bereits 1996 hatte eine Andeutung Raus zu seinem möglichen Rückzug zu ausgedehnten Spekulationen über seine Nachfolge geführt (u. a. WAZ v. 06.09.1996; GA v. 10.09.1996; SZ v. 17.09.1996; WAZ v. 18.09.1996; Zeit v. 20.09.1996). Schon in der vorangegangenen Legislaturperiode war zudem wiederholt über die Rolle Clements als Kronprinz spekuliert worden. Im Dezember 1997 besprach man nun im Zusammenhang mit der Entscheidung über den Rahmenbetriebsplan zu Garzweiler ein konkretes Übergangsszenario. Der enge Kreis der Vertrauten – die erprobte Machtachse Rau, Schleußer und Clement – einigte sich mit dem SPD-

Bundesgeschäftsführer Müntefering darauf, den landespolitischen Abschied Raus in eine bundespolitische Strategie einzubetten. So sollte Rau im Januar 1998 erneut für den Landesvorsitz der SPD kandidieren, um im Frühsommer zugunsten Wolfgang Clements auf das Amt des Ministerpräsidenten zu verzichten. Zugleich sollte ihm bei einem SPD-Erfolg bei den anstehenden Bundestagswahlen 1998 die Option auf das Amt des Bundespräsidenten offen stehen (GA v. 24.12.1997; RP v. 24.12.1997).

Phase 3: Die Entscheidung zur Fortsetzung der Koalition

Nachdem das Wirtschaftsministerium den Rahmenbetriebsplan genehmigt hatte, bemühte sich die SPD um zumindest atmosphärische Zugeständnisse an die Grünen. So erklärte Rau in einer persönlichen Presseerklärung, der Rahmenbetriebsplan als nächster Genehmigungsschritt stelle noch nicht den Startschuss für den tatsächlichen Kohleabbau dar (RP v. 23.12.1997). Auch Clement verwies auf die Eigenständigkeit des wasserrechtlichen Prüfverfahrens unter der Aufsicht des Umweltministeriums (FAZ v. 24.12.1997). Zudem bestünde weiterhin die generelle Rückholbarkeit der Genehmigungen, sollten sich die Rahmenbedingungen grundlegend ändern (GA v. 24.12.1997).[81] Gleichzeitig wandte sich Rau in einem Brief an die Untergliederungen der SPD. Er versicherte, „dass [er] alles tun werde, was in [seinen] Kräften steht, damit die Koalition und die sozialdemokratisch geführte Landesregierung ihre Arbeit fortsetzen können", insbesondere „weil wir auch im Interesse unseres Landes im Herbst des nächsten Jahres eine neue Politik und eine neue Regierung in Bonn brauchen" (zit. nach FAZ v. 24.12.1997).

Umweltministerin Höhn reagierte zurückhaltend auf den einseitigen Schritt der SPD und erklärte, der Rahmenbetriebsplan müsse nun zunächst eingehend geprüft werden. Bis zur bereits einige Wochen vorher angekündigten Landesdelegiertenkonferenz der Partei am 17. Januar 1998, so Höhn, sollte keine Entscheidung fallen (RP v. 23.12.1997). Die Kreisverbände der Grünen positionierten sich hingegen eindeutiger. Sie forderten einen den bisherigen Parteitagsbeschlüsse entsprechenden Ausstieg der Grünen aus der Koalition (FAZ v. 24.12.1997).

In den folgenden Tagen erarbeitete Umweltministerin Höhn ein Fünf-Punkte-Programm, in dem die Einflussmöglichkeiten des Umweltministeriums auf das weitere Genehmigungsverfahren konkretisiert wurden. Auf der

---

[81]   Weniger zurückhaltend äußerte sich erneut Fraktionschef Matthiesen (v. Blumenthal 2001: 214).

Basis dieses Programms sprach sich Höhn für eine Fortsetzung der rot-grünen Koalition und eine entsprechende Empfehlung an die Landesdelegiertenkonferenz am 17. Januar 1998 aus (v. Blumenthal 2001: 214). Das Votum des grünen Landesvorstandes war jedoch nicht eindeutig. Dort konnte man sich nicht auf eine einheitliche Beschlussempfehlung für den grünen Parteitag einigen. Die Landtagsfraktion hingegen stützte in der Mehrheit Höhns Kurs, wollte aber zugleich das Abstimmungsergebnis der Landesdelegierten zur Zukunft der Koalition akzeptieren und umsetzen (ausführlicher v. Blumenthal 2001: 214-217). Nach kontroverser Diskussion sprachen sich schließlich ca. 60 Prozent der Delegierten auf dem Jüchener Parteitag für die Fortsetzung der rot-grünen Koalition aus. Die SPD hatte sich damit bei der Entscheidung zu Garzweiler II im Grundsatz gegenüber den Grünen durchgesetzt. Weitere wichtige Genehmigungsschritte – die wasserrechtliche Genehmigung zur Sümpfung des künftigen Abbaugebiets von Garzweiler II – erfolgten jedoch erneut erst nach monatelangen Debatten am 31. Oktober 1998 und damit nach dem Amtsantritt Wolfgang Clements als Ministerpräsident (vgl. Kapitel 3.3).

Politikmanagement zu Garzweiler II

Der anhaltende Koalitionsstreit über Garzweiler II machte über die Sachfragen hinaus zentrale Elemente des Politikmanagements in der rot-grünen Koalition unter Führung von Johannes Rau deutlich. Vor allem aus dem Strukturmerkmal der Koalitionsdemokratie abgeleitete Imperative entfalteten gravierende Auswirkungen. Zugleich zeigte sich eine enge Verflechtung mit parteiendemokratischen Einflussfaktoren.

Erstens war das Kabinett nicht mehr das zentrale Steuerungszentrum der Landesregierung. Dass die Entscheidung zum Rahmenbetriebsplan nicht im Kabinett, sondern in Gesprächen Raus mit den einzelnen Ministern besprochen wurde, ist hierfür ein eindeutiges Signal. Damit korrespondiert die im Vergleich zur vorangegangenen Legislaturperiode durchschnittlich kürzere Dauer von Kabinettssitzungen (Interview mit F. Behrens v. 24.02.2005). Die Klärung streitiger Fragen im Kabinett oder in Vier-Augen-Gesprächen im Umfeld der Kabinettssitzungen war nicht mehr so leicht möglich wie zuvor (Interview mit M. Krüger-Charlé v. 21.03.2005). Maßgeblich verantwortlich dafür war, dass zentrale Akteure nicht mehr unmittelbar in die Kabinettsdisziplin eingebunden waren. Vor allem die strukturelle Rivalität zwischen den beiden grünen Ministern und Parteivertretern der Grünen machten Aushandlungsprozesse im Kabinett schwieriger. Aufgrund der Trennung von Amt und Mandat konnten die grünen Minister die strukturellen Ebenen von Partei und Regierung nicht miteinander verbinden, was zusätzliche Aushandlungsmuster außerhalb des Kabinetts notwendig machte.

Zweitens wurden, nicht zuletzt um diese Koordination zu leisten, dem Kabinett informelle Gremien vorgeschaltet. So fanden jeweils nach Parteizugehörigkeit getrennte Vorbesprechungen statt, um die Kabinettssitzungen vorzubereiten. An diesen Vorgesprächen nahm Johannes Rau aufseiten der SPD-Minister jedoch nicht teil. Vielmehr kam er erst zu den Kabinettssitzungen hinzu, um seine Stellung als ehrlicher Makler und Moderator zwischen den beiden Koalitionspartnern nicht zu gefährden (Interview mit M. Krüger-Charlé v. 21.03.2005). Diesen Stil praktizierte Rau ebenfalls bei den Verhandlungen zu Garzweiler II Ende 1997. Er überließ hier Wolfgang Clement die Verhandlungsführung und wollte sich zu den laufenden Gesprächen auch öffentlich nicht äußern (SZ v. 23.12.1997). Diese herausgehobene Stellung Clements fand in der Kabinettsarbeit ihre Fortsetzung, indem dieser den Vorgesprächen der sozialdemokratischen Minister vorsaß. Dennoch nahm die Zahl der strittigen Vorlagen, die das Kabinett erreichten, ab 1995 zu (Interview mit M. Krüger-Charlé v. 21.03.2005).

Drittens wurde der Koalitionsausschuss, der schon im Koalitionsvertrag als Beratungsort für „Angelegenheiten von grundsätzlicher Bedeutung" etabliert worden war, jedoch nicht zum alternativen Steuerungszentrum anstelle des Kabinetts. Zwar tagte der Koalitionsausschuss im Zusammenhang der Entscheidung zu Garzweiler II sowie zu den anderen inhaltlichen Streitfragen der Koalition, die zentralen Entscheidungen wurden hier aber nicht getroffen. Ein erstes Indiz für die relativ zurückgenommene Rolle des Koalitionsausschusses war die auf Initiative der SPD vorgenommene Erhöhung der Mitgliederzahl auf jeweils acht Teilnehmer pro Koalitionspartner (v. Blumenthal 2001: 205). Ähnlich wie bei den Parteidelegationen in Koalitionsverhandlungen rückten somit parteiinterne Proporzaspekte stärker in den Mittelpunkt als die Schaffung einer entscheidungsfähigen Steuerungsinstanz. Der grüne Fraktionssprecher Roland Appel bestätigte diese Einschätzung ebenso wie andere Akteure[82] und gab an, die Aushandlungsprozesse fänden „weitgehend im Vorfeld von Kabinettssitzungen und im Vorfeld von Koalitionsausschusssitzungen statt. Der Koalitionsausschuss ist im Prinzip ein

---

[82]   Gleich lautend äußerten sich der grüne Abgeordnete Daniel Kreutz (zit. nach v. Blumenthal 2001: 288), der grüne Parteisprecher Reiner Priggen (zit. nach v. Blumenthal 2001: 298-299), Friedhelm Farthmann (zit. nach v. Blumenthal 2001: 305-306) und die SPD-Landtagsabgeordnete Svenja Schulze (zit. nach v. Blumenthal 2001: 317). Vgl. hierzu auch v. Blumenthal 2001: 204-205 sowie Reiner Priggen zit. nach v. Blumenthal 2001: 296.

Aufsichtsrat und ein Frühstücksgremium, in dem vorhandene Konflikte gepflegt oder gedämpft oder verwaltet werden" (zit. nach v. Blumenthal 2001: 283). Diese Rolle spiegelte sich in den „Koalitionsverhandlungen" zu Garzweiler II paradigmatisch wider: „Die Tatsache, dass ein so wichtiger Konflikt wie Garzweiler nicht im Koalitionsausschuss, sondern (…) in kleiner Runde sowie (…) in direkter Abstimmung zwischen (…) Clement und Umweltministerin Höhn gelöst wurde, zeigt, dass sich der Koalitionsausschuss der nordrhein-westfälischen Koalition nicht zu einer Nebenregierung entwickelt hat. (…) Kompromisssuche, Koordination und Entscheidungsfindung fanden überwiegend nicht dort statt, sondern wie bei Garzweiler in noch kleineren, informellen Gesprächsrunden" (v. Blumenthal 2001: 223).

Allerdings etablierten sich viertens – vor allem aufseiten der Grünen – aus dem gemeinsamen Koalitionsausschuss beider Parteien heraus wichtige innerparteiliche Steuerungsinstanzen: „Im Verlauf der Koalition entwickelte sich der ‚grüne Koalitionsausschuss', d. h. die Runde der Vertreter der Grünen im gemeinsamen Koalitionsausschuss mit der SPD, zu dem entscheidenden innerparteilichen Koordinationsgremium von Bündnis90/Die Grünen." Er wurde „zu einer ‚Clearing-Stelle' zwischen Partei, Regierung und Fraktion" (v. Blumenthal 2001: 197). Vertreten waren hier die Fraktionssprecher, die beiden Landesminister, der Parlamentarische Geschäftsführer der Fraktion, die Parteisprecher der Landespartei sowie zwei weitere von der Landesdelegiertenkonferenz gewählte Mitglieder. Ganz im Sinne parteidemokratischer Imperative konnte dieses Gremium durch die Repräsentation der zentralen innerparteilichen Arenen zur wichtigen Steuerungsinstanz aufseiten des grünen Koalitionspartners werden.[83] Jedoch blieb mit der Landesdelegiertenkonferenz noch immer ein parteilicher Einflussfaktor, der im alltäglichen Koalitionsmanagement nur unzureichend kalkulierbar war. Dieser entschied jedoch im Fall Garzweiler II letztinstanzlich über die Fortführung der rot-grünen Koalition. Auf der Seite der SPD hatten die bereits vorher etablierten parteiinternen Koordinationsgremien Bestand. Vor allem der engere Landesvorstand sowie die etablierten persönlichen Netzwerke sorgten hier für innerparteiliche Koordinationsleistungen (hierzu auch Interview mit S. Schulze, zit. nach v. Blumenthal 2001: 316-317). Die parteiliche Arena blieb durch die Einbindung der Bezirksvorsitzenden auch im Kabinett ausreichend

---

[83] Allerdings zeigte sich ein besonderer Einfluss für die grüne Parteiführung. So hatten die beiden Parteisprecher Vetorecht gegenüber allen Beschlüssen. Da sich Reiner Priggen und Barbara Steffens jedoch im Verlauf der Legislaturperiode immer mehr zu Vermittlungsinstanzen zwischen Fraktion und Partei entwickelten, machten sie von dieser Rolle keinen steuernden Gebrauch (v. Blumenthal 2001: 189-190).

berücksichtigt. Eine gewisse Veränderung, die auch für das Koalitionsmanagement von besonderer Bedeutung war, ergab sich jedoch aus der selbstbewussteren Rolle der SPD-Fraktion. Diese artikulierte vor allem ihr Vorsitzender Matthiesen immer wieder öffentlich.

Matthiesens Rolle trug schließlich zu einem letzten koalitionsdemokratischen Problemkomplex bei: den Abstimmungsverfahren zwischen den beiden Regierungsfraktionen. Die vielfach praktizierten informellen Gespräche und Abstimmungsprozesse und das damit stark personalisierte Politikmanagement in der rot-grünen Koalition stießen hier an ihre Grenzen. Dafür waren auf beiden Seiten vor allem innerparteiliche Faktoren ausschlaggebend. Der Fraktionsvorsitzende Klaus Matthiesen war der rot-grünen Koalition gegenüber von Beginn an sehr skeptisch eingestellt. Seine Position, eine stark SPD-orientierte, harte Haltung auch zu Garzweiler II zu vertreten, musste ihn beinahe automatisch in Konflikte mit dem Koalitionspartner bringen. Schwieriger wurde die Situation auch dadurch, dass es zwischen Matthiesen und Rau kein ähnlich abgestimmtes Verfahren wie zwischen Clement und dem Ministerpräsidenten gab. Da den Fraktionsführungen jedoch für das Koalitionsmanagement eine besondere Bedeutung zukam, wurde dies umso problematischer. Hatte Matthiesen anfänglich ein gutes Verhältnis zum grünen Fraktionsvorsitzenden Roland Appel gefunden (SZ v. 18.09.1995; Focus v. 18.09.1996), verschlechterte sich diese Beziehung mit zunehmender Koalitionsdauer. Aufseiten der Grünen zeigten sich ähnliche Probleme. Auch hier war mit Manfred Busch ein Koalitionsgegner in das zentrale Amt des Parlamentarischen Geschäftsführers gelangt. Die fraktionsinterne Lagerbildung führte dazu, dass sich zur Zeit der Verhandlungen über Garzweiler II acht Mitglieder der 24köpfigen grünen Fraktion dem Koalitionsgegner Busch prinzipiell anschlossen (v. Blumenthal 2001: 194-196; FR v. 14.10.1996). Angesichts dieser Voraussetzungen musste das auf informelle Austauschprozesse angelegte Politikmanagement an seine Grenzen stoßen.

Dennoch blieb Johannes Rau seinem etablierten Regierungsstil trotz der durch die Koalition veränderten Strukturbedingungen weitgehend treu. Erstens stützte er sich weiterhin auf sein innerparteiliches Netzwerk und die auf einem engen persönlichen Verhältnis beruhende Machtachse mit Finanzminister Schleußer und Wirtschaftsminister Clement. Dies zeigte sich erneut beispielhaft bei den Verhandlungen zu Garzweiler II Ende 1997 (SZ v. 23.12.1997). Zweitens präsentierte sich Rau weiterhin nicht als inhaltlich prägende Kraft und sachpolitischer Agenda-Setter. Vielmehr überließ er diese Rolle anderen Akteuren, im Fall von Garzweiler II vor allem Wolfgang Clement. Er gab mit seiner Richtlinienkompetenz nur die grobe Richtung vor. So trug er zwar die Grundsatzentscheidung zugunsten von Garzweiler II mit, Rau verstand sich aber dennoch als „Versöhner (…) zwischen den zunehmend bedeutender werdenden Fragen der Ökologie und der Notwendigkeit der Schaffung von Arbeitsplätzen" (Interview mit F. Behrens v. 24.02. 2005), die in diesem Zusammenhang eine Rolle spielten. Die operative Arbeit zu Garzweiler II Wolfgang Clement zu überlassen, entsprach auch der persönlichen Abneigung Raus gegen Entscheidungen zwischen zwei klaren Alternativen. „Hopp oder topp"-Situationen mochte Rau nicht (Interview mit M. Krüger-Charlé v. 21.03.1995). Seine moderierende Rolle als Vermittler zwischen SPD und Grünen im Streit um Garzweiler passte hierzu.

Der Regierungsstil Raus war vor allem gekennzeichnet von seiner Rolle als „Garant der rot-grünen Koalition" (Hoffmann 2005: 65). Rau agierte als „Landespräsident", und damit in einer in der Landesverfassung nicht vorgesehenen Rolle (Wirtschaftswoche v. 19.09.1996). Er präsentierte sich als integrierender Moderator und „niemand sonst [konnte] die brüchige rot-grüne Allianz in NRW zusammenhalten als der leidensfähige ‚Landesvater'" (RP v. 20.05.1997). Daraus ergab sich ein „Bild von Rau, welches in späteren Phasen der rot-grünen Koalition seinen Regierungsstil prägte, eine Neuinterpretation seines aus der Zeit des absoluten Mehrheit bekannten Führungs- und Regierungsstils des Ausgleichs, des Moderierens im Großen, ohne in diffizilen Details aktiv zu werden" (Hoffmann 2005: 65).

Zwischenfazit: Politikmanagement und Regierungsstil in Zeiten der rot-grünen Koalition

Zu den vier Strukturmerkmalen der Ministerpräsidenten-, Parteien-, Verhandelnden Wettbewerbs- und Mediendemokratie trat nach 1995 das Strukturmerkmal der Koalitionsdemokratie hinzu. Allerdings handelte es sich bei den daraus resultierenden Veränderungen um keine grundsätzliche Abkehr vom bislang etablierten Regierungsstil. Vielmehr blieben zahlreiche Faktoren grundsätzlich erhalten, andere waren lediglich Anpassungsprozessen unterworfen. Insgesamt ergab sich jedoch eine unterschiedliche Gewichtung und Betonung der durch die Strukturmerkmale vorgegebenen Handlungskorridore des Regierens in der rot-grünen Koalition:

Ministerpräsidentendemokratie

Eine Dominanz des Ministerpräsidenten lässt sich zwar weiterhin nachweisen, sie war jedoch deutlich schwächer ausgeprägt als zwischen 1990 und 1995. Eine Quelle des persönlichen Prestiges des Ministerpräsidenten sprudelte durch das vergleichsweise schlechte Abschneiden der SPD bei der Landtagswahl 1995 schwächer als zuvor. Rau war nicht mehr uneingeschränkte Wahlkampflokomotive der SPD. Zudem verstärkten sich die Debatten über seine Nachfolge, was Raus landespolitische Stellung mittelfristig ebenfalls schwächte.

Die Richtlinienkompetenz des Ministerpräsidenten fand ihre Grenze im Koalitionsvertrag sowie in den verringerten Einflussmöglichkeiten auf die von den Grünen geführten Ressorts. Die bislang vor allem durch Rau vorgegebenen Leitlinien des Regierungshandelns fanden sich nun weitgehend kodifiziert im Koalitionsvertrag wieder. Nur in diesem vorgegebenen Rahmen konnte Rau noch von seiner Richtlinienkompetenz Gebrauch machen, was sich bereits in der Regierungserklärung 1995 ausdrückte. Dies zeigte sich darüber hinaus in der veränderten Funktion der Staatskanzlei. Sie entwickelte sich wieder stärker in Richtung einer reinen Koordinierungsinstanz zwischen den Ressorts, was auch durch die personelle Besetzung der Hausspitze mit Rüdiger Frohn dokumentiert wurde. Eine ähnliche operative Machtzentralisierung wie noch unter Wolfgang Clement gab es folglich nicht mehr.

Parteiendemokratie

Im Kabinett zeigte das Strukturmerkmal der Parteiendemokratie weiterhin seine deutlichste Ausprägung, auch wenn die Reichweite nun auf die SPD-Minister beschränkt blieb. Weiterhin bestimmten vor allem parteiendemokratische Imperative sowie Proporzüberlegungen die Ressortbesetzung. Grundsätzlich konnte sich Rau dabei weiterhin auf seine Parteimacht stützen. Auch zum Ende seiner Ministerpräsidentschaft hin erneuerte er mit der Kandidatur für den Parteivorsitz seinen innerparteilichen Führungsanspruch, der auch von niemandem offen bestritten wurde. Eine Trennung des Parteivorsitzes und des Amts des Ministerpräsidenten war für ihn weiterhin undenkbar. Darüber hinaus konnte er sich weiterhin auf die innerhalb und außerhalb der Partei etablierten Netzwerke stützen. Nur in der konkreten Regierungstätigkeit musste verstärkt auf die Grünen Rücksicht genommen werden.

Koalitionsdemokratie

Die Imperative der Koalitionsdemokratie stellten die wichtigste Einschränkung für die Mechanismen des bisherigen Politikmanagements dar. Besonders deutlich zeigte sich dies in der veränderten Rolle des Kabinetts. Es war
nicht mehr die zentrale Steuerungsinstitution der Landesregierung, das Kabinettsprinzip wurde durch zahlreiche informelle und unterschiedlich stark
institutionalisierte Koordinationsinstitutionen eingeschränkt. Der im Koalitionsvertrag vereinbarte Koalitionsausschuss wuchs jedoch nicht in diese zentrale Rolle hinein. Vielmehr fanden die meisten Koalitionsabsprachen in kleineren, informellen Runden statt. Dies zeigte sich beispielhaft an den Verhandlungen über Garzweiler II 1997, als Wolfgang Clement bilateral mit den
Vertretern der Grünen, Höhn und Vesper, verhandelte.

Innerparteilich bildeten sich mit dem „grünen Koalitionsausschuss" sowie der nach Parteizugehörigkeit getrennten Vorbesprechung der Minister
weitere Institutionen aus, denen eine Koordinationsfunktion zukam. An diesen nahm aufseiten der SPD Johannes Rau jedoch nicht teil. Vielmehr kam
ihm in der rot-grünen Koalition verstärkt die Rolle des „ehrlichen Maklers"
und des Vermittlers zwischen beiden Parteien zu. Verstärkt wurde diese Rolle durch die Heterogenität der Akteure auf beiden Seiten. Die bisherige Ministerpräsidentendominanz wurde damit transformiert und Rau vom weitgehend unangefochtenen Taktgeber der Landesregierung zum Garanten der rot-
grünen Koalition. Zugleich zog sich Rau immer weiter aus dem operativen
Regierungsgeschäft zurück, während die zentralen landespolitischen Sachfragen vor allem bei Wolfgang Clement gebündelt wurden. Ihm kam immer
mehr die Rolle des „geschäftsführenden Ministerpräsidenten" zu.

Verhandelnde Wettbewerbsdemokratie

Die Imperative des Strukturmerkmals der verhandelnden Wettbewerbsdemokratie zeigten sich vor allem in der fortgesetzten Relevanz der „Politik der
Akkomodierung". Auf Konsens ausgerichtete Verhandlungsarrangements
waren in zahlreichen Politikfeldern nachweisbar. Deutlich zeigte sich dies im
Entscheidungsprozess zu Garzweiler II. Die Grünen wurden nun zunehmend
in diese Akkomodierung eingebunden. So erhielten auch sie einen Regie-
rungspräsidentenposten. Allerdings entzündete sich an der Besetzung der
Aufsichtsratsämter der WestLB ein Streit zwischen den Koalitionären, da die
Grünen sich hier nicht ausreichend berücksichtigt sahen. Die Politik der Akkomodierung bezog sich also vor allem auf die beiden großen Volksparteien.

Mediendemokratie

Hinsichtlich mediendemokratischer Imperative zeigten sich keine gravierenden Unterschiede zur vorangegangenen Legislaturperiode. Persönliche Netzwerke waren für Rau weiterhin wichtiger als die massenmediale Vermittlung der Landespolitik. Nichtsdestotrotz spielten auch darstellungspolitische Aspekte eine entscheidende Rolle für das Politikmanagement von Johannes Rau. Zugleich trugen diese vor allem symbolischen Darstellungsformen den Besonderheiten der landespolitischen Mediendemokratie Rechnung. Rau versuchte, die mangelnden massenmedialen Vermittlungsmöglichkeiten von Landespolitik durch symbolhaftes Handeln zu kompensieren. Dies zeigte sich in der verstärkt präsidialen Rolle, die durch den weitgehenden Rückzug aus der operativen Regierungsarbeit noch unterstrichen wurde.

Abbildung 23:   Regierungsstil von Johannes Rau in der rot-grünen Koalition

Struktur-merkmal/ Handlungs-arena	Kennzeichen	Handlungs-instrumente / Handlungs-orientierungen	Beispiele Rau 1990-1995
Minister-präsidenten-demokratie	- Richtlinien-kompetenz - Organisati-onsgewalt - Exekutiv-lastigkeit - Parlaments-verantwort-lichkeit - Öffentliches Prestige	- Moderation und Vermittlung - Regierungser-klärungen und andere rhetori-sche Führungs-leistungen - Informelle In-formationskanä-le und Früh-warnsysteme	- Rau als entscheidender Schlich-ter und Moderator in Problem-fällen - Rau als Garant der rot-grünen Koalition - Richtlinienkompetenz bei weit-gehendem Rückzug aus dem operativen Bereich zugunsten anderer Akteure
Verhandeln-de Wettbe-werbs-demokratie	- Verhand-lungszwänge - Exekutiv-lastigkeit - Parteienwett-bewerb	- Kooperation - Personeller Proporz - Konkurrenz - Paketlösungen	- Garzweiler II: Braunkohlenaus-schuss als korporatistisches Ver-handlungsarrangement; Verein-barung mit RWE und Rheinbraun zur Kraftwerksmodernisierung - Politik der Akkomodierung als zentrales Merkmal in vielen Politikbereichen - Verflechtung von Bundes- und Landespolitik: rot-grüne Koalition als Signal für Bonn

Parteien-demokratie	- Interne Fragmentierung - Partizipationsbedürfnisse - Kollektive Normen und Werte - Externe Konkurrenz	- Personelle und inhaltliche Einbindung - Informelle Konfliktregulierung - Erwartungssteuerung - Polarisierung nach außen	- Koalitionsbildung: Druck der Basis und der Bundespartei zugunsten des rot-grünen Projekts - Verbindung von Parteiführung und Amt des MP unter Rau - Geschäftsführender Landesvorstand der SPD als zentrales parteiinternes Steuerungsgremium - SPD-Bezirkschefs und stellvertretende Parteivorsitzender in die Koalitionsverhandlungen eingebunden - SPD-Bezirkschefs und stellvertretende Parteivorsitzende mit zentraler Rolle im Kabinett - Rollenverteilung zwischen unterschiedlichen Akteuren (z. B. Matthiesen und Clement während der Koalitionsverhandlungen und den Verhandlungen über Garzweiler II)
Koalitions-demokratie	- Verhandlungszwänge - Dosierter Parteienwettbewerb	- Kooperation - Konkurrenz - Informelle Konfliktregulierung - Paketlösungen	- Koalitionsausschuss - „grüner Koalitionsausschuss" - Informelle Koordination
Medien-demokratie	- Relativ geringe mediale Begleitung der Landespolitik - Personenorientierung - Konfliktorientierung	- Personalisierung - Erwartungssteuerung - Permanent Campaigning - Outsiderprofilierung - Mediale Erst- und Zweitschlagskapazitäten - bundes- und lokalpolitische Profilierung	- Stärkung eines bundespolitischen Images bei landespolitischer „Präsidentschaft"

Eigene Darstellung

3.3 Wolfgang Clement: Regieren als Darstellungspolitik (1998-2000)

Erbe und Anfang: Selbsterneuernder Machtwechsel

Es war für alle Beteiligten ein langer Abschied von der Ära Rau. Seit der Landtagswahl 1995 waren die Stimmen für einen Wechsel an der Spitze der Regierung nicht mehr verstummt. Besondere Dynamik erhielt die Nachfolgediskussion durch die Konstellation der herannahenden Bundestagswahl vom 27. September 1998. Das Spitzenduo der SPD, Gerhard Schröder und Oskar Lafontaine, propagierte „Innovation und Gerechtigkeit" als zentralen Wahlslogan der SPD im Bundestagswahlkampf. Die Zeichen standen auf Wechsel im Bund. Die 16jährige Kohl-Ära sollte beendet werden (Korte 1999). Mit einer Modernisierungsstrategie zielte die SPD darauf, den immer wieder betonten politikfeldübergreifenden Reformstau der Ära Kohl aufzulösen. Allerdings hatte die SPD über ihre gezielte Blockade-Strategie im Bundesrat eine Teilschuld am Reformstau (Zohlnhöfer 1999; Renzsch 2000). Der dienstälteste Ministerpräsident Johannes Rau passte nicht mehr in das sozialdemokratische Erneuerungs- und Aufbruchsszenario des Jahres 1998. Clement wurde zeitgleich immer ungeduldiger, wie es aber nur für Insider in seinem politischen Umfeld wahrnehmbar war (Interview mit F. Behrens v. 05.07.2005). Denn Clement arbeitete unter Rau bis zum letzten Tag mit hundertprozentiger Loyalität und Dienstbeflissenheit. Sein Pflichtgefühl ließ keinen Spielraum für „Kronprinzen-Allüren". Wenn Ungeduld Clements in der Kronprinzen-Rolle nach außen drang, dann nur vermittelt über seine Machtmakler, die dies gezielt in der bundespolitischen Arena verbreiteten (RP v. 03.04.1998). Zum damaligen Zeitpunkt war überdies nicht völlig auszuschließen, ob Rau nicht Franz Müntefering an Stelle von Clement als seinen Nachfolger installieren wollte (Interview mit M. Krüger-Charlé v. 21.03.2005).

Am 21. Dezember 1997 hatte man sich bei einem Gespräch im Hause Rau auf einen Fahrplan zum Wechsel geeinigt (GA v. 18.03.1998; vgl. Kapitel 3.2). Bei diesem vorweihnachtlichen Kaffeetrinken saßen neben dem Ministerpräsidenten sein damaliger Finanzminister Heinz Schleußer sowie Franz Müntefering und Clement am Tisch. Der Rat an Rau bestand darin, bis zum Sommer 1998 den strategischen Rückzug anzugehen. Clement sollte nun tatsächlich das Amt des Ministerpräsidenten übernehmen. Rau wollte noch eine Weile als Parteivorsitzender agieren, um Clement machtpolitisch in dessen Startphase den Rücken frei zu halten. Im Dezember 1997 war noch unklar, ob der grüne Koalitionspartner trotz der Garzweiler-Entscheidung in der Regierung verbleiben und wer letztendlich Kanzlerkandidat der SPD werden würde. Rau hatte aber vor allem einen anderen Zeithorizont als Clement (Interview mit F. Behrens v. 05.07.2005). Je länger Rau im Amt verblieb, desto eher konnte er mit einer erfolgreichen Kandidatur für das Amt des Bundespräsidenten rechnen. Für Clement und auch für Schröder sollte der Wechsel im Amt des Ministerpräsidenten jedoch zügiger stattfinden.

Im SPD-Bundesvorsitzenden Oskar Lafontaine hatte Rau zunächst einen treuen Verbündeten. Rau hatte sich für Lafontaine als Kanzlerkandidat eingesetzt (Stern v. 29.01.1998). Vor diesem Hintergrund ließ sich Rau nochmals Anfang 1998, zum elften Mal in Folge, zum Landesvorsitzenden der SPD in NRW wählen. Schließlich stellte NRW rund ein Drittel aller Delegierten auf den Bundesparteitagen der SPD. Zur Vereinbarung mit Lafontaine gehörte gleichermaßen, dass dieser sich für Raus Lebenstraum, die Bundespräsidentschaft, einsetzen würde. Denn Rau wollte sein Amt in NRW nicht bedingungslos zur Verfügung stellen, zumal mit der historischen Perspektive, am 20. September 1998, also wenige Tage vor der Bundestagswahl, sein 20jähriges Amtsjubiläum feiern zu können. Doch seit der Landtagswahl in Niedersachsen am 1. März 1998 stand fest, dass Ministerpräsident Gerhard Schröder SPD-Kanzlerkandidat werden würde (Müller-Hilmer 1999). Schröder erhöhte daraufhin den Druck auf Rau. Die Machtfelder sortierten sich nach der Niedersachsenwahl neu. Als Gegenleistung verständigten sich Lafontaine und Schröder informell und vertraulich darauf, Johannes Rau als Bundespräsidentenkandidaten zu unterstützen. Für die Bundesversammlung, die 1999 das neue Staatsoberhaupt zu wählen hatte, zeichnete sich eine rot-grüne Mehrheit ab.

So wurde schließlich im März 1998 aus dem monatelangen – teils subtilen, teils öffentlichen – Drängen Gewissheit. Am späten Montagabend des 16. März 1998 gab Rau offiziell bekannt, dass er sowohl das Amt des Ministerpräsidenten als auch den Parteivorsitz in NRW bis zum Juni 1998 aufgeben wolle. In der Fraktion erläuterte Rau am folgenden Tag seine Entscheidung. Fraktionschef Matthiesen mahnte demonstrativ Geschlossenheit zwischen dem linken und rechten Fraktionsflügel an (SZ v. 18.03.1998). Clement betonte, die Koalition mit den Grünen auf jeden Fall fortsetzen zu wollen, zumal der Koalitionsvertrag noch nicht abgearbeitet sei.

Der Kronprinz Clement, Wirtschaftsminister in Raus Kabinett, sollte somit die Chance zum selbsterneuernden Machtwechsel in NRW erhalten. Damit ist ein Machtwechsel gemeint, der im Kern einem Regierungswechsel gleichkommt (Korte/Fröhlich 2004: 308). Die Regierungspartei tauscht dabei den Ministerpräsidenten aus, an der parteipolitischen Zusammensetzung der Koalition ändert sich jedoch nichts. Doch in der Regel hängt am Personalwechsel auch ein machtpolitischer Umbau der innerparteilichen Konstellationen, wie deutlich werden wird. Unter dem Druck der bevorstehenden Bundestagswahl 1998 setzten sich somit innerhalb der nordrhein-westfälischen SPD die Kräfte durch, die hofften, die Partei durch einen personellen Wechsel an der Spitze der Landesregierung vom Image der Verkrustung und Unbeweglichkeit zu befreien (Coumanns/Kremer 2001: 302). Mit dem selbsterneuernden Wechsel von Rau zu Clement wurde die Landes-SPD durch die Bundes-SPD „instrumentalisiert". Es sollte eine Erneuerungsfähigkeit demonstriert werden, die man der Kohl-CDU als Regierungspartei im Bund absprach. Rau selbst bezeichnete den Wechsel in Düsseldorf als „Rückenwind für den Wechsel in Bonn" (FAZ v. 18.03.1998). Insofern kam ein doppelter Anstoß aus Düsseldorf: Mit der Wahl des Wirtschaftspolitikers Clement zum Ministerpräsidenten wollte die Bundes-SPD ihre Modernität und Wirtschaftskompetenz unter Beweis stellen. Gleichzeitig sollte der Öffentlichkeit ins Bewusstsein gerufen werden, dass für jeden altgedienten Politiker einmal der Tag des Abschieds kommen müsse.

Bundespolitische Anstöße zum Wechsel gingen damit erneut von Düsseldorf aus. Schon das rot-grüne Bündnis auf Landesebene war ein Testfeld für die Bundespolitik gewesen, was gleichzeitig gerade im Bundestagswahljahr disziplinierend auf die Spitzenakteure der Düsseldorfer Koalition wirkte (vgl. Kapitel 3.2). Neuer SPD-Landesvorsitzender sollte Franz Müntefering werden, ein Führungsduo aus Regierungschef und Parteivorsitzendem war geplant. Müntefering führte den mit Abstand mitgliederstärksten Bezirk Westliches Westfalen, und arbeitete als Bundesgeschäftsführer der SPD seit 1995 in Bonn. Müntefering und Clement sollten beide zusammen einen adäquaten Ersatz für Rau bilden (Interview mit M. Krüger-Charlé v. 21.03. 2005).

Regierungsbildung: Machtzentralisierung in der Ministerpräsidentendemokratie

Große Eile war geboten. Denn aus der unmittelbar zeitlichen Nähe zur Bundestagswahl sollten wechselseitig für Clement und für Schröder positive Effekte ausgehen. Das konnte nur in einem geordneten, raschen Verfahren gelingen, bei dem Clement als Ministerpräsident noch in den laufenden Bundestagswahlkampf werbewirksam eingriff. Am 16. März 1998 gab Rau seinen Abschied bekannt. Gut zwei Monate später, am 27. Mai 1998, wählte der Landtag den neuen Ministerpräsidenten. Doch dieser Zeitplan kristallisierte sich erst allmählich zwischen März und April 1998 heraus. Zunächst wollte Clement erst ungefähr zwei Wochen vor der Bundestagswahl seine Regierungserklärung abgeben, was er aber vor allem auf Druck des Koalitionspartners dann deutlich auf Juni vorzog.

Für Clement bestand in der Zwischenzeit die wichtigste Aufgabe in der Vorbereitung der Regierungsbildung, also dem Auf- und Ausbau eines auf ihn zentrierten personalen Machtnetzwerkes, sowohl in der Regierung als auch in der Staatskanzlei. 111 Stimmen benötigte der designierte Ministerpräsident für die erforderliche absolute Mehrheit. Über 108 Stimmen verfügte die SPD-Fraktion. Mit Abweichlern war zu rechnen, denn Clement polarisierte als Wirtschafts- und Verkehrsminister vor allem die traditionellen Sozialdemokraten. Der linke Flügel der SPD kritisierte immer wieder – unter ihnen auch die Schulministerin Gabriele Behler – die einseitige Ausrichtung der Politik auf wirtschaftliche Interessen. Den Unmut der Basis hatte Clement auch auf dem zurückliegenden Landesparteitag vom Januar 1998 zu spüren bekommen. Unklar war ebenso, wie sich die Grünen als Koalitionspartner verhalten würden. Sie hätten Clement zwar formal nicht verhindern können, weil er im dritten Wahlgang nur noch die einfache Mehrheit benötigte, aber Clement hatte deutlich zu verstehen gegeben, dass er nur für einen einzigen Wahlgang zur Verfügung stehen würde (SZ v. 18.03.1998). Rot-Grün verfügte über eine große Mehrheit im Landtag, so dass ein paar Abweichler durchaus zu verkraften waren. Auch Rau wurde nicht einstimmig zum Ministerpräsidenten gewählt.

Aber wie verhielt sich Clement mit Blick auf rot-grüne Konfliktpunkte? Rau hatte den Grünen im Hinblick auf Garzweiler II zugesagt, nicht von der Richtlinienkompetenz des Ministerpräsidenten Gebrauch zu machen, was bedeutete, seine grüne Umweltministerin nicht zu einer bestimmten Entscheidung anzuweisen – genau dies erwarteten die Grünen jetzt auch vom designierten Ministerpräsidenten. Ansonsten wäre die Entscheidung des grünen Landesparteitages von Jüchen, in der Koalition zu verbleiben, in sich zusammengebrochen, da Umweltministerin Höhn das Instrumentarium zur eigenen Gestaltung aus der Hand genommen worden wäre. Das Verhältnis zwischen Clement und Höhn war machtpolitisch entscheidend und wichtig für die Zukunft der Koalition.

Clement versicherte sich während der Vorbereitungen zur Regierungsbildung zunächst der weiteren Mitarbeit von Finanzminister Schleußer (GA

v. 23.03.1998). Dieser änderte seine persönliche Lebensplanung und konnte noch einmal von Clement überzeugt werden, in seinem ersten Kabinett die Schlüsselposition zu übernehmen. Zu weiteren Kabinettsbesetzungen äußerte sich Clement vor seiner Wahl nicht. Die Flügel und Bezirke der Partei, die Fraktion sowie Weggefährten und Widersacher mussten in einen Proporz eingebunden werden. Erst nach der Wahl stellte sich für Clement die Frage der konkreten Kabinettsliste, wobei frühzeitig durchsickerte, dass Clement die Umbildung auch zur Verkleinerung des Kabinetts nutzen wollte. Clement schwieg zu den öffentlichen Spekulationen, denn es war klar: Kabinettsumbildungen können zu Enttäuschungen führen, die sich leicht in Stimmenthaltungen niederschlagen.

Zeitlich hatte Clement ohnehin nur einen kurzen Handlungskorridor: Es war damit zu rechnen, dass Clement nach der Landtagswahl im Jahr 2000 den zweiten Start für eine dann fünfjährige Regierungszeit mit einem noch deutlicher auf ihn zugeschnittenen Kabinett versuchen würde. Letzte Entscheidungen über das erste Kabinett konnten auch erst nach dem außerordentlichen SPD-Landesparteitag am 23./24. Mai 1998 fallen, auf dem Müntefering zum neuen Landesvorsitzenden gewählt werden sollte. Dennoch gab es fortgesetzte öffentliche Spekulationen. Als „gesetzt" für das Amt des Wirtschaftsministers galt frühzeitig Clements Weggefährte Bodo Hombach, zu dieser Zeit wirtschaftspolitischer Sprecher der SPD-Landtagsfraktion, Preussag-Handels-Manager und Berater des SPD-Kanzlerkandidaten Gerhard Schröder (WamS v. 12.04.1998). Auch Peer Steinbrück wurde zum damaligen Zeitpunkt für das Kabinett oder die Staatskanzlei gehandelt. Steinbrück, seit 1993 Wirtschaftsminister in Schleswig-Holstein, leitete von 1986 bis 1990 das Büro von Ministerpräsident Rau. Die beiden kannten sich bereits seit dem Bundestagswahlkampf 1987, als Kanzlerkandidat Rau gegen Helmut Kohl antrat. Die intensive Zusammenarbeit zwischen dem Büroleiter Steinbrück und dem Wahlkampfberater Clement begründete ein enges Vertrauensverhältnis. Als Hombach im Oktober 1998 als Chef des Bundeskanzleramtes nach Bonn wechselte, berief Clement den Kieler Wirtschafsminister zum Chef des gleichen Ressorts in Düsseldorf.

Im Vergleich zu Regierungsbildungen im Bund berief Clement sein Kabinett im Eiltempo. Drei Wochen nach seiner Wahl im Landtag sollte seine neue Regierungsmannschaft stehen und die mit dem Koalitionspartner abgestimmte Regierungserklärung verfasst sein.

Allerdings hatte Clement in dieser Phase des Übergangs mit erschwerten Bedingungen zu kämpfen. Zeitgleich mit dem beginnenden Regierungsbildungsprozess setzte der Landtag auf Betreiben der CDU einen parlamentarischen Untersuchungsausschuss ein, vor dem sich der noch amtierende Sozial- und Gesundheitsminister Horstmann wegen Missständen in der forensischen Psychiatrie zu verantworten hatte. Noch problematischer erschien, dass Schleußer im Verlauf der Haushaltsplanung 1999 ein Milliardenloch öffentlich machte. Es zwang die Regierung, über die Einbringung einer Haushaltssicherungsgesetzes auch gesetzlich festgeschriebene Leistungen drastisch einzuschränken (SZ v. 22.05.1998; FAZ v. 28.05.1998).

In diesem politischen Klima galt es für Clement einen dynamischen Start vorzubereiten. Dazu besuchte er am 23. Mai 1998 zum ersten Mal die grüne Landtagsfraktion, um beim Koalitionspartner um Vertrauen zu werben. Wie viele der 24 grünen Abgeordneten sich für Clement entscheiden würden, war unklar, da einige bereits öffentlich signalisiert hatten, Clement nicht wählen zu wollen (taz v. 20.05.1998). Clement hatte im Vorfeld erklärt, dass er mit mindestens der Hälfte der 24 Stimmen rechne. Die Grünen-Fraktion zerfiel in drei Gruppen, von der keine eine Mehrheit bildete: die „Realos" um die Fraktionssprecherin Gisela Nacken und Bauminister Michael Vesper, die „Regierungslinke" um Umweltministerin Bärbel Höhn und den Fraktionssprecher Roland Appel sowie schließlich die vom Abgeordneten Daniel Kreutz angeführte „Linke" (FR v. 27.05.98). Vor Parteitagen und wichtigen Entscheidungen zogen sich alle drei Fraktionen zu vertraulichen Klausurtagungen zurück. Die „Linke" hatte am 17. Januar 1998 beim Sonderparteitag in Jüchen, als es um die von Clement durchgesetzte Genehmigung des Rahmenbetriebsplans für Garzweiler II ging, offen für den Koalitionsbruch gestimmt. Wie würden sich die „Linken" diesmal bei der Wahl von Clement verhalten? Eine offene Kraftprobe des Koalitionspartners war jedoch nicht zu erwarten, denn die Koalitionsoption und der mögliche Machtwechsel sollte für die bevorstehende Bundestagswahl nicht verspielt werden. Auch aus der Partei der Grünen sollte von Düsseldorf ein Zeichen für Bonn ausgehen.

So konnte Clement am 27. Mai 1998 mit 124 Stimmen als Nachfolger von Johannes Rau zum siebten Ministerpräsidenten gewählt werden (FAZ v. 28.05.1998). Bei der geheimen Wahl fehlten Clement acht der 132 rotgrünen Stimmen. Der Kandidat der Opposition, Linssen, erhielt 87 Stimmen, eine weniger als CDU-Abgeordnete anwesend waren. Neun Parlamentarier enthielten sich der Stimme. Da bei der Probeabstimmung der Grünen unmittelbar vor der Wahl im Landtag nur drei Grüne Clement die Zustimmung verweigert hatten, wurde darüber spekuliert, wer von den Sozialdemokraten Clement nicht gewählt hatte. Mit acht Dissidenten hielt sich der Protest jedoch in überschaubaren und kalkulierbaren Grenzen.

Antritt und Auftritt

Mit einem symbolträchtigen Akzent startete Clement den ersten Tag seiner Amtszeit als neuer Ministerpräsident. Er lud zur ersten Pressekonferenz ins Düsseldorfer Stadttor und verkündete den Umzug der Staatskanzlei in „Europas modernstes Hochhaus" (FAZ v. 29.05.1998; RP v. 29.05.1998). Die rund 400 Mitarbeiter der Staatskanzlei würden zukünftig in einigen von der Landesregierung angemieteten Etagen arbeiten. Die alte Staatskanzlei, in der Rau fast 20 Jahre lang residiert hatte, sollte verkauft oder von anderen Landesbehörden genutzt werden. Clement wollte mit der Darstellungspolitik punkten. Zweitens dokumentierte der Umzug einen gewollten Kontinuitätsbruch zur Ministerpräsidentschaft von Rau und damit einen räumlichen und inhaltlichen Neustart. Drittens sollte das lichtdurchflutete Hochhaus als Metapher für mehr Transparenz und eine klarere Zuordnung der Verantwortung für das Regierungshandeln dienen.

Dieses Bild eines dynamischen Starts wurde durch mehrere Pannen während des Umzugs der Regierungszentrale getrübt. Der Umzug verzögerte sich um mehrere Monate und in der Kostenfrage war die CDU-Opposition nur schwerlich davon zu überzeugen, dass sich der Aufwand am Ende rechnen würde (RP v. 13.11.1998, GA v. 13.11.1998).

Konzentration: Die Kabinettsverkleinerung

Am 9. Juni 1998 konnte Clement das neue Kabinett präsentieren. Clement ordnete auch die Regierungsbildung unter sein Motto „Erneuerung und Konzentration" ein.

So reduzierte Clement die Ministerien von zwölf auf acht. Die Frauenquote lag nunmehr bei 50 Prozent. Ein neuer Minister, Bodo Hombach als Wirtschafts- und Verkehrsminister, und eine neue Ministerin, Birgit Fischer, zuständig für Frauen, Familie, Jugend und Gesundheit, gehörten dazu. Die Regierungsbildung wurde trotz der über Wochen durchsickernden Informationen zu einer Überraschung. Rau hatte aus Proporzgründen lieber ein Ministerium zuviel als zuwenig kreiert, um die verschiedenen Parteiströmungen und Interessenvertreter einzubinden. Clement band mit Gabriele Behler nicht nur eine pronocierte Repräsentantin des linken Flügels in die Kabinettsdisziplin ein, sondern stärkte die stellvertretende SPD-Landesvorsitzende durch die Ausweitung ihrer Ressortkompetenzen. Die Schulministerin war nun auch für die Hochschulpolitik zuständig. Die beiden grünen Minister Höhn und Vesper blieben mit unveränderten Kompetenzen im Kabinett.

Abbildung 24:   Kabinett Clement 1998-2000

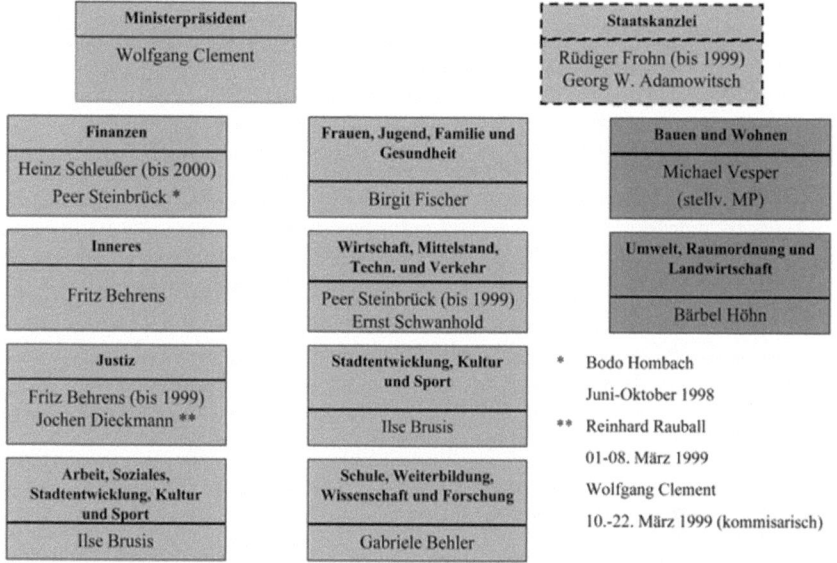

Eigene Darstellung

Die mit der Regierungsbildung einhergehenden Strukturveränderungen – weniger das Personaltableau – sorgten für öffentliche Aufmerksamkeit. Ein so kleines Kabinett hatte es in NRW noch nie gegeben. Vor allem die beabsichtigte Zusammenlegung des Innen- mit dem Justizministerium unter Leitung von Fritz Behrens provozierte große öffentliche Empörung und begleitete die Regierungsbildung noch über Monate hinweg. Außer der Opposition kritisierten auch die Grünen im Landtag die Ressortzusammenlegung (taz v. 09.06. 1998; WamS v. 14.06.1998). Clement erklärte die Fusion zum Kernstück seiner „durchgreifenden Staats- und Verwaltungsreform". Erstmals in der politischen Geschichte der Bundesrepublik Deutschland lagen damit die Verantwortung für Justiz und Inneres in einer Ministerhand. Unter dem Stichwort „Modernität statt Montesquieu in NRW" (GA v. 30.06.1998; auch Hesse 1999: 126-128; FR v. 27.06.1998) entstand eine heftige Diskussion darüber, ob damit die Gewaltenteilung aufgehoben werde (SZ v. 16.06. 1998). Nach monatelangen kontroversen Diskussionen stoppte Clement schließlich die Fusion Anfang November 1998. Die CDU hatte beim nordrhein-westfälischen Verfassungsgerichtshof einen Antrag auf einstweilige

Anordnung gestellt (FAZ v. 10.11. 1998; Hesse 1999: 127). Clement sah sich daraufhin gezwungen, die Fusion nicht rechtskräftig werden zu lassen.

Kabinett und Staatskanzlei

Grundsätzlich wurden die Kabinettsitzungen von Clement autoritär geführt (Interview mit E. Schwanhold v. 28.02.2005). Der Ministerpräsident duldete keine Vertretungen durch die Staatssekretäre. Lange und kontroverse Diskussionen wurden in diesem Entscheidungsgremium geführt. Es hatte somit keineswegs nur notarielle Funktion. Sehr gefürchtet waren diese langen Diskussionsrunden, weil es dann durch Clement am Ende zu unkalkulierbaren Entscheidungen kam, die von den verschiedenen Ressorts zu verantworten waren. Jedes Ministerium musste damit rechnen, dass es im Streit- und Konfliktfall zu spontanen Entscheidungen im Kabinett kommen konnte. Diese Kabinettskultur disziplinierte die Ressorts bereits im Vorfeld, um möglichst viele Konfliktgegenstände vor Sitzungsbeginn auszuräumen.

Rüdiger Frohn blieb zunächst Chef der Staatskanzlei. Von dieser Personalentscheidung hatte sich Clement für die ersten Monate Kontinuität im Politikmanagement versprochen. Frohn wechselte schließlich 1999 als Chef des Bundespräsidialamtes in den Berliner Amtssitz des neuen Bundespräsidenten Rau. Clement wollte in der Staatskanzlei zunächst keine größeren Veränderungen vornehmen. Dies plante er erst für die Zeit nach der Landtagswahl 2000. Zu den vorgenommenen organisatorischen Veränderungen zählte die Etablierung eines „Arbeitsstabes Medien und Telekommunikation", der dem Chef der Staatskanzlei unmittelbar unterstellt war. Damit wollte Clement gleich zu Beginn auch organisatorisch seine besondere Aufmerksamkeit für dieses Politikfeld im Sinne einer Policy-Akzentuierung unterstreichen. Clement wertete die Medienpolitik zur Chefsache auf – unter Rau war die Medienpolitik noch im Wirtschaftsministerium angesiedelt gewesen. Des Weiteren konzentrierte Clement in einem weiteren Arbeitsstab die internationale Politik sowie die Europapolitik. In diesem Kontext wurde auch der Bevollmächtigte des Landes NRW bei der EU in die Staatskanzlei integriert. Als zentrale Anlaufstellen und Machtmakler im System von Ministerpräsident Clement kristallisierten sich frühzeitig Michael Krüger-Charlé – zunächst als Büroleiter von Clement – sowie der neue Leiter der Abteilung II „Regierungsplanung, Ressortkoordination", Hanns-Ludwig

Brauser in der Staatskanzlei heraus. Beide fungierten auch als Frühwarnsystem für Clement in der Staatskanzlei.[84]

Regierungserklärung: Mehr „ich", weniger „wir"

Nach der Bildung des Kabinetts gehört zur Startphase einer Regierung traditionell die Regierungserklärung vor dem Landtag. Zwischen der Vorstellung des Kabinetts und der ersten Großen Regierungserklärung am 17. Juni 1998 lagen nur acht Tage.[85] Die Vorbereitungen hatten in der Staatskanzlei unter der Federführung des Chefs der Staatskanzlei Frohn schon Ende Mai begonnen. Bei selbsterneuernden Machtwechseln innerhalb einer laufenden Legislaturperiode gilt es nicht nur, den Koalitionsvertrag für die Regierungserklärung zu berücksichtigen, sondern auch eine inhaltliche Kontinuität zur Regierungserklärung des Vorgängers herzustellen. Trotz des Neustarts durften vorhandene machtpolitische Konstellationen nicht ignoriert werden. Insofern ist das Hauptaugenmerk auf die besonderen Detail-Akzente der Regierungserklärung und die Grundmelodie als Clements Interpretation seines machtpolitischen Handlungsrahmens zu legen. Die Ministerien hatten bis zum vereinbarten Stichtag routiniert ihre Ressortforderungen für die Regierungserklärung an die Staatskanzlei übermittelt. Wer sich mit welcher Forderung durchsetzte, konnte als Indiz für Stärke interpretiert werden. Als geschickte Verfechterin ihrer umweltpolitischen Anliegen hatte sich schon mehrfach Bärbel Höhn hervorgetan. So konnte sie ihre Agenda und ihre Formulierungen auch unter Clement bei dessen erster Regierungserklärung, praktisch vollständig wiederfinden. Clement hatte Höhn damit aus koalitionspolitischer Räson einen großen Einfluss zugestanden, der innerhalb der SPD durchaus kritisch beurteilt wurde (Interview mit E. Schwanhold v. 28.02. 2005).

Wichtiger Redenschreiber war Michael Krüger-Charlé. Alle Reden Clements wurden von ihm koordiniert und inhaltlich redigiert. Sie erreichten nur formal auf dem Dienstweg den jeweiligen Chef der Staatskanzlei (Interview mit W. Althoff und M. Henze v. 05.04.2005). Rüdiger Frohn wurde in dieser Funktion 1999 durch Georg Wilhelm Adamowitsch abgelöst. Der eigene Anteil Clements an seinen Reden kann als groß bezeichnet werden. In

---

[84] Zum Konzept des Machtmaklers bei Spitzenakteuren Korte in: Hirscher/Korte 2003.
[85] Für die zweite große Regierungserklärung (30. August 2000) nach einer Wahl zum Ministerpräsidenten hatte Clement immerhin 100 Tage Zeit zur Vorbereitung.

seinem Büro nutzte er eine mechanische Schreibmaschine, die noch aus seiner Zeit als Journalist stammte und mit der er seine Reden verfasste (Interview mit R. Frohn v. 05.07.2005). Für Clement war es nicht vorstellbar, eine ihm fremde Rede zu halten. Er musste Eigenanteile am Redetext immer wiedererkennen. Clement redigierte die Regierungserklärungen selbst und sehr präzise. Dies konnte ebenso nachts wie auch im Auto geschehen (Interview mit R. Frohn v. 05. 07.2005).

Der Aufbau von Clements Regierungserklärung wich nicht wesentlich vom Modell Rau ab. Clement betonte häufiger das „Ich" – im Kontrast zum „Wir" von Rau. In der Erklärung reihten sich die Ressortthemen ohne erkennbare Prioritätensetzung und Strukturierung aneinander. Clements Rede war länger als die letzte Große Regierungserklärung von Rau. Mit den expliziten Bezügen zum Koalitionsvertrag und zur Regierungserklärung Raus vom 13. September 1995 startete die Rede. Der Dank an den Vorgänger wurde mit dem Verweis auf das Erbe verbunden. Solche Kontexte gestalten sich für Nachfolger der gleichen Partei als äußerst schwierig, denn die politischen Probleme, mit denen die Regierung zu kämpfen hat, dürfen nicht dem Vorgänger angelastet werden. Andererseits steht der Nachfolger in der Pflicht der Erneuerung (Korte 2002a; Korte 2002b).

Relativ schonungslos sagte Clement gleich zu Beginn: „Zusätzlich stellen uns die Lage der öffentlichen Finanzen und der tiefgreifende wirtschaftliche Strukturwandel vor schwierige und teilweise auch schmerzhafte Entscheidungen. Die Tiefe der Veränderungen, mit denen wir es zu tun haben, ist nach meinem Eindruck noch nicht überall in vollem Umgang erkannt" (Plenarprotokoll Landtag 12/90: 7344 v. 17.06.1998). Clement sah sich in dieser Rede als „erster Angestellter" eines Dienstleistungs-Unternehmens, Vorstandschef einer „NRW AG". Schnörkellos offen redete er an vielen Stellen vom politischen Management. Seiner politischen Philosophie entsprechend sollte sich der Staat auf wenige, aber wesentliche Aufgaben beschränken. Bürgerschaftliches Engagement sollte zum Gemeinwohl beitragen. Insofern war die Grundmelodie distanziert zu Rau angelegt, obwohl Clement die Verbundenheit betonte. Er akzentuierte anders als sein Vorgänger. Clements Politik- und Amtsverständnis ließen wenig Raum für kollektive Appelle an das „Wir in NRW"-Gefühl". Leistung, Wettbewerb, schlanker Staat, Wissensgesellschaft und Konzentration waren fast schon marktliberale Bekenntnisse, die sich in dieser Deutlichkeit in keiner Rede Raus fanden. Konkret wurden eine Reihe einschneidender Maßnahmen bei der Reform der öffentlichen Verwaltung sowie Kosteneinsparungen bei den Landesbediensteten angekündigt (GA v. 18.06.1998; SZ v. 18.06.1998, FAZ v. 18.06. 1998).

Mit dem Bekenntnis zur Verbindlichkeit des Koalitionsvertrages machte der Ministerpräsident in der Regierungserklärung seine Absicht deutlich, das Regierungsbündnis mit den Grünen fortzusetzen. Als gemeinsame Vorhaben bis zum Ende der Legislaturperiode stellte er die verstärkte Nutzung erneuerbarer Energien, eine bessere Vernetzung der Verkehrssysteme und die Förderung von Maßnahmen zum schonenden Ressourcen- und Energieverbrauch in der Industrie heraus. In Anspielung auf Garzweiler II sagte Clement: „Wir fordern aber auch von anderen Zuverlässigkeit und Berechenbarkeit" (Plenarprotokoll Landtag 12/90: 7353 v. 17.06.1998).

Reaktionen

Die erwartet starke Kritik an der Regierungserklärung seitens des CDU-Oppositionsführers Helmut Linssen fiel umso heftiger aus, als Clement als langjähriger Wirtschaftsminister unter Rau auch unmittelbare Verantwortung für den Zustand der Landespolitik trug. So kritisierte er Clement: „Wenn Sie (...) [davon] sprechen, Sie wollten Handlungskompetenz zurückgewinnen und Steuerungsfähigkeit wiederherstellen, dann kann ich mir eine deutlichere Ohrfeige für Ihren Amtsvorgänger kaum vorstellen" (Plenarprotokoll 12/92: 7574 v. 19.06.1998). Nach Linssens Interpretation hatte Clement die Amtsübergabe als „Epochenwechsel" inszeniert. Alles sollte schneller, moderner, konzentrierter werden, als ob Clement unter Rau nur zugeschaut hätte.

Politikmanagement: Fehlende Machtressourcen in der Parteien- und Koalitionsdemokratie

Clement agierte weniger präsidial als sein Vorgänger, gleichwohl musste er sich noch einige Monate bis zum Umzug in das gemietete Stadttor gedulden, damit der neue Stil auch zum Umfeld passte. Zur symbolträchtigen Startphase des neuen Ministerpräsidenten gehörten neben der Regierungsbildung und der Ankündigung des Umzugs der Staatskanzlei in den ersten Monaten vor allem drei inhaltliche Akzente des Regierungshandelns:

Der „Ausbildungskonsens" – erstens – war schon ein vorrangiges Ziel von Clements Politik, als er noch als Wirtschaftsminister Verantwortung trug. Gemeinsam mit Arbeitgebern, Gewerkschaften, den Städten und Gemeinden sowie den Wohlfahrtsverbänden sollte jeder seinen Beitrag leisten, um Ausbildungsplätze anzubieten. Eine tragende Rolle dieses Ausbildungskonsens im Kontext der Beschäftigungspolitik hatte Clement auch in seiner

Regierungserklärung angekündigt (Plenarprotokoll Nr. 12/90: 7351f v. 17.06.1998). Um diesen Ausbildungskonsens zu erreichen, nutzte Clement jeden Ortstermin, um die verschiedenen Interessenvertreter an einen Tisch zu bringen. Insofern agierte Clement zwar darstellungspolitisch weniger präsidial als Rau, aber dennoch in der Betonung konsensorientierter Politikherstellung. Konkordanzdemokratisch sollten Entscheidungen durch Verhandlung und Kompromiss herbeigeführt sowie die unterschiedlichen gesellschaftlichen Gruppen und Interessen in den Entscheidungsprozess eingebunden werden. Die Entscheidungsmodi entsprachen hier dem Strukturmerkmal der Verhandelnden Wettbewerbsdemokratie, in der Stilles Regieren und Netzwerkpflege zu den zentralen Instrumenten des Regierungshandelns gehören.

Ganz ähnliche Stilelemente seines Regierungshandelns können – zweitens – bei Clements Antrittsbesuch in den Niederlanden herausgearbeitet werden. Effektvoll suchte er sich gezielt das Nachbarland mit den ökonomisch attraktiven Daten aus (Westfalenpost v. 29.10.1998). Das Jobwunder in den Niederlanden der 1990er Jahre, aber auch seine Eindrücke, die er von seinen Urlauben in Wisconsin (USA) mitbrachte, waren Clement ein leuchtendes Vorbild. Da war auf der einen Seite die Bewunderung für eine fast schon marktliberale Modernisierungsstrategie: niedrige Firmensteuern; radikale Streichung von Subventionen; die Pflicht von Arbeitslosen, angebotene Stelle anzunehmen; Einkommen, die deutlich unter den deutschen Löhnen lagen sowie deutlich mehr Teilzeitjobs. Auf der anderen Seite faszinierte Clement das so genannte „Polder-Modell", was nichts anderes bedeutete, als dass die ökonomische und soziale Modernisierung korporatistisch im strukturellen Rahmen der Verhandelnden Wettbewerbsdemokratie realisiert wurde. Clements Modernisierungsstrategie bestand insofern zwar aus vielen neuen Stil- und Formelementen, nicht jedoch in substantiellen Veränderungen des verhandlungsdemokratischen Arrangements seines Amtsvorgängers.

Das dritte Beispiel aus der Anfangsphase des Regierungshandelns bezieht sich auf den effektvollen Besuch des bayerischen Ministerpräsidenten Stoiber in Düsseldorf (RP v. 21.11.1998; WAZ v. 21.11.1998). Wie ein Staatsgast wurde Stoiber von Clement in Düsseldorf empfangen. Lang und ausführlich führte Clement seinen Amtskollegen auch durch die Baustelle des Stadttores. Clement war an der erfolgreichen Modernisierungsstrategie des Bayern interessiert. Unabhängig von diesen Akzenten zum Regierungsstilvergleich stand der Besuch von Stoiber sicherlich auch unter dem Zeichen, Handlungskorridore des Regierens aus Sicht der Länder offen zu halten. Denn Stoiber und Clement bildeten eine „Achse" in der Kritik an den

Steuerplänen der neu gewählten Regierung Schröder. Unabhängig von der Kritik an den Details der geplanten Steuerreform von Lafontaine (Grunden 2004) formulierten Stoiber und Clement Widerstand gegen die zu erwartenden Steuerverluste der Bundesländer.

Koalitionsmanagement

Die Grünen begleiteten den Wechsel von Rau zu Clement skeptisch und abwartend. Clement hatte zusammen mit Matthiesen die Garzweiler II-Entscheidung Ende des Jahres 1997 gegen die mehrfach auch schriftlich vorgetragenen Einwände der grünen Umweltministerin durchgesetzt (Bajohr: 2001). Dennoch wählten die Grünen – eher zähneknirschend als begeistert – Clement zum neuen Ministerpräsidenten. Die Fraktion der Grünen war im Blick auf den Kooperationskurs mit Clement gespalten. Beispiele stellten die Sparmaßnahmen bei den Kindergärten (GA v. 27.08.1998), die von Schulministerin Behler (SPD) angekündigten Leistungsverschärfungen, die Wirtschaftsförderung des Landes – insbesondere in dem von Clement betreuten Medienbereich (RP v. 10.09.1998) –, die Verlängerung der Startbahn des Düsseldorfer Flughafens und nicht zuletzt das Braunkohlevorhaben Garzweiler II dar. Die Grünen glaubten, sich – im Blick auf das wasserrechtliche Genehmigungsverfahren, bei dem das Umweltministerium federführend war – in einer sicheren Position zu befinden. Doch bereits die Erfahrungen im Herbst 1998 belehrten sie eines Besseren. Mit der Begründung, „der Ministerpräsident hat dafür den Bergleuten (...) sein Wort gegeben" (Klaus Matthiesen, zit. nach KStA v. 11.09.1998) und es müsse der vom Bergbauunternehmen gesetzte Zeitplan eingehalten werden, forderte die SPD vom Umweltministerium die zügige Erteilung der Erlaubnis zur Trockenlegung des Abbaugebietes (Bajohr 2001: 163ff).

Clement drängte auf verlässliche Rahmendaten für den Industriestandort NRW. Deshalb hatte er sich für die Entscheidung zu Garzweiler II machtpolitisch weit vorgewagt. Der neue Ministerpräsident wollte sich nicht gleich wenige Monate nach seiner Wahl in dieser für den Bergbau so zentralen Fragestellung Unklarheit und Hinhaltetaktik vorwerfen lassen. Führende „Realos" der Grünen versicherten zwar, dass sie an der Koalition festhalten wollten, selbst wenn am Ende einer ministeriellen Prüfung die wasserrechtliche Erlaubnis stehen würde (KStA v. 07.10.1998), doch der Druck Clements, der Gewerkschaften und des Energiekonzerns RWE auf die Grünen wuchs permanent.

Gerade nach dem Ausgang der Bundestagswahl und der rot-grünen Koa-litionsbildung sah Clement für die Errichtung seiner neuen Druck- und Droh-kulisse in Sachen Garzweiler II einen adäquaten Zeitpunkt. Denn der Aus-gang der Bundestagswahl stabilisierte die Koalition in NRW. Überlegungen in Teilen der SPD, über vorgezogenen Neuwahlen die absolute Mehrheit zurückzugewinnen, passten nicht mehr ins rot-grüne Gesamtbild (NZZ v. 02.10.1998; FAZ v. 02.10.1998). Die Grünen in NRW konnten es sich ihrer-seits angesichts der neuen Bonner Koalitionsaussichten nicht erlauben, den Bruch der Düsseldorfer Koalition zu riskieren (SZ v. 02.10.1998). So sandte Ende Oktober 1998 das Umweltministerium dem Bergbaukonzern Rhein-braun die geforderte wasserrechtliche Erlaubnis zu.[86] Da diese mit erhebli-chen Auflagen befrachtet war, verlangte Clement von Höhn eine Erlaubnis, mit der der Rheinbraun „etwas anfangen kann" (FR v. 30.10.1998; Bajohr 2001: 165). Zusammen mit der Umweltministerin handelte Clement schließ-lich in der Hauptverwaltung der Rheinbraun AG mit der Unternehmensfüh-rung den Text zur Genehmigung aus (WDR Aktuelle Stunde v. 30.10.1998). Damit war der Weg für den Aufschluss des Tagesbaus ab 2006 frei (WN v. 31.10.1998). „Das ist ein Tag der Freude für NRW" (zitiert nach WZ v. 31.10.1998), verkündete Clement.

Das Konfliktmuster verlief in gewohnten Bahnen: Die Grünen beharrten darauf, inhaltlich keine Position aufgegeben und lediglich verfahrenstechni-sche Zugeständnisse gemacht zu haben. Die „Realos" innerhalb der Fraktion gingen gestärkt aus diesen Auseinandersetzungen hervor. Wenn strategische Interessen der SPD berührt wurden, hatten die Grünen keine Chance zur Durchsetzung ihrer Position. 18 Monate vor der kommenden Landtagswahl kristallisierte sich eine Marginalisierung des linken Flügels und damit als Folge ihrer Regierungsverantwortung eine abermalige pragmatische Wand-lung der Grünen heraus. Clement hatte, unterstützt von Müntefering und den Gewerkschaften, extremen Druck auf die Umweltministerin ausgeübt und ihr auch keine Rückzugsposition zugestanden. Der Ministerpräsident konnte und wollte in dieser Startphase energie-, wirtschafts- und standortpolitisch keine Rückschläge hinnehmen, schließlich verschlechterten sich die ökonomischen Rahmendaten in NRW nahezu täglich. Der bundespolitische Kontext half Clement bei seiner Taktik mit den Grünen. Die Bündnisgrünen wollten mit Blick auf Bonn den Konflikt in Düsseldorf nicht eskalieren lassen. Wenn in Bonn eine Große Koalition entstanden wäre, dann wäre auch die Koalition in

---

[86]   Die AN vom 29.10.1998 meldeten, dass Clement und der SPD Landesvorsitzende Müntefering
       der grünen Ministerin kurz zuvor „mit persönlichen Konsequenzen gedroht hatten".

Düsseldorf nur noch schwer zusammenzuhalten gewesen (dazu auch die Grünen-Abgeordnete Barbara Steffens in RP v. 17.07.1998). So wurde ein im Prinzip nachgeordneter Genehmigungsschritt zum Meilenstein einer 15jährigen Entscheidung. Clement wollte unter Beweis stellen, dass auch eine rot-grüne Regierung industriepolitische Großprojekte handhaben kann, was mit Blick auf die neue Bonner Koalition von symbolisch weitreichender Bedeutung sein sollte. Die Grünen hatten andererseits ihre Illusion verloren, dass ein kleiner Partner die Richtlinien der Politik bestimmen kann.

Ausbau der Regierungszentrale als Machtbasis

Noch war die Regierungszentrale trotz der Veränderungen auf der Leitungsebene inhaltlich und strukturell auf Rau ausgerichtet. Die Staatskanzlei ließ sich nicht in nur wenigen Monaten zu einer auf Clement zugeschnittenen Regierungszentrale umbauen. Das Tempo der Clementschen Ankündigungen entsprach nicht immer der bis dahin bewährten Arbeitsweise der Staatskanzlei. Andererseits kannte Clement besser als seine Vorgänger im Amt, welches Potenzial in einer solchen Steuerungszentrale steckt.

Führung erfolgte bei ihm über Gespräche und Konferenzen – ideengetrieben und auch begeisterungsfähig, vor allem auf Schnelligkeit ausgerichtet, „geradeso als müsse ein imaginärer Redaktionsschluss erreicht werden" (Interview mit R. Frohn v. 05.07.2005). Politische Ideen testete Clement aus der Staatskanzlei heraus, weniger über die Landespressekonferenz und den offiziellen Regierungssprecher, sondern über eine kleine Schar handverlesener Journalisten und ehemaliger Wegbegleiter. Dazu gehörten der damalige Bertelsmann-Manager Hans Roland Fäßler oder der ehemalige Sony-Pressesprecher und Vertraute des damaligen Telekom-Chefs Ron Sommer, Peter Hoenisch. Sie dienten ihm häufig sowohl als Resonanzboden politischer Entscheidungen als auch als Ratgeber für Einschätzungen. Ihnen traute er oft mehr als dem von Rau „geerbten" Beamtenapparat, der die informellen Zirkel argwöhnisch registrierte. Beamte, die seinem Vorgänger persönlich und inhaltlich sehr nahe standen, bekamen dieses Misstrauen zu spüren und wurden teilweise auf andere, weniger bedeutende Positionen versetzt (Interview mit M. Mai v. 04.06.2005).

Landespartei

Die Trennung der Ämter von Partei und Regierungschef musste sich erst noch bewähren. Der NRW-Parteichef Müntefering sollte Clement nun parteipolitisch den Rücken freihalten, während für Rau eine Trennung beider Ämter vollkommen undenkbar gewesen war. Rau steuerte Partei und Regierung primär durch das Kabinett, wo auch die mächtigen Bezirksvorsitzenden in der Regel mit am Tisch saßen (vgl. Kapitel 3.1 und 3.2)

Nach der Kabinettsumbildung unter Clement fehlten zunächst die SPD-Bezirksvorsitzenden in der Regierung. In Clements erstem Kabinett nahm kein Bezirksvorsitzender Platz. Das änderte sich erst nach der Landtagswahl 2000. Doch bis dahin konnte er sich ohne die Bezirksvorsitzenden im Kabinett einen größeren Freiraum gegenüber der Partei verschaffen. Gleichzeitig nahm ihm das aber auch Einflussmöglichkeiten, die Clement wiederum nicht Müntefering allein überlassen wollte. Wie aber konnte Clement die Partei steuern und an der Regierungstätigkeit beteiligen, ohne ihr zuviel Einfluss einzuräumen? Als Garant für Clements parteipolitische Absicherung hatte Rau gewirkt. Clement verfügte in keiner Phase über eine eigene parteipolitische Hausmacht in NRW. Er blieb der Exponent der Exekutive und kein Parteipolitiker, der die Partei als Machtressource hätte nutzen können. Das Verhältnis von Clement und Müntefering war gespannt. Beide Politiker gehörten dem Parteibezirk Westliches Westfalen an, ansonsten trennte sie in ihren Berufswegen mehr als sie verband (FAZ v. 12.02.2004). Konflikte drangen häufiger in die Öffentlichkeit. Erst mit Harald Schartau als Nachfolger Münteferings im Amt des Landesvorsitzenden (ab dem 15. Dezember 2001) kehrte eine geräuschlose Arbeitsteilung zwischen Partei und Ministerpräsidentenamt ein.

Fraktion

Die Fraktion als Machtbasis war bereits unter dem Fraktionsvorsitzenden Matthiesen brüchig geworden, denn die dramatische Verkleinerung der Ministerriege hatte Widerstand mobilisiert. Gleichwohl hielt sich die Zahl der Abtrünnigen bei der Wahl von Clement im Landtag in Grenzen. Clement hatte die neuen Minister (Hombach, Steinbrück, Schwanhold) nicht aus der Fraktion rekrutiert, was das Misstrauen gegenüber Clement innerhalb der Fraktion vergrößerte. Clement pflegte ein von Rau diametral abweichendes Verständnis von der Rolle des Parlaments. Für Rau war das Parlament der Resonanzboden für seine Politik. Die Fraktion war Teil seiner Machtgrundlage. Er konnte dort Stimmungen in der Partei aufnehmen und in Entscheidungspolitik umsetzen. Clement ordnete dem Parlament eine eher dienende Funktion im Rahmen des Regierungshandelns zu (Interview mit E. Schwanhold v. 28.02.2005). Als Machtressource unterschätzte er zwar nicht die

Möglichkeiten der Fraktion, dennoch integrierte er wichtige Flügel der Fraktion nicht in Vorüberlegungen für strategische Planungen. Clement nahm auch nur in Ausnahmefällen an Fraktionssitzungen teil. Als schließlich im November 1998 Matthiesen als profilierter Vertreter der klassischen Arbeitnehmerschaft völlig überraschend in die Industrie wechselte (FAZ v. 21.10. 1998), schied die Fraktion vollständig als verlässliche Machtressource aus. Matthiesen hatte die Fraktion stets als „Schutztruppe" des Regierungschefs bezeichnet (RP v. 22.10.1998). Es war Matthiesen, der es nach der SPD-Wahlniederlage 1995 (vgl. Kapitel 3.2) immer wieder geschafft hatte, die aus Sicht der SPD überhöhten Ansprüche der Grünen im Landtag in der Landesregierung einzugrenzen.

Clement und Matthiesen favorisierten Edgar Moron, den Parlamentarischen Geschäftsführer der SPD-Fraktion, als Nachfolger für den Fraktionsvorsitz (RP v. 22.10.1998). Doch die 108 sozialdemokratischen Abgeordneten wählten dessen Gegenkandidaten, Manfred Dammeyer. Den zum linken Flügel zählende Dammeyer hatte Clement als Europaminister erst wenige Monate zuvor entlassen (Welt v. 10.11.1998). Als ehemaliger Juso-Vorsitzender kannte Dammeyer jedoch die Seelenverfassung der Genossen besser als Clement. Morons Zeit als Fraktionsvorsitzender schlug dann erst nach der Landtagswahl 2000. Unter Moron stabilisierte sich das Verhältnis der Fraktion gegenüber Clement. Offene Konflikte gehörten fortan eher zur Ausnahme. Zu einer größeren, öffentlich gewordenen Kontroverse kam es innerhalb der Fraktion lediglich gegen den von Finanzminister Peer Steinbrück eingebrachten Haushaltsentwurf für 2002. Moron griff bei den geplanten Sparmaßnahmen zum Mittel des Briefeschreibens an den Ministerpräsidenten (Focus v. 10.09.2001). Die Kürzungen von 30 Millionen Mark beim Straßenbau, von 24 Millionen Mark für die Jugendhilfe oder der Wegfall von Prämien für den öffentlichen Dienst stießen bei der SPD-Landtagsfraktion auf massive Kritik. Moron versuchte, sich mit einem dosierten Anti-Regierungskurs auch für seine Wiederwahl im November 2001 zu empfehlen. Die Fraktion kritisierte zudem häufig an Clement, dass er sie nur überfallartig inhaltlich einband. Eine Integration in einen Meinungsbildungsprozess fand nicht statt. Clement setzte stattdessen häufig auf eigene informelle Beraterkreise und Netzwerke, die fernab der Fraktion und der Regierungszentrale Willensbildungsprozesse beeinflussten.[87]

---

[87] So z. B. in einem privaten Beraterkreis mit Mediziner Dietrich Grönemeyer, dem Musikproduzenten Dieter Gorny (VIVA), dem früheren RTL-Chef Helmut Thoma und dem CDU-Unternehmer Klaus Steilmann sowie dem grünen Landesminister Vesper und der früheren Grünensprecherin Gunda Röstel (BZ v. 23.06.2001).

Bundespolitischer Rückhalt

Clements bundespolitischer Rückhalt war alles andere als belastbar. Die NRW-SPD hatte mit Hombach und Müntefering die rot-grüne Bundesregierung personell an exponierter Stelle unterstützt. Clement hatte insofern in kurzer Zeit den Fraktionsvorsitzenden Mathiesen und seinen Wirtschaftsminister Hombach verloren. Müntefering hatte sich zwar aus dem Landtag, keineswegs aber aus der Landespolitik verabschiedet.

Die von Johannes Rau über lange Jahre gepflegte Bonner Machtbasis erodierte seit Herbst 1998, obwohl Schröder seit Herbst 1998 ebenso wie Clement eine rot-grüne Bundesregierung anführte. Clements konservativ-pragmatischer Wirtschaftskurs sowie seine bekannte kritische Position gegenüber dem grünen Koalitionspartner stießen bei Lafontaine und den grünen Bundesministern auf offenen Widerstand. Ob Clement zusammen mit Hombach und Werner Müller, dem Bundeswirtschaftsminister, die Waagschale zugunsten der Modernisierer entscheidend bewegen konnte, schien Ende 1998 mehr als fraglich. Den Bundeskanzler wiederum hatte Clement verärgert, weil er mit einem offenen Brief dokumentiert hatte, dass er gegen die geplante Steuerpolitik des Bundes, vor allem die Öko-Steuer arbeiten werde (Grunden 2004: 116). Clement setzte sich dafür ein, das gesamte produzierende Gewerbe von der Ökosteuer auszunehmen (GA v. 21.11.1998).

Schon bei den Koalitionsverhandlungen auf Bundesebene hatte Clement den Unmut der Genossen zu spüren bekommen. Obwohl sich die Koalitionäre in der Bonner Landesvertretung von NRW trafen, wurde der Hausherr Clement nicht an den Gesprächen beteiligt, sondern aus der Runde herauskomplimentiert (Welt v. 10.11.1998). Der Start der Bonner Regierung war alles andere als gelungen, nach wenigen Wochen kippte die neue Bundesregierung in ein Umfragetief (Hennecke 2003: 133ff; Korte 1999). Aus strategischer Sicht musste Clement ein Absetzmanöver starten, wenn er nicht mit seiner rot-grünen Regierung im Wahljahr 2000 ein Desaster erleben wollte. Dieses strategische Muster durchzieht zahlreiche Landtagswahlen, insofern kamen Clements Attacken auf den wirtschafts- und finanzpolitischen Kurs der Bundesregierung nicht überraschend. Aber Clements Kritik an den Steuerplänen der Bundesregierung hatten nicht nur einen wahltaktischen Hintergrund. Sie entsprach auch seinem Politikverständnis. Denn bereits auf dem SPD-Sonderparteitag am 25. Oktober 1998 hatte Clement mit vehementer Kritik an der geplanten Steuerreform und dem Lafontaineschen Politikkonzept die rot-grüne Startphase gestört (Welt v. 23.11.1998).

Clement tauchte in die Rolle eines neuen „Oppositionsführers" der Bonner – und später der Berliner – Bundesregierung auf. Handlungskorridore des
Regierens konnten so ausgetestet werden: durch Konfrontation wollte er
eigene Statur gewinnen. Doch der Protest hatte vor allem einen inhaltlichen
Kern, der mit seinem Verständnis von Politik als Modernisierungsaufgabe
zusammenhing. Er wollte Antreiber sein, der auch programmatische Hinder-
nisse wegräumt, damit Schröder dann mit den Bremsern im Gefolge seinen
Kurs fortsetzen konnte. Allerdings waren Clements Einflussmöglichkeiten
auf die neue Bonner Koalition begrenzt, zumal die Machtkonstellationen im
Schröder/Fischer-Kabinett zu diesem Zeitpunkt noch relativ offen waren.
Doch half die Absetzbewegung Clement relativ wenig, um sich von den
negativen Imagewerten der Bundesregierung zu distanzieren. Parteiintern
wurde Clement für sein Verhalten auf den Bundesparteitagen mehrfach abgestraft und landete auf enttäuschenden hinteren Plätzen bei den entsprechenden Vorstandswahlen[88], obwohl NRW mit Abstand über die meisten
Delegierten verfügt.

Insofern ist der bundespolitische Rückhalt für Clements Machtressourcen in NRW als äußerst ambivalent einzustufen. Er konnte damit als Landespolitiker werben, um Popularitäts- und Attraktivitätswerte zu ernten. Bundespolitische Medienpräsenz konnte zwar keine verlässliche Machtgrundlage
darstellen, bot aber die Chance, mit Policy-Akzentuierungen medial zu punkten. Angesichts der Imperative der landespolitischen Mediendemokratie hatte
ein ausweichender Konfrontationskurs des Ministerpräsidenten gegenüber
der Bundespolitik eine strategische Funktion. Clement genoss dabei im Bewusstsein seiner Mitkonkurrenten ein besonderes Verhältnis zu Schröder,
was dem Ministerpräsidenten half, seine Kritik offen vorzutragen. Seine
engen persönlichen Beziehungen zu Schröder verschafften ihm dabei Handlungsspielräume und immunisierten ihn in begrenztem Maße gegen landespolitische Kritik (Woche v. 20.07.2001). Sein Verhältnis zu Müntefering
wurde allerdings durch diese Manöver noch weiter getrübt.

Wiederkehrende Streitpunkte zwischen Düsseldorf und Berlin bezogen
sich bei Clement auf die Energiepolitik und insbesondere auf die Kohlepolitik. Clement kämpfte vergeblich gegen die Einführung und vor allem die
zweite Stufe der Öko-Steuer, die eindeutig Gaskraftwerke gegenüber Kohle-
kraftwerken übervorteilte. Er versuchte, die 72 Abgeordneten der NRW-SPD
im Bundestag davon zu überzeugen, gegen das Gesetz zu stimmen (Welt v.

---

[88] Bspw. erfuhr Clement im November 2001 auf dem Nürnberger Parteitag eine Verschlechterung
von vorher 77,82 auf 68,94 Prozent der Delegiertenstimmen (SZ v. 21.11.2001).

11.11.1999; RP v. 12.11.1999).[89] Letztlich blieb ein Erfolg aus. Müntefering drängte die Abgeordneten aus Koalitionsräson im November 1999 zur Zustimmung. Einmal mehr wurde die Kluft zwischen Müntefering und Clement deutlich, die aus ganz unterschiedlichen Rollenrationalitäten heraus erfolgreich Mehrheiten sichern sollten. Sichtbar wurde an solchen Konflikten auch, wie sehr nach dem Umzug von Bonn nach Berlin das Gewicht des Landes NRW im Bund abgenommen hatte.

Verwaltungsreform weckt große Widerstände

Die Verwaltungsstrukturreform gehörte zu den Kernvorhaben, die Clement in seiner ersten Regierungserklärung 1998 in einen größeren Zusammenhang mit der Modernisierung des Landes stellte. Mit der Verkleinerung seines Kabinetts und der versuchten Zusammenlegung des Justiz- mit dem Innenministerium hatte Clement die Richtung vorgegeben. Die angekündigte Verwaltungsreform sollte nicht das gleiche Schicksal ereilen. Innenminister Behrens übernahm die gesamte Koordination der Verwaltungsreform, die wiederum Clement zur Chefsache erklärt hatte. Im November 1998 legte die Landesregierung ein „Eckpunktepapier" vor, das vier Handlungsfelder für die grundlegende Reform nannte: die konsequente Aufgabenkritik und Vorschriftenüberprüfung, die Binnenmodernisierung der Behörden und Einrichtungen des Landes, die Optimierung des Verwaltungsaufbaus und der Behördenstruktur sowie die Unterstützung der kommunalen Reformbemühungen.

Das „Erste Gesetz zur Modernisierung von Regierung und Verwaltung in NRW" vom 15. Juni 1999 beinhaltete 22 Gesetzes- und Verordnungsänderungen. Ziel des Gesetzes war es, die kommunale Selbstverwaltung zu stärken sowie den Handlungsspielraum der Kommunen zu vergrößern. Der Wettbewerb zwischen den Kommunen sollte gefördert werden (Dahme/ Wohlfahrt 2003). Ministerpräsident Wolfgang Clement wollte „an der Spitze" mit einer „durchgreifenden Staats- und Verwaltungsreform" beginnen. Die Arbeit der Landesregierung sollte auf ihre Kernaufgaben zurückgeführt werden (SZ v. 10.06.1998).

Erster Schritt der Reform hatte die Anfang November 1999 gestoppte Zusammenlegung des Innen- und Justizministeriums werden sollen. Den nächsten Schritt stellte die Neuordnung der unübersichtlichen Struktur der so

---

[89] Im Juli 2001 sorgte Clement erneut für Wirbel, als er durch seine Enthaltung im Bundesrat die Pläne von Bundesumweltminister Trittin für ein Dosenpfand stoppte. Aus Sicht Clements war das Pfand geradezu wirtschaftsfeindlich.

genannten „Mittelinstanzen" dar. Die Zuständigkeiten der fünf Bezirksregierungen (Köln, Düsseldorf, Münster, Detmold und Arnsberg), der Landschaftsverbände Rheinland und Westfalen-Lippe und des Kommunalverbands Ruhrgebiet sollten überdacht werden. Bis Ende des Jahres 1998 war ein konkreter Zeitplan vorgesehen; Ziele der Reform sollten bis dahin formuliert sein (WamS v. 15.11.1998). Die von der Reform betroffenen Behörden unterstützten aufgrund mangelnder Einbindung in die Reformvorbereitungen und Angst vor dem Verlust von Arbeitsplätzen die Pläne der Landesregierung nicht. Weder Bezirksregierungen noch Landschaftsverbände sahen eine Notwendigkeit, die Bedeutung und Existenz ihrer Institutionen zu verändern. Der Plan Clements, die Landschaftsverbände und Bezirksregierungen in „Regionale Dienstleistungszentren" zu transformieren, stieß vor allem in Westfalen auf große Proteste bei Gewerkschaften, Verbänden und Kommunalpolitikern, nachdem Clement Auflösungsvorlagen zur Beschlussfassung bei der Mehrheitsfraktion eingebracht hatte. Diese Entscheidung traf er ohne vorherige Konsultation mit Vertretern der Landschaftsverbände. Auch wurde keine Diskussion im vorparlamentarischen und parlamentarischen Raum geführt. Die SPD-Fraktion unterstützte Clement aber in seinem Vorhaben durch ein klares Votum für seine Reformvorschläge (WamS v. 17.01.1999; SZ v. 03.2.1999; SZ v. 16.02.1999; WamS v. 31.01.1999).

Der Modernisierer Clement wurde bei seinen Reformplänen von technokratischen Effizienz-Vorstellungen geleitet und übersah dabei die tiefe historische Verwurzelung der Landschaftsverbände und ihre regionale Identität stiftende Funktion. Zu den Aufgaben der Landschaftsverbände zählen Sozialhilfe, Kriegsopfer- und Schwerbehindertenfürsorge, Bau und Unterhalt von Autobahnen und Straßen, Jugendwohlfahrt, Denkmalpflege, der Betrieb psychiatrischer Fachkliniken, Schulen für behinderte Kinder und der Unterhalt von Landesmuseen. Gerade aufgrund der Tatsache, dass NRW ein aus heterogenen Teilen zusammengeführtes Land ist, verstehen die Landschaftsverbände sich als Organisation zur Pflege regionaler Identität. Der Protest gegen die Reformpläne wurde so über den Wunsch nach Besitzstandswahrung der betroffenen Behörden hinaus von einer emotionsgeladenen Diskussion über das regionale Bewusstsein gespeist (NZZ v. 05.03.1999). Auch hätte ein eindeutiges Konzept zur Realisierung der Reform sowie eine Einbeziehung der Betroffenen in die Reformüberlegungen die Protestwelle mildern können. Ein Brief Clements an die 34.000 Bediensteten der Landschaftsverbände, in dem er eine weitgehende Arbeitsplatzgarantie versprach, wurde zu spät nachgereicht (Welt v. 11.03.1999). Aufgrund der anhaltenden Proteste der Behörden und Kommunen, der immer wieder in den Medien auftauchenden Zahl von 35.000 wegfallenden Arbeitsplätzen sowie den näher rückenden Kommunalwahlen am 12. September 1999 waren Clement und sein zuständiger Minister Behrens gezwungen, die Reformvorhaben zu beschränken (WamS v. 20.06.1999). Die Landschaftsverbände blieben in ihrer Form bestehen, Teile ihrer Aufgaben wurden auf die Kreise und Städte übertragen. Auch wurde die Zahl der Bezirksregierungen nicht reduziert. Lediglich ein neuer Name – Regionaldirektionen – wurde durchgesetzt (Dahme/Wohlfahrt 2003: 104f).

Noch vor der Wahl im Mai 2000 wurde das zweite Modernisierungsgesetz, das eine Umstrukturierung des Behördenaufbaus vorsah, auf den parlamentarischen Weg gebracht. Das „Zweite Gesetz zur Modernisierung von Regierung und Verwaltung in NRW" wurde am 13. April 2000 vom Landtag beschlossen und trat am 1. Januar 2001 in Kraft. „Es dient vor allem der Neuordnung der staatlichen Verwaltung. Staatliche Aufgaben sollen in den Bezirksregierungen noch stärker konzentriert werden, um so ihre Effizienz zu steigern. Dies schafft mehr Transparenz, sichert einen einheitlichen Verwaltungsvollzug, beschleunigt Verfahren und senkt Kosten" (Dahme/Wohlfahrt: 106). Die wichtigste staatliche Verwaltungsebene sollte demnach künftig aus den Bezirksregierungen bestehen (Beyer 2003). Es gelang, zahlreiche Landesbehörden in diese Bezirksregierungen zu integrieren sowie fachgebundene Sonderverwaltungen in die allgemeine Verwaltung einzubauen. Angesichts des massiven öffentlichen Drucks wurde jedoch das Hauptanliegen der Reform, die Auflösung der Landschaftsverbände, fallen gelassen. Die von Johannes Rau nie angegangene Verwaltungsreform wurde von seinem Nachfolger Clement schnell forciert, brachte aber keine grundlegenden Veränderungen.

3.4 Wolfgang Clement: Rastloser Tempomacher und zahlreiche Anfänge (2000-2002)

Wahlkampf und Wahlausgang 2000: Abstrafung der Koalition

Die Landtagswahl 2000 war für den 14. Mai angesetzt. Sie sollte darüber entscheiden, ob der selbsterneuernde Machtwechsel von Rau zu Clement und die Beibehaltung des rot-grünen Projektes auch für den Wähler eine Zukunftsperspektive hatte. Die Rahmenbedingungen waren weder für die CDU noch für die SPD optimal.

Die Union hatte zwar durch die Kommunalwahl im Herbst 1999 das ehemals rote Revier parteipolitisch schwarz gefärbt (hierzu Andersen/Bovermann 2002). Doch der von Altkanzler Kohl verursachte Parteispendenskandal hinterließ tiefe Spuren auch in NRW. Der CDU-Spitzenkandidat Jürgen Rüttgers wurde wie ein Markenartikel als Hoffnungsträger im Wahlkampf angepriesen. Dem „Macher" Clement sollte der „Mensch" Rüttgers gegenübergestellt werden (Feist/Hoffmann 2001: 124-145). Rüttgers war unter dem ehemaligen Bundeskanzler Helmut Kohl „Zukunftsminister", was die NRW-CDU in diesen durch die Kohl-Spendenaffäre geprägten Monaten stark belastete. Denn durch den Parteispendenskandal und die turbulenten Auseinandersetzungen innerhalb der Bundes-CDU musste Rüttgers sein politisches Verhältnis zu Kohl thematisieren, was ihm sichtlich schwer fiel. Einerseits als Modernisierer („Neue Union im Westen") mit Siegerimage und andererseits als Anhänger der vergangenen Kohl-Ära aufzutreten, erforderte einen Spagat, der nur schwer einlösbar war.

Im Wahlkampf setzte Rüttgers, sechster CDU-Spitzenkandidat seit 1975 in NRW, auf eine Mischung aus Modernität und Härte. Er forderte mehr direkte Demokratie und wollte sich als Spitzenkandidat für die „Interessen der kleinen Mannes" einsetzen. Er hoffte dadurch, die Stammwähler der SPD zu erreichen, die sich bei den Kommunalwahlen 1999 von der SPD abgewandt hatten. Mit dieser gezielten Polarisierung blieb aber auch ein Stück seiner Authentizität und Glaubwürdigkeit auf der Strecke, weil er bislang nicht als „Arbeiterführer" aufgetreten war. Ansonsten setzte das Rüttgers-Team eher auf „weiche" Themen und verzichtete auf allzu scharfe Polemik, um keine Gegenmobilisierung zu wecken. Nur in Fragen der Ausländerpolitik und der inneren Sicherheit übte sich Rüttgers als Hardliner. Auf die Ankündigung von Schröder, außereuropäische Computerexperten anzuwerben, reagierte Rüttgers mit der Kritik, die Bundesregierung solle „Kinder statt Inder" an die Computer holen. Mit einer Postkartenaktion gegen die von der Bundesregierung eingeführten „Green-Cards" geriet er schließlich auch in den eigenen Reihen in die Kritik.

Eine ebenso turbulente Vorwahlzeit hatte auch Clement zu bestehen, wenngleich das skandalgetrübte Stimmungstief der Union im Bund schon eine historische Einmaligkeit darstellte. In die Defensive hatte Clement vor allem die Kommunalwahl in NRW gebracht. Der Verlust von 1400 kommunalen Mandaten für die SPD minderte die Mobilisierungschancen für Clement extrem. Der Ministerpräsident hatte sich erstmals für die eigene Leistungsbilanz vor den Wählern zu rechtfertigen. Diese sah, gemessen an den Maßstäben der Antritts-Regierungserklärung, eher bescheiden aus:

Die bundesweit einzigartige Zusammenlegung von Innen- und Justizministerium als Signal für eine moderne und schlanke Verwaltung zu Beginn seiner Amtszeit war gescheitert. Der designierte Justizminister Reinhard Rauball trat sein Amt erst gar nicht an. Als er einen Verstoß gegen die Standesordnung für Notare einräumen musste, war Rauball, ein persönlicher Freund von Clement, nicht mehr als Kandidat zu halten gewesen. Clement musste insofern einen doppelten Rückschlag hinnehmen: Die Zusammenlegung von zwei Ministerien scheiterte und seinen Kandidaten für das Justizministerium konnte er nicht durchsetzen. So wurde schließlich Jochen Dieckmann Justizminister im ersten Kabinett Clement.[90]

In der „Flugaffäre" hatte es Clement mit den Hinterlassenschaften seines Amtsvorgängers zu tun gehabt. Seit November 1999 wurde im Landtag und in der Presse darüber diskutiert, ob die Flüge von nordrhein-westfälischen Ministern mit Chartermaschinen der Westdeutschen Landesbank (WestLB) rechtmäßig gewesen waren. Mehr als 100 Mal waren Mitglieder der Landesregierung zwischen 1988 und 1997 mit Chartermaschinen geflogen, die von der WestLB bezahlt wurden. Hauptnutzer waren der frühere Ministerpräsident Rau und sein Finanzminister Schleußer (FAZ v. 13.03.2000). Beiden Politikern wurde vorgeworfen, sie hätten Dienstflüge mit Reisen zu Parteiveranstaltungen und privaten Zielen verbunden. Ein parlamentarischer Untersuchungsausschuss legte seine Untersuchungsergebnisse kurz vor der Wahl vor. Clements Finanzminister musste nach eigenem Schuldbekenntnis im Januar 2000 zurücktreten. Schleußer gehörte als Garant der Kontinuität der Ära Rau zur Kernmannschaft von Clement. Mit seinem Rücktritt ging mehr als nur ökonomischer Sachverstand verloren. Schleußer personifizierte gleichzeitig die korporatistischen Strukturen in NRW und die netzwerkartige Anbindung an die Traditions-SPD. Damit verließ ein zentrales Kabinettsmitglied die Regierung Clement. So musste sich der Regierungschef wenige Monate vor der Landtagswahl auf die Suche nach einem neuen Finanzminister begeben. Clement wollte dafür weder einen der bekannten und einflussreichen Finanzexperten aus der NRW-SPD, noch einen Kandidaten aus der eigenen Fraktion. Mit dieser Ausschlussmethode wurde schließlich Wirtschaftminister Peer Steinbrück Finanzminister. Im Januar 2000 hatten sich Müntefering, Clement, Schröder und Peter Struck auf diese Personalkonstellation verständigt und gleichzeitig Ernst Schwanhold – damals noch Mitglied der SPD-Bundestagsfraktion und deren wirtschaftspolitischer Sprecher – als neuen Wirtschaftsminister auserkoren.

---

[90]   Er blieb es auch im zweiten Clement-Kabinett bis November 2002.

Doch die Flugaffäre war nicht die einzige, die Clement politisch zu überstehen hatte. Zur dieser kamen Vorwürfe über illegale Wahlkampfunterstützung der SPD in Brandenburg durch Ressourcen der Düsseldorfer Staatskanzlei sowie fehlgeleitete Subventionen im Fall eines Trickfilmstudios in Oberhausen. In dieser so genannten HDO-Affäre setzte der Landtag einen Untersuchungsausschuss ein, der Licht in den Skandal um die mit Landesmitteln hochsubventionierte Oberhausener Trickfilmfirma HDO bringen sollte (Focus v. 14.12.1998).[91] Auch häuften sich Verdächtigungen auf Begünstigungen bei der Vergabe von Staatsaufträgen (Feist/Hoffmann 2001: 127). All das brachte die SPD und Clement in die Defensive. Im Wahlkampf wurde deshalb auch weitgehend auf zugespitzte Polemik gegenüber der CDU-Spendenaffäre verzichtet. Gleichwohl führten diese Affären nicht zu Kabinettsumbildungen.

Das Thema Arbeitslosigkeit und Beschäftigung gehörte im Jahr 2000 zu den Spitzenthemen des Wahlkampfes. Clement sprach in seinen Reden häufig von „dieser verfluchten Arbeitslosigkeit" (zit. nach Feist/Hoffmann 2001: 133), die er ebenso wie Schröder deutlich zu reduzieren versprach. Trotz der 800.000 Arbeitslosen in NRW hatte die SPD einen Vertrauensvorsprung gegenüber den Mitbewerbern bei allen ökonomischen Themen. Ursprünglich wollte sich auch Clement an der Zahl der Arbeitslosen messen lassen. Allerdings gelang ihm in hartnäckiger Kleinarbeit nur, die Jugendarbeitslosigkeit zu reduzieren. Den „Ausbildungskonsens" zwischen Arbeitgebern und Gewerkschaften sah Clement als seinen größten Erfolg an. In regelmäßigen Abständen reiste er durch NRW. Dabei bat er bei Unternehmen, Handwerksmeistern und Betriebsleitern persönlich um weitere Lehrstellen. Von der Opposition zunächst als „Betteltouren" kritisiert, halfen diese Besuche, Clements Image entscheidend zu verbessern (FR v. 12.05.2000; FAZ v. 12.05. 2000). Neue Akzente konnte Clement hingegen in der Informations- und Medientechnologie setzen. Es sollte zu seinem Markenzeichen werden, das Tempo des Strukturwandels in NRW zu forcieren und dabei die absterbende Großindustrie in eine moderne mittelständisch geprägte Dienstleistung mit dem Schwerpunkt in der Informations- und Kommunikationswirtschaft zu verwandeln.

Der geplante Braunkohletagebau war in der Legislaturperiode seit 1995 das beherrschende Thema der rot-grünen Koalition gewesen. Kein anderes Thema war so häufig Gegenstand von Landtagsdebatten. SPD und Grüne

---

[91] 100 Millionen Mark Fördermittel waren im Verlauf von zehn Jahren in das Filmbearbeitungszentrum gesteckt worden. Erst im Jahr 2000 wurde es für 285.000 D-Mark verkauft.

wollten mit ihren jeweiligen Positionen Standfestigkeit gegenüber ihrer eigenen Klientel unter Beweis stellen. Am Ende setzte sich die SPD durch. Die
Grünen steckten in einem Lernprozess, nachdem sie erstmals Regierungsverantwortung übernommen hatten. Gleich auf zwei Landesparteitagen hatten
die Grünen während der Legislaturperiode über den Bestand der Koalition
abgestimmt: 1996 beim Ausbau des Flughafens Dortmund und 1998 bei der
Abstimmung über Garzweiler II. Bei der Kommunalwahl hatten die Grünen
Stimmeneinbußen hinnehmen müssen, sodass die Ausgangslage für die
Landtagswahl 2000 eher bescheiden ausfiel. Die Personalisierungsstrategie –
mit den Spitzenkandidaten Höhn und Vesper als Symbolfiguren der rot-
grünen Koalition – verdrängte einen themenorientierten Wahlkampf.

Landtagswahl 2000 und Regieren

Die rot-grüne Koalition wurde am 14. Mai 2000 von den Bürgerinnen und
Bürgern in NRW abgestraft (Feist/Hoffmann 2001). Die SPD verlor 3,2 Prozent und landete bei 42,8 Prozent, dem schlechtesten Landtagswahlergebnis
seit 1958. Die Grünen büßten 2,9 Prozentpunkte ein und kamen nur noch auf
7,1 Prozent. Der große Gewinner der Wahl hieß Jürgen W. Möllemann. Der
prozentuale Zuwachs an Stimmen für die FDP (plus 5,8 Prozentpunkte) entsprach in etwa den Verlusten der rot-grünen Koalition. Die FDP kehrte nach
fünf Jahren in den Landtag zurück und wurde auf Anhieb drittstärkste politische Kraft. Die CDU büßte mit -0,7 Prozentpunkten Stimmen ein und blieb
mit 37 Prozent deutlich unter der 40-Prozent-Marke. In Mandaten hatte sich
der Vorsprung der rot-grünen Koalition gegenüber der Opposition dramatisch verringert: 119 Mandate für Rot-Grün gegenüber 112 für CDU und
FDP. In der Wahlperiode zuvor standen 132 rot-grüne Mandate nur der CDU
mit ihren 89 Mandaten gegenüber.

Die politischen Konsequenzen dieses Wahlausgangs waren erheblich.
Erstens ergaben sich Konsequenzen hinsichtlich des Strukturmerkmals
der Koalitionsdemokratie. Da es drei Verlierer und nur einen Gewinner gab,
vergrößerten sich die Möglichkeiten von Koalitionsoptionen. Obwohl bereits
am Wochenende nach der Wahl Koalitionsverhandlungen zwischen SPD und
Grünen offiziell aufgenommen wurden, hielten sich Spekulationen über eine
sozial-liberale Koalition. Clement wollte seinen Verhandlungsspielraum
durch Gedankenspiele über alternative Koalitionen erweitern. Er versuchte,
dadurch Druck auf die Grünen auszuüben. Clements Modernisierungskurs
und sein wirtschaftspolitisches Profil enthielten zahlreiche inhaltliche Über-

schneidungen zur FDP unter Möllemanns Führung. Darüber hinaus hatte sich das relative Gewicht der Grünen durch den Wahlausgang in der neu anvisierten Koalition deutlich verkleinert, was für Clement wiederum Handlungsspielräume eröffnete. Die neuen Proportionen sollten sich auch im Ressortzuschnitt ausdrücken. Clement ging mit diesem Ergebnis ebenso wie die Grünen geschwächt in die mögliche Neuauflage der Koalition. Von einer Euphorie des Anfangs – immerhin war es Clements erste Landtagswahl, bei der er aus dem Amt des Ministerpräsidenten heraus antrat – konnte keine Rede sein.

Abbildung 25:   Sitzverteilung LTW 2000

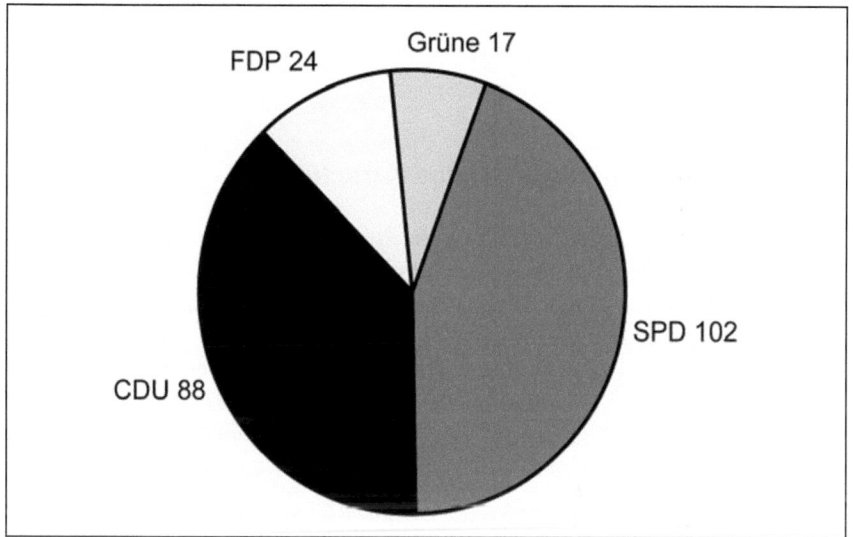

Eigene Darstellung
Datenquelle: Landesamt für Datenverarbeitung und Statistik NRW

Zweitens verdeutlichte das schlechte Wahlergebnis das Ausmaß der Unzufriedenheit mit Clements vorgelegter zweijährigen Leistungsbilanz und das geringe Vertrauen in die Zukunftskompetenzen seiner Regierung. Die neue fünfjährige Planungsperspektive musste deutliche Verbesserungen für die Bürger des Landes bringen, sonst wäre das Ende der SPD-Vorherrschaft vorherbestimmt gewesen. Das schlechte Wahlergebnis hing vor allem damit zusammen, dass die Stammwähler der SPD nicht zum Wahlgang motiviert wurden. Es war zu befürchten, dass die Sozialdemokratie dauerhaft die Fähigkeit verlieren würde, an Rhein und Ruhr als Sieger hervorzugehen.

Drittens ergaben sich parteidemokratische Konsequenzen. Münteferings Strategie – ebenso wie die des NRW-Wahlkampfleiters Matthias Machnig – zielte auf eine sehr zügige Koalitionsbildung mit den Grünen, um dann im Anschluss eine umfassende Parteireform in NRW in Gang zu setzen. Das erschien beiden als unabdingbare Voraussetzung für eine Neuaufstellung der SPD im Hinblick auf das Wahljahr 2005 (BZ v. 15.05.2000).

Schließlich musste Clement das rot-grüne Bündnis aus bundespolitischer Sicht fortsetzen. Alles andere wäre das Eingeständnis eines Scheiterns gewesen und hätte auch die Machtarithmetik im Bundesrat zu Ungunsten der Berliner Koalition verändert. So waren Rollenkonflikte zwischen Clement und Müntefering bei den anstehenden Koalitionsverhandlungen vorprogrammiert.

Koalitionsverhandlungen: Gelbe Karte für Rot-Grün

Clement forderte angesichts der sieben Stimmen Mehrheit im Landtag „glasklare Startbedingungen" für die Koalitionsverhandlungen (Delhees 2005: 65-76). Clement legte sich auf eine verschärfte wirtschaftliche Modernisierung fest. Wichtige Projekte, mit denen Clement die Grünen konfrontierte, wie zum Beispiel Garzweiler II, Flughafenausbau und Metrorapid, wären mit den Liberalen einfacher zu verwirklichen gewesen. Die Spekulationen der Presse über die Frage, wer der zukünftige Partner der Sozialdemokraten im Falle eines erneuten Wahlsiegs werden sollte, waren daher nicht verwunderlich. Bereits im März, zwei Monate vor Wahltermin, begannen die Mutmaßungen über die Koalitionspräferenzen Clements und zogen sich bis zum tatsächlichen Beginn der Koalitionsverhandlungen mit den Grünen hin.

Franz Müntefering, dem aufgrund seiner Doppelfunktion als Vorsitzender der NRW-SPD und Generalsekretär der Bundes-SPD in Berlin häufig ein Interessenkonflikt vorgeworfen wurde, bekannte sich schon früh zu einer erneuten Auflage von Rot-Grün im bevölkerungsreichsten Bundesland. Wolfgang Clement indes erwähnte in seiner Rede beim Bochumer SPD-Parteitag den grünen Koalitionspartner mit keinem Wort. Das wurde von den Medien als ein eindeutiges Absetzmanöver vom Landeschef gewertet. Clement gab am Rande des Parteitags zu verstehen, dass die Aussagen Müntefderings zur FDP „abwegig" seien. Er wollte sich alle Optionen offen halten (RP v. 15.05.2000). Er betonte zwar immer wieder, zuerst mit den Bündnispartner Gespräche führen zu wollen, gab aber auch zu verstehen, dass falls bei diesen Gesprächen eine Einigung über wichtige Projekte nicht absehbar sei, er Verhandlungen mit anderen potenziellen Partnern nicht ausschießen würde (WamS v. 09.04.2000; Woche v. 28.04.2000; taz v. 03.05.2000; FAZ v. 03.05.2000). Clement versuchte so, Druck gegenüber den Grünen aufzubauen, um mögliche Blockadehaltungen entgegenzuwirken.

Der engere Parteivorstand der NRW-SPD traf sich noch am Wahlabend und beschloss im Beisein aller SPD-Minister einstimmig, den Grünen ein Koalitionsangebot zu unterbreiten. Innerhalb von vier Wochen sollten die Verhandlungen erfolgreich abgeschlossen werden (BZ v. 15.05.2000). Clement, wenig erfreut über das Abschneiden seiner Partei, äußerte sich zunächst nicht. Nach Presseberichten soll Kanzler Schröder Clement persönlich kontaktiert haben, um einen Konflikt um die Koalitionsbildung in Nordrhein-Westfalen zu verhindern (BZ v. 15.05.2000). Die öffentliche Sprachregelung Berlins nach der Wahl zum Thema Koalitionen in NRW ließ Clement hingegen freie Wahl bei der Partnersuche. Man wolle zwar an Rot-Grün festhalten, sich die Optionen auf eine Koalition mit der FDP langfristig aber nicht verschließen. Im Nebensatz hieß es aber noch, man sei sicher, Clement täte das Richtige und behielte dabei auch die politische Konstellation in Berlin im Auge (taz v. 16.05.2000). Clement beugte sich dieser Vorgabe: „Die Regierung in NRW muss die Bundesregierung ohne Vorbehalte unterstützen." (KStA v. 16.5.2000).

Verschiedene Phasen der Koalitionsbildung lassen sich systematisch unterscheiden:

Phase 1: Koalitionsgespräche – Alle Optionen offen halten

Clement nutzte seine gute Verhandlungsposition. Er wollte sichtbare eigene Akzente setzen und sah sich dabei in der Rolle des „Dominant Player", der alle Koalitionsoptionen offen halten konnte. Obwohl der SPD-Landesvorstand seine Verhandlungskommission einstimmig aufgefordert hatte, Verhandlungen mit den Grünen über eine Fortsetzung des Regierungsbündnisses zu führen, traf sich der Ministerpräsident wenige Tage später mit Möllemann zum Mittagessen. Vier Tage nach der Wahl saß Möllemann geschickt inszeniert in der Staatskanzlei zu ersten Sondierungsgesprächen (Welt v. 18.05. 2000). Die pompöse Bildersprache der übermittelten Fernsehberichte war einhellig: Beide Verhandlungspartner schienen sich gut zu verstehen, und wollten ihre Verhandlungsposition bis zum Äußersten ausreizen (SZ v. 19.05.2000). Es verselbständigte sich das Bild von Clement als dem durch

rot-grün gefesselten Modernisierer von NRW. Clement nutzte die so genannte Telepolitik als Instrument des Regierungshandelns: Aufmerksamkeit als
Machtprämie – allerdings auf sehr stimmungsflüchtiger Grundlage. Clement
fühlte sich bis zu diesem Zeitpunkt in seinen Entscheidungen permanent von
Koalitionszwängen behindert. Gerne sprach er nun von einer „Koalition des
Aufbruchs". Seinen bisherigen Koalitionspartner beschrieb er mit den Voka-
beln „etatistisch" und „altsozialistisch" (SZ v. 19.05.2000).

Durch das Treffen mit Möllemann zeigte Clement den Grünen erneut
seinen Verhandlungsspielraum auf und hoffte, vor allem Bärbel Höhn von
ihrer Blockadehaltung gegenüber vielen SPD-Projekten, allen voran Garzweiler II, abzubringen. Wenn Clement von mehr Tempo im Strukturwandel,
von der Entfesselung des Wettbewerbs und von Deregulierung sprach, ergaben sich Übereinstimmungen mit Möllemann. Diesen Handlungsspielraum
wollte Clement vor allem gegen die ungeliebte Umweltministerin Bärbel
Höhn ausspielen. Sein Ziel war es, die Kompetenzen für Landesplanung und
Raumordnung aus dem Höhn-Ministerium auszugliedern, um der Ministerin
ein wichtiges Blockadeinstrument im Zusammenhang mit Garzweiler II aus
der Hand zu nehmen (Welt v. 09.05.2000). In der Vergangenheit hatte sie
immer wieder Projekte wie die Uran-Anreicherungsanlage in Gronau und vor
allem das – für das Modernisierer-Image so wichtige – Vorhaben des Auto-
bahn- und Flughafenausbaus verzögern können. Als Gegenpol Clements
agierte Franz Müntefering, der sich für eine Fortsetzung der rot-grünen Koalition aussprach (Spiegel v. 24.04.2000).

Neben Clement gab es in der NRW-SPD durchaus weitere Befürworter
eines sozialliberalen Bündnisses (Delhees 2005). Teile der Ministerriege,
u. a. Finanzminister Peer Steinbrück und Wirtschaftsminister Ernst Schwanhold, waren ausgewiesene Anhänger einer sozialliberalen Koalitionsvariante
(BZ v. 15.05.2000). Nur etwa die Hälfte der Parteibasis war für die Fortsetzung der Koalition, 25 Prozent hätten auch einen Zusammenschluss mit der
FDP akzeptiert (FAZ v. 19.05.2000). Dennoch wurde auch von diesen Teilen
der SPD der Zeitpunkt für einen Koalitionswechsel als nicht günstig erachtet.
Die Basis war noch nicht geschlossen zum Wechsel bereit. Zudem war das
gute Abschneiden der FDP bei den Wahlen eher auf eine momentane Stimmungslage als auf eine tatsächliche Verankerung in der Wählerschaft zurückzuführen.

Phase 2: Ablauf der Koalitionsverhandlungen

Zu taktischen Zwecken der Verhandlungsführung bat Clement die sieben sozialdemokratischen Ressortchefs, jeweils sechs Punkte zu formulieren, bei denen die Grünen aus Sicht der SPD abweichende Positionen verfolgten (taz v. 20.05.2000). Statt der eingeforderten 42 Dissenspunkte addierte das Papier am Ende rund 80 Divergenzen. Mit dieser Klarheit wollte Clement die Verhandlungen starten. Thematisiert wurden u. a. die Arbeitsmarktpolitik, der Justizbereich, die Verwaltungsreform und die Landesplanung. Deutlich wurde, dass vor allem im Zuständigkeitsbereich von Umweltministerin Höhn viele Konflikte vorhanden waren. Die sozialdemokratische Ministerriege warf ihr in vielen Punkten eine Blockadehaltung vor (Tagesspiegel v. 19.05. 2000; Spiegel v. 22.05.2000; Delhees 2005). Dies war auch der Grund, weshalb Clement beabsichtigte, Bärbel Höhn die Landesplanung zu entziehen. Dieser Kompetenzverlust von Höhn hätte eventuell durch einen Kompetenzzuwachs für den zweiten grünen Minister Michael Vesper ausgeglichen werden können (FR v. 20.05.2000). Eine andere Variante Bärbel Höhn ihre Blockademacht zu nehmen, war die Überlegung, ihr ein anderes Ministerium zuzuteilen. Erste Gespräche zu diesem Thema führte Clement mit Höhn schon am Freitag vor Beginn der offiziellen Gespräche (Tagesspiegel v. 22.05.2000). In einem Interview mit der Bild am Sonntag äußerte sich Clement zu diesem Thema wie folgt: „Zunächst reden wir mit den Grünen. Wenn es mit ihnen nicht geht, reden wir mit der FDP", und zum Fall Höhn: „Es gibt keine Erbhöfe, und es gibt auch kein Abonnement auf bestimmte Ressorts" (BamS v. 21.05.2000).

Die Verhandlungen begannen am Sonntag, den 21. Mai 2000 in der Staatskanzlei. Die Gespräche sollten bis zum 16. Juni abgeschlossen sein. Die Grünen wollten auf ihrem Sonderparteitag am 17. und 18. Juni über den Vertrag abstimmen. Der Sonderparteitag der Sozialdemokraten war eine Woche später angesetzt. Die Regierungserklärung des Ministerpräsidenten sollte dann im September folgen (BZ v. 15.05.2000).

Verhandlungsdelegation

Clement hatte geplant, die Verhandlungen weitgehend mit den SPD-Kabinettsmitgliedern zu bestreiten. Doch die Partei bestand darauf, dass neben Franz Müntefering und ihm, der Fraktionsvorsitzende Edgar Moron, die stellvertretende Landesvorsitzende Gabriele Behler – eine ausgewiesene Anhängerin der rot-grünen Koalition – und die vier Bezirksvorsitzenden,

Axel Horstmann (Ostwestfalen-Lippe), Detlev Samland (Niederrhein), Joachim Poß (Westliches Westfalen) und Norbert Rüther (Mittelrhein), als Unterhändler für die SPD die Verhandlungen führten. Finanzminister Peer Steinbrück sollte abhängig vom Thema hinzugezogen werden (BZ v. 15.05. 2000). Damit waren alle relevanten Politikarenen integriert (Kropp 2001: 64): Grenzstellenakteure, Koalitionsspitzen sowie zusätzliche Akteure der Landesinteressen. „Nummer eins" am Verhandlungstisch wurde durch die Zusicherung von Müntefering Ministerpräsident Clement (FR v. 20.05. 2000). Für die Grünen traten die Minister Höhn und Vesper, die Bundestagsfraktionschefin Kerstin Müller, die Landessprecher Barbara Steffens und Reiner Priggen, die Fraktionssprecherin Sylvia Löhrmann sowie vier weitere Unterhändler aus Partei und Fraktion in die Verhandlungen ein (BZ v. 16.05. 2000). Die Verhandlungsabfolge sah erst die Klärung der Sachfragen vor, darauf folgend sollte über die Ämterverteilung diskutiert werden.

Verhandlungsbeginn

Eröffnet wurden die Verhandlungen mit einem Vortrag von Peer Steinbrück über die Finanzlage des Landes. Beide Seiten wünschten diese Bestandsaufnahme, um eine Vorstellung davon zu bekommen, wie der Neuanfang finanziert werden könnte. Steinbrück schloss seinen Vortrag mit der Anmerkung, dass er die Nettoverschuldung um zwölf Milliarden Mark hochfahren müsste, wenn er alle Wünsche seiner Kollegen berücksichtigen wollte (Tagesspiegel v. 22.05.2000). Wolfgang Clement setzte die Runde mit Hinweisen auf die Schwächen der abgelaufenen Legislaturperiode fort. Er trug ausführlich demoskopische Ergebnisse vor, die zeigten, dass das Umweltthema in der öffentlichen Wahrnehmung weit abgeschlagen hinter andere Politikfelder zurückgefallen sei. Bei Teilen der zehnköpfigen grünen Verhandlungsdelegation stieß dieser Einstieg in die Gespräche auf Missfallen. Die grünen Minister Vesper und Höhn hingegen sprachen vor der Presse von einer sehr konstruktiven Atmosphäre (Tagesspiegel v. 23.05.2000).

Die zweite Verhandlungsrunde, die sich mit den Themen Finanzen, Wirtschaft und Energiepolitik beschäftigte, wurde schnell abgeschlossen. Ohne große Meinungsverschiedenheiten konnte man sich auf die wichtigsten Punkte einigen. Die Grünen erkannten an, dass das Thema Garzweiler II schon vor zwei Jahren gegen sie entschieden wurde, und auch Bärbel Höhn erhob keinen Widerspruch als Clement erklärte, das Thema „sei vom Tisch". Ein weiterer Punkt war das Nachtflugverbot. Dieses Verbot existierte schon für den Düsseldorfer Flughafen, die Grünen wollten es auch auf Köln/Bonn übertragen. Clement lehnte dies strikt ab, weil es Arbeitsplätze kosten könnte (FR v. 25.05.2000). Die zwei SPD-Bundespolitiker, die der Verhandlungskommission angehörten – Franz Müntefering und der finanzpolitischen Sprecher der SPD-Bundestagsfraktion, Joachim Poß – hielten es zu diesem Zeitpunkt für notwendig, höheren Druck auf Clement auszuüben. Berlin sicherte ihm bis dato freie Hand bei der Partnerwahl zu, doch nahm man stets an, dass der Ministerpräsident letztlich auch Rot-Grün als die bessere Alternative ansehen würde und die Kontakte zur FDP nur als Druckmittel nutzte. Es gab keine sachpolitischen Anhaltspunkte für ein mögliches Scheitern einer Neuauflage der rot-grünen Koalition. Die einzige Gefahr, so glaubte man in Berlin, ginge vom Ministerpräsidenten aus. Müntefering, der in den Verhandlungen die Rolle des Moderators einnahm, hoffte, vermitteln zu können. Er setzte darauf, dass die Ausstiegschancen für Clement geringer würden, je länger die Verhandlungen andauerten. Poß hingegen attackierte Clement intern. Er beschwerte sich in der SPD-Verhandlungsdelegation über eine „Desinformationspolitik" der Staatskanzlei. Sie würde eine „öffentliche Drohkulisse" gegen die Grünen aufbauen (FR v. 25.05.2000). Bärbel Höhn bestätigte vor der Presse die internen Berliner Vermutungen. „Jeden Tag kommt ein neue Provokation" und manchmal, gestand sie, beschleiche sie das Gefühl: „Der Clement steuert auf den Bruch zu" (Woche v. 26.05.2000).

Nachdem sich der Streit um die Verkehrs- und Umweltpolitik noch einmal zuspitzte, erklärte Clement diese Themen zur Chefsache und lud Bärbel Höhn und Michael Vesper zu einem gesonderten Gespräch, um einen Ausweg aus der kritischen Phase der Koalitionsverhandlungen zu finden. Schon vor dem Treffen signalisierte Vesper Kompromissbereitschaft. Auf der von den Grünen verfassten Liste von Autobahnteilstücken, die keinesfalls gebaut werden dürften, würde die Partei nicht mehr bestehen. Auch bezüglich des Flughafenausbaus deutete Höhn Kompromisslinien an (FR v. 26.05.2000). Das Gespräch führte trotzdem zu keiner Einigung in der Verkehrspolitik. Clement war zu keinerlei Zugeständnissen bereit. Als Bärbel Höhn und Wolfgang Clement am Abend des 25. Mai gemeinsam vor die Presse traten, um die Nicht-Einigung bekannt zu geben, hatte Clement „sichtlich Mühe, auch nur die Minimalstandards eines bürgerlichen Benehmens im Umgang miteinander einzuhalten" (FR v. 27.05.2000). Mit den Worten „Wenn man Wolfgang Clement zu einem Abrüstungsgespräch schicken würde, käme er garantiert mit einem bewaffneten Konflikt nach Hause zurück", beschrieb ein sozialdemokratisches Mitglied der Verhandlungskommission die Verhandlungsstrategie und die Außenwirkung Clements bei den bisherigen Koalitionsrunden (zit. nach taz v. 27.05.2000). Grüne Verhandlungsteilnehmer beschrieben die Situation als schier unerträglich. Das für Freitag, den 26. Mai geplante Treffen wurde abgesagt. Es sollten zunächst in Fachgruppen Einigung in den strittigen Fragen erziehlt werden. Hauptstreitpunkt blieb die Verkehrspolitik. Eine sechsköpfige Arbeitsgruppe wurde eingesetzt, um eine Lösung zu finden. Vonseiten der SPD gehörten ihr Clement, Moron und Poß an. Für die Grünen verhandelten neben dem Parlamentarischen Geschäftsführer Johannes Remmel, Bärbel Höhn und Michael Vesper. Die Grünen beschlossen am Sonntag, den 28. Mai, eine Woche nach Start der Verhandlungen, auf einem Parteirat in Essen darüber zu beraten, ob sie die Verhandlungen fortsetzen wollten. Zuvor sollte eine verlängerte Verhandlungsrunde abgehalten werden. Diese Runde sollte Klarheit darüber schaffen, ob weitere Verhandlungen noch sinnvoll waren (FR v. 27.05.2000). Nach diesen Verhandlungsrunden am Samstag und Sonntag verkündeten Wolfgang Clement und sein Stellvertreter Michael Vesper die Fortsetzung der Verhandlungen. Es wurden Termine bis zum 6. Juni vereinbart. Der Zeitplan war somit durcheinander geraten. Ursprünglich war geplant gewesen, alle Sachthemen bis zum 28. Mai abgearbeitet zu haben. In den Bereichen Wirtschaft und Finanzen gab es zwischen den Parteien keine Meinungsverschiedenheiten mehr. Auch in der Schulpolitik einigten sich beide Bündnispartner. Hier hatten sich die Grünen in vielen Punkten durchsetzen können (taz v. 29.05.2000). Nach wie vor gab es aber noch Uneinigkeit in den Bereichen Energie, Verkehr und Umwelt. Laut Clement waren diese Differenzen aber nicht unüberbrückbar. Aus Kreisen der grünen Verhandlungsdelegation war zu vernehmen, dass sich die Atmosphäre bei den Gesprächen mit den Sozialdemokraten deutlich verbessert hatte. Ein Grund für diesen „Stimmungsumschwung" war sicherlich auch ein Treffen zwischen Schröder und Clement am vorherigen Donnerstag. Der Kanzler riet Clement dabei zur Fortsetzung der rot-grünen Koalition (WamS v. 28.05. 2000; SZ v. 29.05.2000; FR v. 29.05.2000).

Die strittigen Punkte im Bereich der Verkehrspolitik blieben der Verhandlungsrunde bis zu ihrem Abschluss am 8. Juni erhalten. Auch bei Fragen über die Ämterverteilung, speziell der zukünftigen Rolle Bärbel Höhns, wurde erst am Ende der Verhandlung eine Einigung erzielt. Bei der Verkehrspolitik konnten die Sozialdemokraten ihre Forderungen gegenüber den Grünen durchsetzen. Dafür durfte Höhn das Amt der Umweltministerin behalten. Das Ressort wurde aber um die Zuständigkeiten für Raumordnung und Landesplanung beschnitten, die zukünftig in der Staatskanzlei angesiedelt wurden. Als Ersatz kamen die Kompetenzen für Verbraucherschutz, Umweltmedizin und für das außen- und entwicklungspolitische Aufgabenfeld „Eine Welt", welches vorher in Staatskanzlei vertreten war, hinzu. Diese Zuwächse waren nicht mit dem Verlust der Raumordnung und Landesplanung aufzuwiegen, da Höhn erhebliche Gestaltungsspielräume und vor allem Blockadeinstrumente verlor. Die Einigung kam erst nach einem Vier-Augen-Gespräch zwischen Höhn und Clement zustande. Michael Vespers Bauministerium wurde zu Lasten der Sozialdemokraten deutlich aufgewertet. Hinzu kamen Stadtentwicklung, Kultur und Sport. Diese Aufgaben waren vorher dem SPD-Arbeitsministerium zugeordnet gewesen (Tagesspiegel v. 08.06. 2000; FAZ v. 08.06.2000; Spiegel v. 12.06.2000).

Abschluss der Verhandlungen

Am 16. und 17. Juni 2000 fand die Landesdelegiertenkonferenz der Grünen in Bonn statt. Eine Woche früher als geplant, am 17. und 18. Juni, wurde der Sonderlandesparteitag der SPD in Köln abgehalten. Mit nur einer Enthaltung billigten 312 sozialdemokratische Delegierte den Koalitionsvertrag. Bei den Grünen votierte eine knappe Mehrheit von 153 Delegierten für das Papier, 110 dagegen und sechs Delegierte enthielten sich (Welt v. 19.06.2000). Somit war der 107 Seiten starke Koalitionsvertrag mit dem Titel „Eine Allianz für NRW" von beiden Parteien verabschiedet worden.

Regierungsbildung: Ein Tribut an die Verhandelnde Wettbewerbsdemokratie

Wahl des Ministerpräsidenten

Clement hatte im Landtag eine hauchdünne Mehrheit von nur drei Stimmen. Die Probeabstimmung bei den Grünen brachte diesmal, im Gegensatz zur ersten Wahl von Clement als Regierungschef, ein eindeutiges Ergebnis: alle 17 Abgeordneten votierten für Clement. Angesichts des schlechten Landtagswahlergebnisses und der schwierigen Koalitionsverhandlungen war allerdings auch mit Unmut aus den eigenen Reihen der SPD zu rechnen. Die konstituierende Sitzung des Landtages hatte bei der Wahl zum Landtagspräsidium entgegen informellen Absprachen überraschende Ergebnisse gebracht (Focus v. 05.06.2000). Offenbar hatten viele Parlamentarier die Wahl der Landtagsvizepräsidenten als „Denkzettelwahlen" angelegt. Die geheime Wahl von Clement zum neuen Ministerpräsidenten gestaltete sich am 21.

Juni 2000 dennoch als eindeutiger Vertrauensbeweis. Er erhielt sogar eine Stimme mehr, als das rot-grüne Lager Mandate besaß.

Kabinettsbildung

Entgegen der taktisch motivierten Ankündigungen, wenige Veränderungen vorzunehmen, nutzte Clement die Chance zum Wechsel. Die neue Koalitionsarithmetik drückte sich in der Aufgabenverteilung und im Ressortzuschnitt aus. Die Anzahl der Ressorts beließ er bei neun. Die SPD erhielt mit dem Ministerium für Bundes- und Europaangelegenheiten ein zusätzliches Ressort, welches Detlev Samland besetzte. Das Ministerium wurde in die Staatskanzlei integriert. Die Kabinettsbeteiligung der Grünen blieb personell unverändert.

Clement zeigte bei der Besetzung eines Schlüsselressorts besondere Sensibilität für die Imperative der Verhandelnden Wettbewerbsdemokratie. Zur Stärkung des traditionellen SPD-Arbeitnehmerflügels berief er den nordrhein-westfälischen IG Metall-Vorsitzenden, Harald Schartau, ins Kabinett. Um dessen Position aufzuwerten, wurde sein Ministerium als Gegengewicht zum bisherigen Wirtschaftsressort zum Strukturministerium aufgewertet. Zu Schartaus Bereich gehörten Arbeit, Soziales, Technologie und Qualifikation. Gerade der Bereich der Qualifikation und Weiterbildung war aus Gewerkschaftssicht ein zentraler politischer Aufgabenbereich. Aus diesem Bereich musste Wirtschaftsminister Ernst Schwanhold Aufgaben abgeben, der weiterhin für Mittelstand und Verkehr zuständig blieb. Die Gewichte hatten sich sichtbar verschoben. Der Einfluss von Schartau nahm zu und damit auch die traditionelle, eher etatistisch ausgerichtete Ordnungspolitik.

Außer Peer Steinbrück verfügte kein SPD-Minister über ein Landtagsmandat, was die Einbindung in die Arbeitsvorgänge der Fraktion erschweren sollte. Clement konnte weiterhin nicht gesichert auf die Fraktion als Machtquelle zurückgreifen. An die Spitze der SPD-Fraktion wurde Edgar Moron als Nachfolger von Manfred Dammeyer gewählt.

Abbildung 26:   Kabinett Clement 2000-2002

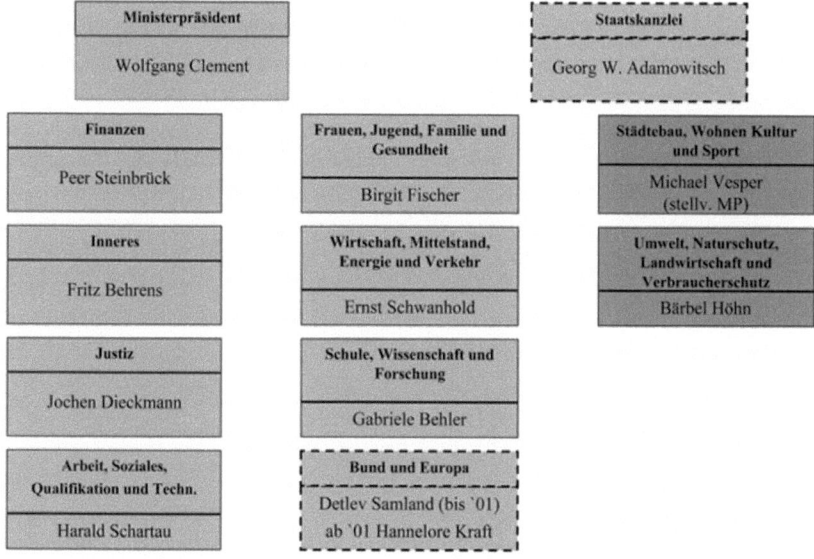

Eigene Darstellung

Umbau der Staatskanzlei

Der Umbau der Staatskanzlei als Teil der Regierungsbildung war durch die Koalitionsvereinbarungen vorgegeben. Raumordnung und Landesplanung kamen in die Regierungszentrale, wofür sich vor allem Adamowitsch stark gemacht hatte. Diese Organisationsentscheidung war ein Beispiel für Macht-zentralisierung im unmittelbaren Einflussbereich des Ministerpräsidenten. Mit Minister Samland – und ab 2001 dann Hannelore Kraft – hatte Clement die Europapolitik ebenfalls in den Geschäftsbereich der Staatskanzlei integriert. Am Kommunikationsmanagement des Ministerpräsidenten änderte sich jedoch durch die Landtagswahl nichts Grundsätzliches. Als Machtmakler fungierten Adamowitsch und immer einflussreicher Krüger-Charlé, der 2001 schließlich aus der Büroleitung des Ministerpräsidenten in die Abteilungslei-tung der Regierungsplanung wechselte. Mit Miriam Meckel, der neuen Re-gierungssprecherin, kristallisierte sich schließlich im Sommer 2001 eine weitere Galionsfigur in Clements Personalmanagement heraus, die gleichzei-tig auch für die Schwerpunktsetzung des Ministerpräsidenten in der Medien-politik werben sollte (Interview mit M. Mai v. 04.06.2005). Die Policy-

Akzentuierung in diesem Politikfeld wurde auch personalpolitisch untermauert. Dieses informelle Netzwerk änderte sich erst, als Schartau im Januar 2002 den bisherigen SPD-Landesvorsitzenden Müntefering an der Parteispitze ablöste. Schartau, eingebunden in die Kabinettsdisziplin als Arbeitsminister, koordinierte und steuerte die SPD-Landespolitik in geräuschloser Abstimmung mit Clement. Die Koordinationserfordernisse der Staatskanzlei gingen damit tendenziell zurück. Der Chef der Staatskanzlei wurde infolgedessen häufiger zu „Botengängen" in seinem Aufgabenradius degradiert (RP v. 27.02.2002). Neben der Staatskanzlei konnte somit in der zweiten Legislaturperiode Clements die SPD als Landespartei ihren Einfluss auf die Regierungspolitik vergrößern, vor allem deswegen, weil Schartau – anders als Müntefering – keinen permanenten politischen Spagat zwischen Bundes- und Landespolitik vollführen musste.

Regierungserklärung: Größer, Länger, Weiter

Am 30. August 2000 gab Wolfgang Clement seine Regierungserklärung vor dem Düsseldorfer Landtag ab (nachfolgend Delhees 2005: 51-56). Die Ministerien hatten bis zum vereinbarten Stichtag ihre Ressortforderungen für die Regierungserklärung in die Staatskanzlei übermittelt. In einer Kabinettsrunde wurde abschließend Seite für Seite der Rede besprochen. Der Titel der Rede lautete: „Neue Wege, neue Chancen, neues Handeln, Zukunftsland Nordrhein-Westfalen". Zwar bildete der Koalitionsvertrag mit den Grünen auch bei dieser Erklärung den Bezugsrahmen für Clement, doch war der Ministerpräsident bei der Gestaltung dieser Rede freier als noch zwei Jahre zuvor. 1998 hatte Clement noch stark auf die Anschlussfähigkeit der Ausführungen an die Politik seines Amtsvorgängers achten müssen. Im Jahr 2000 bestand für Clement die Möglichkeit, eigene Akzente zu setzen und seine begrenzten Handlungskorridore auszutesten.

Die besonderen Merkmale dieser Regierungserklärung lassen sich durch einen Vergleich mit der Rede von 1998 anschaulich hervorheben. Augenscheinlichster Unterschied war die Länge der beiden Regierungserklärungen. 1998 hatte die Erklärung einen Umfang von 19 Seiten, im Jahre 2000 war sie auf 40 Seiten angewachsen. Diesen deutlichen Unterschied kann man durch die verschiedenen zeitlichen Rahmenbedingungen erklären. Nach dem Blitzstart in die Regierungsverantwortung war die Vorbereitungszeit der Regierungserklärung für Clement 1998 deutlich kürzer als 2000. Ursächlich waren jedoch andere Gründe (Interview mit W. Althoff u. M. Henze v. 05.04.2005).

Die ungewöhnliche Länge der Regierungserklärung 2000 resultierte aus der Ressortabstimmung und der Beratung in der Kabinettsitzung, in der eine Reihe von Ergänzungswünschen vorgebracht wurden, die Clement und Adamowitsch offenbar nicht zurückweisen konnten oder wollten.

Insgesamt erweckte die Regierungserklärung den Eindruck, dass Clement sich in den vergangenen zwei Jahren in die Rolle des Landesvaters eingelebt hatte. Häufiger als 1998 nutzte er das Wort „Wir". Er knüpfte damit an das von Rau etablierte Leitmotiv „Wir in NRW" an: „An diesem Haus [Nordrhein-Westfalen] haben viele Millionen Menschen mitgebaut, Frauen und Männer, Junge und Alte, Arbeitnehmer und Unternehmer, Engagierte und Interessierte, Hauptberufliche und Ehrenamtliche, in den Kirchen, in den Gewerkschaften, in den Kammern, in den Verbänden, Vereinen und Organisationen und viele Millionen, die hier bei uns eine neue Heimat fanden" (PlAdL: I, 3). Als ein weiteres Indiz für dieses Amtsverständnis kann folgender Satz gewertet werden: „Für uns gilt ‚right or wrong, my country', erst das Land, erst die Menschen in diesem Land. Und dann alles andere" (PlAdL: I, 6).

Clement nutzte ein neues Instrument zur Gestaltung der Rede, welches sein Verständnis von Regierung widerspiegelte. Im Vorfeld bat Clement „Persönlichkeiten" des Landes, ihm Briefe mit „ihren Gedanken, ihren Wünschen, ihren Visionen, aber auch ihren Sorgen und Ängsten am Anfang dieses neuen Jahrhunderts" zu übermitteln (PlAdL: I, 4).[92] Die Idee zu diesen Bürgerbriefen wurde im Vorfeld der Redenplanung von Krüger-Charlé und Joachim Neuser (Leiter des Arbeitsstabs Landespresse- und Informationsamt) entwickelt (Interview mit W. Althoff u. M. Henze v. 05.04.2005).

Es fanden sich in der Regierungserklärung, anknüpfend an die Rede von 1998, auch Zeichen des „Manager-Selbstverständnisses" von Clement wieder. „Der share holder value ist aus sich heraus nicht wertorientiert. Für den politischen DAX sind wir verantwortlich. Und wir werden uns dann messen lassen, ob unsere Aktien noch hoch im Kurs stehen oder nicht" (PlAdL: I, 8). Wenn die Redenschreiber zwischen den Polen marktliberal und sozial zu gewichten hatten, entschieden sie sich häufig für die marktliberale Variante.

---

[92] Clement zitierte im Verlauf der Regierungserklärung aus Briefen von Dieter Forte (Schriftsteller), Dieter Kroll (Betriebsratsvorsitzender von Thyssen Krupp), Professor Dr. Bernhard Korte (nordrhein-westfälischer Staatspreisträger), Heiner Kamps (Vorstandsvorsitzender des größten Bäckerei-Unternehmens in Europa) und Ranga Yogeshwar (Wissenschaftsjournalist) Clement erklärte: „Ich werde aus diesen Briefen noch mehr zitieren und die Briefe auch veröffentlichen, weil mein Verständnis von Regierung vom Prinzip der ‚gleichen Augenhöhe' ausgeht" (PlAdL: I, 4).

Clement veränderte die Texte systematisch im Hinblick auf mehr Wirtschaftsnähe, obwohl die Redenschreiber schon den Grundduktus in dieser Richtung vorgegeben hatten (Interview mit W. Althoff u. M. Henze v. 05.04. 2005). Zudem bediente sich Clement des Vokabulars der Internet-Gesellschaft. „Politik ist harte Arbeit, Politik wird nicht mit Aktienoptionen belohnt, Politik ist kein ‚dot.com.start up' der unbegrenzten Möglichkeiten" (PIAdL: I, 2).

Inhaltlich unterteilte Clement die Rede in elf sachpolitische Abschnitte, welche die gesamte Bandbreite der Landespolitik abdeckten. Eindeutige Berufungsgrundlage hierfür war der ausgehandelte Koalitionsvertrag: „Unser Koalitionsvertrag spricht eine klare und eindeutige Sprache: Die Ziele sind benannt, die Prüfkriterien sind klar. Das, was im Koalitionsvertrag vereinbart ist, gilt" (PIAdL: I, 6).

Der Umweltpolitik kam dabei ein geringerer Stellenwert zu als noch 1998. Ein Grund dafür waren die in den Koalitionsverhandlungen beschlossenen verringerten Zuständigkeiten des Umweltministeriums und der damit verbundene geringere Einfluss Bärbel Höhns auf die Agenda der Regierungserklärung. Die Vorstellungen eines schlanken Staates und die damit verbundene Forderung nach mehr Eigeninitiative lässt sich auch in dieser Regierungserklärung wiederfinden. Clement stellte sein Politikverständnis unter das Motto „fördern und fordern". Im Bereich der Energiepolitik bekannte sich Clement wenig überraschend weiterhin zur Braun- und Steinkohle. Sehr detailliert, wie in einer Stoffsammlung, ging Clement auf konkrete Projekte der Verkehrsplanung ein.

Politikmanagement: Parteireform, Koalitionskrisen und Medienpolitik

Die besondere Ausprägung des Politikmanagements in der Verschränkung von Ministerpräsidenten- und Parteien-, Koalitionsdemokratie lässt sich an den Fallbeispielen der Parteireform, des Metrorapid und der Medienpolitik besonders gut charakterisieren.

Parteireform der Landespartei

Clement konnte die NRW-SPD nicht als verlässliche Machtgrundlage für seine Politik nutzen. Er war stets von geliehenen Partei-Autoritäten abhängig: zu Beginn seiner Amtszeit von Rau, dann von Müntefering. Doch gerade die Arbeitsteilung mit Müntefering verlief nicht spannungsfrei. Um die Landespartei organisatorisch neu aufzustellen, bemühte sich Müntefering seit 1998 um eine grundlegende Strukturreform, bei der es im Kern darum ging, die traditionellen Bezirke zugunsten einer schlagkräftigen Landesorganisation aufzulösen. Clement agierte hier zunächst nur als Zuschauer, der sich jedoch immer dann einschaltete, wenn Personalvorschläge für die zukünftige neue Parteistruktur unterbreitet wurden. Die Landesparteitage 1999, 2000 und 2001 standen ganz im Zeichen der innerparteilichen organisatorischen Reformdiskussion. Zunächst bemühte sich Müntefering, den geschäftsführenden Landesvorstand gemäß dem Vorbild der Bundes-SPD umzubilden (RP v. 15.06.1998). Ihm sollten künftig mit dem Vorsitzenden, seinen beiden Stellvertretern, dem Schatzmeister sowie drei aus dem erweiterten Vorstand hinzugewählten Sozialdemokraten sieben Mitglieder angehören. Müntefering wollte eine montägliche Schaltkonferenz einführen, um auch seinen eigenen Einfluss zu sichern. Er zielte auf eine institutionell-formalisierte Verbindung der NRW-SPD mit der Landespolitik. Die angestrebte Parteireform war sein Versuch, das aus dem Gleichgewicht geratene Machtparallelogramm neu zu ordnen.

Angesichts der Erosionsprozesse innerhalb der NRW-SPD und der schlechten Wahlergebnissen sowohl bei der Kommunalwahl 1999 als auch bei der Landtagswahl 2000 wollte Müntefering die bestehenden Parteistrukturen im Sinne einer Dynamisierung durchbrechen. Dazu gehörten zwei weitere Veränderungen: die Einführung des Amtes eines Generalsekretärs und die Schaffung eines Präsidiums. Der Generalsekretär, der vom Parteitag zu wählen sein sollte, hätte mit dieser Autorität ausgestattet die politischen Geschäfte der Landespartei unabhängig von Bezirksgrenzen koordinieren können. Der Parteitag sollte darüber hinaus dem Vorstand erlauben, aus seiner Mitte ein Präsidium als zentrales Führungsgremium der Partei zu wählen, dem der Vorsitzende, seine beiden Stellvertreter, der Generalsekretär, der Schatzmeister und vier weitere Mitglieder angehören sollten.

Im September 2000 scheiterte die Strukturreform jedoch zunächst an den Delegierten der Landespartei. Die Konstruktion der vier häufig rivalisierenden Bezirke blieb erhalten. Der Landesverband blieb eine „Art Holding ohne eigene Zuständigkeit", wie es Müntefering selbst bezeichnete (zit. nach FR v. 13.09.2000). Erst im Dezember 2001 gelang Müntefering schließlich die umfassende Parteireform auf einem „Gründungsparteitag" (SZ v. 15.12. 2001). Die Reform wurde allerdings von personalpolitischen Auseinandersetzungen zwischen Clement Müntefering begleitet (AN v. 08.09.2001). Müntefering wollte als Generalsekretär Harald Schartau installieren, der allerdings bereits seit Juni 2000 als Arbeits- und Sozialminister am Kabinettstisch saß. Nachdem Clement dies verhindert hatte, konnte Müntefering auch den zweiten Wunschkandidaten, Axel Horstmann, nicht durchsetzen. Dieser wurde Opfer des Versuchs, der Basis die Parteireform schmackhaft zu machen. Schließlich wurde mit dem Landtagsabgeordneten Michael Groschek ein Kompromisskandidat gefunden. Müntefering selber trat im Dezember 2001 nicht mehr für den Landesvorsitz der SPD an.

Sein Amtsnachfolger Harald Schartau stieg geradezu kometenhaft auf; er war nunmehr nicht nur Arbeits- und Sozialminister, sondern auch Parteichef. Clement hatte am Kabinettstisch einen „Vorgesetzten" sitzen, der wiederum in die Kabinettsdisziplin eingebunden war.[93] Ohne je ein Parteiamt inne gehabt zu haben, wurde Schartau mit einem Traumergebnis von 97,2 Prozent der Stimmen zum fünften Landesvorsitzenden der NRW-SPD gewählt. Schartau sah sich von Beginn an nicht als Konkurrent zu Clement, sondern eher in der Rolle des Nachfolgers. Clement verzichtete auf dem „Gründungsparteitag" im Dezember 2001 auf seine Wiederwahl zum Stellvertreter. Er war somit in keiner Parteifunktion institutionell eingebunden, er besaß selber weiterhin keine Parteimacht.

Koalitionskrisen

Der Start der rot-grünen Landesregierung nach der Landtagswahl 2000 verlief vergleichsweise harmonisch und geordnet (WAZ v. 19.01.2001; SZ v. 23.03.2002; WamS v. 01.03.2001). Clement als rastloser Tempomacher akzeptierte den medialen Höhenflug seiner Umwelt- und Verbraucherschutzministerin Höhn, die wiederum öffentlich loyaler zum Regierungsbündnis auftrat. Um die Harmonie in der Koalition zu unterstreichen, sprach Clement erstmals auf einem Landesparteitag der Grünen (GA v. 07.05.2001) und versuchte damit auch, die Spuren der harten Koalitionsverhandlungen zu verwischen. Doch die Harmonie konnte nicht über die fortbestehenden Differenzen hinwegtäuschen. Am Umgang mit dem Metrorapid-Projekt sowie der Medienpolitik lässt sich nachweisen, wie der Ministerpräsident medienbewusst und tagesorientiert Chefsachenpolitik betrieb und dabei auch grundsätzliche Koalitionsoptionen wieder öffnete.

Es bedurfte intensiver Gespräche, um auch die Grünen in Düsseldorf davon zu überzeugen, dass sich der Personennahverkehr im Ruhrgebiet durch den Metrorapid optimieren ließe. Bis es zum gemeinsamen Antrag im Land-

---

[93]   Parallele zu Schröder und Lafontaine 1998 – zumindest für 6 Monate.

tag kam, traf sich Clement zu einem „Geheimtreffen" mit Möllemann (SZ v. 26.02.2002). Da die „Geheimtreffen" mit Möllemann im Blick auf die Ver-traulichkeit immer nur eine kurze Halbwertzeit hatten, muss von einem kal-kulierten Vorgehen – einer „Going Public"-Strategie – des Ministerpräsiden-ten ausgegangen werden. Seine fast schon regelmäßigen Treffen mit Mölle-mann entsprangen nicht einer persönlichen Wertschätzung, sondern takti-schem Kalkül, um den grünen Koalitionspartner vor für Clement wichtigen Entscheidungen zu disziplinieren.

Medienpolitik als Leuchtturm-Vorhaben und Stil-Merkmal

Der gelernte Journalist Clement musste die Medienpolitik als Politikfeld nicht neu für sich entdecken. Eine öffentlichkeitswirksame Herangehenswei-se an Sachprobleme kennzeichnete seine Darstellungspolitik. Medienpolitik eignete sich zur Policy-Akzentuierung beim Regierungshandeln, um neue Handlungskorridore des Regierens zu nutzen. Die Regierungserklärungen, seine Medieninitiativen und die Umstrukturierungen in der Regierungszent-rale sind treffende Belege, wie sehr Clement von der Medienpolitik als Chef-sache angetrieben war (Mai 2003: 219-239; Ballensiefen 2004; Interview mit R. Kapschak v. 21.07.2004).

Ausgehend von der These, dass „mit der wachsenden Bedeutung der Medien (...) auch ihr wirtschaftliches Gewicht" wächst (Contoli/Schmied 1999: 6), sind die konkreten Zahlen für den Mediensektor NRW aus dem Jahr 2001 zu betrachten. Entgegen allgemeiner Negativtrends in fast allen Wirtschaftsbereichen konnte die gesamte Medien- und Kommunikations-branche ihr Umsatzvolumen von rund 107 Milliarden Euro (2000) auf 119 (2001)[94] steigern. Insgesamt wurden 2001 in der Medienbranche 360.000 Mitarbeiter in 1393 Unternehmen beschäftigt. Der Mediensektor belegte damit hinter Straßenfahrzeugbau, Elektrotechnik und Maschinenbau den vierten Rang im gesamten Brutto-Inlands-Produkt.

Seitdem der Rundfunkstaatsvertrag von 1987 ein duales Rundfunksys-tem in Deutschland ermöglichte, also das Nebeneinander von öffentlich-rechtlichem und privatem Fernsehen und Radio, regeln die Landesmedienan-stalten die Umsetzung der Überwachung auf Landesebene (LfM 2004: 1). Finanziert wird die Medienanstalt durch die im jeweiligen Land erhobenen GEZ-Gebühren. Neben der medialen Kontrollfunktion stellt die Landesan-stalt für Medien Nordrhein-Westfalen (LfM) verschiedene Organe bereit, die

---

[94]   Quelle: NRW Medien GmbH 2003.

noch weitere Aufgaben innerhalb des Mediensystems übernehmen. Diese Strukturen erlebten besonders durch das am 26. Juni 2002 im Düsseldorfer Landtag verabschiedete neue Landesmediengesetz tiefgreifende Veränderungen. Durch das neue Landesmediengesetz wurde nicht nur der Name, sondern auch die Organisation der Medienanstalt verändert (LMG NRW 2002). Mit der Gründung der NRW Medien GmbH am 21. Juni 2001 ging das wohl ambitionierteste Projekt der Medienpolitik Clements an den Start, um die Medienwirtschaft an Rhein und Ruhr zu unterstützen. Das Beispiel zeigt, wie risikoreich sich Clements Umgang mit der Partei und Fraktion darstellte. Als hundertprozentige Tochtergesellschaft des Landes NRW sollte die Medien GmbH, so die Vision Wolfgang Clements, langfristig einen Etat von 250.000.000 DM erhalten (Wyputta 2004: 2). Clement hatte dieses Projekt ohne Abstimmung mit der Fraktion gestartet und insofern große Probleme, die geplanten Summen für dieses Projekt aus dem Landeshaushalt bereitzustellen (KStA v. 27.01.2001). Die ökonomische Grundlage der Mediengesellschaft sollte eine „Public-Private-Partnership" darstellen, durch welche die Mehrheit der Aktien an ein Wirtschaftsunternehmen abgegeben werden sollte. Spekuliert wurde in diesem Zuge über eine Beteiligung der WestLB (Kurp 2003: 2).

Die Fraktion reagierte auf diesen Alleingang Clements auf ungewöhnlich drastische Weise. Die beiden Regierungsfraktionen stellten im Landtag eine „Große Anfrage" zur Situation der Medien. Normalerweise nutzt die Opposition dieses Kontrollinstrument, um auf Versäumnisse der Regierung hinzuweisen (vgl. Kapitel 2.3). In diesem Fall setzten SPD und Grüne die Anfrage jedoch als klassisches Kontrollinstrument ein (Interview mit M. Mai v. 04.06.2006). Die Beantwortung band einen nennenswerten Teil der Arbeitskapazitäten – nicht nur der Staatskanzlei, die sich mit der Beantwortung viel Zeit ließ.

Mit der charismatischen „Anchor-Frau" (Littger 2002) Miriam Meckel als Regierungssprecherin und Staatssekretärin für Medien setzte Clement zudem auf eine deutliche Personalisierung der Landesmedienpolitik. Als Gesicht der neu gegründeten NRW Medien GmbH verkörperte sie das, wofür der Medienstandort immer stehen wollte: Innovation und Modernität. Konzeptionell sollte die Medien GmbH als Vermittlerin zwischen Politik und Wirtschaft deren Kernpotenziale zusammenführen und dadurch Synergien schaffen. Die junge Medienprofessorin selbst war es, die im Jahr 2002 für die erste einer Reihe von Skandalmeldungen sorgte, die sich unheilvoll auf das Image der Medien GmbH auswirkten. Nach einem offenen Streit mit dem Geschäftsführer der Medien GmbH, Helmut Bauer, trennten sich Bauer und vier weitere Mitarbeiter im September 2003 von der Gesellschaft. Von Beginn an blieb die Bedeutung der Gesellschaft unter den anfänglich formulierten Erwartungen. Das spiegelt der Etat wider, der nie die geplanten 250 Millionen DM erreichte, sondern 2002 bei 8 Millionen Euro lag, 2003 11,2 Millionen Euro und 2004 nur noch 7,4 Millionen Euro umfasste. Von den internen Reibereien und dem Imageverlust durch Unregelmäßigkeiten erholte sich die Medien GmbH nicht. Auch das Verhältnis von Clement zu Meckel war davon betroffen. Die CDU Fraktion im Landtag rechnete vor, dass mindestens 20 Millionen Euro mit der NRW Medien GmbH fehlkalkuliert worden waren (Kurp 2003). Clement selbst wertete seine Bilanz in den verschiedenen Medienbereichen als erfolgreich und fügte als Indikator dafür die neu geschaffenen Stellen in der gesamten Medienwirtschaft an, die in Nordrhein-Westfalen eine der „stärksten Branchen" ausmachten.

Verhandelnde Wettbewerbsdemokratie: Zwischen Düsseldorf und Berlin

Die öffentliche Debatte über die Möglichkeit eines Koalitionswechsels der SPD hin zur FDP verstummte seit dem Frühjahr 2002 nicht mehr und verdichtete sich im Herbst (FAZ v. 10.09.2002). Die Bundestagswahl 2002 schien auf ein Patt der beiden großen Volksparteien hinauszulaufen, so dass die kleinen Parteien als Mehrheitsbeschaffer an politischer Attraktivität zulegten. In Düsseldorf wurde über einen Befreiungsschlag gemutmaßt (WAZ v. 27.02.2002). Genpolitik, Verkehrspolitik und vor allem auch der zu vereinbarende Sparhaushalt für 2003 schufen innerhalb der Düsseldorfer Koalition ein Klima des Misstrauens. Die Kohlesubventionen mussten um 60 Millionen Euro gekürzt werden. Studiengebühren für Langzeitstudierende sollten eingeführt werden. Dennoch einigte sich die Koalition nach hartem Ringen im Juli 2002 auf einen Haushalt für 2003 (SZ v. 04.07.2002).
    Immer wieder hatte Clement geschickt versucht, bundespolitischen Einfluss in Düsseldorf einzubringen. Mit Bundeskanzler Schröder teilte er ökonomische Modernisierungsvorstellungen, von denen er sich durch ökologische Bedenken nicht abbringen lassen wollte. Dennoch funktionierte das kalkulierte Spiel mit den Mechanismen der verhandelnden Wettbewerbsdemokratie immer weniger. Das Gesamtgewicht von NRW hatte im Bund noch weiter abgenommen. Seitdem Bodo Hombach nicht mehr Chef des Bundeskanzleramtes war und Müntefering den Parteivorsitz in NRW abgegeben hatte, fehlten direkte Transmissionsriemen und Frühwarnsysteme für NRW

im Bund. Die persönliche Wertschätzung zwischen Schröder und Clement konnte das nicht kompensieren. Es lassen sich zahlreiche Belege während der Amtszeit von Clement finden, in denen er unmittelbar vor einer Entscheidung im Bundesrat öffentlich Bedenken äußerte, so als hätte er sich erstmals mit den Konsequenzen dieses Gesetzes für NRW beschäftigt. Clement wechselte die eigenen Bundesratsminister häufig aus[95], womit sich ein deutlicher Unterschied zur personalpolitischen Kontinuität bei Johannes Rau zeigte. Während selbst in NRW der Rückhalt für die bisherige Kohlepolitik schwand, war die SPD immer stärker auf Verbündete im Bund angewiesen. Doch die Zahl solcher Verbündeter ging deutlich zurück. Früher, so berichtete der grüne Bauminister Vesper, wohnten außer Clement drei NRW-Ressortchefs am Bonner Regierungssitz, immer in politischer Sichtweite des Bundestags. Gleich daneben lag die Landesvertretung. Gab es Konflikte konnte man schnell eingreifen „Heute", so Vesper, „ist das immer eine Tagesreise – ein Riesenproblem" (NRZ v. 04.07.2001).

Die Bundestagswahl von 2002 mit der Bestätigung der rot-grünen Bundesregierung stabilisierte zunächst auch die politischen Verhältnisse in Düsseldorf. Clement konnte davon ausgehen, dass seine Anliegen mit Blick auf Transrapid oder Kohlepolitik in den Koalitionsverhandlungen auf Bundesebene berücksichtigt wurden, wie es ihm der Bundeskanzler zugesichert hatte. Anders als erwartet, wurde Clement erst nachträglich in die SPD-Verhandlungskommission aufgenommen (SZ v. 04.10.2002). Da die SPD nur mit fünf Unterhändlern antreten wollte, die Grünen aber auf sieben Nominierten bestanden, startete Clement als Vertreter für die Länderinteressen in der Koalitionskommission der SPD. Destabilisierende Unruhe entstand erst in Düsseldorf, als durchsickerte, dass Bundeskanzler Schröder Wolfgang Clement Anfang Oktober das Angebot gemacht hatte, als Superminister für Arbeit und Soziales ins Bundeskabinett zu wechseln (Welt v. 07.10.2002). Clement hinterließ in Düsseldorf keinen Kronprinzen – zu kurz agierte er als Ministerpräsident. Schartau kam aufgrund des fehlenden Landtagsmandats nicht als Nachfolger in Frage. So konzentrierte sich die Nachfolgedebatte relativ zügig auf Finanzminister Steinbrück, der eben jenes Mandat besaß.

Angesichts der Kürze des Handlungsmandates und eines auf das öffentliche Tagesinteresse ausgerichteten Regierungsstils hinterließ Clement viele landespolitische Baustellen für seinen Nachfolger: Beim Wirtschaftswachs-

---

[95]   Zuerst im Range einer Staatssekretärin Heide Dorrhöffer-Tucholski, dann als Minister Detlev Samland und ab April 2001 Ministerin Hannelore Kraft. Minister Detlev Samland schied nach dem Verdacht der Steuerhinterziehung im April 2001 aus dem Kabinett und der Staatskanzlei aus.

tum war NRW 2002 das Schlusslicht unter den Bundesländern. Mit Ausnahme von Bremen war die Arbeitslosenquote in keinem anderen westdeutschen Bundesland so hoch wie in NRW. Mit der ambitionierten Medienpolitik schuf Clement über 300.000 neue Arbeitsplätze, konnte aber gleichzeitig
nicht verhindern, dass viele Jobs mit Millionen-Subventionen erkauft wurden. Landesprojekte, wie Medien GmbH oder das Oberhausener Trickfilm-
zentrum HDO, machten Negativ-Schlagzeilen. Unzählige Einzelprogramme
wurden für die Investitionspolitik angestoßen – von IT-Berufen für Mädchen
bis zu Aktionen für weniger Energieverbrauch in Betrieben. Angesichts lee-
rer Kassen gingen die Landesausgaben für Investitionen deutlich zurück.
Neben innovativer Industriepolitik blieb Clement auch der klassischen sozialdemokratischen Handschrift treu: Er kämpfte für den Erhalt der Steinkohle-
Subventionen, ebenso wie für eine Förderung des Braunkohleabbaus.

Insgesamt summierten sich zahlreiche Anfänge, Initiativen, Projekte und
die Gründung neuer Landesgesellschaften, ohne jedoch durchschlagenden
Erfolg unter ökonomischen Gesichtspunkten zu erzielen. Als durchgängiges
Thema blieb der politische Veränderungswille von Clement als Antriebsmus-
ter erkennbar, ohne allerdings dafür in der Regierungszentrale oder im Kabinett strukturierte Rahmenbedingungen zu schaffen. Als ungeduldiger Prag-
matiker hatte Clement häufig in der Landespolitik versucht, die Grenzen
seiner Handlungskorridore auszureizen. Clements Modernisierer-Image wollte Schröder in Berlin für sich nutzen, bevor die landespolitische Realität in
NRW dieses Bild zerstört hätte.

Zwischenfazit: Das System Clement und sein Regierungsstil

Grundsätzlich stellte sich auch für Ministerpräsident Wolfgang Clement die
Herausforderung, die Steuerbarkeit des politischen Systems in NRW mit der
Steuerungsfähigkeit der politischen Akteure in Übereinstimmung zu bringen.
Sein individueller Regierungsstil innerhalb dieses Politikmanagements ist
deutlich erkennbar und unterschied sich deutlich von seinem Vorgänger.
Clements persönliche Voraussetzungen für ein effizientes und effektives
Politikmanagement waren optimal. Als ehemaliger Leiter der Staatskanzlei
kannte er das Steuerungspotenzial der Regierungszentrale. Er verfügte als
Wirtschaftsminister von NRW über Kenntnisse zur Ausgestaltung von Res-
sortvorhaben. Was Clement deutlich von Rau unterschied, war die Machtressource Partei. Clements Defizit in diesem Bereich – auch an parlamentarischer Erfahrung – musste er über andere Handlungsarenen kompensieren:

Wer weniger politische Macht in der Parteien- und Koalitionsdemokratie besitzt, muss sich schwerpunktmäßig Handlungskorridore in den anderen Bereichen der Ministerpräsidenten-, der Verhandelnden Wettbewerbsdemokratie- und der Mediendemokratie, aber auch außerhalb der Politik in der Wirtschaft, in den Medien und bei Verbänden erschließen. Idealtypisch kommt es zum Gleichklang von Darstellungs- und Entscheidungspolitik. Angesichts der asymmetrischen Machtgrundlagen von Clement bestand sein Politikmanagement jedoch tendenziell eher in der Darstellungs- als in der Entscheidungspolitik.

Ministerpräsidentendemokratie

Durch den Umzug der Staatskanzlei in das Düsseldorfer Stadttor setzte Clement gleich zu Beginn seiner Amtszeit ein symbolisches Zeichen für den intendierten Modernisierungskurs. Ein Stilwechsel im Zeichen des Strukturwandels sollte sichtbar werden Die Architektur kam als imagebildende Maßnahme daher.

Als „Vorstandsvorsitzender der NRW AG" führte er aus der Staatskanzlei heraus. Doch eine klar strukturierte Koordinationseinheit war nur schwer erkennbar. Drei Regierungssprecher in vier Jahren und mehrere interne Umstrukturierungen deuten eher auf Verschleiß als auf geplante Effizienz hin. Auch seine Personalpolitik war häufig von Pannen geprägt – von der Suche nach einem Justizminister über den Fall des Finanzministers bis zum Austausch der Bundesrats- und Europaminister. Clement führte Gespräche – formale Hierarchien oft ignorierend –, als müsste täglich ein imaginärer Redaktionsschluss erreicht werden. Auf der Darstellungsebene lässt sich das Bild des Modernisierers und Managers, das Clement schon durch den Umzug der Staatskanzlei versuchte zu vermitteln, auch in den Regierungserklärungen wiederfinden. Clement vollzog hier einen radikalen Bruch mit dem Politikstil seines Vorgängers, auf dem er gleichwohl zum Teil aufbaute.

Viele Netzwerke, persönliche und institutionelle Beziehungen zu Gewerkschaften, Unternehmen und Verbänden wurden weiterhin genutzt, wenn auch mit anderer Intensität und Richtung. Die Verbände und andere Akteure hatten sich mehr oder weniger darauf eingestellt, es nun mit einem Ministerpräsidenten zu tun zu haben, der ebenfalls für ihre Anliegen da war und in vielen Politikfeldern eine festgefahrene Situation wieder in Gang zu setzen versprach – nicht nur auf seinen vermeintlichen „Spielwiesen".

Auch andere Politikbereiche „beackerte" Clement – wenn auch weniger öffentlichkeitswirksam: Auf dem „Baugipfel" der Landesregierung 2001 kümmerte er sich ebenso um die desolate Bauwirtschaft wie um den Erhalt von Mannesmann gegen die drohende Übernahme durch Vodafone. Es war ihm grundsätzlich wichtig, Dinge, die scheinbar ihren Lauf nahmen, noch einmal umzudrehen und sich ihnen wenigstens kämpfend in den Weg zu stellen. Dies war mehr als nur symbolische Politik, denn mit „Baugipfeln", Änderungen des Vergaberechts, Rettung von Gedenkstätten usw. erreicht man nur äußerst geringe, allenfalls lokale Medienpräsenz.

Verhandelnde Wettbewerbsdemokratie

In den Untiefen der Verhandlungsdemokratie konnte die sozialdemokratische Handschrift von Clement herausgearbeitet werden. Viel Neben- und Miteinander, die Fortsetzung konkordanzdemokratischer Verfahren und Entscheidungen, korporatistische Steuerungsformen und eine Politik der Akkomodierung lassen sich nachweisen. Dies wurde vor allem im Bereich der Arbeitsmarkt- und Standortpolitik sichtbar. Clement versuchte, an die partnerschaftliche Kooperationskultur zwischen öffentlichen und privaten Akteuren anzuknüpfen. Was die Bund-Länder-Bereiche betraf, setzte er auf seine guten Verbindungen zum Bundeskanzler. Häufig versuchte er „über Bande" zu spielen: Die Übereinstimmung mit Schröder sollte verhandlungsdemokratische Knoten in NRW auflösen. Doch grundsätzlich konnte Clement zahlreiche Entscheidungen – beispielsweise im Bereich der Kohle- und Steuerpolitik – die mit zahlreichen Nachteilen für die Industrie in NRW verbunden waren, nicht verhindern.

Parteiendemokratie

Clement war ein Mann der Exekutive, ein Seiteneinsteiger in die Politik, der seine Distanz zur Gremien-, Funktionärs- und Entscheidungskultur der SPD stilisierte. Die Ideale der Sozialdemokratie hingegen hatte er nicht verinnerlicht. Aus seiner Sicht musste er stets als ein durch die Partei „gefesselter Modernisierer" arbeiten. Clement, der nie Parteivorsitzender war und weder in der Partei noch in der Fraktion eine verlässliche Machtbasis hatte, nutzte die Partei auf vollkommen andere Weise als sein Amtsvorgänger. Mehrheiten versuchte er mit Hilfe von Amtsautorität und Überzeugungsfähigkeit zu organisieren – manchmal auch mit der Drohung, dass er ja auch „gehen" könne. Partei und Fraktion auf der anderen Seite wussten, dass sie ohne Clement noch schlechter dastehen würden. Clement wollte seine Politik nicht durch die Partei, sondern medienvermittelt durchsetzen. Ob Verkehrspolitik oder Medienpolitik – Clement preschte vor und musste sich dann von der Partei wieder ausbremsen lassen, weil er versäumt hatte, die Partei im Vorfeld einzuweihen. Eine strategische Planung oder ein Versuch, die Fraktion in den Entscheidungsprozess einzubinden, fand nicht statt.

Koalitionsdemokratie

Als Wirtschaftsminister hatte Clement die Konflikte mit den Grünen zu Garzweiler schon intensiv kennen gelernt und eine zentrale Verhandlungsrolle gespielt. Das Zweckbündnis mit den Grünen trieb er häufig bis an Ausstiegsszenarien heran. Die Ausgangslage bei den Koalitionsverhandlungen nach den Wahlen 2000 war für Clement sehr gut. Durch eine in seinem Sinne forcierte Medienberichterstattung konnte er sie noch verbessern. Die Karte einer sozialliberalen Koalition blieb ein wichtiger Trumpf für Clement. Konflikte erklärte er zur Chefsache, um so seinen Willen zur Problemlösung zu demonstrieren. Im Kern stimmte sich Clement mit seinem Wohnungsbauminister und stellvertretendem Ministerpräsidenten Vesper ab, wenn er die Grünen für seine Politik brauchte. Bärbel Höhn ließ er agieren, soweit sie nicht die Substanz seiner Vorhaben kritisierte. Im Kabinett wurde um Entscheidungen lang miteinander gerungen. Clement förderte eine offene, durchaus konfliktreiche Diskussionskultur, achtete aber immer auf Zeitlimits. Er entschied innerhalb der Kabinettssitzung, wenn er den Zeitpunkt für gekommen hielt. Insofern war es für die Ressorts ratsam, im Vorfeld Einigkeit herzustellen.

Mediendemokratie

Als Standortpolitik förderte und forcierte er erfolgreich und intensiv die Medienbranche. Allerdings kam es dabei zu einer Reihe von öffentlich gewordenen Pannen. Als ehemaliger Journalist war ihm wichtiger, etwas zu bewegen, als um konsensuale Abstimmung zu ringen. Hatte ein Thema das öffentliche Interesse verloren, wandte er sich einem neuen Bereich zu. Als Tempomacher und Anschieber nutzte Clement „Going Public" als Strategie, um mit medialer Präsenz Stimmungen in Stimmen zu überführen.

Abbildung 27: Regierungsstil von Wolfgang Clement

Struktur-merkmal/ Handlungs-arena	Kennzeichen	Handlungs-instrumente / Handlungs-orientierungen	Beispiele Clement 1998-2002
Minister-präsidenten-demokratie	- Richtlinienkom-petenz - Organisations-gewalt - Exekutivlastigkeit - Parlamentsver-antwortlichkeit - Öffentliches Prestige	- Moderation und Vermittlung - Regierungserklä-rungen und andere rhetorische Füh-rungsleistungen - Informelle Informa-tionskanäle und Frühwarnsysteme	- Macher und Modernisierer - Symbolischer Umzug der Staatskanzlei - Neuorganisation der Staatskanzlei nach 2000 - Verwaltungsreform - Zusammenschluss Innen- und Justizministerium - Gen-Debatte; Metrorapid - Medienpolitik als Standort-förderung - Stoiber Besuch (Clement der Landesvater)
Verhan-delnde Wettbe-werbs-demokratie	- Verhandlungs-zwänge - Exekutivlastigkeit - Parteienwettbe-werb	- Kooperation - Personeller Pro-porz - Konkurrenz - Paketlösungen	- Ausbildungspakt - Poldermodell als Moderni-sierungsstrategie - Föderalismus als Instru-ment, um Bundesgesetze mit Nachteilen für NRW zu verhindern - Der Bundeskanzler als Druck- und Drohpotenzial, um Politik gegen die Koali-tion durchzusetzen
Parteien-demokratie	- Interne Fragmen-tierung - Partizipationsbe-dürfnisse - Kollektive Nor-men und Werte - Externe Konkur-renz	- Personelle und inhaltliche Einbin-dung - Informelle Kon-fliktregulierung - Erwartungssteue-rung - Polarisierung nach außen	- Nur geliehene Autorität über Rau bzw. Müntefering - Trennung MP von Partei-vorsitz - Einfluss nur über bundes-politische SPD-Ebene - Zusammenspiel mit Schar-tau reibungsloser als mit Müntefering - Einfluss auf Mitsteuerung durch die Fraktion sehr be-grenzt und erst ab 2000 er-kennbar - Große Anfrage der eigenen Mehrheitsfraktionen zur Medienpolitik

Koalitions-demokratie	- Verhandlungs-zwänge - Dosierter Partei-enwettbewerb	- Kooperation - Konkurrenz - Informelle Konflikt-regulierung - Paketlösungen	- Garzweiler als schwieriger Kompromiss - Koalitionsverhandlungen 2000 - Drohung mit Ausstiegssze-narien nach 2000 (Treffen mit Möllemann)
Medien-demokratie	- Relativ geringe mediale Beglei-tung der Landes-politik - Personenorien-tierung - Konfliktorientie-rung	- Personalisierung - Erwartungs-steuerung - Permanent Cam-paigning - Outsiderprofilie-rung - Mediale Erst- und Zweitschlagskapa-zitäten - bundes- und lokal-politische Profilie-rung	- „Going Public" als Stil-merkmal und Machtres-source bei fast allen Politik-feldern - Koalitionsfindungsprozess 2000 (wiederholte Mölle-mann Treffen)

Eigene Darstellung

3.5 Peer Steinbrück: Reformieren „von oben" und Regieren gegen die Zeit (2002-2005)

Regierungswechsel: Ein selbsterneuernder Machtwechsel als Improvisationskunst

Peer Steinbrück war nicht erste Wahl. Seinen überraschenden Aufstieg zum Ministerpräsidenten von Nordrhein-Westfalen verdankte er dem zufälligen Zusammenspiel bundes- und landespolitischer Faktoren. Nach ihrem Sieg bei der Bundestagswahl 2002 plante die rot-grüne Koalition weitreichende Reformen in der Arbeitsmarktpolitik. Bundeskanzler Gerhard Schröder traute aber seinem amtierenden Arbeitsminister Walter Riester die Umsetzung der Reformvorschläge, die in einer Kommission unter der Leitung des ehemaligen VW-Personalvorstand Peter Hartz entwickelt worden waren, nicht zu. Der Kanzler suchte einen durchsetzungsfähigen Politikmanager, der nicht nur inhaltlich von den Reformen überzeugt war, sondern gleichfalls das Stehvermögen für harte Auseinandersetzungen mit den Gewerkschaften und der SPD-Linken besaß. Weder im eigenen Kabinett, noch in der sozialdemokratischen Bundestagsfraktion vermochte er einen Kandidaten mit derartigen

Eigenschaften zu entdecken. Seine Wahl fiel auf Wolfgang Clement. Gerhard Schröder lockte seinen zunächst noch zögernden Wunschkandidaten mit einem „Superministerium" für Wirtschaft und Arbeit. Clement konnte diesem Angebot nicht widerstehen und gab am 7. Oktober 2002 seinen Wechsel nach Berlin bekannt (FAZ v. 08.10.2002).

Auf einen selbsterneuernden Regierungswechsel war die NRW-SPD zu diesem Zeitpunkt allerdings nicht im Geringsten vorbereitet. Allgemein überwog die Erwartung, dass nach den Landtagswahlen 2005 der SPD-Landesvorsitzende und amtierende Arbeitsminister, Harald Schartau, Clements Nachfolger im Stadttor werden würde. Schartau galt in der SPD als Idealbesetzung für das Amt des Ministerpräsidenten. Er verkörperte gleichermaßen sozialdemokratisches Traditionsbewusstsein und Modernisierungswillen: Drei Jahrzehnte SPD-Mitgliedschaft, Ruhrgebietssozialisation und geachteter Gewerkschaftsführer mit Sinn für unkonventionelle Problemlösungen. Vier Jahre lang führte Schartau für die IG-Metall Tarifverhandlungen in Nordrhein-Westfalen bis er im Jahr 2000 von Wolfgang Clement als Arbeitsminister in die Landesregierung berufen wurde. Ein Jahr später wählte ihn die SPD zum Nachfolger von Franz Müntefering ins Amt des Parteivorsitzenden und damit zum Hoffungsträger der NRW-SPD. Er selbst bezeichnete sein politisches Engagement als Gewerkschaftsarbeit mit anderen Mitteln: Arbeitsplätze schaffen und soziale Gerechtigkeit in Zeiten der Globalisierung erhalten (Zeit 51/2001). Schartau kannte wie kein anderer die Bedürfnisse der traditionellen, gewerkschaftsnahen Wählermilieus der SPD. Er verstand es, sie emotional einzubinden und ihnen zugleich die Notwendigkeit von Reformen zu vermitteln. Eine unschätzbare Gabe für eine SPD, die nach schmerzhaften Verlusten bei den Kommunal- und Landtagswahlen von 1999 und 2000 ihre gesellschaftliche Verankerung schwinden sah.

Allerdings versperrte die Landesverfassung Harald Schartau im Herbst 2002 den Weg ins Düsseldorfer Stadttor. Ohne Landtagsmandat ausgestattet, konnte er in der laufenden 13. Wahlperiode nicht zum Ministerpräsidenten gewählt werden. Angesichts dieses Dilemmas war nun Improvisationskunst gefragt. Zunächst wurde in der SPD ein Übergangsszenario diskutiert: Justizminister Jochen Dieckmann könne bis zum Ende der Legislaturperiode die Amtsgeschäfte führen und Harald Schartau die Spitzenkandidatur im Wahlkampf 2005 überlassen (SZ v. 07.10.2002). Doch eine derartige „Tandemlösung" hätte erhebliche Nachteile mit sich gebracht: Zum einen wäre Dieckmann ein Ministerpräsident auf Abruf gewesen. Sozusagen eine „lame duck", wie amerikanische Politikanalysten Präsidenten mit mangelnder Autorität nennen. Zum anderen wäre die SPD mit einem Kandidaten in den

Wahlkampf gezogen, der keinen Amtsbonus in die Waagschale hätte werfen können.

In dieser Gemengelage aus bundespolitischen Richtungsentscheidungen, verfassungsrechtlichen Geboten und wahltaktischen Kalkülen schlug die Stunde Peer Steinbrücks. Als Finanzminister war er nicht nur der mächtigste Ressortchef im Kabinett. Steinbrück galt darüber hinaus als kompetenter Generalist, routiniert im Umgang mit Medien und nicht zuletzt als wirtschaftsfreundlicher Modernisierer. Mit Peer Steinbrück nominierte das SPD-Präsidium einen Politiker für das Ministerpräsidentenamt, der sich von dem Wunschkandidaten Schartau kaum kontrastreicher hätte unterscheiden können. Steinbrück, seit 1969 SPD-Mitglied, war weniger ein Mann der Sozialdemokratie als einer der sozialdemokratischen Ministerialbürokratie. Sein Weg hatte ihn nicht durch Parteiorganisationen, sondern durch Institutionen geführt, wie er selbst bekannte (SZ v. 04.11.2002). Seine Karriere führte ihn vom Referenten in verschiedenen Bundesministerien sowie im Bundeskanzleramt zum Leiter des Büros von Johannes Rau in der Düsseldorfer Staatskanzlei. Von 1990 bis 1998 gehörte er der Landesregierung von Schleswig-Holstein an, zunächst als Staatssekretär und ab 1993 dann als Wirtschaftsminister. Wolfgang Clement holte ihn 1998 ebenfalls als Wirtschaftsminister nach Düsseldorf und machte ihn schließlich im Februar 2000 zum Finanzminister des Landes. Der gebürtige Hamburger Steinbrück war nicht wie Schartau „ein Kind des Ruhrgebiets" (KStA v. 30.09.2001), er besaß keinerlei Verankerung in den Gewerkschaften und die milieuhaft-affektiven Grundlagen der NRW-SPD kannte er, wenn überhaupt, nur aus äußerer Anschauung. Dieser Peer Steinbrück mit dem „exotischen" Vornamen und dem unüberhörbaren norddeutschen Akzent sollte nun das „Stammland" der Sozialdemokratie führen. Ein Land mit einer SPD, deren Identität als Gewerkschaftspartei noch ausgeprägter war, als in allen anderen Landesverbänden, die sich als Hüterin des Landesbewusstseins verstand und die von ihren Funktionären ein Mindestmaß an „Kohle-und-Stahl-Folklore" erwartete. Dass Peer Steinbrück nicht nach dem Parteivorsitz griff, war angesichts der Umstände seiner Nominierung keineswegs verwunderlich. Er wollte der Modernisierer und – darin ganz der „Bruder im Geiste Wolfgang Clements" (SZ v. 04.11.2002) – der führende Manager des Landes sein. Harald Schartau sollte weiterhin die Partei führen, Unterstützung für den Regierungskurs organisieren und die dafür notwendige Übersetzungsarbeit für die sozialdemokratischen Milieus leisten.

Diese Rollenverteilung nahm der Parteivorsitzende und verhinderte Ministerpräsident ohne erkennbaren Widerwillen an. Seine Unterstützungsarbeit für den neuen Ministerpräsidenten begann prompt. Zusammen mit Generalsekretär Michael Groschek organisierte Schartau im Vorfeld des Sonderparteitages vom 2. November 2002, der Steinbrück zum Ministerpräsidenten nominieren sollte, mehrere Regionalkonferenzen, die den noch amtierenden Finanzminister in der Partei bekannter und beliebter machen sollten. Es galt, dessen Image als Bürokrat zu korrigieren und so eine möglichst große Zustimmung unter den Delegierten des Parteitags zu erreichen. Entsprechend demütig präsentierte sich Steinbrück auf den Regionalkonferenzen und dem Sonderparteitag. Er bekundete seinen „Riesenrespekt" vor den Leistungen seiner Vorgänger Kühn, Rau und Clement sowie der Wirkungsgeschichte der SPD in Nordrhein-Westfalen insgesamt. Er sehe sich in der Kontinuität seiner Vorgänger, betonte er immer wieder. Zudem versprach Steinbrück einen neuen Führungsstil: Ein „Mannschaftsspieler" wolle er sein, ein „Gleicher unter Gleichen", der in „vertrauensvoller Zusammenarbeit" mit Harald Schartau und Fraktionschef Edgar Moron für Land und Partei sein Bestes zu geben versprach (WamS v. 03.11.2002). Über die inhaltlichen Prioritäten der neuen Landesregierung erfuhren die Delegierten indes wenig Konkretes: Die Landesfinanzen müssten saniert und die Arbeitslosigkeit bekämpft werden. Steinbrück warb für ein neues Staatsverständnis, für einen „Akzentwechsel vom Vater Staat zum Partner Staat". Trotz der inhaltlichen Unverbindlichkeit erlebten die Delegierten beim Themenkomplex Landespolitik die Uraufführung des Rollenspiels zwischen Steinbrück und Schartau. Auf der einen Seite der designierte Ministerpräsident als tatkräftiger Modernisierer und Vordenker, und auf der anderen Seite der traditionsbewusste Parteichef, der für die rhetorische Anschlussfähigkeit an die Parteibasis sorgte: „Wir brauchen eine enorme Wärme, wie sie nur in der Identität der einzelnen Regionen entstehen kann. Die Menschen müssen sich in ihrem Stadtteil, in ihrem Kreis wohl und geborgen fühlen, um für die notwendigen Veränderungen aufgeschlossen sein zu können" (WamS v. 03.11.2002). Das Kalkül ging auf und Steinbrück erhielt seine Nominierung mit 96 Prozent der Stimmen.

Nach der sozialdemokratischen Basis galt es noch, beim Koalitionspartner um Unterstützung zu werben. Das Verhältnis zwischen Grünen und SPD war seit 1995 konfliktträchtig und keineswegs vertrauensvoll gewesen. Gerade Steinbrück hatte sich immer gerne mit öffentlichen und herablassenden Sticheleien gegen die grünen Partner hervorgetan. Doch die grünen Spitzenakteure taten alles, um nach außen Geschlossenheit zu demonstrieren und nach innen für den designierten Regierungschef zu werben. So verkündete der stellvertretende Ministerpräsident Michael Vesper immer wieder, der Wechsel werde die rot-grüne Koalition nicht belasten: „Als Finanzminister musste Peer Steinbrück eine bestimmte Rolle spielen, als Ministerpräsident wird er zu integrieren haben. Ich gehe davon aus, dass er die Koalition neu beleben wird" (wdr.de v. 08.10.2002). Auch Steinbrück selbst versuchte, bei den Grünen Vertrauen zu gewinnen, indem er bei jeder Gelegenheit beteuerte, den Erfolg der rot-grünen Koalition ehrlich anzustreben.

Schließlich erwiesen sich aber alle etwaigen Befürchtungen über ein schlechtes Wahlergebnis im Landtag als grundlos. Steinbrück erhielt 120 von 231 Stimmen und damit zwei mehr als die rot-grüne Koalition an Mandaten besaß. Rau und Clement hatten bei ihren Wahlen 1995 und 1998 nicht die Stimmen aller Koalitionsabgeordneten erhalten. Am Mittag des 6. November 2002 war Peer Steinbrück der achte Ministerpräsident des Landes Nordrhein-Westfalen.

Regierungsbildung: Neustart statt Kontinuität

Wir haben in unserem Analysezugang betont, dass die Organisationsgewalt die institutionelle Komponente der Richtlinienkompetenz des Regierungschefs ist und damit zu den wesentlichen Kennzeichen des Strukturmerkmals der Ministerpräsidentendemokratie gehört. Regierungsumbildungen und Kompetenzzuteilungen geben aus diesem Grund immer auch Aufschluss darüber, welche inhaltlichen Ziele und Prioritäten ein Ministerpräsident verfolgen möchte. Als Peer Steinbrück am 12. November 2002 sein Kabinett vorstellte und den groben Zuschnitt der einzelnen Ressorts bekannt gab, wurde in aller Deutlichkeit sichtbar, dass der neue Ministerpräsident nicht weniger plante als einen kompletten Neustart der Landesregierung. Von der zuvor oft betonten Kontinuität war fast nichts mehr zu entdecken. Sechs von elf Ressorts wurden neu zugeschnitten und vier neue Minister rückten ins Kabinett auf. Allein die drei „klassischen" Ressorts Finanzen, Inneres und Justiz sowie die von den Grünen geführten Ministerien behielten ihre alten Zuständigkeiten. Am liebsten hätte Steinbrück auch an den beiden letztgenannten Häusern Hand angelegt, aber Michael Vesper (Städtebau und Wohnen, Kultur und Sport) und Bärbel Höhn (Umwelt- und Naturschutz, Landwirtschaft und Verbraucherschutz) verwahrten sich mit Verweis auf den Koalitionsvertrag vor Eingriffen in ihre Kompetenzen.

Dass mit der Kabinettsumbildung, die von der Welt am Sonntag (v. 24.11.2002) als eine „der größten Umpflügaktionen der Regierungsgeschichte" bezeichnet wurde, auch politische Richtungsentscheidungen verbunden waren, machte insbesondere die Neuordnung der Zuständigkeiten für Bildung und Wissenschaft deutlich. Im Gegensatz zur Bundesebene gehört dieser Politikbereich zu den Schlüsselfeldern der Landespolitik.[96] In der neuen Regierung verlor das Wissenschaftsministerium seine Zuständigkeit für die Schulpolitik zugunsten des neuen, von Ute Schäfer geführten, Ministeriums für Schule, Jugend und Kinder. Mit dem neuen Zuschnitt sollte die Schulpolitik stärker aus einer sozialpolitischen Perspektive heraus gestaltet werden.

Bildung und Wissenschaft

Die ehemalige Schul- und Wissenschaftsministerin Gabriele Behler schied aus dem Kabinett aus und wurde durch Hannelore Kraft ersetzt. Mit dieser Personalentscheidung war eine inhaltliche Richtungsänderung verbunden. Gabriele Behler war eine entschiedene Gegnerin nicht nur von allgemeinen, sondern auch von Langzeitstudiengebühren. Im Jahr 2001 legte sie ein „Studienkonten-Modell" vor. Es sollte über ein Punktesystem Anreize für einen schnellen Studienabschluss bieten und als ein bundesweites Signal gegen Gebühren wirken. Der damalige Finanzminister Steinbrück bestand allerdings auf Langzeitgebühren, weil er das Geld für seinen angespannten Haushalt benötigte. Dem Finanzminister gelang es, Ministerpräsident Clement auf seine Seite zu ziehen und im Frühjahr 2002 musste die Wissenschaftsministerin ihr Studienkontenmodell aufgeben. Behler galt in der Folge als „politisch Gescheiterte" (taz v. 13.11.2002). Obwohl es innerhalb der SPD auch danach noch erhebliche Widerstände gegen Gebühren für Langzeitstudierende gab, war mit der Neubesetzung des Wissenschaftsressorts eine Vorentscheidung für deren Einführung gefallen. Die Demission Behlers wäre wohl auch ohne den Ministerpräsidentenwechsel nur eine Frage des Zeitpunkts gewesen. Neben ihrer Niederlage in der Studiengebührenfrage hatte die Ministerin auch gegen die ungeschriebenen Regeln der Akkomodierung und Kooperation mit Interessenverbänden verstoßen. Bei ihrem Versuch Qualitätskontrollen an Schulen einzuführen, war sie einem heftigen und öffentlich ausgetragenen Streit mit den Lehrerverbänden nicht aus dem Weg gegangen. Clement und auch Steinbrück hatten diese Auseinandersetzung mit großem Unwillen verfolgt. Der neue Ministerpräsident nutzte die Regierungsumbildung, um wieder für Ruhe an der „Schülerfront" zu sorgen.

---

[96]   Das bis zum November 2002 bestehende Ministerium für Schule, Wissenschaft und Forschung hatte einen Etat von 16 Milliarden Euro, der damit doppelt so hoch war, wie der des Bundesbildungsministeriums.

Wirtschaft und Arbeit

Die zweite große Ressortreorganisation war die Zusammenlegung der Ministerien für Wirtschaft und Arbeit zu einem „Superministerium" nach Berliner Vorbild. Der bis dahin amtierende Wirtschafts- und Verkehrsminister Ernst Schwanhold erhielt kein Regierungsamt mehr. Mit dem Zuschlag der für Wirtschafspolitik zuständigen Abteilungen zu seinem Arbeitsministerium erhielt stattdessen Harald Schartau eine herausgehobene Stellung im Kabinett. Sein neues Ministerium unterstrich auch institutionell die zentrale Rolle, die dem SPD-Vorsitzenden in der Regierung zugedacht war. Gleichzeitig gingen mit der Zusammenlegung aber auch inhaltliche Akzentverschiebungen einher. Die jahrzehntelange Trennung von Wirtschafts- und Arbeitsressort in Bund und Ländern spiegelte das vorherrschende korporatistische Verhandlungsarrangement zwischen Regierung, Wirtschaft und Arbeitnehmervertretern wider. Die beiden Ministerien waren immer auch Ansprechpartner für die jeweiligen Lobbygruppen gewesen. Das Arbeitsministerium galt als „Gewerkschaftsministerium", während sich das Wirtschaftsressort als Anwalt der Unternehmensinteressen verstand. Die im Bund und auch in anderen Bundesländern vorgenommene Zusammenlegung der beiden Ressorts verdeutlichte einen Prioritätenwechsel in der Arbeitsmarktpolitik. Diese sollte nicht mehr als primär sozialpolitische Aufgabe, sondern als wirtschaftspolitischer Beitrag zur Bekämpfung der Arbeitslosigkeit betrachtet werden. Die Unterordnung der Arbeitsmarktpolitik unter wirtschaftspolitische Zielsetzungen erfuhr ihre symbolische Übersetzung in der Reihenfolge der genannten Zuständigkeiten der neuen Ressorts: „Ministerium für Wirtschaft und Arbeit."

Auf Bundesebene erkannten die Gewerkschaften auf Anhieb, dass die Zusammenlegung weit mehr war, als eine bürokratische Verschlankung des Regierungsapparates. Sie reagierten mit heftigen Protesten auf die Gründung des neuen Bundesministeriums. In NRW blieb gewerkschaftlicher Widerstand hingegen aus. Harald Schartau war schließlich einer der ihren. „Aus einem Guss" sollten zukünftig auch alle Bereiche der Sozialpolitik gestaltet werden, die nicht zum engeren Kreis der Arbeitmarktpolitik zu zählen waren. Diese wurden von jetzt an im Gesundheits- und Familienministerium unter der Führung von Birgit Fischer bearbeitet.

Die ehemals dem Wirtschaftsministerium zugehörigen Abteilungen für Energie und Verkehr wurden mit der Abteilung für Landesplanung, die bisher in der Staatskanzlei angesiedelt war, zu einem großen Infrastrukturministerium zusammengefasst. Zuständiger Minister wurde Axel Horstmann, der bereits von 1995 bis 1998 Minister für Arbeit, Gesundheit und Soziales unter

Johannes Rau gewesen war. Horstmann galt als kompetenter Reformer mit Organisationstalent. Ganz abgesehen von seiner sehr guten Vernetzung innerhalb der NRW-SPD war er damit auf der Entscheidungsebene eine überzeugende Besetzung für ein Ressort, mit dem der neue Ministerpräsident große inhaltliche Ambitionen verband. Im neuen Ministerium sollten die Planungen für alle großen Infrastrukturvorhaben gebündelt werden. Insbesondere die Verwirklichung des Prestigeprojekts „Metrorapid", eine Magnetbahntrasse zwischen Düsseldorf und Dortmund, benötigte nicht nur umfangreiche administrative Ressourcen, sondern auch einen durchsetzungsfähigen Ressortchef.

Staatskanzlei

Die nächste große Organisationsveränderung betraf den Zuschnitt der Staatskanzlei. Steinbrück beendete die unter Clement gängige Praxis, als besonders zukunftsrelevant erscheinende Politikfelder direkt im Stadttor anzusiedeln. Allein die Medienpolitik blieb weiterhin in der Fachzuständigkeit der Regierungszentrale, ansonsten sollte sie sich von nun an ihrem Kerngeschäft der Ressort- und Politikkoordination widmen. Chef der Staatskanzlei im Range eines Ministers wurde Wolfram Kuschke. Steinbrücks „neuer Mann für alles" (wdr.de v. 12.11.2002) war bis zu seiner Berufung Regierungspräsident in Arnsberg gewesen und galt sowohl als versierter Verwaltungsfachmann, als auch als strategisch denkender „Vollblutpolitiker". Von dieser seltenen Eigenschaftskombination erhoffte sich der neue Ministerpräsident nachhaltige Impulse für die von ihm angestrebte Verschlankung der Landesverwaltung. Über Kuschke schrieb die Welt am Sonntag (v. 24.11.2002), er kenne „jeden Winkel der Bürokratie – also auch die Ecken, die schon lange auf den Besen der Sparkommissare warten".

Das bisher von Hannelore Kraft besetzte Amt der „Ministerin für Bundes- und Europaangelegenheiten im Geschäftsbereich des Ministerpräsidenten" wurde abgeschafft und ihre Aufgaben an Staatssekretäre übertragen. Miriam Meckel – erst im März 2001 von Wolfgang Clement zur Regierungssprecherin berufen – musste die Zuständigkeit für das Landespresseamt abgeben. Als Staatssekretärin blieb sie aber weiterhin für die Medienpolitik des Landes zuständig und erhielt zusätzlich die Leitung der Referate für Europaangelegenheiten.

Das Landespresseamt sollte wieder in der alleinigen Verantwortung eines Staatssekretärs geführt werden. Aber einen neuen Regierungssprecher konnte Steinbrück zunächst noch nicht präsentieren. Erst zum Jahresbeginn

2003 wurde bekannt, dass Oliver Schumacher, bis zu diesem Zeitpunkt Wirtschaftsredakteur bei der Süddeutschen Zeitung, zukünftig für die Außendarstellung der Regierungspolitik verantwortlich sein sollte. Die Berufung von Journalisten in das Amt des Regierungssprechers ist in Bund und Ländern keine Seltenheit. Sie kennen die Funktionslogiken der Mediendemokratie und wissen aus eigener Erfahrung, wie Informationen und Ereignisse aufbereitet sein müssen, um mediale Aufmerksamkeit zu erlangen. „Ich habe den Ministerpräsidenten aus dem Blickwinkel eines Journalisten zu beraten. Ich habe Entscheidungen mit vorzubereiten, bin Ansprechpartner und Ideengeber im Regierungsapparat (...)", sagte Schumacher über seinen neuen Tätigkeitsbereich (zit. nach Welt v. 09.03.2003).

Neben der Reorganisation der Geschäftsbereiche fällte Steinbrück noch zwei gewichtige Personalentscheidungen. Jochen Dieckmann wechselte vom Justiz- ins Finanzministerium. Sein Nachfolger wurde Wolfgang Gerhards, der bereits zwischen 1998 und Mai 2002 Finanzminister unter Reinhard Höppner in Sachsen-Anhalt gewesen war. Den ehemaligen Verwaltungsrichter aus Köln bezeichnete wdr.de (v. 12.11.2002) als „Glücksgriff", weil es nicht schade, dass „der Justizminister auch Ahnung von Finanzen" habe.

Abbildung 28:   Kabinett Steinbrück 2002-2005

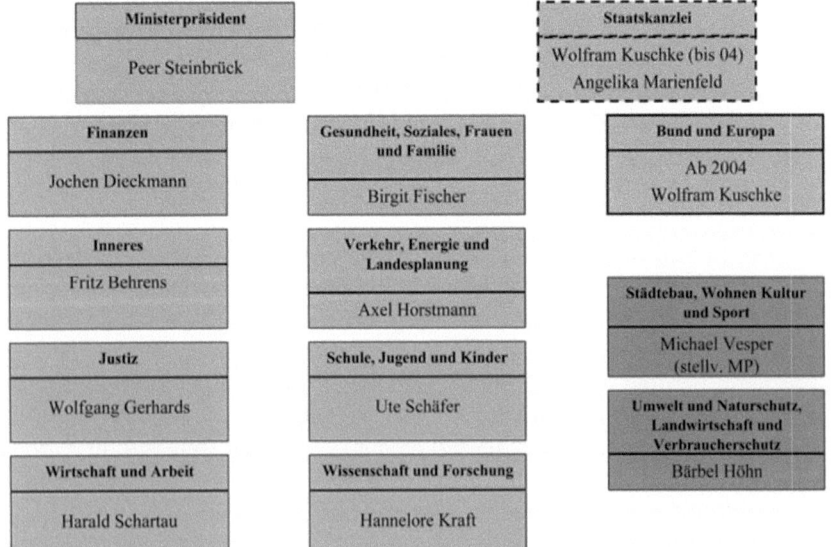

Eigene Darstellung

Die Regierungsbildung als Machtressource

Analysiert man die Kabinettsbildung abschließend entlang der Strukturmerkmale des Regierens, wird deutlich, dass Steinbrück die Handlungsoptionen der Ministerpräsidentendemokratie nutzen wollte, um institutionelle
Voraussetzungen für eine weitreichende Wirkungsmacht seiner Richtlinienkompetenz zu schaffen. Steinbrück beabsichtigte, den wirtschaftspolitischen
Modernisierungskurs seines Vorgängers zu forcieren und effektiver zu gestalten. Von den institutionellen und personellen Arrangements der Regierung
sollten später die Grenzen und Möglichkeiten der Durchsetzung seiner politischen Vorstellungen abhängig sein.

Die Startphase seiner Regierung war der einzige günstige Zeitpunkt, um
die institutionellen Vorbedingungen für den Erfolg seiner politischen Vorhaben nachhaltig zu beeinflussen. Da die Richtlinienkompetenz nur in Ausnahmefällen mit Verweisen auf Hierarchien durchzusetzen ist, sollten die
Kompetenzen der Ressorts und die verantwortlichen Minister derart zugeschnitten bzw. ausgewählt werden, dass die Ministerialbürokratie antizipativ
die politischen Ziele des Ministerpräsidenten verfolgen kann. Andernfalls
drohen Kompetenzstreitigkeiten, institutionelle Blockaden oder personelle
Auseinandersetzungen. Reibungsverluste wären die Folge, die sich negativ
auf die Handlungsfähigkeit der Regierung auswirken. Spätere Regierungsumbildungen sind nur noch punktuell möglich und werden in der Öffentlichkeit oft als Eingeständnis mangelnder Effektivität und somit als Anzeichen
von Schwäche interpretiert.[97] Dagegen bietet die Regierungsumbildung zu
Beginn der Amtszeit eines neuen Ministerpräsidenten die Chance, Taten-
drang und Gestaltungswillen zu demonstrieren. Die umfangreiche Kabinettsumbildung vom November 2002 entsprach mit der ihr innewohnenden Per-
sonen- und Konfliktorientierung ganz den Funktionslogiken der Mediendemokratie. Gewinner und Verlierer wurden sichtbar. Die mediale Aufmerksamkeit, die Peer Steinbrück durch seine Regierungsbildung auf sich ziehen
konnte, war seine erste wertvolle Machtprämie. Schließlich blieben dem im
Land bisher weitgehend unbekannten Ministerpräsidenten nur noch zwei

---

[97] Nicht zu unterschätzen sind zudem die organisatorische Probleme, die mit einem Neuzuschnitt
von Ressortzuständigkeiten verbunden sind: Abteilungen und Referate müssen u. U. mitsamt
ihren Datenbeständen in andere Gebäude umziehen, ihre EDV-Anbindung muss rekonfiguriert
und die neue Organisationskultur von den Mitarbeitern internalisiert werden. Bis das 2003 gegründete Bundesministerium für Wirtschaft- und Arbeit effektiv arbeiten konnte, verging ein
Jahr. Die Trennung der Bereiche Arbeit und Wirtschaft im Jahr 2005 wird nicht weniger Zeit
beanspruchen (Zeit 46/2005)

Jahre, um sich politische Erfolge und einen Amtsbonus für den nächsten Wahlkampf zu erarbeiten.

Die Handlungsoptionen der Ministerpräsidentendemokratie, die Peer Steinbrück bei der Regierungsbildung intensiv für sich nutzen konnte, fanden ihre Grenze in den Imperativen der Koalitionsdemokratie. Obwohl ihm formal auch die Organisationsgewalt über die von den Grünen geführten Ministerien zustand, blieben Steinbrück Eingriffe in deren Geschäftsbereiche faktisch verwehrt. Die informelle Konvention, dass die Koalitionspartner ihre jeweiligen Ressorts in relativer Eigenverantwortung führen, verbot den Weg über formal offen stehende Korridore. Wie schon bei seinen Vorgängern Rau und Clement spiegelten sich auch die Konventionen der Parteiendemokratie bei der Regierungsbildung wider. SPD-Chef Harald Schartau kam als „Super-Minister" die oben beschriebene Scharnierfunktion zwischen Regierung und Partei zu. Zudem war mit Birgit Fischer eine stellvertretende Parteivorsitzende und die stellvertretende Vorsitzende der Region „Westliches Westfalen" in die Kabinettsdisziplin eingebunden. Mit Finanzminister Jochen Dieckmann (Mittelrhein) und Verkehrsminister Axel Horstmann (Ostwestfalen-Lippe) waren zwei weitere Vorsitzende der ehemals mächtigen, aber seit der Organisationsreform 2001 zu „Regionen" degradierten Untergliederungen der NRW-SPD im Kabinett vertreten. Die Region Niederrhein repräsentierten Innenminister Fritz Behrens und Wissenschaftsministerin Hannelore Kraft. Aber die Regionen hatte nicht mehr das gleiche Gewicht wie die ehemaligen Bezirke. Die parteipolitischen Machtzentren waren der mit der Parteireform deutlich aufgewertete Landesverband und die Landtagsfraktion.

Am Widerstand der Fraktion scheiterte dann auch die Berufung von Medien-Staatssekretärin Miriam Meckel zur Wissenschaftsministerin (Welt v. 13.11.2002). Die parteilose Seiteneinsteigerin hatte sich nie die Mühe gemacht, zu verhehlen, dass sie ihre Ferne zur Sozialdemokratie eher als Tugend, denn als Nachteil betrachtete. Mit einer derartigen Attitüde erarbeitet man sich in einer traditionsbewussten Partei weder Sympathie noch Unterstützung: „Ich war für die immer so eine Art Alien", sagte Meckel rückblickend selbst über ihr Verhältnis zur SPD (taz v. 04.11.2005). Schon mit der Berufung von Wolfgang Gerhards aus Sachsen-Anhalt und der kaum bekannten Landtagsabgeordneten Ute Schäfer hatte Steinbrück Unmut in der Fraktion hervorgerufen (WAZ v. 13.11.2002). Dass auch noch ein Schlüsselressort wie das Wissenschaftsministerium von einer Frau ohne Parteianbindung geführt werden sollte, war für die Fraktionsmehrheit nicht akzeptabel. Abgesehen davon, dass sich bei Ministerimporten von außen immer einige Abgeordnete, die sich selbst für eine hervorragende Besetzung halten, übergangen fühlen, sind Wissenschaft und Bildung Politikfelder, mit denen sich in Wahlkämpfen Zukunftskompetenz demonstrieren lässt. Auf die öffentliche Assoziation von SPD und Wissenschaft wollten Partei und Fraktion nicht verzichten.

Die Regierungserklärung: „Wahrheit" und „Klarheit" als zentrale Motive der Darstellungspolitik

Als Peer Steinbrück zwei Wochen nach seiner Wahl zum Ministerpräsidenten sein Regierungsprogramm für die verbleibenden zweieinhalb Jahre der Legislaturperiode vorstellte, befanden sich Regierung und SPD in einer kritischen Situation. Die schlechte Leistungsbilanz der rot-grünen Bundesregierung, die wenige Wochen nach den Bundestagswahlen dem überraschten Wahlvolk eine dramatische Haushaltskrise erklären musste, sowie eine Reihe von schlechten Leistungsbilanzen auf wichtigen Feldern der Landespolitik ließen die Umfragewerte der SPD auf historische Tiefstände fallen. Steuerschätzungen ergaben für 2003 zu erwartende Mindereinnahmen von 1,5 Milliarden Euro und die Anzahl der Arbeitslosen in NRW war deutlich über 800.000 angestiegen. Die Ergebnisse der Pisa-Schülerstudie hatten schwerwiegende Bildungsdefizite bei nordrhein-westfälischen Jugendlichen offengelegt. Zudem fiel in NRW die Benachteiligung von unteren Einkommensschichten bei der Verteilung von Bildungschancen besonders drastisch aus. Das Land „verfehle seine wichtigsten Bildungsziele Leistung und Gleichheit", stellte die taz (v. 13.11.2002) ernüchtert fest. Der Ministerpräsident lag mit einem Bekanntheitsgrad von gerade einmal 30 Prozent in etwa auf dem Niveau seiner Partei in aktuellen Umfragen (wdr.de v. 09.03.2003).

Erwartungen und Anforderungen

Mit der Regierungserklärung bot sich Peer Steinbrück die Gelegenheit, ein entscheidungs- und darstellungspolitisches Fundament zu legen, auf dessen Grundlage sowohl neue Output-, als auch kommunikative Legitimation aufgebaut werden konnte. Mit Blick auf die Strukturmerkmale des Regierens galt es, in fast allen Handlungsarenen Defizite auszugleichen. Der Ministerpräsident musste seinen Bekanntheitsgrad erhöhen, um mit Amtsbonus in den nächsten Wahlkampf gehen zu können. Dazu war erforderlich, Policy-Akzentuierungen vorzunehmen und Kernbotschaften zu entwickeln. Steinbrück stand vor der Herausforderung, trotz Arbeitsmarkt- und Haushaltskrise einen Orientierungsrahmen zu präsentieren, der ausreichend normative Anschlussmöglichkeiten für Parteibasis und Stammwähler bereithielt. Im Oktober 2004 standen Kommunalwahlen an, deren Ausgang für die Motivation und damit für die Kampagnenfähigkeit der SPD im Landtagswahlkampf entscheidende Bedeutung zukam. Eine günstige Ausgangsposition für den Landtagswahlkampf 2005 erforderte gleichfalls, die rot-grüne Koalition in ruhiges Fahrwasser zu führen. Die Bundestagswahl vom September 2002 hatte gezeigt, dass forcierte Lageridentität und -polarisierung eine für beide Partner vorteilhafte Mobilisierung nach sich ziehen konnte. Die Vorrausetzung dafür war aber ein Koalitionsverhältnis, das nach außen nicht den Eindruck erweckte, Erfolge der einen Partei seien zwangsläufig Niederlagen für den Bündnispartner.

Von der Regierungserklärung mussten somit drei Signale ausgehen: Peer Steinbrück hatte sich erstens als ein Ministerpräsident zu präsentieren, dem die Probleme des Landes bekannt waren und der auf der Entscheidungsebene über Konzepte und Strategien verfügte, um sie zu überwinden. Zweitens galt es deutlich zu machen, dass Steinbrück kein technokratischer Reformer, sondern ein Ministerpräsident war, der bei allen Modernisierungsnotwendigkeiten die sozialdemokratischen Normen und Werte im Auge behielt. Und drittens waren wichtige Policy-Ziele der Grünen zu berücksichtigen, um die Handlungseinheit aus Mehrheitsfraktionen und Regierung zu festigen.

Im Gesamtüberblick wurde die Regierungserklärung, die Steinbrück unter dem Titel „Klarer Kurs: Konzentration der Kräfte – Gemeinsam für Nordrhein-Westfalen" am 20. November 2002 im Landtag abgab, diesen drei Anforderungen nicht gerecht. Identifikationsangebote für Partei und Koalitionspartner waren Mangelware. Steinbrücks Rede war durch eine sachliche Modernisierungsrhetorik dominiert, deren Leitmotive „Klarheit" und „Wahrheit" ein Bewusstsein für die Notwendigkeit großer Veränderungen schaffen sollten. Die Überschrift „Klarer Kurs" markierte die Kernbotschaft seiner darstellungspolitischen Strategie bis zum Ende der Legislaturperiode: Mit Steinbrück werde das Land von einem unideologischen Politikmanager geführt, dem Inszenierung und Show fremd seien, der dafür aber den Problemen ins Auge sähe und sie mit Tatkraft und Kompetenz überwinden wolle. „Ich werde mich weiterhin um Gradlinigkeit bemühen und nicht ins Unverbindliche oder Mehrdeutige flüchten, wenn es keine guten Nachrichten und Botschaften gibt." Steinbrück wollte ein „ungeschminktes Bild" der Probleme des Landes zeichnen, um in Öffentlichkeit und Parlament die notwendige Unterstützung für schmerzhafte Reformen zu erhalten.

Ein „steiniger Weg" läge vor den Menschen in NRW: „Wir stehen in ganz Deutschland und in Nordrhein-Westfalen vor erheblichen Problemen, die wir nur bewältigen können, wenn alle Beteiligten zu Anpassung – ja, in manchen Fällen auch das: zum Verzicht – bereit sind". Dennoch gab sich der Ministerpräsident davon überzeugt, dass die Bürger in NRW grundsätzlich bereit seien, diesen Weg mit zu gehen, denn: „die Menschen wissen es doch längst: Wir werden Ihnen eine Reihe von Zumutungen bieten und ihre Bereitschaft abfordern müssen, notwendige Veränderungen mit zu tragen und mit zu ertragen". Vier Bedingungen müssten allerdings erfüllt werden, um die durchaus vorhandene Bereitschaft zur Veränderung für die Durchsetzung von Reformen auch nutzbar zu machen: Die Politik müsse Begründungen und Erklärungen bieten, Werte- und Zielorientierung geben, „auf die Sicherung stabiler Umfelder setzen – in der Nachbarschaft und in den Gemeinden" sowie die Belastungen gleichmäßig verteilen: „Mit Verlierer- und Verlustängsten erzeugen wir nur Blockaden, aber keinen Aufbruch". Steinbrücks eingeforderte Werte- und Zielorientierung bedeutete für ihn ein neues Verhältnis von Gemeinwesen und Bürger. Er bemühte das Bild vom überforderten Staat: „Ein spanisches Sprichwort sagt: Wer nach zu vielem greift, wird wenig behalten." Ein moderner Staat, so der Ministerpräsident, „darf sich nicht mehr vornehmen, als er zu Ende bringen kann". Gemeint war die Sozialpolitik, die sich zukünftig auf die Unterstützung und Aktivierung zivilgesellschaftlichen Engagements konzentrieren müsse.

Mit der Hervorhebung von Ehrenamt und Zivilgesellschaft, die den Staat entlasten sollen, bewegte sich Steinbrück im normativen Rahmen des „dritten Weges" der „neuen Sozialdemokratie" (Giddens 1999). Doch generell bot der programmatisch-ideologische Überbau der Regierungserklärung wenig Anschlussmöglichkeiten für die Wertvorstellungen der SPD und ihrer Stammwählerschaft. In den Regierungserklärungen von Johannes Rau war die Relevanz von sozialer Sicherheit und Gerechtigkeit an Beispielen aus fast allen Politikfeldern dargelegt worden. Selbst Wolfgang Clement hatte in seiner Antrittserklärung vom Juni 1998 der „Verwirklichung von Gerechtigkeit und Chancengleichheit" breiten Platz eingeräumt und ihre Bedeutung für das Regierungshandeln an Bildungsfragen fest gemacht (Plenarprotokoll 12/90). Peer Steinbrück hingegen benutzte die beiden sozialdemokratischen Schlüsselbegriffe „soziale Gerechtigkeit" und „Solidarität" jeweils nur ein einziges Mal. Er attestierte seinen Landsleuten ein „hohes Gespür für soziale Gerechtigkeit" und bekannte sich zur gesellschaftlichen Solidarität in individuellen Notlagen. Welche praktischen Konsequenzen sich daraus für eine

Reformpolitik in Zeiten der ökonomischen Krise aber ergeben sollten, ließ der Ministerpräsident offen.

Peer Steinbrück bediente sich einer verwechselbaren Verzichtsrhetorik, die auch ein konservativer Regierungschef hätte vortragen können. Gewiss war die schnörkellose Offenheit, mit der er die Defizite und Probleme des Landes auf vielen Politikfeldern benannte (Arbeitsmarktsituation: „schlecht", Haushaltslage: „dramatisch") ein bisher unbekanntes und von Wahrhaftigkeit zeugendes Stilmittel. Auch war es notwendig, die Mehrheitsfraktionen auf die harten Maßnahmen einzustimmen, welche die drohenden Steuerausfälle von ihnen abverlangen sollten. Aber Steinbrück verkannte zu Beginn seiner Amtszeit, wie wichtig die Erzeugung kollektiver Identitäten durch Wertorientierung ist. Eine frühere Berücksichtigung der Imperative der Parteiendemokratie hätte seine Handlungskorridore deutlich erweitern können.

Regierungsprogramm

Die inhaltlichen Schwerpunkte der Regierungserklärung waren die Politikfelder Arbeitsmarkt, Bildung und Finanzen. Auffällig waren Steinbrücks zahlreichen und ausführlichen Verweise auf die Bundespolitik. Sie waren Ausdruck des Dilemmas, in dem sich alle Landesregierungen befinden: Sie verfügen nicht über hinreichende Steuerungsinstrumente, um die wichtigsten landespolitischen Probleme, Arbeitsmarkt- und Haushaltskrise, nachhaltig zu überwinden. Eine Reform der Arbeitsmarktpolitik, für Steinbrück die „drängendste Aufgabe" seiner Regierung, liegt beispielsweise gar nicht im Kompetenzbereich der Landespolitik. Folglich blieb dem Ministerpräsidenten nicht viel mehr übrig, als die „passgenaue Umsetzung" der von der Bundesregierung angestrebten Reformen anzukündigen. Ein weiterer Schwerpunkt der künftigen Wirtschaftspolitik des Landes sollte ein forcierter Bürokratieabbau sein. Verordnungen und untergesetzliche Regelungen wollte die Landesregierung mit „Verfallsdaten" belegen, um sie bei nicht ausreichenden „Beweisen" für ihre Wirksamkeit automatisch auslaufen lassen zu können. Insbesondere die Genehmigungsverfahren für Investitionsvorhaben würden weiter verkürzt, versprach der Regierungschef.

Auf dem Feld der Verkehrs- und Infrastrukturpolitik stellte der Ministerpräsident die Magnetschwebebahn Metrorapid in den Mittelpunkt. „Ich hielte es für politisch sträflich, mich nicht für eine Investition in Höhe von 3,2 Milliarden Euro mit hohen Wertschöpfungsanteilen und Arbeitsplatzeffekten in Nordrhein-Westfalen einzusetzen." Der Bau der Magnetschwebebahn war aber zwischen den Koalitionsparteien nicht unumstritten, und so betonte Steinbrück, die Verwirklichung dieses Großprojektes sei von der ausreichenden Bezuschussung des Bundes abhängig. Außerdem kündigte Steinbrück weitreichende Korrekturen der Strukturpolitik seines Vorgängers an. Die zahlreichen Gesellschaften und Institutionen, die Wolfgang Clement zur Förderung und Ansiedlung neuer Wirtschaftszweige gegründet hatte, sollten auf ihre Effektivität hin untersucht werden. Namentlich nannte der Ministerpräsident die Landesbank NRW, die Wohnungsbauförderungsanstalt, die Projekt Ruhr GmbH, die Medien GmbH und die Gesellschaft für Wirtschafsförderung. Gesellschaften mit vergleichbaren Aufgaben könnten unter einem Dach zusammengefasst werden, „und wenn notwendig werden wir auch einzelne Gesellschaften nach dem Gebot der Effizienz und Effektivität ganz oder in Teilen ‚rückabwickeln'".

Auch in der Finanzpolitik waren die Bewegungsspielräume eng bemessen. Angesichts von Steuerausfällen in Höhe von 1,5 Milliarden Euro, die dem Land im Jahr 2003 drohten, sah der Ministerpräsident keine andere Möglichkeit, als die Neuverschuldung zu erhöhen. Für die Zeit nach 2003 kündigte er „eigene Sparanstrengungen" an. Generell beabsichtigte seine Regierung eine Reform des Haushaltsaufstellungsverfahrens. Vom Jahr 2003 an sollte der Landeshaushalt als Doppelhaushalt für zwei Jahre angelegt und das Instrument der Budgetierung ausgeweitet werden. Nur über die Ausgabenseite, so Steinbrück, sei aber die Haushaltskrise bei Ländern und Kommunen nicht zu meistern. Seine Regierung werde in enger Zusammenarbeit mit Niedersachsen eine Bundesratsinitiative zur Wiedereinführung der Vermögenssteuer einleiten.[98] Die zu erwartenden Einnahmen von ca. einer Milliarde Euro sollten zu zwei Dritteln für Bildungs- und zu einem Drittel für kommunale Investitionen verwendet werden. Der „Zukunftscent" sollte im Sommer 2003 als ein „kompensatorisches Thema" die Sozialreformen auf Bundesebene ergänzen und eine Gerechtigkeitsdimension in die öffentliche Diskussion einbringen (Interview mit G. van den Berg v. 23.03.2006). Die Chancen einer Durchsetzung dieser allein den Ländern zustehenden Steuer waren aber von vornherein gering. Sowohl die sozialdemokratisch geführte Bundesregierung als auch die Unionsmehrheit im Bundesrat lehnten die Vermögenssteuer ab. Auf tatsächliche Mehreinnahmen konnten weder das Land, noch die Kommunen ernsthaft hoffen.

---

[98] Die Vermögenssteuer war in ihrer bis 1997 bestehenden Form vom Bundesverfassungsgericht für verfassungswidrig erklärt worden. Das gab der damaligen christlich-liberalen Bundesregierung die Gelegenheit, die von ihr als wirtschaftlich schädlich angesehene Steuer durch Unterlassung von Korrekturen de facto abzuschaffen (Grunden 2004: 100).

Das Politikfeld Bildung und Wissenschaft nahm den weitaus größten Raum in Steinbrücks Regierungserklärung ein. Der Ministerpräsident bekräftigte die Umsetzung des Stufenplans „Verlässliche Schule", nach dem bis 2005 6000 zusätzliche Lehrerstellen geschaffen werden sollten. Das niedrige Leistungsniveau an den Schulen des Landes und die damit verbundene soziale Ungleichheit bei der Verteilung von Bildungschancen hoffte Steinbrück mit Hilfe des Bundes korrigieren zu können. Die dem Land zustehenden Mittel aus dem Vier-Milliarden-Euro Programm der rot-grünen Bundesregierung zur Einführung der offenen Ganztagsschule sollten schnell und in vollem Umfang abgerufen und investiert werden. Beim Thema Wissenschaft und Forschung hielt sich Steinbrück mit der Vorstellung konkreter Maßnahmen zurück. Die Universitäten würden angehalten, Profilschwerpunkte und „Exzellenzfelder" zu bilden. Für die Zeit nach 2003 sei die Einführung von Gebühren „für ein Langzeitstudium, Zweitstudium und ein Studium im Alter" geplant.

Im deutlichen Gegensatz zu seinen beiden Vorgängern Rau und Clement hatten die beiden Ministerien des grünen Koalitionspartners nur wenige Anliegen und Projekte in der Regierungserklärung unterbringen können. Wo sich Verbindungen zur wirtschaftlichen Modernisierung herstellen ließen, räumte Steinbrück dem Klimaschutz und den regenerativen Energien relativ viel Raum ein. Die Politikfelder Umwelt- und Verbraucherschutz, mit deren Hilfe sich Bärbel Höhn bundesweit profilieren und zur populärsten Ministerin des Landes hatte aufsteigen können, streifte Steinbrück nur am Rande. Der grüne Schlüsselbegriff „ökologische Modernisierung" fiel nur ein einziges Mal.

Steinbrück hatte zu Beginn seiner Rede betont, die Arbeit seiner Regierung stehe in der Kontinuität seines Vorgängers und sowohl der Koalitionsvertrag, als auch die Regierungserklärung Wolfgang Clements vom August 2000 besäßen nach wie vor Gültigkeit. Es sei deshalb nicht notwendig, alle Initiativen und Projekte der rot-grünen Koalition noch einmal anzuführen. Aber angesichts der umfangreichen Regierungsumbildung, der knappen Mehrheit im Landtag, der enormen wirtschaftlichen Probleme und der demoskopischen Misere der Koalitionsparteien machte der lapidare Verweis auf bestehende Vereinbarungen unmissverständlich deutlich, dass er sich an vergangene Beschlüsse nicht allzu stark gebunden fühlte. Die nicht genannten Initiativen der Koalition hatten für Steinbrück keine Priorität. Seine Regierungserklärung demonstrierte, dass der Ministerpräsident bei der Durchsetzung seiner Modernisierungspolitik weder auf den Bündnispartner, noch auf die eigene Partei besondere Rücksicht zu nehmen beabsichtigte.

Reaktionen

Die latente Distanz zum Koalitionspartner, die Verunsicherung der SPD angesichts dramatisch schlechter Umfragewerte und nicht zuletzt die Vorbehalte der eigenen Partei gegenüber ihrem Ministerpräsidenten boten dem Oppositionsführer Rüttgers eine Reihe von Angriffsflächen, die dieser in seiner Replik auf die Regierungserklärung auch zu nutzen wusste. „Deshalb Herr Steinbrück (...) sind Sie keine Alternative zur Episode Clement, sondern nur der zweite und letzte Teil dieser Episode. Mit Ihnen fängt nicht etwas an, sondern mit Ihnen hört etwas auf, nämlich die Herrschaft von Rot-Grün in diesem Land". Um weiteren Sand in das fragile Getriebe der Koalition zu streuen, bediente sich Rüttgers vieler Argumente, die auch von den Grünen gegen den geplanten Bau des Metrorapid vorgebracht wurden: ein zu teures Prestige- und Alibiprojekt, dessen „Beerdigung" nur eine Frage der Zeit sei. Während Steinbrück das Thema „soziale Gerechtigkeit" weitgehend gemieden hatte, wurden Gerechtigkeitsfragen zu einem Leitmotiv der Oppositionskritik. Die Finanzpolitik der Koalition sei „unfair und ungerecht". Die rotgrüne Koalition hätte in der Vergangenheit nicht nur ihre Versprechen für mehr Sicherheit, sondern auch das für mehr Gerechtigkeit gebrochen. „Es ist wahr: NRW braucht Wahrheit und Klarheit. Aber es braucht auch ein Herz für die Menschen. Es braucht ein Mitgefühl für die Armen. Es braucht Ermutigung für Leistungsbereite". Die Rede des Ministerpräsidenten sei dagegen nur eine „Regierungserklärung der Überschriften" gewesen und er hätte keine Antworten auf die drängenden Probleme des Landes geben können. Dieser Vorwurf hätte sich aber auch mühelos gegen Jürgen Rüttgers wenden lassen. Der Oppositionsführer verwandte fast die Hälfte seiner Redezeit auf Kritik an der rot-grünen Bundesregierung. Von der Bildungspolitik einmal abgesehen erfuhren die Abgeordneten im Düsseldorfer Landtag kaum etwas über alternative Oppositionskonzepte für NRW. Damit deutete sich bereits die Strategie an, mit der die Union versuchen würde, Sozialdemokraten und Grüne aus den Regierungsämtern zu vertreiben. Die Unzufriedenheit der Wähler über die Politik der Bundesregierung sollte der Hebel zum Machtwechsel werden. Aber das bundespolitische Kalkül alleine war noch nicht ausreichend. „Nordrhein-Westfalen ist ein durch und durch sozialdemokratisches Land, ganz gleich, welche Partei regiert", schrieb die Zeit. „Wem der Ruf anhaftet, das Soziale in der Demokratie zu gefährden, der hat zwischen Rhein und Ruhr einen schweren Stand" (Zeit 20/2005). Das wusste auch Jürgen Rüttgers. Die Betonung von Gerechtigkeitsfragen versprach, die Angst sozialdemokratischer Anhänger vor einer neuen Regierung zu mindern und dadurch das Mobilisierungspotential der SPD zu verkleinern.

Die Reaktionen auf Steinbrücks Regierungserklärung charakterisierte innerhalb wie außerhalb des Parlaments eine skeptische Zurückhaltung. Allein SPD-Fraktionschef Edgar Moron tat seine Pflicht und sicherte Peer Steinbrück die volle Unterstützung seiner Fraktion zu. Die Fraktionsvorsitzende der Grünen, Sylvia Löhrmann, sah sich angesichts der Vernachlässigung durch den Ministerpräsidenten dazu genötigt, die landespolitischen Prioritäten ihrer Partei nachzuliefern. Überschwängliche Solidaritätsbekundungen an die Adresse des neuen Regierungschefs waren nicht ihre Sache. Das Plenarprotokoll verzeichnete während ihrer Rede fast ausschließlich „Beifall bei den Grünen". Die SPD-Fraktion nahm die Ausführungen des Koalitionspartners schweigend zur Kenntnis.

Auch die Kommentatoren der regionalen und überregionalen Presse vermochten keine Aufbruchstimmung auszumachen. Peer Steinbrücks „Klarheit und Wahrheit" Rhetorik stieß auf Vorbehalte. Die FAZ sah schwere Zeiten auf den Regierungschef zukommen: „Steinbrück hat viel gegen sich. Zum Beispiel die Politik seiner Parteiführung im Bund und die Stimmung im Land. (...) Er kämpft auch gegen die Zeit, denn in den verbleibenden zweieinhalb Jahren bis zur Landtagswahl 2005 wird er Nordrhein-Westfalen in einem Klima klammer Stagnation nicht in ein blühendes Land verwandeln können. (...) Es sieht schlecht aus für Rot-Grün" (FAZ v. 25.11.2002). Die Welt am Sonntag (v. 24.11.2002) schätzte die Lage der Regierung optimistischer ein und betonte die Unterschiede zwischen Steinbrück und Clement in der Wirtschafts- und Strukturpolitik: „Der Nachfolger ist wirklich nicht nur Nachahmer. Wohin das führt, steht spätestens in zweieinviertel Jahren fest. Ob Steinbrück dann die erhofften guten Noten in seinem ,Versetzungszeugnis' erhält, oder ob Rüttgers Traum wahr wird, das Ende von Rot-Grün – jedenfalls wird im Mai 2005 ein neuer Landtag gewählt. Schwamm drüber – Klassenlehrer Steinbrück stoppt die Zeit, während Musterschüler Schartau das Bild auf der Tafel abwischt".

Politikmanagement: Koalitionskrise, Haushaltskonsolidierung und die Handlungskorridore der Mehrebenendemokratie

Vier Monate nach dem Amtsantritt der neuen Landesregierung steuerte die rot-grüne Koalition in ihre schwerste Krise seit der Begründung des Bündnisses acht Jahre zuvor. Bundeskanzler Gerhard Schröder hatte am 14. März

2003 seine „Agenda 2010" vorgestellt. Mit Hilfe von Leistungskürzungen für Langzeitarbeitslose und einer Liberalisierung des Arbeitsmarktes wollte die Bundesregierung den dramatisch erhöhten Erwerbslosenzahlen und den ansteigenden Defiziten der öffentlichen Haushalte begegnen. Die sozialpolitische Wende der rot-grünen Koalition auf Bundesebene bezahlte die SPD mit einer weiteren Verschärfung ihrer demoskopischen Misere und heftigen parteiinternen Kontroversen.

Aber nicht nur die Bundespolitik lastete im Frühjahr 2003 schwer auf der NRW-SPD. Die Arbeitslosenzahlen in Nordrhein-Westfalen hatten die 900.000-Marke überschritten und für das laufende Haushaltsjahr drohten noch höhere Steuerausfälle als ohnehin befürchtet. In aktuellen Umfragen lag die NRW-SPD mit 33 Prozent ganze 18 Prozentpunkte hinter der CDU. Peer Steinbrück besaß nach wie vor keinen Amtsbonus. Laut infratest-dimap wollten Ende März 2003 nur 36 Prozent der Befragten Steinbrück als Ministerpräsidenten. Rund 40 Prozent bevorzugten Jürgen Rüttgers (Focus v. 19.04.2003). „Ich stelle jeden Tag eine Kerze ins Fenster, dass erst im Mai 2005 Landtagswahlen stattfinden", kommentierte Steinbrück das demoskopische Tief (Handelsblatt v. 16.05.2003).

Was dem Ministerpräsidenten offenkundig fehlte, war ein unverwechselbares Profil. Er sei ein „Mann ohne Botschaft", kommentierte die NRZ (v. 13.02.2003) die Krise der Regierung. „Als habe er Angst vor dem Land und seinen Menschen, hockt der Ministerpräsident in der Staatskanzlei", bemängelte das Nachrichtenmagazin Focus die fehlende Präsenz des immer noch unter mangelnder Bekanntheit leidenden Regierungschefs. „Wo ist der Ministerpräsident, muss der nicht durch das Land reisen und sich kümmern?", stichelte auch der Oberbürgermeister von Gelsenkirchen, Oliver Wittke (CDU) und brachte damit die Kritik auch vieler Sozialdemokraten auf den Punkt: „Der Clement war jeden Tag unterwegs" (Focus v. 19.04.2003). Steinbrücks darstellungspolitisches Leitmotiv „Klarheit und Wahrheit" fand auf der Entscheidungsebene keine Entsprechung. „Klarheit und Wahrheit" über was? „Klarer Kurs" wohin? Auf diese Frage war er eine medientaugliche Antwort schuldig geblieben. Gefragt war ein begeisterungsfähiges Gewinnerthema. Nach dem Scheitern der Olympia-Bewerbung Düsseldorfs sprach der Ministerpräsident von der Notwendigkeit „ein Kaninchen aus dem Hut zu zaubern" (Focus v. 19.04.2003).

Prestigeprojekt Metrorapid

Steinbrücks Kaninchen sollte das von seinem Vorgänger geerbte Großprojekt Metrorapid werden. Hatte er zu Beginn seiner Amtszeit der Magnetschwebebahn nicht die gleiche Begeisterung entgegenbringen können wie sein Vorgänger, so war die Drei-Milliarden-Investition jetzt das einzige Thema, mit dem er ein „klares rotes Profil" beweisen zu können glaubte. Der Metrorapid sollte nicht nur trotz, sondern auch und gerade wegen der starken Vorbehalte der Grünen durchgesetzt werden. Innerhalb der SPD mochte man dem Bündnispartner nicht verzeihen, dass die schlechte Performance der Regierungen in Berlin und Düsseldorf bei den Grünen keine Spuren hinterließ. Diese standen bei Umfragen im Land konstant bei zehn Prozent und ausgerechnet Umweltministerin Bärbel Höhn, Trägerin aller Antipathien Clements und Steinbrücks, war das populärste Kabinettsmitglied in NRW. Der Bau der Magnetschwebebahn bot sich somit nicht nur als Symbol für wirtschaftspolitische Tatkraft an, sondern war gleichfalls ein geeignetes Mittel, um die aus SPD-Sicht angemessene Hackordnung in der Koalition wieder herzustellen.

Allerdings war die Realisierung der Magnetschwebebahn im Ruhrgebiet von erheblichen finanziellen Bundeszuschüssen abhängig. Clement nannte seinerzeit die Summe von 2,2 Milliarden Euro. Die Grünen standen dem Metrorapid von Anfang an äußerst skeptisch gegenüber und hatten im Koalitionsvertrag festschreiben können, dass das Land sich nicht an der Finanzierung beteiligen würde.

Im Januar 2003 legte Verkehrsminister Axel Horstmann in Absprache mit der Bundesregierung einen Finanzierungsplan vor, der vorsah, dass der Bund ca. 2,3 Milliarden Euro bereitstellen würde, 200 Millionen Euro von der Industrie zu erwarten wären und das Land NRW Kredite in Höhe von 679 Millionen Euro aufnehmen müsste. Dieses Darlehen sollte aus den Betriebseinnahmen getilgt und verzinst werden. Zusätzlich hätte das Land Ausfallbürgschaften für veranschlagte Einnahmen der Betreibergesellschaft übernehmen müssen (wdr.de v. 28.01.2003). Der Finanzierungsplan widersprach in wesentlichen Punkten bestehenden Absprachen zwischen den Koalitionspartnern. Zum einen wäre das Land erhebliche finanzielle Risiken eingegangen, denn die veranschlagten Passagierzahlen (35 Millionen pro Jahr) wurden von der Bahn und vom Bundesrechnungshof als deutlich zu optimistisch kritisiert. Zum anderen wurden notwendige Änderungen der Gebietsentwicklungspläne durch eine schwarz-grüne Mehrheit in den Regionalräten der Regierungsbezirke blockiert. Die SPD wollte die Regionalräte aus dem Planungsverfahren ausschließen, während die Grünen weiterhin auf deren Beteiligung bestanden (WAZ v. 02.04.2003 u. 04.04.2003). Am 8. April 2003 einigte sich der Koalitionsausschuss auf eine Änderung der Gebietsentwicklungsverfahren. Demnach sollten die Regionalräte die Trassenführung mitplanen dürfen, gegen das Projekt selbst sollte aber kein Veto mehr eingelegt werden können (wdr.de v. 27.06.2003). Eine Regierungskrise schien vorerst abgewendet, aber über die Frage der Landesbürgschaft bestand immer noch keine Einigung.

Neben den ungeklärten Fragen beim Metrorapidprojekt wurde das Verhältnis zwischen SPD und Grünen auch noch durch Uneinigkeit bei der Umsetzung des Bundesverkehrswegeplans für NRW belastet. Für den Ausbau der Autobahnen waren 4,4 Milliarden Euro, für den Bau von Umgehungsstraßen 3,2 Milliarden Euro vorgesehen. Entgegen der ursprünglichen Planungen verweigerten die Grünen ihre Zustimmung für den Bau von zwanzig Umgehungsstraßen, und forderten eine Milliarde Euro mehr für den Ausbau der Autobahnen. Die SPD reagierte äußerst aggressiv auf die Vorbehalte ihres Koalitionspartners. Staatskanzleichef Wolfram Kuschke sprach von „Blockaden" und „Tricks". Mit der SPD werde es "keine Mätzchen" mehr geben, nur noch „klare Kante" (WAZ v. 29.04.2003). Im Mai 2003 wurde zudem bekannt, dass das Land im laufenden Haushaltsjahr 1,4 Milliarden Euro Steuermindereinnahmen würde verkraften müssen. Ein verfassungsgemäßer Haushalt war ohne die Feststellung „einer Störung des gesamtwirtschaftlichen Gleichgewichts" nicht mehr zu erreichen und in den kommenden Jahren drohten noch erheblich höhere Einnahmeausnahmefälle, die nur durch schmerzhafte Ausgabenkürzungen kompensiert werden konnten (WAZ v. 22.05.2003).

Die Schwierigkeit eine Koalition zu beenden

Zu diesem Zeitpunkt fiel innerhalb der SPD-Spitze der Beschluss, das eigene Profil durch eine wirtschaftspolitische Akzentuierung zu schärfen, die gezielt und medienwirksam zu Lasten grüner Programmatik durchgesetzt werden sollte: Umweltschutz habe sich von nun an wirtschaftlichen Interessen unterzuordnen. Mit der öffentlichen Androhung eines Koalitionsbruchs, so das Kalkül, könnten die Grünen auf die neue sozialdemokratische Linie gezwungen werden. Sollte sich der Koalitionspartner widersetzen, müsste der Bruch tatsächlich vollzogen werden. Die zentrale Botschaft sollte lauten: Die Regierungspartei SPD hat die Probleme erkannt, formuliert Lösungskonzepte und setzt sie auch gegen Widerstände durch. Zwei Monate später galten die

Grünen als Sieger im Koalitionsstreit, der Ministerpräsident als angeschlagen und die Koalition bestand fort. Was war geschehen?

Selbst wenn ein Koalitionsbruch zunächst gar nicht das zentrale Anliegen der SPD war, muss bezweifelt werden, ob die sozialdemokratischen Spitzenakteure überhaupt eine Strategie für einen erfolgreichen Konfrontationskurs besaßen. Dabei war die SPD in der günstigen Position des „dominant player". Sie besaß die theoretische Option, durch einen Wechsel zur FDP die Grünen aus der Regierung zu drängen, ohne selbst die Regierungsverantwortung durch Neuwahlen zu riskieren. Um aus so einer vorteilhaften Position politisches Kapital schlagen zu können, müssen allerdings drei Bedingungen erfüllt sein: Es ist erstens eine parteiinterne Geschlossenheit organisiert, die der Drohung mit einem Koalitionswechsel Glaubwürdigkeit verleiht. Es ist zweitens sichergestellt, dass ein neuer Koalitionspartner im Zweifelsfall auch tatsächlich zur Verfügung steht, und drittens sind konkrete und nachprüfbare Ziele definiert, deren Erreichung einen darstellungspolitischen Erfolg gewährleisten. Letzteres hätte im Fall der Koalitionskrise vom Frühsommer 2003 bedeutet, dass die SPD drei bis maximal fünf politikfeldspezifische Forderungen aufstellte, die sich sowohl durch genügend Konfliktpotential mit den Grünen, als auch durch ausreichend Identifikationspotential für die eigene Basis auszeichneten. Ferner hätte sich die NRW-SPD der Unterstützung oder zumindest der „Neutralität" der Berliner Parteispitze versichern müssen, da ein Koalitionsbruch in Düsseldorf nicht ohne Auswirkungen auf die rot-grüne Bundesregierung geblieben wäre. Schließlich hätten vertrauliche Konsultationen mit den Liberalen die Gewissheit bringen müssen, dass die FDP wirklich in das Regierungsboot springt, sollten die Grünen es verlassen. Tatsächlich war keine dieser Bedingungen erfüllt, als die Sozialdemokraten am 18. Mai 2003 den rhetorischen Frontalangriff auf die Grünen starteten.

Einen Tag zuvor hatte der verkehrspolitische Sprecher der Grünen, Peter Eichenseher, im Verkehrsausschuss mit der Opposition gegen ein Straßenprojekt in Dortmund gestimmt. Harald Schartau stelle daraufhin die Regierungsfähigkeit der Grünen in Frage. Es könne nicht hingenommen werden, so der SPD-Chef, dass die Grünen „Politclowns in den eigenen Reihen einfach laufen lassen". Überhaupt wäre die finanzielle Lage des Landes derart schwierig, dass die SPD jetzt Prioritäten festlegen müsste. Danach könnte man sagen, mit welchem Partner man die Ziele erreichen wolle (RP v. 21.05.2003). Nach dem SPD-Chef ging der Ministerpräsident selbst in die Offensive: Keine Koalition wäre ein Wert an sich. Alle grünen „Bremsklötze" müssten weg, schimpfte er in der Rheinischen Post (v. 27.05.2003). Bedenken dürften sich nicht mehr „wie Mehltau" über das Land legen. Auch wollte er den Grünen keine Erfolge im Umweltschutz mehr zugestehen. Er mache sich vor den Wählern lächerlich, wenn er als Bilanz seiner Arbeit auf mehr Ackerrandsteine und Igelschutz verwiese, sagte Steinbrück unter großem Beifall vor der SPD-Landtagsfraktion. Zudem sprach Steinbrück den Grünen die Fähigkeit ab, die enormen ökonomischen Herausforderungen bewältigen zu können. Er schilderte den Abgeordneten die desolate finanzielle Situation des Landeshaushalts und verglich die Zustände in NRW mit jenen „Ende der vierziger Jahre". Angesichts der geringen Gestaltungsspielräume müsse sich die Regierung auf Investitionen im Straßenbau, den Metrorapid und den Ausbau des Düsseldorfer Flughafens konzentrieren. Mit den Grünen wäre das nicht durchzusetzen (SZ v. 28.05.2003).

Dieses rhetorische Trommelfeuer entsprach ganz der medialen Konfliktorientierung. Der persönliche Einsatz des Ministerpräsidenten demonstrierte, wie ernst es der SPD-Spitze mit einem möglichen Koalitionsende war. Es mangelte aber an Erwartungssteuerung und an Zustimmung sicherndem Themenmanagement. Für SPD-Basis und -Anhänger erschien die Regierungskrise wie ein Wolkenbruch aus heiterem Himmel. Am 28. Mai 2003 veröffentlichte der WDR eine Umfrage, nach der 47 Prozent der SPD-Sympathisanten weiterhin eine rot-grüne Koalition favorisierten. Nur elf Prozent wollten einen Wechsel zur FDP (wdr.de v. 28.05.2003).

Aber Peer Steinbrück dachte nicht daran, Deeskalation zu betreiben. Vom Bundeskanzler zum Rapport nach Berlin bestellt, bekräftigte er, die Entscheidung über das Schicksal seiner Regierung werde in NRW gefällt. Die rot-grüne Regierung sei derzeit weder in der Lage die aktuellen Probleme des Landes zu lösen, noch die nächste Wahl zu gewinnen (KStA v. 31.05.2003). Allerdings sei das Ende der Koalition noch keine beschlossene Sache. Steinbrück forderte einen „Klärungsprozess" über die Lösungsstrategien der Regierung für die drängenden Probleme auf dem Arbeitsmarkt und bei der Haushaltssanierung. Die SPD müsste klären, ob sie die Herausforderungen der Landespolitik in der jetzigen Koalition mit den Grünen lösen könne, „oder ob wir eine neue Politikplattform finden müssen, von der aus uns die Menschen die Kompetenz zuordnen, die wir brauchen, um Wahlen zu gewinnen". Eine Entscheidung würde erst nach Abschluss des Klärungsprozesses mit den Grünen bis Mitte Juli fallen, betonte der Ministerpräsident (wdr.de v. 30.05.2003; FTD v. 30.05.2003).

Anfang Juni 2003 gaben die Grünen ihre bis dahin auffällige Zurückhaltung auf und gingen in die Offensive. Der Landesvorstand der Partei legte am 2. Juni 2003 ein Papier mit fünf Eckpunkten vor, über die mit der SPD

Einvernehmen hergestellt werden müsste: Haushalt, Bildung, Gemeindefi-
nanzen, öffentliches Dienstrecht und ökologische Modernisierung. Frakti-
onsgeschäftsführer Johannes Remmel begründete das Papier mit der Feststellung, dass man bisher gar nicht gewusst habe, wo die SPD überhaupt konkreten Gesprächsbedarf sähe. Deshalb hätte man nun Vorschläge ausgearbeitet,
um eine Grundlage für den von Steinbrück angemahnten „Klärungsprozess"
zu erhalten (KStA v. 03.06.2003). Mit der spitzfindigen Feststellung, niemand wüsste „worum es geht" (Bärbel Höhn) trafen die Grünen den wunden
Punkt der SPD. Denn die Begründungen für die von ihr vom Zaun gebroche-
ne Regierungskrise waren in den vorangegangenen Wochen immer diffuser
geworden. Die Finanzierung des Metrorapids war nur noch ein Argument
unter vielen, und dabei nicht einmal mehr das hervorstechendste. Über die
strittige Frage der Umsetzung des Bundesverkehrswegeplans war bereits ein
Kompromiss gefunden worden. Konkrete Entscheidungen in der Umweltpolitik standen nicht an und auch für die Abwendung der drohenden Haushaltskrise gab es aufgrund des noch ausstehenden Haushaltsentwurfs gar keine
Entscheidungsgrundlage. Die SPD bemühte die Verkehrspolitik im Allgemeinen, nannte als Beispiele den Ausbau der Flughäfen in Köln/Bonn und
Düsseldorf, um dann wieder den generellen Reformbedarf in der Arbeits-
markt- und Wirtschaftspolitik oder die Fortführung der Steinkohle-Subven-
tionen als mögliche Sollbruchstellen auszumachen.

Mit ihrem Eckpunktepapier versuchten die Grünen, die SPD zu stellen.
Angesichts der Haushaltskrise forderten Sie eine Heraufsetzung der Wochenarbeitszeit für Landesbeamte auf 41 Stunden und die Kürzung des Weih-
nachts- und Urlaubsgeld. Die Bezirksregierungen sollten abgeschafft und die
Verteilung der Gewerbesteuer reformiert werden, um die Gemeinden zu
entlasten. Einen Ausbau der Flughäfen lehnten sie ab und beim Thema Metrorapid verwiesen die Grünen auf den geltenden Koalitionsvertrag. Alle notwendigen Beschlüsse zur Magnetschwebebahn seien gefasst und die Voraussetzungen ihrer Realisierung definiert (keine Landesbürgschaften). Schließlich versahen die Grünen ihren Forderungskatalog mit einem Ultimatum: Bis
zum Landesparteitag der SPD am 14. Juni müssten alle strittigen Fragen vom
Tisch (KStA v. 03.06.2003).

Derartig unter Zugzwang gesetzt, präsentierte die SPD einen Tag später
ihre von den Grünen zunächst befürchtete, nun aber eingeforderte „Giftliste".
Peer Steinbrück und Staatskanzleichef Kuschke stellten auf einer Sondersit-
zung der SPD-Landtagsfraktion am Abend des 3. Juni 2003 ein 17-seitiges
Positionspapier mit dem Titel „Bündnis für Erneuerung – Aufbruch in
NRW" vor. „Regierungen erhalten die Zustimmung der Menschen für ihr

Tun, für ihr Regieren – nicht für Nichtstun und Unterlassen", hieß es mahnend gleich zu Beginn des Positionspapiers. Die Wertvorstellungen von SPD und Grünen seien „weiterhin richtig", aber ihre „Umsetzung in praktisches Handeln muss in dieser Situation überprüft und neu ausgerichtet werden". Es gelte „die Handlungsfähigkeit für unser Land zurück zu gewinnen und dauerhaft zu sichern" (Bündnis für Erneuerung, o. V.: 1). Im Gegensatz zu den Koalitionsverhandlungen drei Jahre zuvor, wurden die zwischen den Bündnispartner strittigen Fragen aber nicht offen aufgelistet. Die potentiellen Sollbruchstellen der Koalition versteckten sich vielmehr zwischen allgemeinen Beschreibungen politischer Herausforderungen, die vom internationalen Terrorismus über demographische Veränderungen bis hin zur Krise der sozialen Sicherungssysteme reichten. Die Landesregierung müsse sich angesichts eingeschränkter Handlungsspielräume auf vier Schwerpunkte konzentrieren: Arbeit, Bildung, Mobilität und Innere Sicherheit. Dass „ökologische Modernisierung" in der Auflistung fehlte, musste von den Grünen als Provokation aufgefasst werden und war sicherlich auch als eine solche angelegt. Die erwartbaren konkreten Konflikte fanden sich in den Politikfeldern Umwelt, Wirtschaft und Verkehr:

- Weiterentwicklung der Braunkohlekraftwerkstechnologie und Fortführung der Steinkohlesubventionen über das Jahr 2010 hinaus
- Fortführung der Förderung regenerativer Energien nur unter der Voraussetzung bewiesener „Wirtschaftlichkeit"
- Ausbau der Mobilfunknetze und beschleunigte Genehmigungsverfahren
- Ausbau Nordrhein-Westfalens „zu einem europaweit führenden Standort der Bio- und Gentechnologie"
- Lückenschließungen auf den Autobahntrassen A1, A33, A44 und A46 sowie den Bau einer Reihe von Ortsumgehungen entlang der Bundestrassen 508, 62 und 58
- Realisierung des Metrorapid-Projekts
- Ausbau des Flughafens Düsseldorf für einen interkontinentalen Luftverkehr, „Nachtoffenheit" des Flughafens Köln/Bonn als „Frachtdrehkreuz Nordrhein-Westfalens" und Verlängerung der Start- und Landebahn des Flughafens Münster-Osnabrück.

Neben den oben aufgeführten Initiativen forderten die Sozialdemokraten eine Zurückstellung umweltpolitischer Ziele hinter wirtschaftspolitische Interessen. Naturschutzrechtliche Verordnungen dürften „die Realisierung von Investitionsprojekten nicht verhindern oder über Gebühr verzögern". Eingriffe

„zur Lasten der Natur" wären oftmals „unvermeidlich" (Bündnis für Erneuerung, o. V.: 17). Diese Passage zielte direkt auf die Genehmigungspraxis des
von Bärbel Höhn geführten Umweltressorts. Höhns Ministerium hatte es in
der Vergangenheit oft verstanden, über Umweltverträglichkeitsprüfungen die
Umsetzung diverser Industrieprojekte zu konterkarieren, beispielsweise beim
Braunkohletagebau Garzweiler II (Kapitel 3.2 und 3.3), der Urananreiche-
rungsanlage in Gronau oder bei der Entsorgung von Industrieabfällen in
Müllverbrennungsanlagen. Diese als destruktiv empfundene Rolle der Grünen bei der Implementierung von industrie- und verkehrspolitischen Investitionen belastete das Verhältnis der Koalitionspartner mindestens ebenso
stark, wie die langwierigen Entscheidungsprozesse über deren Realisierung
selbst. Dass die Grünen nun aber eingestehen sollten, dass dem Umweltschutz als wichtigstem Anliegen ihrer Basis und Wähler keine besondere
Relevanz bei der zukünftigen Regierungsarbeit mehr zukommen sollte, war
für den kleinen Bündnispartner nicht akzeptabel. Allerdings galt dies auch
für die SPD-Basis, wie sich noch herausstellen sollte.

Verlust der Partei

Während SPD-Fraktionschef Edgar Moron die Forderungen des „Erneue-
rungs- und Aufbruchpapiers" für unverhandelbar erklärte, gab sich SPD-
Chef Harald Schartau nach der Vorstellung der SPD-Leitlinien in der Grünen-Fraktion deutlich kompromissbereiter. Die Koalition habe eine Chance
„von mehr als 50 Prozent", bis zum Ende der Legislaturperiode weiter zu
arbeiten (KStA v. 04.06.2003). Auch vom Ministerpräsidenten waren plötz-
lich zurückhaltende Töne zu vernehmen. Sein „Leitbild für NRW" sei weder
eine „Magna-Charta" der SPD, noch ein „Scheidungspapier", sondern die
Grundlage für einen „ergebnisoffenen" Klärungsprozess (SZ v. 05.06.2003).
Die rhetorische Abrüstung war die Folge des wachsenden Unmuts der Parteibasis über den Konfrontationskurs der SPD-Spitzen. Gerüchte wurden
laut, mindestens 15 Unterbezirke beabsichtigten die Unterstützung eines
Antrags für den Landesparteitag am 14. Juni 2003, der ein Bekenntnis zur
Fortführung der rot-grünen Koalition zum Inhalt haben sollte (Welt v.
05.06.2003). Fünf Unterbezirksvorsitzende hatten bereits ihren Unmut über
einen Koalitionswechsel öffentlich gemacht, darunter die Vorsitzenden der
mächtigen Kreisverbände Aachen, Duisburg und Dortmund (KStA v. 04.06.
2003; taz, v. 05.06.2003).
    Aufgeschreckt durch den Protest der Basis schwand nun auch der Rück-
halt in der Landtagsfraktion für den scharfen Konfrontationskurs. Die Abge-

ordneten warfen ihrer Führung eine mangelhafte Kommunikationsstrategie vor. Die inhaltlichen Prioritäten seien unklar und ein Wechsel zur FDP den eigenen Mitgliedern nicht zu vermitteln. Bereits Ende Mai hatte Schartau zugeben müssen, dass allein der Gedanke an eine Zusammenarbeit mit den Liberalen die Landespartei „schütteln" ließe (FTD v. 30.05.2003). Am 11. Juni 2003 wurde eine neue Forsa-Umfrage bekannt, in der sich 72 Prozent der SPD-Mitglieder gegen einen Koalitionsbruch aussprachen (KStA v. 12.06.2003). Der kommende Landesparteitag in Bochum drohte für den „Klärungsprozess" des Ministerpräsidenten zu einem Fiasko zu werden. Jetzt galt es, Schadensbegrenzung und Krisenmanagement zu betreiben. Eine Abstimmung über die Fortführung der Koalition musste auf der anstehenden Delegiertenversammlung unbedingt verhindert werden, sollte Steinbrück nicht desavouiert und die Verhandlungsposition der SPD nicht nachhaltig geschwächt werden. Die Regie des eigentlich als Bildungskongress konzipierten Parteitages in Bochum sah eine „Unterrichtung" der Delegierten über den Zustand der Koalition durch Steinbrück und Schartau vor. Ein Votum über die Fortsetzung des Regierungsbündnisses wurde auf einen Sonderparteitag nach Abschluss der Verhandlungen verschoben. Ursprünglich hatte die SPD-Spitze sogar eine Aussprache über die Koalitionskrise verhindern wollen, was aber nach heftigen Protesten im Landesvorstand nicht durchzusetzen war. Der Landesvorstand einigte sich zudem auf einen Leitantrag, der Steinbrück für die Verhandlungen mit den Grünen den Rücken stärken sollte. Ein „Weiter so" könne es nicht geben, hieß es in der Beschlussvorlage, aber eine Neujustierung der Regierungsarbeit solle auf „der Grundlage des Koalitionsvertrages" erfolgen (FAZ v. 14.06.2003).

Die halbstündige Rede Steinbrücks auf dem Landesparteitag am 14. Juni 2003 in Bochum nannte die Süddeutsche Zeitung (v. 16.06.2003) einen „rhetorisch starken Auftritt". Er hätte „kein Drehbuch" für einen Koalitionsbruch versicherte der Ministerpräsident den 450 Delegierten. Aber er verlangte einen „Politikwechsel". Steinbrück schilderte ungeschminkt die schlechten Umfragedaten: „Immer weniger Menschen trauen der Regierungskoalition in dieser Aufstellung zu, die tief greifenden Probleme des Landes zu lösen". Die Grünen träten zu oft als „Opposition in der Regierung" auf. Viele Details hätten das Bild einer nahezu „handlungsunfähigen Regierung" erzeugt. „Wenn wir so weitermachen, können wir die nächsten Wahlen vergessen", rief Steinbrück den Delegierten zu. „Wir brauchen in Düsseldorf mehr Rotpur!" (FAZ v. 16.06.2003). Die anschließende Aussprache offenbarte den Unwillen der Parteibasis, einen Koalitionswechsel zu unterstützen. Die Delegierten setzten eine Ergänzung des Leitantrages durch, die entgegen der ausdrücklichen Aussparung des Themas Ökologie im Leitlinienpapier, eine „ökologische und soziale Erneuerung" als zusätzlichen Schwerpunkt der Regierungsarbeit festschrieb. Dennoch zeigten sich Steinbrück und Schartau mit dem Parteitagsverlauf zufrieden. Er hätte die notwendige Rückendeckung für einen „Politikwechsel" in NRW erhalten und das „ohne Treueschwüre auf Rot-Grün", sagte Steinbrück auf einer anschließenden Pressekonferenz (KStA v. 16.06.2003).

„Worst Case Szenario": Neuwahlen und koalitionspolitische Isolation

Die durch die mangelnde Unterstützung der Parteibasis verursachte prekäre Lage der SPD-Spitze verschärfte sich noch, als ihr Status des „dominant player" abhanden zu kommen drohte. Obwohl sich die FDP in den vergangenen Monaten bereits des Öfteren als Koalitionspartner empfohlen hatte, ließen öffentlich geführte Strategiedebatten bei Grünen und FDP aus sozialdemokratischer Perspektive ein „Worst Case Szenario" in den Bereich des Möglichen rücken: Vorgezogene Neuwahlen und der Verlust der Regierungsverantwortung. Die grüne Partei müsse sich neue Koalitionsoptionen erschließen, sagte die nordrhein-westfälische Bundestagsabgeordnete Christa Nickels der Rheinischen Post (v. 29.05.2003). Die Grünen sollten „ihre Zwangsverheiratung mit der SPD als strategische Option aufkündigen". Wenn sich die Grünen andere Optionen offen hielten, „müssten die Steinbrücks der SPD anders mit uns umgehen". Ähnliche Einschätzungen gab es auch im Landesvorstand der Grünen. Für die Vorsitzenden Britta Hasselmann und Fritjhof Schmidt war die Opposition eine „strategische Option". Im Falle eines Koalitionsbruchs wären vorgezogene Neuwahlen nur eine Frage der Zeit und die Grünen könnten gegen Steinkohle und Metrorapid Wahlkampf machen. Nach dem erwartbaren guten Ergebnis seien sie eine starke Opposition oder in der komfortablen Lage, sich den Koalitionspartner auszusuchen. Eine schwarz-grüne Regierung wurde folglich nicht mehr kategorisch ausgeschlossen (taz v. 05.06.2003). Darüber werde nicht theoretisch diskutiert, sondern sie werde, wenn es soweit sei, praktisch vollzogen (FAZ v. 16.06.2003).

Auch in der FDP gab es Vorbehalte gegen ein sozial-liberales Bündnis. Die liberale Stammwählerschaft allein bringt die FDP bundes- wie landesweit nicht über die Fünf-Prozenthürde. Es sind in der Regel Wähler aus dem Unionslager, die den Freidemokraten zum Einzug in die Parlamente verhelfen. Deren Unterstützung hätte aber durch ein Bündnis mit den Sozialdemokraten zur Disposition gestanden, käme die SPD der FDP inhaltlich nicht weit entgegen. Angesichts der erheblichen Differenzen in der Sozial- und Kohlepolitik war das aber nicht zu erwarten. Bereits seit Ende Mai versuchte die Union, die Liberalen von einem Einstieg in die Regierung abzuhalten. Die FDP sollte vielmehr einen Antrag auf Auflösung des Landtages unterstützten, sollte es tatsächlich zu einem Bruch der rot-grünen Regierung kommen. Die Wahrscheinlichkeit einer christlich-liberalen Mehrheit sei angesichts der aktuellen Umfragen sehr hoch. Dagegen hätte eine rot-gelbe Koalition kaum Aussichten, bis zum Ende der Legislaturperiode wirtschaftliche Erfolge zu erarbeiten. Am Ende könnte die FDP mit dem sinkenden Schiff der SPD untergehen und in der Union die Neigung ausgeprägt sein, ein Bündnis mit den Grünen einzugehen. Nicht wenige in der FDP-Fraktion teilten diese Einschätzung und ließen ihre Bedenken gegen einen Regierungseintritt öffentlich werden (KStA v. 31.05.2003).

Nun war nicht mehr ausgeschlossen, dass die Regierungskrise in einer koalitionspolitischen Isolation der SPD enden konnte, die unweigerlich in die Opposition geführt hätte. In jedem Fall schwächten die Bündnisspekulationen die Verhandlungsposition der SPD-Spitze und ihres Ministerpräsidenten. Die Grünen gaben sich entsprechend gelassen. Umweltministerin Höhn zeigte sich verwundert darüber, dass der SPD „nach dem Theaterdonner" der vergangenen Wochen nicht mehr eingefallen sei, als alte Konzepte aus dem „Zettelkasten" zu holen. Dennoch sei das Leitlinienpapier der Staatskanzlei eine „gute Basis" für die kommenden Verhandlungen mit der SPD (SZ v. 05.06.2003). In der Tat fanden sich in den SPD-Leitlinien auch Übereinstimmungen mit dem Positionspapier der Grünen. Das galt für Kürzungen bei der Beamtenbesoldung, der Einführung des Abiturs nach zwölf Jahren oder bei Teilaspekten einer Verwaltungsreform. Auch bei vielen Streitpunkten sahen sich die Grünen in einer günstigen Verhandlungsposition. Angesichts der Haushaltskrise könne sich das Land zusätzliche finanzielle Belastungen beim Metrorapidprojekt schlichtweg nicht leisten, der Ausbau der Flughäfen sei durch Verträge und schwebende Gerichtsverfahren blockiert und die Lückenschließung der Autobahntrassen lasse schon seit Jahrzehnten auf sich warten, wäre also gar kein Problem der Grünen, sondern das der SPD.

Der Ministerpräsident in der Politikverflechtungsfalle: Das Veto aus Berlin

Führende Sozialdemokraten in Berlin verfolgten den Koalitionsstreit in Düsseldorf mit wachsendem Unmut. Angesichts der Auseinandersetzungen um die „Agenda 2010" war die Verfassung der rot-grünen Bundesregierung auch ohne die Auseinandersetzungen in Nordrhein-Westfalen alles andere als stabil. Obwohl Gerhard Schröder einige Vorbehalte Steinbrücks gegenüber den Grünen teilte, war der gewählte Zeitpunkt der Regierungskrise in NRW aus Berliner Perspektive denkbar schlecht gewählt. Wichtige sozialpolitische Reformvorhaben des Bundeskanzlers hatten noch nicht den Bundestag passiert und im Mai 2003 war auch noch nicht sicher, ob das jemals der Fall sein würde. Ein Bruch der Koalition im größten deutschen Bundesland hätte unkalkulierbare Risiken für die Mehrheit im Bund zur Folge gehabt.

Ende Mai schaltete sich die Bundes-SPD erstmals öffentlich in die Koalitionskrise ein. Der Vorsitzende der SPD-Bundestagsfraktion und ehemalige NRW-Landesvorsitzende Franz Müntefering wiederholte mehrmals die Ansicht, dass ein Koalitionsbruch in Düsseldorf niemandem nütze. Gerhard Schröder kritisierte vor der Bundestagsfraktion seiner Partei das Vorgehen Steinbrücks als nicht durchdacht. Er könne nicht zulassen, so der Bundeskanzler, dass seine Regierung durch Einflüsse von außen destabilisiert würde. Im Gegensatz zur Landtagsfraktion fand Steinbrück auch innerhalb der NRW-Landesgruppe der SPD-Bundestagsfraktion keine Unterstützung für einen Koalitionswechsel. Hier wurde kolportiert, der Ministerpräsident werde nicht die Kraft haben das Bündnis mit den Grünen zu brechen. Am Ende werde die Koalition Bestand haben, Steinbrück geschwächt und die Stimmung schlechter als zuvor sein (FAZ v. 28.05.2003).

Entgegen aller Beteuerungen des Ministerpräsidenten, über den Ausgang des „Klärungsprozesses" werde in Düsseldorf entschieden, beabsichtigte die SPD-Bundesspitze, den Konflikt von Berlin aus zu beenden. SPD-Landeschef Schartau musste in die Hauptstadt reisen und der NRW-Landesgruppe im Bundestag eine Reihe kritischer Fragen über Ziele und erwartbare Konsequenzen der Koalitionskrise beantworten (FR v. 27.06.2003). Bundeskanzler Gerhard Schröder machte die Rettung der rot-grünen Landesregierung zur Chefsache und bestellte Peer Steinbrück am 25. Juni abermals ins Kanzleramt ein, um unter der Beteiligung Wolfgang Clements ein Szenario für das Ende der Koalitionskrise zu entwerfen (SZ v. 28.06.2003). Laut einem Bericht des Spiegels (v. 30.06.2003) schaltete sich sogar Steinbrücks Amtsvorgänger und amtierende Bundespräsident Johannes Rau in das SPD-interne Krisenmanagement ein, um seinen ehemaligen Büroleiter über dessen fehlerhafte Konfliktstrategie zu belehren.

In der Nacht zuvor hatte die Kanzleramtsrunde bereits ein Eckpunktepapier ausgearbeitet, das als Grundlage für eine Einigung mit den Grünen dienen sollte. Wichtigster Punkt dieses Papiers war der Verzicht auf den Metrorapid. Deutlicher als die einseitige Aufgabe des Prestigeprojekts hätte das Bekenntnis zur Fortsetzung der rot-grünen Koalition nicht ausfallen können. Die Beerdingung des Milliardenprojekts sei ihm schwer gefallen, gestand Steinbrück vor der Presse in Düsseldorf, aber in „einer Stunde der Wahrhaftigkeit" sei es geboten gewesen, zwischen dem „Wünschenswerten und dem Machbaren" zu unterscheiden. Das Land könne die mit der Magnetschwebebahn verbundenen finanziellen Lasten nicht tragen (taz v. 28.06.2003). Während Gerhard Schröder betonte, die Aufgabe des Projekts sei eine „souveräne Entscheidung" der Landesregierung gewesen, berichtete die Berliner Zeitung (v. 28.06.2003), der Bundeskanzler hätte dem nordrhein-westfälischen Ministerpräsidenten gedroht, Berlin werde das Projekt beenden, sollte Steinbrück nicht von sich aus verzichten.

Ein „Düsseldorfer Signal für Erneuerung und Konzentration" und die Reaktionen

Trotz der sozialdemokratischen Grundsatzentscheidung, die rot-grüne Koalition fortzuführen, war der Bestand des Regierungsbündnisses noch nicht gesichert. Die Sozialdemokraten hatten auf Seite elf ihres Verhandlungsangebots noch eine Brüskierung der grünen Umweltministerin versteckt. Die zwölf landeseigenen Umweltämter sollten aufgelöst und ihre Zuständigkeiten dem Innenministerium bzw. den Bezirksregierungen überantwortet werden. Das hätte nichts anderes bedeutet als eine Halbierung der Kompetenzen Bärbel Höhns, die zukünftig nicht mehr über die Möglichkeit verfügen sollte, ein Investitionsprojekt mit Umweltverträglichkeitsprüfungen zu blockieren. Für die Grünen war das nicht akzeptabel und da die FDP bereits öffentlich erklärt hatte, sie stünde nach der Aufgabe des Metrorapidprojekts nicht mehr für eine Regierungsbeteiligung zur Verfügung, wussten sie sich in den noch anstehenden Verhandlungen am längeren Hebel. Verhandlungsbedarf bestand zudem noch in der Frage der Rückführung der Steinkohlesubventionen, die nach Ansicht der Grünen umfangreicher ausfallen sollte, als von der SPD bisher zugestanden.

Am Abend des 30. Juni 2003 konnten die Verhandlungskommissionen von SPD und Grünen eine endgültige Einigung präsentieren. Die Kernpunkte des „Düsseldorfer Signals für Erneuerung und Konzentration" (o. V.) waren folgende:

- Verzicht auf den Metrorapid und Bau einer „Metro-S-Bahn" zwischen Dortmund und Köln

- Erhöhung der Kapazitäten der Flughafen Köln und Düsseldorf
- „Schnellstmögliche" Realisierung der Bundesautobahnen A 1 und A 33 „ohne besonderen naturschutzfachlichen Planungsauftrag"
- Verringerung der Steinkohleförderung auf 18 Millionen Tonnen bis 2012
- Ausbau Nordrhein-Westfalens zu einem „führenden Standort" für Bio-, Mikro- und Nanotechnologie
- Verkleinerung des Verwaltungsapparates und Einsparung von mittelfristig 15 bis 20 Prozent des Personals. Reduzierung der Bezirksregierungen von fünf auf drei
- Beschränkung des Haushaltsvolumens für das Jahr 2004 auf ein Volumen von 48,9 Milliarden Euro
- Erhöhung der Wochenarbeitszeit der Beschäftigten des öffentlichen Dienstes auf 41 Stunden. Streichung des Urlaubsgeldes ab 2004 und Absenkung des Weihnachtsgeldes ab 2003 mit einer sozialen Komponente

Der rot-grüne Konsens wäre beinahe an unterschiedlichen Standpunkten in der Verkehrs- und Kohlepolitik gescheitert. Erst durch die Vermittlung von Bundeskanzler Gerhard Schröder und Außenminister Joschka Fischer war ein Kompromiss möglich geworden. Die Kohleförderung sollte, wie von der NRW-SPD gefordert, bis 2012 nur auf 18 Millionen Tonnen zurückgeführt werden. Im Gegenzug verpflichtete sich die Bundesregierung, ihre Subventionen um 420 Millionen Euro zu erhöhen, was dem Land eine Reduktion eigener Zahlungen in gleicher Höhe ermöglichte. Zudem sagten Schröder und Fischer der Landesregierung zu, Finanzmittel aus dem Transrapidbudget für den Ausbau des S-Bahn-Netzes im Rhein-Ruhr Gebiet zur Verfügung zu stellen (KStA v. 02.07.2003). Der Kanzler und sein grüner Vize hatten den Fortbestand der rot-grünen Koalition in Düsseldorf also buchstäblich mit Bundesmitteln erkauft. Wie erwartet, blieben die Kompetenzen des Umweltministeriums weitgehend unangetastet. Auch war von einer Unterordnung der Umwelt- unter die Wirtschaftspolitik nicht mehr die Rede. Die vereinbarte „Erweiterung" der Flughafenkapazitäten ohne Verlängerung der Landebahnen war ein typischer Formelkompromiss. Sie konnte nur über eine erhöhte Landefrequenz von Flugzeugen möglich werden, was eine Neuverhandlung entsprechender Verträge mit den Anliegergemeinden erforderlich machte. Die Erweiterung war folglich auf die lange Bank geschoben worden.

　　Die Reaktionen auf den Kompromiss wären mit dem Attribut „zurückhaltend" zu freundlich beschrieben. Der Kölner Stadt-Anzeiger (v. 01.07.

2003) machte „Unmut, Frustration und Entsetzen" über das Agieren des Ministerpräsidenten in der SPD aus. „Es ist nicht zu glauben, dass über solche Lappalien sechs Wochen lang gestritten wird, während es in NRW brennt. Worüber berät eigentlich das Kabinett?", zitierte die Zeitung einen SPD-Parlamentarier. „Wie ein Sieger wirkt Steinbrück nicht", schrieb die Kölnische Rundschau (v. 30.06.2003). „Kräftig grün statt rot pur" titelte die Süddeutsche Zeitung (v. 01.07.2003) und folgerte: „Die nordrhein-westfälische Koalitionskrise hat einen klaren Verlierer: Peer Steinbrück". Auf den Punkt gebracht lautete die allerorten gestellte Frage: War das erreichte Ergebnis wirklich eine wochenlange Regierungskrise wert gewesen? Bärbel Höhn jedenfalls nannte das „Düsseldorfer Signal" ein „sehr gutes und tragfähiges Drehbuch, um die Probleme des Landes zu lösen" (KStA v. 02.07. 2003). Peer Steinbrück lobte die hohe Anzahl von Vorhaben, „wie es sie in dieser Konkretheit in den vergangenen Jahren nicht gegeben" hätte (WAZ v. 05.07.2003). Im Übrigen bemühte sich der Ministerpräsident immer wieder zu betonen, dass es nicht hilfreich sei, nun Gewinner oder Verlierer des Koalitionsstreits ausmachen zu wollen: „Zwei Maschen rot, zwei Maschen grün – das ist nicht meine Haltung" (KStA v. 02.07.2003). Aber genau das hatte ursprünglich der darstellungspolitische Mehrwert der provozierten Regierungskrise sein sollen: die Präsentation einer selbstbewussten SPD, die – geführt von einem starken Ministerpräsidenten – die Probleme des Landes anzupacken weiß. Von den Zugeständnissen auf der Entscheidungsebene einmal abgesehen, war auf der Darstellungsebene das Gegenteil vom anvisierten Ziel eingetreten, was die nach wie vor schlechten demoskopischen Daten des Ministerpräsidenten und seiner Partei belegten (Welt v. 07.07. 2003).

Die Koalitionskrise im Lichte der Strukturmerkmale des Regierens

Analysiert man den Koalitionsstreit vor dem Hintergrund der Strukturmerkmale und ihrer Funktionslogiken wird deutlich, dass der für Steinbrück miserable Ausgang der Krise in erster Linie die Folge eines Politikmanagements war, das allein auf einige wenige Machtressourcen der Ministerpräsidentendemokratie zurückgriff. Er stützte sich auf die formelle Autorität der Richtlinienkompetenz seines Amtes. Sein Führungsinstrument war die Staatskanzlei, die in Form des Leitlinienpapiers vom 3. Juni 2003 seine politischen Prioritäten formulierte und den Ministern zur Verkündung übertrug. Über informelle Autorität durch Qualitäten als Wahlkämpfer oder durch Netzwerke innerhalb der Partei verfügte Steinbrück zu diesem Zeitpunkt noch nicht.

Umso schwerwiegender war die Vernachlässigung der zweiten Machtressource der Ministerpräsidentendemokratie: die Handlungseinheit aus Regierung und Mehrheitsfraktion. Edgar Moron stützte zwar mit polternden Angriffen auf die Grünen den Konfrontationskurs des Ministerpräsidenten, was diesen wohl zu der Wahrnehmung verleitete, die Fraktion stünde geschlossen hinter ihm. Tatsächlich war aber der Rückhalt Morons unter den sozialdemokratischen Parlamentariern für einen Fraktionschef ausgesprochen gering. Ihm wurde schon zu Clements Zeiten die Einflusslosigkeit der Fraktion auf Entscheidungen im Stadttor zur Last gelegt (FAZ v. 24.06.2003). In der Koalitionskrise sei die Außendarstellung der SPD-Parlamentarier so schwach gewesen, wie nie zuvor, hieß es in der Fraktion (KStA v. 01.07.2003). Die Landtagsabgeordneten wurden über den Verlauf der Koalitionskrise nur informiert, aber nie konsultiert. Sie waren zu keinem Zeitpunkt in die Strategieplanung und Politikformulierung eingebunden. Auch wenn viele Parlamentarier Sympathien für einen Koalitionswechsel hegten, mussten sie sich in ihren Wahlkreisen kritischen Fragen stellen, auf die auch sie keine Antworten hatten. Zu Zuschauern im rot-grünen Machtpoker degradiert, konnten sie so immer weniger als Multiplikatoren für die Ziele ihrer Spitzenrepräsentanten wirken. Insbesondere in der Frage der Metrorapidrealisierung fühlten sich die Abgeordneten durch den Ministerpräsidenten düpiert und vor den eigenen Wählern und Anhängern bloßgestellt. „Wir haben im Sturm den Kopf hingehalten und dann wird das Ding lautlos beerdigt", brachte ein sozialdemokratisches Fraktionsmitglied den Unmut seiner Kollegen auf den Punkt (zit. nach KStA v. 02.07.2003). Knapp die Hälfte der Abgeordneten verweigerte durch ihre Abwesenheit die aktive Zustimmung zum „Düsseldorfer Signal" (KStA v. 02.07.2003).

Unzureichende Themensetzung und eine falsche Erwartungssteuerung waren während der Regierungskrise die wichtigsten Defizite des Politikmanagements in der medien- und parteidemokratischen Arena. Der Ministerpräsident und seine Staatskanzlei hatten es versäumt, einige wenige Kernziele zu benennen, anhand derer die Kommunikation von Erfolgen möglich gewesen wäre. Das Leitlinienpapier der Staatskanzlei war ein thematischer Gemischtwarenladen, der keine medienwirksamen Prioritäten erkennen ließ. Das Metrorapidprojekt hätte ein Gewinnerthema sein können, vorausgesetzt, die Regierung hätte für die Erfüllung finanzieller und rechtlicher Vorbedingungen in der Mehrebenendemokratie Sorge getragen. Zudem fehlten identitätsstiftende „short-stories", die Begründungen für den provozierten Koalitionsstreit hätten liefern können. Der SPD-Basis war ein Koalitionswechsel zur als marktliberal geltenden und durch Parteispendenaffären belasteten

FDP nicht zu vermitteln. Welche sozialdemokratischen Positionen waren mit den Liberalen eher zu verwirklichen, als mit den Grünen? In der Kohle- und Sozialpolitik trennten SPD und FDP sogar Welten. Die destruktive Haltung der Grünen bei der Durchsetzung von Investitionsprojekten gehörte für die meisten Genossen nicht zur Alltagserfahrung. Seit dem engagierten Wahlkampf der Basis für ein zweites Mandat der Regierung Schröder/Fischer war noch kein Jahr vergangen. Jetzt sollte das rot-grüne Projekt ein Irrtum gewesen sein? Für eine Polarisierung nach außen, die Geschlossenheit und Kampagnenfähigkeit der eigenen Partei sicherstellte, war der eigene Koalitionspartner das falsche Zielobjekt.

Es mangelte zudem an einer in die Zukunft weisende Positivbotschaft. Stattdessen übte sich Peer Steinbrück in dramatisierender Oppositionsrhetorik: „Zustand der Staatsfinanzen wie nach dem Zweiten Weltkrieg", „handlungsunfähige Regierung", eigene Forderungen nach einem „Politikwechsel" waren die Stichworte. Abgesehen von den Schlussfolgerungen, die sich für die Wähler nach derartigen Beschreibungen über 37 Jahre SPD-Regierung ergaben, musste das Publikum viel weitergehende Konsequenzen erwarten als eine „Konkretisierung" des Koalitionsvertrages. Die Interpretation des „Düsseldorfer Signals" als Niederlage des Ministerpräsidenten und seiner Partei war angesichts der Forderung nach „Rot pur" unausweichlich.

Dabei war das Konsenspapier für das zukünftige Politikmanagement in der koalitionsdemokratischen Arena keineswegs erfolglos. Denn für die in der laufenden Legislaturperiode noch anstehenden Maßnahmen, war in der Tat eine verbindliche Grundlage geschaffen worden. Erstmals in der rot-grünen Konfliktgeschichte sollte so etwas wie „stilles Regieren" möglich werden. Und noch etwas anderes hatte der Regierungschef erreicht: Er war nun im Land bekannt, womit eine Vorbedingung für steigende Popularitätswerte erfüllt war. Eine realitätsnahe Definition von Zielen sowie eine Reflektion der zur Verfügung stehenden Handlungskorridore hätte diese Erfolge aber möglich machen können, ohne eine Beschädigung von Handlungsressourcen in der Medien- und Parteiendemokratie in Kauf nehmen zu müssen. Peer Steinbrück hatte sich mit seinem brachialen Konfrontationskurs selbst eine Falle gestellt.

Der Doppelhaushalt 2004/2005: Grausamkeiten und stilles Regieren

Eine der vielen Begründungen für den von der SPD-Spitze herbeigeführten „Klärungsprozess" mit den Grünen war die sich stetig verschlechternde Haushaltslage des Landes gewesen. Im Haushaltsjahr 2003 führten Steuerausfälle und Zahlungsverpflichtungen für den Länderfinanzausgleich zu einer Finanzierungslücke von 1,9 Milliarden Euro. Diese Summe war kurzfristig nicht mehr durch Einsparungen auszugleichen, so dass eine Erhöhung der Neuverschuldung unumgänglich war. Insgesamt sollte das Land im Jahr 2003 die Rekordsumme von ca. 5,6 Milliarden Euro an Krediten aufnehmen müssen. Und für die Haushaltsjahre 2004 und 2005 drohte noch Schlimmeres.

Öffentlich hatten Steinbrück und andere SPD-Spitzen argumentiert, es sei zweifelhaft, ob mit den Grünen die unumgänglichen Konsolidierungsmaßnahmen durchzusetzen seien. Die Befürchtung, alleine die SPD könnte von den Wählern für schmerzhafte Einschnitte bei Ausgabenprogrammen verantwortlich gemacht werden, dürfte aber mindestens genauso für den vom Zaun gebrochenen Koalitionsstreit ursächlich gewesen sein. Finanzminister Jochen Dieckmann bezifferte den Konsolidierungsbedarf auf 3,3 Milliarden Euro pro Jahr (RP v. 11.07.2003). Angesichts dieser Zahl – „eine ungeheure Summe, ein Riesenproblem für das Land", so Dieckmann – waren die Sorgen der SPD um die politischen Folgen nicht unbegründet. Denn die Wähler der Grünen gehören in der Regel zu den Besserverdienern und würden von Einsparungen, beispielsweise in der Sozialpolitik, weit weniger betroffen sein, als die sozialdemokratische Klientel. Die rot-grüne Vereinbarung, zukünftige Budgets als „Doppelhaushalte" zu konzipieren, hatte angesichts der politischen Sprengkraft der Finanzprobleme den Vorteil, öffentliche Debatten über Einsparungen aus dem Vorwahlkampf 2005 heraushalten zu können. Nichtsdestotrotz würden die Einschnitte für viele Bürger am Wahltag schon spürbar sein. Die Ausgestaltung des Doppelhaushalts 2004/2005 war damit sowohl auf der Entscheidungs-, als auch auf der Darstellungsebene die größte sachpolitische Herausforderung der Regierung Steinbrück.

Die Haushaltsberatungen begannen unter medialen Gesichtspunkten denkbar schlecht. Im September 2003 holte den Ministerpräsidenten seine Vergangenheit als Finanzminister ein, als das Landesverfassungsgericht die von ihm verantworteten Budgets von 2001 und 2002 für verfassungswidrig erklärte. Sie hätten gegen die Verschuldungsgrenze des Artikels 83 LV verstoßen.[99] Steinbrück ließ nicht abgerufene Kreditermächtigungen aus 2001

---

[99]   „Die Einnahmen aus Krediten dürfen (...) in der Regel nur bis zur Höhe der Summe der im Haushaltsplan veranschlagten Ausgaben für Investitionen in den Haushaltsplan eingestellt werden." Investitionen sind vor allem Sachausgaben, die z. B. den Wert des Landesvermögens erhalten oder die Infrastruktur verbessern können. Sie sollen sich zukünftig rentieren. Sozialtransfers (z. B. Sozialhilfe) oder Förderprogramme werden dagegen als konsumtive Ausgaben bezeichnet und dürfen genauso wie Verwaltungs- und Personalausgaben (für Lehrer oder Poli-

als „Rücklage" in die Haushalte einfließen, um die Neuverschuldung knapp unter die Investitionshöhe zu drücken. „Sparen auf Pump" nannte das die Opposition, die in Münster klagte und Recht bekam (RP v. 03.09.2003; WN 03.09.2003). Materielle Folgen hatte das Urteil zwar nicht, aber die Entscheidung kratzte an Steinbrücks Image des kompetenten Sanierers und Modernisierers.

Finanzpolitik auf Länderebene

Die schlechte Finanzlage Nordrhein-Westfalens war kein neues Problem. Bereits seit Anfang der 1990er Jahre stiegen die Landesschulden im Vergleich zu anderen (westdeutschen) Flächenländern überproportional stark an.

Zwischen 1992 und 2003 stieg der Schuldenstand dieser Länder im Mittelwert von 4047 Euro auf 5585 Euro pro Einwohner. Im gleichen Zeitraum erhöhten sich die Verbindlichkeiten Nordrhein-Westfalens von 4712 Euro auf 6846 Euro pro Einwohner. Damit war die Gesamtverschuldung pro Kopf sogar noch um 756 Euro höher, als in den wirtschaftlich schwachen Ostländern (ausführlicher Kitterer/Heilmann 2005: 5-9).

Grundsätzlich hat jede Landesregierung nur wenige Handlungsmöglichkeiten in der Finanzpolitik. Im kooperativen bundesdeutschen Föderalismus sind die wichtigsten Steuerarten, die über 70 Prozent des Gesamtsteueraufkommens ausmachen, so genannte Gemeinschaftssteuern von Bund und Ländern. Daneben existieren noch so genannte Ländersteuern, deren Einnahmen ausschließlich den Bundesländern zustehen, wie z. B. die Erbschafts- und Schenkungssteuer. Die Gesetzgebungskompetenz für die Höhe der Steuersätze liegt sowohl bei den Gemeinschaftssteuern, als auch bei den Ländersteuern beim Bund. Die Länder haben keine Möglichkeit, die Satzhöhe der ihnen zustehenden Steuerarten autonom festzusetzen. Von zweckgebundenen Gebühren einmal abgesehen, stehen die Einnahmen der wenigen Steuerarten, deren Sätze in ihre Gesetzgebungskompetenz fallen (z. B. Vergnügungs-, Hunde- oder Getränkesteuer) den Gemeinden zu.

---

zisten) nicht über Kredite finanziert werden. Nur im Ausnahmefall einer „Störung des gesamtwirtschaftlichen Gleichgewichts" darf das Land von dieser Prämisse abweichen.

Abbildung 29:   Verschuldung von NRW in Millionen Euro

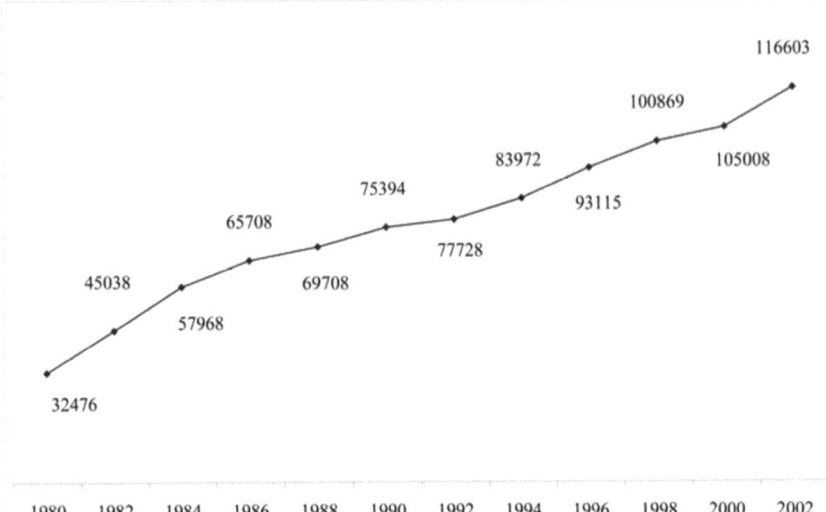

Eigene Darstellung. Quelle: Statistisches Bundesamt

Aber nicht nur die Einnahme-, sondern auch die Ausgabenseite der öffentlichen Haushalte ist im deutschen Föderalismus durch eine Mehrebenenverschränkung gekennzeichnet. Auf den meisten Politikfeldern existieren Mischfinanzierungen zwischen Bund und Ländern, die auf die Zuweisung von Staatsaufgaben im Grundgesetz (Art. 91, 104 GG) zurückgehen. Dabei sind viele Ausgabenbereiche durch die Gesetzgebung des Bundes festgelegt und daher dem Gestaltungswillen der Landespolitik entzogen. Ferner belasten Nordrhein-Westfalen die Verpflichtungen aus dem Länderfinanzausgleich. Zur Gewährleistung „gleichwertiger Lebensverhältnisse" (Art. 107 GG) im gesamten Bundesgebiet stehen Ländern mit unterdurchschnittlichen Steuererträgen Ausgleichsleistungen anderer Länder (horizontaler Finanzausgleich) und des Bundes (vertikaler Finanzausgleich) zu.[100] Zwischen 1992 und 2003 zahlte das Land ca. 13,4 Milliarden Euro an Nehmerländer, was ca. 30 Prozent der Nettokreditaufnahme Nordrhein-Westfalens im gleichen Zeitraum entsprach.

---

[100]   Ausführlich dazu Sturm/Zimmermann-Steinhardt 2005: 79-90; Kitterer/Heilmann 2005

Abbildung 30:   Belastungen des Länderfinanzausgleichs für NRW
und Anteil am Leistungsniveau aller Geberländer

	1992	1993	1994	1995	1996	1997	1998	1999	2000	2001	2002	2003
in Mio. Euro	367	802	1295	1763	1598	1564	1583	1318	1141	278	1628	50
Anteil Geberländer	13,8	21,2	24,2	30,8	25,6	25,5	22,9	17,6	13,8	3,7	21,9	0,8

Eigene Darstellung. Quelle: Kitterer/Heilmann 2005: 35

Ein Landeshaushalt entsteht: Formelle Rahmenbedingungen und informelle Verhandlungen[101]

Die Aufstellung eines Haushaltsplans kann grob in zwei Phasen eingeteilt werden. In der administrativen Phase erstellt die Landesregierung einen Entwurf, der zur abschließenden Beratung und Verabschiedung in den Landtag eingebracht wird (parlamentarische Phase). Auch wenn die Haushaltsplanung aufgrund der abschließenden Zustimmungskompetenz des Landtages oftmals als „Königsrecht" des Parlamentes bezeichnet wird, bleibt die Landesregierung der wichtigste Akteur im Entscheidungsprozess. Auf ihren Entwurf nehmen die Abgeordneten in aller Regel nur noch punktuellen Einfluss.

Innerhalb der Regierung übernimmt das Finanzministerium die Federführung. Es gibt allgemeine Zielvorstellungen vor und bittet die Einzelressorts um Vorschläge für Einzelposten. Zwischen dem Finanzminister und seinen Ressortkollegen besteht ein funktional begründeter Interessenkonflikt. Während die Fachminister durch möglichst viele Mittel die Gestaltungsspielräume auf ihren Politikfeldern erweitern möchten, sieht sich der Finanzminister in der Rolle des „Sparkommissars". Um bei Budgetstreitigkeiten über sachpolitische Kompetenz zu verfügen, existieren im Finanzministerium so genannte „Spiegelreferate", die Aufgaben und Ausgabenposten der Fachministerien abbilden. Bevor ein Haushaltsentwurf das Kabinett zur Verabschiedung erreicht, hat es eine Vielzahl von informellen Abstimmungsprozessen zwischen dem Finanzministerium und den Fachressorts gegeben. Staatssekretärs- und Abteilungsleiterrunden loten Differenzen aus und versuchen Kompromisse zu finden. Abhängig von politischer Brisanz und Umfang

---

[101]   Vgl. ausführlich dazu: Kropp 2004.

möglicher Dissense müssen die Minister persönlich einen Konsens herstellen. Besteht ein größerer Konflikt zwischen Ministern der großen Regierungspartei, vermittelt und entscheidet der Ministerpräsident persönlich. Bei unterschiedlichen Positionen zwischen den Bündnispartnern wird im Koalitionsausschuss ein Kompromiss erarbeitet. Dem Koalitionsausschuss gehören führende Minister, Spitzenrepräsentanten und die Fraktionsvorsitzenden der beiden Regierungsparteien an. Neben engen Kontakten von Ministern und den zuständigen Fachpolitikern der Fraktionen verbürgt der Koalitionsausschuss bereits in der administrativen Phase für die Einbeziehung der Parlamentsmehrheit. Damit wird einem wichtigen Imperativ der Ministerpräsidentendemokratie entsprochen: der Handlungseinheit aus Regierung und Mehrheitsfraktionen. Die dominierende Funktionslogik bei den Verhandlungen im Koalitionsausschuss ist allerdings der dosierte Parteienwettbewerb. Es muss ein Kompromiss gefunden werden, der für beide Seiten eine akzeptable Verteilung von „Gewinnen" und „Verlusten" beinhaltet.

In der administrativen Phase der Haushaltsberatungen zum Doppelhaushalt verliefen die Verhandlungen angesichts des anvisierten Einsparungsvolumens überraschend geräuschlos. „Gewinne" konnte es für beide Parteien nur in Form von reduzierten Verlusten bei ihren Prestigeprojekten geben. Aber SPD und Grüne hatten bereits im „Düsseldorfer Signal" sehr weitreichende Sparbeschlüsse vereinbart. Damit waren bis Ende 2005 Einsparungen von 1,4 Milliarden Euro erreicht, die in den Haushaltsberatungen nicht mehr zur Disposition standen. Allerdings sorgte die konkrete Umsetzung dieser Vereinbarung für Streit innerhalb der SPD. Finanzminister Jochen Dieckmann hatte öffentlich verkündet, durch die Heraufsetzung der Wochenarbeitszeit für Beamte könnten 5000 Lehrerstellen eingespart werden. Dem widersprach Schulministerin Ute Schäfer mit aller unter Kabinettskollegen möglichen Schärfe. Sie berief sich auf die Regierungserklärung des Ministerpräsidenten, in der Steinbrück der Bildungspolitik hohe Priorität eingeräumt und eine Fortführung des Programms „Verlässliche Schule" zugesagt hatte, das eine Einstellung von 6000 Lehrern in der laufenden Legislaturperiode vorsah (GA v. 21.07.2003). Circa 3000 Lehrer waren bereits eingestellt worden, so dass auf der Grundlage von Unterrichtseinheiten keine weiteren Einstellungen notwendig waren.

Der Konflikt war zum einen exemplarisch für institutionelle Interessenkonflikte zwischen einer Fachministerin und ihrem Kollegen im Finanzressort. Wenn es um die finanziellen Belange des eigenen Hauses geht, kennen Minister keine (Partei-)Freunde. Zum anderen wurde das spezifische darstellungspolitische Problem des Doppelhaushaltes deutlich. Den Bürgern des

Landes mussten Leistungen gekürzt werden, ohne völlig auf Positivbotschaften verzichten zu wollen. Die Kommunikationsstrategie, die diese Quadratur des Kreises leisten sollte, orientierte sich grob an den zentralen Motiven der Regierungserklärung des Ministerpräsidenten und erfolgte in drei Phasen. Erstens: Klarheit und Wahrheit. Zweitens: Konzentration. Drittens: Gerechtigkeit beim Sparen.

Die erste Phase diente der Erwartungssteuerung. Peer Steinbrück und Jochen Dieckmann betonten immer wieder, dass die finanzielle Situation schlechter als je zuvor sei (Welt v. 11.09.2003). Bürgern und Partei sollte die Unvermeidlichkeit „bitterster" Einschnitte plausibel gemacht werden („Klarheit und Wahrheit"). Die Rolle des „bad cop" hatte dabei der Finanzminister zu spielen, wenn er beispielsweise ankündigte, alle Haushaltsposten würden zunächst „auf null" gesetzt. „Wenn weiter finanziert werden soll, muss dies in jedem Einzelfall begründet werden" (RP v. 11.07.2003). Peer Steinbrück hingegen nutzte den Streit um die Lehrerstellen zum Einläuten der zweiten Phase. Er präsentierte sich als zukunftorientierter Modernisierer, der bei allen Einsparungserfordernissen dem Bildungsbereich Priorität einräumte. Trotz der Erhöhung der Wochenarbeitszeit würden 1000 weitere Lehrer in der laufenden Legislaturperiode eingestellt werden („Konzentration"). „Trotz Etatkrise: In NRW bald 1000 neue Lehrer" (KR v. 17.09.2003) oder „Steinbrück verspricht 1000 neue Lehrer" (WN v. 17.09.2003) lauteten dann auch die Schlagzeilen, die der Policy-Akzentuierung des Regierungschefs mediale Geltung verschafften. Die Botschaft der „Gerechtigkeit beim Sparen" sollte während der parlamentarischen Phase der Haushaltsberatungen durch die Fraktion kommuniziert werden.

Die parlamentarische Phase begann am 12. November 2003, als der Finanzminister den Etat für 2004/2005 in den Landtag einbrachte. Der Budgetentwurf sah neben den genannten Personalmaßnahmen u. a. folgende Maßnahmen vor (Landtagsdrucksache 13/4500), die in 2004 Einsparungen von 2,1 Milliarden Euro und in 2005 Einsparungen von 2,9 Milliarden Euro im Vergleich zu 2003 bewirken sollten:

- Kürzung der Förderung des Landes für Vereine, Gesellschaften, Beratungsstellen etc. in Form von Personalzuschüssen um 40 Prozent
- Kürzung von Förderprogrammen im Rahmen der Strukturpolitik (z. B. für Unternehmen) um 64 Prozent
- Verzicht auf eine Rücklage für zukünftige Pensionszahlungen für neue Beamte.

- Kürzung der Sachkostenpauschale für Kindergärten um 42 Prozent
  Einführung eines „Wasserentnahmegeldes" von 5,1 Cent pro Kubikmeter ab einem Verbrauch von 3000 Kubikmeter Wasser pro Jahr

Insgesamt sah das Haushaltsgesetz für 2004 Ausgaben in Höhe von 48 Milliarden Euro und für 2005 in Höhe von 49 Milliarden Euro vor. Die Neuverschuldung stieg um 4,8 Milliarden bzw. 3,6 Milliarden Euro. Für das Jahr 2004 überstiegen die neuen Kredite die Investitionen um 1,25 Milliarden Euro. Der Etat überschritt damit abermals die Neuverschuldungsgrenze der Landesverfassung. Die Regierung musste die „Störung des gesamtwirtschaftlichen Gleichgewichts" eingestehen.

Die oben aufgeführten Beispiele der Kürzungsmaßnahmen verdeutlichen die politische Brisanz des Sparpaketes. Die sozialpolitische Infrastruktur des Landes, auf die Sozialdemokraten immer mit Stolz verwiesen hatten, sollte harte Einschnitte verkraften müssen. Heftige Proteste auch und gerade von sozialen Interessengruppen – bisher die wichtigen Verbündeten der SPD – konnten somit nicht ausbleiben. Wohlfahrtsverbände, Gewerkschaften und Kulturträger meldeten sich mit drastischen Warnungen vor den sozialen Folgen der Sparmaßnahmen zu Wort. In den Regionalzeitungen erschienen in kurzen Abständen Reportagen über die finanziellen Konsequenzen für Kindergärten, Volkshochschulen oder Theater. Am 24. September 2003 kamen 30.000 Beschäftigte des öffentlichen Dienstes zu einer von den Gewerkschaften organisierten Großdemonstration vor dem Düsseldorfer Landtag. Ralf Eisenhöfer, Vorsitzender des Beamtenbundes in NRW, nannte Arbeitszeiterhöhungen und Einkommenskürzungen eine „doppelte Abzocke". Der NRW-Vorsitzende der Deutschen Polizeigewerkschaft, Rainer Wendt, erklärte: „Die Abwahl der Regierung Steinbrück wird für uns erklärtes gewerkschaftspolitisches Ziel" (wdr.de, v. 24.09.2003). Die Opposition wollte dem nicht nachstehen und Jürgen Rüttgers bezeichnete die Haushaltsvorlage während der ersten Lesung im Plenum als „sozialpolitisch unfair und ungerecht" (Plenarprotokoll Landtag 13/102). „Entsagung, Abbau, Kürzung, Verzicht, den Gürtel enger schnallen – das sind die Leitworte der Steinbrückschen Austeritätspolitik. Es ist eine von Grund auf falsche Politik." Opportunismus und Konzeptlosigkeit nannten das die rot-grünen Koalitionäre. Doch angesichts der Tausenden von Demonstranten und des landesweiten Aufschrei bei sozialen Einrichtungen wog der Vorwurf der Ungerechtigkeit schwer. SPD-Fraktionschef Edgar Moron betonte zwar, dass es zu den Sparbeschlüssen insgesamt keine Alternative gäbe, fügte aber hinzu, dass seine Fraktion in den parlamentarischen Beratungen „strukturelle Brüche" zu verhindern wissen werde (WN v. 02.10.2003).

Offiziell beginnt der parlamentarische Beratungsprozess mit der ersten Lesung der Regierungsvorlage im Plenum und seiner anschließenden Überweisung an den Haushaltsausschuss. Dieser ist im Beratungsprozess federführend, was ihm als einzigen Parlamentsausschuss das Recht einräumt Empfehlungen für Änderungen und Ergänzungen der Regierungsvorlage an das Plenum weiter zu leiten (Anlage 3, Geschäftsordnung des Landtages NRW). Zuvor haben sie sich in informellen Fraktions- und Koalitionsarbeitskreisen auf eine gemeinsame Linie für die Ausschussberatungen verständigt. An diesen Arbeitskreisen nehmen auch Fachpolitiker teil, um die politikfeldspezifischen Positionen der Regierungsparteien einzubringen. Diese informelle Beratungsphase ist für die Haushaltsziele des Finanzministers nicht ohne Risiko. Lobbygruppen versuchen Einfluss auf die Abgeordneten der Regierungsfraktionen zu nehmen. Die Streichung von Unternehmensförderungen bedroht Arbeitsplätze in einzelnen Wahlkreisen (und damit die Wiederwahl) oder die Schließung einer öffentlichen Einrichtung wird von betroffenen Abgeordneten in ihrer Heimatregion für unvermittelbar gehalten. Zudem drohen Allianzen von Fachpolitikern, die durch Koppelgeschäfte die Konsolidierungspolitik verwässern können. Ferner versuchen Ministerien, die keine Zustimmung des Finanzministers für ihre Ausgabenprojekte erlangen konnten, diese über die Fraktionen wieder in den Haushaltsplan hinein zudrücken (Kropp 2004: 526). Aus diesem Grund sind Vertreter der Exekutive, oft der Finanzminister persönlich, bei den informellen Fraktions- und Koalitionsrunden immer anwesend und versuchen weitreichende Abweichungen von der Regierungsvorlage zu verhindern.

Die Durchsetzungsfähigkeit des Finanzministers ist letztendlich von der Unterstützung des Ministerpräsidenten in beiden Phasen der Haushaltsplanerstellung abhängig. Peer Steinbrück hatte Jochen Dieckmann zu keinem Zeitpunkt die notwendige Rückendeckung für die schwierige Milliardenoperation vorenthalten. Die undankbare Aufgabe zu verhindern, dass die desolaten Landesfinanzen vollends außer Kontrolle gerieten, kannte der Regierungschef aus eigener Erfahrung allzu gut. Seit seinem Amtsantritt im November 2002 hatte Steinbrück stets auf die Notwendigkeit weitreichender Etatkürzungen hingewiesen. Es gehörte zu seiner festen Überzeugung, dass sich die „Bereitschaft zum Verzicht", die er in seiner Regierungserklärung von den Bürgern gefordert hatte, nur dann einstellen könne, wenn Reformpolitik berechenbar sei. Und Berechenbarkeit bedeutete für Steinbrück vor allem Standfestigkeit. Fraglich war allerdings, ob der Ministerpräsident nach dem mangelhaften Management der Regierungskrise über genügend Autorität verfügte, um für das Sparpaket ausreichende Unterstützung zu organisieren. In Partei und Fraktion hatte er durch seine Alleingänge im Koalitionsstreit Unmut und Misstrauen ausgelöst. Doch trotz Milliardeneinsparungen und fortlaufender Proteste von Interessenverbänden drohte kein Abgeordneter der Koalitionsfraktionen öffentlich mit Zustimmungsverweigerung. Auch ein Aufstand der sozialdemokratischen Basis blieb aus.

Abbildung 31:   Aufstellung eines Haushalts

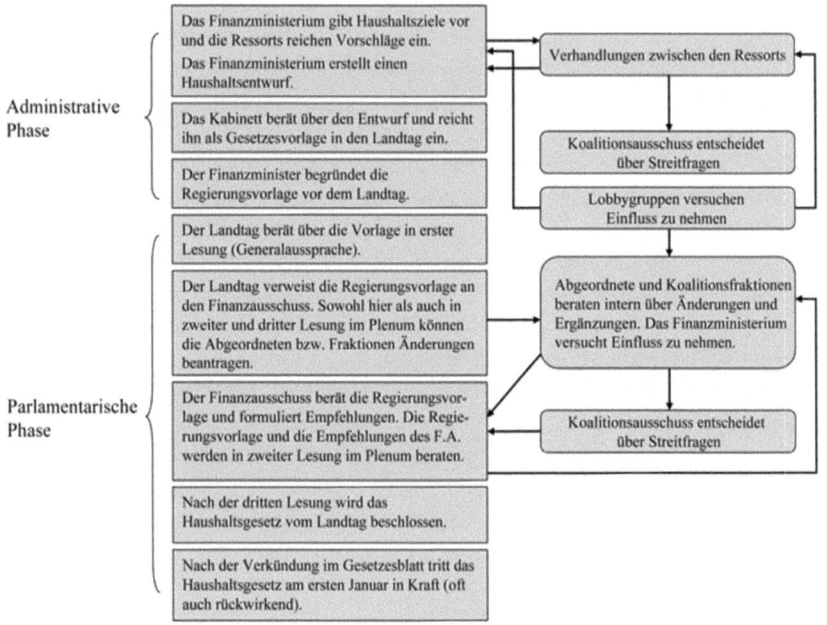

Eigene Darstellung

Die Koalitionsfraktionen nahmen 110 Änderungen am Regierungsentwurf vor, die aber mit einem Volumen von 120 Millionen Euro keine ernsthafte Gefährdung der Einsparungsziele darstellten. Die punktuelle Erhöhung einzelner Hauhaltsansätze, etwa bei der Förderung von Sportvereinen, Jugend- und Familienstätten, Volkshochschulen, Umweltverbänden oder Frauenberatungsstellen, wurden durch entsprechende Kürzungen in anderen Bereichen kompensiert (Landtagsdrucksache 13/5000). In der dritten und letzten Lesung im Landtag (Plenarprotokoll 13/111) nutzten Sozialdemokraten und

Grüne die leichten Korrekturen, um ihr sozialpolitisches Profil zu schärfen. Als „hart aber fair" bezeichnete Fraktionschefin der Grünen, Sylvia Löhrmann, die finanzpolitischen Maßnahmen der Koalition. Edgar Moron versicherte den abermals vor dem Landtag demonstrierenden Betroffenen, dass es keine weiteren Einsparungen im Sozialbereich geben werde: „Weitere Einschnitte sind sozialpolitisch und auch wirtschaftspolitisch nicht mehr zu verantworten". Die Rolle des Innovators stand wieder dem Ministerpräsidenten zu, der mit Verweisen auf Bildung und Bürokratieabbau die Positivbotschaften verkündete. Seine Regierung, so Steinbrück, verfalle im Gegensatz zur Opposition, nicht dem Opportunismus: „Verantwortung bedeutet, den Menschen konkret zu sagen, dass Entwicklung in Nordrhein-Westfalen auch dann möglich ist und dass die Gesellschaft auch dann zusammen gehalten werden kann, wenn die Titel im Landeshaushalt Nordrhein-Westfalen nicht automatisch von Jahr zu Jahr erhöht, sondern gegebenenfalls auch gekürzt werden". Zuvor hatte Oppositionschef Jürgen Rüttgers die größte Regierungspartei wieder auf ihrem zentralen Kompetenzfeld zu stellen versucht: „Das eigentlich Deprimierende an diesem Landeshaushalt ist, dass er finanzpolitisch unseriös, wirtschaftspolitisch kontraproduktiv und sozialpolitisch unfair und ungerecht ist. Wann hat es das in diesem Landes schon mal gegeben, dass (...) unten die Arbeiterwohlfahrt steht und gegen die SPD-geführte Regierung demonstriert?"

„Peer ist jetzt wer!" – Politikmanagement im Haushaltsprozess

Am 28. Januar 2004 wurde der Doppelhaushalt 2004/2005 mit den Stimmen der Koalitionsfraktionen vom Landtag verabschiedet und trat rückwirkend zum 1. Januar 2004 in Kraft. Im Gegensatz zur Koalitionskrise vom Frühsommer 2003 hatte das Politikmanagement der Regierung alle maßgeblichen Handlungsarenen erfasst. Peer Steinbrück hatte das Ziel der Haushaltskonsolidierung als Chefsache mit seiner Person verbunden und damit zur Nagelprobe für die Handlungsfähigkeit von Regierung und Partei erklärt. Nach dem schlechten Verlauf der Regierungskrise vom Frühsommer 2003 war die offensive Haltung des Ministerpräsidenten ein wirksames Mittel, um mögliche Opponenten von vornherein in Schach zu halten. Die demoskopische Lage der SPD war zu diesem Zeitpunkt derart kritisch, dass eine weitere Beschädigung des Regierungschefs die gesamte Partei in eine hoffnungslose Ausgangsposition für die anstehenden Kommunal- und Landtagswahlen manövriert hätte. Um diese Erkenntnis in der SPD zu verbreiten, reiste Harald Schartau seit Beginn der Haushaltsberatungen durch die Unterbezirke seiner Partei und appellierte an Geschlossenheit und Solidarität mit der eigenen Regierung, die eine schwere Krise zu meistern habe (FR v. 29.09.2003). Harald Schartau erfüllte für Steinbrück damit die gleiche Funktion, die Franz Müntefering in dieser Zeit bundespolitisch für Gerhard Schröders „Agenda 2010" übernahm: dem Programm des Regierungschefs parteiinterne Glaubwürdigkeit zu verleihen und Unterstützung zu sichern. Mit der frühzeitigen kommunikativen Einbindung der Partei sollte ein Fehler vom Sommer vermieden werden, der die Partei angesichts fehlender Erwartungssteuerung in Opposition zur Regierung hatte geraten lassen. Die aus institutionellen Gründen im Haushaltsprozess diesmal nicht zu übergehende Fraktion wurde systematisch mit Argumenten zum Doppelhaushalt versorgt, die der vermittelnden Kommunikation in den Wahlkreisen dienen sollten. Zudem wurde ihr die identitätsstiftende Rolle der „Bewahrerin sozialer Gerechtigkeit" überlassen.

Auf der Ebene der Koalitionsdemokratie zeigte der „Klärungsprozess" erste Früchte. Die Demonstration einer handlungsfähigen Koalition hatte für beide Parteien Priorität. Keiner der Bündnispartner versuchte, den jeweils anderen zu übervorteilen. Die „Gewinne" in Form verminderter „Verluste" wurden gleichmäßig verteilt. Die Grünen konnten ihrer Wählerklientel auf den Feldern der Umwelt-, Frauen- und Kulturpolitik die Verhinderung noch härterer Einsparungen präsentieren. Die SPD beanspruchte das Vereinswesen und die Bildungspolitik zur Kommunikation der gleichen Botschaft für sich.

Das geschlossene Auftreten von Koalition und SPD erfüllte einen wichtigen Imperativ der Mediendemokratie. Die Einhaltung der vorgegebenen Etatgrenzen machte die Kommunikation eines nachprüfbaren Erfolgs auf der Entscheidungsebene möglich. Der Ministerpräsident konnte von nun an darauf verweisen, dass er und seine Regierung in der Lage waren, der eigenen Modernisierungsrhetorik auch Taten folgen zu lassen. „Peer ist jetzt wer" titelte die NRZ (v. 11.11.2003) noch vor der endgültigen Verabschiedung des Sparpakets. Die Koalition war gefestigt und die SPD über die Kürzungen im Sozialbereich nicht zerbrochen. Die Regierung hatte Fehler auf der Entscheidungs- und Darstellungsebene vermieden und angesichts des dem Sparpakets innewohnenden Konfliktpotentials ihre Fähigkeit zum stillen Regieren bewiesen. Ein „Gewinnerthema" war der Doppelhaushalt dennoch nicht. Die Etatkürzungen würden alsbald für viele Wähler spürbar werden und bei kommenden Wahlentscheidungen schwerer wiegen, als das Image tatkräftiger Modernisierer.

Die unerträgliche Enge der Landespolitik für einen Modernisierer

Die rot-grüne Koalition hatte mit dem Doppelhaushalt Milliardenkürzungen durchgesetzt, die selbst gesetzten Etatobergrenzen nicht überschritten und verfehlte dennoch das finanzpolitische Ziel die Neuverschuldung mittelfristig wieder mit der Verfassung in Einklang zu bringen. Anfang November 2004 wurde bekannt, dass ein erneuter Rückgang der Steuereinnahmen Haushaltslöcher von 750 Millionen Euro im laufenden und weitere 1,4 Milliarden Euro in 2005 zur Folge haben würde. Finanzminister Jochen Dieckmann sah keine andere Alternative als die Mindereinnahmen durch weitere Schulden zu decken (taz v. 08.11.2004). Wieder einmal wurde den Landespolitikern ins Bewusstsein gerufen, dass mit den ihnen zur Verfügung stehenden Steuerungsinstrumenten nicht gegen volkswirtschaftliche Trends anzuregieren war. Gleichwohl wurden sie von einer unzureichenden oder, je nach Lesart, verfehlten Reformpolitik auf Bundes- und EU-Ebene von den Wählern zur Verantwortung gezogen.

Schon Wolfgang Clement hatte die Diskrepanz zwischen dem als notwendig erachteten und den unzureichenden Handlungsmöglichkeiten oft als unerträglich empfunden. Peer Steinbrück erging es nicht anders. Seine Herzensthemen waren die Steuer- und Arbeitsmarktpolitik sowie der Umbau des Sozialstaates. Die Landespolitik bot aber für eine Reformpolitik in seinem Sinne kaum Handlungsspielräume. Steinbrück suchte wie sein Vorgänger die bundespolitische Öffentlichkeit, um für die Sozialreformen der Regierung Schröder zu werben und noch weitergehende Maßnahmen anzumahnen. Doch anders als Clement, dessen bundespolitischen Einlassungen in den eigenen Reihen oft als kurzatmig und wenig hilfreich empfunden wurden, wollte er auch auf der Entscheidungsebene eine konstruktive Rolle spielen.

Das Koch-Steinbrück-Papier zum Subventionsabbau

Zusammen mit dem hessischen Ministerpräsidenten Roland Koch (CDU) ließ er eine Streichliste für Subventionen[102] erarbeiten, die bereits im Sommer 2003 angekündigt worden war und Ende September einer gespannten Öffentlichkeit präsentiert wurde. Die Eigeninitiative der beiden Ministerpräsidenten erregte auch deshalb so große Aufmerksamkeit, weil Ende des Jahres Verhandlungen zwischen Bundesregierung, Bundestag und dem von der

---

[102] Je nach Definition sind Subventionen sowohl direkte finanzielle Hilfen für Unternehmen, als auch Abschreibungsmöglichkeiten für steuerpflichtige Einkommen und Gewinne.

CDU dominierten Bundesrat anstanden, in denen über große Gesetzespakete zur Finanz- und Sozialpolitik zu entscheiden war. Ein „überparteilicher" Vorschlag zum Subventionsabbau hatte aus diesem Grund erstmals realistische Chancen, tatsächlich verwirklicht zu werden. Das „Koch-Steinbrück-Papier" sah vor, fast alle Finanzhilfen und Steuervergünstigungen in den Jahren 2004 bis 2006 gleichmäßig zurückzuführen („Rasenmäherprinzip"). Die öffentlichen Haushalte sollten insgesamt um 15 Milliarden Euro entlastet werden. Allein die Bereiche Bildung, Forschung und Mittelstandsförderung sollten verschont bleiben und die Steuerfreiheit von Schicht- und Sonntagszulagen für Arbeitnehmer ausgeklammert werden. „Alle werden schreien" prophezeite der nordrhein-westfälische Ministerpräsident nicht ohne Stolz bei der Vorstellung der umfassendsten Streichliste, „die wir je gehabt haben" (FR v. 30.09.2003; SZ v. 01.10.2003). Obwohl längst nicht alle Vorschläge des Papiers realisiert wurden, hatte die Initiative zum Subventionsabbau für Steinbrück gleich zwei Vorteile. Zum einen eröffnete sie auch für die eigenen Landesfinanzen neue Einsparpotentiale. Die Mehrebenendemokratie, die dem Ministerpräsidenten im Koalitionsstreit oder in der Wirtschafts- und Finanzpolitik oftmals Grenzen aufgezeigt hatte, diente erstmals dazu, seine Handlungskorridore auf der Entscheidungsebene zu erweitern. Zum anderen hatte der Umweg über die Bundespolitik seinen Bekanntheitsgrad in NRW steigern können. Subventionsabbau war zwar kein Thema, das eine direkte Breitenwirkung entfalten konnte, aber die Initiative auf einem Politikfeld, das als Symbol für deutsche „Reformunfähigkeit" galt, brachte ihm Respekt bei wichtigen Multiplikatoren in der Medien- und Wirtschaftswelt ein. Peer Steinbrücks Popularitätswerte verbesserten sich im Laufe des Jahres 2004 kontinuierlich. Auf den Beliebtheitsskalen der Demoskopen sollte er seinen kommenden Herausforderer Jürgen Rüttgers bald hinter sich lassen.

Ein Orientierungsrahmen für sozialdemokratische Reformpolitik

Die politischen Auseinandersetzungen um Gerhard Schröders „Agenda 2010" waren in den Jahren 2003/2004 auch und gerade Auseinandersetzungen innerhalb der SPD. Mit Rücktrittsdrohungen, Vertrauensfragen im Bundestag und der Abwehr eines Mitgliederbegehrens konnten der Kanzler und die SPD-Führung die notwendigen Mehrheiten für das Reformprojekt durchdrücken. Doch der stille Protest durch massenhaften Parteiaustritt und schwere Niederlagen bei Landtagswahlen, machten immer deutlicher, dass der SPD durch den Verlust ihrer normativen Orientierung auch die Kampagnenfähigkeit abhanden zu kommen drohte. Eine Neuinterpretation sozialdemokratischer Politik entlang ihrer Grundwerte wollte Gerhard Schröder nicht leisten („Pathos kann ich nicht"). Peer Steinbrück hingegen, der sich lange Zeit ebenfalls einer gegen die eigenen Parteigänger gerichteten „Erst-das-Land-dann-die-Partei"-Attitüde bediente, erkannte schließlich, dass ohne einen normativen Orientierungsrahmen die Reformpolitik nicht durchzuhalten war.

Am 13. November 2003 erschien in der Wochenzeitung „Die Zeit" ein Aufsatz Steinbrücks, in dem er die sozialpolitischen Reformen zu begründen versuchte. Nur durch die Sanierung von Staatsfinanzen und sozialen Sicherungssystemen könne der Staat in Zukunft noch in der Lage sein, soziale Gerechtigkeit zu gewährleisten. Soziale Gerechtigkeit bedeute im 21. Jahrhundert nicht gleiche Verteilung oder Alimentierung, sondern gleiche Lebenschancen, „auch zweite und dritte Chancen." Die Zukunftsthemen der Sozialdemokratie seien die Familien- und Bildungspolitik. „Soziale Gerechtigkeit muss künftig heißen, eine Politik für jene zu machen, die etwas für die Zukunft unseres Landes tun: die lernen und sich qualifizieren, die arbeiten, die Kinder bekommen und erziehen, die etwas unternehmen und Arbeitsplätze schaffen, kurzum, die Leistung für sich und unsere Gesellschaft erbringen. Um die und nur um sie muss sich Politik kümmern."

Auf dem Programmparteitag der NRW-SPD am 20. November 2004 in Bochum wiederholte er seine Thesen zu sozialer Gerechtigkeit im 21. Jahrhundert und verband sie mit konkreten Initiativen seiner Regierung in der Bildungs- und Stadtpolitik (Steinbrück 2004). Den Redetext nannte „Die Zeit" einen „internen Bestseller". Franz Müntefering lud den Ministerpräsidenten in die Bundestagsfraktion ein, wo dessen Thesen großen Anklang fanden (Zeit v. 9/2005). Zu einem „Mann der Partei" wurde Steinbrück freilich nicht. Seine Umrisse einer zukünftigen sozialdemokratischen Reformpolitik blieben vorerst nur Anstöße für eine gerade beginnende Programmdebatte. Für eine Profilbildung mit Breitenwirkung wurden sie zu spät und nicht pointiert genug kommuniziert. Gleichwohl war Steinbrück der einzige sozialdemokratische Spitzenpolitiker, der sich ernsthaft um normative Begründungen und Orientierungen für die Reformpolitik bemühte. Das war umso erstaunlicher, als er nicht als ein Politiker galt, der dazu neigte mit dem „Bauch der SPD" zu fühlen und zu denken. Die Imperative der Parteiendemokratie fanden erst spät Eingang in sein politisches Kalkül. Zweieinhalb Jahre im Amt waren nicht genug Zeit, um sich in dieser Arena zusätzliche Handlungskorridore zu erarbeiten.

Zwischenfazit: Kein Mann der Legislative

Peer Steinbrück unterschied sich in seinem Regierungsstil deutlich von seinen Vorgängern Johannes Rau und Wolfgang Clement. Mit letzterem war er zu Beginn seiner Amtszeit oft verglichen worden, schließlich schienen die Parallelen zu Clement nur allzu offenkundig zu sein. Steinbrück und Clement kamen während der Legislaturperiode ins Amt und hatten sich mit einem ungeliebten Koalitionspartner zu arrangieren. Steinbrück stand wie Clement für wirtschafsliberale Modernisierung. Die Regierungschefs umgaben sich nicht mit der präsidialen Aura eines Johannes Rau, sondern profilierten sich als tatkräftige Managertypen. Beide Ministerpräsidenten griffen nicht nach dem Parteivorsitz und verfügten – Steinbrück noch weniger als Clement – auch sonst nicht über ein tief verwurzeltes Netzwerk innerhalb der SPD. Parteimacht besaßen weder Clement noch Steinbrück. Mit Telepolitik und „Going Public"-Taktiken nutzen sie die Handlungskorridore der Mediendemokratie und bauten vor allem auf die Machtressourcen der Ministerpräsidentendemokratie. Der Regierungsapparat und die Staatskanzlei waren ihnen wirkungsmächtige Führungsinstrumente.

Doch die vergleichbaren Startbedingungen und Machtressourcen dürfen nicht darüber hinwegtäuschen, dass Steinbrück die ihm zur Verfügung stehenden Handlungsinstrumente gänzlich anders einsetzte als sein Vorgänger. Steinbrück regierte wie ein in großer Not berufener Sanierer. Als er sein Amt antrat, waren es nur noch zweieinhalb Jahre bis zu den nächsten Landtagswahlen und er machte sich über Zustand und Aussichten seiner Regierung keine Illusionen. Bei den Landtagswahlen 2000 hatte die rot-grüne Regierung eine letzte Chance erhalten, mehr nicht. Im Gegensatz zu Clement 1998 war eine allein darstellungspolitische Neuakzentuierung der Regierungspolitik nicht ausreichend. Entscheidungspolitische Initiativen konnten nicht auf die zweite Amtszeit verschoben werden, sie selbst mussten die zweite Amtszeit erbringen.

Ministerpräsidentendemokratie

Trotz eines fehlenden „plebiszitären Mandats" durch Wahlen nutzte Steinbrück seine Richtlinienkompetenz und Organisationsgewalt in einem Umfang, als sei seinem Amtsantritt ein zäsurähnlicher Machtwechsel und eine gewonnene Landtagswahl vorausgegangen. Die Regierungsbildung und der Neuzuschnitt von Kompetenzen ließen nur wenige Ressorts unberührt. Neue und vor allem einige wenige Schwerpunkte ersetzten Clements Politik der vielen Anfänge, der Leuchtturmprojekte und symbolischen Inszenierungen. Die Medienpolitik trat zugunsten von Bildung und Sozialreformen in den Hintergrund. Dem Prioritätenwechsel ging eine Restrukturierung der Staatskanzlei voraus, die neben einigen Änderungen im Zuschnitt auch und vor allem die Organisationskultur betraf. Clement hatte Hierarchien keine besondere Bedeutung beigemessen; während seiner Amtszeit entschieden inhaltliche Nähe und persönliche Sympathie über Zugang und Einfluss beim Ministerpräsidenten. Steinbrück führte diesen informellen, personenbezogenen Entscheidungsstil nicht weiter fort. Zur Genugtuung seiner Beamten bevorzugte er formale Dienstwege und achtete institutionelle Zuständigkeiten. Die alten Netzwerke Clements spielten schon sehr bald keine Rolle mehr (KStA v. 01.11.2003). Als Führungsinstrument hatte die Staatskanzlei für Steinbrück eine weitaus größere Bedeutung als beispielsweise für den in der Partei verwurzelten Johannes Rau.[103] Die Regierungszentrale organisierte Steinbrücks bundespolitische Profilierung und formulierte politikfeldspezifische Initiativen.

Für seine persönliche Meinungsbildung verließ sich Steinbrück aber nicht ausschließlich auf das Informationssystem der Staatskanzlei. Die hierarchische Struktur einer Regierungsverwaltung birgt für jeden Spitzenakteur die Gefahr, den Bezug zur gesellschaftlichen Realität zu verlieren, weil Kritik selten nach oben dringt und die Mitarbeiter versuchen, die Denkschemata ihres Chefs zu antizipieren. Steinbrück versuchte, dieser Gefahr zu begegnen, indem er sich um alternative Informationsquellen außerhalb der Ministerialbürokratie bemühte. Neben Kontakten zu Sozialwissenschaftlern und Ökonomen scharte er eine Gruppe junger sozialdemokratischer Kommunalpolitiker um sich, die drei bis vier Mal im Jahr in die Staatskanzlei eingeladen wurden. In dieser informellen Runde informierte sich der Ministerpräsident über die Stimmungen an der Basis, diskutierte wichtige Themen und testete Botschaften. Die jungen Kommunalpolitiker übten aber auch Kritik am Regierungschef, wenn sie Defizite in der Regierungsarbeit zu erkennen glaubten. Das von einigen SPD-Spitzen zuweilen misstrauisch beäugte „ominöse Gremium" (SPD-General Michael Groschek) erarbeitete für den Ministerpräsidenten sogar einige Vorschläge für einen bürgernahen „Town-Hall"-Wahlkampf, die die rhetorische Brillanz und Schlagfertigkeit Steinbrücks hervor-

---

[103] Umso schwerer wog, dass sich in der Arbeit der Staatskanzlei Effektivitätsverluste einstellten, die Steinbrück dazu veranlassten, den Staatskanzleichef Wolfram Kuschke durch die damalige Leiterin der NRW-Vertretung in Berlin, Angelika Marienfeld, zu ersetzen (KStA v. 03.10. 2004). Ein halbes Jahr vor den Landtagswahlen sollte sie den administrativen Alltag besser koordinieren und dem Ministerpräsidenten den Rücken freihalten.

heben sollte (Interview mit G. van den Berg v. 23.03.2006). Auch wenn die Wahlkampfvorschläge nicht realisiert wurden, zeigt das Beispiel der informellen Kommunalpolitikerrunde, dass das anfängliche Bürokratenimage Steinbrücks zu keinem Zeitpunkt der Wirklichkeit entsprach.

Verhandelnde Wettbewerbsdemokratie

Steinbrück maß korporatistischen Steuerungsformen nicht die gleiche Bedeutung bei wie Rau oder Clement. Die landesweiten Bündnisse für Arbeit oder Ausbildung wurden zwar nicht beendet, verloren aber ihren Stellenwert als darstellungspolitische Schmuckstücke. Von Konsensrunden erwartete Steinbrück keine Impulse für die von ihm als notwendig erachtete Reformpolitik. Die Durchsetzung von Reformen war für ihn nur durch Entscheidungen „von oben" möglich. Weniger Moderation, mehr Führung und Entscheidung kennzeichneten das Amtsverständnis des Ministerpräsidenten. Gleichzeitig erkannte Steinbrück aber auch die Grenzen der Landespolitik. Eine nachhaltige Verbesserung der wirtschaftlichen Lage des Landes war nur durch bundespolitische Reformen zu erreichen. Wie kein anderer Ministerpräsident warb Steinbrück für die „Agenda 2010" von Bundeskanzler Schröder. Seine Dauerpräsenz in bundespolitischen Medien verhalf ihm zudem zu einer stetigen Verbesserung seiner Bekanntheits- und Popularitätswerte.

Koalitionsdemokratie

Durch die Proklamation einer Regierungskrise versuchte Steinbrück einen Koalitionswechsel zu provozieren, um seine Handlungsspielräume auf den Feldern der Wirtschafts- und Verkehrspolitik zu erweitern. Die Verbannung der Grünen sollte dem neuen Ministerpräsidenten Autorität verleihen und seinen Führungsanspruch unter Beweis stellen. Doch das Kalkül ging nicht auf. Der alleinige Rückgriff auf die für einen derartigen Kraftakt nicht ausreichenden Machtressourcen der Ministerpräsidentendemokratie und nicht zuletzt das mangelhafte Kommunikationsmanagement zwangen Steinbrück zum Einlenken. Aber der „Klärungsprozess", der im Grunde nicht weniger war als eine Neuverhandlung des Koalitionsvertrages, ordnete die politischen Prioritäten der rot-grünen Regierung neu und verlieh ihnen Verbindlichkeit.

Parteien- und Mediendemokratie

Partei und Fraktion hatten unter Peer Steinbrück nur geringen Einfluss. Sie waren eher Adressaten als Inputgeber für die landespolitischen Initiativen der Regierung. Für die Arena der Parteiendemokratie waren in Steinbrücks Amtszeit SPD-Generalsekretär Michael Groschek und vor allem Landesparteichef Harald Schartau zuständig. Doch im Gegensatz zur Bundespolitik lässt die mediale Konzentration auf den Ministerpräsidenten keine personelle Doppelstrategie à la Schröder/Lafontaine vom Wahlkampf 1998 zu. Je näher der Landtagswahltermin rückte, desto mehr versuchte der Ministerpräsident eine sozialpolitische Akzentuierung mit bundespolitischen Politikfeldern (keine Abschaffung von Kündigungsschutz und Mitbestimmung), die zum einen nicht recht zu seinen Botschaften in den vorangegangenen zwei Jahren passen wollte und zum anderen von Rekordarbeitslosenzahlen und der Einführung des Arbeitslosengeldes II („Hartz IV") überdeckt wurde. Peer Steinbrück blieb für seine Landsleute in Nordrhein-Westfalen ein wirtschaftspolitischer Modernisierer, dessen „Wahrheit-und-Klarheit"-Rhetorik ihm Respekt und Glaubwürdigkeit verschaffte, aber nie die sozialen Abstiegsängste der sozialdemokratischen Wählermilieus zu lindern vermochte. Neben der erdrückenden Dominanz der Bundespolitik war es die geringe Identifikation der mittlerweile sehr populären Person Steinbrück mit der SPD, die eine erfolgreiche Wählermobilisierung nicht mehr ermöglichte. „Ich bin in einer Phase Ministerpräsident geworden, als es nichts mehr zu verteilen gab", sagte Steinbrück dem Kölner Stadt-Anzeiger (v. 01.11.2003). Er hatte nicht viel mehr als zwei Jahre, um seine Regierung in Inhalten und Botschaften für diese Situation neu aufzustellen. Trotz aller Anstrengungen ging der Wettlauf gegen die Zeit am 22. Mai 2005 verloren.

Nach der Niederlage bei den Landtageswahlen versuchte Gerhard Schröder den Ministerpräsidenten a. D. zu einer Kandidatur für den Bundestag zu überreden. Doch Steinbrück winkte ab: „Ich bin kein Mann der Legislative." Er vergaß aber auch nicht, etwas Wichtiges hinzuzufügen: „Wenn ihr meint, ihr könnt mich nach dem 18. September in Berlin brauchen – dagegen spricht nichts" (Spiegel v. 15.08.2005).

Abbildung 32:   Regierungsstil von Peer Steinbrück

Strukturmerkmal/ Handlungsarena	Kennzeichen	Handlungsinstrumente / Handlungsorientierungen	Beispiele Steinbrück 2002-2005
Ministerpräsidentendemokratie	- Richtlinienkompetenz - Organisationsgewalt - Ministerpräsidentendominanz - Parlamentsverantwortlichkeit - Öffentliches Prestige	- Moderation und Vermittlung - Regierungserklärungen und andere rhetorische Führungsleistungen - Informelle Informationskanäle und Frühwarnsysteme	- Weitreichende Regierungsumbildung - Policy-Akzentuierung in der Bildungs- und Wirtschaftspolitik - Konfliktorientierter „Klärungsprozess" über die Koalitionspolitik („Bündnis für Erneuerung") - Staatskanzlei als inhaltliches Führungsinstrument für die Landespolitik
Verhandelnde Wettbewerbsdemokratie	- Verhandlungszwänge - Exekutivlastigkeit - Parteienwettbewerb	- Kooperation - Personeller Proporz - Konkurrenz - Paketlösungen	- Das „Koch-Steinbrück-Papier" zum Subventionsabbau - Unterschätzung bundespolitischer Implikationen in der Koalitionskrise - Finanzielle Unterstützung des Bundes zur Lösung der Koalitionskrise
Parteiendemokratie	- Interne Fragmentierung - Partizipationsbedürfnisse - Kollektive Normen und Werte - Externe Konkurrenz	- Personelle und inhaltliche Einbindung - Informelle Konfliktregulierung - Erwartungssteuerung - Polarisierung nach außen	- Personelle Doppelstrategie durch Trennung von Amt und Parteivorsitz zur Kompensierung von Identifikationsdefiziten - Verbindung von Partei- und Regierungsämtern im Kabinett - Normativer Orientierungsrahmen für Reformpolitik
Koalitionsdemokratie	- Verhandlungszwänge - Dosierter Parteienwettbewerb	- Kooperation - Konkurrenz - Informelle Konfliktregulierung - Paketlösungen	- Zunächst Überbetonung des dosierten Parteienwettbewerbs - Stabilisierung der Koalition durch Rückgriff auf formalisierte Entscheidungsgrundlagen („Düsseldorfer Signal") - Koppelgeschäfte bei der Haushaltssanierung

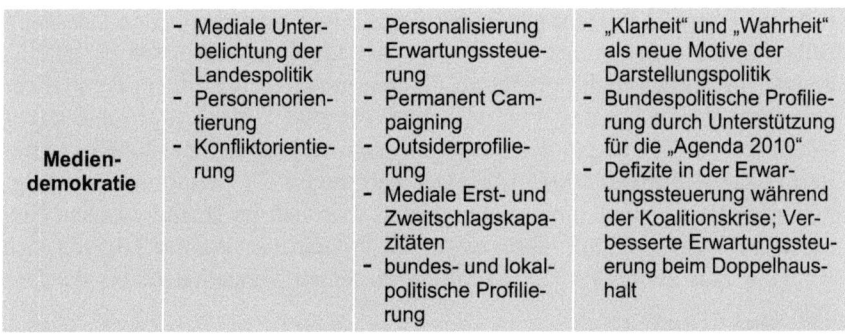

| Mediendemokratie | - Mediale Unterbelichtung der Landespolitik
- Personenorientierung
- Konfliktorientierung | - Personalisierung
- Erwartungssteuerung
- Permanent Campaigning
- Outsiderprofilierung
- Mediale Erst- und Zweitschlagskapazitäten
- bundes- und lokalpolitische Profilierung | - „Klarheit" und „Wahrheit" als neue Motive der Darstellungspolitik
- Bundespolitische Profilierung durch Unterstützung für die „Agenda 2010"
- Defizite in der Erwartungssteuerung während der Koalitionskrise; Verbesserte Erwartungssteuerung beim Doppelhaushalt |

Eigene Darstellung

3.6 Jürgen Rüttgers: Führung durch programmatische Richtliniensetzung und Parteimacht (2005-2006)

Wahlkampf und Wahlausgang: Politisches Erdbeben im Stammland der SPD

Der Wahlkampf der SPD war ganz auf die Person ihres inzwischen populären Ministerpräsidenten zugeschnitten, denn Peer Steinbrück war der einzige Trumpf, den die Sozialdemokraten in der Hand hatten. Noch kurz vor der Landtagswahl lagen seine persönlichen Werte deutlich vor denen des CDU-Herausforderers Jürgen Rüttgers. Laut der Analyse der Forschungsgruppe Wahlen konnte sich Steinbrück einen Vorteil erarbeiten. Auf einer Skala von +5 bis -5 wurde der Amtsinhaber von den Befragten mit 1,7 benotet, Rüttgers erreichte nur einen Wert von 0,7 (Forschungsgruppe Wahlen 2005: 31). Mit dieser Bewertung korrespondierte der Wählerwunsch hinsichtlich der Person des Ministerpräsidenten. Steinbrück wünschten sich 49 Prozent der Wähler als Ministerpräsidenten. Für Rüttgers sprachen sich hingegen nur 35 Prozent der Bürger aus (Forschungsgruppe Wahlen 2005: 30)[104].

Allerdings bewegte sich der Amtsbonus zugunsten des amtierenden Ministerpräsidenten gegenüber seinem Herausforderer Rüttgers im normalen und erwartbaren Rahmen. Einen ähnlich herausragenden Vorsprung wie ihn beispielsweise der überaus populäre rheinland-pfälzische Ministerpräsident

---

[104]   Laut einer Infas-Analyse war der Abstand zwischen Steinbrück (50 Prozent) und Rüttgers (33 Prozent) noch größer.

Kurt Beck mit 63 Prozent gegenüber dem CDU-Gegenkandidaten Christoph Böhr mit 20 Prozent eine Woche vor der Landtagswahl 2006 erzielte[105], konnte Steinbrück nicht aufweisen. Zudem hatten sich Rüttgers Persönlichkeitswerte gegenüber der Wahl von 2000 verbessert. Noch fünf Jahre zuvor hätten ihn nur 24 Prozent der Bürger als Ministerpräsident des Landes präferiert (Feist/Hoffmann 2001: 128). Der Amtsbonus für Steinbrück war folglich erkennbar, jedoch nicht mehr so groß wie noch im Duell zwischen Clement und Rüttgers fünf Jahre zuvor. 47 Prozent der Wähler konnten sich Rüttgers nun zumindest als Ministerpräsidenten vorstellen (Infas-Analyse 2005).

Auf der anderen Seite wurde die Arbeit der rot-grünen Landesregierung im Mai 2005 deutlich negativ bewertet. Entsprechend der zuvor für die beiden Spitzenkandidaten herangezogenen Skala erreichte sie nur einen Wert von -0,3 Punkten. Die Werte für die SPD als der großen Regierungspartei waren mit -0,1 etwas besser. Dagegen erfuhr vor allem die Regierungsarbeit der Grünen mit -0,8 eine negative Bewertung durch die Befragten (Forschungsgruppe Wahlen 2005: 25). Neben der Arbeit der Landesregierung wurde auch die wirtschaftliche Lage des Landes eindeutig pessimistischer eingeschätzt als noch im Jahr 2000. Eine Mehrheit von 55 Prozent der Wähler hielt die wirtschaftliche Lage für „schlecht" (2000: 15 Prozent). Weitere 40 Prozent konnten sich mit der Angabe „teils/teils" nicht zu einer grundsätzlich positiven Einschätzung durchringen (2000: 59 Prozent). Lediglich vier Prozent und damit deutlich weniger Wähler als 2000 (23 Prozent) nannten die wirtschaftliche Lage „gut" (Forschungsgruppe Wahlen 2005: 36). Als Erklärung kann die vor allem bundespolitisch heftig umstrittene Arbeitsmarktpolitik herangezogen werden. Aufgrund der im Januar 2005 in Kraft getretenen Zusammenlegung von Arbeitslosen- und Sozialhilfe („Hartz IV") wies die offizielle Arbeitslosenstatistik zu Jahresbeginn bundesweit fünf Millionen und in NRW über eine Millionen Erwerbslose aus. Der symbolischen Kraft dieser Zahlen hatten SPD und Grüne wenig entgegenzusetzen. Die Wirtschafts- und Arbeitsmarktpolitik stand deutlich im Zentrum der Wahlkampfauseinandersetzung. Entsprechend erklärten 85 Prozent der Wähler, die Arbeitslosigkeit sei das wichtigste Problem (Forschungsgruppe Wahlen 2005: 35).

Mit den durchaus guten Persönlichkeitswerten für ihren Spitzenkandidaten Steinbrück konnte die SPD die schlechten Kompetenzwerte vor allem in diesem Politikfeld nicht ausgleichen. Nur 18 Prozent der Wähler des Landes

---

[105]   Vgl. die Zahlen der Forschungsgruppe Wahlen im Politbarometer v. 17. 03.2006.

trauten der SPD die Schaffung neuer Arbeitsplätze zu. Mit 38 Prozent lag die CDU in dieser zentralen politischen Frage deutlich vorne. Auch im in der Wählereinschätzung zweitwichtigsten landespolitischen Politikfeld Schule und Bildung konnte die CDU deutlich höhere Kompetenzwerte erreichen als die SPD. Der Abstand fiel mit 41 zu 28 Prozent zugunsten der CDU ebenfalls deutlich aus (Forschungsgruppe Wahlen 2005: 38).

Verstärkt wurden diese landespolitischen Faktoren durch die bundespolitische Stimmungslage. Hier lag die Union klar vor der SPD. Das Politbarometer ermittelte am 29. April 2005 bundesweit 48 Prozent Zustimmung für CDU/CSU, die SPD kam hingegen nur auf 28 Prozent (Politbarometer v. 29.04.2005).[106] Die CDU in Nordrhein-Westfalen verstand es, aus der Enttäuschung über die rot-grüne Bundesregierung und aus der Frustration über die schlechte Arbeitsmarktsituation eine Wechselstimmung zu erzeugen. 61 Prozent der Wähler sprachen sich für einen Wechsel der Landesregierung aus. Nur 35 Prozent äußerten eine gegenteilige Meinung (Präsidentin des Landtags 2005: 56). Über den gesamten Wahlkampf hinweg sprachen sich stets 50 Prozent und mehr für einen politischen Wechsel aus. Die Aussichten für die SPD verschlechterten sich zudem kontinuierlich. Kurz vor der Wahl schätzten nur noch 12 Prozent der Wähler die Stimmung für die SPD als günstig ein (Feist/Hoffmann 2006: 165).

Diese Wechselstimmung erlaubte es dem CDU-Spitzenkandidaten Jürgen Rüttgers, einen harten Sparkurs, die Streichung der Kohlesubventionen und den Abbau von Arbeitsplätzen im öffentlichen Dienst anzukündigen, ohne Zustimmungsverluste hinnehmen zu müssen. Lediglich in der Bildungspolitik versprach der Herausforderer zusätzliche Ausgaben. Der Versuch der Sozialdemokraten, die Landtagswahl zu einem Personalplebiszit über den zukünftigen Ministerpräsidenten zu machen, ging nicht auf. Die im Vergleich zu seinem Herausforderer Jürgen Rüttgers guten Sympathiewerte Peer Steinbrücks schlugen sich nicht in den Wahlumfragen vor der Landtagswahl nieder. Was die Umfragen gleichwohl verrieten, war eine dramatische Mobilisierungsschwäche der Sozialdemokraten unter ihren Stammwählern. Die wirtschaftspolitischen Reformen der rot-grünen Bundesregierung im Rahmen der „Agenda 2010" erweckten in der Kernklientel der Sozialdemokratie den Eindruck, die Partei hätte sich von ihren Werten und Grundsätzen abgewandt. Peer Steinbrück, der sich lange Zeit als empathischer „Mo-

---

[106] Die im Zuge der Affären um den CDA-Bundesvorsitzenden Hermann-Josef Arentz und den CDU-Generalsekretär Laurenz Meyer eingetretene verschlechterte Stimmung für die CDU zur Jahreswende 2004/2005 verbesserte sich spätestens nach der Abstimmungsniederlage von Heide Simonis bei der Ministerpräsidentenwahl in Schleswig-Holstein wieder.

dernisierer" zu profilieren suchte, war für diese Wählergruppen keine Identifikationsfigur. Linke Gewerkschafter und ehemalige Sozialdemokraten gründeten die „Wahlalternative Arbeit und soziale Gerechtigkeit" (WASG), die zwar keine Chancen auf Landtagsmandate besaß, aber der SPD entscheidende Prozentpunkte abzunehmen drohte.

In dieser Situation versuchte der SPD-Bundesvorsitzende Franz Müntefering eine rhetorische Kehrtwende. In einem Interview mit der Bild-Zeitung (v. 16.04.2005) kritisierte er Finanzinvestoren, die Arbeitsplätze vernichteten und ihrer sozialen Verantwortung nicht nachkämen. Münteferings „Kapitalismuskritik" beherrschte über Wochen die mediale Agenda, aber der erhoffte Mobilisierungseffekt für die SPD in NRW blieb aus (Feist/Hoffmann 2006: 170-171). Daran änderten auch die bundesweit ausgestrahlten TV-Duelle zwischen den beiden Spitzenkandidaten nichts, die Steinbrück in den Augen der Zuschauer für sich entschied.

Trotz dieser Ausgangslage war sich Jürgen Rüttgers am Wahlabend des 22. Mai 2005 nicht sicher, dass es für einen Machtwechsel reichen würde. Er verbrachte den Wahlabend in der Landesgeschäftsstelle der CDU und damit ein wenig abseits des Hauptschauplatzes – des Landtags. Gemeinsam mit seiner Frau und engen Vertrauten – seiner Sekretärin Beate Stieldorf, seinem Sprecher Norbert Neß, seinen beiden Referenten Axel Emenet und Edmund Heller sowie dem CDU-Wahlkampfmanager Boris Berger – wartete er auf die ersten Ergebnisse (Welt v. 23.05.2005; BZ v. 23.05.2005).

Wahlergebnis

Das Wahlergebnis kam einem landespolitischen „Erdbeben" gleich (SZ v. 23.05.2005) und führte zu einem triumphalen Sieg für die Union und ihren Spitzenkandidaten Jürgen Rüttgers. Mit 44,8 Prozent der Stimmen erzielte die CDU ihr bestes Ergebnis seit 1975. Damals hatte die Partei 47,1 Prozent erhalten. Gegenüber der Landtagswahl von 2000 konnte die Union 7,8 Prozentpunkte hinzugewinnen. Die SPD hingegen verlor 5,7 Prozentpunkte und erreichte lediglich 37,1 Prozent. Die Sozialdemokraten errangen damit das schlechteste Ergebnis bei einer nordrhein-westfälischen Landtagswahl seit 1954. Auch die FDP verlor mit ihrem Spitzenkandidaten Ingo Wolf 3,6 Prozentpunkte und erreichte nur noch 6,2 Prozent. Gleichauf lagen nun die Grünen, deren Verluste mit 0,9 Prozentpunkten jedoch geringer ausfielen. Die erstmals zur Landtagswahl angetretene WASG erreichte mit 2,2 Prozent ein durchaus beachtenswertes Ergebnis, verpasste den Einzug in den Landtag gleichwohl deutlich.

Die Wahlbeteiligung stieg gegenüber der von 2000 an. Nach 56,7 Prozent fünf Jahre zuvor machten nun 63 Prozent der Wähler von ihrem Wahlrecht Gebrauch. Vor allem die CDU profitierte von diesem deutlichen Anstieg. Sie erreichte nun mit 3.696.506 Stimmen 984.330 Stimmen mehr als noch im Jahr 2000. Die Zahl der absoluten Wählerstimmen für die SPD hingegen blieb beinahe stabil. Sie verlor lediglich 84.191 Stimmen gegenüber ihrem Ergebnis von 2000. Auch die Grünen blieben mit Blick auf die absoluten Wählerstimmen stabil. Sie büßten lediglich 9002 Stimmen ein. Die Stimmenverluste für die Liberalen fielen hingegen deutlich aus. 213.292 Wähler weniger sprachen ihnen das Vertrauen aus als noch bei der vorangegangenen Landtagswahl (LDS 2005b: 9). Waren im Wahljahr 2000 viele CDU-Sympathisanten unter dem Eindruck des CDU-Parteispendenskandals den Urnen fern geblieben oder zur FDP gewechselt, gewann die Union 2005 per saldo 490.000 Stimmen ehemaliger Nichtwähler hinzu. Hinzu kamen ca. 290.000 ehemalige SPD-Wähler. Schließlich gelang es der CDU, die 2000 an die FDP verloren gegangenen Stimmen zurückzugewinnen. Im Saldo ca. 180.000 Wähler, die 2000 noch die Liberalen gewählt hatten, wechselten nun zur Union. Auch die SPD konnte von der gestiegenen Wahlbeteiligung profitieren, jedoch nicht im gleichen Ausmaß wie die CDU. Aus dem Lager der Nichtwähler gewannen die Sozialdemokraten 130.000 Stimmen hinzu, weitere 70.000 ehemalige Grünen-Wähler wechselten ebenfalls zur SPD.[107] Trotz des klaren Sieges der Union konnte die SPD ihr absolutes Stimmenergebnis von 2000 weitgehend stabil halten.

Allerdings offenbarte der Blick auf ihr Wählerpotenzial die ganze Dramatik des Wahlergebnisses aus Sicht der Sozialdemokraten. Nach Berechnungen der „Arbeitsgruppe Wahlen Freiburg" konnte die SPD nur noch 60 Prozent ihres Wählerpotenzials mobilisieren. Das Wahlergebnis zeigte „eine tiefe Entfremdung breiter Teile der städtischen Arbeiterschaft" von ihrer ehemaligen Partei. „Der Verlust der Landtagswahl (...) geht in erster Linie auf die gezielte Distanzierung der Sozialdemokraten von ihrem traditionellen Politikansatz zurück" (FR v. 25.05.2005).

Dem Trend bei vorangegangenen Wahlen seit 1999 entsprechend, verloren die Sozialdemokraten vor allem bei ihren Stammwählern, der unteren Mittelschicht. Die Verluste von jeweils elf Prozentpunkten bei Arbeitern und Arbeitslosen fielen fast doppelt so hoch aus wie in der Gesamtheit. Die CDU legte vor allem in der Gruppe der Arbeiter mit neun Prozentpunkten deutlich zu und erreichte hier nun 39 Prozent. Bei den Arbeitslosen gewann die Union

---

[107]   Vgl. zu den Wählerwanderungen Feist/Hoffmann 2006: 175.

mit ebenfalls neun Prozentpunkten deutlich hinzu und rückte mit 34 Prozent
nah an die SPD heran, die hier 36 Prozent der Stimmen erreichte. Zwar
schnitt die SPD bei ihrer Stammklientel, den gewerkschaftlich organisierten
Arbeitern, mit 61 Prozent weiterhin überdurchschnittlich ab, aber auch hier
verlor sie sieben Prozentpunkte gegenüber 2000. Die CDU hingegen konnte
auch hier sechs Punkte hinzugewinnen.

Abbildung 33:   Wähler nach Berufsgruppen und
Gewerkschaftsmitgliedschaft

	SPD	*CDU*	*FDP*	*Grüne*
Gesamt	37,1	44,8	6,2	6,2
Erwerbsstatus				
• **Berufstätige**	35	43	7	9
• **Rentner**	40	50	4	2
• **Arbeitslose**	36 (-11)	34 (+9)	7 (-1)	8 (-5)
Berufsgruppen				
• **Arbeiter**	45 (-11)	39 (+9)	5	3
• **Angestellte**	38	43	6	7
• **Beamte**	31	49	6	10
• **Selbständige**	23	55	11	7
Gewerkschaftsmitgliedschaft				
• **Ja**	54 (-7)	28 (+6)	4	7
• **Nein**	34	48	7	6
Gewerkschaftsmitgliedschaft + Arbeiter				
• **Mitglied**	61 (-11)	25	4	2
• **Kein Mitglied**	40	44	5	4

Eigene Darstellung. Quelle: Präsidentin des Landtags 2005: 59; Datenbasis: Analyse der Forschungsgruppe Wahlen

Zudem konnte die CDU in fast allen Altersgruppen Stimmen hinzugewinnen.
Besonders stark waren die Zuwächse mit elf Prozentpunkten bei den 35- bis
45-Jährigen. Lediglich bei den 18- bis 25-Jährigen verlor die Union einen
Prozentpunkt und lag nur in dieser Altersgruppe hinter der SPD. Klar überdurchschnittlich schnitten die Konservativen bei den über 60-Jährigen ab, wo
sie 52 Prozent der Stimmen erreichten (vgl. LDS 2005b: 8).
    Schließlich gelang es der Union, bei den Wählerinnen erfolgreich zu
sein. Mit 51,3 Prozent stellten die Frauen die Mehrheit der CDU-Wähler
(LDS 2005b: 12), was Jürgen Rüttgers in seiner Wahlanalyse besonders
würdigte (WA v. 24.05.2005).

Regional betrachtet konnte die SPD lediglich im Ruhrgebiet ihre traditionellen Hochburgen halten. Jedoch büßte sie auch in den meisten Revierstädten an Stimmen ein, wie beispielsweise im Wahlkreis Oberhausen I. Dort verlor sie 7,7 Prozentpunkte. Die CDU hingegen konnte landesweit in allen Wahlkreisen zulegen. Sie hielt ihre ländlichen Hochburgen, konnte die SPD aber auch in einigen Großstädten auf Distanz halten. Neben dem Ruhrgebiet blieb die SPD nur in Bielefeld (Wahlkreis I), Köln und dem Wahlkreis Minden-Lübbecke II stärkste Partei. Während die SPD im Wahlkreis von Peer Steinbrück mit 55,9 Prozent das beste Ergebnis landesweit erzielte, erreichte die CDU in sieben Wahlkreisen mehr als 60 Prozent (LDS 2005a:160-165).

Abbildung 34:   Mandatsverteilung LTW 2005

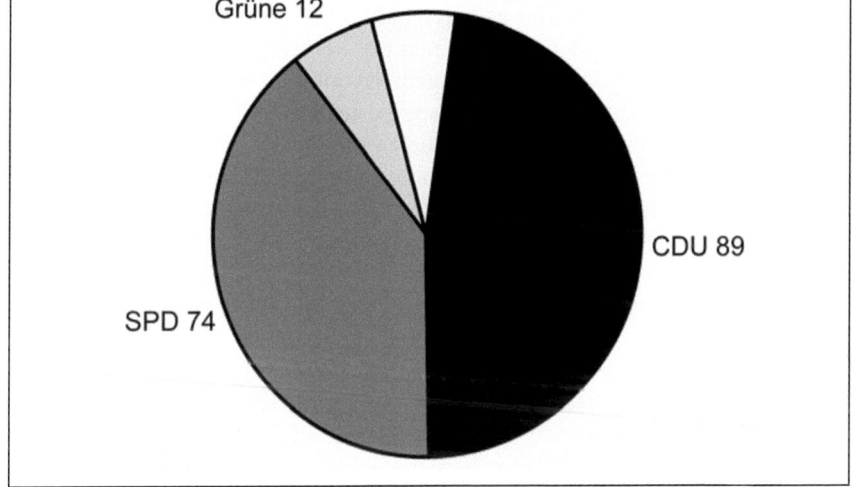

Eigene Darstellung
Datenquelle: Landesamt für Datenverarbeitung und Statistik NRW

Der Landtag hatte im März 2002 die Zahl der Wahlkreise von 151 auf 128 verringert. Der CDU gelang es, 89 dieser Wahlkreise direkt zu gewinnen. Angesichts dieses herausragenden Ergebnisses wurden keine weiteren Mandate über die Reserveliste der Partei vergeben. Die SPD hingegen, die bei der Wahl 2000 noch 102 Wahlkreise direkt für sich entscheiden konnte, kam nur noch auf 39 direkt errungene Mandate. Die verbleibenden 35 Sitze wurden über die Reserveliste vergeben. FDP und Grüne kamen jeweils auf 12 Mandate. Alle Mandatsträger beider Parteien zogen über die Reserveliste in den Landtag ein (LDS 2005a: 150).

Trotz der Verkleinerung des Landtages auf insgesamt 187 Sitze gelang es der Union damit, ein Mandat hinzuzugewinnen. Allerdings führten der Wahlerfolg und das gute Abschneiden der Partei hinsichtlich der Direktmandate zu einigen personellen Verschiebungen innerhalb der CDU-Fraktion. Das in der vorangegangenen 13. Legislaturperiode durch 19 Abgeordnete vertretene Ruhrgebiet wurde nun lediglich noch durch drei Mandatsträger repräsentiert (WR v. 24.05.2005). Einigen prominenten Landespolitikern der CDU blieb der Einzug in den Landtag verwehrt. So gelang weder dem Landesschatzmeister und stellvertretenden Fraktionsvorsitzenden Lothar Hegemann, noch dem ehemaligen Gelsenkirchener Oberbürgermeister Oliver Wittke, der stellvertretenden Fraktionsvorsitzenden Regina van Dinther oder der designierten Wirtschaftsministerin Christa Thoben der Einzug in den Landtag. In der Fraktion gab es bereits kurz nach der Wahl Befürchtungen, zahlreiche Kabinettsposten müssten nun als Kompensation für die Unterrepräsentation in der Fraktion mit Ruhrgebietsvertretern besetzt werden (GA v. 24.05. 2005). Zudem waren die Frauen in der Fraktion deutlich unterrepräsentiert. Nur elf der 89 Mandate entfielen auf Frauen. Die Frauenunion beklagte dieses Ergebnis und zeigte sich „geschockt", was den Wahlsieger Rüttgers in der Fraktionssitzung am 24. Mai dazu veranlasste, den Frauen eine angemessene Kompensation in Aussicht zu stellen (taz v. 25.05.2005).

Bewertung des Wahlergebnisses

Dennoch war das Wahlergebnis ein herausragender Triumph vor allem für die CDU. „Das Erdbeben vom Rhein" (SZ v. 23.05.2005) führte zu einer „Zeitenwende an Rhein und Ruhr" (Welt v. 23.05.2005). „Der Tag, an dem das rote Herz stehen blieb" (Tagesspiegel v. 23.05.2005) schleifte „die wichtigste Basisstation der deutschen Sozialdemokraten" (BZ v. 23.05.2005). Die FAZ titelte folglich: „Eine Ära geht zu Ende" (FAZ v. 24.05.2005).

Durch die Ankündigung des SPD-Vorsitzenden Franz Müntefering am Wahlabend, Bundestagsneuwahlen anzustreben, war zudem die bundespolitische Bedeutung der Landtagswahl offensichtlich geworden.[108] Die beiden Spitzenkandidaten von CDU und FDP in Nordrhein-Westfalen unterstrichen dies noch einmal nachdrücklich. Sowohl Jürgen Rüttgers als auch Andreas Pinkwart verwiesen explizit auf die Signalwirkung Nordrhein-Westfalens für

---

[108] Zur Abfolge der entsprechenden Ereignisse siehe ausführlicher Feldkamp 2006.

den Bund und die angekündigte Bundestagswahl (WDR 5 am 23.05.2005; ZDF heute-Journal v. 22.05.2005). Beide bezogen sich damit implizit auf die Rolle Nordrhein-Westfalens als „Vorbote und Testgelände" (FAZ v. 23.05. 2005) bundespolitischer Entwicklungen seit den 1960er Jahren.[109]

Mit Blick auf die Landespolitik kündigte Rüttgers am Wahlabend an: „Mir kommt es darauf an, dass Nordrhein-Westfalen ein Land der neuen Chancen wird, ein Land der neuen Chancen bei Arbeit, (...) bei Bildung, aber auch bei Selbstbestimmung und Selbstverantwortung, also beim Abbau von Bürokratie. Das werden die drei Schwerpunkte unserer Arbeit in den nächsten Monaten sein" (ZDF heute-Journal v. 22.05.2005). Mit Blick auf das unerwartet gute Abschneiden seiner Partei bei der Wählergruppe der Arbeiter erklärte Rüttgers selbstbewusst: „Der Vorsitzende der Arbeiterpartei bin ich" (Handelsblatt v. 24.05.2005). Rüttgers machte sich damit implizit ein sozialpolitisches Versprechen seines designierten Arbeits- und Sozialministers Laumann zueigen, der vor der Wahl erklärt hatte, NRW müsse wieder „zum sozialen Gewissen" der Bundesrepublik werden (Welt kompakt v. 24.05.2005). Allerdings war der Wahlsieg der CDU nur begrenzt auf die Person Jürgen Rüttgers zurückzuführen. Vielmehr war sein Image „sein schwerster Gegner im zurückliegenden Wahlkampf" gewesen (Tagesspiegel v. 23.05.2005). Dennoch verband sich der Wahlerfolg der CDU unmittelbar mit der Person ihres Spitzenkandidaten. Die „Auferstehung der CDU" war zugleich „die Auferstehung eines Mannes, den viele auch in der eigenen Partei nach seiner Niederlage bei der Landtagswahl 2000 längst abgeschrieben hatten" (SZ v. 23.05.2005). Der Wahlerfolg stärkte nun auch Rüttgers innerparteilich den Rücken. Angesichts der Größe Nordrhein-Westfalens wurde Rüttgers darüber hinaus beinahe automatisch zu einem wichtigen bundespolitischen Machtfaktor. NRW stellt rund ein Drittel der Delegierten bei CDU-Bundesparteitagen und Rüttgers konnte künftig als Ministerpräsident den Nimbus der Regierungsmacht einbringen. Er wurde damit „der mächtigste Mann der CDU" (BZ v. 23.05.2005).

Landtagswahl und Regieren

Diese persönliche Stärkung Rüttgers' infolge der Landtagswahl hatte fast zwangsläufig Folgen für das Regieren in Nordrhein-Westfalen. Durch den triumphalen Wahlsieg der CDU konnte Rüttgers quasi-plebiszitäre Macht für

---

[109] Das schließt den Aspekt einer bundespolitischen Durchdringung von Landtagswahlen ein. Hierzu ausführlicher Florack/Hoffmann 2006. Vgl. Korte 2005a; Korte 2005b; Korte 2005c.

sich in Anspruch nehmen, auch wenn sich der Wahlsieg nur begrenzt auf seine persönliche Strahlkraft zurückführen ließ. Denn nur 19 Prozent der Wähler gaben an, der Kandidat sei ausschlaggebend für ihre Wahlentscheidung gewesen. Eine deutlich größere Zahl von 46 Prozent nannte die Programmatik als entscheidendes Kriterium für ihre Stimmabgabe (infratest dimap 2005). Dies spiegelte den Kompetenzvorsprung der CDU gegenüber der SPD in den zentralen landespolitischen Politikfeldern deutlich wider.

Folglich lassen sich aus dem Landtagswahlergebnis erstens spezifische Folgen für das Strukturmerkmal der Ministerpräsidentendemokratie ableiten. Rüttgers war im Wahlkampf mit einer klaren Policy-Akzentuierung angetreten. Mit der Arbeitsmarkt- und Wirtschaftspolitik, der Schulpolitik und dem Ziel des Bürokratieabbaus hatte die CDU mit ihrem Spitzenkandidaten drei inhaltliche Schwerpunkte gesetzt, bei denen sie auch in der Wahrnehmung der Wähler einen klaren Kompetenzvorsprung gegenüber der SPD besaß. Diese Policy-Akzentuierung war durch das Wählervotum nachdrücklich unterstützt worden. Der Ministerpräsident besaß folglich den quasi-plebiszitären Auftrag, in diesen Bereichen vordringlich tätig zu werden. Zudem hatte Rüttgers die Programmatik eng mit seiner Person verbunden. Die besondere Betonung der sozialpolitischen Kompetenz bot Rüttgers darüber hinaus die Möglichkeit, persönliche Schwerpunkte innerhalb dieser Programmatik deutlich zu machen. Dies hatte er durch die Nominierung des Sozialpolitikers Laumanns als Arbeits- und Sozialminister auch in personalpolitischer Hinsicht unterstrichen. Rüttgers hatte somit bereits vor der Landtagswahl Elemente seines künftigen Regierungsstils deutlich gemacht (vgl. Derlien/Murswiek 2001: 11-12). In Verbindung mit dem zu erwartenden Amtsbonus als Ministerpräsident konnte Rüttgers dieses gewonnene Vertrauen nun in der Folge in konkrete politische Maßnahmen überführen.

Zweitens hatte das Ergebnis der Landtagswahl koalitionsdemokratische Implikationen. Sowohl CDU als auch FDP waren mit einem klaren Bekenntnis zu einer schwarz-gelben Koalition in den Wahlkampf gezogen. Beide Parteien waren zudem bemüht gewesen, sich deutlich von der aus ihrer Sicht konfliktbeladenen rot-grünen Vorgängerkoalition abzugrenzen. Der Wahlerfolg des schwarz-gelben „Gegenmodells" verpflichtete beide Parteien nun dazu, ihrem Anspruch auch gerecht zu werden. Die Gewichte zwischen beiden Parteien hatten sich durch das Wahlergebnis jedoch gegenüber der vorangegangenen Legislaturperiode verschoben. War noch im Jahr 2000 eine Koalition der FDP mit der SPD im Bereich des Möglichen gewesen, schien diese Option und damit auch eine Gefahr für die Regierungsambitionen der CDU nun gebannt. Zudem hatten die Wähler die CDU eindeutig auf Kosten der FDP gestärkt. Damit war der Rahmen für die anstehenden Koalitionsverhandlungen zwar abgesteckt, die Gewichte innerhalb dieser Rahmenbedingungen hatten sich jedoch verändert. Die CDU hatte sich gegenüber der FDP einen klaren strategischen Vorteil erarbeitet.

Drittens hatte das Wahlergebnis parteiendemokratische Implikationen. Wie schon sein Amtsvorgänger Johannes Rau konnte Rüttgers nun den Parteivorsitz und das Ministerpräsidentenamt auf sich vereinigen. Nicht zuletzt daraus erwuchs eine besondere parteiendemokratische Legitimation des künftigen Regierungshandelns sowie des designierten Regierungschefs. Die darin zum Ausdruck kommende Verbindung von parteien- und ministerpräsidentendemokratischen Aspekten hatte daher auch eine Stärkung Rüttgers' zur Folge. Diese erschien umso bedeutsamer, als Rüttgers bis 2004 auch in der eigenen Partei nicht unangefochten gewesen war. Zugleich beinhaltete das Wahlergebnis auch parteiendemokratische Imperative, die Jürgen Rüttgers nicht ignorieren konnte. Die für das Strukturmerkmal der Parteiendemokratie typischen innerparteilichen Proporzaspekte sind hier beispielhaft anzuführen. Die unmittelbar im Anschluss an die Landtagswahl aufkommende Problematisierung der Unterrepräsentation von Frauen und Vertretern der Ruhrgebiets-CDU innerhalb der Landtagsfraktion sowie das Austarieren der unterschiedlichen Parteiflügel sind maßgebliche Ausflüsse dieses Strukturmerkmals; diese galt es, in das künftige Regierungshandeln zu integrieren.

Hinsichtlich des Strukturmerkmals der Verhandelnden Wettbewerbsdemokratie hatte das Wahlergebnis Auswirkungen sowohl auf die vertikale als auch auf die horizontale Dimension der Politikverflechtung. Die Folgen für die vertikale Dimension zeigten sich weniger in Form spezifischer Verhandlungsarrangements als vielmehr in der wechselseitigen Durchdringung von Landes- und Bundespolitik. Diese ergab sich vor allem durch die Ankündigung der vorgezogenen Bundestagswahl für den Herbst 2005. Die Startphase der neuen Landesregierung war von diesem bundespolitischen Einflussfaktor überschattet. Die Spannung in Düsseldorf war am Wahlabend unmittelbar nach der ersten Hochrechnung gewichen und konzentrierte sich in der Folge stattdessen auf die weiteren bundespolitischen Entwicklungen. Die Landespolitik, durch die Landtagswahl zunächst in den Mittelpunkt bundespolitischer Debatten gerückt, fand nur noch am Rande Beachtung. Der Bundestagswahlkampf wurde noch am Wahlabend eingeläutet, was die Handlungsmöglichkeiten der neuen Landesregierung unmittelbar beeinflussen musste. Rüttgers sah sich mit einem veränderten Zeitplan, grundlegend veränderten Rahmenbedingungen und der weitgehenden Nichtbeachtung der Landespolitik in den kommenden Wochen und Monaten konfrontiert.

Aber auch im Hinblick auf horizontale Verhandlungssysteme hatte die Landtagswahl gravierende Auswirkungen. Die Landtagswahl beendete die Ära sozialdemokratischer Vorherrschaft in NRW, die das landespolitische Umfeld spätestens seit Mitte der 1970er Jahre geprägt hatte. Angesichts dieses parteipolitischen Machtwechsels standen auch die etablierten Verhandlungssysteme auf dem Prüfstand. Zwar war die Union in die Politik der Akkomodierung eingebunden gewesen, dennoch blieb fraglich, ob das Wahlergebnis nicht maßgebliche Auswirkungen in dieser Hinsicht haben würde. Nicht zuletzt der Regierungsapparat spielte in diesem Zusammenhang eine entscheidende Rolle, denn er war von den 39 Jahren sozialdemokratischer Vorherrschaft geprägt. Die politischen Vorzeichen waren durch den Regierungswechsel nun umgekehrt, ob dies für die Administration jedoch auch galt, blieb abzuwarten.

Schließlich bleibt noch das mediendemokratische Strukturmerkmal nordrhein-westfälischer Landespolitik. Der Wahlkampf mit der Personalisierung auf die jeweiligen Spitzenkandidaten der Parteien sowie einige ausgewählte Themenfelder hatte die Imperative der Mediendemokratie schon deutlich zutage treten lassen. Mit der Ankündigung der CDU, eine „Politik der Ehrlichkeit" und der „Verlässlichkeit" machen zu wollen, waren formbezogene Elemente des künftigen Regierungsstils auch mediengerecht aufbereitet vermittelt worden. Hinzu kam die programmatische Ankündigung des CDU-Wahlprogramms: „Mehr Arbeit, mehr Bildung, weniger Staat". Diese Formen und Inhalte galt es nun in tragfähige Konzepte für den Regierungsalltag zu übersetzen. Dabei waren jedoch die sich aus der vertikalen Politikverflechtung ergebenden Imperative zu beachten.

Die ersten Monate der neuen Regierungskoalition sollten durch den Bundestagswahlkampf geprägt werden, was auch konkrete Folgen für das Regieren in Nordrhein-Westfalen erwarten ließ. Schon am Beispiel der Koalitionsverhandlungen lassen sich diese Einflüsse deutlich nachweisen: „Unter dem Paukenschlag der Ankündigung einer vorgezogenen Bundestagswahl im September 2005 ging der Machtwechsel in Düsseldorf und die Bildung der neuen Koalition publizistisch nahezu völlig unter" (Feist/Hoffmann 2006: 179).

Koalitionsverhandlungen: Schwarz-gelbe Harmonie und Abgrenzung von der rot-grünen Konfliktkoalition

Phase 1: Koalitionsabsprachen vor der Landtagswahl

Sowohl CDU als auch FDP waren mit einer klaren Koalitionsaussage in die heiße Wahlkampfphase gegangen. Jürgen Rüttgers hatte bereits im April 2004 erklärt, sein Ziel nach der Landtagswahl 2005 sei die Bildung einer schwarz-gelben Koalition. Diese sei im Gegensatz zu einer möglichen Großen Koalition mit der SPD ein eindeutiges Zeichen für den seines Erachtens notwendigen politischen Wechsel im Land (Präsidentin des Landtags 2005: 27). Zu Beginn der vorangegangenen Legislaturperiode war die gewünschte Koalitionsoption für die CDU jedoch noch unsicher gewesen. Unter der Führung ihres Landesvorsitzenden Jürgen Möllemanns konnte sich die FDP auch eine Koalition mit der SPD vorstellen. Nach der Landtagswahl 2000 hatte Wolfgang Clement ebenfalls mit dieser Option gespielt, sich dann aber doch für die Fortsetzung der bestehenden rot-grünen Koalition entschlossen. Nach dem Rücktritt Möllemanns als FDP-Landesvorsitzender im Oktober 2002 nutzte Rüttgers daher die Gelegenheit, enge und direkte Kontakte zur neuen Führung der FDP aufzunehmen. In Anwesenheit der CDU-Vorsitzenden Angela Merkel und des FDP-Vorsitzenden Guido Westerwelle vereinbarten die beiden nordrhein-westfälischen Parteivorsitzenden Jürgen Rüttgers und Andreas Pinkwart Anfang Juli 2004 in Berlin schließlich informell die Bildung einer schwarz-gelben Koalition nach der Landtagswahl 2005 sollte das Ergebnis dies ermöglichen (WamS v. 19.06.2005). Ganz in diesem Sinne sprach sich auch die FDP-Führung auf dem Landesparteitag in Krefeld im November 2004 für die Bildung einer schwarz-gelben Koalition aus, obwohl es aus der Partei auch kritische Stimmen gab (Präsidentin des Landtags 2005: 44).

Angesichts dieses Vorlaufes war auch im Wahlkampf klar gewesen, dass Rüttgers die Bildung einer Koalition mit der FDP anstreben würde, sollten die Mehrheitsverhältnisse dies ermöglichen. Somit stellten weitere Gespräche zwischen beiden Parteien am Wahlabend nicht den Auftakt der Koalitions- und Regierungsbildung dar, sondern schlossen vielmehr eine erste Phase der Koalitionsverhandlungen ab (vgl. zur Phaseneinteilung Kapitel 3.1).

Phase 2: Die kurze Sondierungsphase

Die zweite Phase der Koalitionsbildung, der Beginn von Sondierungsgesprächen, wurde noch am Wahlabend eingeleitet. So erklärte Jürgen Rüttgers am nächsten Tag im WDR-Hörfunk, er werde zusammen mit dem Parlamentarischen Geschäftsführer der CDU-Fraktion Helmut Stahl, am Mittwoch (25. Mai 2005) ein Auftaktgespräch mit Andreas Pinkwart und Ingo Wolf führen (WDR 5 v. 23.05.2005). Am Wahlabend noch hatte Rüttgers zunächst seine Parteifreunde aufgefordert, zunächst eine Woche lang das Wahlergebnis zu feiern und dann mit der Arbeit zu beginnen. Stattdessen trafen sich die Parteispitzen nun schon drei Tage nach der Wahl, um die Verhandlungspositionen beider Parteien sowie den Zeitplan der Koalitionsgespräche zu besprechen (WN v. 26.05.2005). Für die FDP nahm neben dem Parteivorsitzenden Pinkwart, der stärker bundespolitisch engagiert war, der NRW-Spitzenkandidat Ingo Wolf teil. Rüttgers beteiligte mit Helmut Stahl einen engen politischen Vertrauten und seinen organisatorischen Rückhalt in der Fraktion an den Sondierungsgesprächen.

Ein Grund für den veränderten Zeitplan war vor allem bundespolitischer Natur. Durch die Ankündigung von Bundestagsneuwahlen waren die Koalitionsverhandlungen und die Regierungsbildung in Nordrhein-Westfalen indirekt zum Gegenstand des nun anstehenden Bundestagswahlkampfes geworden. Rüttgers erklärte daher: „Wir wollen bis zur Bundestagswahl schon einiges vorweisen" (GA v. 26.05.2005; vgl. NRZ v. 24.05.2005; WDR 5 v. 23.05.2005). Ein erster Schritt in diese Richtung musste der schnelle Abschluss der Koalitionsverhandlungen sein, um dann konkrete landespolitische Vorhaben angehen zu können. Ein zweiter Grund für den engen Zeitplan lag in der bewussten Abgrenzung beider Parteien von der Vorgängerkoalition. CDU und FDP wollten sich bewusst von der langen Verhandlungsdauer 1995 und 2000 distanzieren und symbolisch Handlungsfähigkeit und Einigkeit demonstrieren. Ganz in diesem Sinne betonten beide Seiten nach dem ersten Acht-Augen-Gespräch die gute und partnerschaftliche Atmosphäre (NRZ v. 26.05.2005; WA v. 26.05.2005; Handelsblatt v. 26.05.2005; NRZ v. 24.05.2005). Um sich darüber hinaus von den konfliktgeladenen rotgrünen Koalitionsverhandlungen abzugrenzen, betonten CDU und FDP das hohe Maß an programmatischer Übereinstimmung. So erklärte Jürgen Rüttgers: „In den zentralen Bereichen Arbeit, Wirtschaft, Finanzen, Bildung und Sicherheit gibt es zwischen den beiden Parteien keine unüberwindbaren Schwierigkeiten" (FTD v. 24.05.2005). Vonseiten der CDU wurden die Gespräche mit der FDP als unproblematisch angesehen (FR v. 24.05.2005).

Einen offenen Dissens zwischen beiden Parteien gab es jedoch in einem zentralen landespolitischen Thema – der Zukunft der Steinkohlepolitik. Die FDP forderte den vollständigen Abbau der Kohlesubventionen und ein schnelles Auslaufen des subventionierten Steinkohlebergbaus. Die CDU nahm hier eine zurückhaltendere Position ein. Darüber hinaus gab es Differenzen in Fragen der Stammzellenforschung, über die Zahl der einzustellenden Lehrer, über die künftige Polizeistruktur des Landes und über den Umgang mit den Gewerkschaften (vgl. NOZ v. 26.05.2005; NRZ v. 24.05.2005; WDR 5 v. 23.05. 2005). Dennoch verständigte man sich im Rahmen der Sondierungsgespräche auf einen engen Zeitplan. Die Koalitionsverhandlungen sollten bereits am Freitag, 27. Mai beginnen und die Verhandlungen nach zehn Verhandlungsrunden abgeschlossen sein. Landesparteitage sollten, so das Vorhaben, am 18. Juli über die Koalitionsvereinbarung entscheiden.

Neben diesen organisatorischen Vorarbeiten nutzten die Verhandlungspartner die Zeit aber auch, um ihre Verhandlungspositionen abzustimmen und Zielvorstellungen zu formulieren. So verwies Jürgen Rüttgers auf die relative Stärke der CDU gegenüber der FDP. Explizit wies er darauf hin, dass die CDU alleine mehr Mandate im Landtag errungen habe als SPD und Grüne zusammen (FTD v. 24.05.2005). Zudem markierte er inhaltliche Leitlinien für die Verhandlungen. Rüttgers verwies auf den Reformwillen der Koalition und erklärte: „NRW bleibt, was es ist, aber nicht, wie es ist" (zit. nach GA v. 26.05.2006). Mit diesem Bekenntnis zu Kontinuität und Veränderung zugleich machte Rüttgers zugleich in Teilen seinen persönlichen Stil deutlich. Ganz in diesem Sinne nutzte er die Gelegenheit, den schon im Wahlkampf formulierten sozialpolitischen Anspruch zu erneuern und mit seiner Person zu verbinden: „Wir wollen wirtschaftliche Vernunft mit sozialer Gerechtigkeit verbinden. Dafür stehe ich persönlich" (zit. nach Handelsblatt v. 24.05.2006). Konkrete inhaltliche Vorgaben machte aber keine Seite im Rahmen der Sondierungsphase. Lediglich die Aufspaltung des Ministeriums für Wirtschaft und Arbeit wurden in Aussicht gestellt (Handelsblatt v. 24.05.2005).

Phase 3: Koalitionsverhandlungen als Darstellungspolitik

Die Koalitionsverhandlungen zwischen CDU und FDP begannen am 27. Mai 2005 und damit nur fünf Tage nach der Landtagswahl. Als Ort für die Gespräche wählten die Verhandlungspartner die Villa Horion. Jürgen Rüttgers erklärte, man habe das Gebäude aufgrund seiner landesgeschichtlichen Bedeutung für die Koalitionsverhandlungen ausgesucht; ein Umzug der Staatskanzlei zurück in die Villa Horion werde jedoch nicht erwogen (RP v. 03.06. 2005). Die Villa Horion stand dabei symbolhaft für unterschiedliche Darstellungsaspekte des neuen Regierungsbündnisses und des neuen Ministerpräsidenten Rüttgers. Zum einen war die Ortswahl eher ein Zeichen für Kontinuität als für den angekündigten politischen Wechsel, denn die Villa Horion „symbolisiert das alte NRW" (SZ v. 27.05.2005). Wenn auch nicht unbedingt ein Zeichen für landespolitische Nostalgie, so war es doch zumindest eine Reminiszenz an den langjährigen Ministerpräsidenten Johannes Rau (SZ v. 17.06.2005). Zum anderen passte „die Wiederentdeckung der alten Regierungszentrale zu dem angekündigten Regierungsstil einer neuen Sachlichkeit und Bescheidenheit. Mehr Rau als Clement, das ist das Motto des künftigen CDU-Ministerpräsidenten Rüttgers" (SZ v. 27.05.2005; vgl. KStA v. 28.05. 2005). Dennoch musste die Wahl des von Johannes Rau aufgrund seiner geografischen Lage als „Pförtnerhäuschen von Mannesmann" verspotteten Gebäudes „wie eine ‚feindliche Übernahme' (…) auf Sozialdemokraten gewirkt haben (…). Exakt an jener Stelle, wo sich Rau vor zehn Jahren am späten Wahlabend (…) auf die Grünen als Koalitionspartner einzulassen begann, gilt bereits die neue Farbenlehre" (NRZ v. 28.05.2005).

Die Koalitionsverhandlungen begannen, wie in den Sondierungsgesprächen vereinbart, am 27. Mai 2005. Neben ersten inhaltlichen Verhandlungen über das Themenfeld Wirtschaft und Arbeit wurde der konkrete Zeitplan der Verhandlungen besprochen. So einigten sich beide Seiten darauf, Sonderparteitage am 18. Juni über das Verhandlungspaket abstimmen zu lassen. Die Koalitionsverhandlungen sollten folglich in rund zwei Wochen zu einem Ergebnis gebracht werden. Die offizielle Unterzeichnung der Koalitionsvereinbarung sollte dann am 20. Juni erfolgen (WR v. 28.05.2005). Zudem verständigte man sich auf das weitere Verfahren, einen detaillierten Zeitplan, die Teilnehmerschaft an den Verhandlungen sowie den Umgang mit der Öffentlichkeit während der Gespräche.

Merkmale der Koalitionsverhandlungen

Die für Koalitionsverhandlungen grundsätzlich typischen Charakteristika (Kropp 2001: 65-67) lassen sich am Beispiel der Verhandlungen vom Juni 2005 nachweisen:

Erstes Merkmal in diesem Zusammenhang ist die relativ klar abgegrenzte Teilnehmerschaft. Beide Parteien hatten sich schon in der Sondierungsphase auf ihre jeweiligen Verhandlungsdelegationen geeinigt. Für die CDU führte Jürgen Rüttgers, der Parteivorsitzende und designierte Ministerpräsident, die Verhandlungen. Mitglied der Delegation war auch der schon in der Sondierungsphase als Unterhändler aktive Helmut Stahl in seiner Funktion als Parlamentarischer Geschäftsführer der Landtagsfraktion. Zudem verhandelten die drei designierten Minister Christa Thoben, Helmut Linssen und Karl-Josef Laumann. Die sechs Personen umfassende Delegation wurde durch den ebenfalls als Minister gehandelten Eckhard Uhlenberg vervollständigt. Für die FDP führte der Spitzenkandidat und Fraktionsvorsitzende Ingo Wolf die Verhandlungen. Hinzu kamen der Parteivorsitzende und Bundestagsabgeordnete Andreas Pinkwart, Generalsekretär Christian Lindner, die stellvertretende Landesvorsitzende Angela Freimuth, die Bundestagsabgeordnete und ebenfalls stellvertretende Landesvorsitzende Gisela Piltz und die stellvertretende Fraktionsvorsitzende Marianne Thomann-Stahl (WA v. 26.05.2005; NRZ v. 26.05.2005). Die Zusammensetzung dieser Verhandlungskommissionen bestätigte erneut die Bedeutung von „Grenzstellenakteuren" im Rahmen von Koalitionsverhandlungen. Gemeint sind damit Akteure, die in ihrer politischen Rolle eine Schnittstelle zwischen unterschiedlichen strukturellen Arenen einnehmen. So lässt sich für beide Parteien nachweisen, dass sowohl die parlamentarische Arena durch die Fraktionsvorsitzenden, als auch die Parteien-Arena durch die Parteivorsitzenden in den Kommissionen abgebildet waren. Hinzu kamen Akteure mit bundespolitischer Bedeutung (z. B. Andreas Pinkwart und Gisela Piltz bei der FDP, Karl-Josef Laumann als designierter CDA-Vorsitzender in der CDU), weitere parteiliche Akteure mit besonderem politischem Gewicht (z. B. stellvertretende Landesvorsitzende, etc.) sowie Vertreter unterschiedlicher parteiinterner Strömungen (z. B. Laumann und Linssen für die CDU als Vertreter des Arbeitnehmer- und des Unternehmerflügels). Dabei waren die Arenen nicht notwendigerweise trennscharf voneinander entkoppelt, sondern vielmehr oftmals miteinander verbunden. Bestes Beispiel hierfür war Jürgen Rüttgers, der als Grenzstellenakteur mit dem CDU-Parteivorsitz und als designierter Ministerpräsidenten zwei Rollen in unterschiedlichen Arenen auf sich vereinigte.

Zweites Merkmal von Koalitionsverhandlungen ist die Existenz klarer Zeit- und Ablaufpläne. Auf diese verständigte man sich im Rahmen der Sondierungsgespräche und bei der ersten Verhandlungsrunde am 27. Mai (NRZ v. 26.05.2005). Beide Seiten vereinbarten zehn Verhandlungsrunden in den kommenden rund zwei Wochen (WN v. 28.05.2005). Zudem wurden der 18. Juni als Termin für die jeweiligen Landesparteitage sowie der 20. Juni als Unterzeichnungstermin für die Koalitionsvereinbarung abgestimmt (WR v. 28.05.2005).

Das dritte Merkmal, eine zentrale Kommission für die inhaltlichen Kernfragen und Grundsatzentscheidungen, wurde durch die beiden jeweils sechsköpfigen Verhandlungskommissionen gebildet. Alle verbindlichen Vereinbarungen wurden hier getroffen und die Hauptverhandlungen fanden in diesem Rahmen statt.

Konkrete Detailfragen und sachpolitische Entscheidungen wiederum wurden in den dieser Kernrunde nachgeordneten Fach- und Arbeitsgruppen vorbereitet und bearbeitet. Dies ist ein viertes Merkmal von Koalitionsverhandlungen. Am ersten Verhandlungstag verständigten sich beide Parteien darauf, sechs solcher Arbeitsgruppen einzurichten. Diese sollten sich mit den Themenfeldern Wirtschaft, Bildung, Arbeit, Umwelt, Inneres und Finanzen befassen (GA v. 31.05.2005). Aufgabe dieser Arbeitsgruppen sollte es sein, bis zum nachfolgenden Dienstag erste Beschlussvorlagen zu erarbeiten, die dann in der zentralen Verhandlungsrunde beraten werden sollten (WR v. 28.05.2005). Den Arbeitsgruppen kam damit eine rein vorbereitende Funktion zu, eigenständige Entscheidungen wurden hier nicht getroffen (NRZ v. 28.05.2005). So konnten sich die Arbeitsgruppen zwar schnell auf zahlreiche konkrete Vorhaben einigen, diese mussten aber zur endgültigen Entscheidung in die zentrale Verhandlungskommission eingespeist werden (Kosta v. 03.06.2005). Die Arbeitsgruppen wurden jeweils von einem CDU- und einem FDP-Vertreter geleitet (KStA v. 30.05.2005). So standen beispielsweise dem Arbeitskreis Finanzen der designierte Finanzminister Linssen und die FDP-Finanzexpertin Angela Freimuth vor (WN v. 28.05.2005). Die Fachgruppe Umwelt, ländlicher Raum, Verkehr und Städteplanung tagte unter der Führung von Eckhard Uhlenberg (CDU) und Holger Ellerbrock (FDP) (WN v. 28.05.2005; KStA v. 30.05.2005).

Fünftens ließ sich aus den Arbeitsgruppen nicht notwendigerweise der künftige Ressortzuschnitt ableiten. Das galt beispielsweise für die letztgenannte Fachgruppe Umwelt, in deren Zuständigkeit auch die Verkehrspolitik lag. Vielmehr handelte es sich um politikfeldübergreifend angelegte Arbeitsgruppen. Zudem wiesen die Verhandlungspartner darauf hin, dass der Vorsitz in den Arbeitskreisen keine unmittelbaren Rückschlüsse auf die Besetzung von Kabinettsposten zulasse. So leitete beispielsweise der in der Öffentlichkeit als Minister gehandelte ehemalige Gelsenkirchener Oberbürgermeister Oliver Wittke keine Arbeitsgruppe, sondern war lediglich als einfaches Mitglied in die Gespräche eingebunden (KStA v. 30.05.2005). Auf der anderen Seite leitete der wirtschaftspolitische Sprecher der FDP Gerhard Papke für seine Partei die Arbeitsgruppe Wirtschaft und Energie (GA v.

09.06.2005), war jedoch wider Erwarten nicht als Mitglied der zentralen Verhandlungskommission vertreten (KStA v. 26.05.2005). Das letzte prägende Merkmal von Koalitionsverhandlungen ist schließlich das Bemühen beider Partner um Diskretion während der Verhandlungsphase. Auch dieses Merkmal fand sich bei den Koalitionsverhandlungen wieder. Beide Seiten kamen überein, dass sich lediglich Jürgen Rüttgers und Ingo Wolf gegenüber der Presse äußern sollten. Die übrigen Verhandlungsteilnehmer verpflichteten sich zu striktem Stillschweigen während der Verhandlungen (NW v. 03.06.2005).

Bevor die konkreten Verhandlungen beginnen konnten, wurden schließlich weitere Akteure zumindest indirekt eingebunden, deren prozedurales Wissen beide Seiten auswerten wollten. Nicht zuletzt aufgrund der langen Oppositionszeit waren weder CDU noch FDP mit Detailwissen zu Koalitionsverhandlungen vertraut. Daher ließen sich Vertreter beider Parteien von Parteikollegen aus anderen Ländern über gängige Verfahren und Vorgehensweise unterrichten (Spiegel v. 30.05.2005). Nachdem diese prozeduralen Verfahrensfragen im Rahmen der ersten Verhandlungsrunde am 27. Mai geklärt worden waren, begannen die fachlichen Verhandlungen zum Thema Wirtschaft und Arbeit noch am gleichen Tag.

Ablauf der Koalitionsverhandlungen

Die Abfolge der Themen drückte in Teilen die politische Prioritätensetzung aus. Die Verhandlungsdelegationen behandelten zunächst das Themenfeld Wirtschaft und Arbeit. In diesen Fragen bestanden zwischen CDU und FDP wenige Konfliktpunkte, sodass einige konkrete Vereinbarungen schon nach der ersten Verhandlungsrunde am 27. Mai bekannt gegeben werden konnten.[110] So einigte man sich darauf, die Landesförderprogramme neu zu regeln und den Mittelstand in den Mittelpunkt der Wirtschaftspolitik zu stellen (WR v. 28.05.2005; WN v. 28.05.2005). In den nachfolgenden Verhandlungsrunden wurden zunächst die Themen Bürokratieabbau und Wirtschaftsförderung, Umweltpolitik, die Zukunft der Windenergie und die Verkehrspolitik behandelt. Auch zu diesen Themen gab es weitgehende Übereinstimmung zwischen beiden Parteien schon vor Beginn der Verhandlungen. Erst in der zweiten Hälfte der Gespräche zwischen dem 13. und 16. Juni wurden dann

---

[110] Die schnelle Einigung in Sachfragen und die damit verbundene Abgrenzung gegenüber den rot-grünen Koalitionsverhandlungen wurde auch symbolisch unterstrichen. So trug Jürgen Rüttgers zum Auftaktgespräch eine blau-gelbe Krawatte in den Farben der FDP (WN v. 28.05.2005).

die konfliktträchtigeren Themen Schul- und Hochschulpolitik, die geplante Verwaltungsreform und die Steinkohlepolitik verhandelt.

Unterbrochen wurden die Verhandlungen durch parteiinterne Zwischenberatungen am 11. und 12. Juni. Dort konnten strittige Punkte entschärft werden, sodass die Chancen, den durchaus engen Zeitplan der Verhandlungen einhalten zu können, stiegen (KR v. 14.06.2005). Dieser Zeitplan wurde im Verlauf der Verhandlungen nicht alleine von der politischen Prioritätensetzung beider Parteien, sondern auch von der Dauer der Kompromissfindung in den einzelnen Sachfragen bestimmt. Strittige Fragen wurden dementsprechend ans Ende der Koalitionsverhandlungen gestellt (NRZ v. 11.06.2005). So befassten sich die Koalitionäre zwar bereits in der vierten Verhandlungsrunde am 3. Juni mit der Zukunft der Steinkohlepolitik. Eine konkrete Einigung konnte hier aber noch nicht erzielt werden. Vielmehr einigte man sich darauf, dass die zuständige Arbeitsgruppe Energie zunächst weitere Gespräche mit Vertretern der RAG führen sollte, bevor die Verhandlungen fortgesetzt werden sollten (taz v. 04.06.2005). Seine Bereitschaft zu solchen Gesprächen hatte der RAG-Chef Müller bereits unmittelbar nach der Landtagswahl am 23. Mai erklärt (NOZ v. 26.05.2005). Ein ähnliches zeitliches Vorgehen galt für die Schulpolitik. Mit ihr befassten sich die Unterhändler in der sechsten Verhandlungsrunde am 9. Juni 2005, einige Streitfragen konnten hier allerdings nicht abschließend geklärt werden. Die verbliebenen offenen Fragen wurden dann nach der Unterbrechung vom 11. und 12. Juni am 13. Juni erneut thematisiert (RN v. 14.06.2005). Der inhaltliche Streit über die künftige Steinkohlepolitik der Landesregierung wurde schließlich am 14. Juni am späten Abend beigelegt (WN v. 15.06.2005). Die erreichte Kompromisslinie stellten dann Rüttgers und Pinkwart der Öffentlichkeit vor, wobei Rüttgers dem kleineren Koalitionspartner den Vortritt ließ (GA v. 15.06.2005). So sollten die Landesbeihilfen bis 2010 um 750 Millionen Euro zurückgeführt werden, was einer Halbierung der Mittel an die RAG ab 2008 entsprach.[111] Während sich die CDU dem Drängen der FDP nach einem vollständigen Ausstieg damit erfolgreich widersetzt hatte, einigten sich die Koalitionäre auf die Sprachregelung eines „Auslaufbergbaus" (GA v. 15.06.2005; „Das war der Tag"/DLF v. 15.06.2005). Dies ließ der FDP genug Interpretationsmöglichkeiten, um den vor der Wahl erhobenen Forderungen gerecht zu werden. Damit war die größte inhaltliche Hürde für eine Einigung überwunden, zumal auch in Fragen der Verwaltungsstruk-

---

[111]   Bis 2008 hatte die alte Landesregierung der RAG rechtsverbindliche Finanzzusagen gemacht, welche die neue Landesregierung nicht aufheben konnte.

turreform sowie der künftigen Polizeistruktur des Landes nur noch letzte Details zu klären waren. Dies geschah im Rahmen der beiden abschließenden Verhandlungsrunden am 15. und 16. Juni 2005 (AN v. 16.06.2005; „Morgenecho"/WDR 5 v. 16.06.2005). Der erfolgreiche Abschluss der Verhandlungen wurde ebenfalls symbolisch inszeniert: „Drei Wochen lang legten die Unterhändler von CDU und FDP den Weg vom Landtag bis zur Villa Horion getrennt zurück. Am Donnerstag dann erschienen sie gemeinsam vor der ehemaligen Staatskanzlei des Landes. Ein symbolischer Akt: Die Arbeit ist getan, die Koalition steht" (WamS v. 19.06.2005). Der Koalitionsvertrag wurde der Öffentlichkeit noch am selben Tag des 16. Juni vorgestellt.

Verbindung von Sach- und Machtfragen

Dass im Rahmen von Koalitionsverhandlungen nicht nur Sach-, sondern auch Machtfragen verhandelt werden, machte vor allem die Rolle der FDP in den Gesprächen deutlich. Im Gegensatz zur CDU, in der es Rüttgers erfolgreich gelang, Personaldiskussionen in der Öffentlichkeit zu verhindern, hatten bei den Liberalen schon im Umfeld der Landtagswahl Personalspekulationen begonnen (Welt v. 23.05.2005). Dabei zeigten sich Konflikte zwischen Landespartei und Fraktion. Während sich die Fraktion unter Führung von Ingo Wolf tendenziell für die Übernahme des Innenministeriums sowie eines weiteren Ressorts im Bereich Technologie aussprach, befürworteten die Landespartei und der Bundesvorsitzende Westerwelle die Übernahme des Wirtschaftsministeriums. Während im ersten Falle die Amtsübernahme durch Ingo Wolf festzustehen schien, wurden für die zweite Version andere Namen genannt. So tauchten in der Diskussion der Name des wirtschaftspolitischen Sprechers der Fraktion, Gerhard Papke, ebenso auf wie der des ehemaligen FDP-Generalsekretärs Andreas Reichel (AN v. 27.05.2005). Zunehmend geriet auch Spitzenkandidat Ingo Wolf innerparteilich in die Kritik, da er aus Sicht einiger Parteikollegen die Interessen der FDP in den Koalitionsverhandlungen nicht nachdrücklich genug vertrat (RP v. 09.06.2005). Empfindlich geschwächt wurde er zudem durch die Neuwahl des Fraktionsvorstandes am 8. Juni. Die Wahl war zunächst zeitlich nach hinten geschoben worden, um die Regierungsbildung abzuwarten (FAZ v. 25.05.2005). Als aussichtsreichster Kandidat galt unmittelbar nach der Landtagswahl der Landesgeneralsekretär Christian Lindner (NRZ v. 24.05.2005). Auf Initiative Wolfs ließ sich der Abgeordnete Robert Orth als Gegenkandidat aufstellen, woraufhin Lindner auf seine Kandidatur verzichtete. Stattdessen kandidierte nun jedoch der wirtschaftspolitische Sprecher Papke für das Amt des Fraktionsvorsitzenden und setzte sich in einer Kampfabstimmung gegen Orth mit sieben zu fünf Stimmen durch.[112] Dieses Ergebnis wurde als klare Niederlage für Ingo Wolf gewertet, der in der Folge auch in den Koalitionsverhandlungen geschwächt wurde (vgl. Welt v. 10.06.2005; GA v. 09.06.2005; KR v. 09.06. 2005). Parteiintern wurde der Ruf nach einer stärkeren landespolitischen Rolle des Parteivorsitzenden Pinkwart lauter, sodass dieser schließlich seinen Eintritt in das Kabinett und den damit verbundenen Wechsel von Berlin nach Düsseldorf ankündigte. Mit dieser „Demontage Wolfs" (NRZ v. 13.06.2005) war verbunden, dass Pinkwart auch das Amt des stellvertretenden Ministerpräsidenten übernehmen sollte und damit, obwohl Wolf Innenminister werden sollte, die Zeit der Doppelspitze in der NRW-FDP beendete (FAZ v. 14.06.2005). Folglich war es Pinkwart, der der Öffentlichkeit an der Seite von Jürgen Rüttgers die Ergebnisse der Koalitionsverhandlungen am 16. Juni vorstellte.

Koalitionsvereinbarung

Über die synoptische Zusammenfassung der Ergebnisse hinaus erfüllte die Koalitionsvereinbarung zwischen CDU und FDP drei grundlegende Funktionen (vgl. Kropp 2001: 69-70): Sie sollte erstens Berechenbarkeit und Vertrauen zwischen beiden Partnern herstellen. Zweitens sollte er die Kooperationskosten der künftigen Zusammenarbeit verringern, indem er die gemeinsame sachpolitische Basis für das künftige Regierungshandeln darstellte und entsprechende Kooperationsverfahren bereithielt. Schließlich sollte er drittens die jeweils eigene Parteibasis an die getroffenen Beschlüsse binden und damit die Handlungsfähigkeit beider Partner auch nach außen sichern. Die Koalitionsvereinbarung stellte vor allem für die FDP als kleinerem Koalitionspartner ein zentrales Instrument dar, um sich gegenüber dem größeren Partner ausreichend zu positionieren (vgl. König 2001: 24; Kropp 2001: 68).

Drei grundsätzlich in Koalitionsvereinbarungen enthaltene Elemente lassen sich auch für die schwarz-gelbe Vereinbarung nachweisen. Der Koalitionsvertrag steckte erstens den sachpolitischen Rahmen der künftigen Kooperation ab. Die unterschiedlichen inhaltlichen Interessen beider Partner wurden somit in ein austariertes Verhältnis gebracht und zumindest vorübergehend stabilisiert.

---

[112]   Zu seinen beiden Stellvertretern wurden Christian Lindner und Christian Rasche gewählt. Das Amt des Fraktionsgeschäftsführers übernahm Ralf Witzel.

Zweitens beinhaltete die Koalitionsvereinbarung Vereinbarungen über die Aufteilung von Ämtern und Positionen innerhalb der gebildeten Regierung. Allerdings enthielt der schwarz-gelbe Koalitionsvertrag keine konkreten Ressortbezeichnungen. Festgelegt wurde vielmehr lediglich ein Vorschlagsrecht beider Parteien für so genannte „Geschäftsbereiche" (Koalitionsvereinbarung 2005: 64). Diese ließen zwar den künftigen Ressortzuschnitt erkennen, aber die genaue Ressortbezeichnung ließ sich aus dem Koalitionsvertrag nicht entnehmen. Nur für die FDP war schon während der Koalitionsverhandlungen Konkreteres bekannt gegeben worden. So sollte Ingo Wolf das Amt des Innenministers übernehmen. Andreas Pinkwart übernahm das neu geschaffene Ministerium für Innovation, Wissenschaft, Forschung und Technologie (MIWFT).

Schließlich beinhaltete die Koalitionsvereinbarung drittens verbindliche Kooperations- und Entscheidungsregeln für die nachfolgende Legislaturperiode. Wie in anderen Fällen üblich vereinbarten CDU und FDP (Koalitionsvereinbarung 2005: 63-64): erstens eine Bundesratsklausel, die das gemeinsame Abstimmungsverhalten Nordrhein-Westfalens im Bundesrat einvernehmlich gestaltete[113]; zweitens Verfahren zur engen Kooperation der Regierungsfraktionen im Landtag, die ein wechselndes Abstimmungsverhalten ausschlossen und Einvernehmen beider Koalitionspartner beim Einbringen von Anträgen und Gesetzesinitiativen vorsahen; drittens einen paritätisch besetzten Koalitionsausschuss. Diesem sollten neben dem Ministerpräsidenten und seinem Stellvertreter jeweils ein weiteres Regierungsmitglied sowie die Partei- und Fraktionsvorsitzenden angehören. Entscheidungen sollten ausschließlich einstimmig getroffen werden und der Ministerpräsident den Vorsitz führen. Durchaus anders als beispielsweise in der Koalitionsvereinbarung 1995 war das im Koalitionsvertrag vorgesehene regelmäßige Zusammentreten des Koalitionsausschusses in den Plenarwochen[114]. Er sollte also nicht als ein Instrument des nachgelagerten Krisen- und Konfliktmanagements, sondern als regelmäßiges Steuerungsinstrument im Sinne koalitionsdemokratischer Imperative fungieren.

Die im Hauptteil des Koalitionsvertrages formulierten sachpolitischen Vorhaben der neuen Regierungskoalition waren auf ein programmatisches Leitmotiv ausgerichtet, welches schon im Titel des Dokuments seinen Niederschlag fand. Hauptziel beider Parteien war, Nordrhein-Westfalen zu ei-

---

[113] Auch die Mitgliedschaft im Bundesrat wurde festgelegt: Ministerpräsident, Justiz-, Arbeits-, Innovations-, Finanzminister und der Minister für Bundes- und Europaangelegenheiten.
[114] Er sollte auch auf Wunsch eines Koalitionspartners außerplanmäßig zusammentreten können.

nem „Land der neuen Chancen zu machen". Die 65 Seiten starke Vereinbarung subsumierte die in vier große Themenfelder geordneten landespolitischen Vorhaben unter diesem Leitmotiv, und sprach u. a. von „neuen Chancen für Wachstum, Arbeit und Soziales" und „neuen Chancen für Bildung".[115] Den einzelnen Politikfeldern vorgelagert, formulierten die Koalitionspartner zunächst in einer Präambel eine kurze landespolitische Lagebe-
schreibung, ihre politische Zielsetzung sowie das programmatische Selbstverständnis der neuen Regierung. Die Landtagswahl verstanden beide Seiten
als „klares Mandat für einen Politikwechsel". Als „Koalition der Erneuerung" sei die gemeinsame Zielsetzung eine „Politik der Ehrlichkeit" und der
Reformanstrengungen (Koalitionsvereinbarung 2005: 1). Zugleich formulierte der Koalitionsvertrag als Kernprinzipien des gemeinsamen Regierungshandelns: „Wir wollen mehr Selbstbestimmung wagen. Dafür müssen wir
gemeinsam die Proportionen wieder zurechtrücken, die aus dem Lot geraten
sind: Freiheit vor Gleichheit, Privat vor Staat, Erarbeiten vor Verteilen, Verlässlichkeit statt Beliebigkeit. Wir wollen Nordrhein-Westfalen zu einem
Land der neuen Chancen machen" (Koalitionsvereinbarung 2005: 2).

Waren die einzelnen sachpolitischen Vorhaben auch alle diesem ideologisch-programmatischen Grundgerüst zugeordnet, zeigte sich doch eine für
Koalitionsvereinbarungen typische Vielzahl unterschiedlicher Formen von
Sachvereinbarungen (vgl. Kropp 2001: 77-79)[116]. Dies lässt sich exemplarisch an folgenden Beispielen aufzeigen: Erstens beinhaltete der Koalitionsvertrag „Leitkriterien", welche eine grundsätzliche Richtung vorgaben und
künftige Verhandlungen der Koalitionspartner strukturieren sollten. Für die
künftige Schulpolitik formulierten die Koalitionspartner beispielsweise: „Wir
wollen ein gerechtes Schulwesen, in dem jedes Kind und jeder Jugendliche
unabhängig von seiner Herkunft seine Chancen und Talente nutzen und entfalten kann" (Koalitionsvereinbarung 2005: 32). Als Konkretisierung sah der
Koalitionsvertrag beispielsweise das Vorziehen des Einschulungsalters sowie
den Ausbau des Ganztagsangebot vor (2005: 32ff).

Zweitens wurden „Formelkompromisse" gefunden, welche die Positionen beider Parteien widerspiegelten, ohne allzu konkrete Aussagen zu treffen. Die Vereinbarungen zur Kohlepolitik spiegelten die Positionen beider
Parteien wider, ließen aber weiterhin Raum für Flexibilität. So wurde zwar
die Halbierung der Steinkohlesubventionen bis 2010 vereinbart, zugleich

---

[115]   Die beiden weiteren Kapitel trugen die Überschriften „Neue Chancen für Selbstbestimmung
       und Sicherheit" und „Neue Chancen für eine menschliche Lebenswelt".

[116]   Für Zusammenstellungen der zentralen Vorhaben siehe u.a. Kölnische Rundschau, WZ, RP,
       Aachener Zeitung, GA v. 17.06.2005.

jedoch auf die Rechtsverbindlichkeit von Zuwendungsbescheiden bis 2008 verwiesen. Beide Seiten sprachen zwar von dem Ziel eines „Auslaufbergbaus", einen konkreten Termin für den Ausstieg nannte der Koalitionsvertrag gleichwohl nicht. Vielmehr wurde auf die Notwendigkeit weiterer Gespräche mit allen Beteiligten verwiesen (Koalitionsvereinbarung 2005: 8).

Der dritte Typus der „Konfliktmarkierungen" zwischen beiden Parteien fand sich ebenfalls erkennbar im Koalitionsvertrag. So einigten sich CDU und FDP im Grundsatz zwar auf eine weitere Flexibilisierung des Ladenschlusses, „zu weitergehenden Öffnungszeiten an Sonn- und Feiertagen bekräftig[t]en die Koalitionspartner [jedoch] ihre unterschiedlichen Auffassungen" (Koalitionsvereinbarung 2005: 12).

Schließlich griffen beide Parteien fünftens auch zu der Möglichkeit, im Koalitionsvertrag „Sachverständigengremien" und „gutachterliche Verfahren" zu vereinbaren. Dies geschah in einem der drei zentralen Schwerpunkte, beim Thema Haushaltspolitik. Beide Parteien vereinbarten: „Wir werden eine Kommission mit hochrangigen Finanzexperten mit einer grundlegenden Bestandsaufnahme der Haushaltssituation des Landes beauftragen und ein Haushaltssicherungskonzept vorlegen" (Koalitionsvereinbarung 2005: 13).

Entscheidung der Landesparteitage

Die Landesparteitage beider Parteien stimmten dem Koalitionsvertrag am 18. Juni mit großer Mehrheit zu. Die Landesvorstände von CDU und FDP hatten die Beschlüsse schon zuvor verabschiedet. Im CDU-Vorstand hatte es lediglich vereinzelte Kritik an zwei Vereinbarungen zur Schulpolitik gegeben (Westfalenpost v. 18.05.2005).[117] Auf dem FDP-Parteitag in der Dortmunder Westfalenhalle präsentierte sich Pinkwart als neuer Spitzenmann der Liberalen, Wolf hingegen wurde eher kühl behandelt (RP v. 20.06.2005). Ohne große Diskussion und ohne eine einzige Gegenstimme billigten die 400 Delegierten die vorgelegte Vereinbarung (Aktuelle Stunde/WDR-Fernsehen v. 18.06.2005). Auch bei der CDU in Düsseldorf gab es keine inhaltliche Auseinandersetzung, sondern eher ein „Jubeltreffen" (Westfalenpost v. 18.05.2005; vgl. Aktuelle Stunde/WDR-Fernsehen v. 18.06. 2005). Auch hier gab es folglich nur eine Gegenstimme und eine Enthaltung der 672 Delegierten zum Koalitionsvertrag. In seiner Rede wies Rüttgers zwar darauf hin, die Koalitionsbildung sei „der Aufgalopp des Bundestagswahlkampfes"

---

[117]   Vor allem die von der FDP durchgesetzte Abschaffung der Grundschul- und Berufsschulbezirke und die Etablierung eines Rankings von Schulen stießen hier auf Kritik.

(zit. nach Welt kompakt v. 20.06.2005), seine 70minütige Rede geriet jedoch eher zur „staatsmännisch-bedächtigen" Grundsatzrede als zur mitreißenden Wahlkampfrede (WZ v. 20.06.2005; KStA v. 20.06.2005; RN v. 20.06.2005; Westfalenpost v. 20.06.2005).

Symbolische Ortswahl als Darstellungspolitik

Für die Unterzeichnung des Koalitionsvertrages am 20. Juni wählten die Verhandlungspartner erneut einen symbolischen Ort der Landespolitik aus. Im Rahmen eines feierlichen Empfangs im Düsseldorfer Ständehaus mit rund 300 geladenen Gästen aus Wirtschaft, Politik und Gesellschaft unterzeichneten die Parteispitzen von FDP und CDU die Koalitionsvereinbarung (GA v. 21.06.2005; WZ v. 20.06.2005). Ähnlich der Villa Horion wurde mit dem Ständehaus – dem alten Sitz des nordrhein-westfälischen Landtages – ein symbolträchtiger Ort gewählt. Ziel war es erneut, so Rüttgers, die „Koalition der Erneuerung" und die politische Zukunft mit landespolitischer Tradition zu verbinden (RN v. 21.06.2005).[118] Die symbolische Ortswahl korrespondierte auch mit darstellungspolitischen Elementen während der Koalitionsverhandlungen. Beispielhaft kann zum einen die öffentliche Abgrenzung von den konfliktgeladenen rot-grünen Koalitionsverhandlungen 1995 und 2000 genannt werden. Der enge Zeitplan und die kurze Dauer der Koalitionsverhandlungen 2005 waren ein erster Hinweis darauf. Hatten die Verhandlungen 1995 noch sechs Wochen gedauert und waren wiederholt vom drohenden Scheitern der Gespräche überschattet worden, brachten CDU und FDP die Gespräche nach nur knapp drei Wochen zu einem Abschluss. Die nach außen demonstrativ dargestellte Harmonie zwischen den Verhandlungspartnern kam hinzu. So betonten beide Seiten wiederholt die gute Atmosphäre schon während der Sondierungsgespräche (WA v. 26.05.2005; vgl. WAZ v. 01.06. 2005). Sie führten zu der breit geteilten öffentlichen Einschätzung: „Insgesamt waren die schwarz-gelben Verhandlungsrunden reinste Harmonieveranstaltungen im Gegensatz zu den früheren rot-grünen Koalitionszirkeln" (Parlament v. 20.06.2005; vgl. KStA v. 17.06.2005; WZ v. 17.06.2005; WAZ v. 17.06.2005). Die stark auf Konsens angelegte Verhandlungsstruktur drückte sich zudem im Verhältnis beider Koalitionspartner in Sachfragen aus. So ließ Rüttgers beispielsweise bei der Präsentation der Vereinbarungen zur Stein-

---

[118]   Damit korrespondierte die Entscheidung Rüttgers', auch die Verleihung des Landesverdienstordens und des Staatspreises (Petersberg) durch eine symbolische Ortswahl als landespolitische Tradition zu inszenieren.

kohlepolitik bewusst seinem Verhandlungspartner Pinkwart den Vortritt, da diese Frage sich aufgrund des Wahlkampfverlaufs zum zentralen Thema des kleineren Koalitionspartners entwickelt hatte.

Zum anderen wurden bei den regelmäßigen Pressekonferenzen während der Verhandlungen auch wiederholt symbolhafte Sachthemen in den Mittelpunkt gestellt. Die von der Regierung Steinbrück beschlossene Abschaffung der Polizeireiterstaffel wurde rückgängig gemacht, die Benotung des Sozialverhaltens auf Schulzeugnissen wieder eingeführt. „Vor allem die CDU hat während dieser zweieinhalb Wochen, Koalitionsverhandlungen in ganz großem Umfang mit Symbolentscheidungen zu Symbolthemen Stimmung für sich gemacht" (Morgenecho/WDR 5 v. 16.06.2005).

Regierungsbildung: Personalpolitik, Parteien und Proporz

Mit dem erfolgreichen Abschluss der Koalitionsverhandlungen vollzog sich nun faktisch der „komplette Machtwechsel" (Korte 2001: 33). Dieser Typus von Machtwechseln (vgl. Korte 2001: 31-34) ist dadurch gekennzeichnet, dass die vormaligen Oppositionsparteien nun die Regierung stellen. Kein Partner der alten Koalition wechselt in das neue Regierungsbündnis. In der vierten Phase des Regierungswechsels stand nun noch formelle Aspekte der Regierungsbildung – die Wahl des Ministerpräsidenten, die Ernennung der Minister und der Staatssekretäre sowie die Abgabe der Regierungserklärung – auf dem Programm. Da die Regierungserklärung als Regierungsprogramm der neuen Koalition in enger Verbindung zur Koalitionsvereinbarung stand, zugleich aber individuelle Schwerpunktsetzungen des Regierungschefs ermöglichte, gehörte diese faktisch noch zum Themenfeld der Koalitions- und Regierungsbildung. So kann „der Regierungschef [in der Regierungserklärung] immer noch seinen Regierungsstil zum Ausdruck bringen", er muss sich dabei jedoch im Rahmen der Koalitionsvereinbarung bewegen (König 2001: 25).

Zwischen der am 22. Juni stattfindenden Wahl des Ministerpräsidenten und der Ernennung der Minister bestand zudem ein taktischer Zusammenhang. Jürgen Rüttgers hatte vehement abgelehnt, über die bereits bekannten Namen Thoben, Linssen und Laumann hinaus weitere Pläne zur Kabinettsbildung vor seiner Wahl zum Ministerpräsidenten bekannt zu geben. Offiziell vollzog sich der Machtwechsel in Düsseldorf in einem ersten Schritt also allein durch die Wahl Rüttgers'.

Wahl des Ministerpräsidenten

Auf Vorschlag der Fraktionen von CDU und FDP wählte der Landtag Jürgen Rüttgers ohne Gegenkandidaten am 22. Juni zum Ministerpräsidenten. Trotz eines vorangegangenen Zählappells in der CDU-Fraktion (RP v. 22.06.2005) verweigerten ihm zwei Abgeordnete der neuen Regierungskoalition ihre Stimme. Rüttgers erhielt 99 der insgesamt 101 Stimmen der schwarz-gelben Regierungsfraktionen, 87 Abgeordnete stimmten gegen ihn, es gab eine Enthaltung. Nach seiner Vereidigung besuchte Rüttgers das Grab des ersten gewählten Ministerpräsidenten Karl Arnold und setzte damit zugleich ein erstes politisches Signal als Ministerpräsident. Demonstrativ stellte sich Rüttgers in die Tradition des CDU-Sozialpolitikers Arnold und unterstrich damit auch symbolisch seine zuvor mehrfach wiederholte Absicht, Wirtschaftspolitik mit sozialer Gerechtigkeit verbinden zu wollen (vgl. SZ v. 23.06.2005; WAZ v. 23.06.2005; Westfalenpost v. 23.06.2005).

Als Begründung für die vergleichsweise späte Bekanntgabe der künftigen Minister waren von Rüttgers selbst vor allem verfassungsrechtliche und formelle Bedenken öffentlich geäußert worden. So erklärte er in einem Interview unmittelbar nach seiner Wahl: „Ich bin heute erst gewählt worden, und es widerstrebt mir einfach, vorher schon so zu tun, als ob ich Ministerpräsident wäre. Ich bin jetzt seit einigen Stunden Ministerpräsident, und jetzt ist der nächste Schritt, dass das Kabinett gebildet wird. Morgen werden wir das machen" (Interview/WDR-Fernsehen v. 22.06.2005; vgl. taz v. 22.06.2005). Maßgeblich für diesen bereits vor Beginn der Koalitionsverhandlungen beschlossenen Zeitplan schienen jedoch vor allem taktische Überlegungen gewesen zu sein. Rüttgers wollte die Wahl ins Amt des Ministerpräsidenten abwarten, um die Gefahr abzuwehren, über die Kabinettsbesetzung enttäuschte Abweichler in den Regierungsfraktionen könnten ihm bei der Wahl ihre Stimme vorenthalten (u. a. Spiegel v. 30.05.2005; Westfalenpost v. 20.06.2005; RP v. 20.06.2005; Parlament v. 06.06.2005). Rüttgers nutzte das personalpolitische Patronagepotenzial insofern offen als Disziplinierungsinstrument gegenüber seiner Partei und hielt diese „am kurzen Zügel" (KStA v. 22.06.2005). So hatte er vor möglichen Spekulationen frühzeitig mit den Worten gewarnt: „Wer als Minister reingeht, kommt als einfacher Abgeordneter wieder raus" (WAZ v. 24.06.2005). Dass die FDP ihre Minister bereits während der Koalitionsverhandlungen bekannt gegeben hatte, war vor allem Ergebnis parteiinterner Debatten, die Rüttgers gerade zu verhindern suchte (RN v. 23.06.2005).

Dass berechtigte Gründe der Fraktion zu entsprechender Sorge bestanden, lag vor allem in der personellen Zusammensetzung der Fraktion selbst begründet. Durch die Auswirkungen des Landtagswahlergebnisses waren sowohl Frauen als auch Vertreter des Ruhrgebiets deutlich unterrepräsentiert (vgl. KStA v. 30.05.2005; Spiegel v. 30.05.2005; taz v. 22.06.2005). Dies hatte unmittelbaren Einfluss auf Personalentscheidungen, was bereits bei der Wahl des Landtagspräsidiums am 8. Juni deutlich geworden war. Rüttgers hatte schon in der ersten Fraktionssitzung nach der Landtagswahl angekündigt, Frauen bei der Besetzung von Ämtern besonders zu berücksichtigen. Daher wurde erwartet, dass er der Fraktion eine Kandidatin für das Amt der Landtagspräsidentin vorschlagen würde (GA v. 06.06.2005; Parlament v. 06.06.2005). Hierfür standen aus der Fraktion vier Kandidatinnen bereit.[119] Rüttgers entschied sich jedoch für die eigentlich im Zuge der Landtagswahl aus dem Parlament ausgeschiedene Regina van Dinther. Der Abgeordnete Günter Kozlowski konnte überzeugt werden, zu van Dinthers Gunsten sein Landtagsmandat niederzulegen. Als Kompensation wurde ihm im Gegenzug ein Posten als Staatssekretär in der neuen Landesregierung zugesagt (FAZ v. 07.06.2005; AN v. 11.06.2005). Van Dinther zog damit über die Reserveliste der CDU in den Landtag ein und wurde von Rüttgers als Nachfolgerin des ausgeschiedenen SPD-Landtagspräsidenten Ulrich Schmidt vorgeschlagen.[120] In der Begründung bezog er sich in besonderer Weise auch noch einmal auf das Wahlergebnis: „Das soll auch ein Signal sein, dass sich die CDU-Landtagsfraktion bewusst ist, dass wir bei der Landtagswahl (...) mehr Stimmen im Bereich der Frauen bekommen haben als im Bereich der Männer" (Westblick/WDR 5 v. 07.06.2005). Im Sinne parteiendemokratischer Imperative hatte Rüttgers bei dieser Personalentscheidung Proporzaspekte beachtet.

Mit van Dinther erhöhte sich erstens die Zahl der Frauen in der CDU-Fraktion. Zweitens wurde eine Frau in das protokollarisch höchste Amt des Landes Nordrhein-Westfalen gewählt. Drittens gelang es, mit van Dinther einen ersten Beitrag zur Stärkung des bislang unterrepräsentierten Ruhrgebiets zu leisten, da sie in dem im Süden des Ruhrgebiets gelegenen Wahlkreis Hattingen kandidiert hatte. Schließlich kam van Dinther nicht mehr für einen Kabinettsposten in Frage, für den sie in der Öffentlichkeit wiederholt

---

[119] Genannt wurden die Namen Hannelore Brüning, Marie-Luise Fasse, Monika Brunert-Jetter und Ilka Keller (GA v. 06.06.2005).

[120] Der Landtag wählte van Dinther in seiner konstituierenden Sitzung am 8. Juni mit 148 Stimmen bei 31 Gegenstimmen und sieben Enthaltungen zur Landtagspräsidentin. Stellvertreter wurden Edgar Moron (SPD), Michael Vesper (Grüne) und Angela Freimuth (FDP).

gehandelt worden war. Proporzaspekte spielten auch bei der Besetzung der Kabinettsposten eine herausragende Rolle (vgl. FR v. 08.06.2005). Da die CDU-Landtagsfraktion aufgrund ihrer disproportionalen Zusammensetzung nicht unmittelbar Berücksichtigung finden konnte, war die taktisch bedingte zeitliche Verzögerung bis zum 23. Juni verständlich.

Kabinettsbildung und Ressortbesetzung – Personalpolitisches Politikmanagement I

Der Ressortzuschnitt orientierte sich eng an den in der Koalitionsvereinbarung formulierten „Geschäftsbereichen". Mit der Trennung der Bereiche Wirtschaft und Arbeit löste Rüttgers das alte „Superministerium" auf und kehrte zu einer klassischen Ressortverteilung zurück. Die Entscheidung über die Besetzung beider Ressorts war bereits vor der Landtagswahl gefallen. So verkündete Rüttgers am 23. Juni keine Überraschung, als er Christa Thoben als Ministerin für Wirtschaft, Mittelstand und Energie vorstellte. Mit dieser Personalentscheidung stärkte Rüttgers wie schon bei van Dinther die Frauen in der CDU. Rüttgers berief mit Thoben zudem eine auch bundespolitisch erfahrene Politikerin in sein Kabinett. Gleichzeitig band er mit ihr eine ehemalige innerparteiliche Widersacherin unmittelbar in die Kabinettsdisziplin ein. Wie Helmut Linssen hatte Thoben im Jahr 1999 für den CDU-Landesvorsitz kandidiert und war Rüttgers unterlegen. Sie wurde in der Folge jedoch zur stellvertretenden Landesvorsitzenden der CDU gewählt.

Als neuen Arbeits- und Sozialminister berief Rüttgers den Sozialexperten Karl-Josef Laumann. Mit dem Bundesvorsitzenden der Christlich-Demokratischen Arbeitnehmerschaft band Rüttgers einen Exponenten des sozialpolitischen Flügels in sein Kabinett ein. Er unterstrich damit zudem die bereits im Wahlkampf angekündigte Policy-Akzentuierung, Wirtschafts- und Sozialpolitik eng miteinander verknüpfen zu wollen. Diesen Anspruch hatte er durch den Besuch des Grabes von Karl Arnold auch symbolisch unterstrichen. „Laumann soll[te] nun neben Rüttgers das soziale Gewissen in NRW werden" (Spiegel v. 30.05.2005).

Ebenfalls im Vorfeld bekannt gewesen war die Berufung von Helmut Linssen als Finanzminister. Anders als Laumann war Linssen dem Unternehmerflügel der CDU zuzurechnen. Mit dem landespolitisch erfahrenen Linssen – er war u. a. Fraktionsvorsitzender und Generalsekretär der Partei gewesen – band Rüttgers ebenfalls einen früheren innerparteilichen Konkurrenten in das Kabinett ein. Wie Thoben hatte sich Linssen 1999 um den Vorsitz der Landespartei beworben. Seine Berufung hatte Rüttgers noch am Wahlabend mit den Worten begründet: „Ich brauche erfahrene Leute. Ich brauche nicht irgendwelche Leute, denen ich erst mal erklärten muss, wo Bielefeld liegt (...). Deshalb bin ich froh, dass ich Leute habe, die erfahren sind, die direkt anfangen können" (Interview/WDR-Fernsehen v. 22.05.2005).

Schon erwartet worden war die Berufung von Eckhard Uhlenberg als Minister für Umwelt, Naturschutz, Landwirtschaft und Verbraucherschutz. In der Partei war Uhlenberg bis zur Wahl Rüttgers' „dreifacher Vize" (GA v. 02.07.2005) gewesen: als stellvertretender Fraktions- und Parteivorsitzender sowie als Zweiter der CDU-Reserveliste zur Landtagswahl. Fachlich hatte sich Uhlenberg durch sein Amt als umwelt- und landwirtschaftspolitischer Sprecher der CDU-Fraktion empfohlen. Bei den Koalitionsverhandlungen hatte er für die CDU die entsprechende Arbeitsgruppe geleitet.

Über die Besetzung der verbleibenden Kabinettsposten war in den vorangegangenen Wochen heftig spekuliert worden. Die kleinste Überraschung war noch die Berufung von Oliver Wittke zum Bau- und Verkehrsminister. Mit dem ehemaligen Gelsenkirchener Oberbürgermeister stärkte Rüttgers zum einen die Ruhrgebiets-CDU. Zum anderen wurde Wittke als stellvertretender Parteivorsitzender der NRW-CDU in die Regierung eingebunden. Parteiendemokratische Imperative spielten hier, wie an anderer Stelle, erneut eine wichtige Rolle. Zudem stellte Wittke als junger Minister ein Gegengewicht zu den erfahrenen Kabinettsmitgliedern wie Thoben und Linssen dar (RP v. 23.06.2005).

Ebenfalls als Nachwuchshoffnung der CDU galt Armin Laschet, der das neu gebildete Ministerium für Generationen, Familie, Frauen und Integration (MGFFI) übernahm. Der bisherige Europaabgeordnete sollte nicht zuletzt aufgrund seines europapolitischen Hintergrundes die durch den Ressortzuschnitt deutlich gemachte Policy-Akzentuierung in der Integrationspolitik personifizieren.

Mit der Berufung Barbara Sommers zur Schulministerin und Roswitha Müller-Piepenkötters ins Amt der Justizministerin gelang Rüttgers eine Überraschung. Ihre Berufung bedeutete vor allem eine Stärkung der Frauen im Kabinett. Bei der politisch unerfahrenen Sommer verwies Rüttgers auf ihren persönlichen Erfahrungshintergrund als Schulamtsdirektorin in Bielefeld. Das formulierte Ziel, „mit einem hohen Maß an Pragmatismus, keine ideologischen Schuldebatten, sondern konkrete Veränderungen im Interesse der Schulen" herbeiführen zu wollen, schien Rüttgers mit Sommer erreichbar.[121] Auch die Justizministerin empfahl sich vor allem durch ihre fachliche

---

[121]   So Rüttgers bei der Kabinettsvorstellung (Vor Ort/Phoenix-Fernsehen v. 23.06.2005).

Eignung als Vorsitzende des Richterbundes NRW, obschon auch sie kaum landespolitische Erfahrung aufweisen konnte.

Als Bundes- und Europaminister berief Rüttgers mit Michael Breuer einen engen persönlichen Vertrauten aus der CDU-Landtagsfraktion. Durch die unmittelbare Anbindung des Ressorts an die Staatskanzlei war diese enge persönliche Zusammenarbeit auch in der Landesregierung gesichert. Zunächst war spekuliert worden, Breuer solle das Amt des CDU-Fraktionsvorsitzenden übernehmen. Er war jedoch in der Fraktion offensichtlich nicht durchsetzbar gewesen (GA v. 29.08.2005; AN v. 23.05.2005).

Für dieses Amt schlug Rüttgers im Rahmen der Kabinettsvorstellung mit Helmut Stahl dann einen anderen engen Vertrauten vor. Mit Stahl sprach sich Rüttgers für einen „guten Organisierer im Hintergrund" aus, „auf den sich Rüttgers unbedingt verlassen" konnte (Westblick/WDR 5 v. 23.06.2005). Die Wahl des CDU-Fraktionsvorsitzenden war zeitlich nach hinten geschoben worden, um über den Fraktionsvorsitz im Paket mit der Kabinettsbesetzung entscheiden zu können (FAZ v. 25.05.2005).[122] Stahl sollte auf der einen Seite in der Fraktion eine starke Rolle spielen und dieser im Regierungsalltag Gehör verschaffen. Zum anderen gab es an seiner Loyalität gegenüber dem Ministerpräsidenten keinen Zweifel (RP v. 29.06.2005; GA v. 29.08.2005). Ihm fiel nun die Aufgabe zu, eine wichtige koordinierende und steuernde Rolle zwischen der größten Regierungsfraktion und der Landesregierung zu spielen.

Bei der Ressortbesetzung zeigte sich eine deutliche Analogie zwischen Rüttgers und seinem Amtsvorgänger Rau, mit den Imperativen der Parteiendemokratie umzugehen: „Wie einst Johannes Rau wollte Rüttgers bei der Kabinettsbildung verschiedene Interessen berücksichtigen" (KStA v. 24.06.2005). Besondere Beachtung fand dabei der regionale Proporz. Rüttgers erklärte hierzu explizit: „Mir war auch wichtig, dass alle Regionen des Landes in diesem Kabinett repräsentiert sind" (Echo des Tages/WDR 5 v. 23.06.2005). Folglich waren alle CDU-Bezirksverbände personell im Kabinett vertreten. Hinzu kamen die Faktoren Geschlechterverteilung, innerparteilicher Proporz und sowie eine ausgeglichene Altersverteilung. Auch war Rüttgers daran gelegen, Akteure mit zentralen Parteiämtern unmittelbar in die Regierungsarbeit einzubinden. Durch die Berufung Sommers und Müller-Piepenkötters stärkte Rüttgers die Repräsentation von Frauen auch in der Landesregierung. Das Ruhrgebiet fand neben den anderen Landesteilen eine

---

[122]   Stahl wurde am 28. August mit 84 von 89 Stimmen zum Nachfolger von Rüttgers im CDU-Fraktionsvorsitz gewählt.

gleichgewichtige Beachtung. Parteiinterne Flügel wurden in einem austarierten Verhältnis im Kabinett zusammengeführt. Als bestes Beispiel können hier Finanzminister Linssen und Arbeitsminister Laumann angeführt werden. Und schließlich traten neben erfahrene Landespolitiker jüngere Nachwuchskräfte.

Zugleich gab es keinen Zweifel an der besonderen Betonung des Strukturmerkmals der Ministerpräsidentendemokratie. Rüttgers war hinsichtlich seines Bekanntheitsgrades und seiner politischen Erfahrung der „einzige Leuchtturm" der neuen Landesregierung (GA v. 24.06.2005). Nicht zuletzt aufgrund des parallel ausgetragenen Bundestagswahlkampfes, bei dem sich weitere potenzielle Ministerkandidaten bundespolitische Chancen nicht verbauen wollten, wurde das Landeskabinett nicht „mit prominenten Namen optisch auf Hochglanz" getrimmt (AN v. 24.06.2005). Vielmehr dominierte die „zweite und dritte Reihe" (taz v. 24.06.2005) und es fanden sich „statt farbiger Paradiesvögel emsige Arbeitsbienen" (AN v. 24.06.2005). Zugleich waren die Zumutungen für die CDU-Fraktion – die mutmaßliche Begründung, warum die Bekanntgabe der Minister erst nach der Wahl des Ministerpräsidenten erfolgte – offensichtlich. Sechs der elf Regierungsmitglieder stammten nicht aus den Regierungsfraktionen (GA v. 24.06.2005).

Berufung der Staatssekretäre

Personalpolitisches Politikmanagement ließ sich auch bei der Auswahl der Staatssekretäre nachweisen. Prägnantestes Beispiel hierfür ist die Berufung von Manfred Palmen (CDU) zum Parlamentarischen Staatssekretär[123] im Innenministerium.[124] Diese Besetzung ging maßgeblich auf Jürgen Rüttgers' persönliche Entscheidung zurück (FAZ v. 24.06.2005; WAZ v. 28.06.2005). Im Gegensatz zu den übrigen Staatssekretären, die erst am 30. Juni ernannt wurden, wurde die Berufung Palmens schon am 23. Juni bekannt gegeben. Erstaunlich war jedoch, dass Rüttgers damit personalpolitisch unmittelbar in den Einflussbereich des Koalitionspartners FDP eingriff, denn Palmen wurde Staatssekretär im Innenministerium. Er erhielt die fachlichen Zuständigkeiten für die geplante Verwaltungsstrukturreform sowie den Bereich Sport und sollte auf gleicher Augenhöhe mit dem beamteten Staatssekretär Karl-Peter

---

[123] Anders als beamtete Staatssekretäre ist ein Parlamentarischer Staatssekretär kein Beamter, sondern hat lediglich ein „Amt". Er unterstützt den Ressortminister bei der Erfüllung seiner Aufgaben und muss Abgeordneter des Landtags sein.

[124] Zum Vergleich mit der Rolle Parlamentarischer Staatssekretäre auf Bundesebene, ausführlicher Hefty 2005.

Brendel (FDP) agieren. Rüttgers sicherte sich so zumindest indirekten Einfluss auf dieses landespolitisch zentrale Thema und machte über das normale Maß hinaus von seiner Organisationsgewalt und Richtlinienkompetenz Gebrauch (RP v. 24.06.2005; WamS v. 26.06.2005). Elemente des Strukturmerkmals der Ministerpräsidentendemokratie kamen hier deutlich zum Tragen.

Eine ähnliche koalitionsdemokratisch bedingte Überschneidung ergab sich im Justizministerium, wo der CDU-Ministerin Müller-Piepenkötter der FDP-Abgeordnete Jan Söffing als Staatssekretär zugeordnet wurde (KR v. 01.07.2005)[125]. Ansonsten galten besondere fachliche Qualifikation und Verwaltungserfahrung als Maßstab bei der Besetzung der Staatssekretärsposten (Westblick/WDR 5 v. 22.06.2005; WAZ v. 28.06.2005). Der politisch unerfahrenen Schulministerin Sommer beispielsweise wurde so mit Günter Winands ein verwaltungserfahrener Fachmann an die Seite gestellt. Die Betonung der fachlichen Qualifikation auf Staatssekretärsebene zeigte sich in besonderer Weise im Fall des Finanzministeriums. Dort wurde mit der Sozialdemokratin Angelika Marienfeld sogar die ehemalige Chefin der Staatskanzlei unter Ministerpräsident Steinbrück berufen. Die Maßgabe „Qualifikation vor Parteibuch" fand hier ihren symbolhaften Niederschlag (Westfalenpost v. 01.07.2005). Solche Konstellationen fanden sich darüber hinaus in anderen Ressorts bei weiteren Personalentscheidungen. So wurde der ehemalige Sprecher des SPD-Kultusministers Schwier und Leiter des Landespresseamtes unter Ministerpräsident Clement, Joachim Neuser, Sprecher im Wirtschaftsministerium. Innenminister Wolf übernahm den Sprecher seine Ministeriums, Ludger Harmeier, von seinem SPD-Amtsvorgänger Behrens (WamS v. 03.07.2005). Insofern fand personalpolitisch die „Politik der Akkomodierung" und damit ein Element des Strukturmerkmals der Verhandelnden Wettbewerbsdemokratie auch unter der neuen Landesregierung Anwendung.[126]

---

[125]   Sowohl Brendel als auch Söffing verzichteten nach ihrer Ernennung auf ihre Landtagsmandate, sodass Holger Ellerbrock und Norbert Engels nachrücken konnten.

[126]   Ebenfalls übernommen wurde der so genannte „Arnold-Schlüssel" bei der Besetzung der Regierungspräsidien. Zwar wurden die Regierungsbezirke Köln (Hans Peter Lindlar), Münster (Jörg Twenhöven) und Arnsberg (Helmut Diegel) von CDU-Parteimitgliedern besetzt und das Regierungspräsidium Detmold ging an die FDP (Marianne Thomann-Stahl). Der SPD-Regierungspräsident in Düsseldorf, Jürgen Büssow, blieb jedoch im Amt (GA v. 22.07.2005; WAZ v. 22.07.2005).

Abbildung 35:   Kabinett Rüttgers

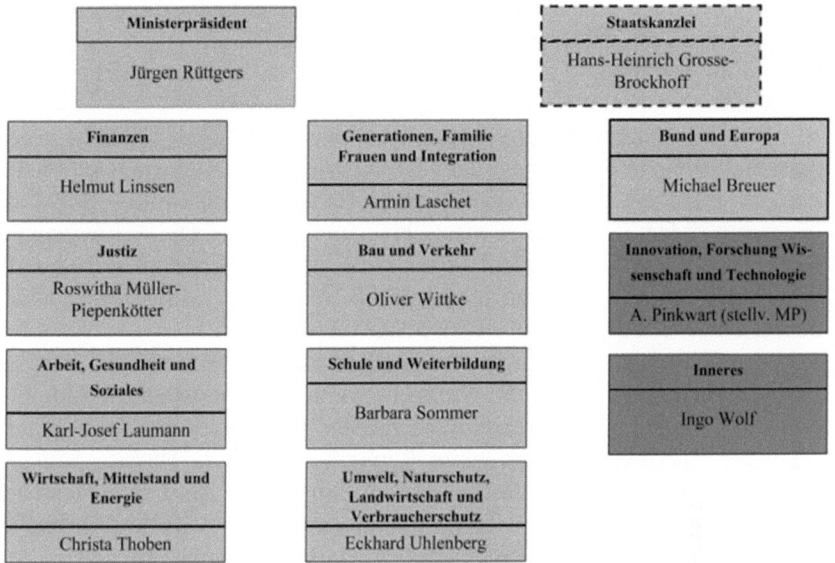

Eigene Darstellung

Staatskanzlei

Grenzen des personalpolitischen Politikmanagements nach dem Regierungswechsel lassen sich wiederum exemplarisch am Fall der Staatskanzlei
nachweisen. Wie in allen übrigen Ressorts blieb das personalpolitische Patronagepotenzial hier für die neuen Regierungsparteien begrenzt. Neben den
Ministern und Staatssekretären blieben die meisten Personen des Regierungsapparats in ihren alten Funktionen. Auch die Abteilungsleiter der Ministerien waren nicht als politische Beamte eingestuft und konnten damit
nicht automatisch von ihren bisherigen Aufgaben entbunden werden (siehe
2.3). Angesichts der fast 40jährigen SPD-Regierungszeit waren trotz der
grundsätzlichen Neutralität der Landesbeamten gewisse Steuerungseinbußen
für die neue Regierung zu erwarten (NRZ v. 03.06.2005; BZ v. 17.06.2005;
Wirtschaftswoche v. 30.06.2005). Auch in der Staatskanzlei blieben damit
die personalpolitischen Steuerungsmöglichkeiten begrenzt. Allerdings waren
aufgrund des auf Konsens ausgerichteten Politikstils Rüttgers auch keine
umwälzenden personellen Veränderungen zu erwarten. „Nun gilt der neue
Regierungschef Jürgen Rüttgers nicht gerade als harter Hund. (...) Vor allem

aber ist er ein Kind des rheinischen Kapitalismus, eines Systems des Gebens und Nehmens, das immer mehr auf Ausgleich denn auf Konfrontation gesetzt hat" (BZ v. 17.06.2005). In diesem Sinne erklärte Rüttgers, er wolle „loyale Beamte in wichtigen Funktion belassen" (zit. nach Wirtschaftswoche v. 30.06.2005).

Wie schon unter Amtsvorgänger Steinbrück übertrug der neue Ministerpräsident Rüttgers die Leitung der Staatskanzlei einem verbeamteten Staatssekretär. Der neue Chef der Staatskanzlei, Hans-Heinrich Grosse-Brockhoff, übernahm zudem das Amt des Staatssekretärs für Kultur. Die Anbindung der Kulturpolitik an den Geschäftsbereich des Ministerpräsidenten sollte die besondere Unterstützung der Kulturpolitik durch den Ministerpräsidenten deutlich machen (RP v. 24.06.2005; FAZ v. 24.06.2005).

Gravierende strukturelle Veränderungen nahm der neue Regierungschef in der Staatskanzlei nicht vor. Vielmehr wurden die bestehenden Abteilungen und Gruppen organisatorisch den Zuständigkeitsbereichen dreier Staatssekretäre untergeordnet. Der neue Regierungssprecher, Thomas Kemper, wurde zugleich Staatssekretär für Medien. Ihm wurden das Landespresseamt und die Gruppe Medien und Telekommunikation unterstellt. Im Verantwortungsbereich des Chefs der Staatskanzlei wurde drei der bestehenden Abteilungen – Abteilung I: Recht, Verwaltung; Abteilung II: Landespolitik, Ressortkoordination und Abteilung III: Regierungsplanung – gebündelt. Hinzu kam die neue Abteilung IV, die sich um die Kulturpolitik kümmern sollte. Dem Bundes- und Europaminister Breuer zugeordnet wurde ein Staatssekretär für Bundes- und Europaangelegenheiten und Bevollmächtigter des Landes beim Bund. Dieses Amt übernahm Karsten Beneke. In seinen organisatorischen Zuständigkeitsbereich fielen die Abteilung V (Europa- und Internationale Angelegenheiten) sowie die beiden Landesvertretungen beim Bund und der Europäischen Union (vgl. Organisationsplan der Staatskanzlei, Stand: 20.09.2005).

Innerhalb der Abteilungen der Staatskanzlei wurden nur geringfügige Veränderungen vorgenommen. Zwei vorher ohne unmittelbare organisatorische Anbindung in der Staatskanzlei vorhandene Organisationseinheiten wurden als neue Referate in Abteilung II integriert.[127] Eine neue politische Schwerpunktsetzung in Form organisatorischer Veränderungen wurde in Ansätzen in der Abteilung Regierungsplanung deutlich. Mit den Referaten III.5 (Orden, Titel, Staatspreise) und III.4 (Protokoll und Konsularwesen,

---

[127]   Referat II.6 (Soziale Infrastruktur und Daseinsvorsorge) und Referat II.7 (Kontakte zu Kirchen u. a.).

Veranstaltungsorganisation, Empfang MP) wurden repräsentative Aufgaben des Ministerpräsidenten in der Regierungsplanung gebündelt. Zudem wurde das Referat III.1 (Politische und gesellschaftliche Analysen und Dokumentation) durch eine Schreibstube für Reden des Ministerpräsidenten in seinen Aufgaben erweitert. Diese Aufgabe war vormals in den Fachreferaten erledigt worden und wurde hier nun stärker zentralisiert (WZ v. 13.09.2005). Durch die Schaffung neuer Stellen ergab sich so zudem ein gewisses Patronagepotenzial. Einige vormals in diesem Referat angesiedelte Aufgaben wurden wiederum in das um den Bereich „Standortmarketing" erweiterte Referat III.3 (Längerfristige Planung) integriert. In der Konsequenz waren nun jedoch alle repräsentativen Aufgaben des Ministerpräsidenten mit Öffentlichkeitswirksamkeit in dieser Abteilung gebündelt, was ein stärker abgestimmtes Verfahren durch die Abteilungsleitung ermöglichte.

Zwar beschränkten sich die personellen Veränderungen innerhalb der Staatskanzlei auf einige wenige Schlüsselstellen, dennoch zeigten sich hier deutliche personalpolitische Steuerungsversuche. Mit Edmund Heller und Boris Berger übernahmen zwei zentrale Machtmakler des neuen Ministerpräsidenten die Abteilungsleitungen in der Ressortkoordination und der Regierungsplanung. Die zentralen landespolitischen Steuerungsaufgaben fanden sich nun in der Obhut dieser beiden Vertrauten. Während Heller mit der Ressortkoordination eine zentrale Koordinierungsstelle der Landespolitik besetzte, fanden sich im Zuständigkeitsbereich Bergers vor allem Planungsaufgaben sowie die Schreibstube. Der amtierende Leiter der Abteilung I Bernhard Nebe blieb zunächst auf diesem Posten und wurde erst nach einigen Monaten durch Annette Storsberg ersetzt. Mit Michael Breuer als Bundes- und Europaminister war ein weiterer enger Vertrauter und „verlängerte politischer Arm" Rüttgers' unmittelbar in die Staatskanzlei eingebunden (WamS v. 10.07.2005). Sein Staatssekretär Beneke war ein ehemaliger Mitarbeiter und Redenschreiber Rüttgers' zu dessen Zeit als Bundesminister und eine Entdeckung des Ministerpräsidenten gewesen (NRZ v. 01.07.2005).

Die Leitung des Ministerpräsidentenbüros übertrug der neue Regierungschef seinem ehemaligen persönlichen Referenten in der CDU-Fraktion, Axel Emenet. Auch der ehemalige Fraktionssprecher, Norbert Neß, wurde an zentraler Stelle als Chef vom Dienst im Landespresseamt eingebunden. Die zentralen Machtmakler des neuen Regierungschefs nahmen somit wichtige Schlüsselstellungen und Steuerungsfunktionen innerhalb der Staatskanzlei ein. In der Staatskanzlei als landespolitische Steuerungszentrale kamen damit Aspekte des personalpolitischen Politikmanagements zum Tragen. Allerdings wurden nicht alle Schlüsselstellen im Apparat der Staatskanzlei mit

Vertrauten besetzt. Weder Regierungssprecher Kemper noch Staatskanzleichef Grosse-Brockhoff hatten zum engsten Kreis um Rüttgers gehört. Kem-
pers qualifizierte sich vielmehr durch seine Erfahrung und Kompetenz als
ehemaliger CDU-Fraktions- und Parteisprecher sowie seine Tätigkeit in einem Unternehmen. Für Grosse-Brockhoff hatte vor allem dessen profunde
Kenntnis der Kulturszene gesprochen.

Regierungserklärung: Zwischen ideologisch-programmatischer Grundlegung und Koalitionsvereinbarung

Ähnlich der Kabinettsbildung kam dem Zeitplan der Regierungserklärung
ebenfalls eine entscheidende Bedeutung zu. Kurz nach der Landtagswahl war
die Abgabe der Regierungserklärung noch für einen Zeitpunkt nach der parlamentarischen Sommerpause erwartet worden (WN v. 26.05.2005). Im Verlauf der Koalitionsverhandlungen wurde aber entschieden, diese auf den 13.
Juli vorzuziehen (KStA v. 22.06.2005; AN v. 13.07.2005). Es ist durchaus
ungewöhnlich, dass die Regierungserklärung nur drei Wochen nach dem
Amtsantritt eines Ministerpräsidenten gehalten wird. Bei Rau hatte der da-
zwischen liegende Zeitraum 1990 zehn Wochen, 1995 neun Wochen betra-
gen.[128] Bei Clement waren es immerhin noch sechs Wochen gewesen.[129]
Mitverantwortlich für diese Veränderung waren zum einen die bundespolitischen Entwicklungen. Der ursprüngliche Zeitplan hätte bedeutet, dass die
Regierungserklärung in das zeitliche Umfeld des geplanten Bundestagswahl-
termins im September gerückt wäre. Dies wollte Rüttgers verhindern. Des
Weiteren ergab sich durch den kompletten Machtwechsel der Regierung eine
andere Konstellation als nach den vorangegangenen Landtagswahlen seit
1990. Anders als die SPD-geführten Regierungen konnte die neue schwarz-
gelbe Koalition nicht „weiterregieren" und sich nicht unmittelbar auf die
Unterstützung des Regierungsapparates verlassen. Um daher den gewollten
politischen Neubeginn einzuleiten, waren vor allem die Fachressorts auf
konkrete politische Vorgaben in Form einer Regierungserklärung angewiesen. Sollte die Sommerpause also nicht ungenutzt verstreichen, musste die
Abgabe der Regierungserklärung geradezu zwangsläufig vor der Sommer-

---

[128]   1990: Wahl zum Ministerpräsidenten am 6. Juni und Regierungserklärung am 15. August;
         1995: Wahl zum Ministerpräsidenten am 6. Juli und Regierungserklärung am 13. September.
[129]   2000: Wahl zum Ministerpräsidenten am 21. Juni und Regierungserklärung am 30. August.

pause erfolgen. Dies entsprach eindeutig der politischen „Führungsfunktion" der Regierungserklärung.

Ein erster Redeentwurf basierte auf Vorlagen zu den zentralen landespolitischen Vorhaben, die aus den Ressorts geliefert wurden. Die einzelnen Abschnitte dieses ersten Entwurfes wurden in einem erneuten Abstimmungsprozess mit den Ressorts weiterentwickelt. Die Ressorts erhielten jedoch hierzu nicht die gesamte Regierungserklärung, sondern die jeweils relevanten sachpolitischen Abschnitte. Eine vollständige Textfassung wurde lediglich Andreas Pinkwart als Parteivorsitzendem des Koalitionspartners FDP zugeleitet. Damit reagierte man auf die koalitionsdemokratischen Imperative, welche die Vorinformation des Koalitionspartners notwendig erscheinen ließen. Zugleich machte dieses Verfahren die relative Autonomie des Ministerpräsidenten bei der Erstellung der Regierungserklärung sowie seinen individuellen Einfluss deutlich. Eine detaillierte inhaltliche Abstimmung mit dem Koalitionspartner erfolgte nur insofern, als der Redetext dem Koalitionsvertrag nicht zuwiderlief. Darüber hinaus konnte Rüttgers im Sinne der Richtlinienkompetenz eigene Schwerpunkte setzen und damit persönliche Prioritäten und Akzentuierungen im Sinne einer „Visitenkartenfunktion" deutlich machen.

Darstellungspolitische Faktoren beeinflussten die parlamentarischen Vorabsprachen zur Regierungserklärung im Ältestenrat des Landtages. Auf Antrag von CDU und FDP beschloss dieser, die Aussprache zur Regierungserklärung erst am 14. Juli auf die Tagesordnung zu setzen. Begründet wurde dieser am 6. Juli entsprechend beschlossene Antrag damit, dass die Amtsaufnahme des Ministerpräsidenten eine bedeutende Zäsur in der Landesgeschichte darstelle. Daher müsse die Regierungserklärung zumindest in einem dem unmittelbaren Parteienstreit entzogenen Rahmen und damit ohne anschließende Aussprache gehalten werden (RP v. 07.07.2005; WA v. 13.07. 2005). Die Aussprache fand dann einen Tag später am 14. Juli statt.

Einen ersten Einblick in die geplante Regierungserklärung ermöglichte Rüttgers am 11. und 12. Juli im Rahmen einer Klausurtagung der CDU-Fraktion auf dem Petersberg. „Wir wollen ein neues Kapitel der Landesgeschichte aufschlagen", erklärte Rüttgers gegenüber den Abgeordneten (zit. nach WA v. 13.07.2005; NW v. 13.07.2005). Als politischen Schwerpunkt hob er zudem eine bessere Politik für Kinder hervor (RN v. 13.07. 2005). Die ebenfalls anwesenden Minister stellten darüber hinaus ihre Arbeitsprogramme vor, worüber die Fraktion anschließend diskutierte. Breiten Raum nahm dabei vor allem das Thema Bildung und Schule ein (NW v. 13.07.2005; KStA v. 13.07.2005).

Die knapp 100minütige Regierungserklärung am 13. Juli stand unter dem Titel „Nordrhein-Westfalen kommt wieder: Mehr Selbstbestimmung wagen". Die erste Hälfte nutzte der Ministerpräsident vor allem, um die ideologisch-programmatischen Grundlagen der neuen Landesregierung deutlich zu machen (Regierungserklärung 2005: 3-9; vgl. NRZ v. 14.07.2005). Ziel war es, die sich weitgehend aus dem Koalitionsvertrag ergebenden sachpolitischen Einzelvorhaben in einem „Regierungsprogramm" zusammenzufassen: „Meine Regierungserklärung ist kein Maßnahmenkatalog, sondern beschreibt ein Programm. Ein Programm der Solidarität und der Leistungsbereitschaft. Unser Ziel ist die Wiederbelebung der sozialen Marktwirtschaft und die Rückbesinnung auf das christlich-jüdisch-abendländische Wertefundament, das ihr zugrunde liegt. Deshalb wollen wir die Proportionen wieder zurechtrücken, die aus dem Lot geraten sind: Freiheit vor Gleichheit, Privat vor Staat, Erarbeiten vor Verteilen, Verlässlichkeit statt Beliebigkeit" (Regierungserklärung 2005: 4). Im Sinne einer programmatisch-ideologischen „Visitenkarte" konnte Rüttgers damit in Teilen sein Politikverständnis und seinen Regierungsstil herausarbeiten (vgl. Westblick/WDR 5 v. 13.07.2005). Im zweiten Teil orientierte sich die Regierungserklärung hingegen weitgehend an den im Koalitionsvertrag niedergeschriebenen Vorhaben (GA v. 14.07.2005; FAZ v. 14.07.2005; NW v. 14.07.2005; Westblick/WDR 5 v. 13.07.2005).

Dass die in der Regierungserklärung beschriebene politische „Wende" (FAZ v. 14.07.2005) nach dem Regierungswechsel aber durchaus an die politischen Traditionen der Vorgängerregierung anknüpfte, machte der Abschluss der Regierungserklärung deutlich (vgl. NW v. 14.07.2005). Mit einem klaren Bezug zur SPD-Kampagne der 1980er Jahre „Wir in NRW" erklärte Rüttgers: „Wir in Nordrhein-Westfalen haben viel erreicht. Wir in Nordrhein-Westfalen werden noch viel erreichen (...)" (PIAdL 2005: 40).

Die für den 14. Juli terminierte Aussprache zur Regierungserklärung war hingegen von großer Schärfe geprägt (Westblick/WDR 5 v. 14.07.2005; Westfalenpost v. 15.07.2005; WAZ v. 15.07.2005). Auf die heftigen Angriffe der SPD-Fraktionsvorsitzenden Hannelore Kraft antwortete der Ministerpräsident persönlich, obwohl dies zunächst nicht geplant gewesen war (WAZ v. 15.07.2005; WR v. 15.07.2005).

Politikmanagement: Die Novellierung des Schulgesetzes

Die der Regierungserklärung folgenden Monate standen zunächst ganz im Zeichen der Bundespolitik. An die Bundestagswahl am 18. September 2005 schlossen sich nach Sondierungsgesprächen zwischen den Parteien die Koalitionsverhandlungen zwischen SPD und CDU an. An diesen war auch Rüttgers als Unterhändler unmittelbar beteiligt. Die bundespolitischen Entwicklungen überlagerten folglich das landespolitische Geschehen. Allerdings wurden parallel einige in der Regierungserklärung schwerpunktmäßig behandelte Themen auf den Weg gebracht. Besondere Beachtung fand die Aufstellung eines Nachtragshaushaltes für 2005 sowie die Aufstellung des Haushaltsplanes für 2006. Der Ministerpräsident beauftragte eine Expertenkommission, Vorschläge zur Haushaltssanierung zu entwickeln. Zum zweiten Schwerpunkt, der Bildungspolitik, wurden zwei Gesetzesvorhaben vorbereitet, die beide in die Ressortzuständigkeit von Innovationsminister Pinkwart fielen. Die angekündigte Einführung von Studiengebühren sowie eine stärkere Autonomie der nordrhein-westfälischen Hochschulen sollten im Rahmen eines „Gesetzes zur Sicherung der Finanzierungsgerechtigkeit im Hochschulwesen" und im „Hochschulfreiheitsgesetzes" realisiert werden.

Einen zentralen Schwerpunkt der Regierungserklärung stellte mit der Schulpolitik ebenfalls ein bildungspolitisches Thema dar. Rüttgers griff damit programmatisch ein Politikfeld auf, welches bereits im Wahlkampf eine zentrale Rolle gespielt hatte. Die CDU hatte in ihrer Wahlkampagne den Unterrichtsausfall an nordrhein-westfälischen Schulen angeprangert und als einen der vier zentralen Wahlkampfslogans landesweit plakatiert. Zusammen mit der Arbeitsmarktpolitik, der Haushaltskonsolidierung und dem Bürokratieabbau wurde somit noch im Wahlkampf eine deutliche Policy-Akzentuierung vorgenommen. Diese fand sich sowohl im Rahmen der Koalitionsverhandlungen als auch in der Regierungserklärung wieder. Als fester Bestandteil der politischen „Visitenkarte" der neuen Landesregierung hatte sich die Schul- und Bildungspolitik also etabliert.

Mit dieser besonderen Akzentuierung richtete die neue Landesregierung ihren Fokus zudem auf ein Politikfeld mit weit reichenden Gestaltungsmöglichkeiten der Landespolitik. Weitgehend frei von bundespolitischen Vorgaben konnte die Landesregierung hier ihre Steuerungsmöglichkeiten nutzen und ihre politischen Vorstellungen verwirklichen. Einschränkungen ergaben sich lediglich aus der horizontalen Selbstkoordination der Bundesländer im Rahmen der Kultusministerkonferenz (KMK). Im Gegensatz zur weitgehend von bundespolitischen Einflüssen bestimmten Arbeitsmarktpolitik und der

aufgrund gesetzlicher Vorgaben ebenfalls nur mittel- und langfristig verän-
derbaren Haushaltspolitik konnte die Landesregierung hier also einen breiten
Gestaltungsspielraum nutzen. Diesen nutzte die schwarz-gelbe Koalition,
indem sie eine grundlegende Novellierung des bestehenden Schulgesetzes in
Angriff nahm. Nicht zufällig waren zwei weitere inhaltliche Schwerpunkte
der ersten Monate, die Ausarbeitung eines „Hochschulfreiheitsgesetzes" sowie die Einführung von Studiengebühren für das Erststudium, ebenfalls dem
Politikfeld Bildung zuzurechnen.

Phase 1: Schulpolitik als sachpolitischer Schwerpunkt in Koalitionsvereinbarung und Regierungserklärung

Die Schulpolitik war bereits vor der Regierungserklärung am 13. Juli 2005
Diskussionsthema im Landtag gewesen. Am 6. Juli 2005 befasste sich das
Plenum erstmalig nach der Wahl mit diesem zentralen landespolitischen
Thema. Die SPD stellte zwei schulpolitische Anträge, die sich unmittelbar
gegen im Koalitionsvertrag vereinbarte Vorhaben der Landesregierung richteten (WA v. 6.07.2005). Dort hatte die Schulpolitik eine prominente Rolle
eingenommen. Neben den Fragen der Haushaltskonsolidierung, der Kohle-
und der Hochschulpolitik war die Veränderung der Schulpolitik eines „der
großen Drehbücher der Wende", welche die neue Landesregierung herbeiführen wollte (RN v. 31.08.2005). Neben allgemeinen Absichtserklärungen
beinhaltete die Koalitionsvereinbarung daher zahlreiche konkrete politische
Vorhaben zu diesem Politikbereich. Eine breit angelegte Novellierung des
Schulgesetzes wurde in Aussicht gestellt und einige zentrale Konkretisierungen hierzu vorgenommen (Koalitionsvereinbarung 2005: 32ff). Zudem sah
der Koalitionsvertrag, vor einige kurzfristige Veränderungen in der Schulpolitik kurzfristig per Erlass herbeizuführen (Koalitionsvereinbarung 2005: 32).
Konkret vereinbarten beide Parteien u. a., 4000 zusätzliche Lehrerstellen zu
schaffen, das Einschulungsalter schrittweise auf fünf Jahre vorzuziehen, den
Fremdsprachenunterricht ab der ersten Klasse zu etablieren, zentrale Ab-
schlussprüfungen einzuführen, die unverbindliche Grundschulempfehlung
durch ein verbindlicheres Grundschulgutachten zu ersetzen und die Schulbezirke für Grund- und Berufsschulen schrittweise abzuschaffen (hierzu ausführlicher Koalitionsvereinbarung 2005: 32ff; vgl. auch GA v. 16.06.2005;
RP v. 17.06.2005). In der Landtagsdebatte am 6. Juli wiederholte Schulministerin Sommer diese Kernpunkte der Koalitionsvereinbarung und auch die
Regierungserklärung am 13. Juli und bestätigte diese ein weiteres Mal.

Phase 2: Vorbereitungen und Pannen der Öffentlichkeitsarbeit

Kurz nach der parlamentarischen Sommerpause erklärte Sommer, das novellierte Schulgesetz solle bereits zum 1. August 2006 in Kraft treten (WamS v. 14.08.2005). Dazu liefen im Schulministerium die konkreten Vorarbeiten an. Für den geplanten Gesetzgebungsprozess war ein fester Ablaufplan vereinbart worden, der auch bei anderen Gesetzesvorhaben in dieser Form Anwendung finden sollte. So war geplant in einem ersten Schritt inhaltliche Eckpunkte des künftigen Schulgesetzes zu beschließen. Grundlage hierfür waren primär die bereits im Koalitionsvertrag fixierten Absichtserklärungen. Zu diesen Eckpunkten musste in einem mehrstufigen Verfahren zunächst ein Kabinettsbeschluss herbeigeführt werden (hierzu WR v. 21.12.2005). Auf der Basis dieses vom Kabinett gebilligten Eckpunktebeschlusses sollte dann die konkrete Ausarbeitung eines Referentenentwurfes erfolgen, der dann seinerseits erneut vom Kabinett beschlossen werden sollte. Erst im Anschluss konnte dann das parlamentarische Verfahren beginnen. An diesem klar geordneten Verfahren wurden die zentralen politischen und administrativen Steuerungsinstanzen der Landesregierung beteiligt. Der Koalitionsausschuss sollte sich, in diesem Falle nicht als Krisenmanagementinstrument, sondern vielmehr in seiner Funktion als gestaltender Impulsgeber, auf die zentralen Eckpunkte zur Novellierung des Schulgesetzes einigen. Hierfür stellten die Verabredungen der Koalitionsverhandlungen die Gesprächsgrundlage dar. Diese stark vorbereitende Rolle des Koalitionsausschusses bestätigte allgemein der Fraktionsvorsitzende Papke in einem Interview: „Deshalb tagt in jeder Sitzungswoche des Landtages der Koalitionsausschuss, um wichtige Themen und Strategien partnerschaftlich und zielorientiert abzustimmen. Das ist ein völlig anderes Klima. Bei Rot-Grün kam der Koalitionsausschuss immer erst dann zusammen, wenn das Dach schon brannte und die ersten Flammen auf dem Schreibtisch züngelten" (WamS v. 21.08.2005). Auf der Basis dieser Beratungen kam dann dem zuständigen Schulministerium die Aufgabe zu, ein Eckpunktepapier zur Novellierung des Schulgesetzes auszuarbeiten. Dieses wurde nach der Ressortabstimmung mit den anderen Ministerien, welche zu einem konsensfähigen Ergebnis führen musste, zunächst an die Konferenz der Staatssekretäre weitergeleitet. Dieser Staatssekretärskonferenz kam die Rolle einer dem Kabinett vorgeschalteten politischen und administrativen „Clearing-Stelle" zu. Die Kabinettssitzungen, die normalerweise am Dienstagnachmittag in der Staatskanzlei stattfanden, wurden durch die normalerweise montags tagende Staatssekretärsrunde vorbereitet. Auch die jeweils nächste Kabinettssitzung wurde, soweit möglich, in der Staatssekretärsrunde besprochen, sodass jede Kabinettsvorlage in der Regel zwei Mal diese Clearing-Stelle durchlaufen musste.

Diese stark administrativ-steuernde Funktion der Staatssekretärskonferenz hatte schon bei der Personalauswahl für diese Ämter eine wichtige Rolle gespielt. Weniger eigenständig politisch Handelnde als vielmehr administrativ umsetzende Akteure waren hier gefordert. Kabinettsvorlagen wurden nur dann an das Kabinett zur Beschlussfassung weitergeleitet, wenn sie von den Staatssekretären einvernehmlich beschlossen worden waren. Streitige Angelegenheiten wiederum sollten nicht ins Kabinett gelangen. Das hatte unmittelbare Auswirkungen auf die Kabinettssitzungen. Im Normalfall waren hier keine inhaltlichen Fragen mehr zu klären, sondern nur noch vorbesprochene Beschlüsse zu fassen. Kabinettssitzungen waren daher in der Regel kurze und geschäftsmäßige Veranstaltungen (WR v. 21.12.2005; Focus v. 12.09. 2005; KStA v. 27.09.2005). Längere inhaltliche Diskussionen zwischen den Kabinettsmitgliedern, wie es Johannes Rau von 1990 bis 1995 praktiziert hatte – wurden hier nicht geführt. Dem Kabinett als Kollegialorgan kam damit nicht die Rolle der zentralen Steuerungsinstanz zu. Das Politikmanagement erfolgte außerhalb des Kabinetts.

Während das Eckpunktepapier zur Novellierung des Schulgesetzes im Fachressort vorbereitet wurde, wurde die Schulpolitik Gegenstand einer breiteren öffentlichen Debatte. Konkreter Auslöser war die 100-Tage-Bilanz-Pressekonferenz am 27. September 2005, die Jürgen Rüttgers und Andreas Pinkwart gemeinsam abhielten. Bislang waren vor allem die geplante Auflösung der Grundschulbezirke und die Einführung eines verbindlicheren Grundschulgutachtens diskutiert und von verschiedenen Seiten kritisiert worden. Nun rückte die Situation kleiner Grundschulen in den Mittelpunkt des öffentlichen Interesses. Auslöser war eine nicht zutreffende Darstellung von Ministerpräsident Rüttgers, das bestehende Schulgesetz mache angesichts sinkender Schülerzahlen mittelfristig die Schließung zahlreicher kleiner Schulen notwendig (u. a RP v. 28.09.2005; Aktuelle Stunde/WDR-Fernsehen v. 28.09.2005). Die vor allem auf mediendemokratische Imperative ausgerichtete 100-Tage-Bilanz wurde in der Folge durch die von der SPD-Fraktionsvorsitzenden Kraft thematisierte falsche Darstellung des Ministerpräsidenten zu dieser Einzelfrage überlagert. In der von CDU und FDP für den 28. September 2005 beantragten Aktuellen Stunde im Landtag, deren Hauptintention die Präsentation einer erfolgreichen Anfangsbilanz der Landesregierung sein sollte, geriet die Landesregierung stattdessen in die Defensive. Statt einer positiven 100-Tage-Bilanz war das Medienecho äußerst negativ. Vor allem das Krisenmanagement der Landesregierung rückte in der unmittelbaren zeitlichen Folge in den Mittelpunkt der Kritik. So hatte Schulministerin Sommer am Rande des Landtagsplenums vergeblich versucht, die aufgekommenen Irritationen mit ihrem Ressort zu klären (AN v. 29.09.2005; WR v. 29.09.2005). Gegenüber der Öffentlichkeit gab sie daher zunächst keine Erklärung ab. Erst einige Stunden später versuchte der Staatssekretär im Schulministerium, Winands, in einer Presseerklärung, die Darstellung des Ministerpräsidenten vom Vortag mit einem entsprechenden Bericht des Landesrechnungshofes zu begründen. Diese Darstellung erneuerte die Schulministerin gemeinsam mit ihrem Staatssekretär in einer Pressekonferenz am 29. September 2005 (GA v. 30.09.2005).[130]

Als Erklärung für die falsche Darstellung wurde eine Kommunikationspanne zwischen Schulministerium und Staatskanzlei angeführt (Welt kompakt v. 30.09.2005; RN v. 30.09.2005). Diese Kommunikationspanne sollte personelle Folgen haben. Waren die Pressesprecher aller Ressorts am 30. September 2005 zunächst in der Staatskanzlei zu einer Krisensitzung zusammengekommen (NW v. 01.10.2005), wurde der Sprecher des Schulministeriums wenige Tage später von seiner Aufgabe entbunden (WAZ v. 07.10.2005). Diese Probleme waren nicht zuletzt durch die politische Unerfahrenheit von Barbara Sommer zu erklären. Der Ministerpräsident, der nicht nur ihre Berufung zu verantworten hatte, sondern die Schulpolitik darüber hinaus zu einer zentralen Aufgabe seiner Regierung erhoben hatte, war damit auch persönlich gefordert. Beinahe automatisch wurde die Schulpolitik somit zur Chefsache.

Schulministerin Sommer geriet ihrerseits zunehmend unter Druck. Allerdings waren hierfür auch inhaltliche Punkte des geplanten Schulgesetzes von maßgeblicher Bedeutung. Die im Koalitionsvertrag festgelegte Auflösung der Schulbezirke stieß innerhalb der CDU auf Widerstand. Vor allem die kommunalpolitische Vereinigung der Partei wandte sich gegen dieses Vorhaben (NW v. 28.11.2005), aber auch in der Fraktion gab es kritische Stimmen. Weitere Kritik an den Plänen der Landesregierung kam von Elternverbänden, dem CDU-nahen Philologenverband und der Gewerkschaft Erziehung und Wissenschaft (GEW) (NW v. 28.11.2005; WamS v. 11.12. 2005). Die Diskussion zur Auflösung der Schulbezirke machte jedoch die

---

[130]　Der Landesrechnungshof hatte bemängelt, dass der Erhalt einzügiger Grundschulen aufgrund der entstehenden Kosten nicht verhältnismäßig sei und daher zumindest eine zweizügige Klassenstruktur notwendig sei. Das Schulgesetz sah jedoch eine andere Regelung vor, die auch einzügigen Schulen den weiteren Bestand sicherte. Die Regierung war zudem nicht an die Vorgaben des Landesrechnungshofes in dieser Frage gebunden. Für einen Überblick siehe u. a. AN v. 29.09.2005; Westblick/WDR 5 v. 29.09.2005).

Bedeutung koalitionsdemokratischer Aspekte deutlich. Das Vorhaben war auf maßgeblichen Druck der FDP in die Koalitionsvereinbarung aufgenommen worden (taz v. 30.09.2005; RP v. 28.09.2005; WN v. 08.09.2005; GA v. 08.10.2005), dem diese Forderung war Bestandteil ihres Wahlprogramms gewesen. Trotz der anhaltenden Kritik verwies die Landesregierung in diesem Punkt immer wieder auf die Koalitionsvereinbarung. Daran konnte auch der anhaltende Widerstand aus den Reihen der CDU nichts ändern. Auch für die Schulministerin stellte die Regierungserklärung den zentralen Bezugspunkt dar, worauf sie – auch öffentlich – wiederholt verwies.

Phase 3: Vom Eckpunktepapier zum Referentenentwurf

Rüttgers wiederum unterstützte diesen Kurs explizit und stärkte der Schulministerin auch gegenüber der eigenen Landtagsfraktion den Rücken. Allerdings ließ er auch Kritik an den öffentlich geführten Debatten mit den schulpolitisch relevanten Verbänden erkennen, was als Ermahnung an seine Schulministerin verstanden wurde (WR v. 07.12.2005; WamS v. 11.12.2005; RN v. 07.12.2005; WAZ v. 07.12.2005). Ganz im Sinne ministerpräsidenten- und mediendemokratischer Imperative demonstrierte Rüttgers seine persönliche Unterstützung auch öffentlichkeits- und medienwirksam. Gemeinsam mit Schulministerin Sommer stellte er in einer Pressekonferenz die am 13. Dezember 2005 im Kabinett beschlossenen Eckpunkte des Schulgesetzes vor. Er reagierte damit zum einen auf die Kritik an seiner Schulministerin, deren Ablösung bereits öffentlich diskutiert worden war. Zum anderen unterstrich er durch seine öffentlich wahrnehmbare persönliche Einflussnahme die schon in Koalitionsvertrag und Regierungserklärung erkennbare Policy-Akzentuierung der Schulpolitik. Ganz in diesem Sinne erklärte Rüttgers zu Jahresbeginn 2006, er wolle „ein Schulsystem haben, das geprägt ist von den Ordnungsprinzipien ‚mehr Freiheit für die Schulen', ‚mehr individuelle Förderung' und mehr und verlässlichem Unterricht'" (Westblick/WDR 5 v. 19.01.2005). Die schon in Koalitionsvereinbarung und Regierungserklärung zentralen programmatischen Grundlagen und Leitlinien fanden hier unmittelbar Eingang in die Begründung eines konkreten Gesetzesvorhabens.

Der auf der Basis der Eckpunkte entwickelte Referentenentwurf zur Novellierung des Schulgesetzes wurde vom Kabinett am 24. Januar 2006 beschlossen. Auch die politisch umstrittenen Punkte, die Auflösung der Schulbezirke und das verbindliche Grundschulgutachten, fanden Eingang in diesen Entwurf, der nun zur Anhörung an die entsprechenden Verbände übermittelt wurde. Die Imperative der Koalitionsdemokratie traten erneut deutlich hervor. Während Teile der CDU sich weiterhin kritisch zu einzelnen Punkten äußerten, bestand die FDP auf der Umsetzung des Vorhabens entsprechend der Koalitionsvereinbarung (Westfalenpost v. 24.01.2005; RN v. 24.01. 2005). Zugleich war das Thema aufgrund der öffentlichen Diskussion und intervenierenden Rolle Rüttgers zur Chefsache im Sinne der Ministerpräsidentendemokratie geworden. Die bildungspolitische Sachfrage war damit zugleich eine politische Machtfrage geworden.

Entsprechend stellte Schulministerin Sommer am 29. März 2006 einen weitgehend unveränderten Regierungsentwurf des neuen Schulgesetzes vor. Die Verbände- und Expertenanhörungen seit Februar 2006 führten lediglich zu kleineren Anpassungen hinsichtlich des geplanten Schulgutachtens (Information der Landesregierung v. 29.03.2006; vgl. NRZ v. 30.03.2006; KStA v. 30.03.2006). Die Kernpunkte, so auch die Auflösung der Grundschulbezirke, blieben jedoch im Gesetzentwurf enthalten.

Phase 4: Das parlamentarische Verfahren

Das parlamentarische Verfahren schließlich begann am 5. April 2006 mit der ersten Lesung des Gesetzentwurfes. Die anschließenden parlamentarischen Beratungen sollten federführend im Ausschuss für Schule und Weiterbildung erfolgen, beteiligt wurde aber ebenfalls der Ausschuss für Kommunalpolitik und Verwaltungsstrukturreform. In der Debatte stellte Schulministerin Sommer dem Plenum zunächst den Entwurf des „zweiten Gesetzes zur Änderung des Schulgesetzes für das Land Nordrhein-Westfalen" (Drucksache 14/1572) vor. Wie schon im regierungsinternen Prozess der Gesetzesvorbereitung schaltete sich dann auch Rüttgers persönlich in die Debatte ein. Erneut unterstrich der die herausragende Bedeutung des Schulgesetzes als eines der größten landespolitischen Reformprojekte der Legislaturperiode. Zudem bestätigte er nachdrücklich, die Landesregierung habe damit nicht nur einen Gesetzentwurf, sondern ein „politisches Programm" vorgelegt. Die inhaltliche Anknüpfung an die vor allem in der Regierungserklärung dargestellten Grundlinien seiner Landesregierung bezog er unmittelbar auf das Schulgesetz. Ziel sei „mehr Selbstbestimmung" der Schulen sowie eine größere Gerechtigkeit des Schulwesens (Plenarprotokoll 14/25; vgl. KStA v. 06.04.2006; Westfalenpost 06.04.2006).

Zwischenfazit: Politikmanagement und Regierungsstil in der schwarz-gelben Koalition

Zwar hatte sich aus der Landtagswahl 2005 ein vollständiger Machtwechsel in Nordrhein-Westfalen ergeben, aber der strukturelle Rahmen der Landespolitik blieb erhalten. So ergaben sich zwar durch den Amtsantritt von Rüttgers als Ministerpräsident zwangsläufig einschneidende politische Veränderungen, aber zahlreiche aus den Strukturmerkmalen abgeleitete Imperative blieben auch für sein Politikmanagement und seinen Regierungsstil handlungsleitend. Während sich in ihrer Gewichtung zum einen gravierende Verschiebungen im Vergleich zu seinem Amtsvorgänger Steinbrück aufzeigen lassen, zeigen sich zum anderen klare Anknüpfungspunkte, die über die Parteigrenzen hinaus Wirksamkeit behielten.

Anders als seine Amtsvorgänger Rau, Clement und Steinbrück gelangte Rüttgers aus der Opposition heraus ins Amt des Ministerpräsidenten. Auf exekutive Erfahrung in der Landespolitik konnte er folglich nicht zurückgreifen. Über Regierungserfahrung verfügte Rüttgers jedoch aus seiner Zeit als Bundesminister in den Jahren 1995-1998. Zudem hatte er sich zwischen 2000 und 2005 ganz der Landespolitik gewidmet und anders als die übrigen CDU-Spitzenkandidaten seit 1990, Partei- und Fraktionsvorsitz im Land auf sich vereinigt. Nicht zuletzt daraus ergab sich eine zentrale Machtressource für den neuen Ministerpräsidenten, die auch für sein Politikmanagement von zentraler Bedeutung sein sollte.

Anders als seine Vorgänger wechselte Rüttgers nicht aus einem Ministeramt in das Amt des Ministerpräsidenten. Daher konnte er hinsichtlich seines Politikmanagements und Regierungsstils weniger stark auf bestehende Strukturen zurückgreifen. Zugleich bot die Startphase dem neuen Ministerpräsidenten eine Gelegenheit, einen besonderen persönlichen Regierungsstil auszuprägen. Dieser unterschied sich gravierend von seinem Amtsvorgänger Steinbrück, machte aber zugleich die fortgesetzte Bedeutung der landespolitischen Strukturmerkmale deutlich.

Ministerpräsidentendemokratie

Die im Strukturmerkmal der Ministerpräsidentendemokratie angelegte Dominanz des Ministerpräsidenten lässt sich deutlich nachweisen. Die Bedeutung der von Rüttgers ausgeübten Richtlinienkompetenz und Organisationsgewalt zeigte sich deutlich im Zusammenhang mit der Regierungsbildung. Rüttgers selber entschied sowohl über den Zeitplan als auch die personelle

Besetzung der Ressortspitzen mit Ausnahme der den Freien Demokraten zugeordneten Ministerien. So warnte Rüttgers eindringlich vor öffentlichen Spekulationen in dieser Frage und zentralisierte die Entscheidung alleine auf seine Person. Sein persönliches Amts- und Politikverständnis brachte Rüttgers zudem in der Regierungserklärung zum Ausdruck. Er nutzte dieses Instrument nachhaltig als „Führungsinstrument" nach innen und als ideologisch-programmatische „Visitenkarte" nach außen. Wenn er auch im Regierungsalltag keinen unmittelbaren Einfluss auf alle Detailentscheidungen ausübte, so machte er doch wiederholt auf seine programmatisch-ideologische Richtlinienkompetenz aufmerksam. Dieses maßgeblich von Rüttgers geprägte Politikverständnis fand Eingang in die Begründung zahlreicher Einzelmaßnahmen, beispielsweise das „Hochschulfreiheitsgesetz" und die Novellierung des Schulgesetzes. Das Kabinett führte Rüttgers zwar kollegial, machte aber auch hier aus seinem persönlichen Führungsanspruch keinen Hehl. Die Sitzungen waren daher maßgeblich von ihm gesteuert, kurz und geschäftsmäßig. Die Betonung des ministerpräsidentendemokratischen Strukturmerkmals drückte sich schließlich auch in der klaren Ausrichtung der Regierungszentrale auf Rüttgers aus. Der Ministerpräsident installierte wichtige Machtmakler an zentralen Schaltstellen innerhalb der Staatskanzlei. Dennoch blieben sie primär auf die Rolle des Zuarbeiters beschränkt, eigenständige politische Gestaltungsmacht erhielten diese Machtmakler nicht. Die politische Führung wurde vom Ministerpräsidenten ausgeübt.

Parteiendemokratie

Anders als Steinbrück konnte Rüttgers auf Parteimacht zurückgreifen. Wie Johannes Rau vereinigte Rüttgers Parteivorsitz und Ministerpräsidentschaft auf sich und sicherte sich damit unmittelbaren Einfluss. Rüttgers' Parteimacht speiste sich darüber hinaus aus dem Amt des stellvertretenden CDU-Bundesvorsitzenden. Sie erstreckte sich folglich nicht alleine auf die Landes-, sondern auch auf die Bundespartei. Die Verbindung des Parteiamtes mit der Ministerpräsidentschaft im einwohnerstärksten Bundesland machte ihn zu einem wichtigen bundespolitischen Machtfaktor innerhalb der CDU. Diese auf seine Person bezogene Parteimacht konnte Rüttgers aktiv in die Landespolitik einbringen und damit als Steuerungsinstrument nutzen. So konnte er nicht zuletzt aufgrund seiner parteiintern unangefochtenen Stellung seinen Wunschkandidaten im Amt des Fraktionsvorsitzenden, Helmut Stahl, durchsetzen. Gleiches galt für die Besetzung des Amtes der Landtagspräsidentin. Zugleich entfalteten sich die aus diesem Strukturmerkmal der Parteiendemokratie ergebenden Imperative ihrerseits konkrete Rückwirkungen auf das Politikmanagement. Vor allem parteiendemokratische Aspekte bestimmten die Zusammensetzung des Kabinetts. Ähnliches lässt sich für weitere wichtige Personalentscheidungen nachweisen. Um die erworbene Parteimacht dauerhaft zu sichern, galt es im Umkehrschluss, auf innerparteiliche Proporzaspekte Rücksicht zu nehmen.

Koalitionsdemokratie

Koalitionsdemokratischen Imperativen trug Rüttgers in besonderer Weise Rechnung. Anders als zu Beginn der rot-grünen Koalition 1995 betonten die schwarz-gelben Koalitionspartner die inhaltlichen Gemeinsamkeiten. Der schnelle Abschluss der Koalitionsverhandlungen und das demonstrativ vermittelte Bild der Harmonie waren darstellungspolitischer Ausdruck dieses Anspruchs und zugleich Beispiele für symbolische Politik. Ganz in diesem Sinne wurde der im Koalitionsvertrag vereinbarte Koalitionsausschuss nicht alleine als Kriseninstrument, sondern stärker als vorbeugendes Frühwarnsystem und politisches Steuerungszentrum installiert. Hier sollten nicht nur aufkeimende Koalitionskonflikte behandelt, sondern auch zentrale Weichenstellungen vorgenommen werden.

Trotz der Stimmenverluste der FDP bei der Landtagswahl bemühte sich Rüttgers, dem kleineren Koalitionspartner einen eigenen Gestaltungsfreiraum zu lassen. Die Verabredung in der Koalitionsvereinbarung, zur nächsten Landtagswahl ein Zweistimmenwahlrecht analog zur Bundestagswahl zu verabschieden, kann beispielhaft für solche Zugeständnisse an den kleineren Koalitionspartner angeführt werden.

Mediendemokratie

Darstellungspolitik spielte auch hinsichtlich des mediendemokratischen Strukturmerkmals eine entscheidende Rolle. Beispielhaft können hier die Ortswahl der Villa Horion für die Koalitionsgespräche und der Besuch Rüttgers' am Grab von Karl Arnold angeführt werden. Wurden im ersten Fall Anknüpfungspunkte an die nordrhein-westfälische Landesgeschichte betont, drückte das zweite Beispiel symbolisch eine inhaltliche Prioritätensetzung des Ministerpräsidenten aus. Im Sinne von Darstellungspolitik sollte die besondere Betonung des Sozialen auch medial unterstrichen werden. Symbolisch unterstrich Rüttgers damit seinen auch rhetorisch vermittelten Anspruch, die Erneuerung der Marktwirtschaft mit sozialer Gerechtigkeit in

Einklang zu bringen. Zugleich trugen diese symbolischen Darstellungsformen den Besonderheiten der landespolitischen Mediendemokratie Rechnung. Rüttgers versuchte, die mangelnden massenmedialen Vermittlungsmöglichkeiten von Landespolitik durch symbolhaftes Handeln zu kompensieren. Dass in diesem Sinne in besonderer Weise kommunikative Handlungsressourcen mobilisiert werden sollten, machten auch einige Strukturentscheidungen in der Regierungsorganisation deutlich. So wurde die Bearbeitung repräsentativer Aufgaben des Ministerpräsidenten in der Regierungsplanungsabteilung der Staatskanzlei gebündelt. Die Einrichtung einer Schreibstube in der gleichen Abteilung wies in die gleiche Richtung. In der Koalitionsvereinbarung und Regierungserklärung enthaltene programmatisch-ideologische Vorstellungen sollten sich nicht nur in Einzelmaßnahmen, sondern sich auch in den Reden des Ministerpräsidenten wieder finden.

Verhandelnde Wettbewerbsdemokratie

Die vertikale Dimension der Verhandelnden Wettbewerbsdemokratie war vor allem in den ersten Monaten der Regierung Rüttgers von besonderer Bedeutung. Durch die vorgezogene Bundestagswahl war noch am Wahlabend die nordrhein-westfälische Landespolitik in den Hintergrund gerückt. Über den Verlust medialer Aufmerksamkeit für die Landespolitik hinaus, hatte dies auch praktische Konsequenzen für das Regierungshandeln der ersten Monate. Die Umsetzung konkreter landespolitischer Vorhaben zu Beginn der Legislaturperiode war durch die bundespolitische Wahlkampfsituation problematisch geworden. Es galt, jede Belastung für den Wahlkampf der eigenen Parteien zu vermeiden. Allerdings ergaben sich auch durch das Wahlergebnis und die anschließende Bildung der Großen Koalition von CDU/CSU und SPD Konsequenzen. Die Koalitionsformate auf Bundes- und Landesebene unterschieden sich. Folglich fand der bundespolitische Parteienwettbewerb indirekten Eingang in das Koalitionsmanagement der Landesregierung.

Die Imperative der horizontalen Dimension der Verhandelnden Wettbewerbsdemokratie zeigten sich vor allem in der fortgesetzten Relevanz der „Politik der Akkomodierung". Auf Konsens ausgerichtete Verhandlungsarrangements blieben weitgehend erhalten. So setzte Rüttgers beispielsweise den von seinem Amtsvorgänger Clement initiierten „Ausbildungskonsens" fort. Auch in der Personalpolitik war die Fortsetzung etablierter Proporzverfahren erkennbar: Rüttgers berief mit Marienfeld eine Sozialdemokratin als Staatssekretärin im Finanzministerium. Auch erhielt die SPD als nun größte Oppositionspartei die Präsidentschaft im Regierungsbezirk Düsseldorf. Parteiübergreifende Verhandlungsarrangements spielten schließlich auch im Zusammenspiel der föderalen Ebenen eine Rolle. So richtete Rüttgers im Rahmen der Koalitionsverhandlungen auf Bundesebene 2005 einen Appell an die künftigen SPD-Minister aus NRW, die Interessen des Landes dort entsprechend in die Verhandlungen einzubringen.

Abbildung 36:   Regierungsstil von Jürgen Rüttgers

Struktur-merkmal/ Handlungs-arena	Kennzeichen	Handlungs-instrumente / Handlungs-orientierungen	Beispiele Rüttgers
Minister-präsidenten-demokratie	- Richtlinien-kompetenz - Organisati-onsgewalt - Exekutiv-lastigkeit - Parlaments-verantwort-lichkeit - Öffentliches Prestige	- Moderation und Vermittlung - Regierungserklä-rungen und an-dere rhetorische Führungsleistun-gen - Informelle Infor-mationskanäle und Frühwarn-systeme	- Chefsachen-Mythos in der Schulpolitik - Inszenierung landespolitischer Traditionen (z. B. Villa Horion und Ständehaus bei den Koaliti-onsverhandlungen) - Vereinigung von Parteivorsitz und Ministerpräsidentenamt - Repräsentation: Bündelung der Planung von Repräsentations-aufgaben in der Abteilung III der Staatskanzlei
Verhandeln-de Wettbe-werbs-demokratie	- Verhand-lungszwänge - Exekutiv-lastigkeit - Parteienwett-bewerb	- Kooperation - Personeller Proporz - Konkurrenz - Paketlösungen - Netzwerkpflege	- Fortsetzung der „Politik der Akkomodierung", z. B. bei der Besetzung der Regierungsprä-sidien - Berufung Marienfelds (SPD) als Staatssekretärin - Fortsetzung bewährter Verhand-lungsarrangements
Parteien-demokratie	- Interne Frag-mentierung - Partizipations-bedürfnisse - Kollektive Normen und Werte - Externe Kon-kurrenz	- Personelle und inhaltliche Ein-bindung - Informelle Kon-fliktregulierung - Erwartungssteue-rung - Polarisierung nach außen	- Proporz (Frauen, Ruhrgebiet, etc.) bei der Kabinettsbildung - Einbindung von parteiinternen Kritikern in die Kabinettsdis-ziplin - Integration unterschiedlicher Parteiflügel in die Kabinetts-disziplin (z. B. Laumann und Linssen) - Besetzung von Schlüsselpositi-onen mit Vertrauten (z. B. Stahl als Fraktionsvorsitzender) - Verbindung von Partei- und Regierungsämtern in Personal-union

Koalitions-demokratie	- Verhand-lungszwänge - Dosierter Parteienwett-bewerb	- Kooperation - Konkurrenz - Informelle Kon-fliktregulierung - Paketlösungen	- Koalitionsausschuss als Steue-rungsorgan, nicht ausschließlich als Krisen- und Konfliktmana-gementinstrument - Kabinettssitzungen kurz und möglichst durch die Staatssek-retärskonferenz detailliert vor-bereitet - Bewahrung der Eigenständig-keit des kleineren Koalitions-partners
Medien-demokratie	- Relativ gerin-ge mediale Begleitung der Landespolitik - Personen-orientierung - Konflikt-orientierung	- Personalisierung - Erwartungs-steuerung - Permanent Cam-paigning - Outsiderprofilie-rung - Mediale Erst- und Zweitschlagska-pazitäten - bundes- und lokalpolitische Profilierung	- Stärkung der Darstellungspolitik angesichts mangelnder landes-politischer Vermittlungsmöglich-keiten - Inszenierung von landespoliti-schen Traditionen (z. B. Villa Horion und Ständehaus bei den Koalitionsverhandlungen) - Koalitionsverhandlungen als Darstellungspolitik („schwarz-gelbe Harmonie" vs. „rot-grüne Konfliktkoalition")

Eigene Darstellung

4 Fazit: Politikmanagement und Handlungskorridore des Regierens

Wie wird in Nordrhein-Westfalen regiert? Welche Handlungsspielräume besitzt die Landespolitik zur Lösung regionaler Probleme? Welche Institutionen und Akteure sind an den politischen Entscheidungsprozessen beteiligt? Worin unterscheiden sich die Regierungsstile der Ministerpräsidenten Johannes Rau, Wolfgang Clement, Peer Steinbrück und Jürgen Rüttgers? Dies waren die Leitfragen dieses Buches. Am Beispiel der Regierungsstile der vier Ministerpräsidenten haben wir Antworten auf diese Fragen gegeben und aufgezeigt, welchen Herausforderungen sich das Regierungshandeln stellen musste, wie Problemlösungsstrategien entwickelt und welche Durchsetzungsstrategien angewandt wurden.

Unsere Analyse des Regierens in NRW kreiste um den Begriff des Politikmanagements. Dieser verbindet die Steuerbarkeit politischer Prozesse mit der Steuerungsfähigkeit der wichtigen politischen Akteure. Daher mussten zunächst die strukturellen Handlungskorridore, die das politische System Nordrhein-Westfalens den Ministerpräsidenten bietet, dargestellt werden (Kapitel 1). Eine klassische Darstellung des politischen Systems bildet nach unserer Auffassung allerdings nur eine Dimension dieser strukturellen Rahmenbedingungen ab. Daher wurden das komplexe Zusammenspiel von Akteuren und Institutionen sowie die Verbindung formaler und informeller Regelsysteme für die weitere Analyse als Strukturmerkmale des Regierens konzeptualisiert (Kapitel 2). Diese fünf Strukturmerkmale – Ministerpräsidentendemokratie, Parteiendemokratie, Koalitionsdemokratie, Verhandelnde Wettbewerbsdemokratie und Mediendemokratie – stellen zum Teil sehr unterschiedliche Anforderungen an einen Ministerpräsidenten. Zugleich ergeben sich aus ihnen aber auch Machtressourcen, die es zu nutzen gilt: der Ministerpräsidenten in der Rolle des Multioptionsbewahrers. Das Politikmanagement der Ministerpräsidenten operationalisierten wir daher als Entscheidungs- und Darstellungspolitik unter den Bedingungen der Strukturmerkmale des Regierens. Dabei konnten sowohl personenübergreifende, als auch personenspezifische Charakteristika des Politikmanagements in exemplarischer Weise herausgearbeitet werden (Kapitel 3).

Das Politikmanagement der Ministerpräsidenten

Die vier Ministerpräsidenten nutzten die durch die Strukturmerkmale vorgegebenen Handlungskorridore durchaus unterschiedlich. Trotz strukturell grundsätzlich gleicher Rahmenbedingungen prägten damit alle einen spezifischen Regierungsstil aus, der sich in ihrem Politikmanagement nachweisen ließ[131]:

Johannes Rau:
Präsidiale Moderation in der parlamentarischen Demokratie

Die Ministerpräsidentendominanz war ein ausgeprägtes Kennzeichen des Regierungsstils von Johannes Rau. Aufbauend auf seinem durch zahlreiche Wahlerfolge stabilisierten, hohen persönlichen Prestige spielte Rau sowohl in seiner Partei, als auch in der Landesregierung seine Richtlinienkompetenz als Führungsinstrument aus. Zugleich konnte er sich als unangefochtener SPD-Parteichef in NRW auf ausgeprägte Parteimacht stützen. Gleichwohl war diese Richtlinienkompetenz nicht als hierarchisches Befehlsinstrument zu verstehen. Vielmehr betonte Rau konsensorientierte Instrumente des Ausgleichs und der Moderation. Dies zeigte sich in besonderer Weise in Rolle und Funktion des Kabinetts. Diese Konsensorientierung galt umso mehr nach der Bildung der rot-grünen Koalition 1995, in der Rau verstärkt die Rolle des ehrlichen Maklers zwischen SPD und Grünen einnahm. Diese Rolle eines präsidialen Moderators nahm er mithilfe seiner innerparteilich und landesweit ausgeprägten, zumeist auf persönlicher Loyalität beruhenden Netzwerke wahr. Auf diese konnte er sich auch stützen, um eine Politik der Akkomodierung zu betreiben. Diese kennzeichnete politische Entscheidungsprozesse in zahlreichen Politikfeldern.

---

[131] Ausführlicher zu den einzelnen Ministerpräsidenten vgl. das jeweilige Zwischenfazit in Kapitel 3.

Abbildung 37: Tabelle: Regierungsstile der Ministerpräsidenten im Vergleich

Strukturmerkmal/ Handlungsarena	Rau I	Rau II	Clement	Steinbrück	Rüttgers
Ministerpräsidentendemokratie	– Machtzentralisierung durch Kabinettsausschüsse – Machtzentralisierung durch Ausbau der Staatskanzlei zu Lasten der Ressorts – Dominanz des MP im Kabinett, aber Kabinettsprinzip und Ressortverantwortung von besonderer Bedeutung bei Rau (z. B. in der Verkehrspolitik) – Rau als entscheidender Schlichter und Moderator in Problemfällen – Machtmakler (Clement, Hombach u. a.) als Informations- und Kommunikationsmanager – Programmsteuerung in der Staatskanzlei zur Programmüberwachung der Ressorts	– Rau als entscheidender Schlichter und Moderator in Problemfällen – Rau als Garant der rot-grünen Koalition – Richtlinienkompetenz bei weitgehendem Rückzug aus dem operativen Bereich zugunsten anderer Akteure	– Macher und Modernisierer – Symbolischer Umzug der Staatskanzlei – Neuorganisation der Staatskanzlei nach 2000 – Verwaltungsreform Zusammenschluss Innen- und Justizministerium – Gen-Debatte; Metrorapid, Medienpolitik als Standortförderung – Stoiber-Besuch (Clement der Landesvater)	– Weitreichende Regierungsumbildung – Policy-Akzentuierung in der Bildungs- und Wirtschaftspolitik – Konfliktorientierter „Klärungsprozess" über die Koalitionspolitik („Bündnis für Erneuerung") – Staatskanzlei als inhaltliches Führungsinstrument für die Landespolitik	– Chefsachen-Mythos in der Schulpolitik – Inszenierung von landespolitischen Traditionen (z. B. Villa Horion und Ständehaus bei den Koalitionsverhandlungen) – Vereinigung von Parteivorsitz und Ministerpräsidentenamt – Bündelung der Planung von Repräsentationsaufgaben in der Abteilung III der Staatskanzlei

Strukturmerkmal/ Handlungsarena	Rau I	Rau II	Clement	Steinbrück	Rüttgers
Ministerpräsidentendemokratie	– Kabinett als zentrale Sprachregelungsinstitution und Ort der „politischen Willensbildung" – „Machtachse Rau-Schleußer-Clement" Weitere Machtmakler mit besonderer Stellung (Hombach, Clement, etc.) – Einsatz von Machtmaklern als „Hilfsmoderatoren" und „Boten des MP"				
Verhandelnde Wettbewerbsdemokratie	– Garzweiler II: Braunkohlenausschuss als korporatistisches Verhandlungsarrangement – Vereinbarung mit RWE und Rheinbraun zur Kraftwerksmodernisierung – Besetzung von Regierungspräsidentenposten	– Garzweiler II: Braunkohlenausschuss als korporatistisches Verhandlungsarrangement; Vereinbarung mit RWE und Rheinbraun zur Kraftwerksmodernisierung – Politik der Akkomodierung als zentrales Merkmal in vielen Politikbereichen	– Ausbildungspakt und Poldermodell als Modernisierungsstrategie – Föderalismus als Instrument, um Bundesgesetze mit Nachteilen für NRW zu verhindern	– Das „Koch-Steinbrück-Papier" zum Subventionsabbau – Unterschätzung bundespolitischer Implikationen in der Koalitionskrise – Finanzielle Unterstützung des Bundes zur Lösung der Koalitionskrise	– Fortsetzung der „Politik der Akkomodierung", z. B. bei der Besetzung der Regierungspräsidien – Berufung Marienfelds (SPD) als Staatssekretärin

Strukturmerkmal/Handlungsarena	Rau I	Rau II	Clement	Steinbrück	Rüttgers
Verhandelnde Wettbewerbsdemokratie	– Absprache mit Interessengruppen bei der Besetzung von Ministerämtern (z. B. Gewerkschaften) – Politik der Akkomodierung als zentrales Merkmal in vielen Politikbereichen	– Verflechtung von Bundes- und Landespolitik: rot-grüne Koalition als Signal für Bonn	– Der Bundeskanzler als Druck- und Drohpotenzial, um Politik gegen die Koalition durchzusetzen		
Parteiendemokratie	– Kabinettsbildung unter Einfluss der Bezirke und der Fraktion – Zwei-Augen-Gespräche und institutionalisierte Kooperation mit der Fraktionsführung – Verbindung von Parteiführung und Amt des MP unter Rau	– Koalitionsbildung: Druck der Basis und der Bundespartei zugunsten des rot-grünen Projekts – Verbindung von Parteiführung und Amt des MP unter Rau – Geschäftsführender Landesvorstand der SPD als zentrales partei-internes Steuerungsgremium – SPD-Bezirkschefs und stellvertretende Parteivorsitzender in die Koalitionsverhandlungen eingebunden	– Nur geliehene Autorität über Rau bzw. Müntefering – Trennung MP von Parteivorsitz. Einfluss nur über bundespolitische SPD-Ebene – Zusammenspiel mit Schartau reibungsloser als mit Müntefering	– Personelle Doppelstrategie durch Trennung von Amt und Parteivorsitz zur Kompensierung von Identifikationsdefiziten – Verbindung von Partei- und Regierungsämtern im Kabinett – Normativer Orientierungsrahmen für Reformpolitik	– Proporz (Frauen, Ruhrgebiet, etc.) bei der Kabinettsbildung – Einbindung von parteiinternen Kritikern in die Kabinettsdisziplin – Integration unterschiedlicher Parteiflügel in die Kabinettsdisziplin (z. B. Laumann und Linssen) – Besetzung von Schlüsselpositionen mit Vertrauten (z. B. Stahl als Fraktionsvorsitzender)

Strukturmerkmal/Handlungsarena	Rau I	Rau II	Clement	Steinbrück	Rüttgers
Parteiendemokratie		– SPD-Bezirkschefs und stellvertretende Partei-vorsitzende mit zentraler Rolle im Kabinett – Rollenverteilung zwischen unterschiedlichen Akteuren (z. B. Matthiesen und Clement während der Koalitionsverhandlungen und den Verhandlungen über Garzweiler II)	– Einfluss auf Mitsteuerung durch die Fraktion sehr begrenzt und erst ab 2000 erkennbar – Große Anfrage der eigenen Mehrheitsfraktionen zur Medienpolitik		– Verbindung von Partei- und Regierungsämtern in Personalunion
Koalitionsdemokratie	– keine Relevanz in Zeiten der absoluten Mehrheit	– Koalitionsausschuss „grüner Koalitionsausschuss" – Informelle Koordination	– Garzweiler als schwierigen Kompromiss – Koalitionsverhandlungen 2000 – Drohung mit Ausstiegsszenarien nach 2000 (Treffen mit Möllemann)	– Zunächst Überbetonung des dosierten Parteienwettbewerbs – Stabilisierung der Koalition durch Rückgriff auf formalisierte Entscheidungsgrundlagen („Düsseldorfer Signal") – Koppelgeschäfte bei der Haushaltssanierung	– Koalitionsausschuss als Steuerungsorgan, nicht ausschließlich als Krisen- und Konfliktmanagementinstrument – Kabinettssitzungen kurz und möglichst durch die Staatssekretärskonferenz detailliert vorbereitet – Bewahrung der Eigenständigkeit des kleineren Koalitionspartners

Struktur-merkmal/ Handlungs-arena	Rau I	Rau II	Clement	Steinbrück	Rüttgers
Medien-demokratie	– „Wir in NRW" als dauerhafte Medien- und PR-Kampagne im Sinne von „permanent campaigning" – Personalisierung des Wahlkampfes und Rau als zentraler Wahlkampfmotor – Stärkung eines bundespolitischen Images bei landespolitischer „Präsidentschaft" (Outsider-Strategie mit fester Verankerung in NRW)	– Stärkung eines bundespolitischen Images bei landespolitischer „Präsidentschaft"	– „going public" als Stilmerkmal und Machtressource bei fast allen Politikfeldern – Koalitionsfindungsprozess 2000 (wiederholte Möllemann-treffen	– „Klarheit" und „Wahrheit" als neue Motive der Darstellungspolitik – Bundespolitische Profilierung durch Unterstützung für die „Agenda 2010" – Defizite in der Erwartungssteuerung während der Koalitionskrise, verbesserte Erwartungssteuerung beim Doppelhaushalt	– Inszenierung von landespolitischen Traditionen (z. B. Villa Horion und Standehaus bei den Koalitionsverhandlungen) – Koalitionsverhandlungen als Darstellungspolitik („schwarz-gelbe Harmonie" vs. „rotgrüne Konfliktkoalition")

Eigene Darstellung

Wolfgang Clement:
Regieren als Darstellungspolitik

Was Clement deutlich von Rau unterschied, war das Fehlen der Machtressource Partei. Das Defizit in diesem Bereich, musste er über andere Handlungsarenen kompensieren. Idealtypisch kommt es beim Regieren zum Gleichklang von Darstellungs- und Entscheidungspolitik. Angesichts der asymmetrischen Machtgrundlagen von Clement bestand sein Politikmanagement tendenziell eher in der Darstellungs- als in der Entscheidungspolitik. Dabei kam ihm für die individuelle Stilausprägung seines Ministerpräsidentenamtes entgegen, dass er stets mit journalistischem Impetus an das Politikmanagement heranging: tagesorientiert, publikumszentriert und mit hohem Tempo.

Clement nutze den Regierungsapparat systematisch über seine Machtmakler. Bei Gesprächen ignorierte er häufig formale Hierarchien. Auf der Darstellungsebene lässt sich das Bild des Modernisierers und Managers wiederfinden. In der Arena der Verhandelnden Wettbewerbsdemokratie wurde die sozialdemokratische Handschrift seines Politikstils deutlich. Viel Nebenund Miteinander, die Fortsetzung konkordanzdemokratischer Verfahren und Entscheidungen, korporatistischen Steuerungsformen und eine Politik der Akkomodierung lassen sich nachweisen. Dies wurde vor allem im Bereich der Arbeitsmarkt- und Standortpolitik sichtbar. Clement versuchte, an die partnerschaftliche Kooperationskultur zwischen öffentlichen und privaten Akteuren anzuknüpfen. In der föderalen Arena setzte er auf seine guten Verbindungen zum Bundeskanzler. Häufig versuchte er, „über Bande" zu spielen: Die Übereinstimmung mit Schröder sollte verhandlungsdemokratische Knoten in NRW auflösen.

Clement war ein Mann der Exekutive, ein Seiteneinsteiger in die Politik, der seine Distanz zur Gremien-, Funktionärs- und Entscheidungskultur der SPD stilisierte. Clement wollte seine Politik nicht durch die Partei, sondern primär medienvermittelt durchsetzen. Eine strategische Planung oder ein Versuch, die Fraktion oder den Koalitionspartner in den Entscheidungsprozess einzubinden, fand nicht statt. Als Tempomacher und Anschieber nutzte Clement „Going Public" als Strategie, um mit medialer Präsenz Stimmungen in Stimmen zu überführen. Öffentlichkeitsarbeit betrieb er wie ein Chefredakteur. Das tägliche Ringen um Zustimmung der „Leser" stand im Mittelpunkt. Diese Strategie fand ihre Grenzen in den engen Handlungskorridoren der Mediendemokratie auf Landesebene (vgl. Kapitel 2.4).

Peer Steinbrück:
Reformieren „von oben" und Regieren gegen die Zeit

Trotz zahlreicher Parallelen zu den drei anderen Ministerpräsidenten weist der Regierungsstil Steinbrücks ein Alleinstellungsmerkmal auf: die einseitige Konzentration auf die Machtressourcen der Ministerpräsidenten- und Mediendemokratie. Steinbrück handelte wie ein in großer Not berufener Sanierer. Die Durchsetzung von Reformen war für ihn nur durch Entscheidungen „von oben" möglich. Interessengegensätze sollten nicht mehr moderiert, sondern durch Hierarchie und Mehrheit entschieden werden. Steinbrück wollte seine Richtlinienkompetenz wörtlich verstanden wissen. Die Benennung von Problemen und ihrer Lösungen sollte zeitgleich erfolgen: Führung statt Moderation und Integration. Durch Telepolitik und bundespolitischer Profilierung nutzte er geschickt Handlungskorridore der Mediendemokratie. Er entsprach ihren Imperativen der Personalisierung und Konfliktorientierung durch gezielte Provokationen der eigenen Partei und nicht zuletzt durch die geplante Koalitionskrise 2003. Die eigene Partei war kein Verbündeter und noch weniger eine Machtbasis. Sie war eher Adressat und Vetospieler. Das Gleiche galt für den Koalitionspartner. Auch der Ort der Akkomodierung war bei ihm die Kernexekutive: Er berief den ehemaligen Gewerkschaftsführer Schartau zum Minister eines fusionierten Ressorts für Wirtschaft und Arbeit. Die Vernachlässigung der Imperative der Verhandelnden Wettbewerbsdemokratie (Moderation), der Koalitionsdemokratie (Kooperation und Tauschgeschäfte) und der Parteiendemokratie (Integration von Werten und Normen) führten dann auch zu einem Verlust von Machtressourcen und Handlungsoptionen. Steinbrück erkannte diese Defizite erst spät. Der Wettlauf gegen die Zeit ging verloren.

Jürgen Rüttgers:
Führung durch programmatische Richtliniensetzung und Parteimacht

Die Ministerpräsidentendominanz ist ein ausgeprägtes Kennzeichen Jürgen Rüttgers' Regierungsstils. Richtlinienkompetenz und Organisationsgewalt prägten vor allem die Regierungsbildung 2005. Auch die Regierungserklärung nutzte er mit persönlichen Schwerpunktsetzungen erkennbar als Führungsinstrument. Hier wurde eine ideologisch-programmatische Richtliniensetzung vorgenommen, die für die zentralen Politikfelder handlungsleitend werden sollte. Anders als Rau kamen moderierende Elemente weniger deutlich zum Tragen, wie auch der Umgang mit dem Kabinett als stark notarielles Organ zeigt. In Analogie zu Rau wiederum konnte Rüttgers sich dabei auf Parteimacht stützen. Indem er bei wichtigen Personalentscheidungen innerparteiliche Proporzaspekte beachtete, konnte er seine Parteimacht nachhaltig festigen. Koalitionsdemokratischen Erwägungen räumte Rüttgers in hohem Maße Priorität ein. Der Koalitionsausschuss etablierte sich als zentrale Steuerungsinstanz, welche über das Krisenmanagement hinaus Akzente setzte. Die darstellungspolitische Dimension des Regierungshandelns war geprägt von einer Dominanz symbolischer Politik und trotz veränderter sachpolitischer Prioritätensetzung gegenüber seinen Amtsvorgängern behielt die Politik der Akkomodierung ihre wichtige Funktion.

Regieren in Nordrhein-Westfalen: Generalisierbare Ergebnisse

Trotz der oben skizzierten Unterschiede im Politikmanagement der jeweiligen Ministerpräsidenten lassen sich aus der Analyse generalisierbare Ergebnisse für das Regieren in Nordrhein-Westfalen ableiten. Dies gilt zum einen für einzelne Strukturmerkmale des Regierens, zum anderen aber auch für ihre jeweilige Gewichtung und Einflussnahme auf den Prozess des Regierens insgesamt:

Entscheidungsprozesse sind exekutivlastig

Die Herbeiführung gesellschaftlich verbindlicher Entscheidungen obliegt in erster Linie der Exekutive mit dem Ministerpräsidenten an ihrer Spitze. Es ist die Landesregierung, die Prioritäten für die Landespolitik setzt, Durchsetzungsstrategien auswählt und den Rahmen für Problemlösungen vorgibt. Die Ursachen für die Exekutivlastigkeit des Regierens sind zum einen die vertikalen und horizontalen Verhandlungszwänge. Entscheidungen sind oft Teil von Paketlösungen und Koppelgeschäften, die Parteien und Parlamentsfraktionen nur unter Inkaufnahme hoher Transaktionskosten wieder aufschnüren können. Zum anderen hat sich in den vergangenen 15 Jahren der Charakter politischer Herausforderungen auf Landesebene verändert. Während sich die sozialen und wirtschaftlichen Probleme verschärften und der Bewältigungsdruck zunahm, gingen gleichzeitig Steuerungskapazitäten verloren. Politikmanagement musste sich auch in NRW auf eine fortschreitende Ökonomisierung, Verrechtlichung und Internationalisierung (hier besonders Europäisierung) der politischen Entscheidungsprozesse einstellen. Diese Trends machen aus demokratischen Regierungssystemen immer komplexere Verhandlungssysteme mit zahlreichen Akteuren und Vetospielern. Regierungshandeln erfordert folglich aufwendige Koordinierungsleistungen, die nur die Landesregierung erbringen kann. Das notwendige Expertenwissen, um komplexe Probleme mit einem abnehmenden Steuerungsinstrumentarium zu bewältigen, steht in erster Linie dem Regierungsapparat und nicht Parteien und Parlamenten zur Verfügung.

Ministerpräsidentendominanz geht mit gesteigerten Erwartungen politischer Führung einher

Die Exekutivlastigkeit von Entscheidungsprozessen setzte sich innerhalb der Exekutive als Dominanz des Ministerpräsidentenprinzips fort. Dieses findet seinen Ausdruck in Form von Richtlinienkompetenz und Organisationsgewalt des Regierungschefs. Doch konkreter Einfluss wächst den Ministerpräsidenten zumeist über andere Machtressourcen zu. Da ist zum einen die mediale Konzentration auf die Person des Regierungschefs zu nennen. In seiner Funktion als „Wahlkampflokomotive" erhält er zum anderen quasi-plebiszitäre Legitimation, die seine parlamentarische Abhängigkeit von den Mehrheitsfraktionen faktisch relativiert. Gleichzeitig werden vom Ministerpräsidenten immer stärker inhaltliche Führungsleistungen erwartet. In allen sozialen Milieus ist der Bedarf an demokratischer Führung gewachsen, weil die gesellschaftlichen Veränderungen der letzten Jahrzehnte alte politische Gewissheiten haben schwinden lassen und politische Orientierungen personelle Repräsentation benötigen. Führungspersonen erscheinen als Problemlöser und verlässliche Lotsen im Alltag. Hoher Problemlösungsdruck und eingeforderte Führungsleistungen vertragen sich aber nur schwer mit komplexen Verhandlungszwängen. Dennoch versuchten die Ministerpräsidenten, den gesteigerten Führungserwartungen zu entsprechen. Während Rau dabei einen betont moderierenden Stil pflegte, nahmen seine Nachfolger wesentlich häufiger Policy-Akzentuierungen vor. Die Benennung von Chefsachen erfolgte unter Clement spontan und in Abhängigkeit von tagesaktuellen Entwicklungen. Ein politikfeldübergreifender Orientierungsrahmen war nicht seine Sache. Steinbrück hingegen warb unermüdlich für eine Neudefinition von Staatsaufgaben und sozialer Sicherheit. Erst gegen Ende seiner Amtszeit versuchte er, seine Reformpolitik an die etablierten Normen und Werte der SPD rückzukoppeln. Rüttgers setzte von Beginn seiner Amtszeit an auf eine programmatische Verbindung von Partei und Regierung.

Regieren ist Tagesintegrationswerk

Exekutivlastigkeit und Ministerpräsidentendominanz dürfen nicht mit „Durchregieren" verwechselt werden. Bevor die Landesregierung und der jeweilige Ministerpräsident Problemdefinitionen vornahmen, Durchsetzungsstrategien auswählten und den Rahmen von Lösungen benannten, war eine Vielzahl von Akteuren und Vetospielern zu berücksichtigen und zu konsultieren. Regieren wurde für die Ministerpräsidenten kontinuierlich verflochtener, kommunikationsabhängiger und komplexer. Generell galt, dass Mehrheiten aus unterschiedlichsten Interessengruppen gebildet werden mussten. Die Sachrationalität einer geplanten Maßnahme musste zudem mit politischer Vermittlungs- und Durchsetzungsrationalität abgewogen werden. Exekutivlastiges Regieren bedeutet daher primär, Koordinierungs- und Vermittlungsaufgaben in der Kernexekutive anzusiedeln, ihr Verhandlungsmandate zu übertragen und ihr abschließend die Benennung von Prioritäten zuzugestehen. Abhängig von Reichweite und Konfliktpotenzial einer Sachfrage muss ein Ministerpräsident genau abwägen, wann er seine persönliche Autorität zur Durchsetzung von Entscheidungen einbringt. Unerschöpflich ist sie nicht. Wichtig blieb beim Tagesintegrationswerk der Schein der gespielten Kohärenz. Die Ministerpräsidenten mussten integrativ und anpassungsfähig bleiben. Sie verkörpern gegenüber den Bürgern den verlässlichen Lotsen, der das Publikum sicher durch Problemfelder begleitet, den die Bürger allerdings auch jederzeit unkalkulierbar wieder von Bord schicken können.

Mehrheitsfraktionen wirken als Vetospieler und „Aufsichtsrat"

Die Kehrseite der Exekutivlastigkeit des Regierens ist ein Bedeutungsverlust des Landtages. Weitreichende und innovative Reformvorschläge kamen aus der Exekutive, nicht aus dem Parlament. So steuerte beispielsweise Wolfgang Clement seine Initiativen zur Medienpolitik weitgehend an Fraktion und Landtag vorbei. Trotz zahlreicher Widerstände in der eigenen Fraktion setzte auch Rüttgers den Regierungsentwurf des Schulgesetzes in seinen Grundzügen unverändert durch. Aber der Bedeutungsverlust des Landtages ist nicht gleichbedeutend mit Machtverlust. Die Mehrheitsfraktionen agierten vielmehr häufig als Vetospieler. Sie setzten zwar keine Entscheidungen gegen den erklärten Willen der von ihnen getragenen Regierung durch, aber gleichwohl stoppten sie Regierungsinitiativen oder veränderten den Inhalt ihrer Vorlagen. Sie sind gewissermaßen der „Aufsichtsrat" einer Regierung. Aus diesem Grunde versuchte Rau, die Fraktion frühzeitig in Entscheidungs-

prozesse einzubinden und ihre Interessen zu integrieren. Die vom SPD-Fraktionsvorsitzenden Farthmann 1990 geforderten inhaltlichen Schwerpunkte
für die nachfolgende Legislaturperiode fanden sich fast gleich lautend in der
Regierungserklärung von Johannes Rau wieder. Auch bei der Regierungsbildung 1990 musste Rau personalpolitische Rücksicht auf die Interessen der
Regierungsfraktion nehmen. Clement hingegen ignorierte oft die Partizipati-
onsbedürfnisse seiner Fraktion. Aber nicht immer konnte er sich gegen sie
durchsetzen. Steinbrück scheiterte nicht zuletzt aufgrund der strategischen
Ausgrenzung der Fraktion mit seinem Versuch, die rot-grüne Koalition zu
beenden.

Akkomodierung und Konsens dominieren über Mehrheitsentscheide und Hierarchie

Die „Politik der Akkomodierung" zieht sich durch die Regierungspraxis aller
Ministerpräsidenten. Sie ist vor allem in der Personalpolitik nachweisbar, die
von zahlreichen Proporzüberlegungen geprägt war. Dies galt zum einen hinsichtlich der Besetzung von Regierungsämtern. Rau holte bei der Besetzung
des Arbeits- und Sozialministeriums die Zustimmung der Gewerkschaften
ein, bei der Besetzung des Wirtschaftsministeriums erhielten die Arbeitgeberverbände ein Mitspracherecht. Zum anderen galt diese personalpolitische
Form der Akkomodierung auch für weitere Schlüsselpositionen außerhalb
des Kernbereichs der Landesregierung. Ein für alle Ministerpräsidenten
nachweisbarer Fall war die Besetzung der Spitzen der Regierungspräsidien,
bei der auch die jeweils große Oppositionspartei berücksichtigt wurde.
Steinbrück machte eine Reform der Bezirksregierungen von der Zustimmung
der Opposition abhängig, Rüttgers wollte die geplante Verwaltungsreform im
Konsens mit der SPD herbeiführen.
   Die Praxis der Akkomodierung lässt sich aber auch bei zentralen Sachentscheidungen der Landespolitik nachweisen. Die stark korporatistisch geprägten Strukturen bei der Entscheidung über den Braunkohlenplan zu
Garzweiler II zwischen 1990 und 1998 sind hierfür ebenso ein Beispiel wie
die Sozial- und Arbeitsmarktpolitik. Clement initiierte Bündnisse für Arbeit
und Ausbildung. Steinbrück hingegen setzte harte Einschnitte im Haushalt
gegen den Widerstand von Gewerkschaften und Sozialverbänden durch. Dieser gewaltige Kraftakt war aber aufgrund der damit verbundenen politischen
Kosten trotz der sich verschlechternden Finanzsituation des Landes nicht
wiederholbar.

Die gesamte Strukturpolitik des Landes wird seit Jahrzehnten durch runde Tische und neuerdings auch durch „Public-Private-Partnerships" gestaltet. Allerdings haben sich die Machtkonstellationen in den horizontalen Verhandlungsarrangements verändert. Während Kommunen und Unternehmen an Gewicht gewonnen haben, mussten die Gewerkschaften einen Bedeutungsverlust hinnehmen. Die SPD in NRW war über lange Zeit hinweg die Partei, die das System des Korporatismus getragen hat. Es ist nur folgerichtig, dass ihre Macht gefährdet war, als die Netzwerke aus Schwerindustrie und gewerkschaftlich organisierter Arbeiterschaft an Boden verlor.

Trotz Ministerpräsidentendominanz kein genereller Bedeutungszuwachs der Staatskanzlei

Die Rolle der Staatskanzlei war stark durch den persönlichen Politikstil des jeweiligen Ministerpräsidenten geprägt. Von einem generellen Bedeutungszuwachs der Staatskanzlei kann nicht gesprochen werden. Vielmehr galt in starkem Maße das Prinzip „form follows function": Organisatorische Veränderungen folgten veränderten inhaltlichen Prioritäten der Ministerpräsidenten sowie anderen Organisationsentscheidungen im Zuge des Regierungsbildungsprozesses. Deutlich wurde dies beispielsweise 1995 beim Wechsel Wolfgang Clements vom Amt des Chefs der Staatskanzlei ins Wirtschaftsministerium. Die vormals stark inhaltlich steuernde Funktion der Staatskanzlei, die Rau seinem zentralen Machtmakler Clement samt dem Apparat der Staatskanzlei überließ, wurde auf eine Koordinationsfunktion der Ressortarbeit unter Rüdiger Frohn zurückgeführt. Aufgrund der durch die rot-grüne Koalition veränderten Rahmenbedingungen wäre eine inhaltliche Steuerungsfunktion der Regierungszentrale weitgehend ausgeschlossen gewesen. Daher wechselte Clement in ein Fachressort, die Staatskanzlei wurde den veränderten Bedingungen angepasst.

Das Kabinett ist mehr als ein „Notariat"

Von einer durchgehenden Überlagerung des Kabinettsprinzips durch das Richtlinienprinzip kann ebenfalls nicht ausgegangen werden. Die Bedeutung des Kabinetts war vielmehr vom persönlichen Regierungsstil des Ministerpräsidenten und den Machtkonstellationen innerhalb des Regierungsbündnisses abhängig. Gerade für Rau war das Kabinett von 1990 bis 1995 der zentrale Ort der kollektiven Willensbildung innerhalb der Landesregierung. Hier fanden sich alle parteiinternen Schlüsselakteure, die es zur Durchsetzung seiner Politik einzubinden galt. Die Kabinettsarbeit folgte dabei nicht dem Prinzip von Befehl und Gehorsam, sondern verbindliche Entscheidungen wurden durch eine ausgeprägte Konsensorientierung herbeigeführt. Dies erhöhte die Durchsetzungschancen einer Entscheidung, weil die Kabinettsmitglieder als inhaltliche Sachwalter der gesamten Landesregierung agierten. Auch Clement und Steinbrück förderten eine offene Diskurskultur im Kabinett. Allerdings wurden Kontroversen in stärkerem Maße von Clement selber entschieden, als das beispielsweise unter Rau der Fall gewesen war. In der Zeit von 1990 bis 2005 kam dem Kabinett jedenfalls keine rein notarielle Funktion zu. Als Gegenpol zu Rau kann die bisherige Kabinettspraxis von Rüttgers gelten. Die Entscheidungen waren bereits im Vorfeld gefallen, dem Kabinett oblag nur noch die förmliche Bestätigung.

Über mediale Handlungsressourcen verfügt fast ausschließlich der Ministerpräsident

Die mediale Vernachlässigung der engeren Landespolitik geht mit einer Konzentration des verbleibenden Medieninteresses auf die Person des Ministerpräsidenten einher. Nur seine Botschaften dringen kontinuierlich auch in die bundespolitische (Fernseh-)Öffentlichkeit und erreichen so einen großen Verbreitungsgrad. Ausnahmen gibt es nur situativ und politikfeldabhängig. So konnte sich Bärbel Höhn als Verbraucherschutzministerin bei der Bewältigung von Lebensmittelskandalen und Tierseuchen bundesweit – und damit eben auch in der Landesöffentlichkeit – profilieren. In der Regel genießt aber nur der Regierungschef große öffentliche Aufmerksamkeit. Damit erhalten seine Stellungnahmen auch ein besonderes Gewicht, das alle Ministerpräsidenten zur Durchsetzung von politischen Entscheidungen zu nutzen wussten. Durch mediale Festlegungen wurden Sachfragen zur Chefsache. Dies galt beispielsweise für die Novellierung des Schulgesetzes unter Jürgen Rüttgers. Er unterstützte seine Fachministerin Sommer öffentlich und machte damit nicht nur seine persönliche Schwerpunktsetzung, sondern auch die seiner Landesregierung insgesamt in diesem Politikfeld symbolisch deutlich. Peer Steinbrück unterstützte öffentlich die Sparziele seines Finanzministers beim Doppelhaushalt 2004/2005, finanzielle Begehrlichkeiten aus Fraktion und Kabinett sollten so im Keim erstickt werden.

Allerdings zeigten sich in der Nutzung kommunikativer Handlungsressourcen auch deutliche Unterschiede zwischen den Ministerpräsidenten. Während Clement besonders stark auf darstellungspolitische Aspekte und massenmediale Politikvermittlung abzielte, spielte diese Dimension für seinen Amtsvorgänger Rau eine deutlich nachgeordnete Rolle. Rau begriff seine Partei als gleichrangige Vermittlungsinstanz, die es durch persönliche Netzwerkbildung und persönliche Kontakte vor Ort zu erhalten und stärken galt.

Führungsstile sind von Parteimacht abhängig

Die Imperative der Parteiendemokratie haben den Regierungsstil von Rau und Rüttgers stärker geprägt als den von Clement und Steinbrück. Rau und Rüttgers verfügten über gut ausgebaute Parteinetzwerke, die sie durch ihre Amtsausübung auch zu pflegen wussten. Dass sie auf parteiinterne Proporzaspekte Rücksicht nahmen und sensibel auf die normativen Erwartungen ihrer Anhängerschaft reagierten, zeigt den hohen Stellenwert, den sie der Parteiendemokratie beimaßen. Clement und Steinbrück verfügten hingegen kaum über Parteimacht. Sie mussten sich auf die Handlungskorridore der Verhandlungs- und/oder der Mediendemokratie konzentrieren. Im Gegenzug nahmen sie auf die Imperative der Parteiendemokratie auch weniger Rücksicht. Von dem notwendigen Maß personeller Integration abgesehen war ihre Darstellungs- und Entscheidungspolitik weniger parteiendemokratisch gefärbt als bei Rau und Rüttgers.

Parteimacht stabilisiert das Regierungshandeln

Wer als Regierungschef in NRW ohne parteipolitische Verankerung in den Milieustrukturen der großen Volksparteien antritt, ist stärker mehr auf stimmungsflüchtige Machtgrundlagen angewiesen als der Typus des integralen Parteivorsitzenden wie Rau oder Rüttgers. Regieren ist dann, wie bei Clement, weniger richtungsweisend und eher Moderation frei fließender Stimmungen, oder die Durchsetzungsfähigkeit von Grundsatzentscheidungen ist, wie bei Steinbrück in der Koalitionskrise, stark begrenzt. Zudem mussten Steinbrück und Clement öffentliche Konflikte mit der eigenen Partei in Kauf nehmen, weil sie Stimmungen und Erwartungen der Basis nicht antizipieren konnten oder wollten.

Die Mediendemokratie kann Defizite in der Parteiendemokratie nicht kompensieren

Als Machtressource bleiben Medien meist nur eine instabile Machtgrundlage. Da die Medien verstärkt zum Takt- und Formatgeber der Politik geworden sind, mussten sich alle Ministerpräsidenten mit der medialen Öffentlichkeit arrangieren. Das Prinzip „Tausche Information gegen Präsenz" zahlte sich in der Regel für die Ministerpräsidenten aus. Was ihnen an sachpolitischer Kompetenz und politischer Macht durch vertikale Politikverflechtung verloren ging, versuchten sie über Telepolitik zu kompensieren. Sie standen als Personen für das jeweilige politische Programm. Hinter der medialen Personalisierung verbirgt sich allerdings häufig nichts anderes als ein Chefsachen-Mythos. Politische Führung ist auch in Düsseldorf kein Ein-Mann-Unternehmen.

Clement und Steinbrück versuchten mit Telepolitik und „Going Public"-Instrumenten, ihre fehlende Parteimacht zu kompensieren. Steinbrück war nicht annährend so sprunghaft wie Clement. Aber auch er versuchte, mit öffentlichen Vorfestlegungen in Interviews oder Fernsehsendungen Partei und Fraktion auf seine Linie zu bringen. Beiden Regierungschefs kam dabei zugute, dass es keine personellen Alternativen für das Ministerpräsidentenamt gab und somit eine öffentliche Beschädigung durch Verweigerung der Partei ebenso schadete wie den Ministerpräsidenten. Doch Clement wie Steinbrück zahlten für die Vernachlässigung einer an Werten orientierten und kollektive Identität stiftenden Führung einen hohen Preis. Ihre persönliche Popularität übertrug sich nicht auf ihre Partei. Der abnehmenden Kampagnenfähigkeit der SPD entsprechend, gelang die Mobilisierung der sozialdemokratischen Kernklientel immer weniger. Massive Stimmenverluste bei Kommunal- und Landtagswahlen waren die Folge.

Koalitionsoptionen werden durch bundespolitische Kalküle begrenzt

Trotz aller Konflikte hielt die rot-grüne Koalition zehn Jahre lang. Der Grund dafür waren in erster Linie die bundespolitischen Machterwerbs- und Machterhaltsstrategien von SPD und Grünen. Auf der landespolitischen Ebene wurde der Fortbestand der Koalition immer wieder in Frage gestellt. Doch jedes Mal intervenierten die Spitzenakteure beider Parteien in Bonn bzw. Berlin zugunsten des Fortbestands der Koalition. So geschehen im Sommer 1995, als SPD-Chef Scharping und Bundesgeschäftsführer Müntefering den zögernden Ministerpräsidenten Rau und seinen skeptischen Staatskanzleichef Clement zu einem rot-grünen Bündnis drängten, um die generelle Regierungsfähigkeit dieser Koalition unter Beweis stellen zu können. Bundeskanzler Schröder und Vizekanzler Joschka Fischer intervenierten sowohl 2000, als auch 2003, als Clement bzw. Steinbrück sich anschickten, zu den Liberalen zu wechseln, da ein Koalitionsbruch in Düsseldorf die rot-grüne Regierung in Berlin nachhaltig destabilisiert hätte.

Sachfragen determinieren das Vertrauensverhältnis von Koalitionsakteuren. Vertrauen determiniert die Entscheidungsfähigkeit und das äußere Erscheinungsbild der Koalition.

Bundespolitische Machtkalküle hielten die rot-grüne Koalition zusammen. Doch für ein stilles Regieren reichte das nicht. Zu groß waren die Differenzen in wichtigen Politikfeldern. Die Hartnäckigkeit, mit der die Spitzenakteure beider Parteien ihre Positionen vertraten, machte eine vertrauensvolle Zusammenarbeit nahezu unmöglich. Konflikte wurden oft zu öffentlichen Machtproben, auch um die jeweiligen Vertreter der Koalitionspartner zu desavouieren. Verluste des Gegenübers wurden als eigene Gewinne verbucht. Einzig das relativ gute Verhältnis zwischen Michael Vesper und allen drei sozialdemokratischen Ministerpräsidenten machten eine Einigung in wichtigen Sachfragen doch noch möglich. Rau bemühte sich ernsthaft, die Interessengegensätze zwischen den Parteien zu schlichten. Doch das öffentliche Auftreten des SPD-Fraktionsvorsitzenden Matthiesen machte die mühsam erreichte Geschlossenheit oft wieder zunichte. Clement und Steinbrück versuchten, die Rolle der SPD als „Dominant Player" zu nutzen. Clement trieb das Zweckbündnis häufig bis an Ausstiegsszenarien, wobei er die Option einer sozial-liberalen Koalition nutzte. Konflikte erklärte er zur Chefsache, um so seinen Willen zur Problemlösung zu demonstrieren. Steinbrück überspannte den Bogen und trieb die SPD mit einer mangelhaften Konfliktstrategie beinahe in die koalitionspolitische Isolation. Er war es aber auch, der nach der Beilegung der Koalitionskrise erstmals ein geschlossenes äußeres Erscheinungsbild des rot-grünen Bündnisses erreichen konnte. Doch für eine nachhaltige Korrektur des Koalitionsimages fehlte die Zeit. Das öffentliche Bild einer zerstrittenen und handlungsunfähigen Koalition schadete schließlich beiden Parteien.

Anders stellt sich die Zusammenarbeit in der christlich-liberalen Koalition seit 2005 dar. Hier wird dem koalitionspolitischen Imperativ eines dosierten Parteienwettbewerbs entsprochen. Die inhaltlichen Übereinstimmungen beider Parteien begründen ein gutes Arbeitsverhältnis zwischen den jeweiligen Spitzenakteuren, die sich gegenseitig Profilierungsmöglichkeiten zugestehen. Auch kann der Koalitionsausschuss als kollektives Entscheidungsorgan wirken und so öffentliche Auseinandersetzungen im Vorfeld von Entscheidungen verhindern.

Weiterer Ländervergleich notwendig

Deutlich erkennbar sind somit die durch die Strukturmerkmale des Regierens auf der einen und spezifisches Akteurshandeln auf der anderen Seite beeinflussten Handlungskorridore des Regierens in Nordrhein-Westfalen. Allerdings lässt sich nur durch einen systematischen Vergleich klären, welche der für Nordrhein-Westfalen generalisierbaren Ergebnisse auch für andere Bundesländer Gültigkeit besitzen. Ein solcher Vergleich erscheint uns mithilfe des entwickelten Analyserahmens durchaus möglich zu sein. Es ist anzunehmen, dass die Strukturmerkmale des Regierens grundsätzlich auch in anderen Bundesländern den strukturellen Rahmen für Regierungshandeln bilden. Durch eine vergleichende Analyse ließen sich somit wichtige Gemeinsamkeiten, aber auch im föderalen Bundesstaat angelegte Unterschiede zwischen den Ländern identifizieren. Daraus könnten sich wichtige Erkenntnisse für die vergleichende politikwissenschaftliche Regierungsforschung ableiten lassen.

5 Anhang

5.1 Quellenverzeichnis

Dokumente

Berichte der Forschungsgruppe Wahlen e.V. (1990): Wahl in Nordrhein-Westfalen. Eine Analyse der Landtagswahl vom 13. Mai 1990, Mannheim.

Berichte der Forschungsgruppe Wahlen e.V. (1995): Wahl in Nordrhein-Westfalen. Eine Analyse der Landtagswahl vom 14. Mai 1995, Mannheim.

Berichte der Forschungsgruppe Wahlen e. V. (2000): Wahl in Nordrhein-Westfalen. Eine Analyse der Landtagswahl vom 14.Mai. 2000, Mannheim.

Berichte der Forschungsgruppe Wahlen e. V. (2005): Wahl in Nordrhein-Westfalen. Eine Analyse der Landtagswahl vom 22. Mai 2005, Mannheim.

Bildungsberatung und Bildungswerbung der Stadt Köln (1996): Berufsziel Medien. Angebote zur Qualifizierung an Kölner Schulen, Hochschulen und Weiterbildungseinrichtungen, Köln.

Enquête-Kommission Zukunft der Mobilität (2000): Die Zukunft der Mobilität in Nordrhein-Westfalen, Düsseldorf.

Kitterer, Wolfgang/Heilmann, Sven (2005): Die Stellung des Landes Nordrhein-Westfalens in der Finanzverteilung zwischen alten und neuen Ländern. Studie im Auftrag des Parlamentarischen Beratungs- und Gutachterdienstes des Landtages Nordrhein-Westfalen, LT-DRS 13/1275, Düsseldorf.

Landesamt für Datenverarbeitung und Statistik NRW – LDS (Hrsg.) (2004): Statistisches Jahrbuch 2003, Düsseldorf.

Landesamt für Datenverarbeitung und Statistik NRW – LDS (Hrsg.) (2004): Entwicklungen in Nordrhein-Westfalen. Statistischer Jahresbericht 2003, Düsseldorf.

Landesamt für Datenverarbeitung und Statistik NRW – LDS (Hrsg.) (2005a): Landtagswahl. Heft 4: Ergebnisse nach Wahlkreisen und Gemeinden in NRW, Düsseldorf.

Landesamt für Datenverarbeitung und Statistik NRW – LDS (Hrsg.) (2005b): Landtagswahl. Heft 5: Ergebnisse nach Alter und Geschlecht in NRW, Düsseldorf.

Landesanstalt für Medien NRW (2003): Jahresbericht 2002, Düsseldorf.

Landeszentrale für politische Bildung Nordrhein-Westfalen (Hrsg.) (2002):Verfassung für das Land Nordrhein-Westfalen, Düsseldorf

NRW Medien GmbH (2003): Entwicklung der Medien- und Kommunikationswirtschaft in Nordrhein-Westfalen, Düsseldorf.

Präsidentin des Landtags Nordrhein-Westfalen (Hrsg.) (1990): Die Landtagswahl in Nordrhein-Westfalen 1990, Düsseldorf.

Präsident des Landtags Nordrhein-Westfalen (Hrsg.) (1995): Die Landtagswahl in Nordrhein-Westfalen 1995, Düsseldorf.

Präsident des Landtages Nordrhein-Westfalen (Hrsg.) (2000): Die Landtagswahl in Nordrhein-Westfalen vom 14. Mai 2000, Düsseldorf.

Präsident des Landtags (Hrsg.) (2002): Der Landtag in Nordrhein-Westfalen, Düsseldorf.

Präsident des Verfassungsgerichtshofs für das Land Nordrhein-Westfalen (Hrsg.) (2002): Verfassungsgerichtsbarkeit in Nordrhein-Westfalen, Münster.

Presse- und Informationsamt der Landesregierung (1990): Regierungserklärung von Ministerpräsident Johannes Rau „Nordrhein-Westfalen geht seinen Weg: Praktische Reformen in einer Zeit neuer Herausforderungen", Düsseldorf.

Presse- und Informationsamt der Landesregierung (1995): Regierungserklärung von Ministerpräsident Johannes Rau „Aufbruch ins Jahr 2000: Wir setzen aus Erfahrung auf Erneuerung", Düsseldorf.

Presse- und Informationsamt der Landesregierung (1999): Regierungserklärung von Ministerpräsident Wolfgang Clement: „Konzentration und Erneuerung", Düsseldorf.

Presse- und Informationsamt der Landesregierung (2000): Regierungserklärung von Ministerpräsident Wolfgang Clement: „Neue Wege, neue Chancen, neues Handeln, Zukunftsland Nordrhein-Westfalen, Düsseldorf.

Presse- und Informationsamt der Landesregierung (2002): Regierungserklärung von Ministerpräsident Peer Steinbrück: „Klarer Kurs: Konzentration der Kräfte – Gemeinsam für Nordrhein-Westfalen", Düsseldorf.

Presse- und Informationsamt der Landesregierung (2005): Regierungserklärung von Ministerpräsident Jürgen Rüttgers: „Nordrhein-Westfalen kommt wieder: Mehr Selbstbestimmung wagen", Düsseldorf.

SPD-Landesverband NRW (Hrsg.) (1995): NRW 1995 bis 2000. Koalitionsvereinbarung NRWSPD – Bündnis90/Die Grünen, Düsseldorf.

SPD-Landesverband NRW (Hrsg.) (2000): Eine Allianz für Nordrhein-Westfalen. Koalitionsvertrag 2000-2005, Düsseldorf.

Statistisches Bundesamt (Hrsg.) (2004): Europäische Union 2004, Wiesbaden.

Internetquellen

Arbeitskreis Medien der CDU (2003): Arbeitskreis Medien. Erfolgreiche Medienpolitik braucht verlässliche Rahmenbedingungen:
  http://www.cdu-nrw-fraktion.de/media/medien.pdf, Stand 03.11.04

Bitzer, Dirk (2002): Hintergrund. Biographie Wolfgang Clement:
  http://www.geschichte.nrw.de/chronik/index2.php/185, Stand 13.10.04

Clement, Wolfgang (1999a): Grundsatzfragen der Medienpolitik aus der Sicht des Medienstandorts Nordrhein-Westfalen. Rede von Ministerpräsident Wolfgang Clement beim Gesprächskreis Politik und Medien der Friedrich-Ebert-Stiftung am 29. September 1999 in Bonn:

http://www.presseservice.nrw.de/01_textdienst/12_reden/1999/mskr990929b.htm, Stand: 22.10.04.

Clement, Wolfgang (1999b): Eröffnungsansprache von Wolfgang Clement, Ministerpräsident des Landes Nordrhein-Westfalen, auf dem 11. Medienforum Nordrhein-Westfalen am 13. Juni 1999 in Köln. Landesregierung NRW: http://www.presseservice.nrw.de/01_textdienst/12_reden/1999/mskr990613.htm, Stand: 22.10.04.

Landesanstalt für Medien NRW (2004): Landesmediengesetz: http://www.lfm-nrw.de/downloads/lmg-lesefassung.pdf, Stand: 20.10.04.

Meyer-Hesemann, Wolfgang (2002): Das medienpolitische Konzept der Landesregierung: http://www.bildungsportal.nrw.de/BP/Ministerium/Meyer_Hesemann/Reden/2002/vlbs_forum.html, Stand: 20.10.04.

Meyn, Hermann (1999): Massenmedien in Deutschland: http://www.media.nrw.de/infopool/marktdaten/_abb/Umsaetze_2001.pdf, Stand: 06.10.04

NRW2000.de (2004): Biographisches aus NRW. Wolfgang Clement: http://www.nrw2000.de/koepfe/clement.htm, Stand: 20.10.04.

Schneider, Norbert (2002): Medienkompetenz und die Macht der Medien: http://www.lfm-nrw.de/medienkompetenz_neu/aufgabe_der_lfr/medienkompetenz-und-macht.php3, Stand: 06.10.04.

Steinbrück, Peer (2004): Stärker werden. Menschlich bleiben. Rede von Ministerpräsident Peer Steinbrück auf dem Programmkonvent der NRWSPD am 20. November 2004 in Bochum, http://www.peer-steinbrueck.de/dokumentation/Rede_Programmkonvent_20Nov04.asp, Stand: 27.05.06.

Westdeutscher Rundfunk (2002): Wirbel um NRW Medien GmbH: http://www.wdr.de/themen/politik/nrw/medien_gmbh/index.jhtml, Stand: 22.10.04.

Westdeutscher Rundfunk (2004): Kein Prozess Clement gegen Clement. NRW zieht Klage um Fördermillionen zurück: http://www.wdr.de/themen/politik/nrw/hdo/index040622.jhtml, Stand: 22.10.04.

Archive und Bibliotheken

Archiv für Christlich-Demokratische Politik (Sankt Augustin, ACDP)
Bibliothek der Staatskanzlei des Landes Nordrhein-Westfalen (Düsseldorf)
Bibliothek des Deutschen Bundestages (Berlin)
Bibliothek des Landtags Nordrhein-Westfalens (Düsseldorf)
Parlamentsarchiv des Deutschen Bundestages (Berlin)

Zeitungen und Magazine

Aachener Nachrichten (AN)
Aachener Volkszeitung (AV)
Bonner General-Anzeiger (GA)
Das Parlament (Parlament)
Der Spiegel (Spiegel)
Der Stern (Stern)
Der Tagesspiegel (Tagesspiegel)
Die Börsenzeitung (BöZ)
Die Tageszeitung (taz)
Die Welt (Welt)
Die Zeit (Zeit)
Express (Express)
Frankfurter Allgemeine Zeitung (FAZ)
Frankfurter Rundschau (FR)
Handelsblatt (Handelsblatt)
Kölner Stadt-Anzeiger (KStA)
Kölnische Rundschau (KR)
Neue Osnabrücker Zeitung (NOZ)
Neue Rhein Zeitung (NRZ)
Neue Westfälische Zeitung (NW)
Rheinische Post (RP)
Rheinischer Merkur (Merkur)
Ruhr Nachrichten (RN)
Süddeutsche Zeitung (SZ)
Stuttgarter Zeitung (StZ)
Welt am Sonntag (WamS)
Westdeutsche Allgemeine Zeitung (WAZ)
Westfälische Nachrichten (WN)
Westfälischer Anzeiger (WA)
Westfälische Rundschau (WR)
Westfalenpost (Westfalenpost)
Westdeutsche Zeitung (WZ)

Zeitschriften und Periodika

Aus Politik und Zeitgeschichte (APuZ)
Nordrhein-Westfälische Verwaltungsblätter (NWVBl)
Politische Vierteljahreszeitschrift (PVS)
Zeitschrift für Politik (ZfP)
Zeitschrift für Parlamentsfragen (ZParl)
Zeitschrift für Politikwissenschaft (ZPol)

Interviews

Angeführt sind ausschließlich die von Mitarbeitern der Forschungsgruppe Regieren im Rahmen dieses Forschungsprojektes geführten Interviews. Weitere Interviews wurden im Zuge der Zeitungsauswertung analysiert und nicht gesondert aufgelistet.

Althoff, Werner: Verschiedene Funktionen in der Staatskanzlei unter den Ministerpräsidenten Rau, Clement und Steinbrück (1992-2005) u. a. Leiter des Referats „Politische und Gesellschaftliche Analysen und Dokumentation" (2004-2005), vom 05. April 2005, geführt in Düsseldorf.

Behrens, Fritz: Justiz- (1995-98) und Innenminister (1998-2005) in den Kabinetten der Ministerpräsidenten Rau, Clement und Steinbrück, vom 24. Februar 2005, geführt in Düsseldorf.

Berg, Guido van den: SPD-Vorsitzender im Rhein-Erft Kreis (seit 2003), vom 23. März 2006, geführt in Duisburg.

Frohn, Rüdiger: Leiter der Abt. Regierungsplanung (1991-1994) sowie Chef der Staatskanzlei (1995-1999) unter den Ministerpräsidenten Rau und Clement, vom 05. Juli 2005, geführt in Duisburg.

Henze, Michael: Redenschreiber sowie verschiedene Funktionen in der Staatskanzlei unter den Ministerpräsidenten Rau, Clement, Steinbrück und Rüttgers, vom 05. April 2005, geführt in Düsseldorf.

Kapschak, Ralf: Landespolitischer Redakteur des WDR, vom 21. Juli 2004, geführt in Duisburg.

Krüger-Charlé, Michael: Büroleiter von Wolfgang Clement (1998-2000) sowie Leiter der Abt. Regierungsplanung (2001-2003) in der Staatskanzlei, vom 21. März 2005, geführt in Düsseldorf.

Mai, Manfred: Leiter des Referats "Medienwirtschaft/Rundfunk" in der Staatskanzlei NRW (1994-98) unter Ministerpräsident Rau, vom 4. Juni 2005, geführt in Düsseldorf.

Rau, Johannes: Ministerpräsident von NRW (1978-1998), vom 1. Juni 2005, geführt in Berlin.

Schwanhold, Ernst: stellv. Vorsitzender der SPD-Bundestagsfraktion (1998-2000) und Minister für Wirtschaft und Mittelstand, Energie und Verkehr (2000-02) im Kabinett von Ministerpräsident Clement, vom 28. Februar 2005, geführt in Ludwigshafen.

Vesper, Michael: Minister für Städtebau und Wohnen, Kultur und Sport (1995-2005) in den Kabinetten der Ministerpräsidenten Rau, Clement und Steinbrück sowie stellvertretender Ministerpräsident von NRW (1995-2005), vom 18. November 2004 (postalische Befragung).

5.2 Literaturverzeichnis

Albertin, Lothar (1985): Die FDP in Nordrhein-Westfalen. Portrait einer fleißigen Partei, in: Alemann, Ulrich von (Hrsg.): Parteien und Wahlen in Nordrhein-Westfalen, Köln, S. 121-145.

Alemann, Ulrich von (1985a): Parteien und Wahlen in Nordrhein-Westfalen 1985. Aufforderung zu einer Neuorientierung, in: Alemann, Ulrich von (Hrsg.), Parteien und Wahlen in Nordrhein-Westfalen, Köln, S. 211-225.

Alemann, Ulrich von (Hrsg.) (1985b): Parteien und Wahlen in Nordrhein-Westfalen, Köln.

Alemann, Ulrich von (1989): Organisierte Interessen in der Bundesrepublik, Opladen.

Alemann, Ulrich von/Hombach, Bodo (Hrsg) (1990): Die Kraft der Region. Nordrhein-Westfalen in Europa, Bonn.

Alemann, Ulrich von (1995): Die Parteien nach den Wahlen. Ratlos?, in: Gewerkschaftliche Monatshefte 8/95, S. 457-465.

Alemann, Ulrich von/Brandenburg, Patrick (2000): Nordrhein-Westfalen. Ein Land entdeckt sich neu, Köln.

Alemann, Ulrich von (2001): Modell Montana. Die Wurzeln der Konkordanzdemokratie auf Landesebene in NRW, in: Gourd, Andrea/Noetzel, Thomas (Hrsg.): Zukunft der Demokratie in Deutschland. Hans Karl Rupp zum 60. Geburtstag, Opladen, S. 186-196.

Alemann, Ulrich von/Marschall, Stefan (Hrsg.) (2002): Parteien in der Mediendemokratie, Wiesbaden.

Alemann, Ulrich von/Münch, Claudia (Hrsg.) (2003): Handbuch Europa in NRW. Wer macht was in NRW für Europa?, Opladen.

Alemann, Ulrich von (2005): Das Modell der kooperativen Demokratie. Politisches Erfolgsmodell für Nordrhein-Westfalen, in: Meffert, Heribert/Steinbrück, Peer (Hrsg.): Trendbuch NRW. Perspektiven einer Metropolregion, Gütersloh, S. 377-389.

Alemann, Ulrich von/Münch, Claudia (Hrsg.) (2005): Landespolitik im europäischen Haus. NRW und das dynamische Mehrebenensystem, Wiesbaden.

Almond, Gabriel A./Verba, Sidney (1963): The Civic Culture. Political Attitudes and Democracy in Five Nations, Princeton.

Almond, Gabriel A. (1987): Politische Kulturforschung – Rückblick und Ausblick, in: Berg-Schlosser, Dirk/Schissler, Jakob (Hrsg.): Politische Kultur in Deutschland. Bilanzen und Perspektiven der Forschung, Opladen, S. 27-38.

Althaus, Marco/Geffken, Michael/Rawe, Sven (Hrsg.) (2005): Handlexikon Public Affairs, Münster.

Anderson, Uwe (Hrsg.) (1990): Kommunalpolitik und Kommunalwahlen in Nordrhein-Westfalen, Düsseldorf.

Anderson, Uwe/Bovermann, Rainer (Hrsg.) (2002): Im Westen was Neues. Kommunalwahl 1999 in NRW, Opladen.

Anderson, Uwe/Bovermann, Rainer (2004): Der Landtag von Nordrhein-Westfalen, in: Mielke, Siegfrid/Reutter, Werner: Länderparlamentarismus in Deutschland. Geschichte – Struktur – Funktionen, Wiesbaden, S. 307-330.

Anderson, Uwe/Gehne, David H. (2005): Landtagswahlratgeber NRW 2005, Schwalbach.

Bagehot, Walter (1963): The English Constitution, London.

Bajohr, Stefan (2001): Fünf Jahre und zwei Koalitionsverträge. Die Wandlung der Grünen in NRW, in: ZParl 1/2001, S. 146-170.

Ballensiefen, Moritz (2004): Die Bilanz der Medienpolitik des NRW Ministerpräsidenten Wolfgang Clement, Duisburg (unveröffentlichtes Manuskript).

Baring, Arnulf (1982): Machtwechsel. Die Ära Brandt-Scheel, München.

Baringhorst, Sigrid u. a. (Hrsg.) (1995): Macht der Zeichen – Zeichen der Macht. Neue Strategien politischer Kommunikation, Frankfurt am Main u. a..

Benz, Arthur/Scharpf, Fritz W./Zintl, Reinhard (Hrsg.) (1992): Horizontale Politikverflechtung. Zur Theorie von Verhandlungssystemen, New York/Frankfurt am Main.

Berg-Schlosser, Dirk/Schissler, Jakob (Hrsg.) (1987): Politische Kultur in Deutschland. Bilanzen und Perspektiven der Forschung, Opladen.

Berg-Schlosser, Dirk/Müller-Rommel, Ferdinand (Hrsg.) (1987): Vergleichende Politikwissenschaft, Leverkusen.

Beyer, Lothar u. a. (2003): Wie lernt Verwaltung?, in: Dieter Grunow: Verwaltung in NRW. Zwischen Ärmelschoner und E-Government, Münster, S. 213-240.

Beyme, Klaus von (1984): Parteien in westlichen Demokratien, Frankfurt am Main.

Beyme, Klaus von (1997): Der Gesetzgeber. Der Bundestag als Entscheidungszentrum, Opladen.

Beyme, Klaus von (2000): Parteien im Wandel. Von den Volksparteien zu den professionellen Wählerparteien, Wiesbaden.

Bick, Wolfgang (1985): Landtagswahlen in Nordrheinwestfalen von 1947 bis 1985. Trends und Wendepunkte in der politischen Landschaft, in: Alemann, Ulrich von (Hrsg.), Parteien und Wahlen in Nordrhein-Westfalen, Köln, S.189-210.

Bleier, Suzanne M. (2000): Regionale Imagekampagne. Chancen und Risiken für Identität, in: Forschungsjournal Neue Soziale Bewegungen 3/2000, S. 53-61.

Blume, Gerd/Rex, Alexander Graf von (1998): Weiterentwicklung der inhaltlichen und personellen Mitwirkung der Länder in Angelegenheiten der EU nach Maastricht, in: Borkenhagen, Franz H.U. (Hrsg.): Europapolitik der deutschen Länder. Bilanz und Perspektiven nach dem Gipfel von Amsterdam, Opladen, S. 29-50.

Blumenthal, Julia von (2001): Amtsträger in der Parteiendemokratie, Wiesbaden.

Boldt, Hans (Hrsg.) (1989): Nordrhein-Westfalen und der Bund, Köln/Stuttgart/Berlin.

Borkenhagen, Franz H. U. (Hrsg.) (1998): Europapolitik der deutschen Länder. Bilanz und Perspektiven nach dem Gipfel von Amsterdam, Opladen.

Bovermann, Rainer (Hrsg.) (1996): Das Ruhrgebiet. Ein starkes Stück Nordrhein-Westfalen, Essen.

Brauneck, Jens (1995): Die Mandatsgebundenheit des nordrhein-westfälischen Ministerpräsidenten als deutsches Verfassungsphänomen, in: ZParl 2/95, S. 295-310.

Brettschneider, Frank (2002): Frank Brettschneider, Spitzenkandidaten und Wahlerfolg. Personalisierung – Kompetenz – Parteien. Ein internationaler Vergleich, Wiesbaden.

Brunn, Gerhard/Reulecke, Jürgen (1996): Kleine Geschichte von Nordrhein-Westfalen 1946-1996, Köln.

Buchheim, Ute (2002): Regionale Interessenvertretung in Europa. Nordrhein-Westfalen und Thüringen im Strukturvergleich, Opladen.

Bull, Hans Peter (1999): Die Ein-Parteien-Regierung. Eine Koalition eigener Art, in: Roland Sturm, Roland/Kropp, Sabine (Hrsg.): Hinter den Kulissen von Regierungsbündnissen. Koalitionspolitik in Bund, Ländern und Gemeinden, Baden-Baden, S. 169-179.

Busch, Andreas/Plümper, Thomas (Hrsg.) (1999): Nationaler Staat und internationale Wirtschaft. Anmerkungen zum Thema Globalisierung, Baden-Baden.

Busse, Volker (2005): Bundeskanzleramt und Bundesregierung. Aufgaben – Organisation – Arbeitsweise, Heidelberg.

Canaris Ute/Rüsen Jörg (Hrsg.) (2001): Kultur in Nordrhein-Westfalen. Zwischen Kirchturm. Förderturm & Fernsehturm, Stuttgart/Berlin/Köln.

Child, John u. a. (Hrsg.) (1993): Societal Change Between Market and Organization. Aldershot.

Coumanns, Bernd/Kremer, Holger (2001): Kontinuität trotz Wandel. Über die Regierungsbeständigkeit der SPD in Nordrhein-Westfalen, in: Hirscher, Gerhard/Korte, Karl-Rudolf (Hrsg.): Aufstieg und Fall von Regierungen. München, S. 278-307.

Czada, Roland/Schmidt, Manfred G. (Hrsg.) (1993): Verhandlungsdemokratie, Interessenvermittlung, Regierbarkeit. Festschrift für Gerhard Lehmbruck, Opladen.

Czada, Roland (1998): Neuere Entwicklungen der Politikfeldanalyse, in: Czada, Roland/Alemann, Ulrich von (Hrsg.): Kongressbeiträge zur politischen Soziologie. Politische Ökonomie und Politikfeldanalyse, Polis Nr. 39/1998, Hagen, S. 47-65.

Czada, Roland/Alemann, Ulrich von (Hrsg.) (1998): Kongressbeiträge zur politischen Soziologie. Politische Ökonomie und Politikfeldanalyse, Polis Nr. 39/1998, Hagen.

Dahme, Heinz-Jürgen/Wohlfahrt, Norbert (2003): Verwaltungsaufbau in Nordrhein-Westfalen, in: Grunow, Dieter (Hrsg.): Verwaltung in Nordrhein-Westfalen. Zwischen Ärmelschoner und E-Government, Münster, S. 73-108.

Dahrendorf, Ralf (1983): Die Chancen der Krise. Über die Zukunft des Liberalismus, Stuttgart.

Dästner, Christian (2000/2002): Die Verfassung des Landes Nordrhein-Westfalen. Kommentar, Stuttgart.

Decker, Frank/Blumenthal, Julia von (2002): Die bundespolitische Durchdringung der Landtagswahlen. Eine empirische Analyse von 1970 bis 2001, in: ZParl 3/2002, S. 144-165.

Delhees, Stefanie (2005): Wolfgang Clement im Amt des Ministerpräsidenten von NRW 1998-2002. Eine Regierungsstilanalyse, Duisburg.

Derichs, Claudia/Heberer, Thomas (Hrsg.) (2006): Wahlsysteme und Wahltypen. Politische Systeme und regionale Kontexte im Vergleich, Wiesbaden (i. E.).

Derlien, Hans-Ulrich/Murswieck, Axel (2001): Regieren nach Wahlen, Opladen.

Dörner, Andreas (2001): Zwischen Organisationstreue und Bürgergesellschaft: Politische Kultur in NRW, in: Canaris, Ute/Rüsen, Jörn (Hrsg.): Kultur in Nordrhein-Westfalen. Zwischen Kirchturm, Förderturm & Fernsehturm, Stuttgart/Berlin/Köln, S. 67-75.

Dörner, Dittrich (2003): Die Logik des Misslingens. Strategisches Denken in komplexen Situationen, 5. Aufl., Frankfurt am Main.

Egle, Christoph/Ostheim, Tobias/Zohlnhöfer, Reimut (Hrsg.) (2003): Das rot-grüne Projekt. Eine Bilanz der Regierung Schröder 1998-2002, Wiesbaden, S. 117-136.

Esping Andersen, Gosta (1998): Die drei Welten des Wohlfahrtskapitalismus, in: Lessenich Stefan/Ostner, Ilona (Hrsg.): Welten des Wohlfahrtskapitalismus. Der Sozialstaat in vergleichender Perspektive, Frankfurt am Main, S. 19-58.

Farthmann, Friedhelm (1997): Blick voraus im Zorn, Düsseldorf.

Feist, Ursula/Krieger, Hubert (1985): Die nordrhein-westfälische Landtagswahl vom 12. Mai 1985. Stimmungstrend überrollt Sozialstrukturen oder: Die Wende ist keine Kaffeefahrt, in: ZParl 3/1985, S. 355-372.

Feist, Ursula/Hoffmann, Hans-Jürgen (1990): Die nordrhein-westfälische Landtagswahl vom 13. Mai 1990. In dramatischer Zeit ein Votum der Normalität, in: ZParl 3/1990, S. 429-449.

Feist, Ursula/Hoffmann, Hans-Jürgen (1996): Die nordrhein-westfälische Landtagswahl vom 14. Mai 1995. Rot-Grün unter Modernisierungsdruck, in: ZParl 2/1996, S. 257-271.

Feist, Ursula/Hoffmann, Hans-Jürgen (2001): Die NRW Landtagswahlen vom 14. Mai 2000. Gelbe Karte für Rot-Grün, in: ZParl 1/2001, S. 124-146.

Feist, Ursula/Hoffmann, Hans-Jürgen (2006): Die nordrhein-westfälische Landtagswahl vom 22. Mai 2005. Schwarz-Gelb löst Rot-Grün ab, in: ZParl 1/2006, S. 163-182.

Feldkamp, Michael F. (2006): Chronik der Vertrauensfrage des Bundeskanzlers am 1. Juli 2005 und der Auflösung des Deutschen Bundestages am 21. Juli 2005, in: ZParl 1/2006, S. 19-28.

Filmer, Werner/Schwan Heribert (1986): Johannes Rau, Düsseldorf/Wien.

Florack, Martin (2005): Kriegsbegründungen. Sicherheitspolitische Kultur in Deutschland nach dem Kalten Krieg, Marburg.

Florack, Martin/Grunden, Timo/Korte, Karl-Rudolf (2005): Strategien erfolgreicher Mitgliederrekrutierung der politischen Parteien, in: Schmid, Josef/Zolleis, Udo (Hrsg.): Zwischen Anarchie und Strategie. Der Erfolg von Parteiorganisationen, Wiesbaden, S. 96-113.

Florack, Martin/Hoffmann, Markus (2006): Die Bundesrepublik in der "Wahlverflechtungsfalle". Wahlen im föderativen Politikgefüge, in: Derichs, Claudia/Heberer, Thomas (Hrsg.): Wahlsysteme und Wahltypen. Politische Systeme und regionale Kontexte im Vergleich, Wiesbaden, 2006 (i. E.).

Gabriel, Oscar W./Niedermayer, Oskar/Stöss, Richard (Hrsg.) (2002): Parteiendemokratie in Deutschland, Bonn.

Gebauer, Annekatrin (2005): Der Richtungsstreit in der SPD. Seeheimer Kreis und Neue Linke im innerparteilichen Machtkampf, Wiesbaden.

Giakoumis, Pantaleon (Hrsg.) (1999): NRW im Wettbewerb der Regionen in der EU, Aachen.

Giddens, Anthony (1999): Der dritte Weg. Die Erneuerung der sozialen Demokratie, Frankfurt am Main.

Glaab, Manuela/Korte, Karl-Rudolf (1999): Politische Kultur, in: Weidenfeld, Werner/Korte, Karl-Rudolf (Hrsg.): Handbuch zur deutschen Einheit 1949-1989-1999, Bonn, S. 642-650.

Glaab, Manuela/Kießling, Andreas (2001): Legitimation und Partizipation, in: Korte, Karl-Rudolf/Weidenfeld, Werner (Hrsg.): Deutschland-Trendbuch. Fakten und Orientierungen, Bonn.

Görlitz, Axel/Burth, Hans-Peter (1998): Politische Steuerung. Ein Studienbuch, Opladen.

Gourd, Andrea/Noetzel, Thomas (Hrsg.) (2001): Zukunft der Demokratie in Deutschland. Hans Karl Rupp zum 60. Geburtstag, Opladen.

Greiffenhagen, Martin (Hrsg.) (1980): Kampf um Wörter? Politische Begriffe im Meinungsstreit, München/Wien.

Gros, Jürgen (2000): Das Kanzleramt im Machtgeflecht von Bundesregierung, Regierungsparteien und Mehrheitsfraktion, in: Hirscher, Gerhard/Korte, Karl-Rudolf (Hrsg.): Darstellungspolitik oder Entscheidungspolitik. Über den Wandel von Politikstilen in westlichen Demokratien, München, S. 85-105.

Grunden, Timo (2004): Nach dem Machtwechsel der Politikwechsel? Die Frage der sozialen Gleichheit in christdemokratischer und sozialdemokratischer Steuer- und Haushaltspolitik 1994-2002, Duisburg.

Grunow, Dieter (Hrsg.) (2003): Verwaltung in Nordrhein-Westfalen. Zwischen Ärmelschoner und E-Government, Münster.

Halstenberg, Friedrich (1976): Staatskanzleien im politischen Prozess, in: König, Klaus (Hrsg.): Koordination und integrierte Planung in Staatskanzleien, Berlin, S. 32-42.

Hartelt, Horst-Werner (2004): Johannes Rau. Die Macht der Toleranz, in: Präsident des Landtags Nordrhein-Westfalen (Hrsg.): Vier Bundespräsidenten aus NRW, Düsseldorf, S. 202-244.

Häußer, Otto (1995): Die Staatskanzleien der Länder. Aufgaben, Funktionen, Personal und Organisation unter Berücksichtigung des Aufbaus in den neuen Ländern, Baden-Baden.

Hebecker, Eike (1995): „Wir in Nordrhein-Westfalen". Die NRW-Kampagne als alternatives Konzept politischer Steuerung, in: Baringhorst, Sigrid u. a. (Hrsg.): Macht der Zeichen – Zeichen der Macht. Neue Strategien politischer Kommunikation, Frankfurt am Main u. a., S. 45-70.

Hefty, Julia (2005): Die Parlamentarischen Staatssekretäre im Bund. Eine Entwicklungsgeschichte seit 1967, Düsseldorf.

Helms, Ludger (1997): Wettbewerb und Kooperation. Zum Verhältnis von Regierungsmehrheit und Opposition im parlamentarischen Gesetzgebungsverfahren in der Bundesrepublik Deutschland, Großbritannien und Österreich, Wiesbaden.

Helms, Ludger (2000): „Politische Führung" als politikwissenschaftliches Problem, in: PVS 3/2000, S. 411-434.

Helms, Ludger (2005): Regierungsorganisation und politische Führung in Deutschland, Wiesbaden.

Hennecke, Hans-Jörg (2003): Die dritte Republik. Aufbruch und Ernüchterung, München.

Héritier, Adrienne (Hrsg.) (1993): Policy-Analyse. Kritik und Neuorientierung, Opladen, S.116-149.

Hirscher, Gerhard/Korte, Karl-Rudolf (Hrsg.) (2001): Aufstieg und Fall von Regierungen, München.

Hirscher, Gerhard/Korte, Karl-Rudolf (Hrsg.) (2003): Information und Entscheidung. Kommunikationsmanagement der politischen Führung, Wiesbaden.

Hoffmann, Markus (2005): Johannes Rau als Ministerpräsident von Nordrhein-Westfalen. Eine Analyse der Regierungsstile der Jahre 1990 bis 1998, Grevenbroich.

Höher-Pfeifer, Christa (2000): Rat und Verwaltung in NRW, Münster.

Holtmann, Everhard/Voelzkow, Helmut (Hrsg.) (2000): Zwischen Wettbewerbs- und Verhandlungsdemokratie, Wiesbaden.

Holzinger, Katharina (Hrsg.) (2003): Politische Steuerung im Wandel. Der Einfluss von Ideen und Problemstrukturen, Opladen.

Hombach, Bodo/Becker, Horst (1989): Die SPD von innen. Bestandsaufnahme an der Basis der Partei, Bonn.

Hrbek, Rudolf (2001): Deutscher Föderalismus als Hemmschuh für die europäische Integration? Die Länder und die deutsche Europapolitik, in: Schneider, Heinrich/Jopp, Mathias/Schmalz, Uwe (Hrsg.): Eine neue deutsche Europapolitik? Rahmenbedingungen – Problemfelder – Optionen, Bonn, S. 267-298.

Hüttenberger, Peter (Hrsg.) (1986): Vierzig Jahre. Historische Entwicklungen und Perspektiven des Landes Nordrhein-Westfalen, Düsseldorf.

Ismayr, Wolfgang (2000): Der Deutsche Bundestag, Opladen.

Jarren, Otfried/Donges, Patrick (2002): Politische Kommunikation in der Mediengesellschaft, Wiesbaden.

Jesse, Eckhard/Kailitz, Steffen (1997) (Hrsg.): Prägekräfte des Jahrhunderts. Demokratie, Extremismus, Totalitarismus, München.

Jun, Uwe (1994): Koalitionsbildung in den deutschen Bundesländern. Theoretische Betrachtungen, Dokumentation und Analyse der Koalitionsbildungen auf Länderebene seit 1949, Opladen.

Kaiser, André (2001): Die politische Theorie des Neoinstitutionalismus. James March und Johan Olsen, in Brodocz André/Schaal, Gary S. (Hrsg.): Politische Theorien der Gegenwart II. Eine Einführung, Opladen, S. 253-282.

Kamps, Klaus (2002): Kommunikationsmanagement in der Politik, in: Schatz, Heribert/ Rössler, Patrick/Nieland, Jörg-Uwe (Hrsg.): Politische Akteure in der Mediendemokratie, Wiesbaden, S. 101-112.

Kamps, Klaus/Nieland, Jörg-Uwe (Hrsg.) (2006): Regieren und Kommunikation. Meinungsbildung, Entscheidungsfindung und gouvermentales Kommunikationsmanagement – Trends, Vergleiche, Perspektiven, Köln.

Kiefer, Markus (1996): Vom Phänomen zum Phantom. Die CDU des Ruhrgebiets, in: Bovermann, Rainer (Hrsg.): Das Ruhrgebiet. Ein starkes Stück Nordrhein-Westfalen, Essen, S. 173-203.

Kießling, Andreas (2001): Regieren auf immer? Machterhalt und Machterneuerungsstrategien der CSU, in: Hirscher, Gerhard/Korte, Karl-Rudolf (Hrsg.): Aufstieg und Fall von Regierungen. Machterwerb und Machterwerb in westlichen Demokratien, München, S.216-248.

Kießling, Andreas (2004): Die CSU. Machterhalt und Machterneuerung, Wiesbaden.

Kimmel, Adolf (1985): Die saarländische Landtagswahl vom 10. März 1985: Zwei Verlierer, zwei Gewinner, ein Sieger oder: Der Wähler hat den Wechsel gewollt, in: ZParl 3/1985, S. 322-337.

Kleine, Rolf/Spruck, Matthias (1999): Johannes Rau. Eine Biographie, München.

Kleinfeld, Ralf/Löbler, Frank (1993): Verbände in Nordrhein-Westfalen: Eine Vorstudie zu Theorie und Empirie von Verbänden in der Landespolitik, Polis Sonderheft, Hagen.

Klönne, Arno (1985): Die Sozialdemokratie in Nordrhein-Westfalen. Historische Verankerung und heutiges Profil, in: Alemann, Ulrich von (Hrsg.): Parteien und Wahlen in
Nordrhein-Westfalen, Köln, S. 69-90.

Knoll, Thomas (2004): Das Bonner Bundeskanzleramt. Organisation und Funktionen von
1949 – 1999, Wiesbaden.

Köhler, Wolfram (1986): Landesbewusstsein als Sehnsucht, in: Hüttenberger, Peter
(Hrsg.): Vierzig Jahre Nordrhein-Westfalen, Düsseldorf.

Köhler, Wolfram (Hrsg.) (1996), Nordrhein Westfalen. Fünfzig Jahre später, Düsseldorf.

König, Klaus (Hrsg.) (1976): Koordination und integrierte Planung in Staatskanzleien,
Berlin.

König, Klaus (1993): Staatskanzleien. Funktion und Organisation, Opladen.

Korte, Karl-Rudolf (1998): Deutschlandpolitik in Helmut Kohls Kanzlerschaft. Regierungsstil und Entscheidungen 1982-1989, Stuttgart.

Korte, Karl-Rudolf (1998a): Kommt es auf die Person des Kanzlers an? in: ZParl 3/1998,
S. 387-401.

Korte, Karl-Rudolf (1999/2005): Wahlen in der Bundesrepublik Deutschland, Bonn.

Korte, Karl-Rudolf (2000a): Veränderte Entscheidungskultur, Politikstile der deutschen
Bundeskanzler, in: Korte, Karl-Rudolf/Hirscher, Gerhard (Hrsg.): Darstellungspolitik oder Entscheidungspolitik. Über den Wandel von Politikstilen in westlichen Demokratien, München, S. 16-37.

Korte, Karl-Rudolf /Hirscher, Gerhard (Hrsg.) (2000): Darstellungspolitik oder Entscheidungspolitik. Über den Wandel von Politikstilen in westlichen Demokratien, München.

Korte, Karl-Rudolf (2001): Der Anfang vom Ende: Machtwechsel in Deutschland, in:
Hirscher, Gerhard/Korte, Karl-Rudolf (Hrsg.): Aufstieg und Fall von Regierungen.
Machterwerb und Machterosionen in westlichen Demokratien, München, S.23-65.

Korte, Karl-Rudolf/Weidenfeld, Werner (Hrsg.) (2001): Deutschland-TrendBuch. Fakten
und Orientierungen, Bonn.

Korte, Karl-Rudolf (2002a) (Hrsg.): Das Wort hat der Herr Bundeskanzler. Eine Analyse
der großen Regierungserklärungen von Adenauer bis Schröder, Wiesbaden.

Korte, Karl-Rudolf (2002b): Die Regierungserklärung als Führungsinstrument der Bundeskanzler, in: ZParl 3/2002, S. 452-462.

Korte, Karl-Rudolf (2003a): Maklermacht. Der personelle Faktor im Entscheidungsprozess von Spitzenakteuren, in: Hirscher, Gerhard/Korte, Karl-Rudolf (Hrsg.): Information und Entscheidung. Das Kommunikationsmanagement der politischen Führung, Wiesbaden, S. 15-28.

Korte, Karl-Rudolf (2003b): Information und Entscheidung. Die Rolle von Machtmaklern
im Entscheidungsprozeß von Spitzenakteuren, in: APuZ 43/2003, S. 32-39.

Korte, Karl-Rudolf/Fröhlich, Manuel (2004): Politik und Regieren in Deutschland. Strukturen, Prozesse, Entscheidungen, Paderborn u. a.

Korte, Karl-Rudolf (2005a): Werkstatt Deutschland. „Sehnsucht nach Ideologisierung",
in: Internationale Politik 3/2005, S. 56.

Korte, Karl-Rudolf (2005b): Werkstatt Deutschland. „Die Botschaft aus Düsseldorf", in:
Internationale Politik 7/2005, S. 58.

Korte, Karl-Rudolf (2005c): Werkstatt Deutschland. „Von Amerika lernen", in: Internationale Politik 10/2005, S. 62.

Korte, Karl-Rudolf (2005d): Was entschied die Bundestagswahl 2005?, in: APuZ 50-51/ 2005, S. 11-18.

Korte, Karl-Rudolf (2006): Politikmanagement und Steuerung. Machtmakler im Kommunikationskontext, in: Kamps, Klaus/Nieland, Jörg-Uwe (Hrsg.): Regieren und Kommunikation. Meinungsbildung, Entscheidungsfindung und gouvermentales Kommunikationsmanagement – Trends, Vergleiche, Perspektiven, Köln, S. 73-87.

Kost, Andreas (2003): Kommunalpolitik in Nordrhein-Westfalen, in: Kost, Andreas/Wehling, Hans-Georg (Hrsg.): Kommunalpolitik in den deutschen Ländern. Eine Einführung, Bonn, S. 197-219.

Kost, Andreas (2004): Nordrhein-Westfalen, in: Wehling, Hans Georg (Hrsg.): Die deutschen Länder. Geschichte, Politik, Wirtschaft, Wiesbaden, S. 199-214.

Kost, Andreas (Hrsg.) (2005a): Direkte Demokratie in den deutschen Ländern. Eine Einführung, Wiesbaden.

Kost, Andreas (2005b): Direkte Demokratie in Nordrhein-Westfalen, in: Kost, Andreas: Direkte Demokratie in den deutschen Ländern. Eine Einführung, Wiesbaden, S. 183-203.

Kost, Andreas (2006): Bürgerbegehren und Bürgerentscheid in Deutschland, in: APuZ 10/2006, S. 25-31.

Kost, Andreas/Wehling, Hans-Georg (Hrsg.) (2003): Kommunalpolitik in den deutschen Ländern. Eine Einführung, Bonn.

Kropp, Sabine/Sturm, Roland (1998): Koalitionen und Koalitionsvereinbarungen, Opladen.

Kropp, Sabine (1999): Strategisches Koalitionshandeln und Koalitionstheorien. Konzeptionelle Überlegungen zur Untersuchung von Konflikt und Konsensbildung in Koalitionen, in: Sturm, Roland/Kropp, Sabine (Hrsg.): Hinter den Kulissen von Regierungsbündnissen. Koalitionspolitik in Bund, Ländern und Gemeinden, Baden-Baden, S. 44-80.

Kropp, Sabine (2000): Verhandeln und Wettbewerb in der Regierungspraxis von Länderkoalitionen. Handlungsarenen, Strategien und Konflikte von Koalitionsakteuren, in: Holtmann, Everhard/Voelzkow, Helmut (Hrsg.): Zwischen Wettbewerbs- und Verhandlungsdemokratie, Wiesbaden, S. 151-184.

Kropp, Sabine (2001): Regieren in Koalitionen. Handlungsmuster und Entscheidungsbildung in deutschen Länderregierungen, Wiesbaden.

Kropp, Sabine (2002): Koalitionsbildung in Bund und Ländern – Verfahren, Institutionalisierungsprozesse und Gewinnverteilung, in: Gabriel, Oscar W./Niedermayer, Oskar/Stöss, Richard (Hrsg.): Parteiendemokratie in Deutschland, Bonn, S. 340-359.

Kühr, Herbert (1985): Die CDU in Nordrhein-Westfalen. Von der Unionsgründung zur modernen Mitgliederpartei, in: Alemann, Ulrich von (Hrsg.): Parteien und Wahlen in Nordrhein-Westfalen, Köln, S.91-120.

Kurp, Matthias (1999): Mythos und Modelle im Medienland NRW, in: tendenz 1/1999, S. 16-19.

Landeszentrale für politische Bildung Nordrhein-Westfalen (Hrsg.) (1984): Nordrhein-Westfalen. Eine politische Landeskunde, Köln 1984.

Landeszentrale für politische Bildung Nordrhein-Westfalen (Hrsg.) (2000): NRW Lexikon, Düsseldorf.

Lange, Gunter (1994): Otto Suhr. Im Schatten von Ernst Reuter und Willy Brandt, Bonn.

Leggewie, Claus/Münch, Richard (Hrsg.) (2001): Politik im 21. Jahrhundert, Frankfurt am Main.

Lehmbruch, Gerhard (1998): Parteienwettbewerb im Bundesstaat. Regelsysteme und Spannungslagen im Institutionengefüge der Bundesrepublik Deutschland, Opladen.

Lessenich, Stefan/Ostner, Ilona (Hrsg.) (2002): Welten des Wohlfahrtskapitalismus. Der Sozialstaat in vergleichender Perspektive, Frankfurt am Main.

Lijphart, Arent (1999): Patterns of Democracy. Government Forms and Performance in Thirty Six Countries, New Haven/London.

Lipset, Seymour/Rokkan, Stein (1967a): Cleavage Structures, Party Systems and Voter Alignments: An Introduction, in: Lipset, Seymour/Rokkan, Stein (Hrsg.), Party Systems and Voter Alignments, New York, S. 1-64.

Loth, Wilfried/Nitschke, Peter (Hrsg.) (1997): Nordrhein-Westfalen in Europa. Probleme und Chancen des Standorts, Opladen.

Luthardt, Wolfgang (1997): Formen der Demokratie. Die Vorteile der Konkordanzdemokratie, in: Jesse, Eckhard/Kailitz, Steffen (Hrsg.): Prägekräfte des Jahrhunderts. Demokratie, Extremismus, Totalitarismus, München.

Mai, Manfred (2003): Medienpolitik. Genese und Ausdifferenzierung eines Politikfeldes, in: Katharina Holzinger (Hrsg.): Politische Steuerung im Wandel. Der Einfluss von Ideen und Problemstrukturen, Opladen, S. 219-239.

Mair, Peter/Müller, Wolfgang C./Plasser, Fritz (Hrsg.) (1999): Parteien auf komplexen Wählermärkten. Reaktionsstrategien politischer Parteien in Westeuropa, Wien.

Manow, Philip (1996): Informalisierung und Parteipolitisierung – zum Wandel exekutiver Entscheidungsprozesse in der Bundesrepublik, in: ZParl 1/1996, S.96-107.

Marcinkowski, Frank (1998): Politikvermittlung durch Fernsehen und Hörfunk, in: Sarcinelli, Ulrich (Hrsg.): Politikvermittlung und Demokratie in der Mediengesellschaft. Beiträge zur politischen Kommunikationskultur, Bonn, S. 165-183.

Marcinkowski, Frank/Jörg-Uwe Nieland (2002): Medialisierung im politischen Mehrebenensystem. Eine Spurensuche im nordrhein-westfälischen Landtagswahlkampf, in: Ulrich von Alemann/Stefan Marschall (Hrsg.): Parteien in der Mediendemokratie, Wiesbaden, S. 81-115.

Marx, Stefan (2001): Franz Meyers. Eine politische Biographie, Siegen.

Mayntz, Renate (1993): Modernization and the Logic of Interorganizational Networks, in: Child, John u. a. (Hrsg.): Societal Change Between Market and Organization, Aldershot, S. 3-18.

Mayntz, Renate/Scharpf, Fritz W. (1995a): Der Ansatz des akteurzentrierten Institutionalismus, in: *Mayntz, Renate/Scharpf, Fritz W.* (Hrsg.): Gesellschaftliche Selbstregelung und politische Steuerung, Frankfurt am Main/New York, S. 39-72.

Mayntz, Renate/Scharpf, Fritz W. (1995b): Gesellschaftliche Selbstregelung und politische Steuerung, Frankfurt am Main/New York.

Mazzoleni, Gianpietro/Schultz, Winfried (1999): "Mediatizations" of Politics: A Challenge for Democracy?, in: Political Communication 16, S.531-568.

Meffert, Heribert/Steinbrück, Peer (Hrsg.): Trendbuch NRW. Perspektiven einer Metropolregion, Gütersloh.

Mertes, Michael (2000): Führen, koordinieren, Strippen ziehen. Das Kanzleramt als des Kanzlers Amt, in: Hirscher, Gerhard/Korte, Karl-Rudolf (Hrsg.): Darstellungspolitik oder Entscheidungspolitik?, München, S. 62-84.

Mertes, Michael (2001): Der Zauber des Aufbruchs – die Banalität des Endes. Zyklen des Regierens, in: Hirscher, Gerhard/Korte, Karl-Rudolf (Hrsg.): Aufstieg und Fall von Regierungen. Machterwerb und Machterosionen in westlichen Demokratien, München, S.65-80.

Mertes, Michael (2003): Bundeskanzleramt und Bundespresseamt. Das Informations- und Kommunikationsmanagement der Regierungszentrale, in: Hirscher, Gerhard/Korte, Karl-Rudolf (Hrsg.): Information und Entscheidung. Das Kommunikationsmanagement der politischen Führung, Wiesbaden, S. 52-78.

Metz, Dirk (2003): Kommunikationsstrategien in Hessen. Controlling als politisches Management in der Hessischen Landesregierung, in: Hirscher, Gerhard/Korte, Karl-Rudolf (Hrsg.): Information und Entscheidung. Kommunikationsmanagement der politischen Führung, Wiesbaden, S. 138-145.

Meyer, Thomas (2001): Mediokratie. Die Kolonisierung der Politik durch die Medien, Frankfurt am Main.

Mielke, Gerd (2003): Politische Planung in der Staatskanzlei Rheinland-Pfalz. Ein Werkstattbericht, in: Hirscher, Gerhard/Korte, Karl-Rudolf (Hrsg.): Information und Entscheidung. Kommunikationsmanagement der politischen Führung. Wiesbaden, 2003. S. 122-137.

Mielke, Siegfrid/Reutter, Werner (Hrsg.) (2004): Länderparlamentarismus in Deutschland. Geschichte – Struktur – Funktionen, Wiesbaden.

Müller, Kay/Walter, Franz (2004): Graue Eminenzen der Macht, Küchenkabinette in der deutschen Kanzlerdemokratie von Adenauer bis Schröder, Wiesbaden 2004.

Müller-Hilmer, Rita (1999): Die niedersächsische Landtagswahl vom 1. März 1998. Die Kür des Kanzlerkandidaten, in: ZParl 1/1999, S. 41-55.

Müller-Rommel, Ferdinand (2003): Die niedersächsische Landtagswahl vom 2. Februar 2003. „Denkzettel" für Berlin, in: ZParl 4/2003, S. 689-701.

Niclauß, Karlheinz (2000): Das Schicksal der Kanzlerparteien, in Korte, Karl-Rudolf/Hirscher, Gerhard (Hrsg.): Darstellungspolitik oder Entscheidungspolitik? Über den Wandel von Politikstilen in westlichen Demokratien, München, S.41-49.

Niclauß, Karlheinz (2001): Aufstieg und Fall von Regierungen. Parteien als Kontrollmechanismus der Macht?, in: Hirscher, Gerhard/Korte, Karl-Rudolf (Hrsg.): Aufstieg und Fall von Regierungen. Machterwerb und Machterosionen in westlichen Demokratien, München, S. 81-86.

Niclauß, Karlheinz (2004): Kanzlerdemokratie. Regierungsführung von Konrad Adenauer bis Gerhard Schröder, Paderborn.

Niethammer, Lutz (Hrsg.) (1983): „Hinterher merkt man, daß es richtig war, daß es schiefgegangen ist". Nachkriegserfahrungen im Ruhrgebiet, Berlin.

Nullmeier, Frank/Saretzki, Thomas (Hrsg.) (2002): Jenseits des Regierungsalltags. Strategiefähigkeit politischer Parteien, Frankfurt am Main.

Oberndörfer, Dieter/Mielke, Gerd/Eith, Ulrich (2005): Das Ende der Ära Schröder. Analyse der Landtagswahl in Nordrhein-Westfalen und Ausblick auf die Bundestagswahl, in: Frankfurter Rundschau vom 25.05.2005.

Obinger, Herbert/Wagschal, Uwe/Kittel, Bernhard (Hrsg.) (2003): Politische Ökonomie. Demokratie und wirtschaftliche Leistungsfähigkeit, Opladen.

Pontzen, Daniel (2006): Nur Bild, BamS und Glotze? Medialisierung der Politik aus Sicht der Akteure, Münster.

Posdorf, Horst (1999): Aufgaben des Ausschusses für Europa- und Eine-Welt-Politik des Landtags NRW, in: Giakoumis, Pantaleon (Hrsg.): NRW im Wettbewerb der Regionen in der EU, Aachen, S. 17-26.

Präsident des Landtags Nordrhein-Westfalen (Hrsg.) (2004): Vier Bundespräsidenten aus Nordrhein-Westfalen, Düsseldorf.

Raschke, Joachim (2001): Die Zukunft der Grünen. „So kann man nicht regieren", Frankfurt am Main/New York.

Raschke, Joachim (2002): Politische Strategie. Überlegungen zu einem politischen und politologischen Konzept, in: Nullmeier, Frank/Saretzki, Thomas (Hrsg.): Jenseits des Regierungsalltags. Strategiefähigkeit politischer Parteien, Frankfurt am Main, S. 207-243.

Reinicke, Christian/Romeyk, Horst (Hrsg.) (1996): Nordrhein-Westfalen – Ein Land in seiner Geschichte. Aspekte und Konturen 1946-1996, Münster.

Rentsch, Wolfgang (2000): Die große Steuerreform 1998/99: Kein Strukturbruch, sondern Koalitionspartner als Vetospieler und Parteien als Mehrebenensysteme. Diskussion eines Beitrages von Reimut Zohlnhöfer in Heft 2/99 der ZParl, in: ZParl 2/2000, S. 187-222.

Riker, William H. (1962): The Theory of Political Coalitions, New Haven.

Rohe, Karl (1984): Politische Traditionen im Rheinland, in Westfalen und Lippe. Zur politischen Kultur Nordrhein-Westfalens, in: Landeszentrale für politische Bildung (Hrsg.): Nordrhein-Westfalen. Eine politische Landeskunde, Köln, S. 14-34.

Rohe, Karl (1996): Parteien und Parteiensysteme in Nordrhein-Westfalen, in: Köhler, Wolfram (Hrsg.): Nordrhein Westfalen. Fünfzig Jahre später, Düsseldorf, S. 8-27.

Rohe, Karl (1987): Vom sozialdemokratischen Armenhaus zur Wagenburg der SPD. Politischer Strukturwandel in einer Industrieregion nach dem Zweiten Weltkrieg, in: Geschichte und Gesellschaft 13, S.508-533.

Rudzio, Wolfgang (2000): Landesregierung, in: Landeszentrale für politische Bildung NRW (Hrsg.): NRW Lexikon, Düsseldorf, S.173-175.

Rudzio, Wolfgang (2003): Das politische System der Bundesrepublik Deutschland, 6. Aufl., Opladen.

Sabatier, Paul A. (1993): Advocacy-Koalitionen, Policy-Wandel und Policy-Lernen. Eine Alternative zur Phasenheuristik, in: Héritier, Adrienne (Hrsg.): Policy-Analysis. Kritik und Neuorientierung, Opladen, S.116-149.

Sarcinelli, Ulrich (1987): Symbolische Politik. Zur Bedeutung symbolischen Handelns in der Wahlkampfkommunikation der Bundesrepublik Deutschland, Opladen.

Sarcinelli, Ulrich (Hrsg.) (1998): Politikvermittlung und Demokratie in der Mediengesellschaft. Beiträge zur politischen Kommunikationskultur, Bonn.

Sarcinelli, Ulrich/Falter, Jürgen/Mielke, Gerd (Hrsg.) (2000): Politische Kultur in Rheinland-Pfalz, Mainz.

Sarcinelli, Ulrich (2005): Politische Kommunikation in Deutschland. Zur Politikvermittlung im demokratischen System, Wiesbaden.

Sartori, Giovanni (1976): Parties and Party Systems. A Framework for Analysis, Cambridge.

Scharpf, Fritz W. (1976): Politikverflechtung. Theorie und Empirie des kooperativen Föderalismus in der Bundesrepublik, Frankfurt am Main.

Scharpf, Fritz W. (1992): Zur Theorie von Verhandlungssystemen, in: Benz, Arthur/ Scharpf, Fritz W./Zintl, Reinhard (Hrsg.): Horizontale Politikverflechtung. Zur Theorie von Verhandlungssystemen, New York/Frankfurt am Main, S. 11-25.

Scharpf, Fritz W. (1993): Versuch über Demokratie im verhandelnden Staat, in Czada, Roland/Schmidt, Manfred G. (Hrsg.): Verhandlungsdemokratie, Interessenvermittlung, Regierbarkeit. Festschrift für Gerhard Lehmbruck, Opladen, S.25-50.

Scharpf, Fritz W. (2000a): Institutions in Comparative Policy Research, in: Comparative Political Studies 33, S.762-790.

Scharpf, Fritz W. (2000b): Interaktionsformen. Der akteurszentrierte Institutionalismus in der Politikforschung, Frankfurt am Main.

Schatz, Heribert/Rössler, Patrick/Nieland, Jörg-Uwe (Hrsg.) (2002): Politische Akteure in der Mediendemokratie, Politiker in den Fesseln der Medien?, Wiesbaden.

Schneider, Bernd (Hrsg.) (2004): Handbuch Kommunalpolitik Nordrhein-Westfalen, Stuttgart.

Schneider, Heinrich/Jopp, Mathias/Schmalz, Uwe (Hrsg.) (2001): Eine neue deutsche Europapolitik? Rahmenbedingungen – Problemfelder – Optionen, Bonn.

Schneider, Herbert (2001a): Ministerpräsidenten. Profil eines politischen Amtes im deutschen Föderalismus, Opladen.

Schneider, Herbert (2001b): Parteien in der Landespolitik, in: Gabriel, Oscar W./Niedermayer, Oscar/Stöss, Richard (Hrsg.): Parteiendemokratie in Deutschland, Bonn, S.385-405.

Schneider, Nikolaus (Hrsg.) (2006): „...weil ich gehalten werde". Johannes Rau – Politiker und Christ, Holzgerlingen.

Schnelling-Reinicke, Ingeborg (1996): Eine Hymne für Niederrhein-Westfalen? – Die Pläne des Ministerpräsidenten Franz Meyers zur Hebung des Landesbewusstseins, in: Reinicke, Christian/Romeyk, Horst (Hrsg.): Nordrhein-Westfalen. Ein Land in seiner Geschichte. Aspekte und Konturen 1946-1996, Münster, S. 329-334.

Schmid, Josef (1990): Die CDU. Organisationsstrukturen, Politiken und Funktionsweisen einer Partei im Föderalismus, Opladen.

Schmid, Josef/Zolleis, Udo (Hrsg.) (2005): Zwischen Anarchie und Strategie. Der Erfolg von Parteiorganisationen, Wiesbaden, S. 96-113.

Schmidt, Manfred G. (1982): Staatliche Politik, Parteien und der politische Unterbau, in: PVS 2/1982, S. 199-204.

Schmidt, Manfred G. (1987): Vergleichende Policy-Forschung, in: Berg-Schlosser, Dirk/ Müller-Rommel, Ferdinand (Hrsg.): Vergleichende Politikwissenschaft, Leverkusen, S. 185-200.

Schmidt, Ute/Stöss Richard (1985): Kleinere Parteien in Nordrhein-Westfalen, in: Ulrich v. Alemann (Hrsg.): Parteien und Wahlen in Nordrhein-Westfalen, Köln 1985, S. 162-174.

Schmitt-Beck, Rüdiger (2002a): Politische Kommunikation und Wählerverhalten. Ein internationaler Vergleich, Wiesbaden.

Schmitt-Beck, Rüdiger (2002b): Laufen, um auf der Stelle zu bleiben. "Postmoderne" Kampagnenpolitik in Deutschland, in: Nullmeier, Frank/Saretzki, Thomas (Hrsg.): Jenseits des Regierungsalltags, Strategiefähigkeit politischer Parteien, Frankfurt am Main, S. 109-132.

Schmollinger, Horst W. (1983): Die Wahl zum Berliner Abgeordnetenhaus vom 10. Mai 1981. Einbruch der Sozialliberalen, in: ZParl 1/1983, S. 38-52.

Schneider, Herbert (1997): Parteien in der Landespolitik, in: Gabriel, Oscar W./Niedermayer, Oscar/Stöss, Richard (Hrsg.): Parteiendemokratie in Deutschland, Bonn, S. 407-427.

Schreiber, Folker H. (1999): Die Vertretung des Landes Nordrhein-Westfalen bei der Europäischen Union in Brüssel, in: Giakoumis, Pantaleon (Hrsg.): NRW im Wettbewerb der Regionen in der EU, Aachen, S. 85-92.

Sebaldt, Martin/Straßner, Alexander (2004): Verbände in der Bundesrepublik Deutschland. Eine Einführung, Wiesbaden.

Steffani, Winfried (1979): Parlamentarische und präsidentielle Demokratie. Strukturelle Aspekte westlicher Demokratien, Opladen.

Sturm, Roland/Kropp, Sabine (Hrsg.) (1999): Hinter den Kulissen von Regierungsbündnissen. Koalitionspolitik in Bund, Ländern und Gemeinden, Baden-Baden.

Sturm; Roland/Pehle, Heinrich (2001): Das neue deutsche Regierungssystem. Die Europäisierung von Institutionen, Entscheidungsprozessen und Politikfeldern in der Bundesrepublik Deutschland, Opladen.

Sturm, Roland/Zimmermann-Steinhart (2005): Föderalismus. Eine Einführung, Baden-Baden.

Stüwe, Klaus (2005): Die Rede des Kanzlers. Regierungserklärung von Adenauer bis Schröder, Wiesbaden.

Taylor, Michael/Laver, Michael (1973): Government Coalitions in Western Europe, in: European Journal of Political Research 1, S.222-227.

Thumfart, Alexander (2001): Politische Kultur in Ostdeutschland, in: APuZ 39-40/2001, S. 6-14.

Tsebelis, George (1995): Decision Making in Political Systems. Veto Players in Presidentialism, Parliamentarism, Multicameralism and Multipartyism, in: British Journal of Political Science 25, S. 289-325.

Tsebelis, George (2000): Veto Players. How political Institutions work, Cambridge.

Vester, Michael (2001): Von der Integration zur sozialen Destabilisierung: Das Sozialmodell der Bundesrepublik und seine Krise, in: Leggewie, Claus/Münch, Richard (Hrsg.): Politik im 21. Jahrhundert, Frankfurt am Main, S. 75-121.

Völk, Josef (1989): Regierungskoalitionen auf Bundesebene. Dokumentation und Analyse des Koalitionswesens von 1949-1987, Regensburg.

Wagschal, Uwe (1999): Schranken staatlicher Steuerungspolitik. Warum Steuerreformen scheitern können, in: Busch, Andreas/Plümper, Thomas (Hrsg.): Nationaler Staat und internationale Wirtschaft. Anmerkungen zum Thema Globalisierung, Baden-Baden, S.223-247.

Wagschal, Uwe (2000): Der Parteienstaat der Bundesrepublik Deutschland. Parteipolitische Zusammensetzung seiner Schlüsselinstitutionen, in ZParl 4/2000, S.861-886.

Wehling, Hans Georg (Hrsg.) (2004): Die deutschen Länder. Geschichte, Politik, Wirtschaft, Wiesbaden.

Weidenfeld, Werner/Korte, Karl-Rudolf (Hrsg.) (1999): Handbuch zur deutschen Einheit 1949-1989-1999, Neuausgabe, Bonn.

Wilke, Jürgen (Hrsg.) (1999): Mediengeschichte der Bundesrepublik Deutschland, Bonn.

Zimmermann, Michael (1983): „Geh zu Hermann, der macht dat schon". Bergarbeiterinteressenvertretung im nördlichen Ruhrgebiet, in: Niethammer, Lutz (Hrsg.): „Hinterher merkt man, daß es richtig war, daß es schiefgegangen ist", Nachkriegserfahrungen im Ruhrgebiet, Berlin, S. 277-310.

Zohlnhöfer, Reimut (1999): Die Steuerreform 1998/99. Ein Lehrstück für Politikentwicklung bei Parteienwettbewerb im Bundesstaat, in: ZParl 2/1999, S. 326-344.

Zohlnhöfer, Reimut (2001): Die Wirtschaftspolitik der Ära Kohl. Eine Analyse der Schlüsselentscheidungen in den Politikfeldern Finanzen, Arbeit und Entstaatlichung, 1982-1998, Opladen.

Zohlnhöfer, Reimut (2003): Der Einfluss von Parteien und Institutionen auf die Staatstätigkeit, in: Obinger, Herbert/Wagschal, Uwe/Kittel, Bernhard (Hrsg.): Politische Ökonomie. Demokratie und wirtschaftliche Leistungsfähigkeit, Opladen, S.47-80.

5.3 Tabellen- und Abbildungsverzeichnis

Dank

Zunächst sollte für den universitären Lehralltag eine kurze Regierungslehre für Nordrhein-Westfalen entstehen. Doch die Eigendynamik der Fragestellungen, große Forschungslücken zur jüngeren politischen Geschichte, den politischen Institutionen des Landes und die Begeisterung für politische Schlüsselentscheidungen in NRW machten aus der Regierungslehre sehr schnell ein ambitioniertes Forschungsprojekt. So konnte die geplante Regierungslehre mit dem Politikmanagement und den Regierungsstilen von vier Ministerpräsidenten verbunden werden.

In jeder Projektphase unterstützte uns Dr. Andreas Kost (Landeszentrale für politische Bildung NRW). Als politikwissenschaftlicher Kenner der Landespolitik hat er uns ideenreich und produktiv geholfen. Mit Frank Schindler vom VS Verlag für Sozialwissenschaften stand uns nicht nur ein kritischer Lektor, sondern auch inhaltlicher Impulsgeber zur Seite. Unser Institutskollege, Prof. Dr. Manfred Mai, gab hilfreiche Anregungen zu einzelnen Textteilen und übte konstruktive Kritik am Manuskript.

Ihnen gilt unser ganz besonderer Dank.

Die beiden Diplom-Sozialwissenschaftler Heiko Haffmans und Florian Schartau hatten die schwierige Aufgabe, während der gesamten Projektphase alle redaktionellen Fäden zusammenzuhalten. Sie koordinierten sämtliche Arbeitsschritte und unterstützten uns bei der Zusammenführung der Teilkapitel. Ohne ihre sachkundige Unterstützung und redaktionelle Sorgfalt hätte das Buch nicht fertiggestellt werden können.

Wertvolle Unterstützung bei Recherche, Interviewführung und Textbearbeitung erhielten wir außerdem vom Team der Forschungsgruppe Regieren in Duisburg. Insbesondere zu Dank verpflichtet sind wir Dipl.-Soz.-Wiss. Markus Hoffmann, Dipl.-Soz.-Wiss. Stefanie Delhees, Dr. Jörg-Uwe Nieland, Dipl.-Soz.-Wiss. Daniel Dittrich, Marcel Winter, Nora Rethmeier, Anne-Sophie Keller und Dipl.-Soz.-Wiss. Moritz Ballensiefen. Weiter gilt unser Dank unseren Kollegen Dr. Beate Rosenzweig, Prof. Dr. Manuel Fröhlich und Prof. Dr. Ulrich Eith.

Für Hilfestellung bei der Literaturrecherche danken wir darüber hinaus den Mitarbeiterinnen und Mitarbeitern der Bibliotheken der Landesregierung und des Landtages Nordrhein-Westfalen.

Für den Inhalt des Buches sind selbstverständlich alleine die Autoren verantwortlich.

Anregungen, Ideen, Kritik nehmen wir gerne entgegen (www.forschungsgruppe-regieren.de).

Martin Florack
Timo Grunden
Karl-Rudolf Korte

Duisburg, im Juni 2006

Personenregister

Sachregister